U0572932

让 我 们 一 起 追 寻

THE SCOTTISH NATION

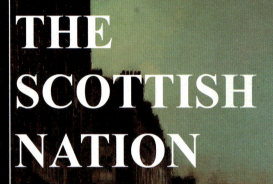

〔英〕T.M. 迪瓦恩 ——— 著
徐一彤 ——————— 译

A Modern History

The Scottish Nation: A Modern History

Copyright © T. M. Devine,1999,2006,2012

First published in Great Britain in the English Language by Penguin Books Ltd.

Copies of this translated edition sold without a Penguin sticker on the cover are unauthorized and illegal.

Published under licence from Penguin Books Ltd. Penguin (in English and Chinese) and the Penguin logo are

trademarks of Penguin Books Ltd.

Simplified Chinese edition copyright © 2021 by Social Sciences Academic Press (China).

The author has asserted his moral rights.All rights reserved.

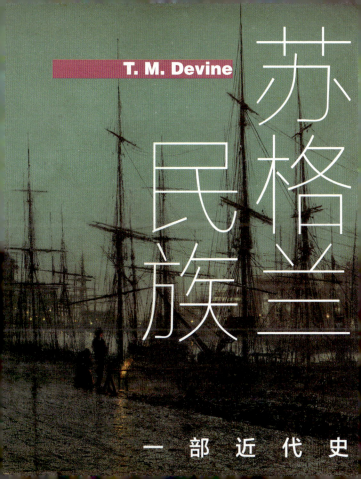

T. M. Devine

苏格兰

民族

一 部 近 代 史

本书获誉

T. M. 迪瓦恩的新书十分优秀……它必将在很长一段时间里成为该领域的标杆之作，也配得上这一荣誉……对于那些想要了解近现代苏格兰历史与社会的人来说，这部作品解答了他们的根本问题，其杰出地位将历久不衰。

——布鲁斯·伦曼（Bruce Lenman），《泰晤士报文学增刊》（*The Times Literary Supplement*）

迪瓦恩教授承诺从国际性视角出发提供"一个对历史的宽泛定义"，本书兑现了这一诺言……《苏格兰民族》是一本必读之作，它富有新意，又十分鲜活……作为一部对苏英合并以来苏格兰状况的全面论述，本书的地位独一无二。

——默里·皮托克（Murray Pittock），《星期日先驱报》（*Sunday Herald*）

一部引人入胜的作品……为认识近现代苏格兰提供了一幅极具启发性的路线图。

——丹尼尔·马尔霍尔（Daniel Mulhall），《爱尔兰时报》（*Irish Times*）

广博且深远的论述，尤其是对社会变迁在普通人生活中造成的冲击的关注，令这本书成为当之无愧的杰作。这无疑是我心目中的年度好书之一。

——下院议员戈登·布朗（Gordon Brown）

这本书对社会变迁进行了十分彻底的论述……在社会史领域拥有极为渊博的学识是迪瓦恩的优势所在。

——尼尔·阿舍森（Neal Ascherson），《洛杉矶时报》（Los Angeles Times）

作者在本书中的叙述兼具热情与严谨……对任何一个想知道我们如何又为何走到今天的人而言，迪瓦恩的这部史学著作一定会提供一些答案。这本书拥有丰富的细节、睿智的评论，总体上也颇具可读性。

——艾伦·马西（Allan Massie），《文学评论》（Literary Review）

迪瓦恩具有俯瞰一切的广阔视野……和令人起敬的分析能力。

——汤姆·奈恩（Tom Nairn），《新政治家》（New Statesman）

迪瓦恩融合了苏格兰史研究领域的诸多革命性新发现，在这本书中充分利用了当代研究者的丰硕果实……《苏格兰民族》具有广阔的视野、精辟的论述和强大的叙事感染力。

——阿诺德·肯普（Arnold Kemp），《观察家》（Observer）

一部全面且精辟的苏格兰史著作……任何想要了解苏格兰历史的人都有必要一读。

——《科克斯评论》（*Kirkus Reviews*）

一部不容忽视的作品……富有热情，表述精准，态度中立……只凭这部兼具智慧与广度的历史著作，就能弥补苏格兰官方教育中令人扼腕的种种缺失。

——凯瑟琳·洛克比（Catherine Lockerbie），

《苏格兰人报》（*Scotsman*）

无疑是目前最好的一部单卷本苏格兰史著作。

——林赛·佩特森（Lindsay Paterson）

本书关于苏格兰经济的章节十分出色，深入浅出，无处不体现出作者的智识力量。

——尼古拉斯·菲利普森（Nicholas Phillipson），

《泰晤士报高等教育增刊》

（*The Times Higher Education Suppelement*）

一部杰作……这本书是一项伟大的成就，它与其他关注近现代苏格兰历史的著作不同，阐述了历史变迁如何彻底且有力地塑造了我们现在生活的这个地方。

——迈克尔·弗赖伊（Michael Fry），《格拉斯哥先驱报》

（*The Herald*）

一部充满智识力量的苏格兰史著作……迪瓦恩是苏格兰最

为显赫的历史学家，从这本书来看，他确实配得上此等荣誉。

——罗斯玛丽·戈林（Rosemary Goring），

《苏格兰周日报》（*Scotland on Sunday*）

一部力作……让人印象深刻。

——唐纳德·迪尤尔（Donald Dewar）

一部杰作……如果你对苏格兰历史上的大问题怀有好奇，迪瓦恩将为你提供答案。

——尼尔·弗格森（Niall Ferguson）

一位历史学家的简明扼要之作。你可以从书中闻到19世纪格拉斯哥贫民窟的异味……聆听启蒙时期学者们的争辩……在关于苏格兰史的出版物中，这是第一部无论苏格兰统一派还是民族主义者都能满怀自豪地放在自己书架上的著作，这一点本身就是个重大成就。

——约翰·劳埃德（John Lloyd），《金融时报》（*Financial Times*）

献给我亲爱的儿子

约翰

1975—1996

愿他安息

目 录

序

对研究苏格兰历史的人而言，最近三十年是一个激动人心
的时期。苏格兰史领域的研究活动大为发展，传统观点受到积
极的挑战，学者们还在旧时文献未曾提及的知识领域开辟了新
的探究方向。但至少就大学而言，绝大多数苏格兰史学家更关
注以学界同侪为对象发表学术作品，而不是向社会上的读者广
泛普及历史知识。鉴于研究评价与职称晋升体系对研究业绩提
出了严格的要求，这一点多少在所难免。但在今天，随着苏格
兰社会进入历史性宪制变革的时期，如果学术界拒绝介入媒体
和公共舆论界对苏格兰身份认同与文化遗产的热烈讨论，就难
免有故步自封之嫌。在这一背景下撰写一部近现代苏格兰的新
通史，用更简单易读的体裁将学术研究的线索串联、梳理并呈
现给更广泛的读者群体，或许正当其时。

本书的目的在于系统性地呈现苏格兰近三百年来的历史，
以帮助读者更好地理解苏格兰的现在。本书可以说是一部综述
性作品：我试图在本书的叙述和分析里加入近年来史学界一些
开创性著作的内容，并对此给出我自己的解释。然而，本书的
基础仍来自诸多学者留下的专著和论文，他们的成果彻底改变
了苏格兰近现代史研究的面貌。我希望能在这本书中让这些学
者的贡献得到公正的认可，尽管他们可能不完全认同我的解读。

本书在写作方法和结构上遵循了以下几点原则。首先，我
对"历史"的定义是宽泛而一致的，因此对苏格兰的社会、政

x　治、经济、人口、宗教、身份认同和大众文化都有较为详细的阐述。其次，我试图在写作中尽可能地将苏格兰的历史置于国际语境之下，参考其他国家和地区的情况，并在一些情况下将苏格兰与其他国家和地区的历史进行对比。如果不这么做，我们便无从判断苏格兰历史体验中的哪些部分是独特且有代表性的。最后，本书虽然对 1707 年《联合条约》签订以后的 18 世纪早期和 1945 年以来的现当代时期给予了应有的关注，但全书叙述的重心仍将放在 1760 年到 1914 年之间的这个时期：苏格兰正是在这段时间里经历了巨大的社会与经济变革，20 世纪苏格兰的格局也在很大程度上由此奠定。

汤姆·迪瓦恩

阿伯丁大学国王学院爱尔兰与苏格兰研究中心

致　谢

本书是我在斯特拉斯克莱德大学副校长任期结束后的学术 xi
休假年里写成的。我对斯特拉斯克莱德大学校长约翰·阿尔布
思诺特爵士（Sir John Arbuthnott）提供的支持深表感谢，同时
也要感谢我在该校苏格兰历史研究中心和历史系的前同事们在
那些年里给予我的鼓励和情谊。我在阿伯丁大学的新同事们也
怀着热情与关切帮助我完成了这一写作任务。

我要感谢理查德·芬利（Richard Finlay），他不但借给我许
多书籍与论文，也与我就近现代苏格兰的政治与身份认同问题
有过一些交谈，令我受益良多；此外，他还为我认真审读了本
书的最终文稿。安妮－玛丽·基尔迪（Anne-Marie Kilday）在
我写作"苏格兰的城市"一章时帮我调查了相关资料，埃伦·
奥唐奈（Ellen O'Donnell）、马丁·米切尔（Martin Mitchell）和
亨利·迈特尔斯（Henry Maitles）则授权我引用他们关于立陶
宛裔、爱尔兰裔和犹太移民的宝贵论文。《格拉斯哥先驱报》
前编辑阿诺德·肯普（Arnold Kemp）为本书第二十四章提出了
专业的意见。

本书第九章和第十一章的早期版本曾出现在我于1994年通
过曼彻斯特大学出版社出版的著作《从氏族社会到小农场农民
战争：苏格兰高地的社会变迁》（*Clanship to Crofters' War: the
Social Transformation of the Scottish Highlands*）。本书的最终稿是
在玛格丽特·黑斯蒂（Margaret Hastie）和琼·弗雷泽（Jean

Fraser）的帮助下编辑完成的。对于她们的耐心与效率（特别是在处理某些无法追溯来源的资料时），我深表谢意。

企鹅出版社的西蒙·温德尔（Simon Winder）和艾拉·奥尔弗里（Ellah Allfrey）为我提供了无比宝贵的帮助与理解。

当然，我亏欠最多的永远是凯瑟琳与我们的孩子伊丽莎白、诺琳、迈克尔和卡特里娜。在我们共同面临家庭悲剧的时候，是他们与我分担了坚持写作的压力。如果没有他们，这本书就不可能完成。从这一点上说，这本书也是他们的心血，一如它是我的作品。

地　图

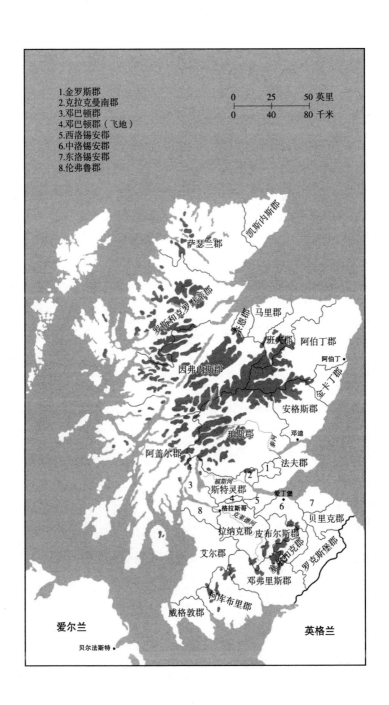

1.金罗斯斯郡
2.克拉克曼南郡
3.邓巴顿郡
4.邓巴顿郡（飞地）
5.西洛锡安郡
6.中洛锡安郡
7.东洛锡安郡
8.伦弗鲁郡

凯斯内斯郡

萨瑟兰郡

罗斯和克罗默蒂郡

奈恩郡

马里郡

班夫郡

阿伯丁郡

阿伯丁

因弗内斯郡

金卡丁郡

安格斯郡

珀斯郡

邓迪

阿盖尔郡

法夫郡

福斯河

斯特灵郡

爱丁堡

贝里克郡

格拉斯哥

克莱德河

拉纳克郡

皮布尔斯郡

罗克斯堡郡

艾尔郡

塞尔扣克郡

邓弗里斯郡

柯库布里郡

威格敦郡

爱尔兰

英格兰

贝尔法斯特

0   25   50 英里
0   40   80 千米

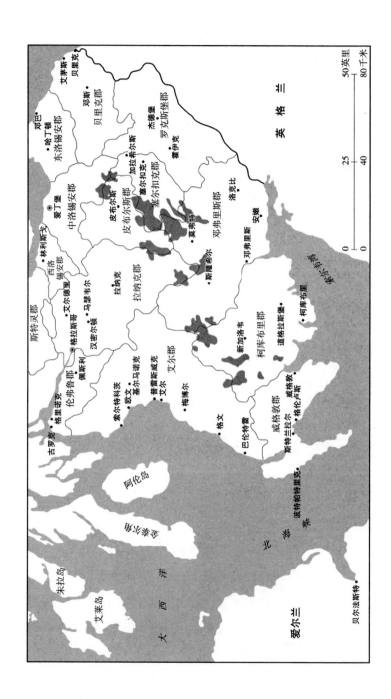

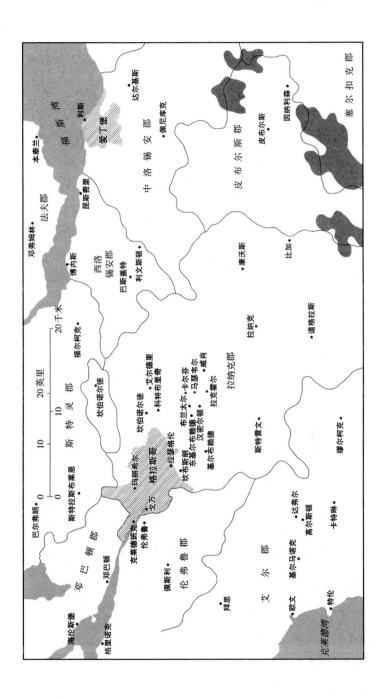

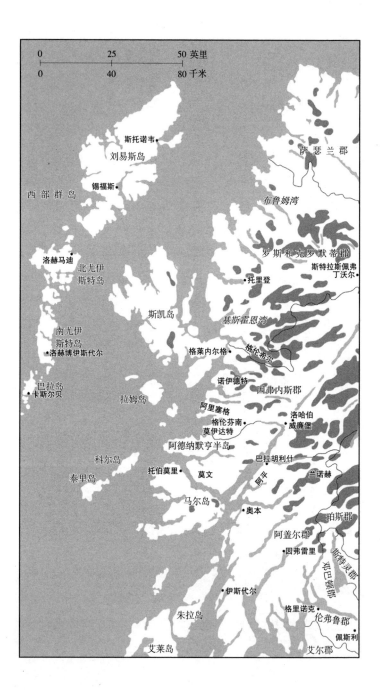

斯托诺韦

刘易斯岛

薩瑟兰郡

西部群岛

锡福斯

布鲁姆湾

罗斯和克罗默蒂郡

洛赫马迪

斯特拉斯佩弗

北尤伊
斯特岛

丁沃尔

托里登

斯凯岛

基斯霍恩湾

南尤伊
斯特岛

格莱内尔格

格伦希尔

洛赫博伊斯代尔

巴拉岛

诺伊德特

国弗内斯郡

卡斯尔贝

拉姆岛

阿里塞格

格伦芬南

洛哈伯

莫伊达特

威廉堡

科尔岛

阿德纳默亨半岛

巴拉胡利什

托伯莫里

莫文

阿平

兰诺赫

泰里岛

马尔岛

奥本

珀斯郡

阿盖尔郡

斯特灵郡

因弗雷里

邓巴顿郡

伊斯代尔

格里诺克

伦弗鲁郡

朱拉岛

佩斯利

艾尔郡

艾莱岛

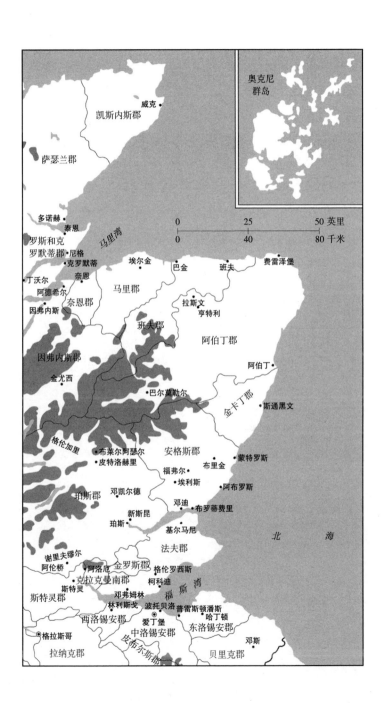

前　言

　　根据估算，17 世纪末苏格兰的居民人口仅略多于一百万，
这在当时相当于英格兰的五分之一，西班牙的八分之一。苏格
兰的人口规模与瑞士相近，这让该国在一个军事力量更多地取
决于人口规模而非技术实力的年代备显脆弱。苏格兰的大部分
国土为群山与沼泽地所覆盖，因此人口往往集中于条件更为宜
居、对集约化耕作更为有利的地段。事实上，即便到 20 世纪晚
期，在经历了近三百年的土地开发与排水改良之后，苏格兰仍
有三分之二的土地只适合粗放畜牧业。因此不出意外的是，绝
大多数定居点仍集中在土壤较肥沃的地区，例如阿伯丁和马里
附近的低地、泰河与福斯湾沿岸地带、索尔韦平原、默斯地区
（Merse）① 以及克莱德河下游河谷。即便同样受制于上述自然
条件，1700 年前苏格兰人口分布的离散程度还是远大于 18 世
纪和 19 世纪，其格局与工业化时代大量人口向中央低地和繁荣
的格拉斯哥、爱丁堡都市圈集中的状况大相径庭。在 17 世纪晚
期，泰河以北地区的居民可能仍占到苏格兰总人口的一半，尽
管在高地的部分区域，当地人口密度之稀疏与今日并无差别。

　　毋庸置疑的是，农村生活是这一时期苏格兰社会的绝对主
题。地主构成了政治和社会上的精英阶层，兽皮、谷物、羊毛
和煤炭等土地产品是当时最为关键的商品。每年秋天收成的好

---

① 在今贝里克郡南部，苏格兰边境区东部，与英格兰毗邻。（本书脚注均为
译者注，后文不再说明。）

坏与居民的健康、财富以及粮食供给状况密切相关。如果当年作物歉收，苏格兰便不得不用珍贵的货币从欧洲其他地区紧急购粮，这将导致国内信贷体系崩溃，货币总量收缩。一个典型的苏格兰人居住在田舍。有估算显示，1700 年的苏格兰只有约5.3% 的人居住在人口超过一万人的城镇，这一比例远远落后于英格兰、尼德兰、比利时和意大利（局部）等城镇化程度更高的社会，甚至也不如西班牙和葡萄牙，与斯堪的纳维亚诸国和一些德意志邦国相当。在当时的苏格兰，就连工匠、作坊劳工和渔民群体也需要耕作土地，以维持稳定的粮食供给。

但在这一时期的苏格兰，城镇的地位正变得更为重要，城区开发的形式也正在经历演变。1500—1600 年，大型城镇居民人数占苏格兰总人口的比例几乎增长了一倍；而到 1700 年，这一比例几乎又增长了一倍。在 18 世纪早期，苏格兰首都兼最大城市爱丁堡的人口达到约三万人，而在 17 世纪晚期，格拉斯哥便以约一万五千人的总人口成为苏格兰第二大城镇，这一数字在当时还在不断增长。阿伯丁与邓迪的人口分别达到一万人左右，但从 17世纪下半叶开始，与爱丁堡和格拉斯哥相比，这两座城镇的人口增长趋势便陷入了相对停滞。爱丁堡在苏格兰城镇社会的主导地位由来已久，而格拉斯哥的崛起则体现了爱尔兰及大西洋贸易日趋增长的经济价值，这些活动最终将在 1700 年以后决定苏格兰的命运。除此之外，苏格兰的绝大多数城镇在这一时期的规模都不比村落大出多少：除因弗内斯、斯特灵、邓弗里斯和伦弗鲁之外，很少有市镇的居民人数超过一千人。即便如此，在以福斯河沿岸地带为代表的部分区域，一系列蓬勃扩张的小镇仍构成了一张区域性城镇网络，其密度足以和西欧其他地方相媲美。

城镇居民人数的增长给乡村社会带来了重大影响。首先值得关注的是，新增的城镇居民需要农村作物的供养。在 16 世纪晚期，满足这一需求一度十分困难，因为 1550—1600 年苏格兰遭遇了长达 24 年的全国性或区域性灾荒。但从 1660 年开始，粮食收成有所增加，自那时起直到 1690 年代灾难性的饥荒爆发之前，苏格兰仅在 1674 年经历了一次严重的粮食短缺。同样在这一时期，位于苏格兰东部海岸的一些农庄开始生产大量的谷物以供出口。上述迹象表明，当时的苏格兰农业并不像某些时人所宣称的那样难以自持，这种相对富裕的境况可能有赖于当时更为适宜的气候条件，而得益于当时苏格兰人大举移民阿尔斯特和欧洲其他地区的风潮，苏格兰境内的人口安全阀得到维持，苏格兰国内粮食的供需关系也得以保持平衡。从中世纪开始，苏格兰人便以军人或商人的身份大量移民欧洲大陆。在 17 世纪，有证据表明这一移民潮达到了一个突出的高点——尤其是在阿尔斯特地区开始从苏格兰西南低地招揽农民和佃户之后。就已知资料来看，17 世纪下半叶，苏格兰可能有多达 78000 到 127000 人迁往海外。

　　不过，1670 年代和 1680 年代苏格兰相对景气的状况背后也有来自其他因素的影响。在 1630 年代和 1640 年代造成了重大生命和财产损失的誓约派战争与奥利弗·克伦威尔在 1650 年代对苏格兰的侵略和占领之后，这一时期苏格兰的社会与政治秩序更趋稳定。这一时期贵族宅邸建造风格的变化正是这种新风气的一大体现：贵族宅邸曾经多采用塔楼式设计，以防御为主要考量，但在这一时期却纷纷转向乡村别墅风格。这一时期的一些地主也越来越注重提高自己地产的收益。甚至在高地地区，大规模的氏族私战也成为过去，只有那些仅在小范围内活动的地方匪帮或从事小型犯罪活动的不法分子还在干扰当地秩序。宗教改革之后建立的长老制教会也对低地的稳定局面颇有贡献：由牧师和信众选举产生的长老召开并出席的堂区小会（kirk session）在当地社会扮演了地方性道德法庭的角色，对堂区居民的生活举止进行监督，并对他们违背基督教规范的行为进行惩戒。早在 1620 年之前，大多数低地堂区和很多高地堂区都已积极召开了长老会议，这一机制也在当地有力地促进了社群内部规训的形成。而在 1680 年代，随着经济形势趋于安定，苏格兰的知识界也进入了萌芽期：法学家斯泰尔男爵、建筑师布鲁斯和医药学家西巴尔德正是在这一时期登上了历史舞台。

然而，此轮经济景气为时不长。苏格兰经济总量有限，出口商品仅限于食品和原材料，该国的政治立场也远弱于其他欧洲大国。在这个经济民族主义情绪高涨的时代，各国都寻求通过积极使用惩罚性关税来削弱贸易对手的竞争力，然而苏格兰既缺乏能造成有效威慑的海军力量，其所出售的少量商品在国际市场上也难称稀缺抑或重要，因此在这一竞争性环境中居于劣势。苏格兰在他国的贸易壁垒前十分脆弱，却无力施加报复手段。为应对本国传统市场上关税日益高涨的情况，苏格兰议会曾诉诸产业多样化策略，鼓励在国内生产原本只能从外国进口的奢侈品。虽然一些生产商（尤其是高档纺织品生产者）的确因此致富，但这种值得褒奖的自救手段总体上仍不足以弥补苏格兰在国际经济活动中地位下降所造成的损失。

苏格兰面临的第二个问题在于英格兰。这一时期的苏英关系正处在一种颇为异常的状态。两国之间的复杂纠葛始于 1603 年的联合统治，当时苏格兰国王詹姆斯六世继承了伊丽莎白一世的英格兰及爱尔兰国王之位。詹姆斯本欲进一步统合两国，在 1604 年，来自苏英两国的专员也就组建联合议会和统一国民身份的问题展开了讨论。即便得到了詹姆斯的热情支持，这一计划还是失败了。苏格兰贵族担心将议会集中于伦敦会令自己失去政治影响力，而英格兰人则担心那位来自苏格兰的君主会在新国家的制度安排中偏袒苏格兰人。短短几年之内，苏英合邦的构想便退出了政府议程，而从詹姆斯统治的晚期开始，从威斯敏斯特控制苏格兰的种种困难便已暴露出来。这一问题在查理一世继位后越发严重，甚至最终引发了一系列政治危机，导致了英国内战的爆发。1652—1660 年，奥利弗·克伦威尔曾强制将苏格兰和英格兰置于同一政治实体的统治之下，但随着查理二世在 1660 年复辟，苏英合邦宣告解散，这令两国的大多数人都得到了解脱。

　　然而，此时的苏格兰远不足以被称为一个独立的国家。自1603 年詹姆斯移驾伦敦以来，苏格兰外交政策的焦点便随之而去，两国的外交方针均服务于英格兰一国的状况引发了广泛的不满情绪。苏格兰在 17 世纪下半叶卷入了三场英荷战争，而荷兰共和国在当时既是英格兰最为忌惮的竞争对手，也是苏格兰的重要贸易伙伴。此外，英苏君合的现状也没有阻止伦敦的议会对麻布、牲口、盐和煤炭等苏格兰最重要的出口商品施加惩罚性关税，而此时英格兰已成为苏格兰商品最重要的海外市场。苏格兰国内对这一状况的关切日益加深，呼吁修订英苏君合关系以避免苏格兰继续受到隐性伤害的呼声也越发壮大，但威斯敏斯特方面无疑只把这种忧虑视为某种耸人听闻的论调，抑或对苏格兰利益的片面辩护。不过，进入 1690 年代，一系列危机的爆发改变了围绕英苏联合问题的讨论语境，令这一议题的紧迫性达到了 1650 年代早期克伦威尔率军入侵以来所未有的高度。

第一部分
1700—1760

第一章 苏格兰在大不列颠之中

1705 年 2 月 5 日，伦敦的议会下院通过了一项立法，彻底
地影响了整个不列颠的历史走向。这部《外国人法》建议当时
的安妮女王委派王室专员就英格兰与苏格兰之间的联合进行谈
判，如果苏格兰方面拒绝服从，或者谈判进程在 1705 年圣诞节
之前未见突破，英格兰方面将对苏格兰采取严厉的惩罚措施：
除已经居住在英格兰的苏格兰人外，英格兰方面将对所有苏格
兰人给予一般外国人待遇，煤炭、麻布和牲口等苏格兰主要商
品的对英出口也将被取缔。为了让苏格兰议会尽快坐到谈判桌
前，英方施展了如此露骨的经济讹诈手段，令苏格兰方面勃然
大怒。虽然在 1705 年 11 月，英格兰新上台的辉格党政府废除
了《外国人法》中过于霸道的条目，令两国关系得到缓和，
但这部法律释放的信号依然明确：英格兰方面长期以来对深
化英苏联合关系的抵触态度已被抛弃了；如今有越来越多的
政坛要人，乃至安妮女王本人，都开始将英苏之间在议会层
面的统合视为维持两国之间关系稳定，以及巩固 1688 年光荣
革命成果的必要条件。在整个 17 世纪，囿于英格兰方面的冷
淡乃至敌对态度，各种寻求英苏合并的构想都没能成功。詹
姆斯六世（英格兰国王詹姆斯一世）曾在 1603 年实现英苏共
主联合之后试图进一步推动两国一体化，而类似的尝试也曾在
1667 年、1670 年和 1690 年多次出现。1702—1703 年，英苏双
方最近一次关于联合问题的磋商也无果而终。伦敦方面不愿与

苏格兰分享在美洲殖民地进行贸易的权利，构成了英苏进一步统合的一个根本难点。英格兰议会下院托利党领袖爱德华·西摩爵士（Sir Edward Seymour）就曾在 1700 年宣称，苏格兰无异于一个乞丐，"如果你娶一个乞丐作新娘，便只能得到一只虱子作嫁妆"。[1]

正因如此，为了探明 1707 年英苏合并的起源，我们首先需要弄清，为什么威斯敏斯特方面对与苏格兰人建立更紧密联系的态度在 18 世纪初经历了如此剧烈的变化。而苏格兰方面，尤其是爱丁堡的苏格兰议会的态度，同样值得我们详加审视。在英格兰和苏格兰之间实现议会层面的联合没有什么必然性可言：单纯的共主联合关系诚然在 17 世纪末陷入困境，但这些问题都可以通过对现有关系的调整得到解决，因此更为激进的宪制变革并非必要。1705—1706 年，还有很多支持英苏合并的苏格兰政客对这一动议无法得到苏格兰议会承认而感到紧张，这一点同样令人惊讶。他们所忌惮的是苏格兰长老教会在英苏合并问题上公开表达的强烈抵触态度，后者担心两国合并将导致英格兰国教会主导整个不列颠的宗教事务，这无疑是长老教会所不能容忍的。曾参与英苏谈判的合并派人士佩尼库克的约翰·克拉克（John Clerk of Penicuik）就在事后记录称，自己曾注意到"苏格兰议会内部十分反感与英格兰结成任何形式的更紧密的联合关系"，并担心自己和同僚的努力有可能化为泡影。[2]

1

1688 年的光荣革命改变了苏格兰议会的权力结构。威廉与玛丽在驱逐了斯图亚特家族的君主詹姆斯七世（英格兰国王詹姆斯二世）之后取得了苏格兰的王位，这一过程并非基于神授

君权抑或正统的继承权，而是基于苏格兰贵族大会（Scottish
Convention of Estates）①的决议与邀请。作为结果，苏格兰行政
和立法权力的相对态势瞬间翻转，苏格兰议会很快开始在其他
领域宣示自身的权威。1690年，苏格兰议会通过了一项重要决
议，废除了负责起草并提出法案、通常由行政机关牢牢把持的
立法委员会（Lords of the Articles）。就在同一年，由主教组成
的第一等级会议也被废除。这两项变革大大增强了议会的权威，
削弱了君主的政治影响力，权力斗争的战场因此落到国王的大
臣（威廉仍对他们有任命权）和无比强势的立法机关之间。作
为立法委员会的替代，一系列不再易于被行政权力操纵的临时
委员会被设立，因此在接下来的几年里，苏格兰政府的状态越
发难测。在1695年之后，国王的主要战略目标在于以昆斯伯里
公爵、阿盖尔公爵、阿索尔公爵和汉密尔顿公爵等大贵族为基
础，建立稳定的内阁政府。他认为，只有这些颇具影响力的贵
族才有机会通过个人党徒和赞助关系在议会内拉拢一个亲政府
的多数派。这种手段与一种行之有效的所谓"经营"体系，即
通过对议员许以公职、年金、献金或各种职务以换取服从的手
法一道，将确保苏格兰政府能够平稳运转。然而，这一期望最
终还是落空了。根深蒂固的私仇与对职位的激烈竞逐令苏格兰
的权贵彼此离心、各谋私利。更为重要的是，这种私下竞争恰
恰是他们争取拥趸和荫客支持的关键所在。作为结果，这些大
贵族既不能维持一种可持续的合作关系，在他们当中也没有一
个强势人物能独当一面，主导议会政局。国王若将权柄授予一
个贵族世家，便有可能疏远其他家族，甚至促使后者在议会组

5

① 现代早期苏格兰王国的临时议事机制，初期仅贵族与教士阶层出席，后也
允许城镇与郡民代表参与。

建强大而危险的反对派。不难想象，立法事务在这一状况下往往陷于长期瘫痪，维持苏格兰政府运转所需的财政供给也越来越难达成。

随着英苏之间的摩擦逐渐升级，政局的动荡也愈演愈烈。在 1689—1697 年威廉对法作战期间，皇家海军严格执行《航海法》的禁令，取缔苏格兰与英属美洲殖民地间的走私贸易，这对苏格兰商界造成了严重冲击。随着苏格兰公司远征中美洲达里恩（Darien）的项目不幸失败，两国在经济领域的冲突进一步激化。这一殖民事业在 1695 年发起时曾承载了举国的乐观情绪，但到 1700 年 3 月，在巴拿马地峡建立苏格兰殖民地并开拓两洋（太平洋和大西洋）贸易的努力已遭遇全面失败。这一项目的灾难性结局背后有很多原因，例如糟糕的事前计划和威胁第一批殖民者生命的可怕热带疾病，但苏格兰人最终将责任统统抛到了英格兰身上。迫于伦敦方面的政治考量和重商主义压力，英格兰投资者曾在项目执行期间突然撤资；而在 1699 年，伦敦政府还曾因顾虑与西班牙联手对抗法国的外交需要，拒绝为达里恩殖民地提供救济。由于苏格兰在达里恩远征计划上倾注了巨量的国民财富，这一项目的失败造成了严重的经济影响，但它对苏格兰政局的冲击同样不可小觑。许多地主本已为 1690 年代严重的粮食歉收所困扰，损失了大量租佃收入，而达里恩远征的灾难又对在议会拥有代表权的贵族、地主（lairds）和商人的财富造成了直接打击。不满情绪因此爆发，一种尖锐的论调开始萌芽于批评者之间，将苏格兰当前的苦难全部归咎于 1603 年与英格兰的共主邦联。两国的疏远令苏格兰政府在 1698 年至 1700 年遭到了历届议会的断然抵制，若没有对议员采取极为慷慨的收买手段，内阁恐怕已经倒台。

正因如此，威廉在统治不列颠后不久便已认定，现行的英苏君合关系已无法满足统治苏格兰的需求，而爱丁堡和威斯敏斯特两议会的合并对不列颠的安全与稳定至关重要。当时的威廉一心试图在大战中击败法王路易十四，苏格兰政局的动荡则对他的战略构成了威胁，这不只是因为苏格兰为他的军队提供了宝贵的兵员，也因为流亡的斯图亚特王室从法国方面得到了金钱与军事援助的保证，有可能令苏格兰国内支持斯图亚特王室的势力受到怂恿。然而，尽管议会合并的构想对国王本人颇有吸引力，威斯敏斯特方面却鲜有人对这一方案表示支持。直到 1703 年苏格兰议会召开之后，威斯敏斯特方面的冷淡态度才发生了根本转变，但那时统治不列颠的君主已不再是威廉，而是他的继承者安妮女王。

1703 年，苏格兰议会几乎完全脱离了女王专员昆斯伯里公爵及其内阁与支持者的控制，之前不断累积的不满情绪至此终于变成公然的报复行动。首先，苏格兰议会拒绝就维持文官政府运转所需的财政供给协议进行表决。其次，议会不顾女王与宫廷（即执政党）的反对，通过了《保证法案》（Act of Security），声明议会有权决定继承安妮女王苏格兰君主地位的人选，而除非伦敦的英格兰议会赋予苏格兰人"进行贸易通交的自由……与殖民的权利"，否则两国的君合关系将在未来解除。此外，《保证法案》还规定，除非在本届会期内"政府达成并践行必要措施，以确保……议会召开之自由、定期召开之频率与决策之权力，以及本国之宗教、自由和贸易活动不受英格兰或任何外国干预"，否则苏英君合将不会延续下去。这一法案几乎可被看作一份独立宣言，其措辞中的挑衅性显然是有意而为。起初，女王不出意外地拒绝对这一法案给予御准，但

7

她在次年还是颇不情愿地做出了妥协。接下来，昆斯伯里公爵的内阁被迫接受了同样棘手的《战争与和平法案》（Act anent Peace and War），这一法案赋予苏格兰议会在安妮女王去世，且苏英君合得到延续之后仍能自行宣战或议和的权利。尽管这一法案意在让苏格兰的外交政策完全独立于英格兰，内阁仍选择做出让步，以换取议会对财政供给放行——这一姿态最终化为徒劳。再次，苏格兰议会还通过了一项《红酒法案》（Wine Act），正式允许苏格兰人在战时与法国进行贸易。这一法案原本由希望通过促进贸易来增加财政收入的执政党提出，但其在表面上似乎也体现了一种经济民族主义动机。至于在次年的会期中通过的《羊毛法案》（Wool Act），则被视为针对英格兰的公开敌对行为，因为它允许向英格兰出口羊毛却禁止从英格兰进口羊毛，时人把这一规定看作对英格兰商贸活动的公然阻挠。

在通往议会合并的道路上，1703 年苏格兰议会的立法议程起到了催化剂作用。由于安妮女王未诞下能够存活的继承人，1688—1689 年光荣革命以来的王室继承顺序不明，苏格兰议会在此时的动向左右了威斯敏斯特方面的观点，令后者相信苏格兰已不能在当前的君合框架内得到有效统治。在此之前，伦敦议会已指定德意志的汉诺威家族为英格兰王位的继承者，由此快速解决了英格兰方面的继承难题，但苏格兰方面并未采取类似的措施，这严重影响到该国王位能否由新教徒继承。雪上加霜的是，苏格兰议会的反抗情绪也在这时达到最高峰。由于1702 年西班牙王位继承战争再度爆发，英格兰及其盟国正忙于和强大的法国争夺西欧霸权，法军的不败神话直到 1704 年 8 月马尔伯勒公爵取得布莱尼姆大捷时才告终结。与此同时，路易十四承认离世不久的詹姆斯二世（苏格兰国王詹姆斯七世）年少的儿子为英格兰和苏格兰王位的正当继承者，借此公然鼓动了苏格兰境内支持斯图亚特流亡王室的詹姆斯党势力，并将两王国的王位继承问题和欧洲战争直接挂钩。随着苏格兰国内对政府的不满日益增加，詹姆斯党的声望也得到提升，在 1703 年苏格兰议会的选举中有不错的表现。路易十四和他的一些大臣对入侵苏格兰表现出的兴趣令詹姆斯党势力受到鼓舞，也给伦敦政权施加了更大的压力。苏格兰议会久而未决的动荡显然只会为不列颠内外的敌对势力大开方便之门，因此这一问题的症结必须尽快得到解决。而最终促使安妮女王的首相兼财务大臣（Lord High Treasurer）戈多尔芬伯爵和陆军总司令马尔伯勒公爵支持通过议会合并解决苏格兰问题的，正是来自法国的威胁。在马尔伯勒公爵的军中有太多来自苏格兰的士兵，这令苏格兰问题直接关系到英格兰的国防事务，使他深为关切。正因如此，解散爱丁堡的苏格兰议会、建立一个属于整个联合王国的立法机关，从而在英苏之间达成"高度协调的联合"，便成为英格兰谈判者唯一愿意接受的方案。至于有可能招致弱势政府的联邦化方案，则从未被摆上台面。

事情的进展由此开始加速。1706 年春天，英苏两国组建了一个共同的委员会，敲定了一份拥有二十五项条款的《联合条约》（Treaty of Union）草案，以供两国议会审阅。这一草案的核心部分提出了两国议会合并的基本原则，这是英格兰方面的根本诉求，不容任何让步。委员会的大多数苏格兰成员都是刻意从昆斯伯里和阿盖尔两公爵的党羽中选出来的，他们都在苏格兰政府担任要职，且更倾向于支持两国合并。然而，草案的核心条款遭到泄露，引起了广泛的怨愤与抗议，苏格兰人似乎更愿意接受对君合联盟和苏英关系的改良，而非"彻底的合并"。起初，共同委员会提出的草案令苏格兰一方大感不满，苏格兰长老教会对此也尤为警惕，担心苏英合并之后，英格兰会再一次将主教制强加于苏格兰教会之上。苏格兰教会总会（General Assembly）和教会长老纷纷谴责了这一提案，于是苏格兰教会成了苏英合并最强大的反对力量。詹姆斯党也视合并提案为眼中钉，因为他们正确地看出一旦合并得到落实，就将对复辟斯图亚特王室的事业构成威胁。事实上，积极支持苏英合并的罗克斯堡伯爵①就曾宣称，两国合并是一劳永逸地解决詹姆斯党问题的最现实做法，因为只要两国合并，英格兰军队就能自由出入苏格兰，镇压斯图亚特支持者的任何叛乱。1705年春季，英格兰船只"伍斯特"号（Worcester）的格林船长及两名船员因背负了对一艘达里恩公司所属船只犯有海盗行为的冤罪，在爱丁堡遭到处决。这一案件本质上是一起由爱丁堡群众支持并怂恿的合法谋杀，由此苏格兰的反英情绪达到了暴戾的巅峰。狂热的反英浪潮一直持续到1706年，当时一名法国间谍纳撒内尔·胡克（Nathaniel Hooke）曾向自己的上线汇报称，英苏秘密谈判的更多细节将在之后几个月里泄露出来，届时苏格兰人的反英情绪将更加激烈。

诚然，当苏格兰议会在1706年10月迎来历史性的新会期，准备就合并草案进行辩论时，反对的声音绝非无足轻重。并不是所有的城镇与郡选区都发出了请愿，但那些发出请愿的选区几乎都对合并提案提出了明确抗议。阿盖尔公爵视这些意见为虚张声势，然而值得注意的是，议会当中并没有强有力的支持合并的言论，足以与提案的批评意见抗衡。长老教会神职人员

---

① 即第五代罗克斯堡伯爵约翰·克尔（John Ker, 1680—1741），英苏合并前夕曾任苏格兰政府事务大臣，1707年两国合并后受封第一代罗克斯堡公爵。

的谴责依旧强烈，他们痛斥这一提案罪孽深重，严重威胁到苏格兰新教传统的存续。作为一名支持合并的政客，佩尼库克的克拉克曾因此哀叹议会与苏格兰民众的意见之间过于悬殊，他估计"后者当中甚至没有百分之一的人认同前者要做的事情"。[3]当时，教会对苏格兰民众的意见拥有最大的影响力，教会人员不断在布道中宣扬反对合并的观点，这一现象已被政府内部的一些人视为对公共秩序的威胁。在爱丁堡，民众在袭击合并方案的强烈支持者帕特里克·约翰斯通爵士（Sir Patrick Johnstone）的住宅之后，向议会反对派公认的领袖汉密尔顿公爵大声致敬。女王的专员昆斯伯里公爵甚至要在军人护送下前往苏格兰议会。从那一刻起，反对合并的集会示威开始在爱丁堡出现。11月，暴乱蔓延到苏格兰西南地区，当地是加尔文宗[①]的重要据点，拥有坚实的誓约派传统。在格拉斯哥，民众针对合并支持者的暴乱造成了断断续续长达一个月的动荡局面，而在邓弗里斯城内，数千居民举行了抗议仪式，公开焚烧了《联合条约》的草案。

除民众抗议之外，这一时期的苏格兰还流传着武装叛乱的传言。据称，这场叛乱由西部诸郡的卡梅伦氏族（the Cameronians）领头，这是一股激进的长老会派势力，他们将与珀斯郡阿索尔公爵领导的高地詹姆斯党人吴越同舟，一道举兵。有人相信叛军可以动员的兵力多达8000人，足以强行解散爱丁堡的议会，并在战场上击败任何一支政府军队伍。尽管这着险

10

① 指支持1638年苏格兰长老教会提出的《苏格兰教会全国誓约》（National Covenant of the Church of Scotland）的加尔文宗信徒。该誓约旨在抵制斯图亚特王朝的查理一世在苏格兰强行引入英格兰国教会制度与仪礼的政策，与18世纪初苏格兰教会反对苏英合并的理由有相通之处。

棋最终并未成为现实，但近来针对 1708 年詹姆斯党密谋与入侵威胁的研究显示，詹姆斯党的暗中活动受到反合并情绪的强烈驱动，且其所得到的支持远比此前史家所设想的更为充实，这表明苏格兰爆发武装叛乱的危险确实存在。政府在这一时期也调动军事力量，采取了缜密的预警措施，体现出对叛乱风险的戒备之心。当爱丁堡民众愤然走上街头时，昆斯伯里公爵要求苏格兰王国 1500 人的常备军驻扎在首都附近，一些部队甚至入驻城区。但苏格兰枢密院依旧担心，一旦局面彻底失控，自己手头上的军事力量将不敷使用。因此，在 10 月下旬，戈多尔芬伯爵向苏格兰军总司令利文伯爵保证，如果"狂热情绪"对苏格兰的"公序良俗造成进一步的扰乱"，英格兰方面将派出一支大军在两国边境待命。到当年 12 月，这支由步兵组成的部队得到了 800 名骑兵的增援，随时听候爱丁堡政府调遣。还有一支英军的动向更令人不安，他们入驻爱尔兰北部，以威慑反合并势力的根据地——苏格兰西南诸郡，还能在必要时渡海攻入苏格兰境内。所幸，事态后来并未向最为激烈的方向发展，英军的入侵最终得以避免，但这些公开的军事预警行动有可能在苏格兰民间激起了恐惧心理，让民众担心如果议会否决合并条款，威斯敏斯特方面就有可能采取军事手段来强制达成目的。

2

1706 年，《联合条约》的条款没能轻易通过苏格兰议会的议决。苏格兰议会是一个一院制立法机构，共有 147 名议员，代表世袭贵族、封地男爵① （即郡选区议员） 和城镇市民阶级，

---

① 苏格兰的"男爵"（baron）头衔与英格兰贵族秩序中的"男爵"不同，并非世袭，仅用于称呼庄园或城堡地产（caput）的所有者。

他们不是像现代政党那样形成有组织的党团，而是根据政治立场与个人利害关系组成一个个松散的联盟。其中最大的是所谓"宫廷党"（Court Party），这一派别顾名思义，追随苏格兰政府的立场，他们负责协助伦敦方面的政策在苏格兰得到实施，以及对其他议员的收买工作——随着立法委员会被议会解散，这一事业对政府掌控议会不可或缺。当《联合条约》被送交苏格兰议会审议时，正是宫廷党人在女王专员昆斯伯里公爵的领导下受命推动《联合条约》得到议会认可。宫廷党人坐拥政府职位并收买议员，他们仅凭这一点便拥有高度的稳定性与协调性，这正是议会主要的反对势力——乡民党（Country Party）所严重缺乏的。所谓乡民党实质上是一系列志趣各异、有时互相抵触的利益集团组成的脆弱联盟，很多势力只是出于对现政府的反感才加入其中，除此之外和其他盟友几无共识可言。因此这一党派的构成极为多变，就连詹姆斯党人有时也会自视为乡民党的盟友，但在另外一些时候他们仍以"骑士党"（Caveliers）[①]自居，与乡民党划清界限。1706—1707年，汉密尔顿公爵自相矛盾的举动（这将在下文中得到详述）也令乡民党缺乏明确的领导，其作为1706年重要会议期间反对派的力量也因此大大被削弱。除此之外，一股名为"新党"（New Party）的力量在1704年脱离乡民党独立，他们将在不久之后以"逍遥派"（Squadrone Volante）这一充满异域风情的诨名为人所知。随着事态发展，这个由二十多名议员组成的独立派系将在《联合条约》的议会表决中扮演关键角色。

11

---

① 指17世纪中后期，在英国内战与斯图亚特王朝复辟期间支持斯图亚特王室、反对加尔文宗与清教徒革命者的政治势力。

合并原本是应苏格兰政府危机提出的一项政治对策，这一提案在之前历届动荡不安的议会上都未得到通过，因此苏格兰政府能在 1706 年至 1707 年推动其通过表决绝无定数。1703年的议会立法似乎表明，苏格兰人决心进一步弱化而非增强与英格兰的君合纽带；而在 1706 年秋冬时节，苏格兰议会开始审议《联合条约》之际，王国全境日益激化的愤怒情绪更是清楚地证明了这一点。此时的事态更为重大。此次将苏格兰与英格兰两国合并的构想远比之前的构想更为深远，而苏格兰方面也存在一种既支持更紧密的苏英合并又反对彻底合并的意见，这一派担心苏英合并之后苏格兰议会将就此解散，苏格兰的立法权力也将被彻底转移到威斯敏斯特。《联合条约》承诺，苏格兰地区可以在合并之后的不列颠议会中占据 45 个下院议席和16 个上院议席，这一数字以苏格兰地区在新宪制安排下的预估纳税能力（而非人口）为根据，在一些人看来这对苏格兰极为不利。不过，即便在议会内外面临强烈的反对与诸多潜在障碍，《联合法案》（Act of Union）最终还是得以生效。1707 年 1 月16 日，苏格兰议会在一场历史性的决议中以 110 对 67（43 票的悬殊优势）通过了《联合法案》，宣告了自身的终结。昆斯伯里公爵和宫廷党人最终克服巨大的阻力，取得了成功。

在苏格兰人的反合并情绪背后，教会的神职人员发挥了重要的推动作用，因此如何消除来自教会的威胁就构成了宫廷党人制胜策略的基础。1706 年 11 月，宫廷党人用一份《苏格兰教会保证法案》（Act of Security of the Church of Scotland）向教会承诺，维持苏格兰教会的传统权利和长老制组织将构成两国合并的基本要件，这一承诺最终也被纳入《联合条约》的文本之中。尽管宗教事务上的焦虑情绪并未因此消解，宫廷党人还是借此削弱了教会的反对声音，平息了教会最高执行机构——总会委员会（Commission of the General Assembly）的不满，并一举削弱了支撑反对派力量的一个重要基础。一名合并提案的支持者写道：

> 在教会内部，悖逆的鼓噪已大体趋于沉寂。那些曾狂热干预政治议题的牧师，如今也懂得把政府的方针交给议会议决。这令汉密尔顿一党大为沮丧，他们曾无比依赖那些牧师为他们鼓动反对合并的情绪，如今他们却被牧师弃于不顾。[4]

在《联合条约》的文本中，还有一些条款对宫廷党人的政治事业有利。在共同委员会代表英格兰方面起草条约的专员们主要关注国防安全与议会合并本身，为了保证苏格兰议会认可这些必要诉求，他们愿意在其他事务上做出让步。而《联合条约》中的一些条款也的确意在向苏格兰一些重要的社会群体承诺，其既得利益将得到保障。苏英合并要求苏格兰捐弃独立的议会、财政事务决策权和公法体系，但为其教会的权利、王室特许城镇的特权和精英商人的利益提供了保证。苏格兰私法体系的现状得到保全，领主阶级的世袭领地法权（即私人法庭）也得到维持。由于苏格兰在未来的不列颠议会上院只有 16 个席位，世袭贵族在合并方案中受到了尤为直接的冲击，但大多数无福享受这等殊荣的苏格兰贵族都安于享受与英格兰贵族同等的特权，例如在负债时免于民事诉讼——对于当时那些长期身陷财政危机的苏格兰贵族来说，这一豁免权带来的好处颇为可观。更重要的是，苏格兰人今后可以自由地与英格兰及其殖民

13

地展开贸易，这一妥协是他们多年来梦寐以求，但英格兰方面总是拒绝给予的。

对于贸易自由所带来的诱惑在最终的投票过程中施加了多大的影响，我们很难给出定论，学界在这一问题上也有过颇为缜密的辩论。不过，《联合条约》中宣布开放"通商、航海之自由"的第四条在议会表决中赢得了最具压倒性的多数支持，总共只有 19 人投下反对票。一方面，鉴于不少苏格兰贵族的利益都与面向英格兰的牲畜、亚麻布和煤炭贸易密切相关，而苏格兰人素来对英格兰的《航海法》颇感不满，这一结果本身并不意外。另一方面，包括格拉斯哥（这里在后来将成为大西洋贸易在欧洲一侧的重要枢纽之一）在内，大多数城镇的代表议员投票反对这一条款，这可能是因为他们担心一旦新的不列颠共同市场建立，自己将直面来自英格兰商人的威胁。与贸易自由的条款相比，《联合条约》中关于"等价代偿"（Equivalent）的第十五条或许对整个条约的通过起到了更为关键的作用：这一条款规定，苏格兰方面将获得一笔 39.8 万英镑（相当于今天的 2600 万英镑）的款项，以补贴英格兰的巨额国债在合并后对苏格兰造成的负担（此时英格兰的债务因军费需求而大幅增长），但在这笔款项当中也有一部分被用来补偿投资者在达里恩公司的不幸遭遇中蒙受的损失。达里恩公司一些最重要的投资者正好属于议会的"逍遥派"，这一派别规模不大，但在局势胶着的议会内部，宫廷党人想要取得胜利就离不开他们的支持。对"逍遥派"来说，《联合条约》第十五条无疑是一个充满诱惑的提案，于是在针对条约文本的第一场重要投票中，这一派别与政府站在同一立场，投下了 25 张赞成票。考虑到在 1704 年和 1705 年"逍遥派"从未对合并提案表达过支持态度，这一立场转变无疑是出人意料的。尽管我们也无法断言，"等价代偿"的收买是促使"逍遥派"倒戈的关键因素。

如果说"逍遥派"对合并提案在苏格兰议会获得多数支持起到重要作用，那么合并提案顺利通过的基础仍是由宫廷党自身奠定的。现代研究者用计算机对最后一届苏格兰议会的投票分布规律进行分析，证实了这一论断。宫廷党人和"逍遥派"对《联合条约》的支持贯穿了整个条约的二十五项条款，尽管这一结果在议会召开之初并非理所当然。另外，当时的苏格兰政局变化无常，宫廷党人内部的协调性也不可预测，因此在《联合条约》审议期间，宫廷党对 17 世纪下半叶各种政治运作手段的使用达到了空前的高度，执政党必须向议员许诺恩惠、提供带薪闲职、支付年金、授予公职乃至直接行贿，才能确保在议会获得稳定的多数支持。宫廷党内部构成芜杂，若干名大贵族各执己见，携各自的追随者松散地聚集于政府之下，在这样的联盟里，如果要避免不满情绪滋生，就必须给支持者充分的酬劳。往年几乎毫无效果的政治运作手段，在《联合条约》问题上却取得了显著的成效。为了在这一关键的会期里向宫廷党提供支持，颇具影响力的阿盖尔公爵同意从佛兰德战场回国，他本人因此被授予少将军衔和英格兰世袭贵族身份。英格兰财政部则秘密向苏格兰调拨了 2 万英镑（24 万苏格兰镑，相当于今天的 130 万英镑），至于这笔钱究竟是被用来支付公职人员的欠薪，还是如一些人怀疑的那样被用来行贿，似乎没有那么重要，因为向已担任公职者支付长期拖欠的薪水和直接行贿一样，都是政治收买的有效套路。值得一提的是，"逍遥派"也从这笔巨款中得到了一份丰厚的犒赏。现代研究者还在从前的苏格兰议会反对派中发现了一些执政党政治运作的受惠者，例如皮特梅登的威廉·西顿（William Seton of Pitmedden）、肯尼思·麦肯齐爵士（Sir Kenneth Mackenzie）和格伦凯恩伯爵（Earl of Glencairn），他们在得到好处之后似乎对合并提案采取了更为缓和的态度。但不是所有议员都有受贿之嫌。投票记录显示，至少有十三名议员在没有得到金钱收买或公职许诺的情况下支持合并。但总体而言，宫廷党人的效忠绝非理所当然，因为有说法认为，其中一些成员对合并本身并无兴趣。政府只有通过极为慷慨的收买和运作才能为《联合条约》争取支持，因此1703年那样一败涂地的场面没有在这届议会里重演。

　　与拥有强大政治收买机器的昆斯伯里一党相比，议会内部的反对派势力显然未能充分利用国民对合并的反对情绪，对政府产生实质性威胁。反合并派势力主要受制于三个弱点。第一，乡民党人和骑士党人只有在令宫廷党出丑时才会共同行动，但在更根本的诉求上，这两大派系之间毫无协作余地。骑士党（或詹姆斯党）希望信奉天主教的斯图亚特家族的王位觊觎者在苏格兰复辟，这绝非领导乡民党的长老派贵族所能容忍的。第二，反对派的领袖汉密尔顿公爵在关键时刻软弱无常，总是不能在政治斗争中取得先机，他游移不定的立场甚至让一些人怀疑他是否真的反对合并。反对派原本计划在1707年1月正式退出议会，以阻挠议事程序，并向执政党宣示他们反对《联合条约》的坚决立场，但因为汉密尔顿态度犹豫，这一策略最终落空。在反对派计划退出议会当天，汉密尔顿起初以牙痛为借口没有到场，而当他来到会场之后，他又拒绝按计划带领反对派集体离席。爱丁堡民众曾把他视为捍卫苏格兰独立地位的英雄，他却令自己的追随者大失所望。其实，早在1705年9月，当议会讨论参与共同委员会的苏方代表应由议会还是女王提名时，汉密尔顿公爵就曾出人意料地表态支持女王一方，从而令亲合并派在共同委员会中占据多数。1706 年 11 月，他也因叫停卡梅伦氏族在苏格兰高地与西南诸郡起兵的举动备受指责。汉密尔顿的言行令议会内外的反对派极为失望，一些人将这种摇摆不定的态度归因于他本人的处境。当时汉密尔顿不但背负巨债，还通过姻亲关系在英格兰的兰开夏郡持有大量产业，假如合并提案没有成功，他就有可能失去这笔财产。这些个人生活上的弱点都让他难以抵御来自执政党的诱惑。苏格兰政府的国务重臣之一、时任主计大臣（Lord Clerk Register）的詹姆斯·约翰斯通（James Johnstone）就曾指责汉密尔顿于 1705 年冬天主动向伦敦方面寻求支援，以解决自己的债务问题。

反对派的第三个弱点在于，因为宫廷党和"逍遥派"在议会掌握了多数席位，他们只有将议会反对派和怀有不满情绪的民众联合起来，才能在这场斗争中谋求胜利。然而，乡民党的领导者并不希望引起一场大众叛乱，尤其是在苏格兰教会不再公开且主动地反对《联合条约》之后。一旦内战爆发，只有詹姆斯党会乐享其成，内战有可能招来法国人从海外入侵，最终在苏格兰恢复斯图亚特王朝的统治。乡民党领袖们曾热情支持了 1688—1689 年的光荣革命并拥护只接受新教君主的继承原则，一旦詹姆斯党得势，这些成果都将受到威胁。除此之外，当时的人们也有理由相信，一旦合并计划遭遇挫折，英格兰有可能采取军事手段强力干涉，以保障自己北部边界的安全。戈多尔芬伯爵已经给出了威胁性的暗示，英格兰军队也已入驻北部边界地区，并增强了在北爱尔兰的兵力。我们无从得知这些大规模军事准备措施到底是一种单纯的武力炫耀，还是有可能

16

在万一之际转变成非常手段，但这些手段的确令苏格兰议会的反对派在 1706 年下半年辩论《联合条约》各项条款时保持了高度的警觉。这场风波背后隐藏着极为重大的风险，这一点在当时昭然若揭。

1707 年 5 月 1 日，苏英合并正式以法律形式确定。通过这一安排，英格兰寻求在鏖战欧陆期间保障本国的安全；而在苏格兰，民众对议会主权丧失的愤怒和对"合并"这一构想的强烈敌意几乎不可阻挡。尽管如此，《联合条约》仍然以显著多数在议会得到通过。苏格兰教会曾表达了强烈反对之意，但因为《联合条约》严格保障了教会的权益与特权地位，他们的立场最终有所缓和。在议会内部，政府的收买与操纵手段更加有效地保障了宫廷党的稳定运转，《联合条约》的一些具体条款也针对性地满足了苏格兰比较重要的既得利益团体的诉求。贸易自由得到了保障，"等价代偿"也令执政党成功地争取到了来自"逍遥派"的关键支持。但这些只是苏英合并背后的"胡萝卜"，"大棒"发挥的作用同样不可忽视。一些人担心合并谈判流产将导致内战爆发，也有一些耸人听闻的传言声称一旦合并失败，威斯敏斯特方面将进行武装干涉。在这一处境下，议会的反对派又受困于内部分歧和领导力的缺失，其势力遭到了致命性的削弱，根本无力依托国民的不满情绪，与政府和英格兰方面对抗。

3

《联合条约》的第一条庄严地宣示，"英格兰、苏格兰两国……当永结为一邦，其名为大不列颠"。但在现实当中，即便在 1707 年以后，两国之间的新关系仍需经过一个漫长而坎坷的过程才能得到正式确立，在此期间发生的一些挫折甚至一度威胁到联合王国的存续。《联合条约》是爱丁堡和伦敦方面彼此妥协的产物，它在苏格兰议会得到通过只是涉险过关，民众在议会之外释放的强烈敌意也还没有被平息。在这样的背景之下，"大不列颠"并不能走上一条平稳且和睦的轨道。

与此同时，詹姆斯党的威胁从未消散，其势力在苏格兰的影响也总是强于英格兰，这在很大程度上是因为流亡的斯图亚特王室往往依赖高地地区一些实力最强的氏族为其提供军事支持。詹姆斯党正确地认识到，苏英合并的最终目的是贯彻并捍卫光荣革命的成果，彻底排除斯图亚特家族的王位继承权，因此坚决反对合并。正因如此，直到詹姆斯党的力量被彻底打垮（即1745年）为止，苏格兰和英格兰的合并关系始终面临着一定程度的威胁。而如果法国有意动用其庞大的海陆军力量支持斯图亚特家族夺回王位，这种威胁就更为迫切。1708年，路易十四和他的大臣们就曾决定利用苏格兰反对合并的情绪，迫使马尔伯勒公爵从他远征欧陆的得胜之师中抽调几个团的兵力来回防本土。因为天气恶劣、舰队迷路，詹姆斯党人的远征军遭遇了重大挫折，而法国舰队也贻误了与苏格兰盟友在福斯湾会合的时机，导致这场行动以全盘失败告终，但这起事件无疑暴露了苏英合并之后大不列颠的重大破绽。如约翰·S.吉布森（John S. Gibson）颇具说服力的研究所示，倘若法国人成功登陆，苏格兰各地的响应者人数将大为增长，乃至形成一股可观的力量，其规模将远超当时苏格兰政府所能调动的1500名常备军。更有甚者，流亡的"老王位觊觎者"詹姆斯·斯图亚特在他的《告苏格兰国民书》中承诺恢复苏格兰议会，意在争取那些反对《联合条约》的势力投奔自己。

18 　　对于谨慎处理当前复杂局势的迫切性，时人中没有谁比戈多尔芬伯爵认识得更为清楚。在1707年之后，除了建立一个王室专员与消费税理事会（Boards of Commissioners and Excise）以增加收入之外，他几乎没有对苏格兰的行政事务施加任何干预。在苏格兰政府担任事务大臣的劳登伯爵和马尔伯爵也都得以留任。戈多尔芬伯爵的策略要点在于尽可能避免出手，以确保苏格兰人不会发声抗议。这一策略大体上取得了成功，戈多尔芬伯爵最终只在1708年废除苏格兰枢密院（苏格兰王国政府最高行政机关）一事上做出了让步。这原本不是威斯敏斯特方面计划的一部分，而是"逍遥派"运作的结果，后者相信枢密院是宫廷党人把持选举机制、为自己制造优势的工具。结果，废除枢密院反而极大地削弱了苏格兰政府在危急关头进行缜密且决定性决策的能力，构成了苏格兰政府发展史上的一个重要节点。枢密院的缺失在苏格兰政治权力体系中留下的空白也令詹姆斯党更加肆无忌惮。1709年，新组建的联合王国议会为应对1708年詹姆斯党叛乱所昭示的威胁，不顾下院苏格兰议员的反对，将英格兰严苛的反叛国法律推行至苏格兰，这是因为苏格兰詹姆斯党密谋者没有因1708年的计划受到震慑性的惩罚。讽刺的是，詹姆斯党人之所以逃脱了惩罚，是因为当时枢密院已经时日无多，其成员也不再有兴趣执行重大政策。叛国罪立法一事也表明，即便威斯敏斯特方面在大多数时候无意对苏格兰施加直接管治，他们仍愿意在与国家安全有关的事务上用更强硬的立场进行干涉。

　　随着托利党在1710年的选举中取代戈多尔芬伯爵所领导的辉格党联盟，英格兰政府对苏格兰的态度变得更加强硬且具挑畔性。高教会派（High Church）① 托利党人执着于削弱苏格兰教会在《联合条约》中得到保障的特权待遇，这比起英格兰对苏格兰的敌意，更像是英苏两国托利党人中的高教会派对长老派教会的全面打击。苏格兰的托利党人以对主教制圣公会的忠诚著称，他们也对这一动议表示了热忱。1711 年，一位苏格兰圣公会牧师詹姆斯·格林希尔兹（James Greenshields）向威斯敏斯特议会上院提起上诉，他因在爱丁堡违反该城拥护长老派的规定，使用英格兰式祈祷书而被市政官逮捕。根据 1707 年的《联合条约》，向议会上院提起上诉是被允许的，但上院最终给出的审理结果判定英格兰式的祈祷书可以在基于主教制的教会集会上使用，这激怒了爱丁堡的长老派基督徒。1712 年，议会又通过了《容忍法案》（Toleration Act）和《赞助法案》（Patronage Act），在宗教问题上进一步采取了激进的姿态。《容忍法案》规定，只要苏格兰的主教制教会信徒同意在礼拜仪式中加入为现任君主祈祷的内容，就能享有举行宗教活动的自由。《赞助法案》则重新确立了赞助人（patrons）的基本权利。他们通常是本地的土地主，有权任命当地堂区空缺的牧师和其他教会职位。1690 年长老派革命之后，赞助人制度被认为和地方社群自选牧师填补堂区空缺的权利相抵触，因而遭到废除。

　　上述举动既激怒了苏格兰教会，又在表面上构成了对《保证法案》的侵犯。《保证法案》保障了长老派在苏英合并后继续享有的权利，而这一点直接关系到《联合条约》能否被苏格兰方面接纳。然而，1712 年的两项立法却提出了另一个问题，

---

① 英国国教会信徒中的一派，在教会传统与信仰生活等方面更接近天主教会（如强调主教制与圣事的仪式性），与更具福音主义倾向（信众组织更扁平，仪礼更简化）的派别相对。

即 1707 年的《联合条约》到底是一部不可变更、不可侵犯的基本法律，还是会受制于威斯敏斯特主权立法机构的意愿，有可能受到改动。相比之下，苏格兰在苏英合并之后采用的新税制可能给民众带来了更直接的影响。A. L. 默里（A. L. Murray）曾指出，在 1707 年后的头几十年里，苏格兰的关税与消费税收入大幅上涨，被纳入征税范围的商品种类也大幅增加。这部分是因为之前的税收水平根本不足以填补苏格兰政府和行政事务的开支，而伦敦政府也对苏格兰的走私贸易与海关逃税现象深恶痛绝。此外，随着西班牙王位继承战争在 1713 年结束，不列颠主要的税收从土地税转向针对一系列商品的关税和消费税，啤酒、盐、亚麻、肥皂和麦芽都位列其中，而这些都是苏格兰大部分民众生活中的必要物资。例如，盐是日常生活中运用最为广泛的食品防腐剂，亚麻是一种使用最为广泛的布料。与此同时，苏格兰经济在 1707 年后的头一个十年里仍处在低迷状态，合并前后小册子作者们乐观企盼的经济奇迹最终并未实现，这令苏格兰因增税受到的损害更加深重。家用盐在 1707 年以前并未被课税，但在 1713 年开始征税之后，家用盐的价格翻了一番。就在同一年，议会下院投票决定在苏格兰对麦芽征税，这直接违反了《联合条约》里的规定，并导致苏格兰最受欢迎的饮料——麦芽酒的价格飙升。因为苏格兰民间的愤怒情绪十分强烈，所以这一税目的征收工作从未认真落实。

20　　对苏格兰人来说，征收麦芽税意味着近来英格兰方面的一系列挑衅行为达到了一个高峰，甚至有令苏英合并破裂之虞。议会两院的苏格兰议员召开了一系列会议，认定废除《联合条约》是打破这一局面的唯一办法。对于这一结论，所有与会派系的态度惊人地一致，这在党争不断的苏格兰政坛实属罕见。

1713 年 6 月，芬勒特伯爵在上院提出这一动议，却在投票中因四张代理人票之差落败。这一结果不但体现了苏格兰贵族对苏英合并的绝望态度，也表明很多英格兰人同样对两国合邦不甚支持。而在苏英紧张关系的助长之下，苏格兰的詹姆斯党人于1715 年在马尔伯爵的率领下再次起事。1706—1707 年，马尔伯爵本人曾在宫廷党人操纵《联合条约》投票的工作中发挥了关键作用，也在联合王国的议会拥有席位。然而，他在来自汉诺威王朝的君主乔治一世即位后不受宠信，因此转投斯图亚特一方，这正应了他的诨名"跳荡约翰"。马尔伯爵在 1715 年的叛乱中召集了一支一万人的队伍，相当于阿盖尔公爵当时所能调动的政府军兵力的两倍以上。而在 1715 年的詹姆斯党叛乱破产之后，极度忠于辉格党的不列颠驻法大使斯泰尔伯爵曾指出，如果苏英合并的乱局不能得到妥善处理，下一场叛乱的爆发便迫在眉睫。斯泰尔伯爵身居高位且与宫廷党人过从甚密，但就连这样的人也承认苏英合并仍存变数。

不过，斯泰尔伯爵对于苏英关系改善的期望未免天真，因为两国之间的根本矛盾既不可能轻易化解，也不会很快被时间消磨。在威斯敏斯特方面看来，苏格兰的走私和蓄意的收入瞒报现象一向十分猖獗，这表明苏格兰人没有履行他们的纳税义务。伦敦的商人就对格拉斯哥烟草贸易中严重的逃税行为颇感恼火，而根据现代研究，1707—1722 年从弗吉尼亚和马里兰进口到苏格兰的货物中，只有一半缴纳了关税。在其他行业，商业舞弊行为的普遍程度也与此相当。此外，在合并之前苏格兰经济早已习惯于低税率和宽松的征收体制，因此 1707 年后强加于苏格兰的新征收体制引起了广泛的不满。这既在苏格兰造成了经济利益的损失，也被苏格兰人视为伦敦方面强迫苏格兰偿

还英格兰国债（在西班牙王位继承战争期间严重膨胀）的一种
21　手段。苏格兰民众对增长的税负与更加收紧的征收制度充满怨恨，这最终导致了针对海关税吏的暴力事件。在苏格兰各地，聚众袭击海关职员、冲击海关库房的事件频繁发生，相关记录在这一时期联合王国海关总署的档案中随处可见。在艾尔、邓弗里斯和格里诺克等地的海关辖区，当地海关人员甚至不敢在没有武装保护的情况下开展征税工作，关于官吏遭到石块攻击、暴力威胁或监禁，以及船上和库房中的货物遭到掠夺的报告也不断从苏格兰各地传来。

　　然而，与 1724 年的骚乱相比，上述暴力事件造成的影响几乎不值一提。当时领导政府的罗伯特·沃波尔爵士（Sir Robert Walpole）决定从 1725 年 6 月开始正式在苏格兰征收麦芽税，这一政策曾在 1713 年于上院表决通过，并险些令联合王国解体。随着沃波尔政府再次将麦芽税提上日程，强烈的民怨在 1725 年夏天爆发，斯特灵、邓迪、艾尔、埃尔金、佩斯利和格拉斯哥等地都发生了暴动。在这当中，格拉斯哥的局面最为严峻。人们认为代表当地选区的议员绍菲尔德的丹尼尔·坎贝尔（Daniel Campbell）支持可恶的《麦芽税法》，于是对他的乡间豪宅纵火抢掠，并在激战中将当地驻军从格拉斯哥驱逐到邓巴顿，导致 8 人死亡。直到韦德将军率领一支由 400 名龙骑兵和更多步兵组成的队伍前去镇压，这场针对联合王国的危险暴乱才宣告结束。罗莎琳德·米奇森（Rosalind Mitchison）曾将苏格兰人对麦芽税的愤怒反应称为一场"民族抵抗运动"，[5] 鉴于当时苏格兰的其他城镇也有意加入格拉斯哥的抗争行列，这一论断可谓准确。1725 年的暴乱也理所当然地令沃波尔政府开始关注苏格兰问题。一方面，暴乱本身无疑制造了严重的事态；

另一方面，苏格兰行政当局在法治面临重大威胁的时刻所暴露出的无能也昭然若揭。时任苏格兰检察大臣（Lord Advocate of Scotland）的罗伯特·邓达斯（Robert Dundas）自己就反对征收麦芽税，并因此遭到解职。苏格兰事务大臣罗克斯堡公爵①在这场风波中几无表现。苏格兰王国枢密院被取消之后留下的行政权力真空则在危机面前暴露无遗。阿盖尔公爵的弟弟艾莱伯爵受命调查苏格兰当地的情况，并向沃波尔汇报说当地"长期处于没有政府管治的状态"，而且"法律条文本身对民众几乎没有约束力"。[6] 这相当于认定苏格兰在联合王国框架下不可能得到有效统治，因此政府必须采取手段扭转当前的局面。

　　沃波尔内阁最终决定将无能的罗克斯堡公爵解职，转而任命艾莱伯爵主持苏格兰政务。艾莱伯爵是沃波尔的朋友，因此这一决定的背后存在私交因素，但这也是因为阿盖尔一派在议会中的势力有助于他实现自己的政治野心。结果，这一决定构成了英苏关系史上的一个转折点。艾莱伯爵（1743 年承袭阿盖尔公爵头衔）从此成为苏格兰政坛的主导者，直到 1761 年去世，只有 1742—1746 年经历了短暂的低谷。他的权势甚至为他博得了"苏格兰王"的名声。艾莱伯爵的政治影响力来自他与沃波尔之间严格的政治契约：艾莱伯爵向沃波尔保证苏格兰将保持局势稳定，并操纵自己麾下的议员（占苏格兰议员的大多数）支持沃波尔政府；沃波尔则保证艾莱伯爵在政治赞助的分配中享有优先地位，并允许他全权统治苏格兰。很快，与沃波尔的关系令艾莱伯爵掌握了大量可用于收买他人的政治资源，而这些资源也在他的两个主要代理人——米尔顿的安德鲁·弗

---

① 即上文提到的第五代罗克斯堡伯爵约翰·克尔。

莱彻（Andrew Fletcher）法官和卡洛登的邓肯·福布斯（Duncan Forbes，他被高地人称为"邓肯王"）的配合下得到了巧妙的运用。艾莱伯爵通过不懈的努力建立了一个由大量荫客与仆从组成的政治帝国，触角遍及苏格兰的民政、司法、军事、宗教机构和大学。有证据显示，当时就任苏格兰高等民事法院法官的人中有三分之二依赖于艾莱伯爵的提携，各地治安官的任命也受他左右。有说法称苏格兰的治安官人选"无异于他本人的儿子、女婿和盟友的集合"。[7]到1730年代，就连当时的国王乔治二世也把艾莱伯爵称作"苏格兰的总督（副王）"。

艾莱伯爵在苏格兰施行的统治颇见成效，这令联合王国迎来了一个安定时期。他是一位手法巧妙的政治家，在1725年的麦芽税危机中为缓和局势出力不少。但在那之后，他开始积极地应对苏格兰所面临的主要问题，以避免激起民众更多的反抗行为，确保秩序得到维持。因此，苏格兰政府在1727年设立了制造业与渔业监理委员会（Board of Trustees for Manufactures and Fisheries），旨在振兴苏格兰经济。政府每年投入6000英镑，用于支持亚麻、羊毛和水产品的生产，尽管这并未达到1707年《联合条约》规定的程度，但至少表明政府有意履行条约第十五条所规定的内容。法律对格拉斯哥反麦芽税暴乱参与者的惩罚也是严苛的。格拉斯哥城被罚向绍菲尔德的坎贝尔支付赔偿，一些肇事者被判流放。这一软硬兼施的做法表明艾莱伯爵既能改善政府与苏格兰人的关系，也能用强有力的手段让伦敦方面对苏格兰的管治情况感到满意。在接下来的几年里，艾莱伯爵的收买网络变得更加复杂，他调解利益集团冲突的手法也越发纯熟。正因如此，沃波尔放任他自行处理苏格兰事务，甚至无须诉诸联合王国政府的权威。诚然，直到1737年为止，伦敦方面都没有再对苏格兰事务施加直接干预。1736 年 4 月，爱丁堡城市卫兵的队长因在一场处决走私犯的行刑仪式上下令对人群开枪而被暴民以私刑处死，这引发了所谓的波蒂厄斯暴乱，迫使伦敦方面出手应对。城市卫兵的行动造成了数人死亡，波蒂厄斯当时正在爱丁堡老市政厅监狱服刑，但愤怒的民众听信了他将得到短期缓刑的消息，强行将他从囚室中拉出来绞死。这一暴行令威斯敏斯特方面大为震动。政府不但对当地法治失效的状况感到惊诧，也怀疑这些民众受到了来自爱丁堡当局的怂恿，于是下令对爱丁堡全城施加严厉的惩罚。只有在艾莱伯爵的兄长阿盖尔公爵表示坚决反对，以及苏格兰政界对严罚政治首府表达强烈抗议之后，这个极端命令的强度才有所减轻。

波蒂厄斯暴乱损害了艾莱伯爵的名声，也为他在沃波尔政府的任用下全权管治苏格兰的经历蒙上阴影，但在治理苏格兰的十多年里，艾莱伯爵确实为保证苏格兰平稳融入苏英合并新体制出力不少。曾在 1712 年严重威胁联合王国存续的那些强制同化措施几乎不复存在，到 1730 年代，艾莱伯爵的政治赞助网络已深入苏格兰政治生活中的几乎每一个角落，令苏格兰得以作为一个联合王国中的国家维持运转。理论上苏格兰的主权依然归属威斯敏斯特的中央政府，但苏格兰地方的实际管治工作仍在沿用 1707 年以前的体制。《联合条约》本身保证了苏格兰的教会和法律体系不会有根本改变，苏格兰式的中央与地方政府体系也得到了复兴。虽然失去了苏格兰议会，但爱丁堡依然是苏格兰法律和行政事务的中心，苏格兰最主要的法院——最高法院（Justiciary）、最高民事法院（Session）和财税法院（Exchequer），以及海事法院和遗嘱检验法院都设在爱丁堡，苏格兰教会总会、王室特许城镇大会（Convention of Royal Burghs）、消费税总署（Board of Excise）、邮政总署（Post Office）和苏格兰海关总署亦皆如此。由治安官和治安法官构成的地方司法体系在苏英合并后得到延续，堂区治理中最重要的两项事务——教育和济贫的运作也延续了1707年之前由堂区小会和地主共同承担的模式。这标志着苏格兰在加入联合王国后仍保留了高度的司法、宗教和行政自主性与延续性，也意味着苏格兰的大多数重要决策仍是在苏格兰内部做出的。只要威斯敏斯特方面仍保持低调（他们在1725年后的大多数年份里也确实这么做了），而且像艾莱伯爵这样颇有手段的管理者仍能化解潜在的冲突根源，苏格兰的半独立状态就能得到保证。这种状态也有助于平息苏格兰的反合并舆论，并让苏格兰人更容易接受与英格兰合并的事实。

进入1740年代，苏英之间的纽带又在另外三种因素的作用下加强了。第一，随着1745年的小王位觊觎者之乱在1746年4月以卡洛登之战的惨败收场，曾对联合王国构成重大威胁的詹姆斯党彻底崩溃，再也无法形成一支有影响力的政治或军事力量。在此之后，高地地区的叛乱被残酷镇压了。第二，1707年《联合条约》中英格兰方面在自由贸易问题上做出的妥协终于开始兑现为经济上的红利，苏格兰经济版图上最重要的几项产业——亚麻、牲畜与烟草都在这一时期经历了显著增长。其中，烟草贸易开始进入一个黄金时期。1741年在克莱德河诸港口卸货的烟草总量为800万磅，这一数字到1745年升至1300万磅，在1752年更是激增至2100万磅。亚麻贸易同样异常兴旺，1742年政府对亚麻出口提供的优惠补贴在其中发挥了一定作用。上述三项产业都高度依赖于与英格兰本土及其殖民地市场的自由贸易，以及从1707年开始针对外国竞争者征收的高昂保护性关税，这两点对于它们在 1740 年代的繁荣发展都颇为关键。根据官方数据，到 1760 年代，苏格兰的主要产业——亚麻纺织业近 70% 的产出都被销往英格兰与英属大西洋殖民地。在这一时期，苏英合并带来的现实利益似乎终于有所显现，联合王国也将成为苏格兰未来经济繁荣之所系。

1740 年代推动苏英关系趋于稳定的第三种，也是最为根本的因素，在于英格兰及其海外帝国开始为苏格兰中上流阶层提供丰厚的就业机会。数百年来，苏格兰的商贩、贸易商、学者、教士和职业军人遍历欧洲各地。根据现代研究估算，仅在 17 世纪上半叶，苏格兰就曾有 9 万到 11.5 万人移民爱尔兰、波兰、斯堪的纳维亚半岛及其他国家，而联合王国也很快为苏格兰人提供了全新且更有魅力的海外机遇。早在 1707 年以前，苏格兰人便在新泽西与南卡罗来纳建立了殖民地，这标志着苏格兰人海外移民活动的重心正从欧洲大陆逐渐转向大西洋彼岸。野心勃勃的达里恩远征行动原本计划在巴拿马地峡建立一处属于苏格兰人的海外商业枢纽，却以一场不幸的失败收场，虽然苏格兰人为此付出了惨痛的代价，但这也体现出他们向大西洋西岸移民的新志向。到 1750 年代，一些苏格兰人开始利用联合王国的纽带致富，其中就包括那些在南方国度攫取了丰厚利益的苏格兰贵族与大土地主。1733 年，格兰奇的厄斯金（Erskine of Grange）就曾抱怨：“苏格兰人早已视自己的国家为一片废土，不但宫廷中人弃之不顾，连重要的贵族和士绅也不予过问。”[8]相比之下，贵族只要拥有人脉就能在伦敦获得不错的官职、虚衔与丰厚的年金，更有机会开辟自己的仕途，这无疑对他们充满吸引力。在前往伦敦追逐机遇的苏格兰贵族当中，有一些人取得了尤为突出的成就。1707—1745 年，46% 的苏格兰从军贵族在联合王国军队中晋升为将官，这个比例在 1660 年至 1706 年只有 17%。而在校官之中，1750 年代有四分之一的英军团级军官是苏格兰人。有鉴于此，一些苏格兰贵族自然开始选择长期定居英格兰，以延续乃至加速推动了始于苏英合并之前的那种向英格兰移动的倾向。例如，第五代汉密尔顿公爵在英格兰的温切斯特和牛津接受教育，之后成为乔治二世的寝宫侍从，在巴斯去世。苏格兰的"无冕之王"艾莱伯爵阿奇博尔德·坎贝尔出生在萨里郡，曾在伊顿公学受教。苏格兰贵族的英格兰化可以追溯到 1707 年之前，而在 18 世纪中叶，这一过程已经有了显著的深化。

但对那些身份更为卑微的苏格兰人而言，想要在 1760 年代以前跻身伦敦政界，为自己谋一份事业绝不简单。或许只有在伦敦商界不断壮大的苏格兰商人群体能够异军突起，他们当中的很多人都与在格拉斯哥经营烟草业的贵族有亲缘关系或业务往来。或许是因为英格兰社会对苏格兰人开放的机遇太少且不够有前景，很多苏格兰人选择把他们的目光对准不列颠的海外殖民帝国，在那里他们能够运用自身的技能与教育背景，取得更令人印象深刻的成就。在 1690 年代，日后发起了达里恩远征的苏格兰非洲和印度公司曾试图挑战东印度公司（EIC）的垄断地位，最终惨遭挫败。但在苏英合并后，苏格兰人开始渗入东印度公司的管理层，到了 1730 年代，像霍普和德拉蒙德这样在欧洲大陆拥有生意关系的苏格兰银行业世家已经在东印度公司的业务中发挥了显著作用。1722 年，夸勒尔的约翰·德拉蒙德（John Drummond）被任命为东印度公司的第一个苏格兰籍总监。到 1750 年代，早在亨利·邓达斯（Henry Dundas）把东印度公司变成一个苏格兰人专属的机构之前，已经有大量苏格兰人在孟加拉和马德拉斯的军政部门担任职务。正如安德鲁·麦基洛普（Andrew McKillop）所揭示的那样，早在 1767 年，东印度公司在孟加拉和马德拉斯的民政部门已经有了 220 名苏格兰籍书记官，约占全体书记官人数的 10%，这一比例远高于东印度公司中的爱尔兰人与威尔士人。在 1760 年代申请成为书记官的人员中，后两者所占比例总计不到 5%。

苏格兰人群体的成长在英属北美殖民地更为显著，那里在苏英合并后的头五十年里接纳了约 30000 名苏格兰移民。至少在苏格兰低地，前往英属北美的移民潮主要是由受教育的专业人士和商人阶层推动的。在 18 世纪，超过 150 名苏格兰医生渡海移居美洲，成为殖民地医疗界的主要力量。苏格兰人也主宰了殖民地的圣公会与长老会组织，向包括中南部的诸多地区输出了大量教师。在七年战争之后，拜在苏格兰出生的时任事务大臣比特伯爵（Lord Bute）所赐，苏格兰人占据了东西佛罗里达的大多数王室官职。苏格兰商人和种植园主在弗吉尼亚、马里兰和南北卡罗来纳的种植园经济体系中扮演了重要角色，是他们运作了大西洋两岸的大宗烟草、稻米与靛蓝贸易。

苏格兰拥有异常发达的教育系统，包括五所大学，相比之下，本地社会可供大土地主、律师、牧师、商人、医生和教师等阶层的子弟从事的就业岗位比较有限。苏格兰经济比英格兰更为贫困，从很久以前开始，苏格兰人便已习惯了到海外谋求发展。在 1707 年之后，这种出海打拼的传统和欧洲大陆发达的商业网络一道，为苏格兰人提供了不少机遇。对于一个并非与世隔绝的社会来说，移民是司空见惯的。因此，苏格兰人对不列颠殖民帝国贸易、军政与各专业部门的参与只是一种海外开拓方向上的转变，并不是一场全新潮流的开始。1756—1763 年的七年战争之后，由于对法战事的胜利为不列颠在北美大陆、加勒比地区、非洲和印度赢得了广袤的新领地，苏格兰人参与殖民帝国事业的回报也更为丰厚。随着帝国军队的规模不断扩大，面向苏格兰军官的职缺也大为增加。

在七年战争期间，此前由詹姆斯党主宰、对联合王国素怀不满的苏格兰高地地区也为英军提供了兵员，而在之后的北美战争与拿破仑战争中，高地人还将提供更多的士兵。高地诸氏族摇身一变，成为不列颠帝国的战士，征募本地人为英军效力也为氏族酋长们提供了丰厚的额外收入。在不列颠军队中，苏格兰高地出身的轻步兵因顽强、忠诚且灵活的作风颇负盛名。但他们也如老威廉·皮特所承认的那样，是一些"死了也无所谓"的人。七年战争期间共有六个团的苏格兰高地步兵应征参战，而在之后的美国独立战争期间，又有十个高地团加入英国陆军。尽管在军饷未按时按量发放，或者在部队有可能与低地团整编时爆发过一些哗变，但这些穿呢子裙的军人很快就成为不列颠帝国令人生畏的急先锋，截至1815年，他们的足迹已遍及西欧、北美、加勒比和印度。1784年，英格兰政府出于对苏格兰高地人的感激，宣布将1745年詹姆斯党叛乱之后被没收的地产归还原主，此时那些曾经不忠的氏族已经转变为帝国军队的一部分，这对上述决定也有一定推动作用。在当年通过的《解除没收法案》中，政府用热情的笔调歌颂了高地人在北美战争中做出的杰出贡献："……很多（苏格兰高地）人在最近的战事中为他们的国家做出了杰出的贡献，无论来自哪一职种、哪一层级……他们的忠心与责任感在陛下的任何一片领地都无人能及。"

不过，伦敦方面对苏格兰人并不总是报以赞赏之情。事实上，1750 年代和 1760 年代伦敦方面针对苏格兰人的歧视现象恰恰从侧面印证了苏格兰人在联合王国取得的成功。这种反苏格兰情绪在比特伯爵约翰成为第一任苏格兰籍首相时尤为高涨，很多苏格兰人在他就任期间得以担任重要公职。1747—1753年，只有 8 名苏格兰籍下院议员占据了政府要职，1761—1767年，这一数字增至 28 人。苏格兰人的快速崛起深为英格兰人所忌惮，当时的英格兰政治讽刺漫画也以充满种族主义的笔调把苏格兰人描绘成狡诈的乞丐，说他们性格奸猾，完全不值得信任。比特伯爵本人就受到了一些尤为尖锐的挖苦，在一份又一份滑稽小报上被描述成一个因勾引乔治三世的母亲而备受宠爱的淫棍。正如琳达·科利（Linda Colley）指出的那样，这一表述露骨地表明英格兰人对苏格兰人渗透本国政坛、寻求年金与职缺的现象深感焦虑。在 1762 年发生在考文特花园的那起著名事件里，詹姆斯·博斯韦尔（James Boswell）显然也表达了自己的民族自豪感。当时有两名高地人军官走进剧院，在场观众纷纷发出"不要苏格兰人！不要苏格兰人！让他们滚"的喊声，并向这两个倒霉的军人投掷苹果。目睹此景暴跳如雷的博斯韦尔咆哮道："你们这些天杀的混账！我恨透了那些英格兰人，我打心底希望联合王国散伙，这样我们就能让他们再尝尝班诺克本之战的滋味。"[9] 就连 18 世纪下半叶最伟大的哲学家大卫·休谟也体会过民族歧视的滋味："一些人恨我是因为我不是辉格党人，一些人恨我是因为我不是基督徒，但他们都恨我这个苏格兰人。"[10]

　　1757 年的《民兵法》构成了对苏格兰民族尊严的又一次侵犯。这部法律宣布在英格兰和威尔士组建一支本土防御力量，苏格兰却被排除在外。究其原因，很可能是威斯敏斯特高层直

28

到 1760 年代仍认为苏格兰人大多是潜伏的詹姆斯党人，因此不宜持有火器。《民兵法》在苏格兰知识界引发了激烈抗议，并促使一些苏格兰知识分子发起倡议，在苏格兰建立一支自己的民兵武装。但在这一阶段，爱国热情和尊严受损所带来的愤恨已不太可能动摇联合王国的存续。自 1707 年以来，苏英合并已经为苏格兰的贵族、商人和知识界人士带来了巨大的现实利益，这是他们不愿意割舍的。

事实上，很多苏格兰人对大不列颠联合王国这一理念的态度正变得越来越积极。毕竟，写下《统治吧不列颠尼亚》的詹姆斯·汤姆森（James Thomson）就是苏格兰人。18 世纪下半叶最重要的苏格兰诗人罗伯特·弗格森（Robert Fergusson）和罗伯特·伯恩斯（Robert Burns，即罗伯特·彭斯）都曾写下以不列颠为主题的热情诗句。弗格森曾说"你们这些幸福的不列颠人……保卫不列颠尼亚免遭外敌突袭"，伯恩斯则在《华盛顿将军生日颂》中歌颂"不列颠人生于自由，灵魂似火"。爱丁堡和格拉斯哥城内诸如汉诺威街、乔治街、女王街和弗雷德里克街这样的地名也体现出城市精英对大不列颠及汉诺威王朝的忠诚。在苏格兰的地主阶层中，越来越多的人选择把子女送到英格兰的中学和大学受教，以让他们的前途发展更为可观。苏格兰启蒙时代的知识分子也开始对他们过于"土气"的口音和言辞感到在意，其中就包括大卫·休谟这样的知名人物。1761年爱丁堡的精选俱乐部（Select Society）① 中就有人曾如是说：

---

① 1754 年成立于爱丁堡的一个俱乐部，由当时苏格兰政商文化界的上流人士组成。大卫·休谟、亚当·弗格森、亚当·斯密等人都曾是这一俱乐部的会员。

　　鉴于本地与大不列颠之首都的往来日盛，无论贸易、娱乐还是其他必要之联络都将继续发展，然而在苏格兰受教的绅士不谙英格兰的语调与言辞，并早已对这一问题造成的缺陷感到困扰。[11]

为解决这一问题，精选俱乐部提议从英格兰引进称职的发音学教师为苏格兰人提供指导。18世纪的苏格兰史学家也开始变得倾向于用负面态度审视苏格兰在此之前的历史，当时最为显赫的史学家威廉·罗伯逊（William Robertson）就曾将1688年光荣革命以前的苏格兰历史斥为一段处于无政府状态、充斥着野蛮行径和宗教迷信的黑暗岁月，他的这些抨击论调还将在无数次要史家的论述中得到重申。对苏格兰的盖尔－爱尔兰文化遗产与苏格兰民族复杂的族群渊源的贬损也构成了这些史学研究共有的核心课题。正因如此，约翰·克拉克爵士才否定了之前的一切既有观点，主张苏格兰人是苏格兰本地的原生民族，认为拉丁文文献中记载的"斯科提人"（Scotti）并不来自爱尔兰。他进一步提出早期的苏格兰人说撒克逊语，这一夸张的论述彻底否定了苏格兰的盖尔语传统，认为古代苏格兰人与古代不列颠人虽然在政治上归属不同，在语言上却有相通之处，正是这一点为英格兰和苏格兰在18世纪的彻底合并打下了基础。

　　然而，我们绝不能认为苏格兰人的身份认同已经在18世纪不可阻挡的英格兰化潮流中彻底沦丧。苏格兰当地的生活仍遵循苏格兰本地的机制与习惯运转：长老教会仍然维持着作为独立教会的尊严，苏格兰的民事法律、堂区学校和五所大学也依旧存在。苏格兰人不分贵贱，仍保持着苏格兰口音。约翰·巴

30

伯（John Barbour）和盲人哈里（Blind Harry）创作的那些歌颂中世纪民族英雄布鲁斯和华莱士事迹的诗歌也在苏格兰广受欢迎且经久不衰，表明普通大众的爱国主义热情并未消退。一些知识分子或许将17世纪的苏格兰誓约派斥为宗教狂热分子，但对低地的普通民众来说，誓约派是勇敢捍卫苏格兰长老教会的英雄，是他们用自己的英勇奋斗保护了苏格兰的信仰自由不受国家强权压迫。与华莱士和布鲁斯一样，誓约派也成了苏格兰的民族象征。而到19世纪初，在班诺克本举行的大规模群众集会已成为常态，苏格兰国王布鲁斯曾在那里取得了反抗英格兰统治的关键胜利，而英国内战时期的誓约派也曾在那里抛洒热血。誓约派传统的一个重要作用在于，它时刻提醒着苏格兰人，让苏格兰人意识到自己的长老制是一种不同于英格兰新教的独特信仰体系。

在苏格兰，诸如《苏格兰名人传》（*Scots Worthies*）这样的大众读物仍在纪念宗教改革与誓约派时代的事迹，那些历史故事中记载了加尔文派关于一切灵魂在上帝面前平等的信念，也为1790年代的激进运动提供了启发。此外，由于苏英合并带来的一些负面效果，苏格兰精英阶层对联合王国的态度有时也有所保留。如前所述，在1760年代早期，伦敦的反苏格兰情绪达到了新的高度。通过把苏格兰人描述成一个利用联合王国渗透到政府高层，并在不列颠帝国体系内攫取肥差的异族，约翰·威尔克斯（John Wilkes）煽动了英格兰的民族主义情绪。这些描述无疑有夸张成分，但休谟所谓"对苏格兰人的怨怒"显然有损联合王国的稳定，也与苏格兰人对于苏英以对等姿态合并的信念相悖。这一反苏格兰情绪最终令苏格兰精英对自身的苏格兰属性有了更清楚的认识。他们逐渐发展出一种双向的效忠观念，一方面在政治上忠于不列颠，即便英格兰人对他们施以最为尖刻的攻击也不为所动；另一方面又延续了长久以来的传统，对自己的母国维持着一种文化上的认同。

第二章　詹姆斯党的挑战

1

　　詹姆斯党运动中涌现了苏格兰历史上一些最富个性的人物，也发生了一些最为人所知的事件。这些故事里包括了人称"邦尼王子查尔斯"①的查尔斯·爱德华·斯图亚特的人生成败、1745 年詹姆斯党叛乱的戏剧性历程，以及高地氏族战士在卡洛登战场上英勇无比的最后一搏。这些故事为后世的传说与传奇提供了大量素材，无数的诗人、小说家、剧作家、电影制作人和乐曲作者在苏格兰詹姆斯党的荣辱兴衰中为自己找到了灵感的源泉，但他们制造的这些迷雾也遮蔽了今人寻找历史真相的视线。

　　表面上看，我们很容易为"詹姆斯党"（Jacobitism）一词下定义。这个词源于拉丁语中的"詹姆斯"（Jacobus）一词，因此"詹姆斯党"指代的便是那些致力于推动斯图亚特王朝复辟的人。自光荣革命以来，斯图亚特家族的詹姆斯七世（英格兰国王詹姆斯二世）便失去了英格兰、苏格兰和爱尔兰的王位。从 1685 年开始，詹姆斯便开始在爱尔兰推行"天主教化"政策，因此到 1688 年当地的大多数军官已是罗马天主教徒。这一现象立刻令英格兰和苏格兰的统治阶级感到警觉，既因为爱

---

① "邦尼"（Bonnie）在苏格兰与英格兰北部英语中有形容人富有魅力之意。

尔兰有可能为天主教势力对不列颠岛发起反宗教改革入侵提供跳板，又因为此时欧洲的天主教阵营再次转入攻势。在法国，保障新教胡格诺派信徒免受迫害的《南特敕令》于 1685 年遭到废除，针对胡格诺派的驱逐行动进入高峰期。相比之下，詹姆斯对宗教异见人士和天主教徒采取容忍措施，其赋予他们民事和宗教权利的做法则被视为可能带来一些天主教上的威胁。一些人甚至怀疑詹姆斯的本意就是要在不列颠恢复天主教的地位。随着他的王后在 1688 年 6 月为他诞下王子，这种天主教化的政策似乎注定要随着王朝的延续而继续得到推行。英格兰统治阶级中的部分人士对此无法接受，于是他们向坚定信仰新教的尼德兰王子——奥兰治的威廉发出邀请，邀他前来夺取王位。

起初，苏格兰仍对斯图亚特王朝效忠。事实上，苏格兰枢密院曾命令邓迪子爵克拉弗豪斯的约翰·格雷厄姆（John Graham of Claverhouse）率领一支军队南下伦敦，为受困的国王詹姆斯解难。然而，詹姆斯本人并无坚决抵抗的意志，随着他在首都一带的政治和军事力量逐渐瓦解，他最终在 1688 年 12 月流亡法国。但在苏格兰，詹姆斯的命运并未就此走到尽头。苏格兰对于英格兰革命的正式立场要等到 1689 年贵族大会在爱丁堡召开时才最终确定。虽然在贵族大会开幕时，爱丁堡主教曾公开祈祷上帝垂怜于詹姆斯，助他重登王位，但在与会代表收到来自两个王位宣称者的信函之后，支持斯图亚特一方的意见迅速落于下风。威廉不但表达了乐于协商的意愿，还强调自己将保障苏格兰的新教信仰。相比之下，詹姆斯拒绝做出任何让步，并对可能拒绝接受他统治的人施以威胁，这一表态实质上无异于政治自杀。因此，贵族大会决定拥戴威廉和玛丽为苏格兰君主的结论早在会议前期便已注定，此时与会代表中仍然坚定支持斯图亚特一方的派别成为少数。事实上，当贵族大会最终决议詹姆斯失去王位时，全场只有四票反对。不过，会议的决定也在苏格兰引发了第一场詹姆斯党叛乱，其领导者正是克拉弗豪斯的格雷厄姆，他在 1689 年 4 月登上邓迪圆丘（Dundee Law），举起了詹姆斯王的旗帜。就在当月，威廉和玛丽正式被推举为苏格兰的共治君主。

1689 年斯图亚特支持者发动的第一场叛乱似乎只证明了詹姆斯党运动在光荣革命成功后不久到底有多么不受欢迎。克拉弗豪斯离开爱丁堡时只带了 50 名骑手，他本想在对政府军发起进攻前广招人马，可最终聚集到他旗下的只有不到 2000 人。克拉弗豪斯的大多数追随者来自高地西部的少数氏族，低地的大贵族和大土地主则几乎无人响应。当然，苏格兰当地仍有很多人对詹姆斯党的立场持审慎的同情态度，但真正愿意赌上身家性命为统治苏格兰的古老王朝举兵造反的人寥寥无几。不过，在詹姆斯党最初的这场叛乱中，我们仍能发现一些罕见的迹象，表明这场运动将在之后一段时间内对新王朝在苏格兰的统治构成显著威胁。记载 1688—1689 年事件的编年史常常对克拉弗豪斯的格雷厄姆或"邦尼·邓迪"的事迹投以赞许的目光，后者在珀斯郡的基利克兰基关口取得的胜利淋漓尽致地体现了高地战士白刃冲锋的威力，也在民间歌谣和传说中得到铭记。然而，这场战斗并没有让詹姆斯党运动迎来曙光。邓迪本人在战斗中阵亡，他的部队也伤亡惨重，2500 人中有近 40% 的人战死、负伤或失踪。而在邓凯尔德（Dunkeld）镇爆发的激烈巷战中，他的部队最终被击退，没能攻入低地。最终，詹姆斯党残部在 1690 年 5 月 1 日被政府军骑兵追上，在斯佩河畔克罗姆代尔（Cromdale）的低洼牧草地上全军覆没。在这一时刻，斯图亚特势力在苏格兰的灭亡似乎已经注定。苏格兰的大多数政治精英都对斯图亚特家族态度冷淡，乃至怀有敌意，而在 1690 年詹姆斯党战败之后，对 1688 年革命的武装反抗几乎已被扑灭。1691年 12 月 2 日，詹姆斯最终允许他的支持者投奔威廉和玛丽。事实上，鉴于这一时期苏格兰人对斯图亚特王朝缺乏兴趣，假如政府的政策更加灵活变通，詹姆斯党的不忠动向本有可能在短短几年内消散殆尽。然而，恰恰是苏格兰政府的政策将在不久后大大助长詹姆斯党的势头。

推动詹姆斯党势力复苏的一个根本原因是政府试图没收主教的资产，并强行在苏格兰教会推行长老制。对于这一政策，苏格兰一半以上的教士表示拒绝。这些拥护主教制的教士也拒绝向威廉和玛丽及他们的继承人宣誓效忠，因为这违背了他们绝对捍卫神圣的君主继承原则、绝对忠于王权的信条，他们最终被称为拒绝宣誓派（Nonjurors）。一位来自韦斯特罗斯的圣公会牧师邓肯·麦克雷（Duncan MacRae）曾猛烈抨击 1689 年贵族大会褫夺詹姆斯七世王位的决定为对十诫第五诫的公然违反，这为拒绝宣誓派对苏格兰新王朝的态度提供了一个典型的例证。

拒绝宣誓派在詹姆斯党运动的发展过程中扮演了关键角色。拒绝宣誓派牧师为支持斯图亚特王朝复辟的主张提供了道德和意识形态基础，让这一运动得以在逆境中生存下去。他们在1690 年拒绝与长老教会和解，甚至在 1712 年也拒绝了汉诺威王朝提供的宗教宽容方案。苏格兰那些支持主教制圣公会的地区也成为 18 世纪詹姆斯党叛乱争取大众支持的重要策源地。根据估算，在 1715 年参与詹姆斯党大叛乱的 26 个高地氏族中，有 15 个倾向于追随苏格兰圣公会，还有 5 个氏族支持包括苏格兰圣公会在内的多个教会。苏格兰低地的信仰版图也遵循了类似的规律。詹姆斯党的支持者集中分布在低地东北部的安格斯、阿伯丁、班夫和金卡丁等郡，这些郡和珀斯郡一样拥有追随圣公会的传统。天主教会在苏格兰的影响力颇为有限，主要集中在高地西部、赫布里底群岛东北部和南部的部分地区，但这些地方也逐渐发展出一种忠于斯图亚特王朝的强烈意识。詹姆斯七世在位时，天主教徒曾享受过短暂但正式的宗教宽容待遇，但随着针对天主教的惩罚性法律在 1689 年重新生效，这种待遇走到了尽头。禁止天主教徒担任公职的系统性排挤再度开始，受迫害的信徒只能指望斯图亚特家族带来拯救。对他们来说，詹姆斯最有吸引力的地方不只在于他在 1688 年制定并维持的宗教宽容政策，还有他在失去王位之后拒绝为政治利益牺牲信仰原则的坚定立场。天主教徒对詹姆斯党运动的参与固然重要，但因为天主教在苏格兰的影响力较小（1750 年前后苏格兰只有 2% 的人口信仰天主教），只有苏格兰圣公会才为詹姆斯党运动提供了决定性的支持。事实上，鉴于 1715 年参加詹姆斯党大叛乱的 26 个高地氏族中只有 6 个信仰天主教，天主教在詹姆斯党运动中的地位很可能被夸大了。即便如此，天主教徒的参与仍为詹姆斯党运动赋予了一种意识形态圣战的色彩，并提供了一种根深蒂固的宗教信念，让詹姆斯党人不会轻易为现实条件的困难所动摇。与此同时，詹姆斯党运动也借此博得了法兰西和西班牙等欧洲天主教势力的同情，并与它们建立了密切的联系，而欧洲天主教国家的支持对詹姆斯党人的国际信誉至关重要。

1688—1689 年光荣革命后，在苏格兰推行长老制教会的政策在 1690 年以后大大刺激了对斯图亚特家族的支持，其他的一些因素也在不久之后令詹姆斯党人在苏格兰的声势更为壮大。如前所述，1690 年代的苏格兰经历了长达十年的经济危机。

1688—1697 年的英法战争对苏格兰的海外贸易造成伤害，威廉政权坚定的反法外交方针对此负有直接责任。与此同时，持续四年的农业歉收在苏格兰的一些地区引起了饥荒，令经济危机在 1696 年至 1699 年达到顶峰。在苏格兰低地，粮食短缺、饥荒造成的死亡和大规模人口外流的现象在东北诸郡最为严重，那里正好是苏格兰圣公会信徒的聚集区。对于曾吸引苏格兰贵族、地主、律师乃至工商业阶层投入重金的达里恩远征计划的失败，苏格兰舆论也广泛地将其归咎于伦敦新政府未能在苏格兰殖民者遭到西班牙人袭击时及时提供支援。邓迪叛乱之后，政府原本有意迫使追随詹姆斯党的高地氏族接受和平条件，而政府军在 1692 年臭名昭著的格伦科（Glencoe）大屠杀中惩罚一个高地小氏族的失败企图，却与前述政策背道而驰。当时，格伦科的麦克唐纳氏族领袖没能赶在 1692 年元旦的最后期限前向新王威廉效忠，时任苏格兰事务大臣的斯泰尔伯爵约翰·达尔林普尔（John Dalrymple）因此决定对当地人施以惩戒，以儆效尤。政府军本打算用刀剑处死当地所有男女老少，但计划未能成功，只有部分居民直接遭到杀害，麦克唐纳氏族的大多数成员虽然在逃亡过程中深受苏格兰高地寒冬之苦，却仍得以幸存。这场惨剧为詹姆斯党提供了一个绝佳的宣传素材，让他们得以借此宣扬新王威廉的统治有多么反复无常、极尽残忍且睚眦必报。

到 1700 年，苏格兰在推翻斯图亚特王室以来的十多年岁月里已经遭遇了持续不断的天灾人祸。当时的苏格兰人笃信神意在俗世事务中的影响力，因此很多人难免认为近十年来的苦难是一种征兆，意味着上帝对苏格兰人在 1688 年罢黜合法君主的重大罪行极为愤慨。詹姆斯党人借机将 1690 年代饥荒与经济危机频仍的时期称为"威廉王的灾年"，天主教教士与苏格兰圣公会牧师也向信众发出警告，提醒他们注意苏格兰人接受外国人篡位、驱逐合法君主詹姆斯的悲惨后果。结果，在邓迪的第一场叛乱以耻辱告终仅仅数年之后，詹姆斯党的运势似乎迎来了一轮复苏，看似注定迎来夭折的詹姆斯党运动不但重获生机，还因欧洲天主教势力提供军事支援的承诺和 1707 年《联合条约》的成效及其引发的后续震荡而越发壮大。

对不列颠的敌人而言，詹姆斯党运动为他们提供了一个机会，以在与这个意欲开疆、久战不休的王国的军事竞争中占得上风。1695—1715 年，英法在西班牙王位继承战争中交战，这构成了两大强权争夺欧洲与美洲和印度殖民地的全球竞逐的一个早期篇章。在这场战争中，法兰西君主国试图通过向詹姆斯党人提供陆海军支持，令自己的死对头不列颠一蹶不振。此外，法王路易十四本人也认定，苏格兰人罢黜詹姆斯七世的行径是一桩重罪，构成了对君权神圣性的严重亵渎。他不但为流亡的斯图亚特王室提供了一笔 60 万里弗尔的高昂年金，还将一座位于巴黎郊外圣日耳曼－昂莱的宫殿赠予詹姆斯。詹姆斯七世（英格兰国王詹姆斯二世）在 1701 年去世后，路易立刻宣布他十三岁的遗儿詹姆斯为英格兰、苏格兰和爱尔兰国王。而对詹姆斯党人来说更为重要的是，法国——这个当时欧洲最大的军事强权——终于一改数年来的暧昧态度，公开表达了更为强烈的支持斯图亚特王朝复辟的意愿，这为流亡王室的支持者们提供了重要的政治背书。一旦法国的经济和军事支援到位，詹姆斯党将再次成为一股不可小觑的力量。1708 年 3 月，法国试图从敦刻尔克发起一次入侵，将詹姆斯·斯图亚特和一支部队送往苏格兰。尽管在行动早期历经意外（诸如因詹姆斯不幸感染麻疹，部队被迫推迟出发等），这支舰队最终还是抵达了福斯湾，在那里得到了一群詹姆斯党地主的迎接。由于当时苏格兰的政府军兵力极为薄弱，这场入侵绝非没有胜算。然而，当英国海军的一支分舰队出现在附近海域时，法国指挥官决定撤兵。这次行动虽然以失败收场，但表明了只要得到来自法国的陆海军力量支援，詹姆斯党就很有可能对不列颠联合王国的统治构成严重威胁。

1707 年的苏英合并给斯图亚特支持者的事业带来了重大影响，也在上述那场未遂的 1708 年入侵行动中起到了催化剂的作用。如上一章所述，《联合条约》在苏格兰议会之外受到了强烈的抗议，最终也只是因为英格兰方面军事制裁的威胁、政治操纵和个别苏格兰大贵族的个人利益考量才得以通过。因此，两个王国的联合从一开始就在苏格兰不得人心，而随着苏格兰的商业在《联合条约》生效后不久仍深陷困境，经济预期的落空令苏格兰人的不满情绪日益增长。与此同时，陷入战事的不列颠政府也为应对不断加重的财政压力，在苏格兰提高税率，乃至对麦芽、盐和亚麻等必需品征收前所未有的新税，为此不惜违反《联合条约》的条款。此外，由于苏格兰政府在官员任命和政治赞助的分配问题上偏袒少数支持者，苏格兰政治精英阶层也对现状颇为不满。对斯图亚特王室的忠诚原本以对王朝政治传统和宗教原则的坚持为基础，但在两国联合之后，詹姆斯党运动已能够以苏格兰民族主义先锋，乃至苏格兰民族自由捍卫者的形象自居。在 1715 年和 1745 年两次叛乱爆发时，流亡的斯图亚特王室都在公开的宣言中将本王朝的复辟与废除《联合条约》、恢复苏格兰议会独立性画上等号，"不要联合"成了詹姆斯党旗帜上的通用口号。斯图亚特王朝复辟运动的热心拥护者康沃斯的洛克哈特（Lockhart of Carnworth）就曾主张把废除《联合法案》放在詹姆斯党政治策略的核心位置，因为

37

这一承诺将在苏格兰大受欢迎。

由此便不难解释，为什么 1715 年马尔伯爵约翰领导的詹姆斯党叛乱能够获得比 1688 年邓迪叛乱更为广泛的支持。马尔伯爵手下可供调遣的步兵和骑兵多达 10000 人，这也是詹姆斯党人在战场上动用的最大兵力。与之相对，阿盖尔公爵率领的政府军只有 4000 人。更为引人注目的是，尽管苏格兰低地，尤其是东北地区的大土地主家族在 1689 年的叛乱中缺席（这一点本身也值得关注），他们却给 1715 年马尔伯爵的叛乱提供了强有力的支持。索塞斯克（Southesk）、潘缪尔（Panmure）和斯特拉思莫尔（Strathmore）伯爵都成了詹姆斯党人的主要同情者。与此同时，另一场詹姆斯党叛乱在英格兰东北部爆发，令苏格兰和英格兰两地的不满势力有可能结为军事同盟。诚然，从詹姆斯党人的视角来看，1715 年举事的前景本应一片大好。但在 1715 年 11 月的谢里夫缪尔（Sherrifmuir）之战中，本性谨慎、怯弱且优柔寡断的马尔伯爵未能取得决定性战果，一举击败实力更弱的国王军，令詹姆斯党人彻底失去了主动性。当这场叛乱最终以失败告终时，詹姆斯党运动的士气遭受了沉重打击。他们原本可以把握住难得的机会，却因为领导者的无能而丧失了机会。马尔伯爵的犹豫性格也令詹姆斯党损失惨重，让他们的军事优势毁于一旦。他在举兵后推迟了从苏格兰南部的根据地出发南下的日期，这一抉择对这场叛乱的命运造成了关键影响："马尔伯爵等了又等。他等待法国人的支援，等待贝里克公爵①，等待国王，还总是在等待更多的人应征参军，以保证

38

---

① 即第一代贝里克公爵詹姆斯·菲茨詹姆斯（1670—1734），逊位英王詹姆斯二世的私生子，在父亲流亡法国之后曾在法王路易十四军中担任将领。

他的兵力足够强大，万无一失。"[1]

1715 年 12 月，詹姆斯党人曾对这场叛乱的胜利如此自信，以至于王位觊觎者詹姆斯本人也在彼得黑德（Peterhead）登陆，但他并没有从法国带来增援部队。詹姆斯在邓迪和珀斯先后举行了盛大的凯旋入城式，这原本要为在斯昆（Scone）① 举行的加冕礼充当前奏，但他不久后便不得不从蒙特罗斯港仓皇逃离苏格兰。在 1715 年叛乱狼狈收场之后，一场由西班牙发起的入侵作战又在 1719 年遭遇惨败，那次行动的目的原本也是要在英格兰和苏格兰挑起詹姆斯党人的叛乱。自古以来，大规模远征行动总是多灾多难。西班牙海域的猛烈风暴吹散了远征舰队，迫使西班牙方面取消了对英格兰西部的入侵行动，最终只有一支偏师抵达苏格兰高地，在斯凯岛对岸的金泰尔（Kintail）登陆，并在格伦希尔（Glen Shiel）之战中被英军歼灭。这里本应是詹姆斯党运动潜在支持者最多的地区，但詹姆斯党人还是在这里被国王军击败，这一结果可谓颇为不祥。

其他的一些挫折也令詹姆斯党的士气大大降低。在 1713 年的《乌得勒支条约》中，法国被迫放弃支持斯图亚特家族的复辟事业，流亡王室也不得不离开法国国土。但在此之前，来自法国的支援已日渐减少。从 1715 年开始，法国的主要决策权落到了摄政者奥尔良公爵②手中。与路易十四不同，奥尔良公爵

---

① 位于珀斯附近，在盖尔语时代曾是古苏格兰的政治中心，在中世纪建有斯昆修道院，是苏格兰国王传统的即位之地。始于 14 世纪的传说宣称当地的一块石头"斯昆石"曾为苏格兰著名国王大卫一世（1124—1153 年在位）加冕时所坐之物，在现代仍作为联合王国君主统治苏格兰的重要象征，在举行加冕礼时被置于王座之下。

② 即奥尔良公爵菲利普二世（1674—1723），法王路易十四的侄子，在 1715 年路易十四死后成为法兰西摄政者，直至 1723 年去世为止。

对詹姆斯党运动并无支持之意，此时的他正在争取英国方面承认自己为法兰西的王位继承人，不希望法国对詹姆斯党的公然支持会干扰这一目的。他不但没有为1715年的詹姆斯党叛乱提供支援，甚至还在1719年西班牙入侵期间派兵协助英国。他的继任者枢机主教弗勒里（Fleury）对1726年至1743年法国的外交政策拥有绝大的影响力，此人延续了奥尔良公爵的方针，拒绝向詹姆斯党提供帮助，以免破坏西班牙王位继承战争以来的英法和平局面。随着汉诺威家族继承联合王国君主之位，法国可以通过威胁新王室在德意志领地的利益来制衡英国，与劳师远征支援斯图亚特王朝在海外的苏格兰复辟相比，这一做法显然更为简便。此外，英国政府在斯图亚特流亡宫廷迁居的目的地——罗马拥有发达的间谍与线人网络，他们可以更有效地渗透到王位觊觎者詹姆斯身边，向本国提供关于斯图亚特家族行动计划的具体情报。综上所述，这一时期詹姆斯党运动的威胁似乎已彻底消散，这在英格兰尤为明显，1715年之后，那里的詹姆斯党运动便一蹶不振。保罗·莫诺德（Paul Monod）注意到，尽管当时有四分之一的英格兰乡村士绅仍有可能对詹姆斯党心怀同情，且他们的支持力量在兰开夏等北方郡更为强势，但随着1688年以来英格兰国教会中支持斯图亚特的神职人员遭到驱逐，英格兰詹姆斯党运动失去了重要的领导者和支援。到1730年代，光荣革命的成果在英格兰已不可撼动。在苏格兰，詹姆斯党运动也陷入了低谷。苏格兰政府在1720年代和1730年代遭遇了两次重大危机——1725年的麦芽税骚乱和1736年爱丁堡的波蒂厄斯暴乱，这两起事件对汉诺威王朝在当地的统治构成了显著威胁，但詹姆斯党人并未把握住这些机会，这一点无疑标志着他们的衰落。

不过，苏格兰詹姆斯党运动并没有因此走向消亡。很多苏格兰人对斯图亚特流亡王室的支持背后都有根深蒂固的意识形态与宗教原因，因此眼前的困难很难让他们彻底放弃希望，这种立场的坚定性在信仰天主教与主教制圣公会的大土地主家族以及失去神职的拒绝宣誓派教士当中尤为显著。在西欧各国还有支持詹姆斯党运动的大量苏格兰侨民，其中不乏知识分子、商人、金融家、银行家和教士，他们经常通过经济手段或人际关系支援留在苏格兰的詹姆斯党家族，这种国际化布局也令詹姆斯党运动在极端恶化的环境中得以延续。此外，与1745年相比，1715年叛乱失败之后，苏格兰政府没有对詹姆斯党人施加残酷的报复，尽管19名苏格兰上院贵族（以及2名英格兰上院贵族）被剥夺私权，最终却只有2人被处死，苏格兰政府也没有全面没收叛乱参与者的地产。在苏格兰，詹姆斯党运动仍然是一个有切实可能性的政治选项。当地在苏英合并和其他很多问题上的不满情绪为詹姆斯党提供了政治资源，而苏格兰詹姆斯党人中又不乏身居要位的人物，导致政府不能采取过于激烈的措施加以打压。贸然推行恐怖统治只会进一步激化反对声音。毕竟，正如卡洛登的邓肯·福布斯所指出的那样，"整个苏格兰只有不到200个绅士能保证自己的近亲里没有叛贼"。[2] 不过，苏格兰政府或许对民间的斯图亚特支持者采取了较为宽纵的态度，但对官方感到不满的知识分子的确吃了苦头。那些在1715年叛乱中与詹姆斯党人合作的知识分子受到了系统性的排挤。在东北诸郡和珀斯郡，大量城镇议员、教士、教师、律师、医生和学者遭到解职，其中包括阿伯丁国王学院的院长。那里和阿伯丁的马歇尔学院（Marischal College）一样，都是当时詹姆斯党支持者的聚集地。被排挤的知识分子阶层最终演变成苏格

40

兰反汉诺威舆论的一个重要来源。

1715年以后的詹姆斯党不但保持了政治上的存在感，也是一股依然有可能引起革命性变化的力量。高地的一些重要氏族此时仍支持詹姆斯党运动，正是他们为斯图亚特流亡王室提供了关键的军事支持，令詹姆斯党运动没有在1715年的惨败之后变得无足轻重。詹姆斯党人和高地氏族间的关系颇为复杂。首先，显然不是所有氏族都支持詹姆斯党。苏格兰高地最强大的坎贝尔氏族就坚决反对斯图亚特王室复辟，还有一些追随长老教会的氏族积极支持汉诺威王朝的统治，例如麦凯（Mackay）、罗斯（Ross）、冈恩（Gunn）和芒罗（Munro）。而在那些消极支持斯图亚特王室复辟的氏族当中，实际提供给詹姆斯党的军事支持也不稳定，其力度常因时间、地区而异，不同氏族之间支持力度的差异十分显著。例如，有证据表明，即便在最忠诚的亲詹姆斯党氏族中，对斯图亚特王室复辟事业的支持力度也随着时间的推移而日渐衰弱。在1689年有28个氏族起兵为斯图亚特而战，但在1745年的最后一次叛乱中，举兵氏族的数量下跌到了18个。一些家族因政治和宗教问题上的分歧陷于分裂，只有少数氏族能全盘支持斯图亚特或汉诺威当中的一方，但这也有可能是因为高地氏族认为两边下注才是能够保全本家土地的稳妥之策。因此，以第一代阿索尔公爵为例，他本人虽然坚定地支持了1688年拥戴威廉即位的革命，但他有三个儿子在1715年马尔伯爵的叛乱中投奔了詹姆斯党一方。此外，对詹姆斯党的支持并不局限在高地一带。如前所述，斯图亚特王室在泰河以北地区广受支持，以苏格兰东北地区为甚，当地的一些主要城镇也在其中。不过，高地仍是詹姆斯党势力范围中最为关键的部分，所有大规模叛乱都始于且终于高地，而小王位觊觎者查尔斯·爱德华·斯图亚特在 1745 年发起的最后（也是最为人所知的）一场叛乱也是从高地开始的。在 1689—1691 年的叛乱中，詹姆斯党的大部分兵力来自高地氏族，而在 1715 年和 1745—1746 年的后续叛乱中，来自苏格兰低地的叛乱者数量显著增加，但高地氏族在那些叛乱中仍充当了主力。氏族战士构成了叛军的第一线突击部队，他们不但在战场上承担了最多的战斗任务，也付出了最为惨重的代价，可谓三场詹姆斯党叛乱中的骨干。这些战士装备轻简，吃苦耐劳，比正规军士兵更为灵活，且严格遵守氏族社会的秩序与规则，为斯图亚特王室复辟事业提供了强有力的支持。

1715 年叛乱之后，高地氏族中亲詹姆斯党的势力有所减退，但大部分詹姆斯党支持者的立场并未因此改变。苏格兰政府在 1715 年叛乱后没有对举兵地区采取惩罚措施，这向高地氏族释放了错误的信号，并在当地造成了权力真空，反而增加了叛乱复发的风险。就连那些基于剥夺民权法令遭到没收的财产也在六年后物归原主，高地酋长们为此只需对自己未来的行为做出担保。1719 年失败的西班牙人侵行动导致 1725 年《解除武装法》的颁布，但这部法律对亲政府氏族的影响较亲詹姆斯党氏族更甚。从 1725 年到 1740 年最终离开苏格兰时，乔治·韦德（George Wade）将军修建了长达 250 英里的道路和桥梁，以便政府军在高地行动。这一交通网络也把威廉堡、奥古斯都堡、伯纳拉（Bernera）和拉斯文（Ruthven）等政府用以监控詹姆斯党控制区的基地连接起来。苏格兰政府在高地倾注了如此庞大的资源，正体现了这一地区在詹姆斯党运动中的战略地位。然而，随着政府从 1730 年代后期开始削减高地要塞的驻军，以集中力量参与另一场欧洲战争（后来被称为"詹金斯耳

41

朵战争"①），这一制衡战略的执行力度大为减弱。韦德将军修建的军用道路最终得到了使用，但其使用者却不是当初预想的政府军。1745年，小王位觊觎者正是沿着这些道路飞速推进，率领着他手下的高地战士向苏格兰低地奔袭而来。

发生在上一场叛乱约三十年之后的1745年叛乱，正值詹姆斯党运动在陷入低潮之后再一次因国际形势的变化而活跃之际。1743年弗勒里去世后，法国的外交政策发生了大幅变化。随着42 1740年奥地利王位继承战争爆发，支援斯图亚特王室再一次提上了法国的战略议程。到1743年，英法之间的冲突不断激化，法国最终在当年6月的代廷根战役中被击败，路易十五和他的大臣们因此决定重新使出斯图亚特王室这张王牌，支援詹姆斯党人入侵英格兰，以迫使不列颠从欧洲大陆撤军，乃至彻底推翻汉诺威王朝。准备工作开始紧锣密鼓地进行，1744年初，老王位觊觎者詹姆斯·斯图亚特的长子、时年24岁的查尔斯·爱德华·斯图亚特从罗马赶往巴黎，就任詹姆斯党军队名义上的指挥官。这次入侵计划颇具野心：詹姆斯党人将以10000人的兵力在英格兰南部海岸登陆，并在那里与汉诺威王朝军决战。然而，这项计划被一个法国间谍泄露给英国方面（这或许并不意外），令皇家海军得以抢在入侵舰队集结前采取行动。

詹姆斯党在1744年的入侵计划最终无限期推迟，这无疑令一心想要复辟斯图亚特王朝以偿父亲之夙愿的查尔斯大为沮丧。或许正是出于这种情绪，查尔斯决定自行前往不列颠领导一场

---

① "詹金斯耳朵战争"（War of Jenkin's Ear）指1739年爆发于英国和西班牙之间的一场战争。1731年，英国商船船长罗伯特·詹金斯在加勒比海遭西班牙殖民当局搜查时，两者发生冲突，詹金斯的一只耳朵被割下，这一纠纷最终在1738年酿成严重的外交事件，并导致英国政府在1739年对西班牙宣战，这场战事因此得名。

叛乱，以迫使他的法国盟友诚心诚意地提供军事支援，帮助这场针对光荣革命的反正事业取得成功。这无疑是一场大胆乃至鲁莽的豪赌，而查尔斯的抉择也将决定他此后的命运。对查尔斯来说，最佳的登陆地点显然是苏格兰高地西部，这里是詹姆斯党的根据地，也远在敌人的耳目之外。苏格兰的詹姆斯党人曾向查尔斯提出谏言，认为这场叛乱至少需要 6000 名法国士兵、可供 10000 人使用的武器装备和一笔 3000 金路易的军费资助才能成功，但查尔斯不以为意。对于自己军事指挥经验的欠缺，查尔斯显然也毫不在意。1745 年夏天，当他在外赫布里底群岛登陆时，他身边只带着少数随从，即所谓的"莫伊达特七忠臣"（Seven Men of Moidart），以及少量武装和 4000 枚金币。这将是詹姆斯党历史上最为著名的一场叛乱，其开端却简朴得出奇。

　　在初始阶段，查尔斯的冒险气魄取得了惊人的成功。靠着几位重要的詹姆斯党氏族酋长的帮助，查尔斯很快集合了一支 2500 多人的队伍，快速攻向低地，并在登陆一个月后夺取了爱丁堡，接着在爱丁堡以南的普雷斯顿潘斯（Prestonpans）彻底击溃了约翰·科普爵士（Sir John Cope）率领的政府军。在离开法国仅数周之后，查尔斯就成了苏格兰的主人。这场胜利体现的不只是高地氏族的骁勇善战和乔治·默里勋爵（1745 年叛乱中最具影响力的詹姆斯党将领）高超的指挥手腕，苏格兰政府有效应对措施的缺乏也在很大程度上令查尔斯早期的成功成为可能。1745 年夏天，苏格兰政府机构几乎陷入瘫痪状态。当斯图亚特家族的旗帜在当年 8 月飘扬于希尔湖畔的格伦芬南（Glenfinnan）时，政府却将富有作战经验的部队调到欧洲前线，以缓解正面战场的沉重压力，这意味着科普爵士不得不凭区区

3000人防御苏格兰全部地区。在苏英合并之后不久的1708年，苏格兰枢密院的废止令苏格兰政府失去了一个探听高地情报的重要机关，形成了长久的隐患。而随着第二代阿盖尔公爵从1737年开始推行土地产权改革，高地氏族的传统权威和影响力遭到削弱，一向为政府在高地西部充当战略缓冲力量的大氏族坎贝尔家也失去了往日的战斗力。因此，詹姆斯党军在格伦芬南和爱丁堡之间势如破竹的进军彻底暴露了苏格兰当局在军事上的致命弱点。

正因如此，在查尔斯的军事会议上，很多将领开始主张暂停进军，巩固詹姆斯党在苏格兰的势力，以让法国人更愿意为下一步入侵英格兰的行动提供军事援助。然而，查尔斯坚决主张立刻入侵英格兰，他的决定最终以一票的微弱优势成为多数意见。但在1745年11月初，当大约5500名詹姆斯党步兵与骑兵越过边境进入英格兰时，战局的形势正不断向不利于他们的方向发展。联合王国政府已经从普雷斯顿潘斯的惨败中回过神来，火速从欧洲战场调遣精锐部队回防不列颠本土。虽然有三艘法国船在1745年秋季携带一些士兵和武器弹药抵达苏格兰东北的斯通黑文（Stonehaven）和蒙特罗斯港（这更像是一种姿态），但法国军队并未如詹姆斯党人期待的那样发起一场入侵。此外，查尔斯也未能在英格兰北部吸引大量詹姆斯党人和托利党的斯图亚特同情者前来投靠，在政治上取得了令人失望的结果。詹姆斯党人事实上只从英格兰詹姆斯党人中动员了一个曼彻斯特团，其成员大多是天主教徒。这最终构成了一个恶性循环：如果看不到法军登陆，詹姆斯党在英格兰北部的潜在支持者便不愿出手帮助，而法军入侵的消息最终没有兑现。

因此，当查尔斯要求手下从德比向伦敦进军时，他在军事会议上只得到了两个成员的支持。那些建议他慎重行事的将领无疑已经通过自己的线人掌握了或真或假的情报，得知三支汉诺威王朝的大军正齐头并进，向詹姆斯党军队扑来。查尔斯的军队最终得以在当年冬季穿越敌对的领土，逃脱敌人优势兵力的追击，平安回到苏格兰，这一耀眼的成就既应归功于乔治·默里勋爵的战术技巧，也有赖于詹姆斯党人过硬的军事素质。然而，在1746年1月于福尔柯克（Falkirk）再一次击败政府军之后，詹姆斯党人开始不断向高地退却，他们将再也无法通过对富饶的低地城镇和诸郡乡村课税来填补自己的军费开支，但这一经济损失只是他们最终走向军事挫败的先声。运送军费的法国船只一直未能突破英国海军的封锁抵达苏格兰，而在苏格兰本地的财源彻底枯竭之后，这一问题对詹姆斯党造成的影响同样致命。最终，在这种濒临破产的绝境之下，查尔斯决定在因弗内斯附近的卡洛登迎击政府军，而非遵从手下一些将领的建议展开游击战。对詹姆斯党来说，因弗内斯是最后一座可以作为据点的城镇，他们必须不惜一切代价守住那里。

卡洛登战役的结果是灾难性的。1746年4月16日，在坎伯兰公爵的指挥下，汉诺威王朝军取得了彻底的胜利，在实质上为这场詹姆斯党叛乱画上了句号，也为后续一系列针对起事的高地氏族的军事、司法和政治迫害拉开了序幕。卡洛登战役当天的几乎所有因素都对查尔斯一方不利。作为詹姆斯党人的最高指挥者，他首先为这场决战挑选了一个对敌人极为有利的战场：卡洛登荒原平坦开阔，天然有利于训练有素的步兵和发射霰弹（或葡萄弹）的炮兵发挥火力优势。而在奈恩，詹姆斯党人对坎伯兰公爵军发起的一场无果而终的夜袭也令氏族战士们筋疲力尽，无法在第二天早上有效作战。或许正是在这一因素

的作用下，查尔斯手下五分之一的潜在兵力甚至没有被投入卡

45 洛登的最终决战当中。在数量上，面对拥有约 9000 名步兵与骑
兵的政府军，詹姆斯党陷入了相当于一比二的显著劣势。而在
战斗当天，查尔斯迟迟没有下达冲锋命令，导致高地氏族战士
组成的脆弱阵线在政府军的精准炮击之下暴露长达一个小时。
不过，詹姆斯党人虽然在战斗中溃败了，却没有土崩瓦解。很
多幸存者与迟到的参战者在巴德诺赫（Badenoch）地区的拉斯
文重新集结，直到查尔斯命令他们各自逃生之后，这支队伍才
最终解散。战败之后，查尔斯在高地躲避了长达数月的追捕，
最终在 1746 年 9 月初逃回法国，这场冒险对他而言就此结束。
但对他在苏格兰高地的支持者来说，1745 年的失败所造成的创
伤还远远没有终结。

现在，随着坎伯兰公爵手下庞大的正规军在皇家海军的支
援下深入高地腹地，詹姆斯党人领地的命运已完全掌握在这支
政府军的手中。此时整个詹姆斯党地区事实上已处在军事占领
之下，政府军将不会像 1715 年之后那样，用宽纵的政策错失惩
戒詹姆斯党人的良机。那些詹姆斯党氏族的善战和忠诚让查尔
斯几乎在苏格兰取得最终的胜利，因此氏族们必须被一劳永逸
地打垮。在卡洛登战役期间和之后不久，估计有 2000 名高地氏
族成员遭到屠杀，但如此惨痛的军事灾难依然没有扑灭詹姆斯
党人的斗志，那些在拉斯文重新集结的败兵便是证明。这也让
坎伯兰公爵意识到，只有在战后断然采用最为残酷的镇压手段，
才能彻底消灭这种不可接受的悖逆倾向。

起初，坎伯兰公爵打算将所有高地氏族流放到海外殖民地，
但他最终选择在高地执行焦土政策。1746 年 5 月，坎伯兰公爵
前往大谷地（Great Glen）的奥古斯都堡，在那里发起了对周边

詹姆斯党最牢固根据地的恐怖统治，他的公开意图在于给当地民众一个永远难忘的教训。从格莱内尔格（Glenelg）、金泰尔、洛哈伯（Lochaber）到莫文（Morvern），四支劫掠部队在皇家海军的支援下焚毁了多处定居点。在卡洛登战役之后持续近一年的无情扫荡当中，就连那些忠于汉诺威王朝的氏族也未能幸免。政府军还在当地大量没收牛，这种牲口在高地的畜牧业社会是财富的主要来源，也是可以用来从富裕地区换取粮食的重要货物。由于周边地区的大量劫掠所得集中流向奥古斯都堡，那里一度成为整个苏格兰最大的牲口市场，据称在一年之内便有 20000 头牛，以及大量绵羊、阉牛、马和山羊上市出售。即便在大规模劫掠行动结束很久之后，政府仍坚持在高地实行严格的军事管制。韦德等人开辟的道路系统得到了大规模扩张，到 1767 年在高地修建的道路总里程已超过 1000 英里。而比这一工程更为显著的是在 1748 年到 1769 年间建造的乔治堡，这座堡垒位于因弗内斯以东的阿德希尔（Ardersier），它是欧洲最为坚固的炮兵要塞，也以实物形式永久性地体现了汉诺威王朝政府彻底镇压高地氏族，杜绝其对新教继承原则之威胁的决心。

　　在军事镇压结束之后，针对氏族制度的立法制裁开始了。高地人的特有装束被视为武装叛乱精神的象征而遭到禁止。一部新的《解除武装法》进一步强化了之前的法律规定，禁止高地人携带作战武器。废除世袭法权（即领地所有者的私法法庭）和军事租佃制的目的则在于消灭氏族酋长的传统权力。不过，在现实中，氏族内部忠诚纽带的维持主要依靠其成员的心意而非法律条文，诸如监督人制度（wardship）这样的军事租佃制则已经因高地商业经济的发展而成了历史。相比之下，旨在禁止拒绝宣誓派圣公会信徒（他们在卡洛登之战后的数月里成为政府在高地和苏格兰东北诸郡开展劫掠行动的重点目标）举行宗教集会的法律造成了更为显著的影响，因为这一举动正式承认了苏格兰圣公会牧师是詹姆斯党运动背后重要的理念推手。叛乱地主的财产被收归王室所有，其中大部分都被出售以偿还王室的债务，但有 13 处地产被永久性抄没，并在 1752 年至 1784 年交由一个委员会管理，以"在当地鼓励新教信仰，促进良好统治，推动产业发展，增强当地对国王陛下的效忠之志"。之所以采取这一政策，是因为政府认为新教信仰有助于促进当地人在意识形态上向当局看齐，而经济繁荣则有助于消除贫困，从而断绝叛乱的源头。

47　　即便上述镇压手段如此严苛，我们仍很难断言高地的詹姆斯党运动因此遭到了毁灭。在一些地区，汉诺威政府军的暴行在当地惯于吃苦耐劳的民众当中激起了坚决的反抗情绪，令坎伯兰公爵的继任者阿尔伯马尔伯爵（Earl of Albemarle）不堪其扰，甚至让他一度考虑彻底摧毁那些地区的设施，并将当地居民强制迁走。此外，对高地的军事占领非但没有促进当地的法律和秩序的建立，反而令盗匪活动更为猖獗，强盗活动不但出现在兰诺赫（Rannoch）、洛哈伯等一向不安宁的区域，还在高地中部及南部的一些地区蔓延。阿尔伯马尔的报告显示，即便王室军队保持了最大限度的克制，阿平（Appin）、莫伊达特、阿里塞格（Arisaig）和诺伊德特（Knoydart）等反对情绪高涨的地区仍期盼着来自法国的援兵，直到 1747 年冬天依旧如此。由此可见，无论是卡洛登之战的惨败还是在那之后的镇压行动，都没能立刻扑灭詹姆斯党的火苗，只有远比这些镇压手段深刻的力量才能迫使詹姆斯党彻底走向衰败，乃至灭亡。

　　在 1715 年的叛乱中，斯图亚特王朝的确有复辟的可能，但在 1745 年，詹姆斯党人达成这一目标的希望就颇为渺茫了。在泰河以南的低地地区，詹姆斯党运动不受欢迎。低地中部对詹姆斯党人的敌对情绪尤为突出，格拉斯哥和低地西部城镇的反对态度也十分坚决。1715 年，1707 年《联合条约》的反对者为詹姆斯党提供了关键的支持；但在 1740 年代，更多人接受了与英格兰的关系。克莱德河流域发达的跨大西洋贸易与英格兰及其殖民地市场旺盛的亚麻、牲口、煤炭和谷物需求已让苏格兰的很多商人和土地主获利颇丰，尽管在苏格兰东海岸一些与欧洲往来更为密切的港口，经济没有那么景气。此外，斯图亚特王室对天主教的坚定信仰也成为阻挠他们实现复辟目标的一个根本障碍。斯图亚特王室不愿为政治野心牺牲自己的信仰原则，最终不可避免地为此付出了代价。正因如此，那些来自低地西部、中部和东南部的长老会教士为政府在当时的苏格兰充当了最有影响力的鼓吹手，那些地方也是苏格兰经济的心脏地带。他们四处宣扬斯图亚特王朝复辟之后的恐怖图景，声称斯图亚特王朝将在苏格兰建立一个独裁的天主教政权，对苏格兰长老教会信徒的"宗教自由"和"正确信仰"构成威胁。辉格党人的宣传则不遗余力地将查尔斯斥为一个从意大利（天主教廷所在地）来的外国人，以煽动民众的反天主教情绪，鼓动他们反对查尔斯。一个辉格党人曾作诗讥讽道：

> 敌基督从罗马伸出臂膀
> 与活该下地狱的高地贼人携手，
> 他们匆匆赶来，
> 只等天罚降下。[3]

48

因此，卡洛登战役在当时的很多苏格兰人看来只是一场针对敌基督的天谴。《格拉斯哥日报》刊发了一则大印张特别报道，庆祝"圣乔治骑士（Chevelier de St George）① 的长子"被击败，并对格拉斯哥城内"前所未有的欢庆气氛"进行了记录。[4] 对于政府军在卡洛登大获全胜的消息，苏格兰长老会核心地带的居民也感到解脱和欢乐，而在整场叛乱期间，只有极少数有地贵族出面支持斯图亚特王室的复辟事业。即便在传统上支持詹姆斯党的一些地区，来自麦金托什（Macintosh）和齐硕姆（Chisholm）等部分氏族的上层人士也在 1740 年代就阵营归属问题陷入了分裂。而在赫布里底群岛上，诸如斯莱特的亚历山大·麦克唐纳爵士（Sir Alexander Macdonald）、锡福斯伯爵肯尼思·麦肯齐和斯凯岛的麦克劳德根本没有参与这场叛乱。早在卡洛登的惨败之前，詹姆斯党人在苏格兰的支持力量就已很薄弱。正是在这一背景和英格兰詹姆斯党支持者彻底消亡的作用之下，斯图亚特王朝复辟事业的希望才彻底破灭，政府军战胜并镇压詹姆斯党的武力手段并不是决定性的原因。

---

① 即查尔斯之父——老王位觊觎者詹姆斯·爱德华·斯图亚特。

第三章　联合王国与苏格兰经济

1

在《联合条约》签订之前的数年里，苏格兰经济陷入了危
机。1695—1699年的"灾年"造成大量苏格兰人因饥荒死亡，
也令迁居阿尔斯特的移民数量大幅增长。根据估算，这些现象
令苏格兰人口减少了15%。苏格兰商人迫切地希望用现金从海
外进口粮食以应急，但因为货币稀缺，这反而破坏了苏格兰的
信贷渠道，不断上涨的粮价也令对制造业产品的需求大幅下降。
此外，1689—1697年的英法战争造成的压力，以及这一时期欧
洲各国更趋保护主义的经济政策对苏格兰出口市场的限制，都
加剧了饥荒在苏格兰的影响。1689年后，苏格兰与法国之间的
鱼和羊毛纺织品贸易被彻底禁绝，煤炭等其他商品的贸易则被
加征了惩罚性关税。而在长达十年的经济危机尾声，达里恩公
司的倒闭更造成了153000英镑的巨额损失。有观点认为这场灾
难令苏格兰失去了六分之一到四分之一的流动资产，但其造成
的具体损失的规模已无法准确测算。

上述经济灾难所带来的严重后果无可否认。然而，我们很
难断言这场危机到底是源自苏格兰经济深层次的结构性缺陷，
还是由一些短期困难所造成的。例如，1690年代的饥荒肯定因
一连串严重但短暂的气候灾害而起，苏格兰只是受其影响的多
个西欧国家之一。事实上，当时的苏格兰人之所以对1690年代

粮食供应危机怀有如此普遍的警觉之心，至少在一定程度上是因为他们在往年已经习惯于更好的年景。从 1650 年代开始，苏格兰只在 1674 年至 1675 年经历过一次严重的粮食歉收，这段较为宽裕的时光与 16 世纪下半叶的恐怖境况形成了对比。1560—1600 年，苏格兰部分地区曾在多达三分之一的年份里受到粮食短缺的困扰。17 世纪下半叶苏格兰议会和枢密院粮食供给政策的大幅改变也为这一时期苏格兰年景的相对改善提供了极具说服力的佐证。苏格兰政府在这一时期并没有禁止粮食出口以满足国内市场的需要，而是试图用补贴鼓励苏格兰人将谷物粗粉出口海外。1695 年，苏格兰议会通过了影响重大的《谷物补贴法》（Corn Bounty Act），而那一年正好是 1690 年代粮食歉收的开始。事实上，苏格兰农业真正面临的长期问题是周期性粮食富余对粮价造成的下行压力，以及粮价下降对地主和佃农收入水平的威胁。

对于为什么苏格兰人在 17 世纪下半叶（1690 年代之前）不但能够实现充足的粮食供应，还能向欧洲其他地区出口大量谷物粗粉和大麦，我们仍没有确切的答案。但可以确定的是，《联合条约》之前的苏格兰农业发展远远没有陷入停滞。最近的历史研究显示，这一时期苏格兰的单户租佃面积有所扩大，书面租佃协议上的租期也逐渐延长；乡村地带的核心集市有所扩张，部分地区的农业产量因使用了石灰而有所增长，耕地的轮作效率也有所改善。在 18 世纪，上述革新方法得到了更系统也更有效的运用，但这些新技术和趋势几乎都能追溯到苏英合并之前。对这一经济发展上的延续性的认识，将帮助我们更好地理解 1707 年那场宪制变革的历史背景。

在苏格兰有地士绅阶层的行动规律中，不难发现一种横跨苏英合并前后的连贯性。在苏格兰低地和高地的部分地区，对地主阶层影响最为深远的改变早在苏英合并前便已发生。这一时期的苏格兰地主开始倾向于把自己的土地当成一种可以产生收入和利润的资产，而非军事力量和政治权威的来源。有很多证据可以体现这种心态上的转变，贵族宅邸装修风格的变化就是其中之一。苏格兰最后一座拥有防御功能的宅邸是建于1660年的莱斯利城堡（Leslie Castle），在那之后，贵族宅邸的设计更加强调舒适性和形象的美观，而不是防御性。塔楼式宅邸正让位于乡村别墅。地主试图从地产上榨取更多回报的做法也体现在苏格兰经济的其他领域。在东北部，地主深度参与了面向爱丁堡和斯堪的纳维亚诸国的海上谷物贸易。高地的地主则积极开发当地的原生林，并大力发展牲畜贸易，将成群的黑牛赶往南方出售。边境地区的大地主也热衷于扩大自己名下的牛羊群规模。在1500年到18世纪早期之间，苏格兰地主新建了约170座男爵领集镇（Burghs of barony）①，其中大部分都在《联合条约》签订的前几十年里诞生。并非所有集镇都取得了成功（事实上大部分集镇都不甚成功），但这至少无可争议地反映了苏格兰精英阶级发展村镇经济的决心。这一时期的苏格兰人也投入重金开发港口，例如汉密尔顿公爵在博内斯（Bo'ness）、罗伯特·坎宁安爵士（Sir Robert Cunninghame）在索尔特科茨（Saltcoats），以及世袭马尔伯爵之位的厄斯金家族在阿洛厄（Alloa）的投资。在由苏格兰显贵把持的苏格兰议会和枢密院，

51

---

① 苏格兰地区从中世纪晚期延续到19世纪中叶的一种制度，指有地贵族基于封建特权在自己的领地上建立的集市城镇，以为领地内外的交易活动提供场所。与王室授权的王室特许城镇（royal burghs）不同，男爵领集镇无权直接参与国际贸易。

地主阶层经济活动重心的转变自然也渗透到了公共政策当中。这一时期苏格兰议会和枢密院的记录中有不少旨在改善苏格兰全国经济的举措，其中包括鼓励发展殖民地贸易和本国制造业的法律，在 1695 年设立苏格兰银行，在 1672 年废除王室特许城镇传统垄断权，以及一系列旨在促进农业发展的法令。上述很多措施只是体现了一种良好的办事意愿，并没有落到实处，但这在某种意义上并不重要。毕竟，这些迹象证实了这一时期苏格兰的统治阶级正积极推动本国物质经济的进步，且愿意动用可观的政治力量来促进经济改革，这才是我们关注的要点所在。对于"发展"的热衷并非 18 世纪所独有的，我们不难从17 世纪找到这种积极性的源头。

在其他方面，苏英合并前夕苏格兰经历的变革的重要性也被 1690 年代危机的阴影掩盖了。数百年来，苏格兰的对外贸易活动都局限在欧洲市场。在国际战争和贸易竞争的影响下，欧洲市场的空间逐渐萎缩，苏格兰商人无法像从前那样轻易与法国等国往来。但在其他地方，苏格兰商人在积极开拓新机会。到 1700 年，与英格兰的牛、羊、亚麻、煤炭和盐贸易已经成为苏格兰贸易活动中规模最大且最具活力的部门，有观点认为这些贸易占到当时苏格兰总外贸额的 40% 以上。与此同时，随着苏格兰东海岸与一些欧陆国家间的贸易趋于崩溃，苏格兰贸易活动的重心开始向大西洋转移，在苏格兰西海岸逐渐形成了一个新的贸易枢纽。在这一过程中，从苏格兰到阿尔斯特的移民运动发挥了重要作用。1650—1700 年，6 万到 10 万名苏格兰人到爱尔兰定居，其中有不少人来自加洛韦（Galloway）、艾尔郡、法夫郡和阿盖尔郡。这场大迁徙令阿尔斯特在实质上成了一片苏格兰人的殖民地，而作为殖民者，定居当地的苏格兰人自然会向母国购买工具、鞋子、马鞍、煤炭等必要物资。

　　北美地区在这一时期苏格兰的经济活动中不算重要，但它将在未来扮演关键角色。苏格兰人在新泽西的殖民定居始于1683年，早在1707年苏英合并之前，那里就已经产生了一名苏格兰人的总督。到1700年，东泽西和卡罗来纳两地总共吸引了超过100名苏格兰投资者和近1000名苏格兰定居者。在更南方的宾夕法尼亚，有说法指控苏格兰人"把持"了当地的烟草贸易，当地向苏格兰港口，以及怀特黑文（Whitehaven）、伦敦等英格兰市场出口烟草等殖民地商品的贸易业务也已颇为成熟。这一事实也提出了一个理解达里恩远征计划的新视角，即苏格兰人在达里恩殖民的失败并不是一起鲁莽冒险的个案，而是一种向西扩张的总体趋势的一部分。格拉斯哥在这一时期的崛起推动了这些标志性变化的进程，也构成了这些变化的象征，那里正是沟通苏格兰城镇经济与跨大西洋经济圈的窗口。1670年代的城镇税评估记录显示，当时的格拉斯哥已经轻松超过了阿伯丁和邓迪，成为苏格兰第二大城镇和全国工商业的重要枢纽。苏格兰海外移民活动重心的变化也为这一时期苏格兰社会的变迁提供了值得玩味的佐证。在17世纪早期，苏格兰人仍大量移民斯堪的纳维亚半岛、波兰与荷兰，以雇佣兵、小贩、小贸易商和商人等身份谋求财富。1600—1650年，5.5万到7万人离开了苏格兰。在但泽、哥本哈根、布鲁日、坎佩尔（Quimper）、鹿特丹、迪耶普、鲁昂、拉罗歇尔和波尔多等地，苏格兰商人社群已经存在了数代之久。但在17世纪下半叶，上述的一些传统的海外移民渠道开始走向衰败。从苏格兰流向波兰和斯堪的纳维亚半岛的大规模移民彻底枯竭，新大陆和爱尔兰成为苏格兰人在不列颠岛以外迁居的最大目的地。

53 　　由此可见，《联合条约》之前的苏格兰经济并未陷入一个亟待黎明到来的黑暗时代，1690 年代的危机让后世对这一时期的苏格兰经济产生了错误的印象。恰恰相反，在这一时期我们能看到一个新贸易格局正在萌芽，这一新结构以与英格兰和殖民地的贸易为重点，在苏英合并之后构成了苏格兰经济对外联系的核心。苏格兰的有地士绅阶级也已对自家领地的商业开发表现出明显的兴趣，并乐于推动全国的经济发展，以进一步扩大自己的经济利益。苏格兰海外贸易在这一时期的结构性变革也表明，苏格兰商人阶级仍有能力适应变化、承担风险并把握新的机遇。因此从这种意义上看，苏格兰经济在 1707 年前后有着重要的连贯性，而这种连贯性还在其他很多领域有所体现。

2

　　然而，对这一时期苏格兰经济状况的评估不宜太过乐观。这一时期苏格兰大部分地区的农村经济（当时仍占苏格兰经济总量的绝大部分）仍以维持基本生存的自给农业为主，只有洛锡安地区摆脱了这一状态，这给苏格兰经济的进一步发展带来了潜在的局限。这一时期苏格兰农村仍盛行用实物缴纳佃租的做法，直到 1700 年前后，低地部分地区的地租才开始了货币化的过程。此外，这一时期的地产登记簿里记载了大量小规模租佃耕地，这些土地的产量几乎只能维持佃农家庭生存，并用来支付给地主的地租。相比之下，苏格兰人在国际贸易中的弱势地位或许更为显著。欧陆国家日益加剧的保护主义政策无情地压缩了传统欧洲贸易的空间，而苏格兰缺乏足够的军事和经济实力对此做出回应。欧洲市场不可逆转的收缩在很大程度上被与英格兰之间的经济往来弥补了，但苏格兰贸易的发展前景仍不确定，因为此时的英格兰和很多欧洲大国一样，通过向贸易竞争对手征收惩罚性关税来保护本国的核心经济利益。在西班牙王位继承战争期间，英格兰不但要负担本国的沉重军费，还有责任向其他国家提供资助以维系对法同盟，这迫使英格兰政府必须扩大自己的财源，令英格兰关税收入在 1690 年代呈上升趋势。对苏格兰人来说颇为不妙的是，英格兰方面对苏格兰的煤炭和盐开征了关税，而在 1698 年，英格兰大幅提高了针对苏格兰亚麻的关税。至于威胁禁止苏格兰向英格兰出口上述重要商品的 1705 年《外国人法》，则是针对苏格兰对英格兰市场之依赖所设计的讹诈策略。我们因此不难想象，如果《联合条约》的谈判失败，摆在苏格兰人面前的英格兰关税壁垒与其他欧洲国家的贸易保护政策相比只会有过之而无不及。

54

3

《联合条约》中有多项条款关注了经济问题，其中以第四条和第五条最为重要。一方面，《联合条约》的第四条赋予苏格兰商品在英格兰及其殖民地市场免税流通的准入权，第五条则规定所有苏格兰船只的船籍将被划入大不列颠联合王国名下，它们将因此享受英格兰《航海法》所赋予的特权与保护性待遇。《联合条约》建立了当时欧洲规模最大的自由贸易区，并让苏格兰商人得以在皇家海军的保护下依法从事烟草、糖料、靛蓝、朗姆酒（朗姆酒贸易权并未授予爱尔兰人）等美洲商品的贸易活动，这场交易看起来颇为有利。但在另一方面，苏格兰商人也在这个新的关系中承担了同样显著的风险。1690 年代的经济危机严重削弱了苏格兰的经济，所谓"灾年"对苏格兰农业的打击如此深重，以至于在低地的部分地区，农民仍在偿还至少二十年前积欠的佃租。苏格兰的经济状况颇为糟糕，却又要在联合王国的共同市场中面对来自英格兰产业的威胁，后者更为先进，也更具竞争力。正是在认识到这一危险的前提下，最后一届苏格兰议会才在《联合条约》谈判期间为苏格兰制造的纸张、麦芽和盐拼命争取特殊待遇，让它们暂时免于承担英格兰基准税率（比苏格兰更高），以为这些产业提供一定程度的保护。这一困境背后的问题在于，苏格兰和英格兰正处在不同的经济发展阶段。在苏格兰，制造业发展的基础十分薄弱，而英格兰的制造业，尤其是纺织业，已达到当时欧洲最先进的水平。因此，苏英两国间的政治统合很有可能令前者沦为后者的经济附庸：苏格兰只能为更为发达、更为复杂的英格兰经济输送食物、原材料和廉价劳动力，却无望扩张本地的制造业，更无法发展自己的分工体系。这一图景与 18 世纪和 19 世纪初期爱尔兰经济的实际处境不无相似之处。换言之，苏英合并很有可能将苏格兰拖入一种"欠发达的发展"（the development of underdevelopment），而不是开启一个充满进步与繁荣的新时代。至于这一可能性为什么没有成为现实，这是 18 世纪苏格兰历史中的关键问题之一。

从 1707 年后的头几年来看，上述的一些忧虑得到了现实情况的佐证。苏格兰的高端羊毛纺织品贸易在《联合条约》签订前便已陷入困境，如今则被来自英格兰的竞争彻底击垮。至于苏格兰最重要的制造业部门——亚麻纺织业，也在 1711 年至 1715 年遭到课税的打击。酿酒、造纸等产业也遭到了强烈的冲击，尽管我们很难断言这些产业的困难在多大程度上源自苏英合并后的贸易开放，又在多大程度上源自之前危机时代遗留下来的根本性经济问题。显而易见的是，在当时的苏格兰，一种广泛的政治共识认为苏英合并对苏格兰制造业的困难处境负有责任，这种不满情绪甚至在 1715 年的詹姆斯党叛乱中也有所体现。在这一时期，苏格兰人负担的税负更为高昂，其中一些新征的税目甚至直接违反了《联合条约》的规定。除上文提到的亚麻之外，1711 年针对盐的税率也上升了，1725 年针对麦芽的课税则尤为臭名昭著。这些商品都是居民日常生活的必需品，因此对它们加征税收的举动自然会引发愤怒的政治反抗，1725 年格拉斯哥的严重暴乱就是其中一例。然而，从长期来看，这些税收并不能榨干苏格兰的财富。现代研究者的估算显示，1707 年后的半个世纪里，只有 15%—20% 的苏格兰税收被用到了苏格兰以外的地方。苏格兰的税负增加了，但税收增额中的大部分似乎仍会被用于支付苏格兰的民政和军事开支。

在苏英合并之后的诸多变化当中，我们很难计量出到底哪一个带来的破坏性效应尤为显著。越来越多的苏格兰贵族和一些大土地主开始在伦敦过冬，以在那里谋求政治机遇、更高的社会地位和更大的家族影响力。这种离开本土的现象本身并不新奇，早在苏英合并之前便已存在，只是在苏英合并之后变得更为盛行了。苏格兰贵族的这种短期外流也可以被视为一种资本外流，因为这些贵族会把更多的地租收入带到南方，以维持自己在英格兰上流社会的体面生活。事实上，正如蒙特罗斯公爵在 1708 年抱怨的那样，"伦敦之旅对苏格兰的地产可不甚友善"，[1] 贵族的外流几乎肯定导致了苏格兰地租的上涨。不过，这种效应也有积极的一面：这一时期苏格兰有地士绅阶层为了维持更加昂贵的生活方式，试图从地产上榨取更多收入，正是这种压力构成了推动苏格兰农业生产方式发展的一大因素。

在苏英合并之初的困难时期过去之后，一些苏格兰商人开

56

始追逐自由贸易所带来的新商机。1707—1712 年与 1717—1722 年，苏格兰的谷物和谷物粗粉出口量分别增长了一倍以上，随着农产品的商业化进一步加深，苏格兰低地部分地区针对谷物粗粉出口的抗议活动也趋于激化，这在很大程度上可能是因为苏英合并之后谷物出口也被纳入了补贴范围。苏格兰西南部的一些小佃农也强烈抗议当地为迎合英格兰需求、牟取利益而大规模圈养牛群的做法，这些做法引发了 1724 年加洛韦地区的均平党（Levellers）叛乱。这些来自大众的阻力分明反映了苏英合并之后新形成的不列颠共同市场对苏格兰部分地区造成的冲击。事实上，从 1720 年代到 1730 年代，这种影响已经变得更为普遍。近来对这一时期苏格兰低地农业经济的研究表明，很多成为研究对象的农业地产都大幅增加了谷物和牛只的输出，这表现为佃农经济从小规模佃作向大规模佃作的转移，以及佃租从实物支付向货币支付的转变。

　　苏英合并为苏格兰商人带来的一个关键的长期利好在于，他们现在可以合法地与弗吉尼亚、马里兰和北卡罗来纳等生产烟草的英属殖民地展开贸易。克莱德河流域的烟草贸易要到多年之后才会达到最高峰，但早在 1710 年代和 1720 年代，格拉斯哥的商人就已显示出积极活动的迹象。这种迹象并不在于烟草进口量的大幅上涨——因为这一时期殖民地和欧洲之间的烟草贸易活动总体陷入停滞，这种大幅上涨暂时并不现实——而在于苏格兰商人开拓的大规模走私事业，这种非法贸易甚至令他们的英格兰竞争对手相形见绌。事实上，这一时期的走私活动绝不只是局限在美洲贸易的领域，而且在 1707 年后的数十年间支撑了整个苏格兰经济的增长。这不仅折射出苏格兰商人在短期内大量牟利的欲望，也表明当时的苏格兰民众普遍反对苏英合并之后加诸苏格兰的海关与财税新制。苏格兰商人和海关官员经常长期合谋瞒报进口烟草货品的重量，这种做法见于当时的大多数系统性腐败行为当中。有人估算，在苏英合并后的头二十年里，苏格兰商人可能只为从殖民地进口的货物中的一半到三分之二缴纳了关税。这无疑为他们带来了一个相对于竞争对手的巨大优势，让他们在 1720 年代早期掌握了美洲与不列颠烟草贸易份额的 15%，令怀特黑文、利物浦和伦敦等地的英格兰烟草商人颜面扫地。这一早期的商业成功为未来更加耀眼的成就打下了基础。

随着苏英合并进入第三个十年，乐观和悲观的预期最终都未全盘兑现。苏格兰经济没有崩溃。事实上，在农业和外贸等领域，苏格兰经济与 1690 年代相比有了微弱的复苏，但一些苏英合并支持者所鼓吹的经济奇迹无迹可寻。或许这一时期最重要的是，到 1730 年代为止，苏格兰并未沦为英格兰的经济殖民地。即便政治权力向伦敦集中，而且制造业不得不直面当时欧洲最先进经济体的竞争，苏格兰在经济上也并未完全依附于英格兰。有两个因素可以解释为什么苏格兰没有快速跌入经济傀儡的处境。首先，英格兰寻求与苏格兰合并是为了政治和军事上的安全保障，而不是出于对北方邻国的经济野心。在 1707 年之后，威斯敏斯特当局苏格兰政策的焦点似乎只在于维持当地的秩序稳定，只要这一目的能够实现（至少在大多数时候都是如此），政府便不会对苏格兰的情况多加过问。1727—1745 年，议会只通过了 9 部专门针对苏格兰的法案，其中 7 部都只关注了一些次要事务。由此可见，威斯敏斯特方面对苏格兰的态度总体上是冷漠的，而正如在第一章所体现的那样，苏格兰的日常行政事务通常会委任给该地的政治"操盘手"，其中最有权势者是艾莱伯爵，即日后的第三代阿盖尔公爵阿奇博尔德·坎贝尔。这种以维持政治稳定为主的策略最终为苏格兰的经济带来了好处。例如，1725年的麦芽税暴乱无疑令伦敦当局大感紧张，以至于威斯敏斯特当局在1727年决定建立一个制造业与渔业监理委员会，其经费便是从备受憎恶的麦芽税增收额中支取的。作为一个旨在促进苏格兰亚麻、羊毛和水产行业发展的政府机构，这一委员会的设立意在讨好心怀不满的苏格兰人。

其次，苏格兰与英格兰的贸易并未让苏格兰经济完全失去保护。虽然苏英之间的商业往来在17世纪后期有所增加，但到1700年，苏格兰过半的贸易活动仍面向英格兰以外的市场，这与爱尔兰的情况形成了鲜明的对比。大致同一时期，爱尔兰总贸易额的75%—80%都来自与英格兰的贸易，后者是爱尔兰牛只、谷物和羊毛的主要市场，也是爱尔兰进口制造业商品和必要原材料的主要来源地。在这种意义上，苏格兰经济还没有像爱尔兰那样彻底融入英格兰的贸易网络。如果苏格兰真的也沦落到了这种地步，那么来自英格兰的经济霸权的威胁就会比我们在历史上看到的更为严峻。

归根结底，只有观察更为长期的结果，我们才能真正衡量苏英合并与苏格兰经济发展之间的关系，而对1740年之后数十年间苏格兰经济表现的研究显示，苏英合并在这一时期确实带来了显著的积极效应。作为18世纪苏格兰最重要的产业，亚麻纺织业在1740年至1780年蓬勃发展，得到制造业与渔业监理委员会盖戳认证的布匹产量在这一时期增长了三倍以上。除此之外，苏英合并也为苏格兰的棉花产业提供了最重要的资本、劳动力和商业技术来源。这一行业正是工业革命的"领军行业"，苏英合并因此对苏格兰早期的工业化进程起到了关键的推动作用。苏格兰亚麻产业的成功似乎在很大程度上应归功于联合王国巨大的共同市场。例如，在1760年代，制造业与渔业监理委员会认证的亚麻布中有三分之二销往英格兰本土及北美和加勒比殖民地市场。如果没有苏英合并，这个支柱产业很可能会被英格兰的关税壁垒拒于门外，只能与极具竞争力的荷兰和德意志产品对抗，但因为与英格兰有联合关系，苏格兰产业反而受到联合王国的政策保护，并自1742年开始受益于一系列鼓励出口的补贴政策。对于苏格兰的经济增长而言，这一待遇似乎发挥了比那些提高生产效率的产业政策更为重要的影响。因此，亚麻的案例表明苏英合并在长期为苏格兰经济带来了清晰可辨的利好。

烟草行业的情况在很大程度上与亚麻相似。格拉斯哥烟草贸易的"黄金时代"从1740年代开始，而到1758年，苏格兰的烟草进口额竟已大于所有英格兰口岸（含伦敦）的总和。1771年，苏格兰烟草贸易总量达到4700万磅的峰值。这一时期的格拉斯哥是西欧的烟草之都，而烟草贸易带来的利润也在苏格兰西部资助了一系列产业的发展，从中赚得的商业资本被用于开设银行以及支持农业生产方式的改良。跨大西洋贸易对格拉斯哥地区的经济发展起到了关键的推动作用，而这一地区将成为苏格兰工业化进程的发动机。

苏英合并所推动的苏格兰烟草贸易的合法化在这一行业的成功之路上发挥了关键作用。如前所述，早在1707年以前，苏格兰贸易商已开始积极参与殖民地烟草贸易，尽管规模较小，且活动更为隐秘。毕竟，伦敦当局不可能坐视苏格兰人在联合王国之外从事的非法烟草进口贸易野蛮增长。事实上，正是英格兰方面对苏格兰人（在苏英合并之后依旧从事的）走私活动猖獗的抗议促使政府在 1723 年对海关制度进行全面改革，为英国建立了一个更为专业的海关官僚体系。鉴于舆论普遍相信苏格兰人的商业成功建立在英格兰商人利益受损的基础之上，这一政策变动也折射出这一问题高度的政治敏锐性。总而言之，1707 年以前的苏格兰走私贸易显然有其局限；因此，联合王国的存在为格拉斯哥辉煌的美洲贸易提供了必要的基础。然而，格拉斯哥的成功并非必然，这终究应归功于苏格兰商家卓越的适应能力，让他们的经营方式比很多竞争对手更为高效。通过在采购、营销和货运等环节进行创新，格拉斯哥的大型贸易企业大大降低了经营成本，在美洲和欧洲市场展现出强大的竞争力。从这个角度来看，联合王国的成立本身没有引发大西洋贸易的增长，只是为这种增长提供了一个背景，至于增长能否在这一前提之下发生仍是一个未知数。归根结底，在这一过程中起到决定作用的还是苏格兰方面做出的回应。

大西洋贸易的增长也影响了苏英合并之后苏格兰人向外移民的趋势发展。在 17 世纪末期以前，苏格兰人已经在东泽西和卡罗来纳建立了美洲定居点。然而，达里恩远征计划的惨败表明，苏格兰的海陆军事力量显然不足以支撑其建立一个属于自己的美洲殖民帝国。斯泰尔伯爵颇为明晰地在《联合条约》辩论中阐述了这一点：

> 我们效仿他国的先例，成立公司以与印度贸易。我们建造船舶，并计划在达里恩地峡开辟殖民地。我们缺乏的不是人手、武器或勇气，而是一个最关键的因素：来自英格兰的友好支援。达里恩计划的惨败确实可悲，令人不忍重提。但我们可以明确地说，英格兰人在这件事上没有把

我们当作伙伴、友人或者共奉一君的不列颠良民，而是当成海盗和外敌。共主联合不能给我们以保障；我们面临西班牙人的敌意威胁；我们的殖民地遭到洗劫；敌人对我们施尽暴行，毫无怜悯。[2]

然而，在苏英合并之后，不列颠属北美殖民地的部分地区在实质上成了苏格兰人的殖民地带。在美国独立战争时期，已经有大约 15000 名说盖尔语的高地人在佐治亚和卡罗来纳定居，另有超过 60000 名来自苏格兰低地的移民聚居在切萨皮克、卡罗来纳、新泽西和波士顿等地。如琳达·科利所述：

> 即便在英属北美殖民帝国最为蛮荒的边疆地带，来自凯尔特社会的一流人士也乐于定居，因为他们通常比同等的英格兰人更贫穷，在不列颠本土也缺乏机遇。通过移民北美，这些凯尔特冒险者能得到的很多，可失去的却很少，因此他们更愿意亲自涉险，在极为原始的环境中开拓。[3]

同理，早在亨利·邓达斯从 1784 年开始长期担任东印度公司董事会主席，并借此巩固苏格兰职员的地位以前，苏格兰人在东印度公司内部已拥有可观的影响力。与苏格兰贸易商、教士和教师早在 1707 年以前便已扎根美洲殖民地不同，东印度公司直到苏英合并之前都成功地阻止了苏格兰参与印度事务当中。然而，在 18 世纪，苏格兰人开始大量渗透到东印度公司的体系之内，其人数远超爱尔兰人和威尔士人。很多苏格兰籍东印度公司职员出自有地士绅家庭，而因为东印度公司严格限制职员在印度当地工作的年限，很多苏格兰文书、商人和军官都能从亚洲携带大量财富衣锦还乡，有时还用这些所得投资地产改良、道路建设和村落发展。

苏格兰侨民群体并非因苏英合并而生，毕竟苏格兰人在1707年很久之前就已走遍世界各地。不过，英格兰和苏格兰之间的新型联合关系的确为苏格兰人提供了大量前所未有的新机遇，让他们可以凭技术、才智、闯劲、教育背景和运气谋求并非注定的成功。总的来说，全球范围内人口外流的增长为苏格兰自身带来了巨大的好处。苏格兰人广泛的国际往来有助于在日后搭建覆盖亚洲和美洲的巨大贸易网络，并为本土工业提供市场空间。一些殖民地冒险者在发家致富之后，还会回到苏格兰故乡购置地产，以实物形式向所有人标榜自己取得的成就。当时的一些观察者，如斯特灵郡的约翰·拉姆齐（John Ramsay）和罗克斯堡郡的托马斯·萨默维尔（Thomas Somerville）都记载了一些从东印度归来的本郡人士如何在当地活跃的土地市场扮演举足轻重的角色，以及在另外一些地区，来自殖民地的资金支撑了当地的农业进步，也资助了农村产业的发展。

4

我们最后需要考虑的是，为什么苏格兰人在苏英合并之后本有可能面临长期的经济失败，却在实际上取得了成功。1707年的苏英合并既没有促进也没有阻挠苏格兰的经济发展，它只是为后者提供了一个新的经济环境，在这里风险和机遇并存。三个来自苏格兰的因素帮助苏格兰人把苏英合并转变为一起对自身有利的事件。

第一，苏格兰的士绅精英和商人阶层在这一时期表现出至关重要的卓越领导力。在苏英合并之前的几十年里，针对本国经济发展的关切已开始在苏格兰萌芽，但进入 18 世纪——尤其是在 1760 年之后——苏格兰的大地主开始积极参与本国的农业近代化进程。在建立银行（如苏格兰银行、苏格兰皇家银行、不列颠亚麻银行和一些地方银行）的过程中，苏格兰社会精英也积极参与。与爱尔兰社会精英相比，苏格兰的统治阶级对经济发展的热情更为强烈，他们乐意把这一事业当成一个全国共有的目标。在 1760 年之后，苏格兰低地社会精英还直接推动了本地农业革新的进程，其参与程度甚至超过了同时代的大多数英格兰土地主。在此之外，苏格兰商人的进取精神也为这一时期的经济发展锦上添花。早在 1700 年以前，苏格兰大城镇历史悠久的商人社群就积攒了在欧洲大陆、英格兰、爱尔兰以及新兴的美洲市场进行贸易的丰富经验。随着 18 世纪下半叶跨大西洋市场的商机快速涌现，苏格兰商人已经跃跃欲试，准备借此牟利。

第二，苏格兰的地质条件决定了当地盛产煤、铁，且矿区往往靠近水路、大城镇与运输和销售枢纽。这一优势在 18 世纪仍未被充分地利用（当时水力仍然是最重要的能源），但从 19 世纪早期开始，煤和铁的重要性将迅速上升。纵观整个欧洲，具备上述自然禀赋的地区都会成为工业化的先驱和中心，苏格兰低地也非例外。

第三，苏格兰丰厚的文化积淀和教育基础也值得关注。在 1750 年后，即苏格兰工业化进程最初的几十年里，英格兰对苏格兰的技术转让十分显著，这体现了二者社会经济发展阶段的悬殊。在制铁、制陶、羊毛纺织和玻璃制造业，苏格兰人开始广泛采用更为先进的英格兰技法。理查德·阿克赖特（Richard Arkwright）发明的纺纱技术就构成了苏格兰棉纺业的基础。在这一时期，苏格兰人时常从英格兰引进工人，以借鉴他们的新技术和更好的工艺。堪称新工业时代最佳代表的卡伦制铁厂（Carron Ironworks）便颇为倚重来自英格兰的技术和资本。不过，这一时期苏格兰的技术创新者也取得了诸多重要成果。詹姆斯·瓦特的蒸汽机技术为第一次工业革命提供了最根本的动力来源；亨利·贝尔在1812年建造的"彗星"号是世界上第二艘成功的商用蒸汽船；J. B. 尼尔森（J. B. Neilson）则用热风炉工艺为制铁业带来重大变革。到19世纪早期，苏格兰的"改良"农业生产模式已闻名于世，被奉为高效农业的典范。在银行和保险业，苏格兰人也用诸如"现金账户"（cash accompt）和透支等新概念引领了行业发展。苏格兰在这一时期的发明创造不胜枚举，但上述例子足以证明，当时的苏格兰与技术更为先进的英格兰之间绝非寄生关系，而是以一己之力对科学技术和商业组织模式的发展做出了至关重要的贡献。这些成就表明，苏格兰社会拥有丰富的才能与创见，足以用苏英合并促进自身的发展。

第四章　启蒙的摇篮

1

1696 年 12 月，18 岁的爱丁堡大学学生、一名本城医生的儿子托马斯·艾肯黑德（Thomas Aitkenhead）因异端嫌疑接受审判。他被控将神学知识贬低为"一堆做作而蹩脚的废话"，称《旧约圣经》为"以斯拉的寓言"，称《新约圣经》为"冒称基督者的历史"。艾肯黑德最终以自己年少无知为由请求宽恕，表达了完全悔改之意，并郑重承诺弥补自己的过失，[1]但他还是在当年圣诞节前夜被判有罪并被处以绞刑，"尸体埋在绞架下，可动资产全部没收"。在 17 世纪末，艾肯黑德案为那一时期严格且无情的加尔文宗信仰加诸苏格兰社会的沉重枷锁提供了典型写照。在他死后的一年里，另有六人在佩斯利被判犯有巫术罪，其中五人被处决，还有一人在狱中自杀，因此逃脱了当众绞死与焚烧的折磨。

1695 年，苏格兰议会确认一项先前制定的法令生效，宣布渎神者应被处以死刑。这一决定以法律形式确认了苏格兰国教会与政府严厉打击宗教异见和不同思想的立场。与此同时，从 1690 年起，一场旨在强制国民服从长老教会的宗教圣战活动在苏格兰全境展开，1688—1689 年革命的胜利者积极且无情地迫害主教制圣公会信徒，剥夺他们的神职与大学教职。在高地部分地区和泰河以北的低地地区，怀恨在心的长老会信徒取得的成果相对有限。但在其他地方，长老会信徒几乎大获全胜。1688—1716 年，苏格兰 926 个堂区当中有至少 664 名牧师被剥夺神职，接近总数的四分之三。通过教会法庭、教会会议、公会议、地方长老部（presbytery）和堂区小会等机制组成的网络，苏格兰国教会在低地的很多地方拥有比世俗政府更大的权力，而现在，这些权力被用于强制推行、规范并监督正统的信仰实践，1688 年以前由圣公会主导的时代则被视为"宗教虔诚的严重衰退"。由此开始，苏格兰全国需要为许多冒犯上帝的行为做出补偿："罪恶而空洞的秽语，咒骂，不守安息日……未婚乱伦，通奸，醉酒，渎神，以及其他令人作呕的丑恶罪行"。[2] 苏格兰国教会固执地试图根除本国的宗教罪人与不受拘束的思想者，并彻底肃清国内一切冒犯神圣律法的傲慢之徒，艾肯黑德的处决便是这种极端立场的鲜明例证。

与 1690 年代的苏格兰相比，18 世纪中叶苏格兰的社会风貌有了颠覆性的变化。对不同意见的不容忍、对宗教教条的顺从和死灰复燃的清教徒主义是 17 世纪晚期苏格兰社会的代名词。但从 1730 年代起，苏格兰人在海外开始以博学尚智闻名，他们的学术探究遍及哲学、历史、科学、法律和医药领域。1900 年，威廉·罗伯特·司各特（William Robert Scott）提出了"苏格兰启蒙运动"的概念，以描述这一特殊的历史现象。苏格兰成功克服被加尔文宗教条主义桎梏的黑暗过去，在 18 世纪成为欧洲智识生产活动的一大发源地。苏格兰是 18 世纪欧洲各地启蒙主义思潮的一个组成部分，这场运动在法国被称为 Lumières，在意大利被称为 Illuminismo，在西班牙被称为 Ilustracion。正如亚历山大·布罗迪（Alexander Broadie）所指出的，"启蒙"一词原本被当时一些自视"开明"的思想家用以自称，他们认为自己生活在理性的光芒之下，而不是像那些只从信仰或古典文本之论述中培养自身理解力的人那样生活在黑暗之中。

　　为启蒙思想做出世界级贡献的苏格兰哲人名单星光璀璨。大卫·休谟是英语世界最伟大的哲学家。著有《国富论》（1776）等作品的亚当·斯密则被认为对经济学的早期发展历程施加了重大影响。亚当·弗格森、威廉·罗伯逊（William Robertson）和詹姆斯·赫顿（James Hutton）则分别在社会学、历史学和地质学分野的早期发展过程中成为领军人物。托马斯·里德（Thomas Reid）提出并发展了所谓"常识"哲学。威 66 廉·亚当（William Adam）与诸子（尤其是罗伯特·亚当）令这一时期的苏格兰建筑设计蜚声欧陆。约瑟夫·布莱克（Joseph Black）发现了二氧化碳和潜热。威廉·卡伦（William Cullen）和亨特兄弟（威廉·亨特与约翰·亨特）则让苏格兰的医学教育达到 18 世纪晚期欧洲的顶尖水平。约翰·米勒（John Millar）的研究大大加深了对社会变化的认识，他还考察了法律和哲学之间的互动关系。詹姆斯·瓦特改进了蒸汽机的分离式冷凝器，为第一次工业革命提供了必不可少的动力来源。

　　然而，苏格兰启蒙运动绝不只是关于少数"伟人"为西方世界的哲学思想和科学进步带来了重大的贡献，它也代表了一种根本性的信念，这种信念重视理性，拒斥无法通过理性论证的传统权威，相信对理性的运用能为人类社会与自然世界带来有益的改变。它缔造的新型道德观与 17 世纪晚期苏格兰盛行的那种不容忍、宗教迫害和强制的教条主义截然相反。此外，"理性"的概念也不局限于大学讲堂和教科书当中，而是在人类行为的所有层面都施加着影响，无论是爱丁堡新城对称而有序的古典主义规划还是亚当父子杰出的建筑设计，都是苏格兰理性时代最耀眼、最持久的纪念碑。在这个相信人类有能力改变自然的时代，苏格兰社会也盛行一种崇尚理性"改良"的伦理，亦即用人类之手对自然世界进行有思想和计划支撑的改造。这种伦理在 18 世纪晚期促进了农业改良运动的发展，其中包括可见于启蒙运动时期著作中的好奇心、积极主义及对理性的信仰等所有元素，尽管这一时期的农业改良派人士更多地关注圈养、排水和新谷物引进等实际问题，而不是就哲学议题展开细致的争辩。

在《人性论》中，苏格兰启蒙时期最有天赋的"学者"（literati，这是启蒙思想家们的自称）大卫·休谟提出这种关于理性之力量的新信念的极限所在。他认为人不可能证明自我以外之物的存在，并据此主张理性主义的局限性。在别处，休谟批判了有组织宗教造成的罪恶，谴责了"迷信、宗教虔诚和敬拜行为"，此时距离艾肯黑德因渎神罪被绞死只过去了几十年。休谟的怀疑论可能让他在 1745 年与爱丁堡大学道德哲学教席失之交臂，但他从未失去发表自己观点的自由。他是爱丁堡所有名流俱乐部的常客，也与律师、牧师和大学教授交际甚广。

启蒙思想不但存在于休谟这样的天才和那一小群广为人知的思想家当中，也在苏格兰的受教育人群中广泛传播。启蒙思想在诸如《苏格兰人杂志》（*Scots Magazine*）等报刊和小册子里得到描述、分析、质疑乃至反驳，也见于很多同时代的出版物、布道词等。1790 年代约翰·辛克莱爵士（Sir John Sinclair）的巨著《苏格兰统计通鉴》（*Statistical Account of Scotland*）也加入了这一时期的启蒙思想讨论，这部作品收录了对超过 900 个苏格兰堂区的生活方式的考察，素材由各地的牧师提供。这种广泛的传播保证了那些本应抽象、晦涩且遥不可及的基本思想也能在全社会范围内得到接纳。苏格兰启蒙运动的思潮是高度务实的。亚当·斯密在《国富论》中的思考常常以他本人对苏格兰商业与经济活动之现实的考察为基础，瓦特的技术创新既体现了他所处时代的新气象，也延续了威廉·罗伯逊著名的先期研究。凯姆斯法官（Lord Kames）是杰出的法律哲学家，他的经典著作《绅士农夫》（The Gentleman Farmer）也有力地宣扬了农业改良运动。正是上述的理论和实践交互，令启蒙思想得以便利地向更为广泛的群众传播。事实上，如果不考虑到18世纪晚期的苏格兰社会已经广泛接纳了启蒙主义思想，认为人可以比从前更加有力地影响乃至控制其所处的环境，我们便无法理解这一时期苏格兰经济飞速发展的动因。

18世纪苏格兰的耀眼成就与1690年代苏格兰偏狭的清教徒风气形成了惊人的对比。艾肯黑德被处决的时代和休谟、斯密、弗格森的时代似乎相差云泥——一边是宗教狂热的黑暗，一边则是理性和启蒙的曙光——但我们必须避免夸大这两个时代之间的差距。1700年以前的苏格兰在文化领域绝非落后沉闷，这个国家拥有五所大学和一套堂区学校制度，后者在低地大部和高地部分地区颇有成效。在持续数十年的建校运动之后，1696年的《学校安置法》（Act anent the Settling of Schools）将这一风潮推上了高峰。戈登·唐纳森（Gordon Donaldson）的研究表明，到1660年代，苏格兰低地的教区"常常"设有一所接受本地堂区小会监管的学校，其资金部分来自对当地土地所有者的课税。这种"全国性制度"在当时并非苏格兰所独有，但在整个西欧范围内堪称罕见。此外，苏格兰的大学在当时也率先接受了约翰·洛克和艾萨克·牛顿爵士的新思想，在这一

68

方面走在欧洲前列。洛克于 1689 年发表的《人类理解论》挑战了笛卡尔学说的一些基本认识（后者的学说构成了大学传统课程的基础），这份文献在 1690 年代已经为一些苏格兰大学所采用，尽管当时的苏格兰国教会仍对其神学立场抱有疑虑。相比之下，直到 18 世纪，洛克的作品才在法国和瑞典等地得到更广泛的接受。苏格兰大学教育对牛顿的《自然哲学的数学原理》（1687）的接纳更值得关注。到 1710 年前后，爱丁堡、阿伯丁、格拉斯哥和圣安德鲁斯大学的自然哲学课程都已把牛顿学说作为授课基础，这一革新直到数年之后才会在剑桥大学和莱顿大学等学术重镇成为现实。牛顿科学方法还将对社会哲学产生影响，并在斯密的《道德情操论》（1759）和休谟的《人性论》（1739—1740）中得到运用。更晚些时候，苏格兰大学将成为启蒙运动的中心，当时的很多大学教授都将成为这一思潮的先驱人物。这种人才的爆发并非没有来由：早在威廉·卡斯泰尔斯（William Carstares）1703—1715 年担任爱丁堡大学校长时，苏格兰大学制度的重组进程便已开启，到 1720 年代，这场改革已取得显著成效。卡斯泰尔斯和他的妹夫、格拉斯哥大学校长威廉·邓洛普（William Dunlop）还成功说服政府增加对大学的注资。

牛顿学说在 1700 年以前的传播构成了 18 世纪苏格兰科学成就的重要一环，但在医学和法学领域也有不可忽视的关联。苏格兰启蒙运动的一个基本特征在于对知识可以被用来改善人类处境的认识。在这一方面，最为显著的思想突破或许发生在格拉斯哥与爱丁堡两地医学教育的进步当中。这一进程的先驱是所谓的"名家"（virtuosi），亦即 17 世纪晚期的科学研究者，其中最为重要的是罗伯特·西巴尔德爵士（Sir Robert Sibbald,

1641—1722）。他在 1681 年参与创办了爱丁堡皇家医学院，后于 1685 年成为爱丁堡大学的第一位医学教授。作为一名医师，他对植物学有浓厚的兴趣，并于 1670 年在爱丁堡荷里路德建立了一座植物园。这座植物园的主要用途是培育教学和研究所需的药用植物，因此与日后爱丁堡作为医学研究重镇的名声有所关联。1682 年，西巴尔德被任命为王室地理学家，这进一步体现了他广博的智识兴趣。最为重要的是，西巴尔德在当时的苏格兰绝非孤例。17 世纪晚期的苏格兰拥有一个活跃的知识分子群体，阿奇博尔德·皮特凯恩（Archibald Pitcairn）、罗瑟豪的乔治·麦肯齐爵士（Sir George Mackenzie of Rosehaugh）、安德鲁·鲍尔弗（Andrew Balfour）、詹姆斯·萨瑟兰（James Sutherland）和罗伯特·伍德罗（Robert Wodrow）等人都在其中。从 1680 年代开始，这些人通过在俱乐部、社团和专业机构中交流观点，为苏格兰的学术领域注入了一股新动力，并为 18 世纪苏格兰更受瞩目的思想和科学成就打下了基础。

值得注意的是，这一时期苏格兰活跃的学术活动与 1690 年代肃杀的加尔文宗教条主义并不一定构成直接冲突。恰恰相反，宗教信仰有可能刺激学者对道德、哲学和科学问题产生兴趣，因为对自然世界的系统性探究拥有坚实的神学基础，学术研究的背后是时人在上帝创造的世界中理解规则与规律所在的渴望。

在这一时期的学者当中，斯泰尔子爵詹姆斯·达尔林普尔（James Dalrymple，1619—1685）的著作或许最为明确地体现了这种信仰和学术之间的联系。斯泰尔子爵的著作《苏格兰法系大全》（1681）第一次以哲学原则为基础，为苏格兰的法律梳理出一套成文、成体系且合乎逻辑的架构。斯泰尔子爵深受格劳秀斯和普芬多夫等欧陆法学大家的影响，但作为一名坚定的长老会信徒，他的研究带有鲜明的苏格兰特色。他试图将自己的研究结论与《圣经》和神学研究结合起来，以与那些认为基于理性的法学体系可以独立于神学而存在的欧陆法学家拉开距离。在他看来，上帝必然是理性的，因此法律最初根据神意而立。斯泰尔的学术成就为乔治·麦肯齐的《苏格兰刑法与刑罚惯习》（*Laws and Customs of Scotland on Matters Criminal*）所承接，该书出版于 1684 年，是苏格兰刑法学的第一部教科书。麦肯齐爵士还在 1682 年爱丁堡大律师图书馆（Advocates' Library）的建立过程中发挥了作用，后者将在苏格兰启蒙运动中为多个学科提供不可或缺的学术资源。在更为宏观的层面上，斯泰尔子爵和麦肯齐爵士为苏格兰法律赋予的智识一致性也解释了为什么这个与英格兰法系截然不同的法律体系能在 1707 年《联合条约》签订之后成功融入联合王国的法律之中。

如上所述，在 1700 年以前，苏格兰便拥有了活跃的人文传统，因此苏格兰在 18 世纪的启蒙运动不是一种全然新奇乃至激进的历史转向，而是对既有趋势的一种辉煌和有力的彰显。近来的研究还将苏格兰的文教传统追溯到了更久以前的时期，令这一历史脉络更显复杂。亚历山大·布罗迪对前启蒙时代以约翰·梅尔（John Mair，或约翰·梅杰）为中心的苏格兰哲学家圈子的研究表明，18 世纪学者的智识关切与文艺复兴时期逻辑学家的思想有显著关联。而大卫·艾伦（David Allan）研究 16 世纪和 17 世纪苏格兰历史学家的著作则指出，这一时期苏格兰史学的发展是以梅尔和赫克托·博伊斯（Hector Boece）等前启蒙时代学人的思想为基础的，他们强调了学识与历史知识的重要性。还有一种观点强调加尔文宗思想的"启蒙潜质"，这一派系的神学思想有着显著的学理色彩，认为信仰更应该诉诸头脑而非内心冲动。苏格兰启蒙时期的一些"学者"本身就笃信加尔文宗基督教，除此之外，加尔文宗的伦理信条和社会规范也可见于启蒙时期的不少重要著作当中，就连那位著名的宗教怀疑论者大卫·休谟也不能免俗。

　　加尔文宗神学对人类伦理与上帝意志的关系深为关切，这在17世纪令苏格兰的长老会基督徒陷入狂热，在18世纪则被启蒙思想家赋予更为世俗的意义。后者相信，研究人类本性的工作应在总体的智识认知中居于核心地位。这一时期的哲学家和历史学家致力于探究所谓"人的科学"——休谟视其为一切学科探究的基础——与此同时，艾伦·拉姆齐（Allan Ramsay）和亨利·雷伯恩（Henry Raeburn）等著名肖像画家试图在画布上捕捉人类本质的视觉形象。在苏格兰，这种探究人性的志趣有其神学根基。此外，还有一些苏格兰启蒙运动的主要人物本身就是加尔文宗教会组织的一员。威廉·罗伯逊是一名教士，也是一个牧师的儿子，他的父亲曾担任苏格兰国教会总会议长，以及国教会内部温和党（Moderate Party）的领袖。亚当·弗格 71 森和托马斯·里德都是被教会正式按立的牧师，前者还曾担任黑卫士（Black Watch）步兵团的随军牧师。约翰·米勒也出身牧师之家。因此，加尔文宗神学构成了苏格兰悠久哲学传统的一个关键因素，而这一传统又为18世纪其他领域广泛的学术探究提供了基础。然而，在17世纪末期严格的教条主义和偏狭的社会氛围之中（艾肯黑德的处决和苏格兰国教会的压迫性政策都是这一氛围的鲜明体现），这些更加开明的宗教因素很难广泛地开花结果。考虑到启蒙运动把开明容忍与理性的自由实践奉为最高原则，宗教压迫政策的放宽无疑构成了这场思想运动的必要条件。现在，问题的关键在于18世纪前几十年里苏格兰社会内部产生的那些促进思想开放的因素，而在这当中，苏格兰与欧洲大陆的联系就是其中一股关键的力量。

从中世纪开始，苏格兰便是欧洲知识界的一个组成部分。一个显著的例子是，从建校到宗教改革期间，巴黎大学有 17 名或 18 名校长是苏格兰人。在 16 世纪末期和 17 世纪，苏格兰学生与学者往返于低地国家、法兰西和德意志的大学接受神学和法律教育，或在这些机构任教。在 18 世纪之前，苏格兰人在莱顿、布鲁日、乌得勒支和奥尔良等地的大学接受进阶法学教育，还有医学生在享誉欧洲的莱顿大学接受名师赫尔曼·布尔哈弗（Hermann Boerhaave，1668—1738）的指导。罗马成为苏格兰画家和建筑学家的圣地，一些侨居当地的苏格兰画家在 18 世纪结成了一个独立的艺术家社群。

上述这些苏格兰和欧洲大陆之间的纽带都有助于欧洲大陆的先进理念和灵感更好地向苏格兰传播。罗伯特·亚当在罗马学习了四年，他在当地浸淫于新古典主义风格之中，这段经历最终帮助他成为当时整个不列颠最有影响力的建筑设计师。莱顿大学是当时欧洲医学界的中流砥柱，那里对日后蜚声世界的爱丁堡医学院的建设与发展造成了深远影响。曾师从布尔哈弗的亚历山大·门罗（Alexander Monro，1697—1767）在 1722 年成为爱丁堡大学第一位解剖学教授，并和他的儿子亚历山大（二世）以及孙子亚历山大（三世）组成了一个显赫的学术世72 家。尤其是亚历山大（三世），他在 18 世纪末将爱丁堡大学建成了领先全欧洲的医学教育中心。这一时期苏格兰大学教育制度的一项重大改革是废除了传统的导师制（regenting，即由一个教职员带领全班完成整个教纲的课程），转而采用教授制。作为结果，这种改革鼓励了学者进行专业研究或者展望性的学术思考。在这一变动过程中，荷兰大学机构提供的表率又一次对苏格兰高等教育施加了影响。在 1688 年奥兰治的威廉人主不列颠之前，日后成为爱丁堡大学校长的威廉·卡斯泰尔斯曾在荷兰流亡过一段时间，他在 1708 年废除爱丁堡大学导师制的决定就是出于对荷兰大学机构所采用的教授制的钦佩。正因如此，苏格兰人由来已久的国际视野让他们得以从欧洲其他学术中心发掘创新的理念和实践，并将其与苏格兰的学术传统和在 17 世纪末期业已打下的学术发展基础相融合。然而，决定苏格兰启蒙运动能够发生的一大关键，仍在于一个比 1690 年代的苏格兰社会更为自由、更能包容思想交流的环境。而这个环境的实现，又有赖于苏格兰国教会的态度变化、大学制度的进步革新和一种更有利于学术探索的政治经济环境。

2

虽然 1690 年代的苏格兰为清教主义的宗教压迫所笼罩，但这一时期狂热分子的实际权威并不如表面上那么强大。事实上，长老派压迫宗教异端分子的力度之大，可能部分源自他们对自身相对弱势地位的认识，他们充满焦虑地怀疑苏格兰的多数人口反对 1688—1689 年的革命，因此不受在这场革命中恢复权威的教会总会制约。1690 年代的宗教迫害在很大程度上表现出一种宗教反革命势力在过渡时期的过度反应，他们曾在一段时间内失去权力，急切盼望着清算从前的敌人和正确信仰的违背者。但在公开的迫害事件之外，激进的新理念正从欧洲大陆和英格兰逐渐渗入，并开始动摇加尔文宗的顽固思想。霍布斯、莱布尼茨、格劳秀斯、普芬多夫、沙夫茨伯里、伯克利、洛克和牛顿等人的新思想显然与《威斯敏斯特信仰信条》（Westminster

73　Confession of Faith）的规定不符，而正是后者在 1690 年的苏格兰解决方案中为苏格兰国教会的科条提供了基础文本。新的思想已经在苏格兰的大学讲堂中传播，至于苏格兰的下一代教士群体会在多大程度上受其影响，则远未可期。或许正是在这些思想的作用下，18 世纪早期的苏格兰国教会开始采取一种比从前更为务实的态度。1707 年，国教会先是反对，然后（在自身相对于英格兰国教会的独立性得到《保证法案》保障之后）支持了苏格兰与英格兰的议会联合，令两个拥有鲜明宗教差异的新教国家和平合并，而这在几十年前是不可想象的。事实上，苏英合并可能反而为长老派在苏格兰的地位提供了有力的保障，因为正是这一联合对詹姆斯党人的反革命活动构成了重大障碍。因此，苏格兰教会的态度本可以日益缓和。但苏格兰国教会的变化是逐步发生的。1715 年，格拉斯哥大学神学教授约翰·西姆森（John Simson）因异端罪嫌疑受到教会总会审判。他承认加尔文宗神学思想的正确性，但认为神学讨论的范围可以适当放宽，并鼓励自己的学生独立思考。关于西姆森的争议持续了多年，直到他在 1729 年被取消授课资格为止。

　　总体而言，有三种因素对在苏格兰社会中塑造一种更为开明的氛围发挥了重要作用。第一种是 1712 年托利党政府在威斯敏斯特通过的《赞助法》，这部法律重申了地方上的世俗赞助人任命本地牧师的权力，令主张由地方信徒群体选举牧师的长老派颇为满意。但当苏格兰的地主阶层第一次广泛践行这种新权力时，苏格兰长老派内部出现了严重的对立，最终在 1740 年导致了一场由埃比尼泽·厄斯金（Ebenezer Erskine）领导的分裂运动。1752 年，随着救济教会（Relief Church）成立，苏格兰国教会迎来了一场规模更大的分裂。其中一些脱离苏格兰国教会的宗教人士拥有坚定的清教徒倾向，这在 1740 年尤为突出。他们的退出令开明派意见在教会总会的影响力上升，因为地方赞助人往往任命与自己价值观相近的人担任本地牧师，而非那些背负"野蛮"、狂热之名的人，这种自由化的倾向更为显著。与此同时，国教会的分裂本身也颇有深意，这表明在苏格兰推行一种一元化的服从已越来越困难。

第二，苏格兰牧师在苏格兰的大学中接受教育，到了 1720 年代和 1730 年代，其中一些学府的神学教育已经有了显著的变化。在这当中最著名的例子是弗朗西斯·哈奇森（Francis Hutcheson），他在 1729 年担任格拉斯哥大学的道德哲学教授，直到 1746 年去世，在此期间造成了深远的影响。哈奇森生于北爱尔兰阿马（Armagh）地区的一户苏格兰裔长老派基督徒家庭，他的父亲在当地担任牧师。在受教于格拉斯哥大学期间，他受到在那里任教的约翰·西姆森的影响，接受了后者的开明思想。在成为格拉斯哥大学教授之后，哈奇森又对整整一代受教于他的神学生产生了强有力的影响。他最著名的学生亚当·斯密曾在后来回忆了"永世难忘的哈奇森博士那卓越的才能与品德"。[3] 哈奇森在讲座中侃侃而谈，使用英语而非拉丁语。他坚信理性探究是推进神学研究的唯一路径，强调仁慈是道德伦理的基础，并对人性怀有比堕落和原罪论更为积极的态度。他曾在 1740 年向一个爱尔兰朋友总结了自己的目的。他说，自从来到格拉斯哥，他便致力于"在苏格兰宣扬宗教信仰中那些更为温和、更为仁善的情感。在这里，人们对于和真正的信仰关系不大的问题怀有过度的激情与怒意"。[4]

通过哈奇森和他的朋友兼后继者威廉·利奇曼（William Leechman）的教化，"温和仁善的情感"成为格拉斯哥大学道德哲学教纲的重要部分，也成为日后牧师教育中的关键因素。从现有资料来看，18世纪中叶，大约四分之一的苏格兰教士曾受教于格拉斯哥大学。哈奇森思想令苏格兰的神学变得更为宽容，他主张在论证宗教信仰的正确性时，理性和信仰之心应具有同等的重要性，并呼吁思考更广泛的伦理问题，而不只是关注狭义的神学问题。亚历山大·卡莱尔（Alexander Carlyle）如此书写了哈奇森和利奇曼的影响：

> 一个新学派在苏格兰西部兴起了。到那时为止，当地的教士阶层仍怀有狭隘而排外的思想……虽然两位教授没有宣扬任何异端思想，但他们打开并拓宽了学生们的思想和视野，很快让他们转向自由探究，而这又塑造了一种更为诚恳、更为开明的风气。[5]

在格拉斯哥大学和其他高等学府推行的教育新制也极大促进了苏格兰启蒙运动背后第三大因素的发展，即苏格兰国教会内部开明风气的形成。这一趋势是以所谓温和党的崛起为标志的。在1740年代和1750年代早期的分裂运动中，一些教条主义人士退出了苏格兰国教会，令教会的清教主义色彩有所淡化。但由于《赞助法》的影响犹存，且很多地方堂区的会众并不接受由世俗赞助人任命的牧师，所以教会内部的矛盾尚未消除。因为连虔诚的长老派基督徒有时也会出于信仰上的良心而拒绝总会关于赞助制的裁定，苏格兰国教会的权威面临着瓦解的威胁。苏格兰基督徒的强烈抵触再一次叩问了苏格兰国教会与政府间的关系，正是后者推动了赞助制立法的通过。正是出于对这些争端的关切，温和党在1750年代早期形成了。温和党由一些年轻的牧师组成，其中包括威廉·罗伯逊和休·布莱尔（Hugh Blair），他们决心在赞助制争端中重新确立苏格兰国教会总会的权威。他们主张，因为赞助制是苏格兰国教会牧师选任制度的法定基础，所以只有强制推行苏格兰的法律才能让教会正当合理地独立于政府干预。换言之，接受赞助制是苏格兰基督徒为保证教会的独立性所必须付出的代价。在此基础上，罗伯逊本人还认为与把牧师人选问题交给当地会众定夺相比，赞助制可以为教会选拔出教育水平更高、价值取向更开明的教士。

　　毫无疑问，如果温和党的影响力上升，苏格兰国教会内部的批判性意见就会得到更大的空间，教会与世俗价值观及世俗权力间的关系也会空前紧密。温和党人主张容忍教派分歧，适应现行的政治体制。在 1745 年小王位觊觎者叛乱中，一些温和党人坚决支持汉诺威王室的统治，而温和党的领袖威廉·罗伯逊本人曾参与了在爱丁堡抵御詹姆斯党叛军的作战。他们也支持建立一个思想更加开明的教士集团，并保障非苏格兰国教会信徒的宗教自由（只要他们遵守法律）。因此，曾亲自宣判托马斯·艾肯黑德死刑的托马斯·哈里伯顿（Thomas Halyburton）会做出如此抱怨便毫不令人意外了：“一种基于理性的信仰即将到来。我所说的这种信仰只寻求在表面上遵从信徒的义务与戒律，毫无神性可言。”[6]

　　但哈里伯顿有些多虑了。绝大多数苏格兰人仍信奉传统的加尔文宗基督教，无论是本书下一章中将要描述的堂区小会规则的持续性影响，还是 18 世纪中叶新兴的反对派教会（此时正值温和党在苏格兰国教会内部的势力开始壮大）所吸引的广泛支持，都能为此提供证明。对赞助制持续不断的反感，大量地方教堂会众对于放弃牧师选任权的排斥，以及对强加于一些堂区之上却不受欢迎的牧师的激烈反对都表明，大众信仰的热度与力量并未消退。例如，1740年代初，一股福音派信仰浪潮席卷苏格兰部分地区；1742年，威廉·麦卡洛克（William McCulloch）和乔治·怀特菲尔德（George Whitefield）曾在拉纳克郡的坎布斯朗（Cambuslang）向约三万人布道，吸引许多人在高涨的宗教热情中皈依。

不过，在1750年之后的数十年里，温和党人还是凭借与政府的密切关系和对多所大学教席的把持，在苏格兰国教会总会中取得了主导权。反之，温和党人的影响力也保证了过去针对宗教异端的猎捕运动不会再次发生。因此，在1755年和1756年，当大卫·休谟和凯姆斯法官遭到苏格兰国教会总会抨击时，因为威廉·罗伯逊（他在1762年至1780年领导温和党，在1762年至1793年任爱丁堡大学校长）的介入，两人都没有遭到惩罚。在他的两卷本名著《苏格兰史》（1759）中，罗伯逊更进一步，攻击了苏格兰的长老派传统。通过表明苏格兰的宗教誓约并不来自神意的指引，而是源自苏格兰人"结伙"（banding）自保的封建传统，罗伯逊粉碎了认为苏格兰民族因1581年、1638年和1643年与上帝订立誓约而凝聚起来的观点。他也强烈谴责了17世纪誓约派（大多数普通苏格兰新教徒将他们奉为民间英雄）为自己的不法暴行所付出的血腥代价。这位启蒙时代的新人正在与人们历史记忆中被他斥为恐怖且非理性的部分拉开距离，无论其他人对这些往事如何尊崇。

然而，从这种新生的自由主义倾向中推断这一时期的苏格兰启蒙学者正大举抛弃加尔文宗神学、倒向世俗主义也是极为错误的。宗教仍在苏格兰启蒙运动中扮演了核心角色，其影响力仍无远弗届。加尔文宗思想依旧广泛见于这一时期的出版物中。例如，加尔文宗的预定论（predestination）① 与历史变迁趋势中的"看不见的手"概念都在亚当·斯密的著作中有所涉及。苏格兰国教会的温和党人并没有忽视宗教信条，而是将教义作为社会分析的一种工具。他们正是用上帝关于宇宙秩序的神圣计划来解释为什么社会的政治结构应有等级之分。归根结底，这一时期教会依然在学校和大学中发挥着主导作用，而后两者正是启蒙运动的摇篮。

在所有对苏格兰启蒙运动的研究中，大学都值得重点关注。大多数主要的启蒙思想家（除大卫·休谟和詹姆斯·赫顿等人之外）都曾在大学担任教授，他们在大学的授课活动也是启蒙思想向苏格兰新一代牧师、教师、医生与律师传播的主要手段。此外，18 世纪大学教纲的彻底改革正是以改良、美德和务实主义等启蒙时代的价值为基础展开的。因此，在促进这一时期思潮变化的同时，苏格兰的大学本身也为这些新思想提供了关键写照。

即便在 1690 年代长老派基督徒曾大肆迫害主教制圣公会派学者，一些苏格兰大学仍从那时起开始采纳牛顿的科学方法、约翰·洛克的原则和来自荷兰的新理念，以影响这些机构的教学实践与思辨方式。但这只是 18 世纪更为深远的思想进步的一篇序曲。在苏格兰，只有圣安德鲁斯大学几乎没有受到这些新思潮的影响，丹尼尔·笛福曾在 1727 年称这所大学"行将就木"，塞缪尔·约翰逊博士也曾在 1773 年称这里"陷入了不可逆转的衰败，只能挣扎求生"。[7] 但在其他地方，形势乐观得多。苏格兰大学生人数快速上升：爱丁堡大学在 1690 年代只有 400

① 加尔文宗基督教神学的基本概念之一，认为人的灵魂是否因上帝的恩典得到救赎全然是由上帝预先决定的，与个人行为无关。

名学生，这一数字在一个世纪后上升到 1300 人；格拉斯哥大学的学生人数从 1696 年的 250 人上升到 1824 年的 1240 人；阿伯丁国王学院的学生人数则从 1776 年的 50 人上升到 1812 年的 156 人。苏格兰人拥有远赴欧陆大学就读的传统，但在这一时期，苏格兰赴欧陆留学人数下降，苏格兰本地的学府则开始吸引来自阿尔斯特的长老派基督徒学生，以及那些未能在牛津、剑桥或都柏林三一学院就读的英格兰宗教异见者。学生往往在十几岁时进入大学，而对这一年龄段的青年来说，苏格兰学府有着强大的魅力。苏格兰大学的学费远比英格兰大学低廉，前者也更强调与职业发展直接相关的科目教育，如法学和医学。在这一时期，像格拉斯哥大学这样的学府吸引了大量商人阶层出身的学员前来就读。在 1740 年代，来自商人阶层的学生占到学生总数的 26%；而到 1830 年代，这一比例上升到 50% 左右。鉴于这一阶层注重从教育中获得实际利益，这种吸引力无疑是颇为引人注目的。总体而言，苏格兰大学生相对于总人口的比例高于其他欧洲国家和地区，这一成就在很大程度上应归功于苏格兰堂区与城镇学院为高等学府供应了大量学生。

在关于启蒙运动的讨论中，苏格兰大学制度的一些特点值得关注。从长期来看，导师制度的废除（1708 年始于爱丁堡大学）、以英语为教学语言的举措，以及在一些科目的教学方法上对背诵固定文本的摈弃，都令苏格兰大学的教学方法更为发散且开放。苏格兰启蒙运动中的一些重要著作，如亚当·斯密的《国富论》（1776）和约翰·米勒的《等级差异的起源》（1771），最初都是以讲座稿的形式诞生的。在这一时期，良好的教学似乎确实成了苏格兰大学的特色所在。在常规讲座之外，一些教授还会参与"学理问答"（catechizing），就之前讲座的内容进行讨论与答疑，这与现代大学教学中的导师辅导制颇为相似。一些人认为，苏格兰大学优异的教学质量有赖于当时的授课费制度。大学教授从校方领取一份数额有限的津贴，但每名学生缴纳的学费构成了他们收入的主要来源，这因此鼓励教师在授课时更认真高效，以吸引更多的学生到堂听课。作为结果，这一时期有很多名师通过极具启发性的讲座造成了深远的影响：弗朗西斯·哈奇森、威廉·卡伦、亚当·斯密、约翰·米勒与杜格尔·斯图尔特（Dugald Stewart）等人都曾被心怀感激的门生深深敬仰，斯图尔特的一个学生曾回忆他"就连吐一口唾沫也无比雄辩"。但因为大学教授职位的任免取决于外界赞助和个人人脉，并不是所有执教者都具备如此高的水准。基于格拉斯哥大学自然哲学教授约翰·安德森的遗愿，这座城市的第二所大学被建立起来，这所大学起初名为安德森大学，即后来的斯特拉斯克莱德大学。安德森在遗嘱中对委托执行人提出了明确要求，禁止"怠惰者、庸人、醉汉或者在其他方面有严重欠缺的人，像在其他大学那样"[8] 在自己的大学里任教。虽然格拉斯哥大学在早年享有盛名，但安德森指责他的同僚犯有滥用教职、结党内讧等恶行。

教学质量的改善也因大学科目的发展而如虎添翼。16 世纪，约翰·诺克斯（John Knox）等宗教改革者视大学为训练牧师的神圣学校。到 18 世纪，苏格兰大学的基础已经显著世俗化了。这一时期的大学正在转变成一种教育科目广泛，并对牧师以外的律师、医生等职业的专业培训格外关注的教育机构。以温和党人对苏格兰国教会的影响力为保障，苏格兰的大学开始以满足苏格兰社会在经济变革中的需求为己任。尤为值得关注的是，这一时期的苏格兰虽然没有产生多少具有影响力的神学

79

著作，但哲学、政治经济学、历史和科学领域却出版了很多杰出作品。苏格兰的大学在这一时期设立了大量医学、法学、化学、植物学和历史学教职，但神学教育的规模未见大幅扩张。到18世纪末，爱丁堡大学的医学教职已多于神学教职，这无疑体现了这一时期苏格兰学术界的兴趣已经从神转移到了人。

苏格兰五所大学中有四所位于城市（格拉斯哥大学、爱丁堡大学，以及阿伯丁的国王学院和马歇尔学院），这一地理因素也起到了重要作用。爱丁堡大学最初是爱丁堡市议会以"本城学院"的名义建立的，爱丁堡医学院建立的背后则有亚历山大·门罗一世（1720—1758年任爱丁堡大学解剖学教授）和爱丁堡市监（Lord Provost）① 乔治·德拉蒙德（George Drummond）两人的密切合作。大学所在的城市环境有利于学术文化与大众文化的交流，促进了新思想的传播。启蒙运动的时代氛围欢乐且开明，人们经常在城镇中的酒馆里一边畅饮（往往是豪饮）波特酒与干红葡萄酒，一边讨论问题。这一时期的苏格兰有精选俱乐部、拨火棍俱乐部（Poker Club）和猜想社（Speculative Society）等正式社团，也有为数更多的非正式聚会团体，而苏格兰国教会温和党始于在一个爱丁堡酒馆里举行的一系列会议，也就不足为奇了。

与此同时，有证据表明这一时期的苏格兰大学正在把"触手"伸向当地的城镇居民。1750年代，格拉斯哥大学自然哲学教授罗伯特·迪克（Robert Dick）曾向当地居民讲授物理学和天文学课程。他的继任者约翰·安德森也对市民发表了关于实

---

① 苏格兰主要城市（爱丁堡、格拉斯哥、阿伯丁、邓迪）的最高行政长官，由市议会选举产生，相当于英格兰制度下的市长，但同时担任君主在当地的代表，相当于英格兰制度下的地方治安长官（Lord-lieutenant）。

验物理学的演讲。此外，安德森十分重视给工商业带来直接效益的"实学"，这正为启蒙思想的"改良"理念走出大学课堂、影响广大城镇居民指明了道路。安德森的性格几乎与启蒙学者 80 的刻板印象截然相反：后者温和、宽容且有礼貌，安德森本人却喜好争辩、坚持己见，是一名坚定的福音派基督徒。在1770年代关于废除迫害天主教徒法律的讨论中，安德森向托马斯·里德提出就这一问题进行辩论，前者"将天主教徒比作响尾蛇，在受到妥善约束时不会为害，一旦遭到放纵便十分危险，准备向四周喷射致命的毒液"。[9]不过，如内德·兰兹曼（Ned Landsman）所述，在格拉斯哥与苏格兰西部地区，启蒙思想原本就同时存在于温和党与福音派基督徒当中，安德森和像他这样的人更强调学术和社会生活之间的实际联系，重视教育的价值。在安德森死后的1797年，他在遗嘱中计划建立的新大学在格拉斯哥的贸易大厅举行了首场讲座，聆听托马斯·加尼特（Thomas Garnett）教授讲课的听众中有一半是女性，这在当时颇为独特。此外，即便格拉斯哥与苏格兰西部的福音派牧师强烈反对启蒙思想中的一些古典理念，他们也强烈主张个人自由与宽容开明，这些恰恰也是温和党的传统意见。因此，温和党的坚定反对者、福音派牧师约翰·威瑟斯庞（John Witherspoon）在移民北美之后成为普林斯顿大学校长、第二届大陆会议中的一员，并作为唯一一名神职人员在《独立宣言》上签字，也就没有什么意外可言。由此可见，在格拉斯哥和长老派基督徒势力强大的苏格兰西部，所谓温和党代表进步、福音派代表落后的论调并不成立，理性主义在两种宗教立场中都得到了广泛的传播。

　　18世纪中叶苏格兰的政治与经济发展也有利于启蒙学者进行知识探究。在1707年之后，苏格兰与英格兰的关系曾在18

世纪初期陷入紧张，詹姆斯党获得的广泛支持也对 1688—1689
年革命的结果构成了威胁。但到了 1740 年代，这些问题已不复
存在。苏格兰现在开始从苏英合并中受益，尽管联合王国带来
的经济红利相对有限，也没有像始于 18 世纪下半叶的工业革命
那样深刻改变了传统的社会关系。1707 年苏格兰议会的终止造
成了政治真空，导致这一时期苏格兰国教会总会的辩论往往比
那些在威斯敏斯特不列颠议会代表苏格兰选区的议员的发言更
能代表苏格兰本地的利益。随着温和党在 1750 年代掌握教会总
会的主导权，业已盛行于世俗社会的务实主义准则也将主导教
会事务的运行。因此，18 世纪中叶的苏格兰政局趋于平淡温
和，却为思想的碰撞提供了绝佳的土壤。威廉·弗格森
（William Ferguson）指出，在之前的时代，苏格兰知识分子总
是被迫在政治议题上选边站。但现在，无论是更为文明且客观
的辩论还是对不同意见的容忍，都成为可能。

与法国人不同，苏格兰哲学家没有受到来自旧制度（ancien
régime）的政治压迫。苏格兰启蒙运动的主要人物同时是当地
政治建制的成员，他们几乎都是支持汉诺威王室的辉格党人，
认为詹姆斯党运动对新教徒的自由构成了致命威胁。在 1715 年
詹姆斯党叛乱之后，位于苏格兰东北部圣公会派势力范围内的
两所阿伯丁的学院（国王学院和马歇尔学院）曾遭到迫害，但
它们在 1745 年叛乱中效忠汉诺威王朝，圣安德鲁斯大学甚至把
拥有"屠夫"之名、在卡洛登战役中取得胜利的政府军主帅坎
伯兰公爵选为校长。由艾莱伯爵（后来的阿盖尔公爵）建立，
并由比特伯爵继承的一套高效的政治赞助体系保证了大学教职
的就任者一定服从于现行的政治制度。有记录显示，1764 年爱
丁堡大学 19 个教职中有至少 7 个、格拉斯哥大学 13 个教职中

有至少 5 个由得到比特伯爵支持的人选担任。如前所述，大卫·休谟的极端怀疑论与宗教观让他未能在爱丁堡大学和格拉斯哥大学取得教职，但他还是在 1752 年得到了另一个体制内的职位，成为大律师图书馆的管理员。温和党人还致力于维护现有的社会与政治秩序。他们强烈支持法治、风纪与等级秩序，认为这些约束对于阻止苏格兰再度陷入宗教与政治动荡至关重要。如威廉·罗伯逊所言："社会无服从则不立。"对他们而言，1688—1689 年新教徒革命与 1707 年的苏英合并完美地调和了自由与秩序两种价值。他们的政治立场是保守的，认为层级间的不平等是社会体系的基本特征，而统治国家的权力只应由一个拥有财产的精英阶层掌握。

　　温和党人的保守主义立场背后有着 1730 年代以来苏格兰新崛起的中产阶级的因素。18 世纪初，苏格兰的物质基础似乎并不足以支持一场活跃的文化复兴。1690 年代的危机令全国陷入贫困，而与英格兰的合并也未能在短期有效提振苏格兰经济。苏格兰仍位列欧洲最贫穷的国家之一，在 1603 年失去了独立的宫廷，又在 1707 年失去了本国的议会。这样的窘境似乎不可能为 18 世纪中叶惊人的文化成就提供基础，但即便在 1700 年以前最为困难的时期，苏格兰的农业产量仍有所增加，其外贸活动的中心也在稳步从欧洲市场向英格兰及其殖民地转移。早在 1729 年，当时的一个评论者博鲁姆的威廉·麦金托什（William Mackintosh of Borlum）就已注意到苏格兰土地主阶层的生活方式正在发生变革，他们的"服装、桌椅和家具都更为精美了"。[10]土地主的妻子们开始穿着法国和意大利丝绸制成的服装，菜肴中多了用于提味的腌菜、印度芒果和凤尾鱼酱。著名建筑师威廉·亚当的职业生涯也为这种繁荣提供了写照。到 1720 年

82

代，他已开始大量受理乡间宅邸装修工程的咨询与承包业务，其中最引人注目的例子便是他从 1721 年开始对霍普顿大宅（Hopetoun House）进行的野心勃勃的改建工程。

　　苏格兰精英阶层生活品质的提高为启蒙运动提供了更为丰裕的社会背景。苏格兰上流社会有更多人有能力为启蒙学者提供赞助；农业改良意味着对法学技能的需求增加，这提高了律师的收入水平和社会声望，而律师恰恰是启蒙运动的重要参与者；还有越来越多的土地主愿意为精美的艺术品、画作与建筑投入金钱。因此，经济增长固然没有直接引发启蒙运动，却促进了启蒙运动的发展。此外，启蒙哲学家的大量社会分析都以经济问题为基础。威廉·罗伯逊认为，对社会的深入理解必须以对社会生计问题的理解为基础。他说："在对作为社会成员的人类之行为的每一种探究过程中，首先需要引起我们注意的都是他们谋生的模式。"[11]亚当·斯密和约翰·米勒都视努力改善物质生活条件为人之本性。他们和其他启蒙学者一道，对社会从原始状态向开化状态的演进过程深感兴趣，而经济因素总是在他们的分析中占据根本地位。事实上，亚当·斯密正是世界上第一位，也是最受重视的经济史学家。启蒙时代的苏格兰能够孕育出对历史演进之物质层面如此透彻的理解，也就不足为奇了——这一时期的苏格兰社会本身就经历着一场从农业社会到工业社会的空前巨变。

第五章　堂区治国

18 世纪，苏格兰国教会在宗教职责之外，还承担重要的民事与司法职能。与远在伦敦或爱丁堡的政府相比，地方居民对长老制国教会的影响力更有实感。到 17 世纪中叶，长老会的牧师几已遍布苏格兰全境的 900 个堂区，只有高地西部的一些地方尚在其掌控之外。长老会牧师在堂区内通常会得到本地小会，亦即由在俗长者组成的常设委员会的支持，其成员经选举产生，终生任职，通常是在当地社会具有突出才能、虔诚度或社会地位的个人。小会的职责范围广泛，负责组织征收、分发当地济贫款，并通过漫长而详细的审查程序处理济贫款的申请。小会也监管本地的堂区学校，学校教师一般由小会的书记（clerk）担任。鉴于堂区学校的课程以《圣经》文本与教理问答为主，宗教伦理构成了这一时期苏格兰基础教育的核心。但在此之外，小会在堂区内还拥有重要的司法职能：它密切监督堂区居民的道德品行，也是可对严重违法行为进行审理的最低一级民事权力机关。事实上，在整个 18 世纪，民事犯罪和宗教犯罪之间的界限有时仍是模糊的。除了审理非婚行淫、通奸、醉酒和不守安息日等案件，堂区小会也会处理人身伤害、盗窃和殴打妻子等问题。

1

在苏格兰长老派基督教的历史中，没有什么能比对堂区小会动辄公开羞辱、窥探他人私生活并以卫道士的名义施加暴行的记载更令现代人感到抵触。但在加尔文主义神学思想中，对社区道德风气的管控有其底层逻辑，这一社会功能应被放在当时的时代背景下理解，不能用当代社会迥然不同的标准进行衡量。加尔文主义神学认为人类已在罪恶之中全然败坏，但全能的上帝已将全人类拣择为两种：一为终将得救的被选中者，一为永远受诅咒的被遗弃者，前者将追随真正的教会。早期的苏格兰改革派神学者在 1560 年的信仰信条中已经明言，以上帝的训诫来规训信众是真正的教会应承担的一项重要公共职能，这一内容在 1690 年的《威斯敏斯特信仰信条》中得到了重申。这种规训不只是一种道德约束，也能以一种最具说服力的方式来昭示教会会众作为被选中者的身份。如果一个社区未能对信众施加规训，这在神学意义上无异于证明了它的居民没有资格成为被选中的宗教精英的一员。此外，在苏格兰加尔文宗基督徒以外，整个基督教世界也存在着一种普遍的观点，认为造物主如果被人类的罪行激怒，上帝的权能可能会对人类世界施以惩罚性的干预。苏格兰社会在饥荒和疫病等灾难后严守斋日、断食祈祷的风俗一直延续到 19 世纪，正体现了这种天罚思想的影响力。基于上帝训诫的规训向上帝证明了基督徒社群对罪的全力拒斥，以及对一切罪恶行为加以根除并施以惩罚的决心，因此发挥了重要的作用。苏格兰国教会总会在 1694 年曾声明各地小会应"忠实地执行教会的规训，对抗一切……不轨之人"，这是因为

> 上帝因人的不虔诚与罪恶而蒙羞……他们沉湎于不敬且愚蠢的侮辱、咒骂、破坏安息日、无视并践踏福音书的

教诲、嘲笑虔信行为与宗教活动、非婚行淫、通奸、醉酒、渎神等令人作呕的丑恶罪行之中。

长老会宗教规训的一个重要内容是所谓"认证书" 86 （testificat）制度，根据这一制度的要求，男性与女性居民只有得到当地牧师签发的良好行为认证书之后才能在堂区间移动。18世纪早期的地方小会记录显示，这种认证书的适用范围非常广泛，牧师也会尽职地通过自己在其他堂区的人脉来仔细确认申请者的详细情况，以求无误。当然，一个人如果逃往大城市或高地部分地区，乃至离开苏格兰，就能逃离这种堂区管制网络，但在1740年代以前，这种认证书制度以及长老会内部的高度协调性意味着犯事者在苏格兰低地逾矩比在英格兰更加困难。由于英格兰的异见教派分布更为广泛，那里的官方教会很难像苏格兰国教会一样贯彻权威。不过，从18世纪早期开始，地方小会施加的宗教规训无论在内容上还是性质上都有了转变。从1690年开始，苏格兰政府不再愿意通过民事惩罚措施来辅助教会的绝罚处分，而在1712年以后，小绝罚（维持受罚者信徒身份但禁止其领圣餐）的决定也不能提请治安官以司法手段强制执行。从此刻开始，苏格兰长老会的宗教规训便在实质上独立于政府权力，不再依赖后者的支持。同样是从1712年开始，《宗教宽容法》允许主教制圣公会在苏格兰行圣事，长老会如无圣公会神职人员的许可，就不能在追随圣公会的堂区行使规训权力。此外，1707年《长老会行为规范》（Presbyterian Form of Process）施行之后，堂区小会的审理范围变得更为狭窄。这份文件规定只能审理公开表露的罪恶行为，不能追究虚荣和贪欲等不易察觉的内心倾向。虽然在17世纪，堂区小会始终对性相关的罪恶颇为关切，但《长老会行为规范》进一步强化了对非婚行淫和通奸、"丑闻行为"（不当行为）、私生子女与"违规婚姻"（未经教会正式程序的婚姻）等违规行为的关注。这些都是通过当地长老谨慎且深入的监管而可被检举，并在小会中受到审判的公开行为。因此，到1750年代，对性相关案件的审理成了堂区小会的主要司法任务。在非性相关事件中，只有不守安息日和偶发性醉酒还在当时小会的受理起诉记录中多有出现。

87 在这一时期的苏格兰还存在一些处在教会直接控制之外的社会团体。首先是苏格兰的有地阶级，这一群体包括贵族和有地士绅。有充分证据表明，这一精英阶层在违反教会规条之后可以得到豁免，也可以向贫乏的堂区教会提供一笔资助以逃脱指控。例如，在1719年和1720年，韦伯斯特斯特拉洛赫的亚历山大·罗伯逊（Alexander Robertson of Webster Straloch）曾被控与三名女性生下三名私生子女，但他拒绝在当地小会出庭。与此类似，凯斯内斯伯爵（Earl of Caithness）、阿博因伯爵（Earl of Aboyne）和威姆斯伯爵（Earl of Wemyss）都曾在这一时期生下非婚子女，但没有受到任何公开惩戒。就连有地阶级的荫客、代理人和仆从有时也能免受堂区小会约束。另一个免受规训的群体是军队的士兵，他们不在堂区的管辖权限之内，因此不会接受堂区小会的审判。但如果一名当地女性与士兵之间诞下非法子女，她仍应自愿接受责罚。不属于任何堂区的流浪者也更难控制。一些当时的记载宣称，这一时期的苏格兰有大量无根游民不受教会与政府控制。1698年，索尔顿的安德鲁·弗莱彻（Andrew Fletcher of Saltoun）描述了一个令人胆寒的图景，设想了一支生活在蛮荒中的流浪者大军正对文明社会构成威胁："在丰年里，成千上万的流浪者啸聚山中，宴饮骚乱多日不休……无论在乡间婚礼、葬礼还是其他公开场合，他们总是一副烂醉模样，无论男女。"[1]他也指责这些流浪者藐视基督教信仰，肆意乱伦、谋杀。索尔顿的弗莱彻可能严重夸大了流浪者的人数，但在任何时刻，尤其是在收成不好的年份里，苏格兰的道路上总会有很多不受任何特定堂区长期约束，因此也不受地方小会管控的游荡之人。

但在当时的苏格兰，这些人只是少数例外。在苏格兰低地大部分地区，直到 18 世纪晚期以前，大多数居民都接受了来自教会的规训。近年来罗莎琳德·米奇森和利娅·林曼（Leah Leneman）对这一时期大量苏格兰小会记录的研究显示，苏格兰教会的规训以及对违反性规范的惩罚措施得到了广泛的接受，但小会能用来制裁违反者的手段相对有限。例如，虽然私生子女的父亲在庭审早期通常否认罪行或自己的生父身份，但大多数被告最终都愿意公开悔罪。米奇森和林曼的研究估计，在苏格兰有三分之二被控非婚生子的男性都在一个月之内承认了自己的生父身份。这种承认行为意味着被告同意在数年时间内资助私生子女的抚养工作，并在堂区会众面前公开接受羞辱与指责，直到堂区会议认定罪人已经悔改，可以得到宽恕。按规定，"单纯非婚行淫者"应在堂区集会上出场三次，"再犯者"（relapse）被要求出场六次，通奸者需要出场二十六次，乱伦者需要出场整整一年①，这些人每次接受公开羞辱时都要穿粗麻布服装。他们还应缴纳十苏格兰镑的罚款，但穷人可以豁免。不是所有人都接受这些惩罚。在苏格兰西南部，男性被告承认

————————————

① 即五十二次，每周一次。

自己为私生子女生父的比例低于其他地区，这里的女性逃脱而非服从堂区会议裁决的情况也更多。此外，即便堂区会议和与会长老遵守清教徒伦理，传统风俗中的情色成分仍在苏格兰广为流传，不但见于上流社会，也构成了流行文化的重要部分，在苏格兰佃农、雇工、家仆等底层民众中流传，这在罗伯特·伯恩斯的一些歌谣中生动地体现出来。在新年和四旬期开始前的忏悔星期二（Shrove Tuesday）等节日场合，常有人大量饮酒或非婚行淫，即便教会大加斥责也无济于事。

在此之外，虽然教会的正式组织结构直到 19 世纪中叶才走向崩溃，但早在 1800 年以前，已经有一系列迹象表明苏格兰长老会内部的一些传统规训正在瓦解。这一变化的根源在于越来越多的堂区会议倾向于要求违反规训者缴纳罚款，而不是让他们在会众面前公开蒙羞。鉴于这些罚款通常会直接被用于济贫，这种重视罚款、轻视公开羞辱的变化可能受到了 18 世纪后期济贫款需求上升的影响（这一问题将在本章最后部分讲述）。在更早的年代，罚款主要由那些有财力但不想公开受辱的土地主与专业人员缴纳，但到这一时期，缴纳罚款的行为变得更为普遍。例如，在 1760 年代，邓迪、埃利斯（Alyth）与一些位于阿伯丁郡的堂区已经发生了这种变化，艾尔郡的一些堂区也是如此。但当时公开羞辱的手段仍广泛存在，罚款的负担也非很多受审者所能承受，女性尤其如此，因为她们收入偏低，往往无力缴纳罚款。

长老会规训体制更为根本的变化源自认证书制度的衰退和长老会内部统一性的消减，而在变化发生前，正是这两个因素保证了长老会能够在整个苏格兰实行宗教规训，而有罪者往往无处可逃，但从 1750 年前后开始，这两个因素都开始面临压力。良好行为认证制度只有在苏格兰人的跨堂区移动比较罕见，且范围局限在本地附近时才能运行。进入 18 世纪下半叶，由于快速城镇化进程加速了人口流动，认证书制度变得越来越难以落实。而在农村地带，随着租佃制度巩固、雇工群体消失，以及村庄、定居点和产业中心纷纷建立，人口流动也更为活跃。这一时期前往英属北美的移民活动也变得更为普遍，到 1770 年代，苏格兰人所占英属北美移民中的比例已经超过联合王国的任何一个地区。标志着这一时期迁徙自由大大增强的一个有趣证据是"违规"婚姻案例的激增，这表明从 1750 年前后开始，越来越多的农村居民开始在不经过本地教会正式程序的情况下与人结婚。

也正是在这一时期，宗派分歧开始在苏格兰造成值得关注的影响。1712 年《赞助法》规定，堂区的在俗赞助人有权任命牧师填补当地教会的职缺，这一新政的长期效应此时正逐渐凸显出来。从 1730 年代，即堂区赞助人开始施行这一权力之时起，苏格兰地方教会中便发生了冲突，一些人愿意接受这些在俗赞助人的影响，另一些人则坚决予以反对。1740 年，苏格兰国教会总会驱逐了一批以斯特灵的埃比尼泽·厄斯金为首、坚持加尔文宗传统规条的牧师，这些人随后组成了联合长老会（Associate Presbytery），又称分离教会（Secession Church）。这一教会在后来再次分裂成至少四个新的长老会派别：老自由民派（Old Licht Burghers）、新自由民派（New Licht Burghers）、老反自由民派（Old Licht Anti-Burghers）与新反自由民派（New Licht Anti-Burghers）。这些派别的名称显示了它们在教会是否应向世俗政权宣誓效忠，以及应永久坚持还是酌情调整 17 世纪的誓约派传统等问题上的深刻分歧。1752 年，苏格兰长老会内部

90

发生了第二次分裂，这一次分裂的影响更为重大。作为结果，托马斯·吉莱斯皮（Thomas Gillespie）领导建立了救济教会（Relief Church）。救济教会不但吸引了比联合长老会更多的信众依附，也为苏格兰基督徒提供了一个比国教会更为开明的选项。例如，救济教会并不对愿意领圣餐的基督徒提出教规要求。

异见教会在苏格兰博得了广泛的欢迎。一种合理的估算认为，早在1760年代，已经有多达10万名基督徒加入了救济教会。在之后的时期，关于基督教教派信众人数的数据更为精确。到1820年代，有迹象显示苏格兰有多达38%的人选择追随异见教会或天主教，这些派别在城镇和工业化社区的下层中产阶级、工匠与纺织工人当中传播得尤为迅速。这一图景表明，苏格兰国教会约束力的削弱并不是因为苏格兰社会的宗教属性变弱了。恰恰相反，基督教仍在苏格兰社会拥有广泛的根基，国教会的分裂反而表明大量苏格兰信众对基督教的信条怀有热忱。不过，异见教派的发展的确造成了两种效应。首先，国教会宗教规训的有效性以地方堂区之间的有效交流为基础，只有这样才能防止犯事者逃脱堂区小会的制裁。随着越来越多的人投奔非国教会派别，这种堂区间的沟通网络必然变得难以维持。其次，虽然一些异见教会仍坚守传统的戒律，但以救济教会为代表的一些派别受到来自加尔文宗以外的影响，更强调个人信众的皈依与坚信，而非通过维持全体信众与整个社会的传统伦理来践行被选中之人的道德义务。因此，这些派别令苏格兰宗教生活的重点从维护集体道德自律向为基督徒个人争取救赎转移，也令公开忏悔的惩罚性有所减弱。此外，这些思潮也对苏格兰国教会内部造成了影响。或许正是在这一因素的影响下，在19世初，苏格兰国教会开始建议地方教会避免执行宗教改革时代以来的任务，对堂区信众进行公开的道德规训，不过这一现象直到 19 世纪下半叶才真正消失。

2

从宗教改革到工业革命时代，苏格兰的教育制度都受到当时与后来评论者的盛赞。1826 年，约翰·辛克莱爵士说："从前，苏格兰市民曾被视为整个欧洲最文明开化的民众。"[2] 在现代，杰出的 17 世纪英格兰史研究者乔治·克拉克爵士（Sir George Clark）更把这一赞誉的地理范围扩张到苏格兰乡村，认为这一时期的苏格兰拥有"全世界文化程度最高的农民阶层"。[3] 在维多利亚时代，苏格兰还诞生了所谓"寒微之士"（lads o' pairts）的概念，指的是出身寒微的男青年通过奖励才智的学校教育制度升入大学、成为专业人才，最终凭自己的能力提高社会地位。苏格兰的堂区学校也被视为"知识民主化"的摇篮，因为正是在那里，地主子弟与庄稼汉的儿子一同就学。这种观点认为，将不同阶级的学员混在一起的班级制度令苏格兰社会比英格兰更为平等，也孕育了一种苏格兰特有的价值观。这种价值观让苏格兰人相信他们不但能与英格兰人平起平坐，甚至在某些方面更为优越。本节将要探讨的便是上述这些观点是否准确。

与常见的认识相反，宗教改革之前的苏格兰并非一片教育落后的荒野。宗教改革者在 1560 年后达成的事业是以旧天主教会已经取得的成果为基础的。宗教改革前夕的苏格兰已经建立了圣安德鲁斯、阿伯丁和格拉斯哥三所大学，到 1500 年，苏格兰的大多数主要城镇都设有文法学校，而主教座堂、修道院与牧师团教堂①的附属学校也有可能已对在俗民众开放。然而，宗教改革之后，新教徒对教育的态度与之前有着显著的不同。第一，加尔文宗的纲领《戒律书》（*Book of Discipline*）规定，教会应当把提供教育和提高识字率作为信仰革命的核心。正是通过这些方式，教会才能向青少年传授信仰的要义。根据《戒律书》的说法，学校教育不是为了解放心灵，而是为了更好地"对这一国度的青少年进行有道德的教育，让他们在对神的虔敬中成长"。此外，鉴于苏格兰新教徒认为所有人都可以与上帝在《圣经》中留下的话语产生直接联系，且在俗信众将以长老的身份在教会的管理事务中扮演核心角色，教育又被赋予了一种新的意义。第二，1560 年之后苏格兰宗教改革者的野心是系统且全面的：他们的目的是在苏格兰全面普及教育，保证每个堂区都有一名教师，以作为实现全民识字的基础。他们也制订了野心勃勃的计划，准备把堂区学校和城镇里的文法学校乃至大学对接起来，形成一整套教育制度。第三，也是最重要的一点，苏格兰教会的教育事业得到了政府的支持。1616 年、1633 年、1646 年和 1696 年由苏格兰王国枢密院与苏格兰议会颁布的一系列法律要求每个堂区的嗣地者（即本地土地主）缴纳一笔税金以维持堂区学校运转，并雇用有资质的人担任教师。因为规定了强制执行这一教育经费机制的措施，1696 年的立法曾被视为苏格兰教育史上的一大里程碑，但近来的观点倾向于将此视为苏格兰政府支持堂区教育的顶点而非开端。苏格兰的教育制度在 17 世纪末发展成形，在整个不列颠岛上独一无二。在英格兰，直到 19 世纪下半叶，初级教育仍以凭学费入学的私

---

① 由牧师团（college of cannons）管理的教堂，内部制度与主教座堂类似，但不设主教。

立学校以及慈善事业和捐赠等为基础。在欧洲大陆，尽管少数国家曾试图建立全国教育制度，但教育的总体面貌仍与英格兰相差无几。但在苏格兰，政府公权力为教育提供了长久的法律保障，对本地土地主的课税也有效降低了学费门槛。苏格兰教会也在苏格兰教育制度中起到了关键作用。地方上的牧师与教会长老们不辞辛劳地把控教育质量，致力于保证《圣经》与教理问答在堂区学校的教纲中居于核心位置，并令所有人都能接受教育。

因此，苏格兰野心勃勃的教育制度需要漫长的时间才能建成。但有数据表明，苏格兰低地部分地区在 17 世纪晚期已取得相当出色的成绩，几乎实现了每个堂区设立一所学校的目标。在洛锡安地区和东北诸郡，学校建设的进展尤为迅速。1690 年代，洛锡安地区 65 个堂区中至少有 61 个已设有学校，而在安格斯郡的 44 个堂区中，已有 42 个设有学校。与之相对，斯特灵郡、艾尔郡、伦弗鲁郡和邓弗里斯郡的进展相对迟缓，一些堂区直到当时还没有自己的学校教师。显而易见的是，即便政府立法提出强制要求，一些土地主仍逃避了为教育纳税的义务。不过，到一个世纪之后的 1790 年代，即辛克莱爵士的《苏格兰统计通鉴》付梓之际，堂区学校在低地已基本实现了全面普及。唐纳德·威思灵顿（Donald Withrington）近来的研究则显示，苏格兰高地与北部群岛地区的教育并不如从前的观点所设想的那样落后。他估计，到 18 世纪晚期，盖尔语地区、奥克尼群岛和设得兰群岛 84% 的堂区已设有学校，虽然并不是所有学校都是严格意义上的"堂区学校"。高地南部、中部和东部地区的学校资源尤为丰富，但高地西部与外赫布里底群岛则相对匮乏。

93

建成一套受公权力管控的法定堂区学校制度固然是了不起的成就，但它只构成了这一时期苏格兰教育制度中最重要的一部分。苏格兰教育制度的整体状况比堂区学校更为广泛且多样，其复杂性随着时代的演进不断增长。在苏格兰城镇，教育制度的状况与乡村有着显著的区别。与乡村堂区一样，城镇也有法定义务为学校提供支持，但城乡之间存在两大不同。其一，在宗教改革之前，苏格兰城镇的议会已经开始控制本地教育事务，这一传统在宗教改革后得到了继承。其二，每个堂区设立一所学校的法律规定不适用于人口更为稠密的城镇。小城镇的教育普及状况较周边的乡村地区更好，而大城镇的议会常常也支持设立教授阅读和一些算术知识的"英语"学校。但城镇教育的重点在于文法学校，这一机构以拉丁语教育为教纲中的重要部分，学生从中毕业后可升入大学。在18世纪晚期的经济发展过程中，越来越多的移民涌入大城镇，而在这些大城镇当中，居民受教育的状况本就比乡村地带更差。一项估算显示，在18世纪中叶，爱丁堡有多达三分之一的居民并不识字。

事实上，苏格兰大城镇教育体系中最为活跃的特征便在于满足不断扩大的商业与专业人员阶层的新生需求，而非为大众市民提供基本的识字教育。早在1695年，格拉斯哥已经委任了一名教授航海术与簿记的教师，爱丁堡则在1705年雇用了一个前商人担任"本市官方簿记教师"。在18世纪上半叶，艾尔、邓巴、斯特灵和珀斯等地也引入了这些课程。城镇学院的建立标志着城镇教育在专业培训方向上迈出了更为激进的一步，这些学校旨在为那些有意投身商贸与制造业的学生提供关于现代知识的充分教育，但学费远比大学低廉。这些职业学校不传授古典学知识，而是以数学、历史、物理、化学、自然科学和天文学为授课重点。第一所城镇学院于 1761 年在珀斯建立，接下来又有八所学院开门招生。到 1810 年，邓迪、因弗内斯、埃尔金、蒙特罗斯、艾尔、安嫩（Annan）、邓弗里斯和泰恩（Tain）都已设有城镇学院。这些学院并非由私人持有，而是由集体认购的资金维持，当地议会对学院的运营施加强烈影响，乃至直接对学院事务进行管理。

在乡村地带，17 世纪长老教会对教育事业的垄断也在 18 世纪迅速瓦解了。早在 18 世纪的最初几十年里，存在于法定的堂区学校制度之外的付费制私人学校——也称"创新"（adventure）学校——便已诞生，这主要是因为一些堂区的规模太大，只设一名教师不能满足当地的教育需求。在 1750 年之后，总人口的增长、从乡村到城镇乃至不同地区乡村之间人口流动的极大发展都对堂区学校造成了更为巨大的压力。与此同时，这一时期私立学校数量的爆炸式增长也证明了此时的苏格兰民众对基础教育有着广泛的需求。一个地区性案例足以为我们证明这一点。在 1750 年代，苏格兰高地珀斯郡的布莱尔阿瑟尔（Blair Atholl）堂区至少有六所学校。其中一所是堂区学校，在 1755 年有 250 名学员；另一所是慈善学校；还有一所学校由附近斯特罗恩（Strowan）和洛赫加里（Lochgarry）两处被抄没地产的代理人创办；剩下的三所都是私立学校。这些机构总共教授 165 名学生。布莱尔阿瑟尔的情况是这一时期整个苏格兰乡村地带的发展状况的缩影。到 1818 年，下院的一个特别委员会认为在"创新"学校中就读的学生人数比堂区和城镇法定学校多出 40%。在城镇化高度发达的苏格兰中西部地区，至少有三分之二的学生在私立学校就读。只有在边境诸郡，就读传统学校的学生还占到总数的一半以上。这一时期的苏格兰还存在很多非正式教育形式，无法在任何文献记载中得到确切记录：女性在家中开办"淑女"学校，居住地远离堂区学校的乡间家庭集体雇用流动授课的教师以获得短期教育，还有在家中进行的教育，尤其是对女孩——在当时的观点中，接受正规教育并不是她们人生路上的优先事项。

在这一时期的高地地区，一项极具雄心的工程正有序展开，其目的在于通过慈善手段改进当地的堂区学校体系。如前所述，到 1750 年代，长老教会已经在高地的大部分地区建立了大量学校。事实上，到 18 世纪末，这一地区的几乎每一个堂区都已设有一所公立学校，尽管囿于一些高地堂区的庞大面积——例如，因弗内斯的基尔马利（Kilmalie）宽 30 英里，长 60 英里——以及盖尔语在当地的优势地位，这些学校造成的影响极为有限。由于长老派基督徒对高地西部和苏格兰东北部天主教武装反抗势力崛起的忧虑以及詹姆斯党不满情绪在当地造成的潜在威胁，他们在 1709 年成立了苏格兰基督教知识推广社（Scottish Society for the Propagation of Christian Knowledge，SSPCK），旨在于当地建立学校，以教授正统的长老派教义。因为这一时期的盖尔语被认为是高地人"野蛮无知"的一大根源，还有可能催生政治上的不忠倾向，所以教授英语成为这一社团的使命之一。从 1711 年到 1758 年，推广社的学校数量从 5 所增长到 176 所（此时有近 6500 名学生就读）。在推广社之后，还有一些后起的社团也致力于向盖尔语地区推广基督教教育。到 19 世纪初，在爱丁堡、格拉斯哥和因弗内斯成立的盖尔语社团也追随了这项事业，对在那几十年间席卷高地西部的福音派宗教革命发挥了重要的推动作用。

如上所述，从 17 世纪到 18 世纪初，苏格兰教育制度已经发展到颇为复杂的水平。长老教会、政府和地方土地主为教育事业提供了最初的推动力，但苏格兰的教育制度很快发展出高度的多样性，尤其是在"创新"学校与慈善学校于18世纪下半叶崛起之后。丰富且广泛的教育机会因此成为苏格兰教育制度的一个显著特征。在堂区制度中，由于土地所有者提供雇用教师和运营校舍的开支，学费得以维持在较低水平。例如，在1790年代的中洛锡安地区，在堂区学校接受一个季度读写教育的学费是1先令6便士（合7.5新便士）①，拉丁语和数学教育的学费则是每季度2先令（合10新便士）。这些数额可以代表苏格兰大多数地区的学费水平。此外，堂区小会也有责任扶助本地穷人，而且在整个18世纪都极力避免抬高读写等核心课程的学费，以保证将这些基本技能提供给尽可能多的人。因此，随着低地多处乡村地区的实际收入水平从1770年代开始有所增长，18世纪下半叶的教育无疑变得更为廉价了。但是，这种廉价的教育也对公立学校教师的生计造成了巨大的压力。早在1749年，堂区教师便开始向议会提出补偿诉求，并要求提高支付给他们的津贴。不过，正是这种财政问题也促使一些乡村地区的堂区教师拓宽授课范围，教授地理、法语、簿记等根据规定可以要求更高学费的"新"科目。至少从17世纪末起，堂区学校开始向一些学生教授拉丁文。例如，1690年安格斯42

96

---

① 1707年《联合条约》规定苏格兰统一采用英格兰币制，旧货币也统一折价兑换成英制货币。此处的先令与便士对应旧英制货币，即1英镑（£）=20先令（s）=240便士（d，源自古罗马时代货币"第纳尔"[Denarius]），原文中写作1/6d（先令单位符号省略）。但在1971年2月15日，英国和爱尔兰政府改用十进制计算货币，即1英镑（£）=100新便士（p），故此处1先令相当于5新便士，旧英制6便士相当于2.5新便士（1旧便士相当于五分之十二新便士）。

所堂区学校中的绝大多数都设有拉丁文课程。进入 18 世纪下半叶，堂区学校的课纲还有了更进一步的扩大，将一些与职业工作直接相关的科目纳入教学，这些科目的重要性此时正在城镇学院的课程中有所上升，还构成了新式职业学院的核心教学内容。这一点也是苏格兰教育制度的一个独特之处，无论在英格兰还是整个欧洲都难以找到可与之相比的案例，也与 1760 年之后苏格兰经济的飞速发展不无关系。

18 世纪苏格兰学校教育扩张的主要原因在于对基本受教育水平的需求。1790 年代的《苏格兰统计通鉴》中充满各种证据，可以证明苏格兰乡村居民极为看重教育，即便当时的学校教育既不是免费的也不是强制性的。在耶特姆（Yetholm）堂区①，有说法称当地"父母宁肯自己陷入贫困，也要把子女送进学校"。4 在这里，正如在其他很多地方一样，子女的教育关乎很多家庭的尊严。而在老卢斯（Old Luce）堂区②，有记载显示当地的贫穷家庭认为子女不会读写是一种耻辱。在 1793 年的《中洛锡安农业通览》（*General View of the Agriculture of Midlothian*）中，记录者提到当地的普通人"若连阅读英文也做不到就会感到羞耻"。对很多苏格兰人来说，接受教育的动机源自阅读《圣经》原文的需求，以及在堂区小会上无法使用《圣经》时的屈辱感。

然而，我们很难确定这一时期广泛分布的学校教育到底实现了何种程度的识字能力。即便在堂区学校制度中，全日制教育也只能维持一段较短的时间，一般始于学生七岁那年，其中较贫困者只能受教一两年，大多数学生则不到四五年。《戒律

---

① 位于苏格兰边境地区。
② 位于苏格兰西南部沿海的加洛韦地区。

书》的文本也宣称两年时间足以让学生"完全掌握阅读能力，通过教理问答，并初步掌握语法知识"。学校的出勤率也非常不稳定，在夏季农忙时节，学生常常需要参与关键的收获工作，导致到校人数急剧减少。学费的制度设计也对学生能从学校里学到的技能有所影响。写作课比阅读课更贵，常常与后者分开教授，且在顺序上比后者更晚。因此并不意外的是，很多证据表明这一时期的很多家庭只关心子女能否在学校掌握阅读能力，至于写作教育则没有得到重视。此外，苏格兰各地的识字能力差别也很显著。如前所述，高地地区的学校建设得到了大力支持，但各地的成果并不均匀。1820 年代的调查显示，高地中部和东部诸郡居民普遍掌握了阅读能力，但在西部边远地区和赫布里底群岛的多个地区，贫困的经济状况和恶劣的地理条件限制了当地居民阅读能力的增长，令当地堂区的受教育水平严重落后于苏格兰低地乡村的一般水平。

　　鉴于学校在苏格兰各地的影响参差不齐，一个名为拉布·休斯敦（Rab Houston）的学者试图通过分析司法文书和其他文献上的签名来估算这一时期苏格兰的识字率。基于这一方法，他认为 1750 年代苏格兰男性识字率应在 65% 左右，女性则要低很多，从在研究中被检视的文书样本来看，只有不超过 25%—30% 的女性能写出自己的名字。这些结果表明，这一时期苏格兰的识字率并不比同期的英格兰北部（尽管远高于英格兰和威尔士的总体水平）、普鲁士、瑞典和法国东北部的一些天主教地区更高。因此，认为这一时期苏格兰实现全民识字的观点只是一个幻想。在此之外，休斯敦也提出，这一时期苏格兰人对识字能力的认识存在多种不同的标准，在不同阶层间差异巨大，一个人的识字水平在很大程度上取决于他（她）的收入水平和职业环境。例如，地主、专业人员和商人往往具备签名的能力，但这一能力在社会地位更低的人群中远未普及。

休斯敦的研究成果表明，书写在 18 世纪的苏格兰并不是一项被普遍习得的技能，之前提及的开支和实用价值问题都是造成这一局限的原因。但这并不意味着阅读能力的普及程度也被限制了。恰恰相反，在拥有完好记录的丹麦和瑞典，这一时期的文献显示当地人几乎普遍具备阅读能力，尽管书写能力在那些地方的普及程度甚至远低于苏格兰，且直到 19 世纪国家立法干预之前都没能得到普及。在阅读能力的问题上，囿于现存数据的质量问题，我们无法得出像丹麦、瑞典那样确定的结论，但至少在低地的乡村地区和小城镇，阅读能力在 1760 年前后已非常普遍。事实上，即便工业化对乡村地区的教育事业造成了压力，一份 1833 年对苏格兰作坊工人的调查仍显示几乎所有人都能阅读英文。

至于苏格兰教育制度的成就是否促进了机会的平等分配，并让更多贫民出身的"寒微之士"得以实现阶级跃升，则是一个更难定论的问题。在苏格兰，接受大学教育的机会比英格兰和一些欧洲国家更开放，成本也更低廉。例如，格拉斯哥大学的学费为 5 英镑一年，只相当于牛津大学或剑桥大学学费的十分之一。苏格兰大学也强调法学、医学和神学领域的职业教育，并在实用科学领域不断扩张。这些科目自然吸引了那些希望凭个人才能与专业训练（而非世袭的社会地位）在世间闯荡的人。除拉丁文知识以外，苏格兰大学不设入学门槛（这令堂区学校毕业的学生也有机会就读于大学），而从 14—16 岁的青少年中招收学生的传统也促使更多学生有机会在大学受教。18 世纪，大学生数量的增长速度超过了苏格兰人口的增速，前者的数字在 1720 年代为 1450 人，到 1820 年代则达到约 4250 人，几乎增长到之前的三倍。苏格兰大学（以格拉斯哥大学为最）学生的社会背景也远比牛津、剑桥大学广泛，就读于后两所英格兰学府的学生往往出身缙绅、神职与专业人员之家。以 1740—1839 年为例，这一时期入学格拉斯哥大学的学生中近一半来自"工商业阶层"，但他们大多出身商人、工业企业主、店主和职业零售商家庭，不是工人或贫民子弟。因此，苏格兰大学在这一时期主要帮助了下层中产阶级的职业发展，并没有为大多数苏格兰人带来阶级跃升的机会。罗伯特·安德森（Robert Anderson）曾评论说，在 1860 年代的苏格兰，牧师的儿子上大学的机会百倍于一个矿工的儿子，这一论断用来描述之前数十年间的情况自然也是成立的。

由此可见，关于"知识民主化"和"寒微之士"的想象并不总能经得住仔细的考察。不过，以任何标准来看，苏格兰长老会从 16 世纪和 17 世纪开始发起的教育事业所取得的成就都十分可观。这一时期大量苏格兰人掌握了阅读能力，廉价的教育机会也存在于苏格兰的大部分地区。堂区学校制度也与城镇学院和大学紧密衔接起来。不同性别、社会阶层和地区之间的教育差距固然存在，但凭这些因素无法否定苏格兰在 18 世纪发展出一套教育体系的事实。在接下来的几十年中，这一体系还将因私立学校教育的快速发展而进一步扩张。

教育制度对苏格兰社会的总体影响无疑是深刻的。首先，长老会堂区与异见教派的学校教育以《圣经》为基础，其内容既反映也进一步加强了各地社区既有的宗教伦理。一些观点甚至认为，长老会在教育事业中施加的强大控制与影响为促进苏格兰社会保证苏格兰人接受并遵从既有社会阶层结构发挥了重要作用，低地苏格兰也因此得以平稳渡过了农业革命带来的剧变与动荡。但这种认为苏格兰教育制度灌输消极被动思想的观点也受到了质疑，其中一个原因在于18世纪苏格兰挑战权威的暴乱与骚动远比这种观点所描述的更为常见。事实上，苏格兰地方社会最为长久的一种矛盾便来自苏格兰教会内部，堂区信众时常对赞助人制度安插在堂区之中的不受欢迎的牧师发起强有力的抗议。此外，18世纪长老会在教育体系内的霸权地位已因私立学校的快速增长和城镇的扩张（教会在城镇的作用一向相对有限，即便城镇的堂区学校里也会在课纲中纳入更多的世俗内容）而走向瓦解。还有一些学者认为，鉴于农业生产方式的革新有赖于佃农阶层改良生产的积极性，"较高的识字水平有可能为苏格兰带来了一项重要的优势：受过教育的农民阶层更有可能放弃记忆中的传统习俗，因为他们能在出版物的书页上找到另一种形式的知识权威，而很多新的农业技术是通过书籍和文章传播的"。[5]城镇学院、职业学院和大学为中产阶级提供的教育同样关键，它们向苏格兰商人、企业家和专业人士提供了必要的技能，让他们能够抓住工业革命时代的经济新机遇。18世纪下半叶苏格兰中产阶级之所以能够快速渗透不列颠殖民帝国的贸易、行政与专业服务领域，一方面是因为苏格兰本土的就业机会相对有限，另一方面也得益于他们在基本算术、识字和职业技能（其范围常常颇为广泛）领域受到的一系列训练。

3

和教育制度一样，苏格兰社会的济贫体系也可追溯到宗教改革之前。早在12世纪便有法令就如何公平对待穷人做出了规定，而 15 世纪和 16 世纪早期的立法也在能够自力谋生者和需要依赖慈善救助者之间做出了重要的区分（尽管不是所有法令都得以生效）。只有后一种人群被允许乞讨，其中包括肢体伤残、失明、患病或身体虚弱的人。被判定为懒惰的人则必须被安排工作，否则应被监禁或放逐。1535 年，苏格兰议会通过了一部重要法律，将乞讨权限制于堂区内生于乞讨者家庭的人，从而把照料本地穷人的责任交给了各地堂区。1574 年的《惩罚身体强健或个性懒惰的乞丐，及济贫扶弱之措施法》（Anent〔concerning〕the Punishment of Strong and Idle Beggars and Provision for Sustenation of the Poor and the Impotent）通常被视为苏格兰济贫制度的基础，这部法律不但继承了上述既有条款，还宣布堂区居民应纳税以提供济贫款项。正因如此，这项 1574 年的立法不仅延续了此前的政策实践，还申明了向穷人提供更慷慨救济的必要性，其开支则由法律的强制规定和一笔稳定的收入支撑。

然而，不幸的是，1574 年的济贫法直到 17 世纪中叶为止都徒有其名。这一时期的长老会过于关注在苏格兰全境推行自己的堂区组织制度，没有将时间、精力或资源倾注于系统性的济贫政策。和教育一样，济贫制度有待长期的发展。1574 年，城镇的济贫工作由长官和参议（baillie）① 负责，但从 1597 年开始，乡村地带的济贫工作只由地方堂区小会负责，直到另一项立法在 1672 年将济贫法的执行工作交由小会与当地地主（法律规定后者有权征收济贫款项）共同落实。此时，很多低地堂区开始积极为贫民提供救济，在 1690 年代的灾难性歉收期间出

---

① 苏格兰城镇行政制度中的官职名，相当于英格兰制度中的市镇议员（alderman）。

手救助。此外，从 18 世纪早期开始，认真承担济贫责任的堂区
小会数量也以可观的速度增长。大多数堂区都发展了一些基本
的救济措施，尽管在高地西部，正式的济贫手段面临着更大的
局限。罗莎琳德·米奇森曾以赞赏的口吻归纳了苏格兰济贫制
度在这一时期的总体状况：

> 堂区定期在年金表上登记老弱居民，将孤儿弃儿寄养
> 在年金领取者处，为这些儿童（以及家中无力负担学费的
> 儿童）支付学费，安排对智力障碍人员的照料，出资补贴
> 外科治疗与乳母的开支，和其他堂区一道支持贫困学生去
> 大学就读，通过为埋葬者提供适量的啤酒和烟草来安排他
> 们安葬赤贫者，并将死者身上的剩余财物收归堂区所有。[6]

这里列举的济贫措施令人印象深刻，也清晰地折射了社会政策
背后的基督教伦理价值。此外，和 19 世纪初苏格兰更为严格的
政策执行不同，这一时期的堂区记录甚至显示，济贫政策有时
会帮助遭遇灾厄或暂时身体伤残的健全居民渡过眼前的难关。
堂区小会在这个问题上似乎采取了一种务实的考量。虽然 1661
年的立法明确了有经济能力者不得接受济贫补助，但帮助那些
暂时陷入困境的人最终可以防止他们彻底沦为贫民，成为堂区
的长期负担，在结果上反而节省了开支。堂区小会可以将教会
积蓄中的非贫民法定应得部分（相当于总额的一半）用来帮助
那些陷入困境的人。1772—1773 年、1782—1783 年、1795—
1796 年和 1799—1800 年等歉收时期，谷物粗粉价格大幅上涨，
这种做法因而广为采用。事实上，正是在上述的最后一次歉收
期间，苏格兰最高民事法院在波洛克诉达林案（Pollock v.

Darling）中裁定健全人也有权接受济贫法所规定之援助。同样在这一时期，一些堂区（尤其是在洛锡安地区、边境和斯特灵郡）为应对 1790 年代谷物粗粉价格的快速上涨，开始实行一种粮食补贴制度。随着乡村地区的工业化进程展开，越来越多的家庭开始以雇用工资而非自家种植的粮食为生计来源，一些堂区因此愿意在这一变革过程中提供帮助。这种制度最著名的例子来自东洛锡安的普雷斯顿柯克（Prestonkirk），当地堂区会收购本地出产的燕麦和大麦，并根据居民家庭的收入水平给予不同程度的补贴，将这些粮食分配给他们。

　　这种更为宽泛的济贫标准带来了高昂的成本。传统上，堂 　102
区经费里的相当一部分济贫款项源自慈善捐赠，这反映出基督教伦理中帮扶穷人的观念。因此，来自教堂门前纳捐、死者遗赠和其他捐赠，以及罚金、盖棺布费用（mortcloth dues）① 和婚礼费用等收入的一半要被用于接济穷人。然而，18 世纪更为宽泛的济贫法对济贫款提出了更高的需求，这导致堂区不得不采用征收手段向会众征款，其中包括对当地土地所有者的课税，因此增加的税负又有一半被土地主转嫁到佃农身上。不过，征款行为并不普遍，主要存在于经济较为发达、土地主和佃农能承受更高额开支的低地地区。到 18 世纪晚期，一些土地主至少已不再抗拒为更慷慨的济贫事业与更有效的流浪管控政策贡献资源。而在扩大征款范围之外，个别土地主也在诸如 1740 年这样的歉收年份里向本堂区乃至周边地区的穷人直接捐赠谷物粗粉、金钱和煤炭。在整个 18 世纪，苏格兰地主阶层也曾以郡为单位联合采取措施，压制无业流浪现象，保证每个堂区承担起

---

① 堂区教会承办葬礼时收取的费用。

本地的济贫责任。在 1770 年代早期，一场大规模的联合行动曾遍及苏格兰的 11 个郡，范围西起阿盖尔，东迄法夫。

一些观点认为，这种联合济贫的现象源自当时流行于统治阶级当中的"人文人道主义"（civic humanism）思潮，这一思想主张社会精英有责任建立一个更为良善且文明的社会。但这种现象也有更为现实的一面，它在一个经济变革日益威胁到等级秩序与传统社会规则的时代帮助贫民维持生计，并遏制了流浪问题的蔓延。例如，对流浪问题的恐惧可能折射了精英阶层对这一时期前所未有的大规模人口流动的焦虑，有越来越多的苏格兰人开始脱离由教会、学校和济贫法支撑的旧社会结构，不再安于本地生活。1760—1815 年，苏格兰低地的乡村地带经历了一场经典的农业革命，却没有受到严重社会动荡的困扰，这一点值得瞩目。有观点认为，这一时期更为灵活的济贫政策与相关扶助措施更有力地为失去财产、濒临赤贫的居民提供了基本社会保障，这在一定程度上降低了严重社会矛盾爆发的风险。

第二部分
1760—1830

第六章 历史转折中的苏格兰

1

到 18 世纪中叶，苏格兰经济已进入了活跃发展的阶段。此 时的格拉斯哥已成为联合王国最大的烟草转运港，也是西欧重要的港口城市。1771 年，格拉斯哥总共进口了约 4700 万磅美洲烟草，格拉斯哥商人在不列颠烟草贸易中占据的份额也日益增长，令伦敦、利物浦、怀特黑文和布里斯托尔等竞争对手节节败退。直到 1738 年，苏格兰在联合王国进口总额中的占比只有 10%；但到 1765 年，即便联合王国的贸易总额也经历了飞速增长，但这一比例已经上升到 40%。苏格兰与欧洲其他地区之间的往来曾因 18 世纪早期的海上战争与经济民族主义风潮而衰落，但 18 世纪中后期，苏格兰烟草贸易的巨大成功再一次加强了这一传统联系，构成了这场经济奇迹尤为重要的一个侧面。在苏格兰进口的烟草中，有 90% 最终被重新出口到法国、荷兰与德意志市场。苏格兰的支柱产业——亚麻纺织业的快速发展也与海外贸易的巨大成就相呼应，与 1736—1740 年相比，1768—1772 年苏格兰的亚麻总产量增长了三倍，这一时期苏格兰制造业与渔业监理委员会盖戳认证的亚麻布总长度达到近 1300 万码，有约两万人作为织工受雇于亚麻行业，还有大量来自苏格兰城乡各地的女性从事纺纱工作。

这一时期的苏格兰经济还发生了一系列里程碑式的事件，

似乎标志着一个繁荣与进步的新时代已经到来。苏格兰皇家银行在 1727 年成立，不列颠亚麻公司（British Linen Company）则成立于 1746 年。苏格兰皇家银行在建立后不久，就于 1728 年推出了所谓"现金账户"，亦即世界上第一个透支贷款业务。不列颠亚麻公司则是 18 世纪联合王国唯——家专为促进产业发展而设立的特许银行。银行业也在苏格兰其他地区蓬勃发展，例如在格拉斯哥城中一些最为富有的商业大亨的大力支持下成立的船运银行（Ship Bank）、徽章银行（Arms Bank）和蓟花银行（Thistle Bank）。而在 1759 年，卡伦制铁厂的成立几乎可谓苏格兰经济近代化的象征。这座工厂的主要用途是进行大规模的制铁、炼铁作业，其所采用的先进工艺来自英格兰的煤溪谷公司（Coalbrookdale Company）。比卡伦制铁厂早十年成立的普雷斯顿潘斯硫酸厂（Prestonpans Vitriol Works）也在这一时期颇负盛名，占据了纺织品整理加工业的顶尖位置。

乡村社会的经济发展虽然不那么显眼，却和其他领域的成果同样重要。无论在高地还是在低地，商业活动对苏格兰乡村的影响都大大加强了。在《联合条约》之后的几十年里，高地中西部的肉牛贸易是经济发展的一个比较显著的案例。而到 1750 年代，盖尔语地区的木材、板岩和鱼类出口也有了显著增长。同样地，在低地乡村的很多地区，市场力量开始占据主导地位，这一时期当地农村佃租的支付方式从实物缴纳到货币缴纳的稳步转变为这一趋势的存在提供了证据。在一些地主的地产上，由于所有者开始将越来越多的小块土地整合成统一的大片土地进行租佃，佃农制度迎来了剧烈的变革：在后来的农业革命时代成为标志性力量的农业资本家阶层已经在此时有所萌芽。

因此，与《联合条约》签订时相比，1750 年代苏格兰经济

的繁荣、活跃和安定程度都已有了显著的提升。然而，我们仍
应审慎看待这些变革的规模和重要性。18 世纪中期的苏格兰在
既有的经济与社会结构之内取得了扎实的进步，但很少有迹象
表明苏格兰社会的总体框架在这一时期起了变化。农业仍在苏
格兰占据压倒性主导地位，到 1750 年只有八分之一的苏格兰人
居住在城镇（以人口在 4000 人及以上为标准）。在一份采用不
同标准（以定居点居民人口在 1 万人及以上为标准）的欧洲"城
镇化社会"排名表上，苏格兰的城镇化程度从 1650 年的第 11 名
（总共 16 个国家及地区）上升到了 1700 年的第 10 名，到 1750 年
又升至第 7 名。在这一时期，城镇居民在苏格兰人口中的比例有
所上升，但苏格兰人口的总体分布格局仍更接近爱尔兰、斯堪的
纳维亚诸国和波兰，而非英格兰与荷兰等更先进的欧洲国家和地
区。以 1750 年的数据为例，当年英格兰有 17% 的人口居住在居
民超过 1 万人的城镇中，而苏格兰的比例只有 9%。

　　在此之外，容纳了苏格兰大多数人口的乡村社会此时仍按
照传统的结构运转，其机制与更早之前的世代颇为相似。当时
的田产地图显示，除最为发达的东南各郡以外，大多数地区乡
村的风貌与之前几乎没有什么不同。传统的垄沟耕作（rig
cultivation）① 和如马赛克一般形状不规则、由佃农分别持有的
小片散在耕地在图上清晰可见。除了在局部更为发达的地区，
这一时期苏格兰的圈地运动并未取得显著进展，"先进"的农
业生产技术也很少为大多数农民所采用。因此，这一时期苏格
兰燕麦和大麦的平均产量与 17 世纪晚期相差不大。类似的延续

107

---

① 苏格兰、爱尔兰较落后地区传统的农作方法，指用马拉犁在大致呈矩形的
土地上来回翻掘，在犁沟中播种耕作，并以由翻开的土壤堆积而成的田垄
（ridge，也写作 rig）为界划定每户佃农的耕作范围。

性也存在于乡村社会的结构当中。早在 18 世纪早期，地主、佃
农和无地佣工组成的三大社会阶层已经主导了英格兰中部和南
部各郡的乡村地带。但在苏格兰，大多数乡村人口仍或多或少
与土地相捆绑。事实上，在 18 世纪晚期以前，苏格兰乡间几乎
不存在完全无地的社会群体。在很多堂区，茅屋小农（cottar）
家庭仍大量存在，织工、铁匠、裁缝、石匠等乡村手工业者通
常也拥有一片自己的土地。因此，苏格兰乡村社会的结构在这
一时期大体上仍更接近大多数欧陆社会的状况，而与南方的英
格兰社会有较大差距。

进入 1760 年代，上述这种在个别变化之外大体延续传统的
社会格局骤然迎来终结，这个十年似乎构成了一道分水岭，苏
格兰从此将经历一场罕见的经济社会变革，其速度、规模和深
度在同时代的欧洲罕有其匹。当代主流观点认为，英格兰近代
化的发展是渐进、漫长且以改良为底色的，但这种认识并不能
套用到苏格兰的历史经验上。在苏格兰，工业和农业革命确实
是以革命性的步调发生的。事实上，对欧洲各地城市发展的近
期比较研究表明，1750—1850 年，苏格兰城镇的爆发式增长速
度无论在联合王国还是在欧洲都是最快的。1750 年，苏格兰仅
位列欧洲"城镇化社会"排名表的第 7 名，这一名次在 1800 年
升到第 4 名，而到 1850 年则位列第 3 名，仅次于英格兰和威尔
士。当时有三分之一的苏格兰人居住在人口超过 5000 人的城镇
中，而这还不包括那些从乡村来到在这一时期踊跃兴起的工厂
小镇和规划新村（planned villages）① 的人。也正是在这一时

① 18 世纪中叶到 19 世纪中叶苏格兰农业改良运动时期建成或大规模改造的
新型农业定居点，与传统自然村的不同之处在于事先经过了开发地主的
规划。

期，苏格兰人口的地理分布迎来了一场全面变革。鉴于苏格兰城镇的快速发展必然意味着乡村人口的大量迁入，这一时期苏格兰的人口流动规模之大前所未有。例如，在1851年，苏格兰十座主要城镇中有一半的居民从外地移居而来，其来源地不但包括高地和低地乡村，还有爱尔兰北部。苏格兰快速城镇化进程向福斯－克莱德河谷地区（尤其是这一地区的西部城镇）推进的格局也带来了革命性的效应。苏格兰高地和边境地区的人口向低地中部大量迁徙，以至于后者到1820年代集中了整个苏格兰人口的一半以上。现代苏格兰的人口分布格局由此开始形成。

苏格兰城镇化进程的主要推动力来自工业化，而到约1830年为止，棉花、亚麻和羊毛纺织业构成了苏格兰工业增长的主要引擎。学识渊博的约翰·辛克莱爵士提出，在1800年代早期，纤维制造与丝绸产业总共雇用了超过257000名劳工，占当时制造业劳动力的近90%。制铁、工程和船舶制造业的美好年代直到1830年以后的几十年里才会到来，而在这个过程中1850年又是一个尤为重要的节点。虽然卡伦制铁厂此时已享有盛名，1779—1801年苏格兰又建立了另外九座制铁厂，但1830年以前的苏格兰制铁业远不如纺织业成功。1798—1824年，苏格兰没有再新建其他工厂，而既存的企业也反复面临经营困难，这些问题都表明这一时期的苏格兰制铁业发展迟缓。由此可见，是纺织行业支撑了苏格兰工业革命的第一阶段，而这一行业的重要性至少在以下四个方面得到了体现。

第一，苏格兰纺织业在这一时期日益机械化，生产活动也开始向大型复合工坊集中，而这种设施正好为工业革命充当了最显著的实体象征。通过引进哈格里夫斯发明的"珍妮纺纱机"、阿克赖特的水力纺纱机以及克朗普顿的"骡机"（这一发明尤为重要）等英格兰新技术，苏格兰的棉纺技术实现了重大进步。只要将克朗普顿的"骡机"与詹姆斯·瓦特的改良蒸汽机配合使用，棉纺厂就不必在选址上受制于水力资源的分布，在城镇地带建设规模更大的工业设施也成为可能。到1820年代，蒸汽驱动的亚麻纺纱技术在克服了早期的困难之后彻底革新了亚麻纺织业，而羊毛纺织业也在同一时期大为进步，除编织之外的所有工序都可由机械完成。第二，这一时期苏格兰制造业的产量也实现了大幅增长。得到监理委员会认证的市售亚麻布年均产量在1728年至1731年为3488232码，但到1818年至1822年已增长到之前的近十倍，达到30700100码。棉纺业的表现甚至更为突出，但已极难通过长期统计数据来具体考证。第三，在纺织业领域出现了显著的区域专门化趋势。棉纺业集中在格拉斯哥、佩斯利和低地西部，邓迪、安格斯和法夫的小城镇则成为著名的亚麻产地，边境地区也在这一时期以出众的毛纺与羊毛编织业闻名。例如，到1844年，苏格兰一半以上的精纺毛纺纱机都位于边境地区的一座城镇——霍伊克（Hawick）。第四，苏格兰的纺织品整理加工业也经历了高速增长，大量资本注入这一行业，不但在整个纺织业地带建立了多座漂白场，还资助了印染工艺的技术创新。在这一领域最为顶尖的成就当数1799年成立于格拉斯哥的圣罗洛克斯漂白粉制造厂（St Rollox works），这一设施对苏格兰成为当时世界工业化学品的顶尖制造者厥功至伟。

苏格兰纺织业产生的上述效应各不相同而又相互促进，它们在苏格兰经济体系的核心领域共同发挥作用，形成了一种极有利于制造业发展的产业生态。诚然，酿酒、蒸馏和造纸等产业也在这一过程中发挥了一定作用，而近来的研究也显示，这一时期苏格兰采煤业的发达程度超出了从前的认识，其在 1760 年至 1800 年的产量远高于联合王国的平均水平，但在 1830 年以前，纺织业才是苏格兰工业革命的关键部门。在约翰·辛克莱爵士于 1826 年发表的另一项估算中，他提出当时的苏格兰有超过 25 万人受雇于棉花、亚麻或羊毛纺织业，其中又有 60% 受雇于棉纺业。他还认为这一时期苏格兰只有 13000 人受雇于制铁业，另有 19000 人受雇于其他制造业部门。同样值得注意的是，这一时期苏格兰经济的新格局与传统格局之间仍有显著的连贯性。即便在当时最为先进的棉纺业，也只有纺纱工序在 1830 年以前实现了全面机械化，各种纺织业雇用的手工织工人数在这一时期持续增长，直到 1840 年达到约 84000 人的峰值。此时，机械还没有战胜人工，那些受雇于纺织业的工人的生活也更接近传统的家庭和手工作坊，而非近代化的工坊或大型工厂。此外，当时可能仍有多达三分之二的苏格兰人在乡村度过一生，没有迁入城镇。

110

　　不过，前所未有的工业发展与城镇扩张仍给苏格兰社会带来了革命性影响，北到赫布里底群岛、奥克尼群岛、设得兰群岛，南到低地的农场和繁荣都市莫不如此。快速膨胀的城镇和工业地带催生了对食物、饮料、原材料和劳动力的巨大需求，令苏格兰的农业生产和农村社会迎来变革。繁荣的褐藻、鱼类、威士忌和牛羊贸易促进了高地经济的商业化，令传统的社群城镇走向解体，鼓励所有者将土地整合成一片片小农场（croft），并令传统的土地租佃义务屈服于新兴的利润导向。同样地，由于整个氏族社会的机制因应地主需求、社会思潮和（尤为重要的）来自南方市场的巨大经济压力而迎来重组，氏族领袖与其追随者之间的传统纽带和联系也很快消解了。在不到两代人的时间里，盖尔语地区就从部族制社会跨进了资本主义的大门。

与高地相比，乡村革命的速度和规模在南方的低地也毫不逊色。在那里，谷物和肉类价格从 1780 年前后开始因城镇化的需求暴涨，这一因素被认为是当地乡村快速商业化的根本原因。正是在始于 1760 年后的二三十年里，一种以圈地农田、整齐的农场和互相分隔的所有地为特征的近代化农业风貌开始在苏格兰乡间出现。随着地产所有权在 1760 年至 1815 年得到巩固，一地一主的一元化农场开始成为主流。到 1830 年，低地的大多数农业劳动者都是无地雇农，与城镇工厂和作坊里的工人一样，他们也受制于劳工规范与更高的生产效率所造成的压力。产业发展释放的市场力量深入苏格兰的每一寸土地，催生了一种新的社会秩序。在 1831 年的人口普查中，所有低地乡村郡的人口都达到了峰值，而在不到十年之后，在高地以南再也没有一个郡的人口以农民为主。苏格兰已经朝着工业化社会迈出了坚实的一步，并迎来了告别传统社会的关键节点。

2

长期以来，经济史家对于苏格兰经济社会变革的原因争论不休。如果对照爱尔兰的案例，我们至少可以得出一个显而易见的结论：这个过程绝非必然。在 18 世纪，爱尔兰也经历了和苏格兰一样的商业扩张。事实上，在亚麻制造业和牛肉、猪肉、黄油等农业产品出口贸易领域，爱尔兰的发展势头远远领先于苏格兰。但在 18 世纪上半叶，爱尔兰经济长期增长的愿景因纺织业的去工业化和集约型制造业向贝尔法斯特和拉根河谷（Lagan Valley）快速收缩而黯淡下去。因此，将苏格兰的情况视为全欧洲范围内工业化进程的一个地区性平凡变种的看法缺乏说服力。这种理论很难解释为什么苏格兰的变革在时间上早于英格兰以外的其他欧洲国家和地区，也无法解释那些令苏格兰得以与欧洲其他少数地区一道成功实现工业化社会转型的独特优势。本章的剩余部分将重点关注这些因素对苏格兰的影响。

市场

1755 年，苏格兰总人口约为 125 万，这一数字在 1801 年增至 160 万，到 1841 年达到 260 万。与其他国家相比，这一时期苏格兰人口增长的幅度相对平缓，在 18 世纪下半叶的年均增长率约为 0.6%，只略多于英格兰增长率的一半，远远落后于 1791—1821 年爱尔兰年均 2.1% 的人口增速。因此，苏格兰本土市场的规模在 18 世纪晚期仍相对狭小，在数字上也未见快速扩张。不过，这一时期苏格兰人对货物和服务的购买力无疑有所上升。城镇化进程催生了对食品、饮料、建材和煤炭的新需求，中产阶级的规模与在城镇人口中占据的比例也有所扩大和上升。根据斯塔纳·尼纳迪克（Stana Nenadic）的研究，1750年代苏格兰城镇居民中有 15% 属于中产阶级，这一比重在 1830年代上升至 25%。通过增加对城镇住房、美观家具、时髦服饰和其他商品的开支，这一阶层开始用肉眼可见的物质手段宣扬自身的集体认同。与此同时，农业雇工阶层也在 1770 年至 1800年蓬勃发展，他们在低地中部大城镇周边地区的发展尤为突出。于是，随着新的农业生产方式对劳动力提出了空前的需求，农场主和制造业者之间围绕劳动力的争夺也越发激烈起来。在 18世纪晚期同样显而易见的是，越来越多的农村妇女和儿童开始进入劳动力市场，成为纺纱工、漂白工、日结工、工厂工人和

112

收粮工，令很多乡村聚落的家庭收入水平上升。1790 年代的《苏格兰统计通鉴》也表明，女性在劳动力市场上的新角色显著推动了工人阶级在煤炭、亚麻、棉织品，以及茶叶和糖等初级奢侈品方面的消费。

即便有如此活跃的气象，苏格兰内部市场在与日俱增的外来影响面前仍相形见绌。从 1785 年到 1835 年，苏格兰的出口额增长了整整八倍，苏格兰也成为大西洋经济圈（这是当时世界上增长最快的市场）的关键环节。苏格兰海外贸易的优势部分来自 1707 年的苏英合并，正是后者为苏格兰商人提供了通往英格兰本土及其海外殖民地市场的自由且安全的准入机会。例如，在美国独立战争之前，英格兰本土及其殖民地总共吸纳了 60％ 以上的苏格兰官方亚麻产出。不过，进入 18 世纪晚期，联合王国内部贸易往来的重要性开始有所下降。苏格兰商人并不满足于躲藏在大不列颠重商主义壁垒的保护之下。恰恰相反，随着 1783 年北美殖民地独立，苏格兰失去了一大殖民地市场，他们反而在这一刺激之下向全球扩张。在 19 世纪的头几十年里，苏格兰开始与南美洲、亚洲和大洋洲建立新的贸易往来。到 1815 年拿破仑战争结束时，向包括加勒比地区在内的美洲输出的货物总量已达到克莱德河口离岸总吨数的近 70％，余下的货物则大多发往欧洲。

113

自然禀赋

苏格兰在全球市场上的成功绝非必然，而是由苏格兰商人对市场形势的出色应对所决定的。不过，苏格兰的地理位置和自然禀赋也为这一成功创造了条件。苏格兰不但与英格兰（18 世纪欧洲最富裕的经济体）在陆地上接壤，也拥有便利的海上航道，向西连通爱尔兰，向东可达斯堪的纳维亚半岛和波罗的海。在 16 世纪和 17 世纪，正是这条向东的航道吸引了大量苏格兰商人、小贩和军人前往瑞典、挪威和波兰。进入 17 世纪末期和 18 世纪，随着爱尔兰和跨大西洋贸易的影响力逐渐增长，苏格兰商人也可以较为便利地将外贸活动的重心从东面转到西面。福斯河与克莱德河上的港口让低地中部的富庶地带可以同时与欧洲大陆和美洲相连接。因此，当格拉斯哥在《联合条约》通过前后开始把握跨大西洋贸易的机会谋求发展时，当地商人已经有充足的资本、经验与长达数世纪的商业传统可以利用，这些都是苏格兰低地经济走廊东沿的诸多港口在与北欧的贸易活动中积累下来的。

在工业化进程中，低地中部地区的地理条件也确实得天独厚。到 1800 年，低地中部的人口在苏格兰城镇居民人口中占据的比例超过其他任何地区，仅格拉斯哥和爱丁堡就占了城镇总人口的整整 60%，因此繁荣的市场需求也集聚在这一地区。此外，低地中部的部分地区（尤其是艾尔郡、拉纳克郡和法夫郡）盛产早期工业化进程中最重要的矿物资源——煤炭与铁矿石，还享受着靠近港口、城镇劳动力和水上交通路线的地缘优势。福斯河与克莱德河宽阔的入海口深入狭窄的低地内部，而随着芒克兰运河（Monkland，建于 1790 年）、福斯－克莱德运河（建于 1790 年）和联合运河（Union，建于 1822 年）三条大运河开通，低地的交通得到极大的改善，煤炭和其他商品可以以低廉的成本大量往来于各地，便利的自然条件也因此被最大限度地利用。随着新道路建成、沿海贸易持续扩张，低地中部逐渐形成了一个一流的交通网络，足以支持对当地矿产资源的大规模开发。一些人质疑煤炭和铁矿石在工业革命最初阶段的

114

重要性，因为直到 1830 年之后，这两种矿石才被视为具有独立价值的重要资源。但早在 19 世纪初期，棉花和亚麻纺织业就开始广泛地使用蒸汽动力，因此煤炭也作为燃料得到大量使用。虽然这一时期水力仍在苏格兰的各行各业得到广泛运用，但蒸汽动力还是为苏格兰出口导向的纺织业提供了新的决定性竞争优势：它不但允许纺织业者无视季节变化不间断地生产纺织品，还让乡间作坊得以向劳动力供给充沛的城市迁移。相比之下，爱尔兰贝尔法斯特的棉纺业就没能和苏格兰纺织业一样，享受与丰富的煤矿毗邻的优势，从而在蒸汽时代被格拉斯哥和佩斯利的竞争对手打败，从 1820 年代开始被苏格兰远远地甩在身后。

资本

在 17 世纪，苏格兰曾是西欧最贫穷的国家之一，当时该国巨大的移民数量与 1620 年代及 1690 年代的毁灭性饥荒都为此提供了佐证。然而，在 1690 年代的饥荒过去数十年后，苏格兰已经揭开了一场经济剧变的序幕，这场变革要求对商业、农业、工业和城市基础设施建设领域投入大量资金。这就为历史学家提出了一个难题：一个素来贫困的社会靠什么提供了工业化所需的巨额资金？有四个因素可以帮助我们寻找答案。

第一，苏格兰旧社会的精英阶层——有地士绅在这一时期动用了规模惊人的经济资源。土地主的作用在农业生产方式的改进过程中至关重要，他们投入重金用于农地圈占，以及新农舍、道路和桥梁的建设。此外，还有很多苏格兰士绅活跃于金融行业，这不只是因为乡村金融在苏格兰金融领域中素来占据着显著的比重，也是因为制造业和采矿业在当时可以被视为地产开发的一部分，有利于土地主提高资产收益。煤、铅和铁矿开采尤其吸引了来自苏格兰主要贵族们的投资，汉密尔顿公爵、萨瑟兰公爵、巴克卢公爵与埃格林顿伯爵、威姆斯伯爵和利文伯爵都在其中。除此之外，道路修建、运河开凿与银行业也都是有地士绅乐于投资的事业。在苏格兰的三家特许银行（苏格兰银行、苏格兰皇家银行和不列颠亚麻公司）中，贵族阶层都构成了董事会里最有影响力的团体，还有其他一些有地士绅在日益扩张的地方性银行网络中成为合伙人。由此可见，旧权贵的资本为苏格兰经济的新篇章提供了一笔启动资金。不过同样值得注意的是，有地士绅也是新资本涌入苏格兰并注入工业领域的主要渠道，其来源包括不列颠殖民帝国、东印度公司、联合王国政府的合同与军事服役的报偿。

115

第二，苏格兰与美洲的贸易既是其参与不列颠殖民帝国内部贸易往来的直接结果，也给苏格兰带来了重要影响，其中以苏格兰工业革命的核心地带——中西部地区尤为显著。1730—1750 年，殖民地贸易商在格拉斯哥及其周边地区投资了 18 座工厂，又在 1780 年至 1795 年额外投资了 21 座。18 世纪，格拉斯哥一半以上的烟草商人都在亚麻、棉纺、煤炭、制糖、玻璃制造等领域的工业企业持有股份。苏格兰烟草大亨还创立了这座城市最初的三座银行，即 1752 年的船运银行、徽章银行和 1761 年的蓟花银行。总体而言，这些活动都标志着大量来自商贸活动的资本涌入了工业。第三，通过银行系统，苏格兰社会得以更有效率地动员资本。苏格兰的人均银行资产从 1744 年的 0.27 英镑上升到 1802 年的 7.46 英镑。一些人认为，苏格兰银行家比态度保守的英格兰同行更擅长将这些资本投入工业化进程。诚然，苏格兰的银行更有创造力和革新意识，这尤其体现在开发现金信贷与增加小额纸钞供给上。这些都对苏格兰的工业化起了一定作用。不过，所有对当时苏格兰工业和商业企业账目的具体研究都表明，银行融资虽然已成为常见的手段，但其重要性仍远不及利润反哺、个人渠道借贷、担保贷款、信用交易以及来自家人和朋友的资助（这一来源时常发挥重要作用）。第四，新兴产业往往由缺乏雄厚资本的人发起，随着生意日渐兴隆，他们会非常谨慎地将经营所得用于再投资。这一类企业家中最著名的例子是大卫·戴尔（David Dale）。他作为一个织工起家，后来成为亚麻商人、进口贸易商，直到1786年在新拉纳克建立了当地的第一座大型工业设施，成为那个时代苏格兰最伟大的棉纺企业家。

116　技术和与英格兰的往来

苏格兰工业化的早期阶段高度依赖从外部引进的技术和经验。苏格兰人从荷兰、法国和爱尔兰广泛引进新理念和新技术，但英格兰为苏格兰提供的新知识占据了绝对主导地位。英格兰对苏格兰的大规模"技术转移"既反映了当时苏格兰相对落后的处境，也反映了寻找廉价劳动力和低租金厂址的英格兰商人的投资策略。棉纺业的纺纱革命完全是以凯伊、哈格里夫斯、阿克赖特和克朗普顿等英格兰人的发明为基础的，在英格兰工坊中有过实践经验的人也常常在苏格兰的早期工厂中担任管理人员。在这些人当中最著名的当数阿奇博尔德·布坎南（Archibald Buchanan），他在英格兰德比郡的克罗姆福德（Cromford）当过学徒工之后回到苏格兰，成为支撑詹姆斯·芬利（James Finlay）名下棉纺帝国的技术骨干。1749年在普雷斯顿潘斯成立了划时代的联合硫酸制造厂（Co. Sulphuric acid manufacture）的罗巴克（Roebuck）和加伯特（Garbett）早年也曾在伯明翰闯荡。高炉和金属冶炼中的焦化工艺都来自英格兰，对酿造、化工、制陶与玻璃工业极为重要的炭火反射炉也是如此。引进英格兰工艺经验的最著名案例或许是1759年成立的卡伦制铁厂，作为当时苏格兰最大的制造业企业，这座制铁厂的焦化冶炼技术最初由英格兰的煤溪谷公司首创。苏格兰经济的快速变革也造成了技术瓶颈和反复发生的技工短缺现象，而这些问题又常常因英格兰熟练冶炼工、模造工、纺纱工和韧性铸铁工的涌入而得到解决。

　　上述文字没有枚举英苏技术转移的实例，但也足以证明如果离开了英格兰（也包括其他国家和地区，尽管在重要性上大为逊色）的技术经验和工艺，苏格兰在这一时期的经济发展便会举步维艰。然而，这些新工艺都很快融入了苏格兰制造业体系，表明苏格兰自身已经具备实现快速工业化所需的社会、文化和经济环境。通过从外部大规模引进技术，这一时期的苏格兰迅速取得了科技上的领先地位，这一过程与近代日本不无相似之处。从詹姆斯·瓦特改进的蒸汽机分离式冷凝器（可能是当时最为根本的技术突破）到尼尔·斯诺德格拉斯（Neil Snodgrass）的清棉机（可以在纺成毛纱之前对羊毛进行有效加工），从1807年阿奇博尔德·布坎南建立的英国第一座真正意义上的综合棉纺厂（所有棉纺工序都在动力驱动下于同一处工业设施内完成）到亨利·贝尔于1812年完成的"彗星"号蒸汽船，以及 J. B. 尼尔森于1829年发明的热风炉工艺（革命性地降低了制铁成本），一系列重要技术创新开始在苏格兰应运而生。

劳动力

不过，在讨论令苏格兰在工业革命期间占据上风的独特优势时，技术因素不应得到过分的强调。苏格兰农业和工业领域的大多数工作此时仍需手工完成，即便在最为发达的棉纺业，三道关键工序中的两道（编织与面料整理）直到1820年代仍主要采用劳动密集型方式运作。因此，劳动力成本和劳动者对陌生工艺与工作环境的反应也构成了苏格兰工业化进程中至关重要的因素。不可否认，18世纪晚期苏格兰部分产业的工资水平有所上升。例如，农业劳动者的实际收入就经历了显著增长，其平均涨幅在1750年至1790年的低地中部达到40%—50%。不过，苏格兰大多数行业的工资水平仍低于英格兰，这也构成了吸引理查德·阿克赖特等英格兰工业巨头在1780年代投资苏格兰工厂的部分原因。阿克赖特就曾自夸能凭苏格兰工厂的低廉成本把兰开夏郡的竞争对手逼上绝路。近一个世纪之后的1860年代，现存最早的关于苏格兰薪资水平的确切普查数据也显示，当时苏格兰大多数行业的工资水平都低于英格兰。对于苏格兰和英格兰之间的薪资差异，一个最为重要的衡量标尺就是两地间的人口净流动态势。现存的确切数字最早可以追溯到1840年代，当时的数据显示，在67000名跨过苏英边界的移居者中，超过四分之三都是迁往英格兰的苏格兰人，他们热切地希望南下寻找更多机遇，而英格兰人则相对缺乏北上的动机。

苏格兰企业家享受的另一个优势是劳动力的流动性。苏格兰人有喜好迁徙的传统。但在18世纪，正当苏格兰工业寻求雇用更多工人之际，苏格兰的人口流动变得普遍起来。在1750年以后，每逢收获季节，高地南部和中部的人口就会向需要农业劳动力的低地迁徙，这种季节性人口流动颇具规模。也正是在这一地区，由于圈地牧羊运动兴起、新的小农场制度（迫使内陆深谷的居民迁往沿海地带）普及，以及过于迅猛的商业化进程制造了新的社会压力，1760年以后当地的苏格兰移民与跨大西洋移民都经历了大幅度增长。在低地，农业革新剧烈地改变了传统社会秩序，令在法律或传统上向来拥有地权的居民数量（这一数字曾颇为可观）有所下降。佃农阶层的契约条款越发深化，凭小片土地和手工纺织手艺谋生的茅屋小农家庭也逐渐被无地佣工取代。和有地农民（他们至少可以依赖自有土地实现自足）相比，那些除了劳力之外没有任何资源可供交换的劳动者显然有着更高的流动性。到1800年前后，低地苏格兰的无地人口显然已达到前所未有的规模，居民进行短途迁徙的频率也高得惊人。一份案例研究显示，1789年斯特灵郡基彭（Kippen）村三分之二的在册居民家庭到1793年便不再居住于当地了。在利文与梅尔维尔（Melville）伯爵[①]位于法夫郡的府邸，97%的女仆和90%的男性人员的任职时间都不超过四年。与在法兰西和德意志部分地区的堂区（绝大多数居民在这里生老病死）相比，苏格兰的人口流动性对追求雇用更多劳动力的制造业主来说自然构成了一个决定性的利好因素。

　　不过，苏格兰劳动力市场也面临着巨大的困难。煤炭与铁矿开采，以及制陶、玻璃、漂白和制钉业仍受困于技术工人的短缺，而正如之前提到的，这一问题的解决只能依赖英格兰工人将他们的技艺传授给苏格兰人。更为严重的是，新兴的纺织业工厂和大规模工坊都面临着用工难问题。新生的工厂可谓苏格兰新旧

---

① 1707年，第三代利文伯爵大卫·梅尔维尔继承死去的第一代梅尔维尔伯爵乔治·梅尔维尔的爵位，两个爵位从此为同一人所持有。

工作文化冲突的集中之地。E. P. 汤姆森（E. P. Thomson）曾指出，苏格兰的传统工作节奏主要由高强度工作和无业状态的间歇性交替构成。苏格兰劳动者并非对全日制工作一无所知，但这种工作方式在城镇以外并不常见，而大多数人也不愿在能够满足自己的基本生活需求之后从事更多更重的工作。但工厂的雇用制度与此截然不同。昂贵的机械必须持续运作，这就需要漫长的工作时间、有纪律的劳动力和对工人更为严格的监督。到 19 世纪初期，棉纺厂在工期忙碌时甚至会在夜间持续工作。工人每周通常工作六天，只在星期天休假，除此之外每年也只有几天额外的假期。这种环境在当时几乎不可能吸引大量男性工人，尤其是考虑到在 1780 年代和 1790 年代，农业雇工和手工编工的收入水平已经比之前有了大幅提高。

不过，一场潜在的劳动力危机在苏格兰工业化早期阶段得到了避免。苏格兰工业企业很快就开始将妇女和儿童视为重要的廉价劳动力来源。克里斯托弗·惠特利（Christopher Whatley）的研究表明，到 1820 年代苏格兰制造业总雇用劳动力的 60% 以上由妇女儿童构成，而在苏格兰的棉纺厂和亚麻纤维厂，女性工人的占比远高于兰开夏郡工业地带的同类工厂。在煤矿开采（作为搬运工）、亚麻纤维加工、毛袜生产和漂白加工中，女性劳动力也不可或缺。此外，爱尔兰移民早在 1790 年代就开始作为非熟练与半熟练工人涌入苏格兰工厂。值得注意的是，当势力庞大的格拉斯哥棉纱纺织协会（Glasgow Cotton Spinners Association）在 19 世纪初期成立时，当时的领导者都是第二代爱尔兰移民，他们的家庭都在 18 世纪晚期进入苏格兰的棉纺业，并在这一领域取得了一席之地。有迹象表明，在 1800 年代早期，格拉斯哥有一半以上的工厂劳动力为爱尔兰人或爱尔兰裔。这一时期苏格兰的人口增长开始加速，城市中移民人数的增加也缓解了此前工业劳动力短缺的问题。在 1780 年代和 1790年代，一度只在工厂工作的爱尔兰移民、苏格兰妇女和贫穷儿童帮助苏格兰工业化的势头避开了放缓的危机。

企业家精神与苏格兰社会

即便具备了有利的自然禀赋和扩张的市场空间，如果离开了积极进取的工商企业主，这些客观优势也很难得到有效的利用。在苏格兰的案例里，海外需求，尤其是来自不列颠殖民帝国的需求，对苏格兰关键的纺织工业的发展至关重要，我们因此应当通过苏格兰商业阶层在国际市场上的成就来审视他们的素质——而苏格兰商人的表现也确实是惊人的。

这一时期苏格兰商业界最显著的特征是商人群体集聚地的迅速迁移。到 1700 年，长期以来流向欧洲大陆的移民潮开始减退，只有向荷兰移民的人数仍保持在一个相对显著的水平。在 17 世纪末期，苏格兰人转而开始向大西洋对岸寻求新的商机。在英属西印度群岛，苏格兰移民的重要性起初不及爱尔兰人，但他们很快在数量上超过了后者，商人和种植园主尤其如此。苏格兰人在牙买加的影响力尤为突出，到 1770 年代那里产出的白糖已超过其他英属岛屿的总和。1771—1775 年，牙买加当地遗产超过 1000 英镑的死者中有 40% 是苏格兰人，爱尔兰人和犹太人的比例仅为 10%。苏格兰人在北美大陆的存在感甚至更为显著。到 1750 年代，苏格兰商人团体已开始在被格拉斯哥烟草贸易主宰的切萨皮克地区以及新泽西、波士顿、费城、新英格兰北部和卡罗来纳等地涌现。而在此数十年后，苏格兰人在印度和亚洲其他地区也开始留下越来越多的商业足迹。在英国东

120

印度公司的垄断被打破之前，苏格兰毛线商人就已在印度开设代理机构，在东印度公司的特许之下从事地方性贸易。到1790年代，苏格兰商人在孟加拉和孟买地区主宰了十多家最为强大的贸易机构，而对他们心怀嫉妒的竞争对手则恶毒地攻击他们利用部族制的恶习拉帮结派，霸占市场。

苏格兰全球贸易王冠上的明珠当数克莱德河流域与弗吉尼亚、马里兰和北卡罗来纳殖民地之间的烟草贸易，格拉斯哥商社在那里拥有雄厚的实力，时常积极地与对手展开竞争。在1710年代和1720年代针对伦敦、布里斯托尔、利物浦与怀特黑文等口岸的商业竞争中，格拉斯哥人采用的第一个策略是进行规模空前的走私与欺诈活动。在英格兰口岸商人的强烈不满与联合王国政府的警觉之下，英国在1723年和1751年通过了新的反走私立法，并对海关制度进行改革，导致不法贸易行为快速衰退。但讽刺的是，格拉斯哥烟草贸易的"黄金时代"反而在这一时期起步，只不过催生这一繁荣景象的是苏格兰商人高效的商业实践，而非暗中进行的走私活动。1758年，苏格兰烟草进口量第一次超过了英格兰所有口岸的总和。在之后的数十年里，格拉斯哥烟草商社在整个联合王国烟草进口量中的份额还将不断上升，令南方的英格兰竞争对手大受打击。迟至1738年，格拉斯哥商人只经手了整个联合王国烟草进口量的10%；到1765年，这一比例已经达到40%。

这一成就在某种程度上取决于克莱德河口与切萨皮克湾之间相对更短的海上航路，这令苏格兰享受了低于英格兰的对美航运成本。不过，地理因素并未发挥决定性作用，因为在苏格兰人主要的烟草转销地——法国和荷兰等欧陆国家的市场上，他们并不比伦敦方面享受多少优势。在这里，真正发挥关键作用的是格拉斯哥商社在贸易活动中采用的高效方法。诸如约翰·格拉斯福德公司（John Glassford and Co.）、威廉·坎宁安公司（William Cunningham and Co.）和斯佩尔斯与鲍曼公司（Speirs, Bowman and Co.）这样的企业联合巨头控制了烟草贸易的近一半份额，它们在殖民地建立了一系列商站网络，由苏格兰人担任代管人与职员，在船只靠岸之前便从种植园主手中购买烟草。这一做法显著减少了殖民地港口的装卸时间，也令运营成本大大下降。随着时间的推移，这一做法带来的优势变得越来越明显。这一时期的格拉斯哥商社也改变了以往授权船只进行运输的做法，开始自行持有货船。到1775年，克莱德河地区的烟草商船中有90％为"公司持有"，这让烟草商社得以更好地规划船运日程，进一步缩短了空耗成本的"港内待命"时间。由公司自行持有商船队的做法也有助于培养一批足以胜任商用快船船长（crack skipper）之职的人才，他们对海洋航路无比熟悉，凭借自己的技能进一步缩短了苏格兰和切萨皮克湾之间长达7000英里的往返航程。1762年，苏格兰第一座干船坞在格拉斯哥港开工，这里装备有詹姆斯·瓦特设计的抽水泵机，加快了烟草商船的维修速度，而考虑到这些商船经常航行的切萨皮克湾水域有大量船蛆，这一设施的作用十分关键。商船的设计也得到了改良：通过将烟草商船的横帆改为纵帆，这些船只可以更好地贴风航行，从而更便捷地通过商站所在的切萨皮克湾河流入海口处的浅滩水域。烟草贸易中常用商船的载货量也有了显著增长。在克莱德河地区的商船队里，每艘船平均每年运输的烟草总量从1747—1751年的219800磅上升到1770—1775年的530000磅，带来了规模经济效应的巨大提升。

上述变化持续不断地改善着苏格兰贸易活动的运作效率，

122

构成了格拉斯哥商业成功的基础。1769 年，一名从美洲写信给伦敦一家商行的观察者描述，苏格兰商人相对伦敦的贸易商有着"巨大的优势"，他们的"行船成本甚至远低于"伦敦商人所能达到的最低限度，因此能够以更为低廉的成本把烟草销往欧洲。[1] 格拉斯哥的商行不遗余力地压低商船在弗吉尼亚的平均装卸时间，从 1750 年的 53 天减少至 1765 年的 40 天，再到 1775 年的 33 天。苏格兰商人将船舶"港内待命"的时间减少了近一半，幅度远大于切萨皮克湾地区船只在港总时长减少的平均水平。这一改良也令苏格兰烟草贸易的效率达到了惊人的高度。格拉斯哥烟草商船有时可以在一年之内进行两轮跨大西洋航行，如此之高的频率即便在整个不列颠贸易圈中都属罕见。例如，约翰·格拉斯福德公司的"简妮"号（Jeanie）曾在 11 年里完成 18 轮航行，而亚历山大·斯佩尔斯公司（Alexander Speirs and Co. ）的"鲍曼"号（Bowman）曾在 1757 年至 1765 年短短 8 年间完成了整整 16 轮航行。除了烟草本身带来的主要成本之外，航运环节构成了烟草贸易成本的第二大来源。格拉斯哥各商行能够将这一阶段的成本压到远低于其他跨大西洋贸易口岸的水平，从而在商业竞争中取得了优势。

上述对于烟草贸易活动的案例研究部分揭示了 18 世纪苏格兰商界所具备的企业家精神与商业驱动力，而烟草贸易业的表现很具有典型性。行业规模最能证明这一产业在苏格兰经济活动中的特殊性：在 1750 年代早期，烟草贸易占据了苏格兰总出口额的一半以上。如前所述，这一时期的苏格兰商人也在积极开拓对加勒比诸岛和英国在印贸易据点的业务。一些人将苏格兰商人狂热的商业精神归因于加尔文宗的意识形态，认为后者鼓励了勤俭致富的商业伦理，并用天选之民的自我认识增强了信徒的自信心。但同样值得注意的是，苏格兰人之所以能如此有效地利用不列颠殖民帝国给予的新商机，也与苏格兰商人在15 世纪至 17 世纪闯荡欧陆的漫长传统有密切关系，这些经验帮助苏格兰人拓宽了视野，磨炼了商业技能，并减少了他们对异域文化的恐惧。不过，无论他们的成功受到了哪些因素的影响，那些遍历全球各地、从美洲到印度不断开拓新市场的苏格兰商人都将成为工业革命时代苏格兰经济最为宝贵的一笔财富。

123

第七章　低地乡村：新旧交织的世界

1

　　直到近些年来，历史学家才开始对全面奠定了近代苏格兰农业体系基础的那场"农业改良"之前的低地苏格兰传统社会与经济格局有了较为完善的了解。事实上，18 世纪下半叶的农业改良派作者恰好构成了后世理解低地乡村旧生活方式的最大障碍。他们的代表性著作将低地乡村的惯习贬斥为一堆老旧、迂腐、浪费而原始的做法。约翰·辛克莱爵士的观点在改良派人士的种种嘲笑与责难中颇具代表性，他曾主编了《苏格兰统计通鉴》，在当时鼓吹新式农作方法的诸多作者中堪称元老。在广泛研究了乡村旧农作方式中的诸多不当之处后，他攻击农地共同占有制"这一操作……把土地均分给每一个人，绝不可能取得成功"，批评犁"此前一直采用最为恶劣的设计"，而根据田垄分配土地的做法则"令所有改良农作方法的努力归于徒劳"。[1]在辛克莱爵士和其他一些评论者的笔下，农业改良带来的黄金前景与传统农作方式消亡之前的黑暗时代构成了鲜明对比，这些改良派评论著作以其数量、清晰程度和学术权威性影响了之后数代人对于苏格兰农业史的思考。

　　然而，我们在阅读改良派作者的文字时必须采取审慎态度。他们在本质上只是一些鼓吹手，有意识地试图揭露传统乡村生产方式的薄弱之处。作为农业改良运动的知识界尖兵，他们的

任务并不是设身处地理解苏格兰的传统乡村社会，而是从理
论层面为消灭旧秩序进行合理化论证。事实上，改良派出版物
的广泛流传的确为当时最为激进的进步思想的传播提供了更大
的推动力。在18世纪下半叶影响低地苏格兰乡村的剧烈变革背
后，这些作者构成了一股不可或缺的力量，塑造了这场运动的
形态。然而，他们也在这一过程中过分偏颇地敌视传统的生产
方式，指责其荒谬、颠顸、食古不化。更为不妙的是，他们也
倾向于站在一个市场导向型社会的角度看待问题，尽管这种社
会环境直到1780年以后才开始形成。在更早以前的苏格兰乡村
社会，集市的影响力还相对薄弱，很多土地的产出主要服务于
居民家庭与当地社会的基本需求，在他们的视角下这样的运作
方式当然会遭到轻视。为了重新发现改良运动之前苏格兰乡村
社会的历史面貌，现代史学家试图站在旧社会秩序自身的立场
上对其进行审视，而不是根据一个更为晚近也颇为不同的新社
会的标准看待问题。他们也试图对地契文书、税收、教会与法
律文件等范围更加广泛的原始资料进行研究，以整理并还原苏
格兰民众在农业资本主义彻底改变乡村社会之前的生活方式。

首先，我们需要认识到，农业构成了18世纪苏格兰社会的
基础。1750年，只有八分之一的苏格兰人居住在城镇（以人口
达到4000人及以上为标准），苏格兰只有四座城镇的居民人口
超过10000人。绝大多数苏格兰人都以耕作土地或从事乡村副
业，尤其是纺纱、编织、渔业和采矿为生。每年八九月份燕麦、
大麦和小麦的收成仍是关乎生死的大事。18世纪苏格兰人的预
算资料显示，劳工阶级至少将收入的三分之二用于购买食物；
在1750年以前，这意味着购买日常消费的燕麦粉、牛奶以及偶
尔食用的肉类，在海滨的聚落还包括鱼。土豆直到后来才成为

重要的食材。小说家托拜厄斯·斯摩莱特（Tobias Smollett）对低地普通居民伙食情况的描述如下："他们的早餐主要是一种草草搅成糊状的燕麦粗粉或豌豆粗粉，和着牛奶吞下。他们的晚餐通常是用羽衣甘蓝、油菜、韭葱、不同种类的大麦炖成的浓汤配面包和用脱脂牛奶制成的奶酪。在夜里他们还会啜饮顶上漂着燕麦粗粉的燕麦糠糊。"[2] 用加入麦芽的大麦酿成的淡啤酒是当时苏格兰最普遍的饮料，这也解释了为什么 1725 年政府对麦芽征税的企图遭到了如此激烈的反抗。苏格兰的土地也为当时社会的运转提供了一系列至关重要的原材料，其种类不胜枚举：衣物需要亚麻纤维与羊毛；建筑需要木材；多种制造业都需要木炭；肥皂和蜡烛的制造需要动物脂肪；鞣皮工、鞋靴匠和鞍匠都需要动物毛皮；刀剪匠需要动物的角；城镇交通需要马匹；包装货物需要麦秸；酸牛奶则可作为漂白剂（直到 18世纪晚期稀硫酸投入使用）。

　　低地苏格兰的土地经营主要依赖佃农，他们从土地所有者那里租赁自己的份地，后者一般不直接参与日常农作。当时的确存在一些实际经营自家土地的地主，也称"无檐帽地主"（bonnet lairds），他们一般持有面积在数百英亩以内的小块土地，分布在东到法夫郡、西到艾尔郡的地带。但在 18 世纪，这种地主的数量正在减少，而在苏格兰的其他地方，地主与佃农间的租佃关系都占据了主导地位。这种社会结构当时也存在于英格兰大部，却鲜见于欧洲大陆的很多地区，其重要性体现在三个方面。第一，到 1700 年左右，低地的租佃关系本质上是一种经济关系：土地使用权的租赁只以向所有者以金钱、实物或劳役形式缴纳地租等经济义务为交换。当然，一种潜在的家长制权力关系也不是完全不存在。在这一时期的一些地产上，地主总是倾向于让既有的佃农家庭经营他们的土地。以苏格兰边境地区中部广大的巴克卢领地为例，佃农本人的后继者往往会自动被地主承认为份地权益的继承者。地产所有者有时也会允许佃农在收成不好的年份积欠地租，而不是直接将违约的佃农赶走。但在低地苏格兰，没有迹象表明地主背负着像高地氏族领袖那样的道德期待，后者所处的氏族社会的伦理要求这些传统精英恪守并践行保护属民的义务，这种传统在盖尔语中被称为"主从之义"（duathchas）。低地和高地文化的这一关键区别有助于解释这两个地域社会为什么在 1760 年之后的全面商业化进程中做出了不同的回应。

第二，在 18 世纪早期，法律文本将佃农对土地的权利定义为一种限期租借权（在苏格兰语言中被称为"tack"）。租佃合同通常为期九年到十九年，相对长期的租佃在整个 18 世纪有越发普遍的趋势。佃农制度的盛行是苏格兰农业史上的一个重要因素，它意味着地主理论上可以相对简单直接地对土地进行重新规划，以提升农作效率。地主只需拒绝延长租佃约期，就能逐渐将多块佃农份地整合成一整片土地。和欧洲的很多地方不同，凭恃传统特权抵制农业改良之"启蒙"实践的小自耕农很少见于苏格兰乡村。第三，由于佃农租约一经签订便受法律保护，违反或无视其条款的佃农将面临罚款或驱逐的处置，这种合同赋予苏格兰地主以强大的潜在权力。地方治安官法庭的记录清楚无疑地显示，不止一名地主愿意在情势需要时动用这根大棒慑服佃农。在更晚些时候的农业改良时代，"改良租约"也成为苏格兰地主强势推行新式农作方法时十分得力的武器。事实上，苏格兰佃农阶级长久以来便安于生活在地主强有力的权威支配之下。现存佃租契约中最为显著的一个特征便是种类繁多的劳役规定，这些负担到当时依然存在，并在后来的时代里因其残留的"封建奴役"气息彻底激怒了改良派作者。不过，这些劳役本质上只是以义务劳动的形式支付的额外佃租而已。这些"纽带"（bonnage）劳役要求佃农在地主的家中或直属地上劳作，尤其是在至关重要的收获时节（此时佃农自己的庄稼也有可能因天气骤变而受损）参与收粮，除此之外还有为地主提供运输粮食的车马，并为地主挖掘、晾干、储藏过冬用的泥煤。所谓"碾谷义务"（thirlage）则意味着佃农必须到地主家的磨坊里碾谷，这一传统迟至1790年代依然盛行。

这些劳役昭示了佃农对于地主的服从。但在乡村社区内部，佃农也具有自己的社会地位与影响力。佃农居住在所谓的村社（ferm-touns）里，村社通常由二十多户人家组成，散布于乡间的一些小规模定居点，在这些村社周围，构成现代苏格兰农村风貌的树篱、沟渠、排水沟和道路等人造设施几乎不存在。不同地区的村社规模各异：在更为发达的洛锡安东南部和贝里克郡，村社的规模通常有村庄那么大；在其他地方，村社有时只由几户家庭组成，它们毫无规律地散落在土地的各个角落。村社的旧地名有的存留至今，有的在今天成为以"顿"（-ton）结尾的地名，常见于现代的官方测绘地图。村社居民内部也存在社会阶级，在居于顶点的佃农之下，还存在茅屋小农、农地仆役与手工匠人。

在18世纪早期，需要通过（也只需通过）支付地租来换取土地使用权的佃农在苏格兰乡村人口中并不占多数。例如，1690年代伦弗鲁郡有30%的应缴人头税者为佃农，中洛锡安郡的比例则是12%，不过在艾尔郡和拉纳克郡一些邻近边境高地（upland）的堂区里，小佃农的比例要高很多。在阿伯丁郡，富饶肥沃的沿海地区与西部的丘陵地带之间存在鲜明的差异：前者容纳的居民当中佃农人数相对较少也更富裕，而丘陵地带1690 年代的人头税缴纳者中有近一半都是挣扎在基本生存线附近的小佃农。在大多数地方，只拥有数英亩土地的小佃农耕作了大部分租佃土地。在低地的阿伯丁郡与伦弗鲁郡，约一半的份地面积都在 30 英亩以下，即便在更为"发达"的中洛锡安郡，30 英亩以下份地的占比也超过了全部份地的三分之一。耕作这种小块份地的大多数农民都将绝大多数精力用于最基本的农牧业生产，以支付地租、养活家人，将农产品拿到市场上销售几乎永远是次要事项。在 17 世纪晚期，整个苏格兰农村如此之多挣扎在生存线上的贫穷农民的存在，正表明了这一时期商业活动在苏格兰的影响仍然有限。

不过，苏格兰乡村社会的秩序并非一成不变。佃农阶级的规模一直在缩小，一些经营较为成功的佃农不顾其他人的利益，开始在当地吞并更多土地。这一时期由一人持有的份地面积的增加和由多名农夫共同持有的农场的减少便为这一趋势提供了最为显著的证明。那些为单个佃农持有并扩张的份地的耕作方式不再如传统租佃农地那样严格受制于佃农间的协同合作，而是更多地以市场需求为基准——这种一人持有的耕地正是 18 世纪晚些时候农业改良派眼中的理想状态。当代研究者对选自低地五个郡的多处地产进行的研究表明，样本中超过一半的农场在《联合条约》签署时仍处在"多人租佃"状态，但在之后的数十年里，这种租佃形式开始快速衰退。事实上，在这项研究关注的大多数地产中，单人租佃在 1740 年代已占据绝对多数，只有五分之一的地产仍由两个或更多佃农持有。由此可见，即便在苏格兰社会的旧秩序下，一个新生的乡村中产阶级也开始

129

在部分地区萌芽。这一时期一些佃户住处建筑风格的变化为这个现象提供了惊人的佐证。佃农的传统住处——长屋在这一时期仍然普遍，这种建筑将人的居住区域与畜棚和谷仓置于同一屋檐下。但与此同时，盛行于1780年以后的院落农舍在这一时期开始成形。这种新式农舍将附属设施集中置于一侧或两翼，与供人居住的主屋相邻，中间环抱着一处院落。这种新结构标志着苏格兰乡村社会进入了新的时代：拥有更大土地的农民需要更多的贮藏、圈养与存放工具的空间，而一种更为持久、设计更为用心的建筑风格的传播也表明随着租佃更为稳定，农民对未来财富的增加更有信心。居住在阿伯丁郡克里蒙德（Crimond）堂区的威廉·尼斯比特（William Nisbet）堪称这一人群的典范。在18世纪初期，尼斯比特持有整个克里蒙德堂区周边地区的租佃权，还有六名仆人（和他们的牧群）、两名转佃客、一户茅屋小农，以及几名织工、裁缝和鞋匠为他效力。

新型佃农的崛起在苏格兰边境地区造成了最为显著的影响。边境地区东部早在17世纪晚期就形成了大规模绵羊牧场覆盖丘陵地带、有限的耕作用地退入山谷的格局。这种用地扩张的结果之一便是对当地乡村人口的挤出效应。在整个特威德河谷与埃斯克河谷（Eskdale）地区，很多直到18世纪早期都有人居住的村社遭到废弃。同样地，1790年代《苏格兰统计通鉴》对这一地区一些堂区的记录显示，一些曾经有人居住的地方在当时已沦为衰颓的废墟。早在高地清洗运动（Highland Clearances）开始的一百多年前，苏格兰南部腹地商业化牧羊农场的发展已经造成了广泛的人口流失。在边境地区西部，大卫·邓巴爵士（Sir David Dunbar）在威格敦（Wigtown）附近的巴尔东（Baldoon）建立了一座长2.5英里以上、宽1.5英里的巨大放牛场，可供 1000 头以上的牛过冬。在当时，邓巴爵士并非唯一一个将自己的地产租借给有商业头脑的佃户以进行专业化畜牧经营的土地所有者。在 1720 年代，有多个大土地主着手清理小佃户，扩张由较富有的佃户持有的畜牧场，将这一进程推向高潮。为了在苏英合并后从英格兰市场更为优厚的价格中获利，当地的可耕作土地被改成草场，无人居住的村社被堤坝包围。这一策略在民众中间引发了公开的叛乱。1724 年夏天，数百名武装人员起兵摧毁堤坝，杀伤牲畜，并与政府仓皇派来的六支龙骑兵部队交战。针对牧场的夜袭持续了六个多月之后，这场动乱才平息下来。这场被称为"均平党之乱"（Levellers Revolt）的骚动是 18 世纪苏格兰最为严重的农村动乱。这起事件提醒我们，在 1720 年代的苏格兰西南部，传统生活方式和市场压力、贫苦农民和追求商业机会的农民间的冲突便已成为现实，而 1760 年之后更为深远的社会变革此时尚未发生。

在大多数农业定居点，茅屋小农群体的人数远多于佃农。事实上，他们可能在苏格兰大部分地区构成了乡村人口的多数。例如，在 1690 年代阿伯丁、伦弗鲁、中洛锡安和贝里克的人头税清单上，40%—60% 登记在册的男性户主或单身男性是茅屋小农或乡间工匠。茅屋小农每年为佃农提供一定日数的劳役服务（偶尔也会负担部分地租），以在后者名下换取寥寥几英亩（通常不到五英亩）土地的耕作权。佃农会为茅屋小农犁地，并允许他们养一头牛。诸如织工、木工、铁匠之类的工匠也被算在茅屋小农之列，他们一般只有极小的一片土地和一座位于村社中的房屋。整个低地有如此之多的茅屋小农，背后存在几个因素。在苏格兰乡村的旧式农业体系之下，劳动力需求的高峰只会在犁地、收获与采集泥煤等少数几个特定时间段内集中涌现，大量的茅屋小农因此构成了一支农业劳动力的后备力量：他们在农忙时节可以充当帮手，在较为清闲时则会被轻易打发走。这一时期苏格兰乡村的技术水平也比较有限，所有工作都非常耗费劳力。圈地农场在当时相当罕见，土地基本仍保持敞开，畜牧业同样需要投入大量人手。在夏季，挖掘泥煤也要求地方社群付出相当大的精力。用"旧式苏格兰犁"翻土需要几头牛、马和多人同时操作。因此，佃农当然乐见本地社群有很多人为他们充当帮手，尤其是考虑到佃农持有的土地面积在这一时期有所扩大。茅屋小农也可以替佃农分担地主摊派下来的沉重劳役，而在苏格兰某些货币经济尚不发达的地区，佃农用土地而非现金犒劳茅屋小农的做法也对后者很有吸引力。

如果将茅屋小农与佃农一起置于苏格兰低地乡村的社会结构之中看待，我们不难发现这一地区的居民（和高地人一样）此时仍严重依赖自己的土地。这两个群体构成了这一时期苏格兰低地乡村人口的绝大多数，而完全无地的群体在当时寥寥无几。诚然，这一时期还存在"无地"的仆役阶层，其中既有男性也有女性。在苏格兰东南部和其他几个地区还存在已婚仆役，他们的报酬通常以实物形式支付，拥有一处住房和一些土地，雇用期限一般为一年。在 1750 年以前占"无地"劳工大多数的单身仆役则大多是 20 岁左右的年轻男性或女性，他们的酬劳大多以金钱和实物混合支付，寄住在雇用他们的农民家里，通常与雇主缔结为期六个月的契约。很多单身仆役在全职从事这份工作之前出身茅屋小农家庭，一些人在结婚后也会获得自己的耕地，回归小农生活。因此茅屋小农和农村仆役的生活中都具备持有土地的阶段，无论他们名下的土地面积多么小。这一社会现象令苏格兰低地乡村与英格兰拉开了鲜明的差距：在英格兰大多数地区，由地主、农民和无地仆役或佣工组成的传统的三层式社会结构早在 1700 年左右便已形成。

　　苏格兰乡村旧社会的土地耕作方式在改良派作者笔下受到了尖酸的诟病，他们对内外敞田制（infield-outfield system）和垄沟耕作法（rig and furrow）的批评尤为猛烈。内外敞田制是改良运动之前苏格兰农业最基本的组织形式。"内田"（infield）通常距离定居点最近，土质也最为肥沃，农民在这里的耕作强度最高，还会如培植园圃一般悉心照料这里的作物。内田必须年复一年不间断地产出谷物，为了维持这种没有休耕的耕作强度，农民必须经常且系统性地对这片土地投入大量动物粪便、腐烂草皮、贝壳沙、海藻和城镇产出的垃圾等肥料。与精耕细作的内田相对，"外田"（outfield）在这种农作体系中扮演了不同的角色，因而在待遇上较为逊色。外田的土质往往较为贫瘠，但只要有计划地将牲畜在这片土地上牧养并让它们留下粪便肥田，这里仍能种植以燕麦为主的作物。土质较差的外田只能每隔几年种植一次作物，每次收获之后都要回归牧地状态，直到农民下一次按规律将其犁成耕地。外田也是多功能区域，可以为宝贵的内田提供肥田用的腐烂草皮，为牲口充当牧地，地里的石头也可用于修建墙壁和堤坝。不过，内外敞田制只是这一时期苏格兰农业组织的基本准则。在实际的耕作活动中，农民还要将土地犁成"垄"（rig，或 ridge）与"沟"（furrow），田垄用来播种作物，田沟则充当沟渠排干地表水。这种古老农作方式的痕迹大多存在于比当代的农田地势更高的丘陵缓坡低矮处，至今仍可用肉眼辨识。田垄的宽度取决于农民用手播种、用镰刀收割的要求。这一时期的地产地图显示当时的田垄规模通常颇为

132

可观，宽度在 4 米到 10 米之间，高度则在 1 米以上。随着犁田活动不断进行，被翻开的土地逐渐累积到两条田沟中间，令田垄的高度逐渐增长。

农业改良派批评上述手段效率低下、浪费土地，也没有改善的空间。诚然，与 18 世纪晚期相比，传统农业的单位作物产量相对较低。以针对 18 世纪早期拉纳克郡和法夫郡内田产量的调查为例，当时这些地方内田的播种与收获比在 2∶1 到 4∶1 之间。在 1760 年代以后，传统农业可能也无法满足工业化、城镇化与人口增长所带来的对粮食和原材料的庞大需求。但在前工业时代，传统农业基本满足了当时苏格兰社会的需要。如果对 1652—1740 年的苏格兰加以审视，我们会发现苏格兰农业不但异常有效地满足了苏格兰人的基本生活需求，也制造了日益增长的可供出口的盈余，其中以牛、羊和谷物最为显著。1660—1700 年，苏格兰只有在 1674 年和 1693—1697 年经历了严重的歉收与粮食短缺。1690 年代史所罕见的"灾年"危机并不只袭击了苏格兰，那一时期西欧的多个国家和地区都因遍布整个大陆的异常天气而蒙受灾祸。在 1700 年之后，苏格兰农业在 1709 年、1724—1725 年以及 1740—1741 年遭遇了困难，但都没有酿成食不果腹的生存危机。事实上，18 世纪早期苏格兰农业面临的主要问题是谷物价格的长期低迷和萧条的市场需求。这在 1670 年代和 1680 年代也曾困扰当时的苏格兰乡村，也解释了为什么当时的苏格兰议会改变了在农作物市场上保护消费者的传统政策，转而为农民和地主提供支持，以出口更多谷物，为国家换来额外的收入。

如果将旧式农业的技术局限考虑在内，我们不难发现被后世的评论家诟病的耕作方式与方法的背后有着怎样的底层逻辑。

在一个气候潮湿的地方，垄沟耕作法的排水功能对农业生产来说是不可或缺的，田沟的这一作用直到19世纪地下暗沟普及之前都无可替代。将土地分成条状或小块并将这些狭小的土地分给多名转佃客与茅屋小农耕作的做法在后世看来也许很不合理，在当时却是让这些人的家庭能够满足基本食物需求的必要手段。村社内部从修建房屋到切分泥煤都需要所有人共同劳动，这种做法在一个几乎所有农活都要动手完成，所谓"技术"仅限于锹、镰刀和连枷等农具的社会里，可以有效地把男性、女性和儿童的劳动力集中起来加以利用。协同劳作的方式也有利于村社居民管理他们的外田。每一年都有一部分农民将属于他们的外田休耕，其他农民把自己持有的外田用犁翻开。这一过程只有在所有人都根据某种计划或管理机制行动，不同的佃农基于一个共同承认的耕作－休耕还牧体制处置外田时才能有效运转。类似的策略也可用于防范过度放牧：每个佃农只能通过所谓"牧地限量制"（stenting 或 souming）分得数量有效的牲畜。像这样的规范与合作必须在旧式农业中占据核心位置。

　　然而，苏格兰的旧式农业绝不是停滞或笨拙的。在一些地区，体系内不同部分之间的均衡关系会发生变动，随着农民和土地所有者试图用更多土地蓄养牲畜以迎合英格兰与苏格兰城镇地带繁荣的牲畜赶运贸易，外田的面积有所扩大，内田的面积则有所缩小。此外，在低地主要的可耕作地带，尤其是在洛锡安和贝里克郡，内田制发展到了非常精细复杂的程度，农民会在内田上轮流种植小麦、贝雷大麦（bere，一种更耐寒的大麦）、燕麦和豆类。石灰施肥法在17世纪为越来越多的佃农所使用，这种新做法可以降低土壤的酸度，在将外田翻开并改为常态化耕地时非常有用。系统性地将石灰作为肥料使用的记录

最早可追溯到 1620 年代，到 18 世纪早期，石灰施肥法已成为
苏格兰低地农业的常用手段。通过有规律地使用这一方法，居
住在特别适宜耕作的土壤之上的佃农得以扩张他们的内田并缩
小外田面积，以从事更为专业的种植农业。在罗克斯堡和贝里
克，18 世纪早期的外田耕作强度已大大增加，在一些农场里三
分之二的外田都已进行耕作。这在某种程度上可以算作内外田
传统区别逐渐弱化、旧式农业向集约化耕作模式转变的迹象，
而后者正是农业改良的主要特征。

由此可见，在一成不变的外表之下，低地乡村社会到 1750
年为止已经经历了显著的变化。单一佃农日益增强的主导地位、
市场因素日益增长的影响力（尤其是对牛、羊畜牧业）和种植
农业领域广泛的精细化手段都表明苏格兰旧式农业具备变革与
进化的能力，也在旧式农业的革新过程中发挥了重要作用。然
而，这些新变化都只发生在既有的结构之内，并未给结构本身
带来改变。苏格兰乡村大多数人的生活仍离不开与土地的联系，
耕地产量在大多数地区都处在相对较低的水平，内外敞田制仍
在低地占据主导地位。1740 年代的苏格兰乡间仍遍布敞田、漫
长而蜿蜒的田埂与挤在一处的农业定居点，这一面貌与中世纪
苏格兰乡村的形象相比仍没有根本性的改变。但在短短数十年
内，这一切就将迎来彻底的变革。

2

在 1760 年代以前，苏格兰低地乡村大多数地区的社会与经
济变化都是对旧秩序缓慢且有限的调整。但在 1760 年代的十年
里，低地乡村迎来了告别旧时代的分水岭。在 1760 年代到 1820
年代之间，尽管不同地区和不同农场的变化速度有差异，苏格

兰乡间的面貌仍经历了彻底的改变，居民的生活方式也有了翻天覆地的变化。到 1830 年，苏格兰近代的乡村风貌已初步形成：精耕细作的农田、集约化的农场与用于划分耕地边界的树篱和沟渠取代了条状份地、田垄和敞田交错混杂的旧时景象。新的轮作系统得到广泛运用，产量是之前的两三倍。在 1750 年代以前，市场因素对农业生产的压力便已显现，但从 1770 年代开始，市场因素已经在整个农业经济领域居于主导地位，低地乡村几乎每一个地区都以满足苏格兰繁荣发展的城镇对谷物、黄油、牛奶、奶酪、鸡蛋、肉类等食物，以及皮革制品所需的动物毛皮和建筑所需的木材等各种原材料的需求为目的进行生产。这几十年间苏格兰乡村交通设施的革命为商业力量在苏格兰乡村经济中的全面胜利提供了最为显著的例证：这一时期修建的农场、堂区和设卡收费道路形成了一张错综复杂的交通网络，令市场的影响力遍及乡村的每一个角落。

135

如此深远的经济变革不可避免地改变了乡村社会的基本结构。如前所述，早在 1750 年代以前，以佃农耕地的大型化、一元化发展为代表，乡村社会内部的变化已在发生。随着残存的多人混合经营制租佃农业消亡、大量孤立的耕地被统一到一个农民手中，这一趋势大大加速了。与此同时，还有一项更为剧烈的变化正在发生：用劳役换取小块份地的茅屋小农制度受到了广泛的冲击。在低地的一些地方，茅屋小农占据了当地居民家庭总数的三分之一到二分之一，剥夺茅屋小农土地的运动因此造成了深远的影响。在地权一元化和清除茅屋小农运动（直到 1820 年代才告结束）的影响下，佃农阶层的人数持续减少，这在苏格兰乡村制造了一种只有极少数人持有土地的全新秩序。整个低地只有东北诸郡堪称这场风潮中的例外，那里的小规模农场制度从 1790 年代开始成形，因此很多人直到 19 世纪晚期仍与土地有直接联系。但在其他地方，无地农民成为人口的主流。在这种新秩序下的乡村社区里，少数缴纳地租的农民在一定期限内租借一块土地，并雇用完全靠出卖劳动力为生的无地仆役和雇工从事经营活动。苏格兰乡间在这一时期经历的经济与社会变化无论在速度还是规模上都是惊人的，在当时的欧洲可能没有任何一个地区能与其匹敌。到 1830 年代，农业改良运动已席卷低地，早年曾因落后而饱受批评的苏格兰农业也摇身一变，成为世界闻名的高效典范。在探讨这场变革的起源之前，我们有必要对几个要点加以留意。

　　在苏格兰乡村，"野地"（commonties）指代一种无人占用的地带，通常占地数英亩到数千英亩不等。野地的使用权只属于相邻土地的所有者，因此这种地带不算严格意义上的"公地"（commons）。它们在本质上是周围私人用地的延伸，只不过保有一定程度的独立性。对于附近的小佃农与茅屋小农来说，野地是泥煤、食料、草皮的重要来源，也为粗放牧提供了场地。苏格兰议会曾在 1695 年通过一项重要法案，允许在周边持有土地的地主瓜分野地，但直到 18 世纪晚期，瓜分野地运动才初具规模。一份对取自低地四个郡的样本的研究显示，1600 年至 1914 年关于瓜分野地的记录有 45% 出现在 1760 年至 1815 年。到 1870 年代，几乎所有苏格兰野地都被正式瓜分成私有土地——考虑到野地在 1500 年曾占苏格兰陆地总面积的约一半，这一结果可谓惊人。邻近土地所有者瓜分野地的强烈意愿生动地体现了 18 世纪晚期农业活动赢利能力的上升和地主力求抓住这一商机的坚定决心。有趣的是，在野地被瓜分的过程中，向佃农出租土地的要求也变得更为严格，其中最为显著的是在契约中加入条款，规定地主保留对地产内煤炭、石材等矿物资源的所有权。这些变化都体现了一种土地观念的转变：土地不再被视为一种家族的世袭财产或社会地位的基础，而是成了一种宝贵的资产，为了从中榨取最大的收益可以对其进行开发。

圈地（enclosure，在 18 世纪的文书中写作 inclosure）也改变了苏格兰乡村的面貌。参差错杂的条状耕地被集中整理成整片的田野，树篱、沟渠与堤坝将不同的耕地分隔开来。圈地旨在使所有耕地遵循同一种高效的耕作顺序，用系统性的休耕和革新的轮作制度维持土壤肥力，从而加速了内外敞田制的瓦解。圈地运动在不同地区的进展难免有差别，其成本也十分高昂，尤其是在 1772—1773 年和 1782—1784 年的危机期间，圈地运动接受的投资总额还曾大幅下降。即便如此，圈地的总体进展仍可谓迅速：到 1790 年代，有研究估计圈地活动已在安格斯郡、法夫郡、艾尔郡和拉纳克郡 69% 的堂区展开，而在三分之一以上的堂区里，"大部分"乃至"全部"土地都已得到圈占。

在农业改良运动中居于核心地位的是苏格兰农民在同样一片土地上大幅增加产出的能力。这本质上意味着提高燕麦、贝雷大麦、大麦和小麦的产量，以及通过增加芜菁等饲料作物的种植面积来扩大牛羊的蓄养规模。我们基本可以肯定谷物增产确有其事。总体来看，1790 年代安格斯郡和拉纳克郡的燕麦平均产量分别为 12 和 11，相当于 17 世纪晚期水平的三倍左右。在 1793 年对艾尔郡进行的调查中，威廉·富拉顿（William Fullarton）不无惊讶地记载道："只用从前三分之一的耕地，就能实现相当于从前整片土地两到三倍的产量。"[3] 谷物的大幅增产对 18 世纪晚期苏格兰的城镇化与工业化进程至关重要，耕地生产力的上升意味着越来越多的人不再需要亲自生产糊口所需

137

的食物，而是从事其他行当并用自己的所得购买粮食。如果在人口增长的同时粮食产量没有上升，粮价将飞速上涨，经济的总体增长势头也将很快遭到遏制。

苏格兰新型农业的关键特征在于以更大的强度推行传统做法，例如休耕、石灰施肥法，以及牧草种植和芜菁畜牧业的快速传播。在旧农业体系中，由于粪肥有限，连续耕作只能在相对有限的内田地带得到实施，苜蓿草等种植型牧草的使用则极大地提高了饲料供应量，农民得以蓄养更多牲口，从而获得更多可用来施肥的粪便。《苏格兰统计通鉴》记载，到1800年，低地中部与东部的大多数农场都开始推行包括种植牧草在内的轮作制度。芜菁在18世纪晚期还不太普遍，但在未来将会产生更为巨大的影响。这是一种高产的饲料作物，可以种植在田地里供牲畜食用，即便那些专营种植业的农民也可从自家耕地之外引来牲畜，既让牲口得以育肥，也能让它们用粪便改善土质。就这样，牲口留下的更多粪便提高了土壤的生产力，而肥沃的土壤能产出更多饲料作物来供养更多牲口，畜牧业与栽种芜菁相结合，形成了一个良性循环。由于苏格兰恶劣的气候与地质条件导致当地农业更多地依赖牧场畜牧业，这种新做法可以成功地将多山地带以放牧牛羊为主的农业经营方式与平坦地带的种植农业结合起来，从而特别受欢迎。尤其是在泰河以北地区和苏格兰东北部的班夫、金卡丁和阿伯丁地区，芜菁畜牧业和牛只育肥成为新型农业生产的基础。

苏格兰农民耕作土地的方式也有了变化，在这当中最为根本的是犁的革命性变化。旧式苏格兰犁十分笨重，需要大量牛马操作，而詹姆斯·斯莫尔（James Small）研制的新型轻犁只需两匹马就能操作。这项新发明带来的变革没有简单地让苏格兰农业从传统走向现代。在更为坚硬的土地上拓荒时，旧式重犁仍十分有用。此外，旧式重犁本身也有所改进，犁头、犁箭和犁辕都变得更短，以减少所需的人畜劳力。斯莫尔的新式轻犁只有在土壤中的岩石被清除、水分被排干、土地得到平整之后才能发挥优势。但在它开始盛行之后（轻犁在19世纪初普及到了大多数地区），这种只需两匹马驱动的新型犁不但成为农民翻土时的必备器械，也成为整个新式农业劳作体系的决定性力量，这是因为佃农雇用的仆役与佣工人数取决于犁地团队的工作能力，以及通过常年使用驮马来保证其在翻土时能够高效工作的需要。

然而，在1830年以前，农业生产的重大技术进步还没有得到普及。除新式轻犁以外，只有新式脱壳机作为一种节省人力的装置发挥了重要作用。脱壳机在1787年发明之后快速走红，无论靠风力、水力还是蒸汽驱动的版本都大受欢迎。不过，播种、收割、除草、采集、搬运等其他农活仍要靠人力完成。劳动效率的提高不是依靠更新的技术，而是仰赖优化的管理方式。农民大量清理茅屋小农的其中一个原因就是他们想要获得一种更容易受自己直接管理与规训的劳动力。与此同时，在那些清理了茅屋小农与小块份地的改良农场上，犁地的工作开始由专业人员负责，他们只对自己的驮马负责，并在这份工作中获得了一种作为工匠的身份地位与荣誉感。换言之，他们成了新式农业体系中的显贵人物。

低地乡村长期以来存在着多种混杂的耕作体系。在改良时代，由于城镇市场的需求刺激令农民越来越倾向于根据当地的气候和地理状况从事最优化的专门生产，这些耕作方式之间的差异变得越发尖锐。例如，工业革命时期快速发展的城镇对奶酪与黄油的商业化生产的需求便导致艾尔郡、伦弗鲁郡和拉纳克郡西部的黏土质地带逐渐以乳业中心闻名。为了供养不断扩张的城镇中数量庞大的居民，苏格兰所有主要城市周围的乡村地带都发展了乳业以及面向市场的土豆、草料、谷物和芜菁种植业。包括东洛锡安、法夫、贝里克和罗克斯堡等郡在内的东南地区一向是苏格兰最为肥沃的耕作区，随着新型轮作体系允许农民在土地上进行高强度的小麦与大麦种植，当地的谷物产能进一步增强。在北至拉纳克郡和艾尔郡南部堂区的边境地区，当地的中部和东部各堂区在传统上以蓄养绵羊为主，在西部则以养牛业为主。然而，从18世纪晚期开始，有两个新趋势改变了这种由来已久的格局。首先，边境地区与北边和东边的种植业地带有了更为紧密的联系，本地产出的牲口将在那里接受育肥，以等待出售。其次，在低地中部以拉纳克郡和艾尔郡东部为首的丘陵地带，牧场的面积逐渐扩大，当地的小佃农与茅屋小农因此遭到驱逐。1790年代堂区牧师的申诉记录显示在上述地区的某些地方，人口流失与流离失所的现象广泛存在。在东北诸郡，农业生产活动的均衡也发生了变化，越来越多的土地被改成草场，越来越多的农民转而从事牛只的养殖与育肥。这里将在19世纪晚些时候成为拥有世界级名望的畜牧业中心，并将孕育出大名鼎鼎的阿伯丁-安格斯牛，而这一变化可谓上述成就的先声。

不过，在苏格兰所有地区，改良派理论家都极力强调农场规模，以及规模与总体农作成本间的关系。将土地置于一个人的控制之下是消灭协作农业与农村社群主义之"桎梏"理所当然的必要条件，上述"桎梏"被认为在旧时代阻碍了农业生产的进步。当时，农业改良为苏格兰农业安排了更为精细的规划，以最大限度地提高生产效率。例如，在1770年代早期，道格拉斯公爵在拉纳克郡、伦弗鲁郡和安格斯郡的庞大地产的代管人罗伯特·安斯利（Robert Ainslie）就是在当时论述农业用地理想规模的评论家之一。在他看来，决定农业用地理想规模的关键因素在于农场面积与使用新式轻犁的犁田队伍的工作效能之间的关系。他估计，在"较好的气候和中规中矩的土壤上"，每一台轻犁足以耕作50英亩土地。但在改良之后，土地总是有一半作为草场，另一半用来耕种，所以100英亩是一个农民可以切实耕作的土地的面积上限。如果土地面积更大，劳动力的使用将会更有效率。

140

　　类似这样的想法很快为时人所普遍采信，它注定会对佃作权一元化的进程产生决定性影响。在18世纪早些时候已经有所衰退的多人混合佃作此时正逐步走向消亡。在法夫郡的莫顿（Morton），多人佃作的比例从1735年的20%下降到1811年的8%，而在汉密尔顿公爵位于克莱兹代尔（Clydesdale）的土地上，这一比例在1762年至1809年下降了61个百分点。在拉纳克郡南部的丘陵地带，当地的大规模人口流失看起来与苏格兰高地峡谷的状况更为相似。在1790年代的利伯顿（Libberton）堂区，"茅舍的废墟处处皆是"。当地牧师宣称，因为"大农场腾出土地"，当地居民人口从1750年代开始下降了一半。[4]附近的艾尔郡也出现了类似的态势。西基尔布赖德（West Kilbride）堂区的记录显示，将小佃农的耕地改为大规模牧场的运动造成了人口的大规模流失，"无数男爵领和大片土地上都曾住满农户，如今却遭到遗弃，以为新的土地管理方式腾出空间"。[5]

3

苏格兰农产品市场的变革对苏格兰的农业改良运动起到了催化剂的作用。在 18 世纪晚期以前，以燕麦和大麦为首的农产品价格相对稳定。农产品的供应和需求在一定区间之内维持着平衡，市场基本没有为剧烈的农业创新提供激励。从 1770 年代开始，由于苏格兰人口的增长与城镇化的推进，这种均衡态势快速崩溃。1755—1820 年，苏格兰人口从 126.5 万增长到略多于 200 万，增加了三分之二左右。1801—1831 年，苏格兰城镇实现了整个 19 世纪最快速的发展，人口 5000 人以上城镇的居民占苏格兰人口的比例也从约五分之一上升到三分之一。因此，苏格兰农业需要解决的问题不只是来自需要供养的大量新增人口，而且来自不再通过农业生产自给的人口，这一群体的增长势头甚至更为迅猛。这一时期谷物价格的大幅上涨便生动地体现了农产品市场的新变化。在东南部的法夫郡，当地的燕麦价格在当时还未完全受制于新兴工业区的需求，因而更能体现这一趋势：1765—1770 年，那里燕麦的平均价格比 1725—1750 年上升了 56%，而 1805—1810 年的价格水平相对后者的涨幅达到了 300%。

两大因素刺激了市场行情的快速变化。首先，乡村交通条件的革命性变化让乡村与繁荣发展的城镇之间的往来更加便利。收费道路委托商（turnpike trusts）的私人修路工程最为人所熟知，有人估计他们在 1790 年至 1815 年总共投入 200 万至 300 万英镑用于修路造桥。但这只是这一时期苏格兰蓬勃发展的私人与堂区道路体系中最为人所知的部分。更为平坦的道路和更为平缓的坡道对车载交通的扩张至关重要。作为结果，车辆在苏格兰成为运输农产品、牲畜和肥料的主要工具，极大地节省了运输过程中耗费的人力与畜力。在19世纪早期集中了苏格兰大部分人口的低地中部，福斯－克莱德运河的修建也起到了重要的作用，这条运河允许远至洛锡安和法夫乡间产出的谷物和肉类沿水路运抵繁荣的商业都会格拉斯哥。其次，以工业为重心的小村镇在这一时期的苏格兰如雨后春笋般崛起，也对苏格兰乡村社会造成了不可忽视的影响。仅在苏格兰低地，1700—1840年便有85座规划新村建成，其中绝大多数建于1760—1815年。相比之下，未经规划的采矿、制铁与纺织业定居点的存在更为普遍。采矿、纺纱和编织业的生产活动多在乡间进行，这些新兴的工业定居点又为农民提供了距离更近的食物和原材料市场——这一点对运输成本高昂、货物价低但量大的农业而言尤为重要。例如，在18世纪的最后十年里，虽然格拉斯哥的庞大市场施加了压倒性的影响，但拉纳克郡乡下的农民也为新拉纳克和布兰太尔（Blantyre）新兴的棉纺村落、万洛克海德（Wanlockhead）的铅矿小村、汉密尔顿的编织业社区以及繁荣的市场集镇比加尔（Biggar）和道格拉斯（Douglas）提供了农产品。

　　市场行情的变化扮演了决定性角色，但归根结底，结果仍取决于苏格兰乡村社会对市场新机遇的应对状况。我们最好从地主和佃农两个层面考虑这个问题。目前的历史学观点认为，大土地主并没有在推动英格兰农业改良的过程中扮演核心角色，这一运动主要的动力来自小缙绅、开明佃农和土地代理经营者。苏格兰的情况则与此相反。无论在高地还是低地，地主阶层都在农业改良运动中占据了核心位置，他们不一定常态化地亲身参与这一过程，但在更为宏观的层面上，

142

他们通过支持那些实际推行改良措施的专业管理者和代理人，促进了农业改良运动的发展。苏格兰农业不如英格兰发达，所以需要更为积极的干预才能实现技术革新。在这个过程中，地主阶层的主要优势在于他们的大多数土地都是通过租佃契约租赁给佃农的，他们因此有权在契约到期后全然合法地驱逐佃农。这不但允许他们干预名下佃农的构成与规模，也可以在契约条款中以具有法律强制力的形式强迫佃农采用改良的生产方式。这一时期的治安官法庭记录显示，苏格兰地主在动用法律手段强迫佃农服从租约对耕作的规定时往往毫不留情。

法律上的新变化也增强了苏格兰地主推动农业改良的力量。早在1695年，《垄沟耕地法》（Act anent lands lying run‑rig）和当年制定的另一项关于瓜分野地的法令便已为这一进程提供了支持。《垄沟耕地法》规定一名地主可以主动对拥有多名经营者的土地进行交换或推行权益一元化；另两项法令则允许一名地主直接对野地进行圈占，而无须与野地周边的大多数土地所有者达成协议。这一立法让土地兼并变得更为廉价且有效，其目的显然在于帮助大地主推进他们的农业改革。苏格兰地主的权利还因限定继承制的新发展而得到巩固。1685年限定继承被引入苏格兰法律当中，这一制度保障了"限定继承"的土地不必因持有者的债务关系而遭到强制售卖，一处被"限定继承"的地产只能由一系列预先确定的继承人继承。任何继承了土地的持有者都不能打破这一继承顺序，也不能缔结有可能动摇这一地产所有权的债务契约。有研究估算，到1825年苏格兰一半的地产皆遵守严格的限定继承顺序。这一制度之所以具备如此之大的魅力，并收获了如此广泛的欢迎，是因为它为有地家族的权益提供了绵延数代人之久的保障。然而，限定继承制也让苏格兰地主难以借贷投资，因为这会让土地的继承者背负债权。这一限制直到 1770 年才因一部新法律的出台而得到缓解，这部新法允许地主在限定继承的土地上进行投资，并因此成为继承者的债权人，可令后者背负最多相当于四年地租的债务。

除此之外，还有一些因素也对农业改良产生了显著影响。苏格兰地主身份的成本在 18 世纪猛烈增长。这一时期苏格兰地主的社会地位越来越与他们的物质生活水平相挂钩，他们因此竞相炫耀自己的财富。更加精美的乡间宅邸、内部装潢和对地产的美化措施不再是一种时髦消费，而成了地主们维持并展示自己社会地位的必要工具。我们应当注意到，苏格兰有许多名宅是在这一时期修建或大规模改修的：因弗雷里（Inverary）城堡、卡尔津（Culzean）城堡、霍普顿大宅和梅勒斯坦（Mellerstain）大宅只是其中一些最为著名的例子。著名的建筑师世家亚当一族正是在这一时期迎来了创作巅峰，他们的很多作品都是对之前的动荡年代里遗留下来的堡垒式府邸与设防加固的住宅进行改修。在 18 世纪晚期，完全新建的贵族与大地主豪宅的数量也成倍增长：在 1790 年代总共有超过 60 处豪宅落成，达到 1700—1720 年的近两倍。罗伯特·亚当建筑师生涯中最为著名的作品都是受贵族委托，但他的大多数项目都来自大地主阶层。建筑内部装饰与家具的革命性演变也推高了地主阶层的生活成本。在苏英合并之际，苏格兰地主家中的典型布置极为简单。在不到五十年的时间里，苏格兰贵族却开始追求前所未有的高档品位，在室内布置镀金装饰、经过装裱的绘画、豪华的家纺织物和精心设计的天花板线脚，基于奇彭代尔（Chippendale）[①]、谢拉顿（Sheraton）[②] 和赫普尔怀特（Hepplewhite）[③] 设计的桃花心木家具在这一时期尤为风靡。同样不应忽视的是，这一时期苏格兰贵族正逐渐为更富裕的英格兰贵族社会所同化，他们因此面临着更大的资金压力，而这又进一步迫使他们从自己的领地上榨取更多收入。

在上述因素的影响下，地主阶层节节增长的炫耀性消费与物质攀比必然推高了乡村地区的地租水平。农业改良运动也正是在这场"风尚革命"发生的同时越发受到欢迎。不过，推动改良思想传播的原动力不只是物质上的，也是观念上的。18世纪苏格兰的哲学革命对其农业革新也产生了影响：启蒙运动的理性主义思潮让人们开始重新审视人类与自然之间的关系。自然不再被理解为一种天生的固有环境，而是可以通过系统性且有计划的干预手段向更好的方向改变，亦即"改良"的。因此，苏格兰启蒙思想阐明并系统性地整理了农业革新的目的，从而给苏格兰地主阶层充满干预主义色彩的传统地位以一种思想上的合法性。而在一个以农业为经济主要力量的社会，当时的思想家会对农业充满兴趣也不奇怪。凯姆斯法官、詹姆斯·安德森、约翰·辛克莱爵士等来自各领域的作者在1790年代的《苏格兰统计通鉴》和《农业总览》（*General Views of Agriculture*）

---

① 托马斯·奇彭代尔（1718—1779），英格兰东北部约克郡出身的著名家具工匠，曾著有《绅士与橱柜匠人指南》一书。他的设计风格对乔治时代整个不列颠世界的木制家具乃至建筑设计产生了重大影响。

② 托马斯·谢拉顿（1751—1806），英格兰东北部达勒姆出身的家具工匠，风格偏新古典主义（人称"谢拉顿风"），在乔治时代后期颇有影响。

③ 乔治·赫普尔怀特（1727？—1786），18世纪后期英格兰著名家具工匠，设计风格偏好较细且弧度较大的曲线，但由他亲自设计的作品现已无存。赫普尔怀特、谢拉顿与奇彭代尔并称18世纪晚期英格兰家具界"三杰"（Big Three）。

中对农业改良运动的意义提出了各种观点，既对旧式农业提出了一些基础批判，也形成了一套关于新农业生产方式的整体论述。在学术界与农业实践之间建立起关键联系的是那些在大规模农业地产上实际管理农作流程的人，他们通常受过良好教育，曾就读于苏格兰的大学，他们在实际工作中推行的改良计划往往只是将 18 世纪中叶书本、小册子和刊物中盛行的新思潮落到实处。在对旧式农业的缺陷和有待改进之处的认识上，他们的观点出奇地一致："自然状态下"的土地不可容忍，必须在圈占之后接受常态化连续耕作；由多名佃农共同持有的土地必须被划分，每一片土地必须指明一个经营者；"未改良"的农业生产方式被斥为低效浪费乃至毁灭性的做法。在他们看来，新的就是好的，旧的就是坏的。这种思潮赋予改良派以强烈的道德与智识自信，让他们敢于以宗教般的热忱推行全面彻底的农业革命。

不列颠殖民帝国提供的新格局也为苏格兰农业变革提供了新动力。如前所述，到 18 世纪晚期，很多苏格兰人从英属北美与加勒比地区的殖民地贸易，以及在东印度从军、任官与经商的经历中获利致富。那些在海外取得成功的人常常会在苏格兰购置小片土地，并投入自己的财富以"改良"地产。以格拉斯哥周边各郡为例，在 18 世纪的最后 25 年里，这些地区已充斥着格拉斯哥城内烟草与砂糖贸易大亨的地产。1760—1815 年有至少 60 个商业世家在这些地区都买了土地。同样值得注意的是，建筑师罗伯特·亚当的很多客户并不是"旧"地主阶层的成员，而是在法律行业和商业领域中致富的人。不列颠殖民帝国对苏格兰土地交易与农业改良运动的影响在这一时期的文学作品中也有体现。约翰·高特（John Galt）的作品《最后的地

145

主》（*The Last of the Lairds*）刻画了一个名叫卢比先生的人物
（这个名字显然是有意为之），作为一个"东印度富豪"
（Nawbob）[①]，他"从印度返乡，从戈莱奇家族手中买下了阿伦
思鲁庄。戈莱奇家族的遭遇与许多地道的缙绅家族一样，他们
的钱财都因像荨麻一样疯涨的商贸与棉纺利润而被湮没"。[6] 在
高特笔下，这个卢比先生既执着于炫耀性的消费，也寻求从自
己的土地上榨取尽可能多的利益。

　　既然渴求牟利的土地所有者可以对自己不亲自参与经营的
土地享有财产权，而实际经营土地的佃农又在改良派作者的笔
下被猛烈抨击为保守顽固的力量，那么改良派的新思想为什么
能打破苏格兰农业看似无可救药的教条主义传统格局，让新理
念成为现实？有几个因素可以为此提供解释。首先，不是所有
佃农都像批评者所说的那样落后。早在 1750 年之前，一元化佃
作的稳步发展与实物地租的衰退已经表明，越来越多的苏格兰
农民开始具备从事直接响应市场需求的农业生产的经验，那些
具有开拓精神的农民和他们的地主一样，从 1770 年代以后的粮
价上涨中受益。本章曾提及的"潜在"的农业资产阶级在苏格
兰的新经济体系中得到了进一步的发展。同样值得注意的是，
很多苏格兰佃农完全具备识字能力，而当时很多新的农业知识
都是通过书本、小册子和刊物得到传播的。1790 年代斯特灵郡
的圣尼尼安斯（St. Ninian's）堂区可以为这一时期低地很多地
区的文化水平提供例证："这里的一些农民已经受到了良好的
教育。其中有几个人甚至还学习了基础的拉丁语。他们几乎都

---

①　对在英属东印度通过与印度人打交道而致富，并在回到母国之后沾染印度
　　习气的人的俗称，也写作 Nabob。

学过写作和算术，也能轻松读懂英文。"[7] 此外，改良派地主也
向农民提供了各种激励措施，以鼓励他们采用更为进步的农作
方法。一些地主补贴了圈地、石灰施肥和修建新农舍的成本，
以在改良之后征收更高的地租作为补偿。由于 1780 年代以后苏
格兰的地租水平剧烈上升，这些投资固然存在风险但也有利可
图。时人估计苏格兰的地租水平直到 1750 年左右为止都较为平
稳，从 1760 年代开始上涨，1783—1793 年增加了一倍，1794—
1815 年又增加了一倍。为了保证改良措施能渗入乡间并为农民
所接受，一些地主也曾允许佃农延期缴纳地租。莫顿伯爵就曾
建议，地主应在农业改良的初期阶段把地租保持在一个较为合
适的水平，"不能超出佃农技术和劳力的限度……正如将军不
能指望一支纪律涣散的部队取得大胜"。[8] 为了吸引有能力的佃
农前来耕作，地主也投资建设了新的农舍。一些农场（例如在
19 世纪初的法夫郡）的房舍在当时仍处在"蛮荒"状态，但很
多地方的农舍此时已颇具规模，拥有板岩覆盖的屋顶和两层结
构，以及马厩、牛棚、谷仓、挤奶房和晾干草的空场。

在这一时期，强制手段也得到了广泛且系统性的使用。改
良派地主常常在租约中对佃农应当采用的新式耕作方法给出详
细指示，佃农必须严格遵守。地主可以用罚款、小幅提高地租
或强制驱逐等手段来强迫农民服从。这一时期苏格兰农业地产
与治安官法庭遗留下来的记录都显示，佃农对租佃契约规定的
违反常常被视为严重的违法行为，违反者甚至可能被剥夺租佃
权。与之前那种因循旧例的宽泛契约不同，新的租佃契约常常
用长达数页的篇幅详述各种书面规定与具有强制力的指示，对
于休耕、石灰施肥和收割都有具体要求。在大型地产上，各级
代管人组成一套官僚体系，对农民的耕作进行仔细且常态化的

146

监督。潘缪尔伯爵（Earl of Panmure）曾在他人的建议下委任了一个由三名受雇用的官员组成的监视组，该监视组负责监督他在安格斯郡的地产的农业改良进度。在必要时，他们还将在额外指派的助手的帮助下"进行具体调查并提交年度报告。他们可以适当地表彰那些做得好的农民，鞭策那些依旧落后的农民，至于那些无知懒惰或作假蒙骗的农民则可被直接驱逐出去，以儆效尤"。[9]这个例子生动地体现了苏格兰地主是如何动用自己的封建权威来推动农业改良进程的。

147

4

农业改良运动最显而易见的社会效应或许是对茅屋小农的清除。在拉纳克郡，1790年代《苏格兰统计通鉴》中记录的堂区中超过四分之一都留下了关于大量居民流离失所的描述。在安格斯郡，这一比例达到22%；在法夫郡，则达到三分之一左右。1798年，拉纳克郡的农业消息报道者曾评论："古老的简陋农舍再也不能像从前那样被称为……农村劳动者的摇篮，因为它们已不复存在。"他接着补充道："就算有零星农舍至今仍然留存，它们也几乎不可能在大趋势中逃过一劫。"当时的目击者极力强调清除茅屋小农运动有多么激进且彻底，这从他们强烈的语气中可见一斑。法夫郡基尔马尼（Kilmany）堂区的神父曾将这场运动称为"茅屋小农的覆灭"。安格斯郡马利凯（Marrikie）的报道者也曾描述了"大量小农"是如何"被扑灭"的。[10]还有观察者注意到自己所在的堂区里不少曾由茅屋小农居住的建筑如今已逐渐化作废墟。在其他地方，茅屋小农的住所遭到系统性拆除，被拆掉的石料转而被用来为新农场建造堤坝与墙壁。

　　这些描述都与让人联想到臭名昭著的高地清洗运动的场景颇为相似，但在高地清洗运动已经在学界引发热烈讨论与大量关注的同时，低地乡间在18世纪晚期经历的社会动荡，抑或"低地清洗运动"仍未得到历史学家的重视。然而，讽刺的是，虽然这些重大的社会变动几乎遭到了学术界彻底的无视，它们却在当时引起了舆论的强烈关切。一些批评者指出，对茅屋小农的攻击令这个在传统上具备"乡村仆从摇篮"功能的阶层蒙受了严重损害。茅屋小农的子女们通常是地方农场主要的劳动力来源，但因为很多地方的茅屋小农离开了自己的土地，农村劳动力的雇用将变得更为困难。还有一些评论者提出了一种比较难以令人信服的观点，他们将一些大型城镇济贫法执行成本的上升和茅屋小农的清除联系起来。然而，人口移动、城镇化和济贫法之间的关系远比他们所认为的更复杂。即便如此，这种观点的存在也再一次表明，时人开始把茅屋小农的流离失所视为对广泛意义上的18世纪晚期苏格兰的社会发展具有关键性影响的事件。

148

　　针对茅屋小农的威胁来自多个方向。他们的生存空间因对野地的瓜分和对荒地的开垦而受到挤压。野地、沼泽地和苔藓地对茅屋小农的生计至关重要，茅屋小农只需耗费个人劳力就能从这些地方获取家庭日常所需。这些边缘地带向他们提供了石头、木材、石楠、欧洲蕨等建筑材料，以及可用作燃料的泥煤与草皮。小佃农与茅屋小农也经常在野地上放牧。然而，进入18世纪下半叶，由于野地遭到瓜分，地主试图阻止外人使用公地，这些为茅屋小农提供生活物资的传统来源也走向了尽头或被大幅削弱。

　　这一时期的农民也开始将茅屋小农制度视为一种不经济的

现象。传统的茅屋小农家庭通常只靠耕作数英亩的小片土地和蓄养牛羊为生。在旧时代的内外敞田制之下，由于部分土地的利用率相对较低，这种模式尚且可以被接受，但随着更趋常态化的连续耕作模式在所有土地上得到系统性和彻底的展开，茅屋小农便失去了存在的理由。18 世纪晚期的地租上涨意味着农民开始对将土地交给茅屋小农所要付出的实际成本做出更为严苛的评估。例如，在艾尔郡的科尔莫内尔（Colmonell）堂区，那里的茅屋小农一般持有一栋房屋、一个庭院、一小块土地和足够牧养一头或几头牛的草地。"在地租不高的时代"，这样一片土地的价格"曾经微不足道"。但随着地租水平大大提高，农民对茅屋小农放牧用地的估价也相应地升高了。利害计算随之扭转，农民们开始倾向于将茅屋小农的土地改为生产谷物与蓄养牲口的农牧业用地，以在市场上出售这些商品，而不再为作为备用劳动力的茅屋小农保留。

与此同时，越来越多的人开始认为茅屋小农将对济贫法的执行造成压力。这种担忧本身并不新鲜。茅屋农舍一向被视为穷人、老弱病残者与堂区外来移民的住处。正因如此，1752 年拉纳克郡威斯顿（Wiston）堂区的小会规定"所有农舍户主不得接纳其他堂区无力维持自己生计的个人或家庭居住"。[11]如果违规，接纳移民者必须在没有堂区资助的情况下自行负担移民的生活支出。在 18 世纪的下半叶，随着人口流动性大大提升，这种对济贫政策的忧虑也大大加强了。与此同时，基于评级或考核而非自愿捐赠的济贫体制开始为越来越多的堂区所采用。另外，由于拥有土地权益的人变少，寻求通过获得农舍来在一处堂区定居的人的比例反而有所上升。当然，在 18 世纪最后25 年里，一些堂区里的流浪者问题也变得越来越值得警惕。例如，1764 年有记载提到道格拉斯堂区内"有大量流浪者与顽固的乞丐"。[12] 1788 年，道格拉斯堂区的在册穷人数量因大量外来人员试图占据空闲农舍而增加，农民们只得拆毁那些建筑，以在一定程度上应对这一威胁。值得注意的是，在 1790 年代的一些报告中，一些无人居住的农舍并不是简单地遭到抛弃，而是常常被彻底夷平了。

茅屋小农制度与新型农业之间的矛盾是根本性的。在要求把劳动力在一年内的短暂时间投入收割谷物或收集燃料等工作的农业体系下，茅屋小农制度或许是适用的，它为农民提供了可靠的劳动力储备，既能在农忙时节调用，又能在平时遣散而无须为此花费金钱。但是，改良后农业的需求与此截然不同。对土地的高强度耕作、彻底的翻犁、新作物的引进和革新的轮作制度延长了农民在一年中的工作时间，更为混合的农业生产方式意味着农活的季节分布总体上变得更为均匀，而不是进一步向农忙季节集中。这一发展不可避免地有利于全职农业佣工的发展。这一时期存在一些以年为单位接受雇用的已婚雇工，但在大多数地区，接受半年期雇用的单身男性和女性佣仆更为普遍。只有这些劳动者才能适应低地乡村越来越普遍的长期化劳作。讽刺的是，已婚佣工阶层在很多地方与从前的茅屋小农不无相似：他们都有一座房屋、一处园圃，储有燃料，养有一头牛并享受其他作为薪酬之补充的特权。两者之间的关键区别在于，佣工是全职劳动者，在雇用期限内完全受制于他们的雇主，在契约到期后可以被遣散。

农业佣工的附属地位极为重要。茅屋小农的独立性有可能被夸大——他们确实拥有土地，但规模极为狭小，必须向更大的土地所有者出卖劳力以维持生计——但与完全受制于雇主控

150

制的全职劳动者相比，他们无疑是更自由的。然而，新型农业
生产方式对劳动的效率提出了更高的要求。这一时期的佃农面
对着来自两个方面的压力：地主阶层推动了地租水平的快速上
升；自1770年代以来，由于工业化和城镇化吸引大量乡村人口
进入城镇，乡村劳动者的薪资水平也开始上升（这一趋势在
1790年代进一步加快）。对于这些挑战，农民做出的一个重要
回应便是强制推行提高农业劳动效率的措施，清除茅屋小农的
运动也可以在这一背景下得到解释。在那些改良过的地区，詹
姆斯·斯莫尔只需一人二马的轻犁取代旧式重犁的变革取得了
最为显著的效果。当地农业生产方式逐渐以提高马匹的工作效
率为中心发生了彻底的变化。工作时间和工人的人数都与马队
的数量和工作效率密切相关。每一个扶犁工都专门负责两匹一
组的驮马，这些人每天从早到晚的工作流程都围绕着准备犁地、
实际犁地和事后照料马匹展开。这一体系意味着扶犁工必须成
为永久性的雇工，在牧场内部或靠近他们牲口所在地的农舍中
生活。在特定农活的所需用工人数可以被精准计算的时代，茅
屋小农提供的非全职劳动力已没有用武之地。

　　然而，令人感到奇怪的是，苏格兰低地发生的这场清洗运
动成了一场不为人知的革命。虽然这一时期的苏格兰社会经历
了剧烈的社会变革，一种旧的生活方式也被突然打破，我们却
很难找到关于激烈抗议或集体性骚动的证据。在近来对这一时
期治安官法庭记录的研究中也没能发现任何关于失地茅屋小农
发起直接反抗行动的迹象。这可能是因为与高地的小农
（crofters）相比，失去土地对这些茅屋小农的生计所构成的威胁
不算严重。在茅屋小农清除运动的大多数年份里，农业和工业
领域的工作机会也在增加。1790年代的堂区牧师通常认为当时

的工作岗位十分充裕，任何求职者都能为自己找到一份工作。
在科技的作用尚未普及、几乎所有工作都需要动用人工与个人
技艺的苏格兰社会，城镇的扩张，道路、桥梁和运河的修建，
以及工业和农业的革命性发展造成了用工需求的大幅增长。此
外，苏格兰人口在 1750 年以后数十年里的年均增幅只有 0.6%，151
在同时代的欧洲属于最低水平，而 18 世纪末的对法战争也从苏
格兰的民间劳动力市场抽走大量年轻人以投入陆海军之中。很
多雇主因此不得不开出更高的工资来吸引人手，这可能有助于
苏格兰社会缓解茅屋小农暴动的潜在压力。一方面，向用工需
求高涨的城市移民的趋势可能为这一时期的苏格兰乡村提供了
一道安全阀；另一方面，由于苏格兰农业革命早期兴起了很多
乡间聚落与村庄，失地农民在大多数时候能比较容易地在乡间
找到编织、纺纱、掘土、排水等工作，以及从事一些非常规的
劳动。

第八章 城镇化

1

　　1760—1830 年苏格兰的城镇扩张是连接以乡村为主的苏格兰旧社会与 19 世纪晚期至今的近现代苏格兰城镇化社会的桥梁。1830 年，苏格兰的城镇化进程尚未到达顶点，但从 18 世纪中叶开始，这一进程的步调便大大加快了。扬·德·弗里斯（Jan de Vries）近年关于近代欧洲城镇化的研究为苏格兰的城镇化提供了一个国际背景，他得出的数据如表 8.1 所示：

表 8.1　西欧各地区人口过万城市居民占总人口比例，1600—1850 年

单位：%

	1600	1650	1700	1750	1800	1850
苏格兰	3.0	3.5	5.3	9.2	17.3	32.0
斯堪的纳维亚诸国	1.4	2.4	4.0	4.6	4.6	5.8
英格兰与威尔士	5.8	8.8	13.3	16.7	20.3	40.8
爱尔兰	0	0.9	3.4	5.0	7.0	10.2
尼德兰	24.3	31.7	33.6	30.5	28.8	29.5
比利时	18.8	20.8	23.9	19.6	18.9	20.5
德意志	4.1	4.4	4.8	5.6	5.5	10.8
法兰西	5.9	7.2	9.2	9.1	8.8	14.5
瑞士	2.5	2.2	3.3	4.6	3.7	7.7
意大利北部	16.6	14.3	13.6	14.2	14.3	
意大利中部	12.5	14.2	14.3	14.5	13.6	20.3
意大利南部	14.9	13.5	12.2	13.8	15.3	

续表

	1600	1650	1700	1750	1800	1850
西班牙	11.4	9.5	9.0	8.6	11.1	17.3
葡萄牙	14.1	16.6	11.5	9.1	8.7	13.2
奥地利－波希米亚	2.1	2.4	3.9	5.2	5.2	6.7
波兰	0.4	0.7	0.5	1.0	2.5	9.3

资料来源：根据 J. de Vries, *European Urbanisation, 1500 – 1850*（London, 1984），pp. 39—48 整理。

表中的数字证实了一个传统观点：在 17 世纪和 18 世纪早期，苏格兰仍是一个以乡村为主的社会。在"城镇化社会"（根据生活在人口两万以上城市的居民人数占总人口的比例）排行表上，苏格兰在 1600 年和 1650 年都位列十六个地区中的第十一位，在 1700 年也只排到第十位。此外，由于这一统计方法将城镇人口的下限设在一万，苏格兰在 1750 年之前实际拥有的城镇居民人数被显著低估了。例如，在 17 世纪，苏格兰的城镇已经经历了显著的发展，除格拉斯哥、爱丁堡等重要城镇之外，还有很多以盐业与采煤为核心产业的城镇在福斯河口地带形成。近来的研究进一步阐明了近代早期苏格兰城镇的发展脉络。不过，即便承认表 8.1 的数据低估了苏格兰在 1750 年以前的城镇居民规模，认为 17 世纪苏格兰在西欧位列"城镇化"程度最低社会之流仍不无道理。

但从那一时期起，数据显示苏格兰的城镇化进入了一个截然不同的阶段，居住在苏格兰大城镇的人口开始经历爆发式增长。到 1750 年代，苏格兰已在"城镇化社会"排行表中位列第七，到 1800 年升至第四，到 1850 年仅次于英格兰与威尔士，位列第二。在 1750 年，只有不到 10% 的苏格兰人居住在人口过万的城市里，这一比例在 1850 年上升到近三分之一。从长期的

153

历史发展来看，如此大规模的变化一定意味着彻底的社会变革。换言之，一个新的秩序也在城镇化的过程中应运而生。如表8.1 所示，到 1800 年苏格兰已经在西欧的城镇化程度排行中位列前五，其他四个地区分别是英格兰与威尔士、尼德兰、比利时和意大利北部，这一成就是在短短几十年内取得的。尼德兰、比利时和意大利北部早在两个世纪以前就已成为高度城镇化社会，那里的城镇化进程在 1750 年之后没有加速。类似地，没有证据表明欧洲有其他地区（波兰是一个例外，但那里的城镇化起点远低于苏格兰）在 1750 年至 1850 年经历了堪与苏格兰相比的快速城镇化。

154 　　与英格兰和威尔士相比，苏格兰的情况颇为特殊。数据显示，在 1600 年之后的 250 年里，英格兰大城镇居民占总人口的比例始终高于北方的苏格兰。但同样重要的是，两地城镇化程度直到 18 世纪前期仍相差很大，但这一差距却在之后快速缩小了。表 8.2 的数据表明，尽管 18 世纪晚期英格兰的城镇化程度仍相对更高，但城镇化增长速度远远不及同时期的苏格兰。直到 1800 年，英格兰城镇化进程的总体步调仍是渐进且平缓的。相比之下，现有证据表明苏格兰城镇的扩张速度更为迅猛，城镇化对城镇社会关系、生活设施与卫生条件等方面造成的压力也更大。此外，虽然到 1830 年大多数苏格兰人仍生活在乡间村落和农庄等半城镇化聚落里，那些快速成长的城镇地带却已成为苏格兰经济与社会的重镇。城镇不再是点缀在一个以农业为主的社会秩序中的零星节点，而是成为一场经济变革的动力源泉。快速发展的城市对食物和原材料高涨的需求给低地和高地苏格兰乡村社会结构带来了广泛的影响，反过来令乡村居民的生活方式迎来了翻天覆地的改变。

表 8.2 根据前引数据整理的苏格兰、英格兰与威尔士的城镇人口
（定义同表 8.1）增长百分比

单位：%

	1600	1650	1700	1750	1800
苏格兰	×	17	51	124	132
英格兰与威尔士	×	94	45	42	83

为什么苏格兰经历了如此早熟的城市扩张？鉴于这一现象对苏格兰社会的长期发展造成的深远影响，我们在探究这一问题的答案时需要进行深入具体的考察。虽然难称最大的直接因素，但在第七章中描述的与城镇化发展同时进行的苏格兰农业革命无疑为苏格兰城市扩张提供了必要的基础。如果粮食产量没有显著增长，因而无法满足那些不能自给自足之人的需求，城镇化便不可能发生。然而，在我们所要探究的这一时期的大多数年份里，苏格兰城镇居民主要依赖的都是从苏格兰农牧场中生产的谷物、牛奶、土豆和肉类。通过重组农地结构、提高用工效率、使用改良的休耕制度、种植块根作物以及采用新的轮作制度，苏格兰农业的产量与生产效率都得到提升，城镇的新居民这才得以享用足以果腹的食物。一个富有学识的时人便曾认为，在 1750 年代到 1820 年代之间，苏格兰谷物和蔬菜的产量翻了一番，而动物性食品的产量则增长到了之前的六倍。

农业革新也从另外两个方面直接推动了城镇的扩张。首先，随着农业生产的市场导向性越发增强，城镇作为农产品交易中心的功能也大为发展。苏格兰社会对于商业、法律和金融设施的需求有所增长，而这些设施都聚集在城镇中。这一时期珀斯、艾尔、哈丁顿、邓弗里斯、斯特灵等城镇的扩张，就应在很大程度上归功于它们为周边地区越来越商业化的农业体系提供服

155

务的能力。农业生产的地区性专门化发展也强化了城镇作为交易中心的作用。例如，因弗内斯在高地是至关重要的绵羊与羊毛集市所在地，这座城镇的扩张在很大程度上就是以当地在19世纪上半叶崛起为专业化牧羊业的重要地带为基础的。其次，苏格兰农业在拿破仑战争时期的繁荣发展令佃农的收入增长，也让地主提出的地租水平有所升高。这些阶层购买力的提升意味着对城镇消费品和奢侈品，以及城镇的优质教育、休闲娱乐和时髦的住宅更大的需求，因而对苏格兰城镇的发展起到了重要的推动作用。

不过，农业改良只是苏格兰城镇化的一个必要条件，而非主要决定因素。作为乡村地带交易与服务中心的城镇在这一时期的扩张势头相对缓和，居民数量增长率只略高于总人口的自然增长率。此外，18世纪后期西欧所有社会的人口增长都鼓励当地食物生产者提高产量以应对更大的需求。苏格兰农业革命或许有其独特之处，但农业改良在这一时期的欧洲过于普遍，不足以为苏格兰异常迅速的城镇化发展提供基本解释。相比之下，苏格兰城镇发展的直接原因更有可能是苏格兰1760—1830年惊人的总体经济增长。1830年以前的工业革命主要局限在不列颠本土，这与这一时期苏格兰和英格兰领先欧洲其他地区的大规模城镇化进程不无关系。鉴于城镇提供了便于消费者与生产者聚集的环境，苏格兰近代的工业化与城镇化进程可以被视作同一经济趋势的两个结果。

上述经济增长的过程主要体现在两个互相关联的层面。第一个层面源自商业活动。在18世纪，苏格兰凭借优越的地理位置，在把国际贸易重心向大西洋世界转移的过程中把握了机遇。从爱尔兰的科克（Cork）到西班牙的加的斯（Cadiz），洲际贸易活动的这一重大变迁为整个欧洲大西洋海岸的港口发展注入了一股强大的活力。苏格兰在这一新贸易秩序下正处在十字路口的位置，克莱德河口的商业口岸得以快速扩张，成为联合王国烟草贸易的重要集散地，随后又开始拓展糖与棉花的进口业务。因此，18世纪后期苏格兰五座扩张速度最快的城镇都位于克莱德盆地，并非偶然。上述商业成功必然推动了城镇化的发展。这一时期商品的大宗运输与批发销售都是高度劳动密集型的工作，必然要求劳动力的大量集中。仓库、港口、工业设施、商人住所、银行、交易所、旅舍和咖啡馆等贸易活动所需的复杂的基础设施也需要大量投资。格里诺克可以为这一时期低地西部的港口城镇提供一个范例：当地人口从1700年的2000人猛增至1801年的17500人，到1831年则增长到27500人，在苏格兰城镇规模中排行前六。此外，爱尔兰贸易、海岸商业活动和与欧洲大陆持续不断的商业往来也在苏格兰东西海岸刺激了诸多港口城镇的发展。

　　不过，从长期来看，与国际和跨地区商业活动造成的刺激相比，制造业扩张在苏格兰的城镇化进程中发挥了更关键的作用。在19世纪初苏格兰最大的十三座城镇中，至少有五座的人口在1750年至1821年增长了两倍以上，分别是格拉斯哥（从31700人增长到147000人）、佩斯利（从6800人增长到47000人）、基尔马诺克（Kilmarnock，从4400人增长到12700人）、福尔柯克（从3900人增长到11500人）和格里诺克。除格里诺克以外，另外四座城镇居民的生计都直接或间接仰赖制造业。事实上，正是那些大规模的工业城镇和散布在周边、与主城区相关联的小规模城镇化区域奠定了苏格兰近代城镇化的步调。当然，我们也应注意到，工业本身不一定，也不必然在短期带

157

来大规模的城镇扩张。例如，迟至 1830 年代，苏格兰大约三分之二的棉、亚麻和羊毛手工织工都居住在乡间村落或小城镇里。与大城市相比，在 18 世纪最后 25 年里兴起的水力棉纺厂在卡特林（Catrine）、新拉纳克或丁斯顿（Deanston）等地更为盛行。在本章所关注的这一时期，采煤与生铁冶炼始终以小城镇和乡间村落为中心。乡村地带各种制造业的存在解释了为什么到 1830 年大多数苏格兰人仍生活在大城镇之外。

然而，工业向城镇的集中也带来了显而易见的长期优势。制造业者可以从"外部经济"中获得好处：通过用企业自身的资源为工人提供住宿和其他设施，制造业者可以节省开支；制造业者在城镇里可以掌握稳定且庞大的劳动力来源，而由于经营过程中各部门的活动都在位置邻近的地方进行，在上游供应、最终产品销售和维修作坊之间运输货物的成本可以大大降低，乃至近乎归零。这些优势在 1800 年以前便已为苏格兰的城镇化提供了动力。在这之后，新的蒸汽动力技术和兴建运河、道路所带来的交通大发展也稳健地增强了推动苏格兰经济向城镇集中的向心力。蒸汽机在棉纺业，乃至整个纺织行业的使用鼓励了新的工业定居点在煤田上兴起，从此为大城镇制造业的扩张移除了又一个重大障碍。

格拉斯哥在这一时期的变化中构成了一个最具戏剧性的案例。1795 年，格拉斯哥拥有 11 座复合棉纺厂，但伦弗鲁郡的乡村地带拥有 12 座。格拉斯哥固然对棉纺业主颇具吸引力，但棉纺业对于水力的依赖无疑限制了在格拉斯哥发展这一行业的潜力。然而，1800 年以后以蒸汽动力为基础的技术快速投入使用，格拉斯哥城内及其周边地区的棉纺企业数量开始以惊人的速度增长。到 1839 年，苏格兰总共有 192 座棉纺厂，雇用了

31000 名工人，其中只有 17 座位于伦弗鲁郡和拉纳克郡，而格拉斯哥城内及周边地区拥有 98 座。在佩斯利及其周边地区形成的另一个棉纺业地带则拥有 40 座工厂和近 5000 名工人。类似的产业集聚效应也在苏格兰边境地区的霍伊克、加拉希尔斯（Galashiels）等棉纺城镇以及低地东部的亚麻纺织业中心地带发生，只不过时间跨度更长："……那里的产业体现出一种强大的城镇聚合性——邓迪专门生产粗支亚麻纱和丝束面料，阿布罗斯（Arbroath）是帆布贸易的中心，福弗尔（Forfar）和布里金（Brechin）生产柳条棉布等低支纱织物，法夫北部则专门生产高支亚麻布和漂白布料。"[1] 在 1830 年以前，纺织业为这一集聚效应提供了主要动力。例如，到当时为止，格拉斯哥及其郊区和伦弗鲁郡等棉纺业中心都是低地西部城镇扩张速度最快的地方。直到 1830 年以后，尤其是从 1840 年代开始，快速城镇化进程才开始从这些地区扩张到拉纳克郡北部的科特布里奇（Coatbridge）、艾尔德里（Airdrie）和威肖（Wishaw）等以采煤和制铁为主业的城镇。

2

即便经历了快速的城镇扩张，苏格兰的旧社会与新社会之间仍存在着显著的连续性。19 世纪早期的四座主要城市——爱丁堡、格拉斯哥、阿伯丁、邓迪——在 17 世纪便已是苏格兰最大的自治城镇，尽管在这段时间里它们的规模、职业构成和经济结构都经历了显著的变化。18 世纪早期苏格兰最大的 13 座城镇到 1830 年依旧位于苏格兰城镇排行榜的前列，其中只有一两座城镇例外。由此可见，苏格兰最大的城市地带都有悠久的城镇化历史，传统的郡与地区首府也继续作为地方行政或统治的中心，抑或为富饶的农业区域充当市场，从而在当地社会占据一席之地。然而，到1830年，苏格兰的城镇体系也已发展出一些象征新时代到来的特色。

159 　　首先，这一时期苏格兰的城镇化进程主要集中在低地东部和西部的狭长区域。1801—1841年，上述地区在苏格兰城镇人口（居住在人口5000人以上城镇的总人数）中的占比从未低于83%。而在这一区域内部，人口也高度集中在格拉斯哥与爱丁堡两地，这两座城市早在1800年便已容纳了苏格兰城镇人口的60%。苏格兰城镇结构也有着巨大的差异。大多数苏格兰城镇都可被大致分成三类：第一类是四座主要城市；第二类是工业城镇；第三类是拥有历史传统、为周边地区充当集市或提供行政服务的地区性首府。此外，苏格兰还存在着其他种类繁多的城镇聚落，包括法夫与马里海岸的渔港、福斯河口地区的传统采煤或盐业城镇，以及布里哲夫阿伦（Bridge of Allan）、皮布尔斯（Peebles）和斯特拉斯佩弗（Strathpeffer）的内陆温泉疗养地。在这些城镇当中，基础工业城镇和一些大城市最容易受这一时期城镇快速扩张所造成的负面效应影响：佩斯利、福尔柯克、基尔马诺克和霍伊克等城镇发展迅猛，但大多数工人阶级居民只服务于一两种高度依赖海外市场需求的产业，这导致他们在国际市场行情波动时处境脆弱。1816—1817年、1825年和1836—1837年的严重商业萧条期间，这些城镇的普通居民都损失惨重。

　　与上述城镇相比，那些居住在地区性中心城镇的人的处境要更好一些。这些城镇的人口增长速度一般较为平缓，意味着这里既有的污水和垃圾处理系统不会像其他人口快速增长的城镇那样轻易过载，尽管这一时期的苏格兰城镇无论大小都面临着类似的卫生问题。此外，这些城镇居民的职业结构也比工业城镇更为多元，而由于这些中心城镇的经济活动以为周边农业地带提供服务为主，周期性失业也不太容易在这里引发社会危机。然而，这种城镇（例如珀斯）和其他城镇之间的区别不应被高估，因为其中一些地区性中心城镇也很倚重工业，不可能完全避免来自制造业商品外来需求波动的冲击。这种地区性城镇与工业城镇之间的区别往往只是程度上的，而非本质上的。

表 8.3（a）和表 8.3（b）呈现了苏格兰四座大城市的居民职业结构。但在这里，我们有必要首先强调这些城市之间的一个相似之处。除爱丁堡之外，受雇于纺织业的居民人数十分显眼，证明了本章先前所述的棉纺、亚麻与（作用相对较低的）羊毛纺织业在近代苏格兰城镇化第一阶段中发挥的关键作用。爱丁堡的经济基础相对稳定且均衡，这一点在数据中显而易见。这里的大多数受雇人口都从事小规模消费品制造业，其中很多人的生计都仰赖中产阶级与上流社会客户的需求，家务劳动在女性劳动力的雇用中占据绝对主导地位。这一职业构成体现了爱丁堡的大都会属性，城市居民中领取薪金的大量专业服务人员的存在也凸显了爱丁堡对服务业和奢侈消费品的巨大需求，以及作为首府在法律行业、银行业和教育事业上的重要地位。在爱丁堡城区的一些地方，尤其是老城（Old Town）等地，存在着贫穷与流浪者问题，但与邓迪和格拉斯哥相比，这里的普通市民遭遇周期性失业这一灾难性打击的可能性更小。

阿伯丁虽然规模较小，但在职业构成上与爱丁堡最为接近。一如爱丁堡之于苏格兰，阿伯丁也在苏格兰东北地区充当着法律、教育和金融服务中心的角色。阿伯丁已雇人口中专业服务人员的比重仅次于爱丁堡，家务劳动者的比例也十分显著。

表 8.3（a）　1841 年苏格兰主要城市职业构成（各行业的劳动力
在总劳动力中的比例）

单位：%

行业	格拉斯哥	爱丁堡	邓迪	阿伯丁
印刷与出版业	1.12	3.88	0.56	0.91
工程、工具制作、冶金	7.17	6.07	5.59	6.32
造船业	0.35	0.17	1.14	1.24
马车制造业	0.40	0.92	0.21	0.34
建筑业	5.84	5.73	6.05	5.99
家具与木工业	1.06	2.73	0.77	0.87
化工业	1.22	0.24	0.19	0.37
饮食与烟草业	5.24	8.31	5.27	4.66
纺织与布料业	37.56	13.04	50.54	34.68
其他制造业	2.90	3.02	1.29	3.18
一般劳动	8.40	3.69	3.84	6.87

资料来源：1841 年人口普查（Parliamentary papers，1844，XXVII）与 George Gordon（ed.），*Perspectives of the Scottish City*（Aberdeen，1985）所收 R. Rodger，'Employment, Wages and Poverty in the Scottish Cities, 1841 – 1914'，appendix 1。

注：1841 年人口普查中的职业划分不精确且值得商榷。这里呈现的数字不太可能是完全准确的，只是提供了一个关于总体结构的概念，而不是一种精确的计量。

表 8.3（b）　按部门划分的 1841 年苏格兰主要城市职业构成
（各部门的劳动力在总劳动力中的比例）

单位：%

	专业服务		家务劳动		商业活动		工业生产		农业、渔业	
	男	女	男	女	男	女	男	女	男	女
格拉斯哥（及郊区）	4.53	0.57	2.03	31.60	15.09	2.87	73.92	64.59	4.43	0.37
爱丁堡（及郊区）	13.34	1.93	6.53	70.36	14.10	2.71	62.26	23.61	2.77	1.39
邓迪	4.98	0.88	1.95	27.30	13.70	2.79	76.57	68.65	2.80	0.38
阿伯丁	6.46	2.24	4.05	40.37	14.57	2.44	68.71	53.98	6.21	0.97

资料来源：同表 8.3（a）。

此外，这里也有很多居民受雇于纺织业，而和其他大城市不同的是，这里从事渔业的男性人口占比很高。总而言之，这座城市的职业构成相对均衡，其在 1830 年以前的发展速度与其他主要城镇相比也不算快。阿伯丁能够避免那些困扰格拉斯哥与邓迪的最严重的社会问题，也在情理之中。

格拉斯哥和邓迪同样拥有高度依赖纺织业的劳动力结构，在 19 世纪的扩张速度同样迅猛（虽然邓迪在 1820 年代到 1840 年代之间的增速更快），而专业服务人员在城市职业构成中的存在感都比较薄弱。也正是这两座城市，在这一时期遭遇了最为尖锐的健康、卫生与贫困问题。从短期，尤其是 1840 年以前来看，格拉斯哥遭遇的困难更为引人注目；但从长期来看，邓迪的处境更为糟糕。当地超过一半受雇劳动力只在纺织业内工作，而在粗支亚麻与黄麻纺织业，廉价女性劳动力正在占据越来越多的工作岗位。早在 1841 年，邓迪的城市经济结构便已陷入一种危险的失衡状态。

162

3

城镇的快速扩张取决于人口的流动。在 1851 年苏格兰的 10 座主要城镇中，只有 47% 的居民在本地出生。大多数移民都是较为年轻的成年人，相对本地居民，处在适婚适育年龄段的移民占比较大，因此这一年龄层人口的高流动率进一步推高了城镇地带的人口自然增长速度。在 1851 年出生于邓迪的人当中，年龄在 20 岁及以上的只占 37%，但 70% 移居到城里的人都属于这一年龄段。绝大多数的移民都是在迁徙了较短的距离之后进入城镇的。例如，大多数阿伯丁人来自东北诸郡；格里诺克高地移民最大的来源地是该城镇附近的南部高地地区。在 1820

年代，教会的埋葬记录显示，三分之一安葬在邓迪的非本地出身者都出生在这座城市所在的安格斯郡，而其余大多数人都来自安格斯附近的东海岸地区。每一座苏格兰的大城镇里都有附近地区移居者形成的聚居区。

总体而言，只有格拉斯哥和爱丁堡等规模最大的中心城市表现出吸引大量人口长距离移动的能力。一种流行于苏格兰的说法认为这一时期的高地人口因满足大城镇的劳动力需求而大幅减少，但这并非事实。1830 年以前，从西北部高地地区向苏格兰南部永久性移居的人口规模与一些低地乡村堂区相比仍颇为有限。迟至 1851 年，格拉斯哥的人口中只有 5% 出生在高地地区，其中大部分来自高地南部与低地邻接的边缘地带，而非西部更远处的小农场地带。在赫布里底群岛，19 世纪初大多数移民都选择移居大西洋彼岸，而非苏格兰的大城市，尽管这一时期从当地前往苏格兰低地的短期迁徙也颇为普遍，并发挥了重要的作用。

163　　　　与高地的人口迁徙相比，1810 年代到 1820 年代爱尔兰人从阿尔斯特和康诺特东部地区向苏格兰移居的规模更为庞大，这既是因为爱尔兰本土的亚麻产业陷入萧条，也是因为新式蒸汽船的使用让爱尔兰人得以更快、更廉价地前往克莱德河畔的苏格兰港口。这一时期的爱尔兰移民中既有天主教徒也有新教徒，这种传统教派矛盾向苏格兰的移植与苏格兰本地人的歧视一道，在这场移民运动的早期阶段引起了宗教与社会矛盾。1851 年，随着爱尔兰大饥荒引发了更大规模的移民潮，苏格兰总人口中有 7% 的人是爱尔兰裔，是英格兰的两倍以上。但这一平淡的数据低估了爱尔兰因素对苏格兰城镇生活的影响。J. E. 汉德利（J. E. Handley）精到地指出，爱尔兰裔人口应和生于爱尔兰的人口一并计算。他得出的新估算显示，1851年苏格兰低地西部近四分之一的人口有爱尔兰血统。不止如此，爱尔兰移民还倾向于集聚在特定的城镇地带，而全球范围内的数字也掩盖了这一人口分布态势造成的影响。1841年，格拉斯哥总人口为274000人，其中有44000人，亦即16%生在爱尔兰。如果汉德利是对的，这一数字将意味着当时格拉斯哥有约三分之一的居民拥有爱尔兰血统。

在苏格兰，越来越多的乡村居民向城镇移居的趋势背后没有一个单一的决定性因素。毫无疑问的是，城镇对乡村居民具有特别强烈的吸引力。正如A. S. 沃尔（A. S. Wohl）所说："城镇化意味着更多的工作岗位、更为广泛的社交人脉，也为大众的生活带来了无数丰富而刺激的新鲜事物。"[2] 城镇提供了比乡村通常水平更高的薪酬和更广泛的就业机会，这在18世纪晚期给乡村向城镇移民的趋势带来了如此巨大的促进作用，以至于在城镇化进程最快的那些地区，当地的农民也被迫开出更高的薪水以挽留劳动力。甚至在拿破仑战争后，城镇劳动力需求减弱、一些城市开始出现显著的劳动力过剩现象的时期，苏格兰的城镇仍对乡村居民充满魅力。大城镇糟糕的健康状况没有吓退移居者，甚至有迹象表明这一时期遭受致命卫生问题侵袭的城镇有时会在危机过去之后迎来一波"补充性移民"。这一时期苏格兰城镇中的绝大多数新居民都来自周边地区，这个现象便证实了城镇"吸力"效应的存在。

移居者来源地和目的地间较短的距离也是促进移民的一个因素。对乡村居民而言，城镇地带既不远也不陌生。移民对他们来说并不意味着切断一切与乡村故土的联系。很多人只是季节性地或暂时地移居城镇，他们在此期间仍能通过通常居住在

164

不远处的亲属维持与家乡的联系。还有很多人在移居城市之前已经有过城镇生活的经历。这一时期苏格兰最大的一股移民潮发生在不同的城镇地带之间：与传说相反，天真的乡村农民在城镇的新居民中甚至占不到一半。同样需要注意的是，大规模移民并不只存在于城镇化时代。在远比 18 世纪晚期更早的前工业化时代，短途移动在苏格兰已经颇为普遍。同样地，被认为会在从乡村向城镇迁徙的过程中出现的困难通常也只是想象而非事实。一些说法在城乡生活之间建立了一种粗略的对比，认为农村的耕作者在进入城市、成为工厂工人之后被强加了一种截然不同的生活方式，但这种固有印象并不一定适用于大多数移居者。1830 年以前的大多数城镇居民并不是工厂工人，而是在作坊、他人家中或者露天场合工作。因此，这一时期城乡的工作内容常常呈现出一种显著的连续性，尤其是考虑到在 1760 年以前，纺纱与编织业已经在苏格兰低地极为盛行，当地大多数乡村家庭都有一些成员已经具备了工业化劳动的经验。移居者也有可能借住在亲戚或故乡亲友家中，从而延缓了在城镇社会的同化速度。由此可见，无论是移居者本身的既有经验还是他们在新生活面前的适应策略，都为乡村人口进城的动向提供了条件。

这一时期人口迁徙现象中最有争议的问题在于，18 世纪晚期逐渐加速的农业重组进程在多大程度上将人口从乡村土地"驱赶"到城镇。一方面，如第七章所述，在 1780 年以后，随着租佃权利大体得到理清，二次租佃现象随着农业合理化进程加速而被清除，苏格兰低地居民中对土地拥有法定或传统权利的人数大大下降。但在另一方面，至少从短期来看，随着近代化的农业格局形成，新的农舍、道路、边界围栏和围堤得到建设，包含牧草与芜菁的新型轮作方式也得到采用，这一切变化似乎都对劳动力提出了比旧式农业更高而非更低的要求。苏格兰的新式轻犁固然节省劳力，改进之后的劳动组织形式也提高了劳动者的生产效率，但大多数农活仍未实现机械化，越发集约化的食物与原材料生产活动也在总体上推高了农业对劳动力的需求。此外，纺织等制造业生产活动也在乡间村落与小城镇中有所扩张。因此，失去土地的茅屋小农往往并不需要到大城市凭一技之长谋生。而现存的关于 18 世纪晚期（亦即农业重组活动加速的阶段）苏格兰薪资水平的数据显示，乡村雇主不得不开出更高的薪资以与城镇雇主争夺人力。由此可见，这一时期应当有很多来自乡村的移居者并不是被迫离开自己的土地，而是因为更高的薪资与更丰富的就业机会等积极原因才被城镇吸引的。

165

不过，苏格兰乡村居民向城镇迁徙的现象与苏格兰农业革命引发的一系列社会变革之间确实存在根本性的联系，尽管其运作方式比通常的认识更为复杂。无地劳动者群体的诞生虽不必然导致人口离开乡村社会，但确为后者提供了条件。传统农民素来以拒绝放弃自己土地的顽固态度闻名。皮埃尔·古贝尔（Pierre Goubert）的那句名言精到地描述了这种现象："农民绝不愿意放弃自己的土地，哪怕那土地只不过是半条犁沟。"相比之下，赚取薪资的无地劳动者要灵活得多。他们靠在市场上出卖劳力谋生，也可以靠持有寒酸的小片土地维持生存。之前提到，除了低地东南部和法夫等地区以外，低地的大多数普通农业劳动者都是未婚的男性或女性佣工，一般与雇主签订为期六个月的契约。在结婚之后，很多人便不得不从事其他行业。对于这个流动性很强的群体，城镇是潜在的迁徙目的地之一。

所有对地方性状况的研究都显示，这一时期有大量劳动者在 23
岁至 25 岁离开农业领域，而这一年龄段正好与当时苏格兰的平
均结婚年龄相吻合。

　　总体而言，苏格兰城镇化背后的主要动力可能还是来自苏
格兰人口自 19 世纪初开始的加速增长，以及这一趋势对苏格兰
乡村地带和农业重组活动的影响。18 世纪晚期，苏格兰的人口
增长势头与英格兰、爱尔兰和一些欧陆社会相比异常平缓。
1755—1801 年，苏格兰人口的年增长率仅为 0.6%。但 1801—
1811 年，这一比例翻了一番，达到 1.2%，1811—1821 年则上
升到 1.6%。在这一增速之下，乡村劳动力市场可能很快便迎
166　来供应饱和，而随着拿破仑战争结束、陆海军大规模复员，这
一问题还会进一步激化。虽然苏格兰农民需要更多人手，但劳
动力需求的增长仍远不及人口的增长势头，这在拿破仑战争之
后尤其突出，当时，粮食价格的下跌导致了农业领域收入的下
降和工作机会的减少。我们据此可以合理地推测，这一时期的
乡村地带出现了严重的失业问题，而这确实在高地西部发生了。
但低地的失业率并未出现大幅增长，这部分是因为苏格兰农业
生产参与机制的高度排他性。在 18 世纪晚期，一片土地上只允
许合理耕作所需的人口长期定居是苏格兰农业改良运动的一个
重要原则，一座农场内部及周边的住宿设施也只服务于农场持
有者特定的劳动力需求。超出农场所需的农舍将被夷平，新设
施的建造也受到严格控制。这种现象不可避免地构成了一种将
富余劳动力赶出农场土地的机制，而苏格兰济贫法关于具备劳
动能力的失业人员无权领取救济（即便他们在遭遇严重困难时
有可能得到临时救济）的规定也增强了这一效果。结果，在这
种机制、逐渐加快的人口自然增长，以及 1812—1813 年后增速

缓慢甚至趋于停滞的农业劳动力需求的共同作用之下，越来越多的苏格兰乡村居民开始迁往城镇。从 1810 年代至 1820 年代，苏格兰的失业问题日趋严重，但这一问题并未集中显现在低地乡村，而是主要出现在大城镇、高地西部和乡间的产业工人（尤其是手工织工）聚落。接下来我们将关注这一现象造成的一些社会效应。

4

直到 19 世纪中后期，苏格兰的城镇扩张都没有对其人口死亡率产生显著影响。较大规模的城镇在 1790 年至 1815 年基本免受传染性热病侵扰，但这些疾病（以斑疹伤寒为主）在 1817 年至 1820 年、1826 年至 1827 年与 1836 年至 1837 年反复肆虐。1831 年至 1832 年，苏格兰也经历了第一场可怕的霍乱疫情，约一万名患者死亡。对 19 世纪上半叶任何时期苏格兰死亡人数的统计都颇具风险，但当时一些具有前瞻性的城市医生审慎列举出的情况显示，这一时期苏格兰城市的死亡率肯定在稳步上升。在爱丁堡（这里的生活条件在苏格兰的较大城镇中绝不算差），死亡率在 1810 年至 1819 年下降至 25‰之后，又在接下来的十年里上升到 26.2‰，并在 1820 年至 1839 年升至 29‰。城镇死亡率的显著上升甚至部分解释了为什么这一时期苏格兰整体的死亡率也在之前数十年间的持续下降之后快速上升。这无疑为大城镇在苏格兰社会生活中占据的新地位提供了绝佳的佐证。事实上，到 1830 年代和 1840 年代，高死亡率在一些大城市几乎开始引发一场社会危机。在 1840 年代之前，苏格兰甚至没有人尝试进行有效的社会改革，只是在健康问题上采取一些临时性的措施。而在 19 世纪下半叶之前，城市生活中的一些最

167

严重的问题仍没有得到有效解决。

城镇扩张在不列颠全境都造成了严重的健康问题，但无论是现存的统计数据还是时人的评论都表明，苏格兰城镇的情况远比英格兰恶劣。埃德温·查德威克（Edwin Chadwick）曾在他发布于 1842 年的《大不列颠卫生状况报告》（Sanitary Report）中断言："有证据表明，与英格兰人口最为稠密的城镇相比，热病在格拉斯哥、爱丁堡和邓迪更为致命。"[3]19 世纪上半叶导致苏格兰城市环境恶化的种种因素已经为多位历史学家所详细记载，此处不必加以赘述。这些因素包括有效的卫生体系的缺失，苏格兰市民在高层公寓、围楼与窄巷中居住的传统，贫民区很少（甚至完全未经）清扫的街道，干净水源的不足，行政当局的守旧怠惰，对主要致命性疾病来源与性质的无知，以及当时将贫困与不洁的生活归咎于道德败坏而非环境局限的思想。包括上述因素在内的种种原因导致城市死亡率的上升势头直到 1850 年代仍未得到有效遏制，但这些现象在英格兰和苏格兰都普遍存在，因此不足以解释为什么苏格兰某些城市的健康问题尤为突出。要弄清这些问题，我们必须挖掘苏格兰独有的因素。

在之前的讨论中，一些苏格兰的独特因素已经清楚地呈现出来。1760—1830 年苏格兰的城镇化速度远比西欧绝大多数国家和地区更快，这一进程带来的人口激增直接突破了当时苏格兰城镇的卫生与生活便利设施的承受力极限。例如，格拉斯哥在这一时期背负了不列颠最不健康城市的恶名，但这主要是因为格拉斯哥经历了整个联合王国境内最为迅猛的一轮扩张，在 1820 年代每年都要增长 5000 人。同样值得注意的是，在苏格兰规模较大的城镇，尤其是在低地西部和邓迪地区，很多移民

168

都来自爱尔兰和高地部分地区，那里正是整个不列颠列岛上最为贫穷的地带。在这当中，爱尔兰移民在来到苏格兰时往往处在近乎赤贫的状态，他们聚居在城镇中最为贫穷的角落里，在城市里的疾病面前最为脆弱，也不可避免给城市的居住空间带来了重压。

然而，爱尔兰移民广为人知的苦难只是19世纪早期苏格兰社会更为普遍且深重的社会危机中的一个部分。苏格兰社会之所以展开了快速工业化，部分是因为苏格兰的劳动力成本低于英格兰。这一差距折射出苏格兰相对贫困的境况：在苏格兰不断扩张的城镇中，有成千上万的居民生活在赤贫线边缘，由于苏格兰济贫法严苛且吝啬，贫困问题进一步加剧。在苏格兰的所有大城镇都存在大量打散工的劳动者，从事搬运、装卸与建筑施工。詹姆斯·克莱兰（James Cleland）曾估计，1831年格拉斯哥有近四分之一的劳动者都在打零工，他们不得不领取微薄的薪水，从事时间不稳定且需求有季节性波动的工作以维持生计。这些人的经济实力通常使其不足以对条件更完善的居住空间产生需求，他们因此只能居住在不断扩张的城市中业已老朽的中心地带，蜷缩于条件恶劣、过分拥挤的高层公寓中，爱丁堡老城与格拉斯哥臭名昭著的窄巷区都是其中尤为突出的例子。这些地区的居住条件之所以如此糟糕，只是因为很多人除了在这里居住之外没有更好的选择。

在1816—1818年、1825年及1836年的三次产业大萧条期间，贫困与城市居民死亡率之间的关系得到了生动的体现。正是这些经济危机（而不只是糟糕的卫生条件）导致苏格兰城市的死亡率在19世纪迎来第一个高峰。值得注意的是，在19世纪早些时候，尽管苏格兰城市的卫生条件同样恶劣，热病仍颇

169 为罕见。直到拿破仑战争后严重的经济困难时期，斑疹伤寒才成为一种极具破坏力的致命性传染病。上述三场大萧条之后，1816—1818 年、1827—1828 年和 1837—1839 年都暴发了严重的传染病疫情，在苏格兰所有规模较大的城镇无情地推高了死亡率。贫困乃至赤贫的生活状态显然与糟糕的下水系统和居住条件同样致命。这些问题并非由城镇化本身造成，而更应被视为苏格兰人口与就业市场在 1810 年至 1830 年总体发展不均衡的必然结果。直到 19 世纪中叶采煤、制铁等重工业的扩张开启苏格兰工业化的第二阶段之后，这种不均衡现象才开始得到遏制，即便如此，糟糕的社会生活状态仍存在于苏格兰大城市的核心地带。到 1830 年，工业扩张及其衍生结果——城镇化已令工作岗位的数量与种类有了显著增长，但在日益膨胀的劳动人口面前，需求的增加并不足以为所有苏格兰劳动者提供稳定且条件适宜的工作。

第九章　氏族解体

1

曾有观点认为，苏格兰高地的旧社会在血腥的卡洛登战役中已宣告覆灭，而在詹姆斯党战败之后，汉诺威王朝的武力镇压与蛮横的法律制裁令氏族社会彻底消亡。但近来关于贵族和官方文献的广泛研究所形成的新观点显示，苏格兰高地的实情并非如此。卡洛登战役及其后续发展只是不列颠国家机器强加于盖尔语地区的高潮而非开始。从16世纪晚期起，詹姆斯六世便开始强化对高地社会的控制，在1650年代的克伦威尔统治时期，以及1688—1689年詹姆斯党叛乱之后，国家权力对高地的支配力也越发增加。格伦科峡谷的大屠杀表明，1690年代威廉三世的政权不惜动用武力来弹压不愿臣服的氏族势力。1720年代和1730年代韦德修建的包括道路和桥梁在内的军用交通网络虽然在1745年叛乱中并未发挥应有的作用，但象征了政府权威在高地的渗透。高地氏族的军事化倾向也在趋于衰退。政府与辉格党的鼓吹手将氏族社会描述成一个奸淫掳掠和集体暴力盛行的野蛮世界，但事实上，到18世纪初，掠夺牛只和勒索保护费的行径仅见于高地边境地带和洛哈伯地区某些交通不便的地方。认为高地氏族总是彼此征战（或准备如此）的看法也是错误的。高地氏族间的最后一场大规模厮杀发生在1688年斯皮恩布里奇（Spean Bridge）附近，比1745年的最后一场詹姆斯党叛乱早了半个多世纪。与一般人的印象相反，大多数参与过詹姆斯党叛乱的高地盖尔人在举兵前都没有见过任何军事行动。一个值得注意的例子是，在 1689 年的基利克兰基之战爆发前，叛军指挥官邓迪子爵曾担心自己手下未经战事的氏族民在敌人的枪炮面前会有何反应。在《大不列颠全岛纪游》 （*Tour Through the Whole Island of Great Britain*）中，丹尼尔·笛福提到了当时苏格兰氏族尚武风气的消退。他记载，高地中部的居民"凶狠、好斗且易怒"，但在氏族领袖的"良好操行"影响下，他们现在已"大为开化，不同于往日"。[1]

在这一时期，商业活动的影响开始在氏族社会的结构中制造张力。南方市场对高地物产的需求正在增长，其中最为重要的是牛只——整个苏格兰只有这一种商品在《联合条约》签署后立刻迎来了旺盛的需求——还有木材、鱼和板岩。这些贸易活动的所得在氏族精英阶层中助长了远离故土和奢靡的风气。当时的家族档案显示，氏族精英阶层对精美家具、时髦服饰、绘画、书籍和乐器的兴趣逐渐增长。氏族社会中的民俗诗人（bards）对这一趋势深感警惕，并为那些无视传统氏族义务、大多数时间里居住在爱丁堡乃至伦敦的氏族酋长的习气而哀叹。此时已经有迹象表明，商业利润正在取代对氏族社会的古老责任，成为氏族精英背后的驱动力。氏族社会的平民成员本应用忠诚、军役、贡赋和地租换取统治者一族发挥庇护者与土地所有权保证人的作用，但有证据显示，这种社会契约关系早在1745 年叛乱之前就已在部分盖尔语地区面临严峻挑战。当地的地租趋于上涨，这一现象在包括阿盖尔郡大部地区的坎贝尔氏族广大领地上尤为突出。在 1730 年代，萨瑟兰、阿盖尔和高地中部出现了第一波前往佐治亚和卡罗来纳北美殖民地的移民潮。

这一时期对传统氏族社会伦理最为公然的违背发生在斯凯岛上的两位最为显赫的酋长——麦克劳德氏族的诺曼·麦克劳德（Norman Macleod）和斯莱特的亚历山大·麦克唐纳爵士身上。他们密谋驱逐自己名下的一些佃农，让他们携家带口前往美洲殖民地，以作为契约劳工卖给那里的种植园。这一事件最后酿成一起丑闻，两位酋长都险些面临法律制裁。

我们很容易夸大 1745 年詹姆斯党叛乱的意义，将其理解为高地历史上的一大转折点。政府一方的意图非常明确：政府军首先要对追随詹姆斯党的氏族发起可怕的报复，然后一劳永逸地摧毁滋生叛乱与不满的温床，即氏族制度本身。正如第二章中业已阐述的，这些残暴政策产生的长期效果并不明显。当时的秘密政府报告显示，汉诺威王朝军队的恐怖统治在当地往往激起了更大的抵触，而不是令形势平静下来。军事租佃制（例如监督人制度）的废除，以及世袭法权的剥夺没有在高地产生显著效果。当局错误地认为氏族酋长的权力源自对司法的控制，但氏族社会对领袖的忠诚来源于内心意识，而非法律。监督人制度本身则在 17 世纪末至 18 世纪初的商业发展面前日薄西山了。当局为消灭氏族制度而制订的军事与立法计划野心勃勃，但我们必须看到在这些政策的背后，高地氏族社会的传统价值早在 1740 年代以前便已进入一个持续且根本性的衰退期。此外，与政府的反氏族政策相比，1760 年以后市场力量对高地社会的影响更为显著，高地氏族酋长最终在这一过程中转变为商业化地主。这些才是最终令氏族制度走向消亡的必要因素，而这正是本章接下来要予以讨论的。

在 1760 年代和 1770 年代，和苏格兰其他地区一样，高地社会迎来了日益加速的社会变革，而在接下来的几十年里，高

172

地的传统生活方式将在物质、文化和人口因素的共同作用下迎来革命性的转变。简而言之，传统的高地社会在这一时期被彻底打破，一种基于完全不同的价值观、原则与社会关系的新秩序将取而代之。在这一时期之前，氏族精英的态度已经有所转变，商业活动的影响力正不断增长，政府在 1745 年詹姆斯党叛乱之后对氏族制度施加的压力也与日俱增。然而，在大多数地方，盖尔语社会的基本结构总体上并未发生剧变。在 18 世纪最后二十五年里，不列颠其他地区对牛、褐藻、威士忌、羊毛、羊肉、木材、板岩等各种高地物产的需求暴涨，令高地社会迎来了决定性的变革期。这些变化在物质和思想层面产生了不可阻挡的推动力，永远地改变了苏格兰高地的面貌。

对盖尔语社会来说，商业活动，尤其是牛只的出口和谷物粗粉的进口，一向至关重要。但在这一时期，南方市场开始对高地社会施加决定性的影响，几乎将高地变成一个经济上的附庸：当地人口的生计越来越仰赖低地与英格兰城镇和工业设施对产品的需求。高地经济迎来了一个全面商业化的时期，其中一个重要的指标便是地租的变化。从 1760 年代开始，整个高地的地租水平上涨到空前的高度，在拿破仑战争期间，地租增速进一步加快，这反映了上涨的物价所产生的盈余。正是地租上涨的速度与幅度令这一时期的高地社会与 18 世纪早期拉开差距，而这一现象折射出的更多的是外部需求的增长，而非高地地主从对农业改良的投资中得到的回报。在 18 世纪中后期，斯凯岛的地租水平上涨了两倍，而在韦斯特罗斯的托里登（Torridon），地租在 1777 年至 1805 年增长了九倍。在因弗内斯的洛基尔（Lochiel）农场，当地地租从 1760 年代的 560 英镑上升到 1774 年的 863 英镑，涨幅达到 54%，在之后的时期里，地租的增长势头还将更加迅猛。格伦加里（Glengarry）的地租在 1768 年为 732 英镑，到 1802 年已经飙涨了 472%，达到 4184 英镑。

地租水平如此剧烈的增长表明，这一时期的高地精英阶层开始从市场化生产和新的利润导向来看待他们的土地。1760 年之后的数十年间商品经济的增长或许还能勉强与高地社会的旧秩序相容，但在完全以市场竞争为目的的农业生产新模式面前，高地的旧格局已无用武之地。这一变化带来了重大的影响：氏族酋长和土豪转变成新式有地缙绅的过程已经持续了数代人的时间，如今终于宣告完成，高地精英也放弃了一直以来要求他们保障亲族与追随者在本族领地内持有土地的世袭委托制，转而追求其他利益。现在，高地的土地将通过竞价的方式分配，只有愿意且有能力为持有者提供最高回报的人才能获得土地的用益权。这一时期高地地主在处理佃户续租问题时强制推行这些新标准，最终构成了高地社会矛盾激化的一个原因，并在 18 世纪晚期刺激一批又一批高地西部居民远走他乡。

此外，高地社会的传统村社（亦称"baile"）也在这一时期受到了持续且广泛的冲击。这些定居点一般由多户佃农、茅屋小农和佣工组成，自古以来便构成了盖尔语地区最基础的居民群落，但在两代到三代人的时间里，村社制度走向崩溃并逐渐消亡。这一过程在 1760 年代始于阿盖尔和高地珀斯郡，并在随后的几十年里迅速向西向北扩散。到 1830 年代和 1840 年代，曾经在高地广泛存在的村社定居点及其所对应的传统农作方式只在少数几个地方有所残余。不过，取代村社制度的新格局并非整齐划一，背后往往折射出个别地主的策略选择，以及各地不同的物质资源、气候禀赋与市场潜力。例如，在阿盖尔地区大部、高地珀斯郡和因弗内斯地区的东部堂区，土地往往被整

174

合成一座座由单个佃农家庭经营、拥有佣工和雇工的农场，一些主营牧业，但有很多也从事耕种。这一地区也有在西边和北边更为常见的小农场与小片土地。不过，新兴的"小农场农业"（crofting）社会主要分布在威廉堡以北的高地西部沿海地区，一直延伸到整个内外赫布里底群岛。在这一地区，传统的集体村社逐步被个人持有的小片土地或小农场取代，当地的可耕作土地一般由单个小佃农持有，但牧场仍为邻近的农民所公有。这种新格局的核心在于将旧农业体系下由分散的垄沟和条状地带构成、依赖农民集体耕耘的可耕作土地划分成一片片面积仅为数英亩、由农民分别持有的耕地。此外，在整个高地，商业化牧场的发展都颇为迅速，其中1815年前的中部和西部地区势头最为迅猛。"大型绵羊"（Na Caoraidh Mora）的引进对高地社会造成了尤为强烈的冲击。在1750年代以前，苏格兰高地很少有商业化、专门化的绵羊牧场。然而，最早从1802年开始，高地协会的一份报告便描述了珀斯、邓巴顿、阿盖尔等地的乡间多山地带，以及奥本（Oban）到洛赫布鲁姆（Lochbroom）之间的整个西海岸地区是如何被绵羊占据的。马尔岛（Mull）大部地区已经被绵羊侵占，斯凯岛也即将沦陷于羊蹄之下。报告悲观地断定："在罗斯及其北边能够用来放羊的地方迟早都会被侵占。"[2]

　　小农场农业革命也对这一时期高地社会结构的变革产生了影响。村社制度下复杂且分级的社会层级关系被彻底打破，取而代之的则是新型小农场村落中几乎千篇一律的小规模佃作格局。同样重要的是，随着从1770年代开始，清除次级租佃制成为地主经营政策的一大主题，中间地主（tacksman）这一传统阶层的规模与社会地位不断萎缩和下降。阿盖尔公爵对自己领地上的"土豪"（daoine uaisle）所采取的处置措施在 1730 年代或许是异常的，但在五十年后，随着地主阶层普遍开始侵蚀中间租赁者的权益，这种做法变得普遍起来。中间地主阶层走向衰败的速度和程度因不同地主的地产而异。一些抵押受益人（wadsetters，亦即通过向酋长放贷而获得土地作为担保的中间地主）占有的土地被赎买，其他中间地主则因土地转租权被削弱而陷入困顿。地租水平的激增也令很多中间地主处境艰难，1750 年代，很多高地地产的地租都是由中间地主直接支付的。一个世纪之后，中间地主在高地社会已沦为一个微小的群体，其衰落也敲响了盖尔语地区旧社会最响亮的一声丧钟。南方的牛羊畜牧业者构成了高地很多地方的新兴中产阶级，而他们与当地居民既没有世袭的纽带，也没有族群的关联。

　　地主阶层的新利益导向和来自市场经济持续不断的压力催生了一场庞大而无情的人口驱离运动。对居民的驱逐和强制清退成为高地传统定居点消亡过程中的重要环节。这种做法对于传统高地社会中氏族精英应为领地居民的生命与财产提供庇护和保障的所谓"主从之义"构成了公然的违反。这一被后世称为"高地清洗"的强制清退运动背后有着复杂的机制。太多的人把高地清洗运动和这一时期设立大型绵羊牧场时对居民的清退画上等号，但清退居民也会采取其他手段，背后存在其他原因。将村社制度下分散的垄沟耕地整理成一元化小农场的过程有时会导致整个农业聚落的居民背井离乡。在高地西北部和群岛地区，将内陆峡谷的居民迁往海边和低洼荒地也几乎成为定式，这些移居者将在那些荒地上种植土豆，开辟新的小农场。在高地南部，清除村社以设立更大规模的耕作地产构成了一种显著的趋势。在阿盖尔郡奥钦德兰（Auchindrain），一个古老的

175

社会农业聚落的很多设施得以保存至今，成了一座出色的露天博物馆。但在 1760 年代，在奥钦德兰和阿盖尔郡坎贝尔家族的首府因弗雷里之间，仅仅数英里之内就存在至少六个旧农业聚落；到 19 世纪，这些聚落都消失了。

村社的消亡生动地体现了人类社会因素是如何屈服于高效生产的新要求的。在高地旧社会，特定土地的持有权从未一成不变，氏族的领地有可能因战争、吞并或破产而丧失。次级佃农、茅屋小农乃至一些直接从地主手中租赁土地的人在不同的农场间移动也是常有的事。但到 18 世纪晚期，盖尔语地区发生了规模空前的失地现象，流离失所的人遍布各个角落。迫使他们离开土地的压力有时并不是来自直接的清退措施。在高地社会，农民的生计往往只能在短缺与温饱之间维持着脆弱的平衡，在这种情况下地租水平的激增很容易对他们造成过于沉重的负担。玛丽安·麦克林恩（Marianne McLean）对因弗内斯郡西部的详细研究便表明，地租增幅常常会超过牛只价格的增幅，而当牲畜行情在 1772 年至 1773 年及 1783 年至 1784 年崩盘时，积欠的地租顿时猛增，小佃农往往只能迫于压力放弃土地的用益权。与此类似，当农场在招租时提出了反映当时商品市场状况的高额地租要求，较为贫穷的农民便很难参与竞争。失去土地因此成为不可避免的结果。

不过，大规模畜牧业的发展无疑是高地人流离失所背后的最主要因素。在阿盖尔郡、邓巴顿郡和珀斯郡的部分地区，集约化牛只放牧的发展导致很多农村聚落无人居住。当时一个叫约翰·沃克（John Walker）的人曾估计，由于小农场被改建成大型牧场，上述各郡有 17 个堂区的人口相比 1750 年有所下降。相比之下影响更大的是绵羊畜牧业。放养新品种的黑脸羊

（Blackface）与切维厄特无角羊（Cheviot）时需要很大的土地，且根据年龄和性别的不同需要在不同类型的土地上放牧。切维厄特无角羊的需求尤为刁钻：饲养这种羊起初允许牧羊人承担的地租水平两倍于黑脸羊，但如果不能去低处过冬，它们就很难在高地的气候下生存，这会对高地可耕作地带上的传统村社构成潜在的威胁。此外，绵羊也会与小佃农饲养的黑牛争夺牧场。农民在作物生长的夏季会把牛赶到山间的夏季牧地（sheiling grounds），而绵羊对这些地带的威胁尤其大。因此，即便不直接清退旧聚落的居民，牧羊业也对高地旧式农业经济的基础造成了冲击。正因如此，1790—1808 年，萨瑟兰的两处牧羊业堂区克雷克（Creich）和阿辛特（Assynt）的牛只数量从5140 头下降到2906 头，绵羊数量则从7840 头上升到21000 头。

即便如此，大规模绵羊牧场对农民社群直接且广泛的驱逐仍对高地的人口流离起到了更为重要的推动作用。新的经济秩序与旧式畜牧经济从根本上便不相容，这不但是因为两者围绕稀缺的土地资源展开了激烈的竞争，还因为牧羊的地租回报远高于养牛。这不只是因为新兴工业对羊毛的需求拉大了牛羊之间的市价差异，也因为羊对土地的利用远比牛更集约化，范围也更广泛。在旧式畜牧经济体系下未得到有效利用的土地如今也可以用来放养绵羊，地主则可以从牧羊业获得更稳定的收益。绵羊牧场通常由大牧场主运作，他们可以在大多数年份里确保向土地所有者提供稳定且逐步上涨的收益，相比之下小规模佃农的赢利能力颇不可靠：他们缴纳的地租随天气条件和牛只市场的变化而波动。鉴于绵羊放牧只有在大规模经营时才能达到最高的效率，而这种大规模经营带来的经济负担远非绝大多数高地佃农所能承受，所以高地本土的佃农不可能大量地参与这个新兴的产业当中。例如，在格伦加里的麦克唐奈（MacDonnell）和因弗内斯郡洛基尔的卡梅伦（Cameron）的地产上，从1770年代开始小规模蓄养黑脸羊；但由于艾尔郡、边境地区和诺森伯兰等地牧区的一些充满野心与进取意识的农民正在高地寻找租借牧地的机会，地主们开始按捺不住，急于通过推广大规模牧羊来赚取高额利润。此时，苏格兰北方的未开之地已具备前所未有的经济价值，缺乏新型牧业经验的本地佃农已无法继续占据下去。

因此高地清洗的波及范围随着牧羊业的扩张而扩大。这场运动中最声名狼藉的清退发生在萨瑟兰伯爵的地产上，1807—1821年，萨瑟兰女伯爵和她的丈夫斯塔福德勋爵在当地的委任管理者将6000—10000名居民从内陆堂区驱赶到海岸一带新开辟的小农场聚落，这一强制迁徙行为堪称19世纪初期整个联合王国境内最为突出的一起社会工程学案例。在1880年代，当时的老人仍能向王家委员会成员说出阿辛特堂区48处遭到强制清退的村社的名称。从规模和组织性而言，没有哪个地方的清洗运动可与萨瑟兰相比。事实上，直到1840年代和1850年代更为残酷的土豆饥荒时期为止，大多数清退事件的规模都比较有限，一次往往只影响少数人。渐进但持续不断的人口迁移而非大规模驱离才是所谓清洗运动的常态，但总体来看，被清退的人口规模非常庞大，表明其背后确实存在一场系统性、强制性的运动。

不过，我们可以确知的是，在1815年以前大多数的人口清退都不是以驱离居民为目的的。18世纪的人通常相信人口增加是一种经济利好，这种观念并没有立刻被质疑乃至推翻，大多数地主和农业改良派理论家也都认为被清退的人口不应被简单抛弃，而应被视为一种重要的经济资源。在他们的构想中，由此产生的是一种二元经济体系，假以时日每个部分都能产生逐渐增长的收益。内陆深峡与山谷地带的居民应当迁移到海岸地带，在那里从事褐藻采集和渔业工作，而他们离开的内陆地区将改为广阔的绵羊牧场。在威廉堡以北的整个西海岸，这种做法蔚然成风，并从18世纪末到19世纪初彻底改变了当地的整个传统社会结构。在萨瑟兰西北部的雷伊（Reay）领地，当地的内陆人口在1810年代开始移居到海岸边；在更南方的韦斯特罗斯和因弗内斯西部，与此类似的针对内陆地区居民的强制迁徙也在格伦希尔、格莱内尔格、莫文等地发生。当地居民的土地用益权再也得不到基于传统的保障，旧的社会秩序也被彻底打破了。

2

1760年以后几十年里苏格兰高地社会的历程尤具特色，但在欧洲并不算独特案例：在整个欧洲大陆与不列颠群岛上，古老的社会秩序都在面临着越来越沉重的压力。欧洲在18世纪和19世纪进入了人口持续增长、城镇持续扩张、工业持续发展的时代，几乎每一个欧洲国家的农业经济都必须生产更多粮食与原材料，以保证不断增长的城镇居民人口能够在合理的物价水平之下得到供养和经济供给。农业生产中新兴的市场导向或多或少都对旧式社会格局造成了不小的压力，在一些地区甚至引发了严重的失序。旧社会面对的最严峻的威胁源自一种新的土地观，这种观念认为土地首先应被视为一种财产、一种生产性资源，因此对土地的管理应以改善其赢利能力为目的，至于其为农村人口提供基本资源的作用则不被重视。在随之而来的剧

178

变中，土地圈占和权益一元化成为农业革命的主要手段，这一切最终都终结了允许同一聚落的多个居民享有同一片土地之用益权的旧秩序，建立了一片土地只能由单个持有人控制的新格局。在18世纪最后二十五年里席卷苏格兰高地的清退与土地改良浪潮中便可见到这一历史变革的缩影。

179　　不过，上述变革在西欧不同地区的市场与意识形态层面也体现了鲜明的地域性差异。小农经济的社会格局在欧洲大多数国家都得以幸存，在这种体系之下大多数居民都能保留一部分土地的用益权。这一结果部分是因为市场需求的强度和其所造成的影响在不同地区参差不齐，但更根本的原因在于欧陆大部地区小农所有制的固有性质。小农经济下的传统土地权益受到法律和传统惯习的双重保护，若将其破坏便会引发严重的社会动荡，因此只有在少数国家和地区，新式农业技术得以充分施展其潜力，并给传统的谋生与定居模式带来颠覆性的变化。这些地方包括英格兰、苏格兰、丹麦、低地诸国、西班牙的加泰罗尼亚、波美拉尼亚和勃兰登堡等部分德意志邦国，以及瑞典的部分地区。即便在这些地方，农业变革的步调、性质与格局也大不相同。这一现象表明，即便整个欧洲的社会都体会到农业经济革新的压力，但各国实际采取的应对措施仍取决于本国具体的政治、法律、社会、文化和经济特质。例如，从丹麦的案例中，我们就能看到苏格兰北部土地革命的特别之处。丹麦的改良派也对传统公社农业和"低效"的土地用益权分配格局发起了经久不衰的攻击，但整场农业革命的背后都有国家机器的支持，其管理方式也明显降低了社会成本，让小农经济免遭剧烈动荡的困扰。1757年，丹麦王国的一个皇家委员会提出了一系列建议，标志着政府监督农业改良过程的开始。这些建议规范了整合地权的手段，算清了每一个村落在农业改革中负担的成本，并设立一笔款项帮助农民填补有关开销，其内容日后还被纳入国家行政命令当中。不过，丹麦案例中最值得注意的特点是社会慈善力量发挥的巨大作用：为保证农业新格局稳步建成的过程中社会不至于陷入动荡，那些在改革中蒙受损失的人可以获得四英亩到六英亩的租赁土地作为补偿。还有其他的一些立法禁止将土地分割到不足以养活一家人的程度。

　　在苏格兰高地，农业改革的情形几乎与丹麦截然相反。在这里，行政管控手段仅维持在最小限度，地主几乎拥有完全的自由行事权。事实上，从 17 世纪开始，苏格兰法律体系的天平已经决定性地倒向了捍卫私有财产权一边。苏格兰议会在 1661 年、1669 年、1685 年和 1695 年通过的一系列法案为土地分割和小块土地的地权理清工作提供了法律框架，而一项 1756 年发布的最高民事法院令则进一步理清了清退佃农的法律程序：现在地主只需完成较为简易的手续，即在每年圣灵降临节 40 天之前向当地治安官申请，就能赶走自己土地上的租佃者。因为在欧洲很多国家构成社会主要阶层的有地小农在苏格兰的规模极为有限，所以苏格兰的土地租佃制度对想要践行权力的地主来说十分便利。18 世纪高地的绝大多数居民都没有对土地的绝对法定权利。他们如果不是只对土地享有一定期限之内、用益权受租约或契约限定的佃农，就是土地租佃关系完全不受法律保障的佣工。正是这些人在法律和传统惯习之中的脆弱境地让苏格兰高地的大规模清洗运动成为可能，而在欧洲大陆的很多地区，由于小农所有制与小农阶层的法定权利和特权拥有长达数世纪的基础，激进而迅猛的农业近代化运动势必在那里遇到强大的阻力，因此像苏格兰这样彻底的农业革命很难成为现实然而，苏格兰高地的情况与苏格兰低地的社会变革之间有一些相似之处。如第七章所述，在低地也发生过大规模的人口流动现象。就像高地的村社遭到解体一样，低地旧社会的农村聚落也消亡了。随着时间的推移，多人共同租佃制和共同耕作制都逐渐走向终结，到19世纪初，由单独一户农民租赁的农场变得普遍起来。低地的变迁在很多层面上值得关注，也与高地社会的历史经验有很多呼应之处。从17世纪中叶开始，由于英格兰北部在城镇化和工业化进程中产生了大量新需求，苏格兰边境地区牛羊牧场的规模开始迅速扩大，农地权益一元化与剥夺农民农牧地（以饲养牲畜或供牲畜过冬）的做法也变得普遍起来，这最终不可避免地导致很多小型农村聚落的居民遭到清退，其过程与后来高地的情况相类似。

由此可见，清洗运动与土地侵夺并不是高地独有的情况。在18世纪的最后二十五年里，整个苏格兰社会都在新格局奠定的过程中陷入动荡。在苏格兰的每一个角落，旧社会的租佃权利、古老的村落格局和传统的劳作习惯在这几十年间都或多或少经历了变革。不过，即便如此，高地社会变革中的一些层面也反映出盖尔语文化区独特的历史体验，这与苏格兰其他地区的农业改良运动有所不同。

181

在苏格兰南部，从多人租佃到单人租佃的转变已经发生了数十年；而在盖尔语地区，传统村社的崩溃是在18世纪晚期集中发生的。正因如此，除高地南部和东部的边缘地带之外，高地地区在农业改良运动中的历史经验更为惨痛。西部和北部大多数地区的地形最适宜大规模放牧，这种生产模式对土地的要求很高却只需要很少的劳动力，但在低地的很多地方，农业生产仍以需要更多劳动力的农牧业混合模式为基础。因此，如前所述，在高地西部和岛屿地区，当地除了大规模牧业之外没有发展出其他成功的农业生产模式。在 18 世纪，褐藻采集、渔业、烈酒蒸馏和采石等行业都曾经历繁荣，但在 1815 年以后，这些行业都迅速衰退下去。而在低地，快速发展的纺织业（很多工厂设施坐落在乡村地区）和很多新建造的城乡基础设施都为那些因农业改良运动而失去土地的生计无着者提供了工作机会。

还有一个因素让盖尔语社会更容易受到大规模人口流离的冲击。早在农业改良时代之前，苏格兰低地的农村社会便以佃农阶层为基础，他们向地主缴纳地租，并雇用茅屋小农和佣工从事劳动。这一阶层在一定期限内享有对土地的法定用益权，一般在八年到十五年之间，这一期限会在地契上以书面形式明确写出，并得到法律强制力的保障，这意味着将整个佃农群体快速、彻底地清退出去的现象不可能广泛存在。土地所有人必须在土地改良过程中耐心等待佃农的租佃契约一个接一个到期。但在高地的很多地方，当地大多数农民的处境更为脆弱，他们对土地的用益权几乎都是基于不成文的惯习抑或为期一年的短租契约，这些对狂热的改良派地主来说都构不成障碍。因此，在这样一个农民地权极度缺乏法律保障的社会，清洗运动一旦在尚未被其波及的地区引起警觉与恐慌，这种情绪就会促使并未受到直接威胁的当地人提前准备迁徙，也就不足为奇了。

若要理解清洗运动对盖尔语社会心态的影响，我们就必须将盖尔人的文化特质考虑在内。到 18 世纪中叶，苏格兰高地和低地精英与民众的关系已经有了显著的不同。在低地，地主此时已不再被视为亲族势力的领袖或者封建领地的私人领主，这在很大程度上应归因于当地更早实现的政治稳定化和更彻底的经济商业化。换言之，低地地主只是单纯的土地所有者。他们手下佃农的权利与特权在成文的地契中得到明确的规定，虽然当时佃农仍需要为地主服劳役，但地主和佃农之间的关系依旧以地租为核心，无论是以货币还是实物支付（前者越来越普遍）。在地契规定的范围之外，佃农对土地没有任何权利，届时地主可以以违反地契或者地租长期积欠为由将他们驱逐出去。租期结束后，佃客的改易也很常见，这也意味着地主和佃客之间的关系主要基于经济与商业利益。土地在低地是一种资源，无论地主还是佃农都接受这一基本认识。

盖尔语社会的格局则截然不同。即便此时高地氏族精英已经发展出新兴的商业化利益导向与观念，当地居民仍坚守"主从之义"的古老原则，认为领主应该对自己领有的土地负有庇护和保障的基本责任。作为结果，高地人口清退运动不但在规模上更大，在速度上更快，"地主庇护者"强制驱逐领地居民所造成的文化创伤很可能也是更为深重的。因此毫不意外的是，对氏族社会伦理持续不断的侵蚀令整个盖尔语社会陷入了严重的集体迷失，也妨碍了高地民众对地主的行径进行集体抗争。正如艾伦·麦金尼斯（Allan Macinnes）所说：

> 即便在氏族社会秩序因酋长和缙绅的举止而消亡很久之后，高地的居民仍固执地坚守传统的"主从之义"伦理，这表明高地社会在清洗运动的第一阶段陷入了文化失序，而不是文化繁荣。在这一时期的爱尔兰盖尔语社会，人们还能发表言论直接攻击英格兰政府、地主阶层和教会势力，苏格兰的盖尔人似乎被他们自己的文化桎梏，陷入彻底的瘫痪之中，因氏族精英逐渐同化为联合王国体制内

力量的一部分所引发的盎格鲁化过程而沮丧消沉。民俗诗
人的批判仍然构成了苏格兰盖尔语社会公共舆论的主要发
声渠道，但那些诗歌的批评往往不能切中要害，代理管理
人、法务人员、中间地主、新来的佃农乃至绵羊都成了攻
击的目标。即便在极少数谴责地主发起了清洗运动的诗歌
中，涉及地主的词句也隐去了地主的具体身份，而是用含
糊的"他们"代替。[3]

183

<h2 style="text-align:center">3</h2>

虽然农业近代化的过程与结果在苏格兰高地和低地有所不
同，两个地区社会变迁的起因却不乏相似之处。不列颠是世界
上第一个工业化国家，这对国内农村经济生产的食物和原材料
提出了极高的需求；但在苏格兰，经济的快速变革来得比英格
兰更晚，农业近代化的过程也发生得更为急促。简言之，对高
地物产的市场需求的变化如此深刻而迅猛，影响高地社会的商
业化力量又如此强大，以至于盖尔语社会的剧烈变迁几乎不可
阻挡。

市场对主要传统产品的需求迅猛增长。牛只价格在整个18
世纪上涨了三倍，从高地出口的牛只数量可能增长了四倍。在
阿盖尔，虽然情形尚不能与更靠北方的地区相比，但当地鲱鱼
的商业化捕捞仍有了长足发展，仅在法恩湾（Loch Fyne）水域
每年就有600—800艘渔船活动。由于政府财税立法的变更与低
地市场的壮大，对于私酿威士忌的需求也持续上涨，无论是对
伊斯代尔（Easdale）和巴勒库利什（Ballachuilish）等地板岩的
开采还是对多处地产林业资源的开发，脚步都在不断加快。在

高地珀斯、阿盖尔、因弗内斯东部，以及萨瑟兰、罗斯和克罗默蒂的部分地区，纺织业开始扩张，而得到官方认证的高地亚麻布产量也从1727—1728年的21972码持续增长到1778年的202006码。

从17世纪晚期开始，南部的工业化进程对高地产出的原材料提出了几乎无穷无尽的巨大需求，其中以羊毛最为抢手。低地棉纺业很快便从加勒比海和后来的美利坚合众国南部各州获取了充足的原料纤维供应，但羊毛纺织业获取原材料更为困难。

184 从欧洲大陆进口的羊毛数量有限，在拿破仑战争时期也不甚稳定，直到澳大利亚从1820年代起大量输出羊毛以后，海外供应的比重才变得更为显著。而在此期间，羊毛供给的空缺越来越多地由高地的羊毛所填补。1828年，苏格兰羊毛只占联合王国羊毛总产量的10%，到1840年代初，这一比例上升到25%。这些数字背后反映的是一个在绵羊牧场的疯狂扩张面前陷入动荡的高地社会。在这一时期，褐藻采集与加工业一度占据了同等重要的地位（尽管其在经济中扮演的角色不同）：从海藻中提取的碱可以被用来生产肥皂和玻璃。海外市场原本可以提供更为廉价、更为丰富的苏打灰，但这一货源在对法战争期间受到限制，而苏格兰高地西部和群岛地区正好可以提供丰富的褐藻资源，于是工业领域对这一物资的需求在这一时期有所增长。褐藻的加工工艺比较简单，但对原材料的消耗极大，1吨提取物需要耗费20吨海藻，所以大量的廉价劳动力对这一行业至关重要。褐藻加工业在苏格兰西部的起点可以追溯到1730年代，但直到1750年以后，这一行业才形成规模：1770年代褐藻提炼物的年产量达到2000吨，到1790年则上升到5000吨，随后褐藻加工业迎来一个繁荣时期，到1810年达到近7000吨的峰值。在当时，褐藻加工业的主要基地已经在尤伊斯特群岛（Uists）、巴拉岛（Barra）、哈里斯岛（Harris）、刘易斯岛（Lewis）、斯凯岛、泰里岛（Tiree）和马尔岛等地形成，而在苏格兰本土的阿德纳默亨半岛（Ardnamurchan）和莫文等地，褐藻加工业也有一定规模。不过，这一产业在很大程度上仍集中在赫布里底群岛地区，尤其是长岛（Long Island）。而正如接下来将要详述的那样，褐藻产业在那里造成了深远的社会影响。

不列颠市场对高地经济的需求不仅局限于食物和原材料。从18世纪早期盖尔语社会的青年（以阿盖尔地区的居民为最）前往低地农场从事季节性收割劳作时起，高地的劳动力市场便开始发展壮大。1770年代之后，随着南方的农业产量上升，在旧农业体系下构成主要劳动力来源的茅屋小农阶层正在逐渐萎缩，高地人在南方的就业机会有所增加。在克莱德河口的鲱鱼捕捞业以及纺织业村镇周边的漂白场，高地移民也可找到季节性的工作机会。在18世纪晚期，盖尔人加入不列颠陆海军的人数则更加惊人。在七年战争（1756—1763）期间，已经有小规模的高地兵员参军入伍，这一数字在美国独立战争期间有所上升；到拿破仑战争期间，高地的入伍人数一度激增数倍，有人估算这一时期的高地总人口仅30万，却为前线部队、民兵部队、本土国防部队（Fencibles）和志愿兵部队贡献了74000人。即便这一数字可能有时人夸大的因素，高地人参军的普遍程度仍十分惊人，这一地区的人均入伍率可能超过了当时欧洲的其他地区。这一现象也从侧面明确印证了这一时期高地社会人口压力造成的影响，以及地主通过强制或许诺回馈土地等手段最大限度地为本家族的部队榨取兵源的强大能力。

在更广泛的意义上，有地贵族阶层在高地社会变迁的加速过程中扮演了根本性角色。如前所述，高地贵族地主的地位决定了他们在自己的属民面前拥有近乎无限的权力，法律赋予他们的权柄让他们可以随心所欲地改变自己领地的状况。但至少在理论上，氏族社会赋予有地贵族的世袭封建义务对他们构成了强有力的制约。酋长与地主资本家是两种不可兼容的社会角色，历史记载中也有证据表明，一些有地贵族世家在当时因为这两种身份的冲突而备受煎熬。不过，让地主制战胜部族制的力量依旧在这场斗争中取得了最终的胜利。

1750 年代以前，已经有很多高地地主逐渐倾向于为自己的商业利益，而非本氏族成员的利益采取行动。此外，如果部族酋长已成为联合王国有地贵族社会的一员，他们将很难免受不列颠上流社会物质、智识和文化水平要求的影响。对贵族和缙绅而言，18 世纪意味着庞大的消费、华贵的宅邸、海外远游和更体面的生活方式。竞逐豪富成为上流社会的基调，家族的地位往往取决于其生活环境在物质层面光鲜与否。现在，高地地主置身于这个社交世界当中，他们的财务状况将因此而时刻陷于紧张状态，只凭传统农牧业的微薄收入难以维持。与此同时，对领地居民的清洗与清退运动可以并确实得到了思想上的论述支持。早在 1745 年詹姆斯党叛乱之前，高地氏族精英已通过在南方学校与大学受教，抑或在海外云游的经历吸纳了盖尔语社会以外的价值观念。诚然，后卡洛登时代的高地镇压运动和某些地区王室抄没地产委员会专员（Commissioners for the Annexed Forfeited Estates）施加的外来力量给高地的传统社会带来了破坏性的冲击，但从根本上看，推翻高地社会旧秩序的革命是由盖尔语地区的本土领袖完成的，此时他们开始汲取并接受联合王国其他地区上流阶层的思潮。这种思潮让他们视既有的高地社会秩序"原始"且亟待革新，无条件地信奉个人主义价值观，并认为传统的生活与工作规律只能证明旧社会的居民怠惰、颓废且低能。这些思想假设让他们得以更为便捷地基于理性和营利性导向来改革自己的地产。高地地主们可以宣称违背自己对领民的传统义务不只是为了赚取更高的收入，而且是实现领地"开化"和"改良"的必要之恶。

来自市场的强大压力也构成了这一过程背后的一大基本要素。对各种高地物产的需求在这一时期都快速增加，几乎没有人能抵挡这种商机的诱惑。事实上，正是地主阶层不断增加的资金需求和18世纪晚期可以用来填补这些需求的巨大经济机遇构成了高地社会剧变最根本的催化剂。这一时期很多具有利润空间的重要部门——例如褐藻、牛只、羊毛、羊肉和兵员征募——都不需要投入大量资本，地主只凭自己的领主权便可将收益纳入囊中，所以他们当中的很多人获得的暴利几乎可谓运气使然。因此毫不惊人的是，在很多高地地主看来，从1760年到1815年的这个时期是一个发家暴富的时代，他们中的大多数自然乐于全面且快速地消灭旧社会秩序，而不是耐心等待新旧社会在经过一个更为艰难且复杂的过程之后彼此交融。

从长期来看，高地传统生活方式面临的一个更强大的威胁来自当地人口的逐步增长，这一趋势在18世纪已日渐明显，到19世纪更加迅猛。高地人口的变迁构成了欧洲范围内一场更广泛的人口革命的一部分：这一时期的欧洲人口变化突破了传统的匀速增长模式，其增速随着时间的推移而不断加快。对于这一历史性转向的原因，人口学家仍未达成定论，但这一现象背后的主要原因可能是工业化发展所带来的粮食供应增长和就业机会增加，以及天花的疫苗接种等相对有限的医学进步。

不过，比探究人口增长的原因更重要的是理解这一现象对高地社会造成的影响，而在这一问题上的深入考察表明，一个爆炸性的人口问题正在高地苏格兰浮现。在高地南部和东部的边缘地带，当地人口受制于居民大量向低地流出的趋势，增幅比较有限；而在阿盖尔北部的西海岸地区以及赫布里底群岛大部地区，人口增长势头更为显著。1801—1841年，这一地区的人口增长了53%。1755年，泰里岛的人口为1509人，到1768年上涨到1676人，到1792年已上涨到2443人。1768年泰里岛上农村聚落的平均人口为56人，到1800年已经增长到90人。如果租佃地没有被频繁切割，且将租佃地进一步分割为次级租佃地的做法没有普遍推行，如此迅猛的人口增长便不可能出现。上述行为在这一时期恰恰是试图大幅增加褐藻采集工与渔民数量的地主试图怂恿的，此外，土豆种植的快速传播也构成了人口大幅增长的必要条件。这一人口变动造成的一个重要的短期后果是将居民捆绑在零碎且不稳定的土地上，限制了人口的向外移民。而同样毋庸置疑的是，人口的高速增长已令传统农业的生产效率不堪重负，当地居民数世纪以来在贫瘠的土地和恶劣的气候条件下积攒的各种谋生技能也彻底过时。所有关注这一问题的具体研究都显示，旧式农村经济总是在偶发性短缺和初步温饱之间维持着一种脆弱不安的平衡，如果这种状态不发生显著的变化，便很难保证18世纪大幅增长的居民人口能够维持生存。

4

到拿破仑战争结束时，高地社会已经出现了两种不同的租佃制度，新定居点也在以肉眼可见的速度取代传统的高地的农村聚落。传统村社的消亡在高地东部和南部的边缘区域进展很快，这一地带包括阿盖尔郡大部、珀斯郡、因弗内斯郡中部和东部，以及罗斯东部诸堂区。一种新社会秩序正在那里形成，其内容虽然在不同地区间有差异，但仍拥有一些共通之处。在这种新秩序下，被持有的土地的形状和面貌与低地邻近区域那些租佃权已经为地主所整合而非分割的土地颇为相似，因此当地的佃农数量比旧社会更少，还有大量的佣工、劳工和茅屋小农受雇于新兴的农业经营者。大规模牛羊牧场遍布这一地区；但在其他区域，尤其是阿盖尔郡和高地珀斯郡的一些地方，一些占地40—60英亩的家庭农场仍在从事混合牧业。与西北部不同，这里的生活条件尚算宽裕，似乎不会面临生存危机的反复威胁。土豆是当地人食谱上的重要组成部分，但谷物也被大量摄取，沿海堂区的居民还会食用鱼类。非农业活动的发展构成了这一地区的一大特征，例如阿盖尔海湾地带的鲱鱼捕捞和珀斯郡的亚麻制造。

在上述地区，农业与农村社会的变革无疑让当地居民的生活水平得到维持乃至有所提升，这部分是因为当地的自然禀赋更为优越。在自西向东延伸的广阔峡谷地带，居民可以经营种植农业与混合型农业。高地群山构成了一片西北高东南低的广阔台地，令地表拥有较好的排水性，当地的耕地在持续性强降雨面前更加安全，不必像西边的耕地那样担心毁于水灾。此外，这一地区与苏格兰经济腹地的联络也更为便利。不过，高地东南部物质生活的改善是以当地大量人口的流失为代价的，这部分是因为农业改良时期广泛的流离失所现象，部分是因为工业化与城镇化在低地创造了大量就业机会。因为人口的大量外迁，从1755年到1790年代，高地东南部60%以上的堂区都没有经历人口增长。这些地区的农业改良将大量居民送出本地，这场大迁徙运动遗留的农庄废墟与牧地残迹如今仍散落在当地多山的乡间，成为那个时代的凄惨象征。

不过，那些留在当地的居民也确实得到了好处。到 1830 年代，一个更为平衡、更为稳定且生产力大大增强的经济体系开始在这一地区形成，这里的可耕作土地与人口间的比例高于高地其他地区。例如，在 1840 年代早期，阿盖尔郡本土部分的人均耕地面积为 2.18 英亩，但在斯凯岛和韦斯特罗斯只有 0.5 英亩。地权整合运动瓦解了传统村社组织，制造了一个新的农民阶层，他们雇用数量更多的无地或间歇性无地佣工从事劳作，而后者的生活既靠雇佣劳动产生的报酬也靠自己经营的小块土地维持。在高地的西南和东北角，渔民群体都有了蓬勃的发展。一小群佃农构成了这一地带的经济支柱，他们大多出身本地，189 以 20 英镑到 100 英镑不等的地租租赁中等大小的土地。这一阶层让高地南部和东部地区具备了在西部和北部更为贫穷的堂区中所缺乏的经济适应力。在 1840 年代的土豆饥荒中，这些地区经济体系的稳定性得到了最好的证明：当高地西部面临饥荒的切实威胁时，邻近低地的高地南部与东部地区即便陷入短暂的困难状态也会恢复原状。正如当时的一个救荒组织所说：

> 这些堂区的居民和高地西部居民的处境完全不同。在这里，不同阶层各安其分，佣工阶层通过从事有偿劳动维持自己和家人的生计——还有渔民，他们可以靠这一产业取之不尽的资源过活——那里的社会总体上也更为发达，居民日常从市场上购买大多数的食物。他们只会偶尔陷于困顿，其原因可能是薪资与粮食价格间暂时的倒挂，

或者土豆歉收，但这种作物在他们的日常消费中只占据次要地位。[4]

不过，在高地西部沿海地区，从莫文到愤怒角（Cape Wrath），再到内外赫布里底群岛之间的地带，一种截然不同的社会格局正在从传统社会的废墟中形成。大片大片的土地成为以饲养黑脸羊和切维厄特无角羊为主业的大型牧场，这一变化在1815年以前便已在这一地区的本土地带发生，在之后数十年间向海岛地区扩散。不过，即便牧业的大举扩张在当地造成了严重的社会动荡，令传统社群走向消亡，有计划且全面的人口清退运动在这一时期也并不常见。本地居民的迁居（尤其是迁居到新建的以耕作小块土地为主的村落）反而更受欢迎，因为这样一来经营者既可以从这些居民在小块土地上从事的劳动密集型作业中获利，也能进行大规模的绵羊放牧。

在不到两三代人的时间里，随着盖尔语村社制度崩溃，新的小农场制度被强加到这个地区之上。到1840年代，这一地区86%以上土地的租金在20英镑及以下（在大多数堂区这一比例超过95%），这些小型租佃地往往只有几英亩大，分布在新型"村落"亦即小农场农民的定居点周围。作为这一地区流行于几乎所有地主之间的"农业改良"思想的产物，这些小农场拥有一些共同的特点。小农场的核心是可耕作用地，这一地带会被分割成一些彼此独立的小块土地，周围环绕着草场或山丘牧地，由村落中的佃农共同持有。这种制度最引人注目的特点在于，小农场从一开始便不是以供养整个家庭为目的的。约翰·辛克莱爵士指出，标准的小农场农民必须设法在自己的土地之外工作至少200天，才能避免自己的家庭陷入慢性匮乏状态。

190

小农场面积的缩小正是以强迫耕作者及其家人外出寻找工作机会为目的的。这种小片土地只能提供最基本的生存条件，而为了满足日常开销和地租要求，小农场农民及其家人必须从事额外的工作以赚取收入。

小农场农民从事的非农业工作往往是季节性的。小农场制度的特点在于为一股仅在一年中的特定时节才会被动用的预备劳动力提供较为便利的生存环境，因此也可以说这一制度构成了当地褐藻加工（在夏季的用工高峰，这一行业需要雇用25000—40000人在赫布里底群岛地区工作）、渔业和私酿威士忌行业快速扩张的必要条件。小农场制度也被地主用来为本家族的征召部队招揽兵员，应征入伍者在参军服役之后可以得到小片土地作为回报。在高地西部的共同租佃制转变为小农场制的过程中，有一个原则始终居于主导地位：如果持有太多土地，农民便不会把注意力放到其他更有利可图的行当上。小农场农民首先是劳工，其次才是农民。作为结果，这一政策给高地西部和西海岸岛屿地区的居民带来了灾难。

这一地区一整套社会制度在本质上都依赖于副业经济的成功，而这些产业直到拿破仑战争结束前都成功地为当地提供了就业机会。但总体而言，这些行业的前景都是不稳定的，正如褐藻加工业和征兵的例子所显示的那样，它们的繁荣往往只是战时状态下的产物。此外，在这些行业发展至鼎盛期时，它们对于小农场经济几乎没有任何好处。例如，褐藻的价格一向波动很大，但因为1790年代市场需求大幅上涨，褐藻加工业成了西海岸地区的经济支柱，直到1815年。然而，由于地主对这一行业的生产和市场销售实现了垄断性控制，劳动者的"所得"大多被地租和每年向地主缴纳的谷物粗粉研磨费的增长吸收，结果当地劳动者在这场短暂的繁荣中获得的利益颇为有限。

事实上，拿破仑战争时期的经济扩张虽然给高地东部和南部带来了一些物质条件上的改善，却为高地其他地方日后的社会灾难埋下了伏笔。鉴于战时的一些行业对劳动力提出了需求，大多数地主都乐于让茅屋小农和占屋贫农（squatters）的土地接受不受节制的分割，让这些居民被捆绑在土地上，无法永久性移居。这些政策造成的影响可以从人口统计数字中得到印证：1801—1841年，在西部沿海和近海岛屿地区，当地人口增长了53%，而高地东部和南部人口的平均增幅仅为7%左右。对土地无节制的分割也导致土豆种植业的快速扩散。从18世纪早期开始土豆便已在高地被种植，但到1750年这种作物仍相对罕见。随着小农场成为常态，土豆才成为日常食物中的主要构成部分，而在18世纪末到19世纪初的小农场革命时期，土豆种植的规模飞速扩大。土地所有制结构的变化与土豆的种植相辅相成：从事褐藻加工业和渔业的小农场农民、茅屋小农和占屋贫农群体人口稠密，土豆因其高产量而成为供养这些人口的关键。约翰·辛克莱爵士曾说，一英亩土豆田所能供养的人口四倍于一英亩燕麦田。土豆也更耐恶劣天气，即便在相对不适宜作物生长的边缘土地上，只要用土壤和海藻堆砌出夹层并在其中种下土豆，也能获得不错的收成，因此这种作物令小农场制度通行的地区得以供养规模空前的人口，无论这些居民的生活多么贫苦。不过，土豆的高产量也让对珍贵的土地资源进一步细分成为可能，这打破了当地居民此前赖以为生的脆弱平衡，让他们陷于依赖单一作物的险境之中。

5

高地西部的历史经验警示我们，经济变革并不总会带来更

191

192　好的结果。这一点曾令维多利亚时代的人们深感困扰，因为他们当时正目睹这一地区的经济隐患最终演变成严重的饥荒与贫困之灾。时人常常将这一地区经济体系的失败归咎于当地人的守旧与怠惰：当地人抱残守缺，缺乏让其他地区的居民享受进步与繁荣果实的那种进取精神。高地因此成为一个"问题"地区，经济变革给这里带来的不是利好，而是困难。

　　如果考虑到高地地区原本拥有的一些发展优势，上述结果似乎更为令人迷惑。高地地区拥有一股不断壮大的廉价劳动力，环绕四周的海域里拥有丰富的渔业资源，而 1815 年以前高地的经济表现也证明了当地作为原材料的重要供应地所具备的潜能。鉴于这一地区的主要资源——土地集中于少数地主手中，在高地实现资本积累的可能性也始终存在。在整个联合王国境内，高地是极少数因本地作为陆海军兵源地的战略地位而在 19 世纪初期得到政府大力投资的地区之一，无论抄没地产委员会、不列颠渔业社（British Fisheries Society），还是当地一系列野心勃勃的路桥工程都构成了政府投资涌入高地的渠道。然而，这些投入徒劳无功，几乎没有产生长期效应。

　　即便如此，认为盖尔语社会失败的症结在于保守风气的观点仍缺乏说服力。在高地南部和东部，盖尔语文化与价值观没有阻止当地人成功适应经济新秩序，盖尔人的企业家精神也在很多行业中得到了充分的印证，无论是 1760 年代以前氏族缙绅参与的牲畜、鱼类、谷物和板岩贸易，还是在那之后成功的大规模跨大西洋移民都是如此。高地的居民在清洗运动造成的文化和经济冲击面前迅速采用了新的主食作物（土豆）并接受了小农场制度的新现实，我们很难说他们的性格是守旧或顽固的。在 1750 年以前，高地农民便总是应地主阶层的新需求来调整自己的生活与经营方式。抄没地产委员会的记录也鲜明地显示，高地居民在有实用价值的情况下也乐于采用"低地"的谷物轮作技术。不过，上述这种得到验证的农作方式中仍有很多环节（如圈地和芜菁畜牧业）与高地的地形条件不相容。

高地拥有的良好禀赋出于多种原因没有得到利用。对旧秩序的破坏、人口的迁居与地租水平的上升一道，创造了一个严重不利于小佃农投资生产的环境。小农场农民的土地租赁权以一年为期，当期限将至时他们便无力抵御被清退的风险。而在1760 年以前，虽然牲畜贸易让资本得以注入高地地区，这一效应却未能给社会下层带来显著的实惠，让各阶层都能从商业收益中分一杯羹。相比之下，到 1750 年代，低地的普通佃农已可以将自己生产的谷物和牲畜直接销往市场。在高地西部，产品销售渠道主要由地主和氏族缙绅把持，这一因素和当地城镇的缺乏意味着在 1760 年代以前那里的商业化趋势主要波及精英阶层。这一地区缺乏资本家佃农、商人、贸易商和制造商等群体组成的规模可观的中产阶级，而正是这些群体在低地苏格兰充当了经济革命的先锋队。中间地主和中流农民的流失也可以被看作资本从盖尔语社会外流的一种表征，这种流失进一步榨干了高地社会拥有企业家潜质的人力资源储备。还有少量佃农原本在基本生存线之上颇有富余，但随着新设立的小农场村落将所有土地统一分割成只能让农民维持基本生存的小块，这一群体的数量也大为减少。

值得思索的是，如果这一地区的地主阶级对本地的资源采取更有效的管理方法，高地西部的命运会不会有所不同。和不列颠其他地方的地主不同，高地地主面临的障碍更为严峻：这里的气候和土壤条件较为恶劣，精英阶层并不能像其他地方条

193

件更为优越的地主那样从矿场和城镇中收取租金，高地西部和北部也不可能开展集约化的种植农业以更好地吸引人口。高地地主之所以将越来越多的土地用来牧羊，是为了利用当地从事畜牧业的相对优势，因此他们的决定在经济上始终是理性的，尽管其所带来的社会后果堪称毁灭性。

但非人力因素并不能全盘解释这一时期高地的历史经验，一些地主确实对这一地区的苦难负有直接责任。一些地主似乎更在乎榨取短期利益而不是在长期考量后进行扎实的投资，从褐藻产业的繁荣中赚取的大部分利润最终被挥霍到高地以外的地方。这些人为了追逐某些很难延续到对法战争结束之后的商机，不惜彻底改变领地的社会格局，这种做法只能用鼠目寸光来形容。不过，仍有一些土地所有者试图慷慨投资本地的渔业和工业发展，其中最为显著的例子便是 18 世纪末的第五代阿盖尔公爵和 19 世纪初的萨瑟兰家族。但在上述两个案例中，地主的经济发展策略都只在最初阶段取得了些许成功，没能产生长期成果。这表明即便实施者拥有雄厚的财力，一份富有想象力的经济发展计划在这一地区也难取得成功。

事实上，高地西北部在 19 世纪初已经没有什么回旋的空间，不可逆转的经济萎缩已成为这一地区的宿命。这一状况的背后至少有四个主要症结。第一，到 1815 年，商业力量已经把这一地区转变成不列颠工业经济的附庸。这里在事实上成为一个傀儡地带，在经济上完全从属于南方的城市，功能仅限于提供食物、原材料和劳动力。高地西部居民的命运已不再只取决于天气、牲畜价格和土地的产出，他们的命运现在也和远方一系列商品的行情波动牢牢捆绑在一起。换言之，商业化终结了这一地区相对孤立的半自足状态。第二，商业化在当地造成了一种以小农场农业、土豆种植和副业经济为核心的经济结构，脆弱且缺乏保障。与此同时，新建的绵羊牧场大量侵占对高地旧社会至关重要的牧草地，而前者的经济收益往往又会被输送到这一地区之外。由此可见，即便从短期来看，商业化也对高地西部的经济造成了严重的负面效应，而高地旧社会的凝聚力同样遭到了毁灭性打击。第三，苏格兰高地现在已成为不列颠市场经济不可分割的一部分，这造成的其中一个结果便是这一地区的经济不得不直接暴露在来自苏格兰西部和英格兰北部等更发达的工业化中心的竞争压力之下。高地缺乏煤炭资源，只有寥寥几座城镇，和不列颠列岛上诸如爱尔兰西部和英格兰东南部这样的其他边缘地带一样，当地的小型纺织业很快被来自制造业中心地带的无情竞争打垮。在新经济体系下，这一地区的经济活动将不得不专注于自身的相对优势，而这种优势也越来越局限于绵羊养殖和非熟练劳动力的供应。

　　第四，拿破仑战争之后物价崩溃，这一危机导致高地地区即便最为精明的地主也无法稳定领地的经营状态。联合王国大多数地区的经济都在 1815 年后的几年间陷入苦难，但经济困难在高地西部和北部造成的后果是灾难性的。这部分是因为经济体系中的边缘地带在衰退期间往往受损更严重，也是因为高地繁荣的经济活动中有相当一部分是以不可持续的战时状态为前提的，随着和平来临，本地的出口经济便难免遭受重创。1810—1830 年，高地的牛只价格下跌了一半。高地渔业也陷入停滞，其原因包括西部海湾中鲱鱼群不可预测的外迁、1820 年代鲱鱼行情的冷却，以及爱尔兰和加勒比市场对腌制鲱鱼需求的下降。赫布里底群岛的支柱产品褐藻在和平来临时受到的冲击更为严重：随着苏打灰进口恢复，市场上有了更便宜且供应

195

量更充足的褐藻替代品。此外，对碱类产品进口关税的削减以及从食盐中制碱的廉价方法的发明也对褐藻加工业造成了毁灭性打击。褐藻价格到 1820 年已经下跌到从前的一半，这一趋势还将在之后数年中延续。和平也令大量高地士兵复员返乡，而在这之后不久，1820 年代税收立法的调整又对私酿威士忌造成了严重冲击。在这十年里，1760—1815 年建成的整个高地西部经济运转的基础几乎毁于一旦，当地居民确实因此陷入惨淡的境地。更为糟糕的是，绵羊的价格虽然也陷入停滞，但没有像其他商品那样直接崩溃，这一地区似乎只有商业化畜牧还拥有前景，而这一行业将意味着更为彻底的人口清退与土地侵夺。

第十章　旧制度与激进反抗

1

在 18 世纪末期的苏格兰，一场革命正在席卷农业和工业领域，苏格兰的文化和思想成就也获得了广泛的国际认可。与此相对，苏格兰的城镇治理与议会机构仍颇显过时、衰颓乃至腐败，和这个国家在其他领域上越来越活跃的发展势头不相匹配。和不列颠其他地方一样，财产所有权是判定投票资格的唯一依据，这一做法背后的理由是只有那些以土地为切身利益所系的人才被认为会审慎且负责任地参与管理国家大事。但在苏格兰，对财产权标准的要求达到了一个极端的程度：就连绝大多数土地所有人（尤其是拥有中小规模土地的地主）和富有的城镇商人也几乎没有参与选举与投票的资格。在苏英合并之后，苏格兰共有 45 个郡选区和 15 个城镇选区，各对应 2600 名和 1500 名选民，选民总数相当于 18 世纪晚期苏格兰人口的 0.2%。规模如此之小的精英选民群体即便在没有推行民主政治的 18 世纪不列颠也绝无仅有，相比之下无论爱尔兰还是英格兰的选民规模都要大得多。以都柏林为例，这座城市拥有 3000—4000 名选民，人数甚至超过所有苏格兰郡选区选民的总和，几乎与整个苏格兰的选民人数相当。然而，权力在苏格兰的分配甚至比选举权的分配更为集中。例如，在苏格兰诸郡，拥有投票权的往往是封建领主，而非单纯的土地所有者。通过将他们的权力分

配到朋友、族人和门客当中，那些大地主可以在选举中制造大
量虚假的选票抑或"苦役"（faggot）票，以此操纵当地选情，
并借机扩大自己的权势。作为结果，在苏格兰出现了迈克尔·
弗赖伊（Michael Fry）所谓的"口袋郡"（pocket counties）；阿
盖尔、比特、萨瑟兰、昆斯伯里、巴克卢等大贵族在这些地区
操纵选举，从而强化了本家族在领地和周边地带的霸权。

在苏格兰的城镇里，因为只有一小部分商人和贸易从业者
有投票权，类似的寡头操纵也广泛存在。苏格兰的 66 座特许城
镇被分成四五个区域，其中的选民将选举产生 15 名议员以出席
威斯敏斯特的议会。选民规模极小，即便在苏格兰的首府爱丁
堡也只有区区 33 人。所有评论者都承认城镇选举中存在严重的
腐败和金权政治，一些商人和工匠行会形成的小派系可以轻易
地在选举中维持自己的权威。因此并不意外的是，选举在这一
时期的苏格兰遭到了非常冷漠的对待，有时甚至根本没有举行。
例如，在法国大革命震撼全欧洲的 1790 年，苏格兰总共只进行
了九场郡和城镇一级的选举。这与同一时期的爱尔兰形成了鲜
明对比：爱尔兰的地方政治活动十分活跃，公共议题常常引发
激烈的争论。

苏格兰与爱尔兰之间的不同在一定程度上可以归因于亨
利·邓达斯作为政府在苏格兰的"管理者"或"大臣"所取得
的巨大成功，他在 1790 年代初已能用高明的政治运作手段令苏
格兰的选举制度为自己的利益服务。作为结果，很少有人愿意
在议会层面组织正式的反对力量，而这么做的意义也十分淡薄。
邓达斯在一定程度上是曾在 18 世纪上半叶成功操纵苏格兰选举
政治的艾拉伯爵（后来的阿盖尔公爵）的继承者，但阿盖尔的
霸权并未持续。在 1763 年比特的政府倒台之后，苏格兰政坛一

度陷入权力断档，没有人能像前任那样有效地维持英格兰与苏格兰之间的关系，在苏格兰政界充当赞助提供者与利益输送者，并有效地管理苏格兰事务。与此同时，在苏格兰社会扮演传统领袖角色的大贵族此时往往居住在英格兰，而联合王国内阁政府对苏格兰的关切仅限于其政治稳定与和谐，除此之外态度颇为冷淡，这些都加剧了苏格兰政府面临的问题。正是在这一权力真空中，邓达斯抓住机会让自己扬名立万。他并非贵族，而是出身洛锡安地区阿尼斯顿（Arniston）一户与法律界颇有渊源的地主家庭，这一点尤为引人注目。邓达斯的崛起可谓神速。他在 1766 年成为苏格兰的副检察长（Solicitor General），在 1775 年成为苏格兰检察大臣（Lord Advocate）。必须注意的是，这些职位不只掌管法律事务，也覆盖了一系列政治和行政职能。归根结底，这些高级司法官员才是 18 世纪晚期苏格兰的实际治理者。

　　但对邓达斯来说，控制政治赞助的纽带才是掌握权力的关键。从 1779 年开始，作为苏格兰唯一的印玺保管人（Keeper of the Signet），邓达斯在苏格兰政府官职任命中施加了决定性影响，他利用自己的职权系统性地编织了一张由门客、选民和地方利益集团组成的复杂网络，用恩惠、职缺、晋升机会和年金吸引他们追随自己。随着邓达斯在 1784 年被任命为东印度公司董事会的委员，并在 1793 年至 1801 年担任董事会主席，他的权势得到了进一步的巩固。虽然在此之前，早已有大量苏格兰人任职于东印度地区，但通过掌握东印度公司丰厚的政治赞助机会，邓达斯大幅增强了自己的影响力。邓达斯擅长侍奉多位主人，例如在 1782 年至 1783 年，他就曾在三届立场各不相同的政府中担任阁僚，但真正让他飞黄腾达的还是后来与小皮特

198

之间亲密（他们两人经常一同豪饮）且忠诚的关系。不过，邓达斯权势的基础归根结底并不在于私人宴饮，而在于威廉·弗格森所谓"北方的精锐兵团"——邓达斯的这笔政治资本可以很好地为小皮特所用。1780 年，邓达斯本人控制着苏格兰 41 个参与选举的选区中的 12 个；到 1784 年，这一数字上升到 22 个，到 1790 年则上升到 34 个。这位"亨利九世国王"在苏格兰的权势此时达到了顶峰。

然而，邓达斯的权力背后隐藏着一个悖论。邓达斯强大的竞选机器以城镇选区的普遍腐败和郡选区内受到严重操纵的选举活动为基础。这种状况似乎与苏格兰启蒙运动在其他领域取得的成就相矛盾：在大学、俱乐部和辩论社里，启蒙主义者此时正热衷于践行理性、追求知识、磨砺思想。很多源于苏格兰的启蒙理念都对美洲殖民地和阿尔斯特地区的政治激进主义造成了深远影响。1729—1746 年担任格拉斯哥大学道德哲学教授的弗朗西斯·哈奇森就曾教导他的学生说，世上存在一种自然法，其权威凌驾于国家制定的法律之上。他由此得出结论，认199 为人拥有不可剥夺的思想自由和反抗暴政的权利。这些思想在1776 年以前有力地刺激了北美殖民地的政坛，也在 18 世纪鼓舞了爱尔兰的政治激进派。在更大众的层面，苏格兰人也是当时欧洲识字率最高的民族之一，这一时期的政治理念正以新闻、小册子和宽幅海报为载体得到越来越广泛的传播。约翰·高特的小说《堂区年鉴》（*Annals of the Parish*）中的一个角色就曾提到，随着对法战争爆发，"……我记事以来还没见过人们阅读如此之多的文字，思辨的意识如此活跃……棉纺工和平纹布织工也会聚在一起，阅读伦敦发行的报纸"。

此外，苏格兰社会也并不是先天地对既存权威忍气吞声。

在 18 世纪，以 1733 年联合长老会（分离教会）和 1761 年救济教会的成立为标志，苏格兰的宗教异见运动发展起来，苏格兰国教会的内部分裂大为加剧，这些都是对在长老会堂区推行世俗赞助人制度的强烈反抗。在 1790 年以前，这个社会一方面默许了邓达斯的专擅，一方面却充斥着对圣职赞助制激烈且时而伴随着暴力的反对。宗教异见运动不断发展壮大，到 1820 年代，整个苏格兰已有近三分之一的居民不再追随正统的苏格兰教会（来自爱尔兰的天主教移民此时占的比重很小）。如此规模的分裂表明此时的苏格兰社会仍建立在加尔文主义神学认为上帝面前"灵魂平等"的理念基石之上，对于个人意志的独立和精神上的自由有着强烈的坚持。正是这一平等主义的思想传统鼓舞了阿尔斯特地区苏格兰长老派移民充满战斗性的激进政治主张（这甚至比当地的天主教佃农更令地主感到恐惧），也在之后的岁月里激励了美国独立战争中加入革命军一方的"苏格兰裔爱尔兰人"以及 1798 年爱尔兰人联合会（United Irishmen）的起义者。在苏格兰的宗教传统中，对于上帝与人、统治者与被统治者之间的盟约（Covenant）的认识曾在 17 世纪成为政治革命背后的重要推动力量。而在苏格兰农民社会之外，伯恩斯也曾在著名诗作《无论如何，人就是人》（A man's a man for aw that）中发出了平等主义的信号。由此看来，在这一时期苏格兰人最关心的宗教信仰、礼拜形式和教会治理方式等问题上，他们的态度既不冷漠也不被动。但在 18 世纪大多数时间里，官方的"政治"在苏格兰似乎完全不具备这种号召力。

　　考虑到早在 1707 年之前，苏格兰的"国家政治"已经完全无法代表国民的意愿，这一结果并不十分让人意外。苏英合并撤销了苏格兰议会，也自然而然地将苏格兰议会中正在萌芽 200

的"政党"扼杀在摇篮之中。苏格兰的议会政治已不复存在：威斯敏斯特的联合王国政府几乎很少花时间讨论苏格兰事务，而除了在 1745 年叛乱之后曾仓促地订立了一系列法令之外，伦敦的议会只是偶尔才将苏格兰议题纳入议程。如果苏格兰的问题很少在联合王国的权力核心地带得到关注，那么选派议员南下伦敦陈说苏格兰方面的关切也就失去了意义。邓达斯操纵政局的主要目的也只是在下院尽可能安插更多的忠实支持者，以让他在苏格兰政府的日常运转中变得不可或缺，并巩固（以及在有机会时扩张）自己的赞助关系网络。而在最后这一点上，他是个公认的内行老手。在邓达斯掌权时期，陆海军、殖民地、税务部门和政府机构中苏格兰任职者的数量大幅增长。到 1800 年，苏格兰人已经占据了联合王国四分之一的官方年金名额和三分之一的官方挂名职位，比例远超苏格兰人口（英格兰的六分之一）或其财富在整个联合王国占据的比重。如此巨大的成功令伦敦方面怒不可遏，议会最终决定大幅削减向贪婪的苏格兰人提供的赞助总量，但官职请求者的人数仍远远超出官职的供给。仅 1784—1790 年，苏格兰国立图书馆（National Library of Scotland）中便收藏了近 600 份申请书，申请人索求的职位从大学教授到上院贵族议员身份不一而足，而这远非邓达斯在此期间收到的官职申请的全部。作为结果，邓达斯可以在这些申请人中进行拣选，他不但可以借此为自己的门客与追随者提供回馈，还会根据申请者的才干、能力与潜力进行提拔。对很多苏格兰士绅与专业人士来说，邓达斯提供的美差都是职业成功与家族繁荣的关键，很少有人敢和邓达斯闹僵，以让自己冒无法晋升的风险。

苏格兰社会在这一时期显露出来的政治冷感也和社会的实

际治理情况有关。统治苏格兰的政府机构不但从《联合条约》中幸存下来，还得到了《联合条约》的保证。议员的选举过程则与苏格兰的实际治理没有什么直接关系。对大多数苏格兰人来说，苏格兰教会才是地方层面更显著、更有效的管治力量。堂区制度负责收取并发放济贫金，惩处情节较轻的民事违法行为与不符合宗教规范的行径，为乡村地区的大多数儿童提供教育，并埋葬本地的死者。在中央层面，法律才是治理苏格兰的 201 主心骨。虽然苏格兰的行政事务理论上应由一名长驻伦敦的大臣（从 1782 年开始为内政大臣）负责，但这些工作在实践中主要由检察大臣、副检察长以及偶尔发挥作用的最高法院副院长（Lord Justice Clerk）等苏格兰的高级司法官员主持。更为重要的是，借用邓达斯自己的说法，苏格兰最高民事法院的法官比其他地区的法官"拥有更大的行事空间与裁量权"，且在行使这些权力时大体保持了高度的中立与审慎。如哈米什·弗雷泽（Hamish Fraser）所阐述的那样，这些法官的判决确实拥有独立性（尤其是在敏感社会议题上），并不一定为特定阶层的利益所左右。苏格兰的司法机构允许苏格兰工人结社，并以擅长公平地处理复杂的薪酬纠纷而闻名。事实上，苏格兰很多行业的工人都自然而然地愿意在遇到纠纷时向最高民事法院请求仲裁，因为他们认为法官能够达成一个公平的解决方案。苏格兰的政治体制因此得到了些许合法性，尽管在其他领域，苏格兰的体制仍严重腐败，亟需改革。

不过，到 1780 年代，苏格兰公众舆论中已出现针对政府的批判声音。从 1782 年开始，有意改革郡选区选举资格制度的自耕农们开始在苏格兰北部聚集，他们最终在爱丁堡举行了一场全体集会，苏格兰大多数郡都有代表参加。不过，这些诉求仍相对温和，仅限于要求政府根除"苦役"票等舞弊行为。邓达斯本人也承认这种"被迫投票"的丑闻需要得到处理，并不认为他们的诉求有何值得警惕之处。与同一时期英格兰的改革派群体，例如威维尔①领导的约克郡自耕农协会（Yorkshire Freeholders Association）相比，苏格兰的改革诉求可谓无比温和，他们不愿将运动扩大到苏格兰以外，也只寻求在现有制度中对些许弊病进行修补，而不是认真地想要扩大选举权。他们的活动非但没有威胁到现行政权的存续，反而进一步印证了苏格兰大众对实质性的政治改革缺乏兴趣。

这一时期更为显著的一场运动同样发起于 1780 年代初，其主要目的是反对苏格兰很多城镇中弥漫的腐败和裙带关系。这场运动因爱丁堡富商托马斯·麦格鲁加（Thomas McGrugar）的一些信件被媒体曝光而起，他在信中使用假名"芝诺"谴责了城镇中缺乏开放性的市政委员会，但他的焦点并不在于民主性的缺乏——他认为基层民众"是人群中的渣滓，只凭他们的无知便没有资格参政"——而在于兼具智慧与财产的中产阶级没有得到接纳。麦格鲁加认为选举权应扩大到"中流市民，亦即在每一个自由国度里都构成社会主体的人群"。[1] 这一公开表态很快引起了官方的回应，于是在 1783 年，爱丁堡方面成立了一个关注城镇行政体制改革问题的委员会，其主导者包括亨利·厄斯金（Henry Erskine）、阿奇博尔德·弗莱彻（Archibald Fletcher）和艾尔丁的约翰·克拉克（John Clerk of Eldin）等自

---

① 即克里斯托弗·威维尔（Christopher Wyvil, 1740—1822），英格兰牧师、政治改革家，他曾在 1779 年成为约克郡自耕农协会的领袖，反对联合王国对北美殖民地的战争和政府增税的举措，要求削减政府开支、减少政治性赞助。

由派人士，还有最高民事法院的法官加登斯通法官（Lord Gardenstone）。但在基层社会，商人阶层才是运动的主力。这场运动的发展呈现出几个值得关注的地方。第一，这场运动在一定程度上反映了1783年联合王国战败，并因北美殖民地的独立而蒙羞之后，舆论对施政无能的政府深重的幻灭情绪。第二，城镇行政体制改革此时已经因社会和经济的深刻变革而被提上了议事日程。城镇和城市的快速扩张、海外贸易和国内工业经济的迅猛发展，以及知识界取得的卓越成就都意味着一个新的苏格兰社会正在成形，但在这一过程中出力甚多的绝大多数商人、制造业者和专业人员仍在实质上被排斥在城镇治理之外。现在，他们开始要求对公共事务发声，尽管他们采取的行动整体上仍温和且务实。第三，这场运动只寻求在拥有资产的社会阶级内部扩大选举权范围，而不是以囊括全体城镇居民为目标。其参与者的主要诉求仍在于改革，而非激烈的变革。

正是在这一精神的指导下，委员会起草了一份议会法案，以纠正城镇行政体制中的问题，将选举权范围扩大到所有有产市民，并建立每年选举的制度。这些目标都颇有意义，尽管邓达斯本人曾在私下里说要改革苏格兰一些城镇"比改革地狱还难"。[2]城镇改革还面临着其他的一些困难。没有一个苏格兰议员愿意把这项法案提交下院审议，最终只有剧作家兼爱尔兰籍议员理查德·谢里登（Richard Sheridan）[①]愿意在议会提起这一法案，但他年复一年的主张都没有引起反响。到1780年代中期，邓达斯仍在苏格兰的大多数选区扩大自己的影响力，他认为这场改革会威胁到自己苦心经营的政治势力，于是坚决予以

---

　　① 　理查德·谢里登（1751—1816），辉格党政治家、剧作家，他最著名的作品是1777年发表的讽刺喜剧《造谣学校》。

反对。他年复一年地用严苛且尖酸的话语反驳谢里登的议会发言。事已至此，这场激发中产阶级潜在不满的政治运动似乎已穷途末路了。然而，1789 年法国大革命的爆发令局面为之一转，苏格兰现行的权力格局受到了前所未有的考验。

2

起初，不列颠的改革派与保守派都乐见法国发生剧变。幸灾乐祸的政治家认为法兰西的国力将因革命遭到削弱，暂时无力与不列颠在欧洲乃至全世界范围内继续一个多世纪以来的霸权之争。辉格党政治家则为 1688 年以来不列颠有产阶级享受的自由终于能降临于法国而感到鼓舞，诸如杜格尔德·斯图尔特与约翰·穆勒等知识分子认为一个由国际协作与和平主导的新时代即将到来。当埃德蒙·伯克（Edmund Burke）在 1790 年发表《法国革命论》（*Reflections on the Revolution in France*），强烈谴责法国的革命事态并为既有体制辩护时，他几乎是舆论场上唯一的反调。邓迪辉格党俱乐部在这一时期苏格兰中产阶级的舆论场上颇具代表性，这个社团在 1790 年夏天对法国国民大会（National Assembly of France）发出的贺信中称赞法国大革命为"自由和理性对暴政、无知和迷信的胜利"。[3] 此时的苏格兰有产阶级对法国大革命并无恐惧之感，他们反而认为法国人通过这场运动获得了免于专制的自由，而在苏格兰和英格兰的精英阶层于一个世纪以前推翻斯图亚特王朝统治时，不列颠就已经历了同样的解放过程。

但在 1790 年代，法国大革命的理念仍对苏格兰舆论场产生了催化作用，为关于政治议题的讨论注入了一股新活力。这一时期的报纸不但在数量上有所增长（从 1782 年的 8 家增长到

1790 年代的 27 家），在政治观点上也比以往更为鲜明。1791 年
2 月，托马斯·潘恩（Thomas Paine）的著作《人权论》（*Rights
of Man*）上半部问世，下半部则在一年后付梓，这部作品在苏
格兰引起了强烈反响，令关于政治改革理念的讨论扩散到从政
者之外。潘恩在著作中用明快易读的散文体对政治体制中的腐
败进行了全面而深刻的批判，也对不列颠宪制中一些最受尊重
的信条发起了猛烈的攻击。他痛斥当时的政府缺乏代表性，歌
颂法国的革命事业，认为既然正在掌权的寡头阶层无力实现自
我革新，全体国民就应当亲自选举产生一个国民大会（General
Convention of the Nation），以推行必要的政治改革。与此同时，
他将认为只有地产所有者才有资格执政的观点斥为谬论，并极
力陈说全民普选的好处。潘恩的观点已超出改良主义的范畴，
拥有真正的革命性，他直接对当时的整个权力机制发起了挑战。
潘恩进一步主张改革后的国家机器应当在社会中扮演更积极的
角色，将用于挑起战争的无益开支用来提供免费教育、养老金，
乃至为所有 14 岁以下的少年儿童提供每年 4 英镑的补助。

　　《人权论》震撼了整个舆论场，令很多从前并不关心政治
问题的人开始产生对公共议题的关切。到 1793 年底，《人权
论》已在不列颠全境卖出超过 20 万部，该书的廉价版与简版也
很快席卷出版市场。1792 年 5 月，政府曾发布一份王室公告试
图禁绝此书，但讽刺的是，这份禁令反而让这部政论册子的名
望与人气更为旺盛。销售量在禁令发布之后飞速攀升，当时一
名爱丁堡的记者记述称，苏格兰北部一座小镇的书商在禁令发
布前只卖出了一本《人权论》，但在禁令发布后的几周里便卖
出了 750 本。代表因弗内斯的下院议员、立场倾向改革派的诺
曼·麦克劳德曾评论称，官方禁令的"效果如同电击一般，让

各色人等都觉得这本书非读不可"。[4]

与此同时，在 1792 年春天，理查德·谢里登每年例行公事般的城镇行政改革动议再次毫不意外地被下院敷衍过去，意味着这场运动的温和主张又一次遭到了拒绝。但这一次，对改革的拒绝没有招致一直以来的冷漠对待，而是在苏格兰多个地方引起了一波愤怒的抗议浪潮。在阿伯丁、邓迪、珀斯和布里金，抗议者焚烧了亨利·邓达斯的雕像；在 1792 年 6 月的国王生日庆祝活动上，愤怒的爱丁堡民众骚动了整整三天，砸烂了亨利·邓达斯与他的侄子，即时任苏格兰检察大臣罗伯特·邓达斯宅邸的窗户。这些不稳迹象诚然可以部分归因于当时特殊的经济与社会状况，而不只是对政治现状的不满。1792 年，苏格兰粮食价格达到十年来的最高点；农业改良运动的进程正不断加快，造成很多人流离失所，在罗斯引发了反对建设大规模绵羊牧场的抗议运动。不过，1792 年 5 月和 6 月的反邓达斯暴乱确实表明大众对"腐败旧制度"以及对最为有限的改革主张所体现的顽固反对态度心怀愤恨。在一些苏格兰人上街抗议时，还有一些身份较为低微的苏格兰人开始组建"全面改革之友社"（Societies of the Friends for General Reform），这一结社在当时的人数还很有限，却预示了苏格兰未来的走向。当然，我们不应轻易断言 1792 年苏格兰所有人都对政治的现状心怀不满。反邓达斯骚动的分布具有很强的地域性，对苏格兰西部诸郡和工业化城镇几乎没有影响，骚动波及的范围主要局限于东海岸的部分地区。不过，1792 年的不安局面仍有着显著的历史意义，它标志着自苏英合并以来未见于苏格兰社会的一股新的大众反政府势头开始形成。

1792 年 7 月苏格兰人民之友协会（Scottish Association of the

Friends of the People)的成立对上述浪潮起到了进一步的助推作用。城镇改革派对政府一直以来蔑视并抗拒改革提议的做法怀有不满,这一组织的成立便是这种情绪的直接产物。改革派人士终于认定,只有直接改革议会本身,才能实现自己的目标。不过,这一目标与潘恩式的革命主张之间也有一条鲜明的界线。在 7 月 26 日于爱丁堡的好运酒馆(Fortune's Tavern)举行的一次会议上,一些苏格兰城镇改革派人士和一些与威廉·皮特的劲敌查尔斯·詹姆斯·福克斯(Charles James Fox)结盟的议会反对派议员达成协议,同意通过"温和、坚定且符合宪制的手段"来"争取土地所有者和城镇的支持"。⁵ 与其原型——伦敦的人民之友协会一样,这个新组建的苏格兰政治社团试图将大众的政治情绪从潘恩式的激进主义引向改革与宪政主义,以便有产阶层更好地施加控制。

然而,在 1792 年 12 月苏格兰人民之友协会的全国大会正式开幕之前,法国的事态急转直下。苏格兰报纸对导致法国大量贵族与教士被害的"九月大屠杀"给予了高度关注,报道这起风波的文章巨细无遗地描述了断头台处刑的残暴细节。从此刻开始,革命便被视为一种对社会整体秩序的严重威胁,一股失控的政治力量,一场快速滑向血腥无政府状态的灾难。在保守派看来,随着不伦瑞克公爵①率领欧洲诸国的大规模联军试图尽快镇压革命,却被法国公民军彻底击败,法国的局势进一步恶化了。很快,法国革命者便在 1792 年 11 月 19 日的政令中

①　不伦瑞克公爵即卡尔·威廉·斐迪南(1735—1806),普鲁士王国军事统帅,在法国革命政府对普鲁士、奥地利宣战并入侵奥属尼德兰(今比利时)之后指挥普奥联军攻入法国境内,在 1792 年 9 月的瓦尔密战役中受法军炮兵阻击,后败退离开法国。捷报传来之后不久,法国国民大会便宣布推翻王国政府,建立法兰西第一共和国。

扬言为其他国家寻求解放的受压迫人民提供军事援助，令整个欧洲大陆的统治阶级陷入恐慌。

事态的发展彻底改变了苏格兰的政治版图。法国革命者成功克服困难的表现让很多从未参与国家政治的苏格兰人相信，不列颠的"旧制度"也可通过大众运动打破，并被一个新的民主体制代替。《爱丁堡宪报》（*Edinburgh Gazetteer*）的评论便捕捉到了这种情绪："每一位爱国之士都一定会为法国人取得的辉煌成就由衷地感到欢欣。专制主义已经被逼退到大陆中部，而在明年夏天之前，自由之树将把一直以来被残暴统治奴役的土壤完全置于自己的庇荫之下。"[6] 在这无畏的乐观气氛和政治狂热之中，1792 年 10 月到 12 月，一系列改革社团在苏格兰低地各处如雨后春笋般建立起来。到当年年底，阿伯丁以南的所有城镇以及低地中部地带的很多乡间村镇都已建立起人民之友协会的分会。不过，这只是大众对法国革命之反应的一个层面。苏格兰当局此时担心的并不是议会改革运动的崛起，毕竟这一运动本质温和且有实际价值。真正令政府忧虑的是东海岸一些城镇爆发的一系列自发性暴乱事件。这些暴乱拥有鲜明的政治色彩，参与者不但在运动中植下所谓"自由之树"，还和往常一样焚烧了亨利·邓达斯的无数雕像，此人已作为"腐败旧制度"的集大成者而广受憎恨。然而，没有多少迹象表明改革派社团和大众暴民之间有什么联系。事实上，大多数地方分会都在立场上坚守宪政主义，抨击民众抗议者的不法暴行，有时甚至出手帮助当局恢复秩序。在一场尤为严重的袭击邓迪暴乱之后，暴民仍在当地活动了两个星期以上，直到两队龙骑兵强力介入之后事态才平息下去。邓迪的宪政之友社立即在事后谴责这场动乱为"自由最为致命的敌人"。[7]

即便对暴民提出了抗议，人民之友协会仍面临来自苏格兰保守派的坚决反对，甚至背负了在平民当中煽动暴乱的严重指控。法国革命者的暴举与苏格兰当地民众暴乱的威胁令有产阶级迅速团结起来。即便曾提倡政治改革的辉格党反对派也做出表态，要从业已扰乱社会秩序、颠覆有产阶级统治权的"平均主义幽灵"手中保护宪制。1792 年 12 月，亨利·邓达斯向议会下院表示，他前不久在苏格兰待过几周，在此期间"接待了来自每一个地方的访问者，包括大工厂主、城镇绅士和缙绅……所有人都向我表达了他们对苏格兰局势的忧虑，并要求政府介入，防范一股危险的力量在苏格兰酿成最为严重的后果"。[8]

因此，在人民之友协会的第一届全国大会召开之前，改革运动就已经受到了政府强力弹压措施的威胁。有八十个改革派社团派遣代表参加了这场大会，但改革运动中的很多领军人物选择置身事外，除了几名爱丁堡的改革派活动家，比如雄辩且充满激情的托马斯·缪尔（Thomas Muir）和福德尔的威廉·达尔林普尔（William Dalrymple of Fordell）。现在，显然只有少数孤立无援的中上层改革派人士愿意在更为危险的新形势下继续推进这项事业。事实上，全国大会的大多数精力都被用于徒劳无功地表达对现有宪制的忠诚，而不是被用来辩论具体的改革提议。从此刻开始，人民之友协会便陷于被动，再也没能恢复最初的势头。大会召开期间，托马斯·缪尔宣读了一份来自爱尔兰人联合会的友好声明，但其他与会者认为这一行为有叛逆倾向，会给政府出手压迫改革派的口实。缪尔本人在 1793 年 1 月被捕，并在 1793 年 8 月受审，这场审判最终因主审法官布拉克斯菲尔德法官（Lord Braxfield）严重的偏向性而臭名昭著。

不过，缪尔在庭审中的表现也不好。他试图为自己辩明清白，却对庭审策略一无所知。缪尔最终被判有罪，布拉克斯菲尔德法官判决将他流放到植物湾（Botany Bay）① 服刑 14 年。缪尔的审判最终流传于民间，成为民间传统故事的一部分，但在针对人民之友协会支持者的系统性打压与歧视政策之中，这一事件只是最为知名的一个案例。

随着 1793 年 2 月法国对不列颠开战，苏格兰保守派对改革派的弹压变得更加理直气壮。苏格兰的革命支持者现在可以被指控为内奸，对他们的打击措施也可被名正言顺地当作对潜在叛国者的必要惩戒。如约翰·布里姆斯（John Brims）所说："被控同情'雅各宾派'的律师不会再收到案情摘要，有激进主义倾向的工匠与学校教师会失去工作，持有民主化观点的商人与店主会遭到顾客的抵制。"⁹苏格兰教会的牧师和反对官方教会的信徒会众在布道坛上大声疾呼，将议会选举制度改革痛斥为对基督教信仰存续的根本威胁。

与第一届全国大会的 170 名代表相比，1793 年 4 月人民之友协会第二届大会的与会者只有 117 人，鉴于此时舆论环境中的敌意如此强烈，这一结果并不出人意料。协会成员们的立场依然是温和而非激进的，但他们的士气颇为消沉，如果此时立场激进的伦敦通讯社（London Corresponding Society）没有对不列颠全境的议会选举制度改革社团发出倡议，号召它们为了共同的目标联合起来，苏格兰的改革运动可能已经彻底失败了。爱丁堡人民之友会的主席威廉·斯柯文（William Skirving）对伦敦通讯社的邀请给出了积极答复，于是在 1793 年 11 月，全

---

① 位于今澳大利亚新南威尔士州，在悉尼附近。

英人民之友总会（British Convention of the Friends of the People）得以召开。缪尔和一名怀有改革派思想、在邓迪活动的英格兰籍一位论派牧师托马斯·费舍·帕尔默（Thomas Fishe Palmer）受审并被判刑的事件促使总会的领袖认定，政府和司法机关越来越专制蛮横的做法正在对他们现有的自由权利构成威胁。全英人民之友总会因此决定性地转变了立场，从温和改良派转为政治激进派。总会通过了一系列基于潘恩思想的决议，支持赋予全体成年男性选举权，要求每年选举新议会，采用"公民"与"阶层"等法国革命用语，并同意组建一个永久性全国大会，在人民的自由权利遭到威胁时组织大众发起反抗。这些激烈的表态让政府得以更方便地动用强制力打击总会的活动，对法国革命术语的采用也正好坐实了保守派一直以来指控改革派里通外国、暗中寻求革命的说法。不过，即便被勒令解散，总会仍决定继续召开，会议的主导者因此遭到逮捕。莫里斯·玛格洛特（Maurice Margarot）、约瑟夫·杰拉德（Joseph Gerrald）和威廉·斯柯文最终被判处与缪尔一样的刑罚（这一量刑如今已成为针对改革派人士的司法惯例），流放至澳大利亚植物湾 14年。这些判决在当时几乎没有引起什么大众抵抗。"暴民"此时仍保持沉默，中上层阶级则与政府立场一致。总会被判在对法战争期间效仿法国煽动革命，法院因此裁定，这一组织应被强制解散，其首脑人物应接受严惩。

在当时的政治氛围之中，当局可以对改革派痛下狠手而不会引发强烈反响。事实上，曾经对改革派心怀同情的《喀里多尼亚信使报》（Caledonian Mercury）还发文赞美了政府在"革命党宣布永久设立断头台"之前采取的果断措施。所谓的"长枪阴谋"（Pike Plot）进一步强化了政府的立场，在这起事件中，一名前任政府间谍罗伯特·瓦特（Robert Watt）密谋在爱丁堡发起一场革命暴动。调查者在瓦特家中发现了准备在暴动中使用的长枪，这些武器被认为是全英人民之友总会提供的。在当时狂热的舆论环境之中，瓦特和一个名叫大卫·唐尼（David Downie）的人被控犯有叛国罪。唐尼的死刑最终被撤销执行，但瓦特被判有罪，并在爱丁堡的收费关口被处决，成为革命时期苏格兰唯一一个被处决的人。他的审判标志着 1790 年代公开的激进主义政治活动走向终结。从那时起，残存的反对派力量便只在暗中活动，而邓达斯则开始不择手段。他终止了苏格兰的"人身保护法"（habeus corpus），即《反不正当囚禁法》（Act against Wrongous Imprisonment）的效力，开始对所有有激进分子嫌疑的人进行大规模搜捕。逮捕行动中最著名的受害者是亨利·厄斯金，他因这场风波失去了苏格兰律师学院院长（Dean of the Faculty of Advocates）的职位。但还有很多不为人知的人物也遭到了迫害，例如遭到客户抵制的商人和被解雇的工匠。邓达斯在苏格兰政界中得到的支持达到了空前的高度，而在 1796 年的选举中，他的派系赢得了迄今为止最多的议员席位。至少从短期来看，政治激进主义的威胁已经被彻底消除了。

3

与爆发了革命的法国和爆发了 1798 年大起义的爱尔兰不同，1792—1794 年的风波之后，苏格兰的政局似乎坚如磐石，就连 1795 年和 1796 年的饥荒与粮价飞涨也没能打破苏格兰社会表面上的平静。在对法战争时期，苏格兰的效忠派在社会上施加了强大的压力，苏格兰当局也一直无情地推行强硬镇压政策，但对改革的渴望此时已经得到了鲜明的表达，即便在如此严苛的环境下也不会彻底消亡。一个基于成员誓约的秘密结社——苏格兰人联合会（United Scotsmen）便为这一时期政治运动的存续提供了最为清晰的例证。这一组织的成员支持共和主义，主张基于普选制每年选举产生一届议会，并呼吁公民拥有反抗国家机器暴政的合法权利。爱尔兰人联合会对苏格兰人联合会的组织形式与组织纲领产生了显著影响，而在 1790 年代，随着大量织工、流动小贩和收割季佣工从阿尔斯特流入苏格兰西南部，这一影响变得越发强烈。由于爱尔兰人联合会的成员从 1797 年开始遭到政府打压，很多爱尔兰政治难民选择渡过北海峡（North Channel）来到苏格兰的威格敦郡与艾尔郡，并被当局怀疑在当地鼓动建立了一些危险的政治团体。苏格兰人联合会也与业已解散的人民之友协会有关联。苏格兰人联合会的思想旗手邓迪的乔治·米尔梅克（George Mealmaker）曾起草了珀斯改革者社团（Perth Reformers）宣言稿，正是这篇文稿导致费舍·帕尔默牧师获罪。后来米尔梅克又参加了苏格兰人民之友协会的第二届全国大会以及之后的全英总会。政府报告显示，在斯特灵郡、福弗尔和法夫等地，很多曾为人民之友协会所用的旧据点也被苏格兰人联合会使用。负责传播社团理念的人常常是爱尔兰移民和在不同工作场所流转的织工，关于这些人行动轨迹的零星记载显示苏格兰人联合会此时与二十多个秘密结社建立了联系，后者的分布范围遍及艾尔郡（那里与爱尔兰联系紧密，意味着当地的社团活动尤为发达）与东海岸之间的整个低地苏格兰。这些秘密结社与苏格兰人联合会之间的联络让它们得以接受来自不列颠岛上规模最大的革命组织的扶持，并成为一个国际性秘密行动网络的一部分。而法兰西革命政权在考虑越过英吉利海峡入侵不列颠时，也试图对这一网络加以

210

利用。

不过，我们很难说苏格兰人联合会对政府的统治构成了什么实质威胁。最近一位研究苏格兰人联合会活动轨迹的学者伊莲·麦克法兰（Elaine McFarland）认为，苏格兰人联合会"在巅峰时期的成员人数（不论是活跃成员还是挂名成员）可能不超过数千人"。[10]在这个规模不大的群体中，有一定比例的人是来自爱尔兰的迁居者，而不是苏格兰本地人。事实上，当1798年爱尔兰起义爆发时，苏格兰人没有起兵支持爱尔兰的革命同志，而是作为王国政府的忠实士兵，受命捍卫政府统治，镇压天主教徒的叛乱。在最终参与镇压爱尔兰人联合会起义的20个英军团中，至少13个由苏格兰人组成。有迹象表明至少其中一些苏格兰部队在执行镇压命令时手段极为残忍，这在一首1798年的苏格兰军歌也可见一斑：

211

> 韦克斯福德的短毛鬼（croppies），给我长个心眼，
>
> 别来招惹中洛锡安好汉；
>
> 他们已立下军令状，
>
> 要把你们连头带发全除掉。
>
> 莫忘罗斯与维内加山战场上，
>
> 你们的头颅翻飞如磨盘溅谷糠；
>
> 中洛锡安好汉若看见一个短毛鬼，
>
> 定打得他不见天日，再砍成三截。

1797年秋天，低地农村爆发了民兵骚动（Militia Riots），苏格兰人联合会可能指望这起事件会给自己的革命事业带来有力刺激。当时，由于战局对不列颠非常不利，政府在苏格兰建

立了一支民兵力量，以充实国防事务的人员供给。《民兵法》的条文要求采用强制手段征召兵员，而不幸被征召的人员很有可能被送到苏格兰之外服兵役。征兵工作的主要对象似乎是年轻劳工，出身其他更为显赫的阶层的人即便被选中也可雇用他人替自己服役。这一立法在出台后遭到了强烈抵制，暴乱很快从贝里克郡扩散到阿伯丁郡，其中情节最为严重的发生在东洛锡安郡的矿业村镇特拉嫩特（Tranent）。当地的龙骑兵部队在与抗议民众对峙时失控，最终卷入致命的混战，导致包括两名妇女和一个男童在内的 12 人死亡。政府内部的部分人员认为这些暴动背后有"雅各宾派"阴谋家的险恶伎俩。不过，即便苏格兰人联合会中一些像安格斯·卡梅伦（Angus Cameron）这样的激进分子确实试图在局势不稳的地区鼓动武装反抗，也没有实质证据表明这一组织蓄意煽动了反对《民兵法》的暴乱。那些参与暴动的成员最终未取得任何成果，到当年 9 月中旬，检察大臣罗伯特·邓达斯已可以用充满自信的语气报告称，苏格兰的所有暴乱威胁都已彻底落空。

1798 年，另外两起事件严重打击了这一小群活动家的士气。首先，苏格兰人联合会的重要人物乔治·米尔梅克被判犯有叛乱罪，被流放到植物湾。在这之后影响更为重大的是 1798 年爱尔兰人联合会起义的失败，这对苏格兰人联合会的政治预期造成了毁灭性打击。这场起义的失败证明法国革命者不会为境外革命提供实质支持，而这场起义最终堕落为教派冲突的结局也让那些以天下大同为革命理念的理想主义者大感震惊。不过，这并不意味着爱尔兰和苏格兰政治活动家之间的联系彻底断绝。与此相反，因残酷的镇压运动而逃亡的爱尔兰难民大量涌入苏格兰，而在格拉斯哥、法夫、珀斯和另外一两个地点之间，直到 1800 年前后仍存在一个秘密的联系网络。但到 1803 年，苏格兰人联合会已没有任何政治影响，从政府的监控报告上销声匿迹。

4

在 1790 年代的苏格兰，一场法国式的革命之所以不可能发生，是因为早在一个世纪以前，君主和贵族之间的力量对比已经发生了决定性的变化。到 1700 年，君主的政治地位已经大为削弱，贵族大地主及其族人、一般地主阶层与法律界的追随者的地位则越发巩固。他们事实上构成了苏格兰的统治集团。君权神授思想在 17 世纪中叶的内战中遭到了挑战，在 1688—1689 年光荣革命期间彻底消亡，威廉和玛丽对苏格兰的统治并不是以不可剥夺的世袭权利，而是以苏格兰贵族的肯认与邀请为基础的。和英格兰的情况一样，这场发生在 17 世纪的苏格兰革命让有地贵族成为苏格兰的统治阶级，与此相配合的立宪君主的权力则受到了高度的限制。由此可见，苏格兰早在一个世纪以前就终结了 1789 年法国革命者推翻的旧制度。1790 年代苏格兰当局强大统治力的根本来源在于苏格兰地主及其亲族与门客的权力。实际主宰苏格兰的是这一群体的排他权力，而不是 1790 年代激进派试图挑战的君主制。

苏格兰的激进主义运动之所以没能撼动既有体制，部分原因在于 18 世纪末期正值苏格兰有地贵族阶层权势的顶峰。这一阶层的自豪感在这一时期宏大的贵族宅邸建筑中得到了最为透彻的体现。卡尔津、霍普顿、因弗雷里等地壮观的贵族豪宅都是在 18 世纪末建成的，它们至今都为苏格兰显贵的权威、财富和对领地的支配力提供了肉眼可见的证明。农业改良运动在 18

世纪最后二十年间的加速推进进一步表明，苏格兰的大地主对自己的统治地位拥有毫不动摇的信心。一个担心自己地位不稳的阶层不可能冒险推进革命性的经济变革，但无论是在高地还是在低地，经济剧变都在这一时期如火如荼地发生。租佃关系和农村定居点的剧烈变动只引发了有限、偶发且彼此孤立的抗议活动，这一现象本身就表明在当时的苏格兰社会，有地贵族世家几个世纪以来的统治地位仍广受承认。

1707 年的《联合条约》延续了有地贵族在苏格兰社会的传统特权，还让他们及其亲族与追随者得以更方便地接触伦敦乃至大英帝国更为庞大的赞助网络与更为丰厚的任职机会。但苏英合并没有对这些贵族在苏格兰的统治权构成威胁。不列颠并未对他们施加多少同化压力，而是让苏格兰处于一种"半独立"状态，在允许苏格兰贵族保持传统权威的同时，保证他们名下领地产出的煤炭、盐、亚麻、牲畜、羊毛和谷物能自由销往英格兰市场。在苏英合并之后的几十年里，还有两个新变化进一步增强了统治阶级的支配地位。第一，1746 年詹姆斯党的溃败彻底消除了反革命在苏格兰爆发，并最终恢复绝对君主制的可能。第二，大约在同一时期，温和党的势力在苏格兰教会内部占据了支配地位。尽管并不是所有神职人员都成为大地主的温顺附庸，但这一事态确实令宗教事务不再对苏格兰贵族的霸权地位构成威胁，一个世纪以前誓约派时代的宗教纷争由此成为过去。

18 世纪苏格兰经济社会格局的变迁对人口造成的影响可能对贵族的传统权威构成了最主要的物质威胁。但讽刺的是，苏格兰的经济革命非但没有弱化旧统治阶级的地位，反而在短期内增强了统治者的韧性。至少在 18 世纪，经济增长让现行体制的影响力得以巩固。这一时期的显赫地主仍在不断侵吞小地主的土地以扩大自己的地产，这便是苏格兰显贵阶层物质实力不断增强的显著证据。这一现象的背后存在多种原因。在1780年代和1790年代，苏格兰城镇与工业经济增长飞速，但苏格兰社会直到19世纪仍以农业和农村为绝对主导。经济活动的多样化大大刺激了对于地主所有地产出的食物和原材料的需求，并推动地租快速上涨。因为这一时期的很多编织业与采矿业活动存在于乡村而非城镇，所以苏格兰的工业化与农村经济的变迁密不可分。因此，苏格兰逐渐成形的经济新秩序非但没有威胁到有地贵族阶层的霸权地位，一些有地贵族还积极地投身于这场经济变革当中：他们作为农业"改良派"积极推行新式农业技术，亲自创立工业村镇，与人合伙经营矿业、制铁业、银行业，或者修建道路与运河。他们在政治上可能是保守的，在经济上却颇具革新意识，对于正在苏格兰出现的社会新格局，他们既心怀热忱，在利益上也有颇多关切。他们的农业"改良派"角色并不是在18世纪晚期突然形成的。正如之前的章节所述，地产从17世纪晚期开始已越来越多地被视为一种收入来源而非兵役来源，而早在1700年，商业化的经济视角就已经在很多地方占据主导地位。

上述因素对于苏格兰旧体制的存续发挥了关键作用。现行体制下的统治阶层对经济改革发展的热忱意味着，苏格兰"未经改革"的政治体制在长达数十年的时间里完全可以容纳并推行对工商资本主义发展至关重要的立法与施政，而在这样的过程中，这一体制也保证了自身的长期存续。无论是对亚麻出口的奖励制度（这在18世纪中叶对这一战略产业的扩张至关重要）还是1727年工业与渔业监理委员会的设立，以及1775年与 1799 年对煤矿和制盐业"奴工"制度的废止（目的是解决这两大产业劳动力紧缺的问题），都是这一时期苏格兰当局鼓励经济革新的证据。有地贵族在经济领域采取的激进革新手段也部分缓解了城镇社会精英人物可能因自身长期被排除在政治权力之外而怀有的不满情绪。"未经改革"的苏格兰政府在政治上陷于停滞，在经济领域却颇为活跃。讽刺的是，很多有影响力的工商业人士在这一时期也试图购置地产，以一己之力争取大地主的地位，从而巩固了有地贵族的力量。这一过程并不是资产阶级对有地贵族传统利益的挑战。最终得以购置土地的富人数量很少，所购之地产的平均面积也很小，而由于购买大片土地的成本过于高昂，即便像格拉斯哥的殖民地贸易商这样最为富有的城镇居民也很难让自己的地位变得比小缙绅更为显赫。正因如此，苏格兰贵族的土地霸权丝毫没有受到商业利益的动摇，他们只用微不足道的代价便成功地使一个强大的潜在批评者集团归顺，使其成为现行体制的一员。

　　上述因素构成了苏格兰旧体制得以在 18 世纪晚期存续的主要原因。但在 1790 年代，旧体制之所以能克服来自政治激进主义的威胁，还要依靠一些只存在于那一时期的因素。如前所述，对法战争的爆发和 1793 年之后法国革命局势的暴力化转向让当局有机会把所有激进主义者渲染为叛徒，从而为强制性手段提供正当性辩护。革命的失控，尤其是革命恐怖统治的崛起似乎全然坐实了保守主义者认为大众民主必然堕入血腥无政府状态的观点。在苏格兰，这一变化令有产阶级的政治观点迅速得以统一，这种政治上的联合在全英人民之友总会召开之后变得尤为紧密：全英人民之友总会在人员构成上更贴近无产阶级大众，诉求也更为激进，在外界看来他们不但有可能冲击苏格兰的旧政治体制，也对整个社会现行的层级秩序构成了严重威胁。从1790年代晚期广泛投身志愿兵部队的商人与专业人员，到罗伯特·伯恩斯等著名激进派支持者的公开悔改，抑或1796年执政党在选举中的压倒性胜利，无不证明了一种政治上的顺从意识在这一时期方兴未艾。为保卫苏格兰本土抵御法国的威胁，当局在这一时期鼓励"士绅"自费组建步兵或骑兵部队，因为参与者不会收到国家拨款，大多数部队都由出身体面之人组成：地主和富商出任军官，小店主、贸易商、文员、教师和农民则充当普通士兵。英法战争期间苏格兰为不列颠志愿役部队贡献的兵员之多，已与其人口规模不成比例：到1803年底，已有超过52000名苏格兰人在志愿役部队中服役，在整个联合王国境内建立的103个团中，他们构成了51个团。

维持苏格兰旧体制存续的第二个因素是1790年代苏格兰当局政治赞助网络的扩张与发展。赞助制度构成了苏格兰权力格局的核心，在这一制度下，陆军、海军、官僚体系与司法系统的职缺通过有影响力的权贵人物得到散发，作为回报，执政党可以收获有所求之人的忠诚与服从。对所有希望获得显赫地位的绅士来说，大人物的垂青都必不可少。如果恩主所能提供的赞助机会相对于在下位者的需求有所减少，政权便很有可能面临动荡。爱尔兰的一些事例就可以证明此点：由于1790年代当权者能够为士绅和"中间"（middleman）阶层出身的非长子提供的任官机会不足，导致当地社会中的"不安之人"受到刺激，他们最终在1790年代遍布爱尔兰的社会动荡以及1798年的大起义中发挥了重要的领导作用。但在苏格兰，这种情况发生的风险微乎其微。如之前的章节所述，苏格兰的经济发展和18世纪不列颠殖民事业在北美、加勒比和印度的扩张为苏格兰中产阶级和士绅家庭的子嗣提供了新的机遇。1793年之后不列颠陆海军的大举扩张提供了大量军职，苏格兰当局可以借此收获更多支持。与此同时，借用沃尔特·司各特爵士（Sir Walter Scott）的说法，印度已成为"苏格兰的储粮箱"，大批苏格兰青年在这一时期涌向南亚次大陆，在那里从事文官或军事工作。

维持苏格兰旧体制不倒的第三个也是最后一个因素在于经济发展对大多数苏格兰人物质生活水平的影响。在法国，经济危机、粮食歉收和高涨的粮价构成了革命爆发的主要原因；在苏格兰，激起大众不满情绪的因素似乎也不缺乏。谷物粗粉价格在18世纪最后二十年间飞速上涨，在1795年再一次迎来上升。随着地权得到整合、传统村落居民遭到清退，"农业革命"的到来彻底改变了无数乡村居民的生活状态。由于产业经济的发展越来越受制于国际市场供需的波动，城镇工人不得不面对新的不确定性。然而，在如此剧烈的社会变革面前，苏格兰社会仍能保持相对稳定的状态，这一点尤为值得注意。这一时期的苏格兰几乎没有忍无可忍的农民发起叛乱，也很少爆发大规模集体抗议，而这些动荡事件在同时期的法国和爱尔兰屡见不鲜。粮食骚动的确在粮价尤其高涨的年份里偶有发生，但和法国相比，苏格兰粮食骚动较为罕见且烈度往往较低，甚至和英格兰相比，苏格兰发生粮食骚动的频率也要低很多。总体来看，1790年代的粮价抗议与寻求宪制变革的政治运动之间并没有多少实质关联，只有等到拿破仑战争爆发之后，经济困难才和政治运动紧密联系起来，这种关系将在1820年激进派战争（Radical War）和之前的几年里达到高峰。

只要观察18世纪晚期苏格兰的社会史便不难发现为什么这一时期的大众抗议较为罕见，即便发生也对现行体制几乎构不成威胁。当时苏格兰社会无疑发生了剧烈的变化：基于传统惯习的权利受到挑战，经济的变革给苏格兰人带来了巨大的动荡与创伤。不过，当时也有很多迹象表明大多数苏格兰人的生活水平在 1780 年至 1800 年得到了一定程度的提高。对包括男性农业佣工、城镇木匠和乡间手工编织业者在内的诸多从业者的调查显示，虽然这一时期的粮价确实有所上涨，但从业者薪资水平的增速保持在更快的水平，这一上涨势头直到 19 世纪初才迎来决定性的转折。大多数人逐步改善的生活对苏格兰社会的稳定十分关键：它在一定程度上缓解了社会变革造成的冲击，也消灭了可能造成广泛不满情绪的一大因素。

这一时期居民生活的改善是一个几乎只存在于苏格兰的现象。在 1780 年代到 1790 年代的英格兰乃至西欧，价格的涨幅都显著地超过了收入水平的增长。这种特殊的趋势可以在苏格兰社会的一些特性中得到解释。这一时期不但苏格兰的城镇、工业与农业劳动力市场迎来了前所未有的景气，而且苏格兰经济活动的扩张在很大程度上仍依赖劳动密集型生产方式，这意味着手工编织业者和农场佣工等重要部门的用工规模迎来了尤为突出的扩大。与此同时，苏格兰在 1793 年至 1815 年的战争期间为不列颠陆海军贡献了大量兵员，其人数在不列颠武装力量中的占比远超苏格兰人口在整个联合王国所占的比重。鉴于这一时期苏格兰人口增长势头较为平缓（在 18 世纪晚期人口增长率远低于爱尔兰、法国和英格兰），苏格兰的劳动力市场几乎不用担心有限的用工需求被大量求职者淹没的问题。作为结果，无论是在苏格兰的乡间还是在城镇，雇主往往需要开出更高的价码，才能保证人手长期充足。

人口的外迁和内部流动也缓解了潜在的动荡风险。与同时期的很多西欧国家和地区相比，18世纪末进入剧烈变革期的苏格兰社会拥有十分突出的人口流动性。在高地中部与西部，与其在不断扩张的农业资本主义经济面前发起暴力反抗，移民大西洋彼岸无疑是当地人可以选择的另一条道路。而在低地苏格兰，移民的"安全阀"作用也得到了颇为有效的发挥，当地新建或扩建了规划新村和新城镇，格拉斯哥、爱丁堡等快速膨胀的大都市毗邻被改良运动波及的乡间地带，这允许并鼓励了大量乡村居民暂时或永久性地移居他处。鉴于这些替代选项就在故乡附近，土地利权的丧失对很多人来说并没有构成毁灭性的威胁。

　　不过，归根结底，苏格兰旧体制得以存续的关键仍在于有地贵族阶层自身的角色，以及他们对苏格兰社会的变革做出的反应。在一个等级森严的社会，上位者的正当权威并不只是以社会阶层的世袭特权为依据，还要以能否践行传统道德义务、对社会基层成员负责为基础。例如，佃农在收成较好的年份里愿意支付地租，便是以地主会在荒年提供帮助为预期的。苏格兰低地的很多地主会在两个领域采取积极的介入措施，并在客观上降低了社会动荡的风险：在年景不好的时候，地主会购买粮食并用较低的价格向地方居民出售；他们采用的另一种相对较新的手段则是亲自缴纳济贫税捐。在这一时期的苏格兰低地，由本地人进行济贫法审定的做法已在一些地方普及开来。在18世纪末期，济贫制度还没有对所谓"无经济能力贫民"和拥有谋生能力的失业者做出清晰且确定的划分，判定前者可以接受救济而后者不能，直到19世纪这一制度才变得更为严格，无经济能力者与一般失业者的待遇差别也是从那时开始的。但在那之前的数十年里，济贫制度的实践更为灵活也不那么吝啬，在1782—1783年、1792—1793年以及1799—1800年的几次经济危机期间都为受害最严重者提供了基本的社会保障。当时的工匠也经常将自己与雇主间的劳资纠纷提交本地的治安法院与苏格兰民事法院裁决，司法机关往往也乐意用自己的权力调整薪资水平，以应对物价的上涨。这种干预措施似乎在 1790 年代变得越发普遍：治安法院和民事法院的法官都扮演了关键的仲裁者角色，他们既遏制了劳资纠纷的爆发，也保护了一些社会群体的生活水平免受粮价上涨的影响。

219 　　由此可见，这一时期的苏格兰并没有完全实现物价与工资水平的自由浮动。家长制的社会管控直到 19 世纪初才遭到摈弃，而正如下文将要讲述的，旧体制的社会管控手段一经废除，苏格兰社会的深层矛盾便大为激化，直到 1815 年之后彻底浮出水面。但在 1790 年代，旧制度的家长制干预仍通过粮食补贴、灵活的济贫制度和对劳资谈判的积极介入等形式得以发挥作用。正是上述措施加上当局对激进主义政治运动的严厉压制，以及这一时期苏格兰偶然且短暂的社会经济处境，决定了苏格兰的旧体制能够平稳度过法国大革命之后的动荡十年，并以异常完好的面貌迎来下一个时代。

5

　　在接下来的十多年里，激进主义运动没有再掀起波澜。拿破仑在法国的崛起似乎坐实了保守派的固有论调，后者认为革命的无政府状态必将以军事独裁政权的专制统治收场。此外，法国的大陆封锁令与不列颠登陆计划威胁到联合王国的国防安全，这些都助长了爱国主义而非反抗政府的情绪。但在表面的平静之下，苏格兰社会正孕育着新的冲突，这些矛盾终将引发下一轮大众激进主义运动的爆发，其声势将远大于 1790 年代早期激进派造成的纷扰。新冲突的焦点在于苏格兰工业革命的影响。传统行业的师徒主从秩序正在快速走向解体，很多工人如今已不能从学徒升级为熟练工，并最终（对少数人而言）成为有独立收徒资格的工匠，不少行业的绝大多数熟练工最终都将靠雇主提供的薪资度过余生。与此同时，越来越多的独立工匠也正面临着海外市场残酷竞争的威胁，并被迫根据商业需求而非传统的薪资基准支付工资。从 18 世纪晚期开始，雇主和工人之间的利益分歧在一系列行业中越发激化，其中一个结果便是从事石匠、裁缝、鞋匠、木匠等行当的熟练工开始结社，以捍卫自己的权利。这个新浪潮最为著名的标志是 1787 年格拉斯哥编织工人的罢工运动：粮价的暴涨与工资的暴跌令罢工遍及整座城市，超过 7000 名编织工人和他们的家人发起了一场前所未有的大规模集会，对工厂主降低工资的做法提出强烈抗议。集会者随后与格拉斯哥城镇管理当局和军队发生冲突，人群中有六人被杀。现在，来自市场经济的冲击迫使越来越多的人结成工会自保，其目的并不仅在于获得福利和保障（这是旧时代劳动者结社的主要目的），而且要在薪资水平波动、雇主待遇不公以及大量半熟练与非熟练劳动力涌入城市的威胁面前提供一种互相保护的机制，尽可能保障成员生活水平的稳定。正因如此，即便 19 世纪初政治上的激进主义活动销声匿迹了，工人的结社活动仍在紧锣密鼓地展开。1810 年和 1811 年，苏格兰的印花布印染工卷入了一场延宕颇久的劳资纠纷，这起事件被后世称为"压迫暴政"（Reign of Oppression）。1809—1810 年，格拉斯哥第一个有效运转的棉纺工工会开始成形。与此同时，在很多业已"结社化"的行业，收徒工匠之间的横向组织也开始成长起来，以巩固雇主在面对越发不安定的工人时的议价立场，

220

并保证他们有权利根据劳动力市场的情况确定薪资水平。

在劳资纠纷不断激化的背景之下，还有一些因素助长了社会内部的不满情绪。城镇扩张速度的加快在这里发挥了关键的作用。1801 年，21% 的苏格兰人居住在人口 5000 人及以上的城镇里，但到 1831 年，即便这一时期苏格兰总人口的增速比 18 世纪末更快，城镇居民所占比例仍上升到近三分之一。苏格兰在 19 世纪前三十年间经历的城镇扩张比 19 世纪其他时期更为迅猛，在此期间有大量人口从低地乡村和高地涌入城镇，来自爱尔兰的移民也越来越多。总体上看，低地西部的制造业中心城镇吸引了最多的移居者，并在苏格兰新崛起的工业社会中充当了人口的大熔炉。不过，即便工业经济蓬勃发展，19 世纪早期的城镇经济体量往往还不足以接纳所有（甚至大部分）新来之人，不能为他们提供稳定且收入不错的就业机会。尤其是在诸如 1816—1818 年危机那样的工业经济萧条状态下，由于棉纺业和编织业的用工需求崩溃，居民生活受到了严重影响，陷入赤贫的人数激增。这一时期苏格兰城市的死亡率在经历了 18 世纪晚期的下跌之后又一次开始增长，也从侧面印证了此时苏格兰大众的贫困问题多么严重。造成苏格兰城镇贫民死亡的主要原因是斑疹伤寒，这种主要在穷人当中暴发的传染病在经济陷于萧条、居民因求职困难且薪资下跌而难以维持生计时夺去了很多人的性命。有估算显示，在当时苏格兰用工规模最大的手工编织业，有近一半工人生活在 19 世纪晚期社会问题分析者所定义的“基本”贫困线以下。1810 年以后，在格拉斯哥和低地西部的一些工业城镇开始出现剩余劳动力积压的现象，这造成了难以解决的长期性失业，也让很多劳动者不得不通过打零工等手段赚取微薄的薪水，挣扎在社会的边缘。苏格兰工业经济在这一时期已经与充满不确定性的海外市场密切捆绑，如果行情艰难导致订单剧减、工厂裁员，即便生活较为体面的工匠家庭也有可能面临贫困的威胁。

因此，对很多苏格兰人来说，19世纪的工业化新时代意味着不安、焦虑和动荡。但讽刺的是，正是在这一时期，曾在18世纪末缓解了社会矛盾的家长制干预传统遭到了摈弃。随着所得税被废止，苏格兰大众面临的财税压力转移到了对盐、糖、茶、鞋靴、肥皂、蜡烛等基本生活用品的课税之上，结果收入更高的居民反而负担更小。1800年以前，如果遭遇荒年，苏格兰的济贫制度会通过征收税捐来应对需要帮扶的老人、孤儿、病残居民乃至暂时陷入贫困者的人数增长，因此异常有效地应对了苏格兰社会面临的危机。但因为这一制度以苏格兰长老会的堂区网络和地方堂区小会的民政权力为基础，所以在城镇快速扩张的时代已不能适应苏格兰社会的需求。这一时期在城镇地区设立新堂区和新教堂的速度远远赶不上城镇人口迅猛的增长速度，主流苏格兰教会的影响力也因越来越多的新教异见派别信徒和爱尔兰天主教徒移民涌入城市而进一步缩小。

就连济贫法的规定本身也在19世纪早期变得更为严苛。此时的苏格兰社会迎来了一场思潮革命，T. R. 马尔萨斯（T. R. Malthus）便是其发起者当中的代表人物。他在1803年的《人口论》（*Essay on Population*）第二版中提出，慷慨的济贫手段终将适得其反，因为过度的救济会鼓励穷人不顾自己的真实经济状况结婚生子，从而增加未来的劳动力总供应量，最终降低工资水平，造成更为广泛的贫困问题。从1810年代开始，苏格兰大城市有限的工作岗位与大量涌入劳动力市场的求职者之间的尖锐矛盾已开始酿成严重的社会问题，因此这一新思路受到

222 了重视。1804 年，苏格兰民事法院在波洛克诉达林案中做出的判决仍明言济贫法的作用在于救济赤贫者，无论其陷入贫困的原因为何。但几年之后，越来越多的人开始反对济贫制度征收的税捐，乃至否定旧济贫制度中认为有经济能力的失业者也有权接受救助的基本观念。当时苏格兰最有影响力的教会人士托马斯·查尔默斯（Thomas Chalmers）博士在格拉斯哥进行的社会实验所引发的广泛关注便为苏格兰舆论风向的这一转变提供了例证。查尔默斯相信济贫制度的资金来源应以自愿捐赠而非强制税收为基础，并以此为基础在圣约翰堂区展开了实验。他认为济贫税捐事实上减少了流向慈善渠道的资金，干扰了施舍者和受惠者之间基于基督教伦理的人性联结；鉴于正是这一联结将社会的不同阶层团结在一起，在这个充满潜在社会矛盾的时代建立一种基于慈善的济贫制度就变得更为迫切。查尔默斯的观点在苏格兰的中产阶级当中产生了巨大反响，进一步巩固了主张提高济贫条件的意见在舆论场上的地位，而此时的苏格兰产业经济正陷入严重的战后萧条，成千上万苏格兰人因此失去工作，生计无着。这一事态显然不利于苏格兰社会的稳定与团结。

苏格兰的劳资关系更加强有力地激化了社会矛盾。19 世纪初以前，苏格兰法律允许技术工人向行业工会、城镇管理者或地区治安法院（后者从 17 世纪开始便有权规定本地工人的工时与薪资水平）集体提出涨薪诉求，如果对本地管理者的仲裁不满意，他们还可就仲裁结果向苏格兰民事法院提起上诉。如前所述，史料证据表明 1790 年代的治安法院与民事法院法官仍乐于扮演公正的仲裁者角色，并在判决中上调工人的工资水平以应对粮价的暴涨。这显然为当时苏格兰的劳资关系充当了关键的安全阀，让劳资矛盾不至于立刻引起激烈冲突。但在19世纪初短短几年之内，苏格兰的司法制度便关闭了这一议价渠道，迫使工人在劳资纠纷中诉诸罢工手段。1812年的大罢工在这一过程中起到了催化剂的作用。当时苏格兰西部的编织工人工会要求在行业内设立最低工资制度，并保证每一个编织工人"在适当的工时内工作并得到恰当的报酬，以满足自己和家人的衣食住行所需"。[11]在市场经济的无情扩张面前，这是工人们对更加社会化的经济秩序发出的最后一次呼吁。

223

参与罢工的编织工人采取了传统的抗争方式，他们首先向格拉斯哥城镇管理者与治安官发出请愿，然后把他们的诉求提交拉纳克郡治安法院与苏格兰民事法院仲裁。法院对他们的诉求表示同情，但工厂主拒绝按工人的要求调整工资。民事法院因此不愿强制执行自己的判决，而拉纳克郡和伦弗鲁郡的治安官则不顾抗争者有理有节的抗争方式，对罢工领袖采取了镇压措施。这一决定部分是因为这场罢工的参与人数过于庞大，一度有30000名以上的工人拒绝工作，令一些人感到担忧。部分组织者被判处监禁，而在罢工过去不久之后，1661年授权地区治安法庭干预劳资安排的法令便被废除。对罢工组织者的审判似乎也构成了将工人结社行为入罪的最初事例，因为那些组织者面临的指控是所谓的结社滋事罪（simple combination），这一苏格兰法律体系内部的新发明将在未来产生深远的影响。推动苏格兰建立自由放任的市场经济的力量主要来自西部的棉花商人与工厂主，在他们所在的地区，工业革命的势头最为显著，而"过时"的监管措施被认为妨碍了经济的进步。不过，实际对法律做出修改的仍是法官和检察官，这些新生代的法律精英在启蒙时代的苏格兰大学接受教育，通过亚当·斯密及其门生的著作领会了自由市场经济的妙处。认为工资水平应根据生活成本得到调整的社会化经济理念在法庭上受到了彻底的拒斥，最终工人结社行为本身也被判非法。现在，诸如手工编织工人这样的人群已别无选择，他们只能投身政治激进主义运动，以彻底改变守旧的苏格兰体制本身。

在上述背景之下，编织工人毫不意外地成为新一轮激进主义运动的旗手。这一群体与政治改革派之间的联系可以追溯到1790年代，当时的纺织业村镇曾在人民之友协会颇有存在感，而在诸如佩斯利这样以编织业为支柱产业的城镇，当地很多薪资较高的居民之间已经出现了讨论政治的活跃气氛。然而，曾经在劳动者中居于顶尖地位的编织工人在苏格兰的工业化进程中遭到了毁灭性打击。新生代劳动力的大量涌入让他们的生活水平大受影响，苏格兰编织工人的数量从1780年的约25000人上升到了1820年的约78000人。1816—1831年，格拉斯哥手工编织工人的实际收入下降了近三分之一，其中大部分跌幅都出现在拿破仑战争结束后的最初几年。战后的经济危机与1812年解散编织工人工会的法令都构成了编织工人不满情绪的来源，但他们并不是唯一一个感到不满的工人群体。格拉斯哥和西部的其他一些城镇在1816年和1817年都爆发了抗议粮价上涨的骚动与激烈的劳资冲突，当地的鞋匠与矿工也参与其中。除此之外，当局也因威胁城市社会的轻微犯罪行为的增加而深感忧虑。1810年，格拉斯哥警察委员会称这座城市已进入"危险时期"，并公开承认城内的"盗窃、抢劫、非法游荡和其他各种不法行为"已濒临失控，对居民财产与人身安全构成威胁。[12]这些犯罪行为背后没有什么明确的政治意图，但犯罪的蔓延表明社会危机已十分深重，而这又进一步刺激了激进主义者的不满。

激进主义在苏格兰的复苏受到了两位英格兰改革派人士的影响，他们是威廉·科贝特（William Cobbett）和约翰·卡特赖特少校（Major John Cartwright）。科贝特每周发行的《政治纪事》（*Political Register*）大受欢迎，他在这份刊物里用浅显易懂的文字尖锐地讽刺了工业化新社会的怪现状，提出最终只有通过议会改革才能让那些在贫困中挣扎的人的处境得到改善。相比之下，卡特赖特的影响更为深远。这位激进派老将曾走访苏格兰各地宣传自己的改革主张，包括一年一选的议会、不记名投票制、根据人口均分选区和为议员支付薪水。他坚定地认为经济困难的原因在于政府的失政，只有彻底革新整个统治机构才能消除这一问题。卡特赖特的主张在经济萧条、粮价高涨的1816年赢得了大众的热烈响应，在佩斯利和格拉斯哥甚至举行了大规模公开集会来对这些议题展开讨论。1816 年 10 月的格拉斯哥集会在城市郊区的特拉什格罗夫（Thrushgrove）举办，吸引了约四万人参加，是苏格兰有史以来最大规模的集会。在这一阶段，苏格兰政治运动的基调依然是温和的，参与者的诉求以改良为主，向政府发起集体情愿和组织公众集会是他们的主要手段。这场运动吸引了中产阶级代表和城镇商人的积极参与，涉及面广泛的各项诉求也被提出，包括降低税负和废除官员年金、挂名职位等，以争取尽可能多的群体的支持。不过，很多抗议者头戴"自由帽"，这一装束表明他们仍忠于 1790 年代的激进主义信条。

运动早期的集体情愿不可避免地迎来了失败，诉诸"道德力量"的策略似乎也无望取得成功。因此，到 1816 年底，由于苏格兰经济仍无复苏的希望，激进主义运动开始进入第二阶段。一系列秘密社团首先在格拉斯哥郊区的编织业社区内形成，随后通过隐秘的社会网络向佩斯利、珀斯、邓迪等城镇扩散。苏格兰的激进派设立了一个中央委员会，并试图与英格兰的激进派建立联系。他们动员了1790年代秘密结社中幸存的成员，而其中的一些领袖人物是经历过爱尔兰人联合会起义的阿尔斯特移民，拥有以带有暴动性质的暴力手段来推动政治改革的抗争传统。这一时期还有说法称激进派试图武力推翻政府统治，而一些秘密结社可能已经掌握了一定数量的枪支弹药与冷兵器，这些消息都令当局感到警觉。拿破仑战争中的军人大量归乡也意味着参与激进派活动的很多人具备使用武器的丰富经验。1817年初，格拉斯哥的行政官员逮捕了激进分子的领导层，最终有26人因在秘密结社中扮演重要角色遭到监禁。这一谋逆行为令大多数中产阶级支持者不敢再与激进派合作，1815—1816年以来以温和改革为目的而结成的跨阶层联盟就此迎来终结。

直到1819年经济危机再次发生，苏格兰的激进主义运动才再次兴起。这一轮激进主义运动的直接推手依旧来自苏格兰：约瑟夫·布雷肖（Joseph Brayshaw）提出的新理念"合作社"（union societies）主张其成员彼此之间达成协议，不购买被课征消费税的商品。布雷肖认为，这样的做法可以导致消费税收入大幅减少，最终令政府垮台。除此之外，他还主张全民普选和每年选举议会。布雷肖的经济理念或许过于天真，但合作社的概念获得了广泛的关注。这些组织的目的在于为工人阶级提供政治启蒙，也让激进主义活动得以发展出新的组织形式。随着政府开始系统性地镇压一切改革派公开集会，这种组织很快成为激进主义活动得以存续的必要基础。1819年8月发生在曼彻斯特的彼得卢大屠杀在这一时期构成了政府政策的转折点，在此之后政府推行了一系列禁止政治活动的措施，包括禁止超过五十人集会的《治安六法》（Six Acts）。在这之后，大部分坚定的激进主义者都选择通过合作社的关系私下集会，而在艾尔郡、斯特灵郡、伦弗鲁郡、邓巴顿郡和拉纳克郡等地区，合作社从进行政治讨论的俱乐部演变成策划暴动的窝点，其成员开始以暴力推翻政府统治为目的采取行动。鉴于这些结社的隐秘属性，我们无从确知参与者的总人数、真实目的和潜在能量，但可以根据政府密探报告、庭审记录和政府报告中汇总的信息为他们的活动情况勾勒出一个大致的轮廓。苏格兰激进分子的地下世界拥有一个中央协调委员会，而在一些地区，有消息称当地的激进分子已经掌握了武器（主要是长枪）并开始从事军事训练。这些秘密结社还在苏格兰西部的五个郡拥有广泛的联系网络，并与英格兰北部的激进派组织建立了密切的联系。他们肯定在筹划一场武装暴动以反抗拒绝改变的统治当局，后者即便对温和的改革诉求也以严厉的镇压手段与司法制裁回应。

正是在上述背景之下，所谓的"激进派战争"在 1820 年 4 月 1 日爆发。从当天开始，一份由所谓"临时政府筹委会"发布的《告大不列颠及爱尔兰居民书》（*Address to the Inhabitants of Great Britain and Ireland*，后称《告居民书》）开始在合作社影响力最大的苏格兰西南部各地流传。这份文件号召社会各阶层团结起来，并呼吁军队不要支持专制政府，而是投入争取自由的斗争中。它呼吁工人"抵制劳作"，直到他们作为自由人的权利得到恢复。但这份宣言的基调并非彻底的平等主义："保障富人的生命财产安全也符合穷人的利益"，因为"所有阶层的利益都是一样的"。《告居民书》在格拉斯哥、佩斯利等城镇立刻引发了巨大反响。时任格拉斯哥市长的蒙蒂思

（Monteith）向联合王国内政部报告称："工人阶级中的几乎所有人都已听信了这份大逆不道的宣言，开始罢工。"[13]当局估计在格拉斯哥城内外，来自各行各业的约六万人参加了这场运动。一旦英格兰北部爆发大众骚动，苏格兰的激进派就将以通往苏格兰的邮政马车服务停止运营为信号，发起全面武装起义。

227　　　不过，虽然英格兰的约克郡的确发生了一些骚动，但所谓全面起义最终并未发生。4月4日，随着来自曼彻斯特的邮政马车抵达如常，表明苏格兰大叛乱的计划已经被放弃，当局才放下心来。即便如此，仍有约二十名激进分子（大多数都是编织工人）在格拉斯哥绿地公园开会后决定闯入卡伦制铁厂以抢夺大炮。还有一些来自康多拉特村（Condorrat）的人加入了他们的行列，但一行人在邦尼缪尔（Bonnymuir）遭到一群骑兵的截击，在经历了被后世称为"邦尼缪尔之战"的血腥战斗之后，有十八名激进分子被捕，其中包括两个头目安德鲁·哈迪（Andrew Hardie）和约翰·贝尔德（John Baird）。激进派战争中的最后一次暴力行动由一百名斯特雷文（Strathaven）的激进分子发起，他们在参与过1790年代改革运动的资深政治活动家詹姆斯·威尔逊（James Wilson）的领导下占领了自己的村落，并打出正反面写有"斯特雷文合作社，1819"和"苏格兰不自由毋宁亡"字样的旗号向格拉斯哥进军。但当他们来到拉瑟格伦（Rutherglen）镇的时候，全国范围的反抗运动显然已经失败，于是这群叛军迅速解散。几天之后，大多数罢工者便回归岗位，当局则开始在一些不满情绪爆发的地带发起地毯式搜捕行动。随之而来的是无情的镇压：詹姆斯·威尔逊、安德鲁·哈迪和约翰·贝尔德都因武装叛乱罪被处以死刑，另有很多参与反抗运动的人遭到流放。雇主则将有激进分子嫌疑的员工开除以作为报复。中产阶级出于对革命和财产遭到掠夺的恐惧选择与政府站在一起，和 1790 年代一样踊跃加入新组建的义勇团（yeomanry）与志愿团，在有可能发生暴乱的居民区充当警戒力量。

　　长期以来，激进派战争的历史真相都被裹挟在传说当中，但并不是所有关于 1820 年政治风波的大众想象都经得起现代史学研究的考证。从前人们广泛相信 1820 年叛乱的背后存在神秘的"卧底煽动者"，他们通过打入秘密组织内部制造事端以便政府强力介入，但这一观点如今已经不起推敲。引发 1820 年风波的《告居民书》背后有三个主要制作者，他们都是在格拉斯哥附近的帕克海德（Parkhead）生活的编织工人，而不是王室政府豢养的密探。当反抗运动迅速激化时，城镇当局与中央政府显然始料未及，联合王国内政部的公文档案也显示，在 4 月 1 日的总罢工爆发之后，政府不得不从头开始夺取事态的主动权。还有一种更为晚近的观点认为，1820 年的政治风波是一场以挣脱英格兰桎梏为第一目的的泛苏格兰民族主义运动，但这种观点同样不能令人信服。诚然，当时的政治集会上经常出现罗伯特·布鲁斯和威廉·华莱士的形象，对他们的英雄主义描绘无疑象征了苏格兰的民族认同与对自由的向往，令 1820 年风波带上了专属于苏格兰的色彩。1820 年斯特雷文叛军旗号上那句著名的"苏格兰不自由毋宁亡"也带有类似的意味。然而，从 1790 年代开始，与英格兰无产阶级密切合作、共同争取权利与自由便是这一时期苏格兰激进主义运动的一大特点。这种合作关系始于 1792 年人民之友协会全英总会，而在拿破仑战争之后，又因科贝特、卡特赖特与布雷肖等英格兰政论家对苏格兰激进派产生的影响而加深。1820 年，苏格兰激进派的整体策略

228

建立在苏格兰中西部与英格兰北部同时发生暴动的前提之上，而这一计划又是以两个地区在快速工业化进程中的共同体验为基础的。苏格兰其他地区在此期间的局势较为平静，也没有在激进分子的计划中扮演什么角色。引发激进派战争的《告居民书》也证实了苏格兰激进派的政治认同不仅局限于苏格兰一地：它在标题中针对的是"大不列颠及爱尔兰居民"，在正文中则强调了恢复"不列颠人"在"《大宪章》和《权利法案》"中曾经获得却在当前失去的自由权利。由此可见，1820 年风波糅合了苏格兰与英格兰双方的自由符号，但没有什么证据表明参与者曾对苏格兰独立有过一丝一毫的严肃考虑。

对于 1820 年风波的历史意义，学界也有所争论。从某种角度来看，这场风波似乎意味着苏格兰的激进主义运动又一次迎来耻辱的失败。激进派的领导与协调机制在漏洞重重的武装叛乱中暴露了不可弥补的欠缺之处，关于叛乱爆发之后应采取何种措施的总体策略也极为含混。《告居民书》中关于穷人和富人结成互惠同盟的主张也更像是出自浪漫主义空想家之手，与无产阶级革命者的苦难不符。一些批评者指出，号召人民拿起武器的呼声只在少数地方得到了一小撮激进主义者的响应，而这些地方往往是以编织业为主的村镇或郊县社区。在一些人看来，这一点表明 1820 年的风波本质上是一次编织工人的暴乱而不是全苏格兰劳动者的反抗运动，他们只是作为一个夕阳产业的受益者对科技与人口变革的必然力量发起了徒劳的抗争。

但上述大多数观点都没能对 1820 年风波的真正意义做出正确的评价。鉴于政府军仍保持了忠诚，预期将在英格兰北部爆发的起义没有兑现，而苏格兰的有产阶级又坚定地站在当局一边，1820 年所有武装暴动的失败或许在所难免。然而，苏格兰政府也确实对武装叛乱爆发的威胁深感忧虑。尽管在 1820 年 4 月初，政府已经在格拉斯哥和佩斯利集结了 2000 名常备军士兵，并得到了一些效忠者团体的武力支援，当局仍不能保证百分之百控制艾尔郡或伦弗鲁郡。在布里奇顿（Bridgeton）、斯特雷文、巴尔弗朗（Balfron）和基尔马诺克等相距甚远的地方，仍有消息称大量武装人员正在露天地带公开进行操练。此外，这一时期的军事准备也不局限在编织工人当中。编织工人固然在当地产业工人中占据最大比重，他们在 1820 年风波中扮演核心角色也并不出人意料，但政府的激进分子逮捕名单显示了运动的参与者拥有更为多样的职业背景。例如，在 1820 年于斯特灵高等法院受审的激进分子（其中包括参与过"邦尼缪尔之战"的激进派资深成员）中只有一半的人从事编织业，另外一半参与者包括劳工、制钉者、鞋匠，以及铁匠、裁缝和装订工等传统业者。1820 年 4 月最初几天爆发的总罢工为运动参与者的跨行业团结意识提供了最为鲜明的例证：包括在工厂工作的纺纱工与操作员在内，苏格兰工业核心地带诸多行业的从业人员都积极参与了这场运动，只有煤矿工人和农业佣工没有以显著的规模投入罢工。苏格兰激进派在 1820 年风波中对苏格兰当局发起的挑战之严峻，远非英格兰任何一个地方的政府在拿破仑战争之后的经济危机期间面对的威胁所能比拟。

　　相比之下，激进派战争的长期影响则更加难以估计。这场风波可能对苏格兰政治史与工人阶级历史的进程造成了自相矛盾的效果。虽然 1820 年风波以彻底失败作结，这起事件却在短期之内再一次发挥了积极作用，为 1820 年代的工会运动注入能量，而不是令政治运动的理念趋于幻灭。在接下来的十年里，大众政治运动在 1832 年《改革法案》发布前的政治危机以及

1838—1842 年宪章运动期间重新点燃，但这两场运动的苏格兰参与者旗帜鲜明地反对使用暴力，尤其是在宪章运动中，苏格兰宪章派与提倡"道德感化"的策略紧紧地联系在一起。对于这一转变，1820 年风波的耻辱结局或许构成了部分原因。但同样值得注意的是，苏格兰宪章运动也从激进派战争期间建立的一些传统中得到了启发。1820 年，苏格兰的工业劳动者第一次产生了跨越职业与宗教分歧的使命感，这一使命的目标在于推翻腐败的旧政治体制，建立一套更加民主的新秩序，一切社会政策上的进步都必须以此为前提。这些理念恰恰构成了二十年后引发宪章运动的思想基础，并将在 19 世纪接下来的时间里构成工人阶级政治思想的核心。

第十一章　高地风尚与苏格兰身份认同

1

到 20 世纪晚期，海外视野下的苏格兰几乎是一个高地国家。"山峰与洪流之地"的宣传语出现在无数旅游海报上，而定义了苏格兰文化特色的著名符号，比如长裙、花格布与风笛也都来自高地。然而，这一奇特的印象在很多方面都是古怪且令人费解的。首先，这种苏格兰印象与苏格兰作为近代世界城镇化程度最高的社会之一的状况并不相符：早在 19 世纪晚期，苏格兰已经成为世界工业经济的先驱，近现代苏格兰的大多数人口都从事制造业和商业领域的工作，并居住在低地中部。当时苏格兰大部分乡村地带的人口都在大量流失，越来越多的人离开家乡，迁往福斯河与克莱德河流域的大城市。但讽刺的是，最终为整个苏格兰的文化身份奠定基调的恰恰是高地，这个苏格兰最为贫穷、最为落后的地区。换言之，苏格兰社会有着高度城镇化的内在实质，却表露出一副充满乡土气息的外在面貌。

如果与 18 世纪晚期低地苏格兰政界、宗教界与社会总体关于高地的主流观点相对照，高地苏格兰在近代的高调形象无疑更令人惊讶。虽然苏格兰南部与北部地理差异极大，"高地"一词直到 1400 年却未见于书面记载。即便在"高地"于中世纪正式进入苏格兰的词典之后，使用这一词语的目的仍在于指称一个与苏格兰其他地区彼此孤立，在文化和社会层面充满异质性的区域。将"高地"与整个苏格兰区分开来的一大关键在于语言：随着盖尔语在中世纪从低地苏格兰退出，"高地"成为王国境内在文化上更为独特、在语言上更为孤立的一个空间。

232　与此同时，苏格兰王国政府也开始将高地视为难治之地。在近代早期，高地苏格兰的动荡局面被视为阻碍国家实现统一的主要障碍；在宗教改革以后，高地苏格兰没有完全接受新教的洗礼，并在之后几代人的时间里被视为无信者、天主教徒与异教徒之地。对 1700 年以前的苏格兰政治精英与长老会来说，高地辽远而桀骜，政府必须以更大的力度对当地施加管制，并进行道德和宗教上的"改良"。苏格兰上流社会的共识是，因为高地社会落后且充满威胁，高地人必须接受苏格兰其他地方主流社会与文化价值的教化。

　　在大众层面，低地人对高地人的态度同样很不友好。在低地苏格兰的诗歌与歌谣传统中，嘲讽高地人的题材经久不衰，历史可追溯至中世纪。威廉·邓巴（William Dunbar）与理查德·霍兰爵士（Sir Richard Holland）等低地诗人在作品里将说盖尔语的高地人讽刺为愚蠢粗暴、品行恶劣、仪表邋遢的丑角。一首写于 1560 年前后的短诗还曾以"上帝用一坨马粪捏出世上第一个高地人之传说"为题。高地人居住的地理空间被认为是蛮荒且丑陋的；在低地人眼中，直到审美趣味在 18 世纪晚期发生转变之前，苏格兰北部的高地地带都有着危险且充满敌意的色彩。迟至 1800 年，即便时人的高地观已开始发生转变，当时刊行于伦敦的《简明地理学概念指南》（*The General Gazetteer or Compendious Geographical Directory*）第 11 版仍记载"苏格兰北部大体上由广阔的荒山地带组成"。[1] 在 1773 年到访苏格兰西部群岛的那场著名的旅行中，塞缪尔·约翰逊博士也曾对"广大且毫无希望的贫瘠"感到惊讶乃至嫌恶。[2] 英格兰的陆军军官爱德华·伯特（Edward Burt）则在描述自己于 1730 年在因弗内斯附近看到的高地群山时说，他看到的是"一片阴郁凄凉的棕色……到处开着野花的荒野是这景象当中最令人不快的一幕"。对他来说，被荒野覆盖的山岭既没有浪漫气息也缺乏吸引力（后世之人将如此看待这个地方），反而是一片丑恶的景象。[3]

由此便不难理解，为什么很多高地氏族对历次詹姆斯党叛乱提供的支持令低地苏格兰的新教徒辉格党人（他们基本上构成了泰河以南地区政经精英阶层的主力）对高地盖尔语社会越发猜忌。在 1745 年叛乱中，高地人已不再是可笑的族群歧视对象，而是有可能威胁到新教徒王位继承制度之存续的可怕力量，这在低地上层引发了近乎疯狂的反扑。一个化名"苏格托－不列颠尼库斯"（Scoto－Britannicus）的人曾将高地居民描述为活在文明教化之外的蛮族。小王位觊觎者曾在苏格兰王国的边远地区登陆，"置身于不受法纪约束的野蛮盗匪之窠臼"与"见利忘义之恶徒、蛮族和叛贼之中"。[4] 在低地长老派基督徒看来，高地詹姆斯党人与天主教会的往来对他们构成了严重的威胁。

低地新教徒将小王位觊觎者视为与敌基督者和天主教教宗一样的宿敌，小王位觊觎者的追随者也被认为拥有恶魔般的本性，因此并不意外的是，低地当局对高地叛乱的反制措施不但包括军事镇压与司法制裁，还包括在立法层面推动高地经济转型、扩大长老会的影响力，并消除高地与不列颠其他地区的文化差异，以彻底改变高地的社会与文化属性。

1746 年的《解除武装法》标志着詹姆斯六世以来低地当局对高地社会进行同化的努力达到巅峰。除了禁止高地居民携带武器之外，《解除武装法》还禁止任何参军入伍的高地人穿着

233

高地风格的服饰，甚至不允许他们穿戴"方格呢披肩、方格呢长裙、格子短裤、肩带……花格布或杂色方格呢服饰"。[5] 一名政府大臣曾称这部法律的目的是"让那些蛮夷放下武器，脱去奇装异服"。[6] 初次触犯《解除武装法》的人将被判处六个月监禁，再犯者则将被流放七年，这项法律的效力最终维持了三十五年。《解除武装法》的实际影响或许存疑（尤其是在远在政府驻军控制范围之外的那些地方），而在 1760 年代早期，这项法律的实际执行力度总体上已在下降，直到 1781 年最终被废止。但正是在这一时期，高地的花格布与方格呢服饰开始在低地中上流阶层当中流行。这一奇特现象背后更广泛的背景在于，这一时期低地苏格兰的精英阶层开始肆意吸纳假想的乃至不存在的高地"传统"，以为一种新的苏格兰身份认同提供文化符号，这一过程直到拿破仑战争结束时才告完成。所谓"高地风"（Highlandism）是一种几乎完全出自人为创造的文化传统。这一风尚的讽刺意味并不只来自 18 世纪之前低地苏格兰对古盖尔语文化的轻蔑态度，也源自其诞生时高地社会的历史体验。在"高地风"形成之时，苏格兰北部的传统社会格局正因商业化的地主经营策略、来自市场经济的压力和居民清洗运动而蒙受毁灭性打击。事实上，正如下文将要阐述的，很多发扬了"高地风"这一传统主义时尚的主要人物本身就是早已从氏族酋长转型为改良派地主，对领地居民巧取豪夺的高地大土地主。

234　　　高地风尚的起源可以追溯到 1745 年詹姆斯党叛乱甚至更早的时期，但在组织层面，1778 年伦敦高地协会（Highland Society）的成立构成了高地文化流行史上的一个更重要的节点。这一社团公开的成立目的在于保存高地社会的古老传统，呼吁在苏格兰废除高地服装禁令。随着 1782 年格雷厄姆侯爵

（Marquis of Graham）在高地协会的敦促下向议会提交了废除禁令的立法动议并成功得到通过，后一个目的最终实现，高地花格布服饰在这之后得以迅速复兴，乃至一炮走红。当小王位觊觎者查尔斯·爱德华·斯图亚特在酗酒与颓废中结束了晚年岁月，于1789年在罗马去世时，英王乔治三世的三个儿子——威尔士亲王，亦即后来的乔治四世，以及他的弟弟威廉·亨利与弗雷德里克——都穿上了全套高地服饰。在约翰·斯莫尔（John Small）① 上校的指导下，他们穿戴了"方格呢披肩、长裙并配有高地挎包和其他饰物"，威尔士亲王还在伦敦的一次化装舞会上穿着高地长裙登场。而在这次有些怪异的亮相之前，花格布在不列颠各地的人们眼中已开始成为整个苏格兰的象征，而不只是盖尔人的标志。在艾伦·拉姆齐为赞美高地苏格兰的这种传统布料而作的诗歌《花格布颂》（*Tartana*）中，古喀里多尼亚的战士与牧民都被描述成身穿方格纹服饰的人。而在1773年，《麦克白》的主角第一次在戏台上穿起了花格布服饰，这一创新很快就成为这出莎翁戏的经典配置。

这一时期来自苏格兰高地的陆军部队在历次战争（尤其是拿破仑战争）中的优异表现也为穿着花格布服饰的风尚带来了一种新的荣耀与武勇气息。来自高地的陆军部队得到了特别豁免，可免受1746年《解除武装法》对穿着高地传统服饰的限制，高地的花格布长裙从此便与苏格兰军人的勇敢行为密不可分。在对法战争期间，不列颠境内的爱国气氛大为高涨，来自苏格兰各地的一些志愿役部队与本土国防部队的士兵也在短暂的服役期间使用花格布服装与长裙作为他们的制服。到1803年

---

① 约翰·斯莫尔（1726—1796），苏格兰出身的联合王国陆军军人，曾率领由英属北美的苏格兰裔移民组成的部队参与七年战争和美国独立战争。

底，已经有超过 52000 名苏格兰人在这些武装力量中服役，而加入联合王国陆军正规部队的人数还要更多。尚武传统一向是苏格兰文化认同中的一个重要组成部分；现在，那些穿着带有高地特有花纹配色的长裙的军人被奉为氏族勇士的直系传承者，他们的服饰也因此成为苏格兰武德的写照。而尤为关键的是，现在这些军人代表的已不再是苏格兰那个曾经备受蔑视的高地地区，而是整个苏格兰民族的尚武精神。

235 　　随着英王乔治四世在 1822 年 8 月历史性地访问爱丁堡，这场文化变革迎来了顶峰。乔治四世是自 1651 年的查理二世以来第一个踏上苏格兰土地的执政君主，在他于苏格兰首府爱丁堡驻跸的两个星期里，沃尔特·司各特爵士主持举行了一系列带有凯尔特与高地风味的盛大仪式以为他提供娱乐。在这一盛事之后举行了所谓"方格呢大观"（plaided panorama），其陈设大多基于虚构的高地特色服饰和氏族社会传说中的各种风俗与传统。司各特本人认为乔治四世一定对高地人的文化最感兴趣，于是要求高地酋长带上各自的"随从"，穿着适当的服装来爱丁堡迎接国王。在乔治四世访问爱丁堡期间，麦格雷戈家、格伦加里的麦克唐奈家、萨瑟兰家与坎贝尔家等七支"氏族民"列队接受了检阅，国王本人则穿戴长裙、方格呢披肩、无边帽与花格布外套到场。随着一支以曾被判非法的格雷戈氏族为首的游行队伍在国王的检阅之下奉戴苏格兰王国诸宝器（王冠、权杖与王权宝剑），庄严地从圣十字宫走向爱丁堡城堡，整场盛事终于迎来高潮。在议会大厅的宴会上，国王亲自举杯向苏格兰的诸氏族与诸酋长致意，尤安·麦格雷戈爵士（Sir Ewan MacGregor）则恭敬地以"敬众酋之长，我们的国王"回应。

　　司各特爵士希望把国王的这次访问塑造成一场"盖尔人的

盛会"，但他对凯尔特文化的想象事实上造成了一种对高地苏格兰历史与现状的歪曲，并塑造了一种与低地苏格兰几乎无关的民族形象。在乔治四世访问爱丁堡期间举行的大型舞会上，人们纷纷以全套高地服饰出席，这标志着高地长裙从此被接纳为苏格兰民族的代表性服饰。毕竟，作为国家元首的君主本人已经给这种服饰赋予了一种正统的错觉，而苏格兰的统治阶级也在公开场合被国王称为"苏格兰的诸酋长与诸氏族"。但对于这种高地风尚，仍有一些对"长裙爱好者"不敢苟同的人发出了质疑的声音。司各特的女婿兼传记作者 J. G. 洛克哈特（J. G. Lockhart）便将这些庆典活动称为"幻象"，认为这是让一群"在苏格兰总人口中只占一小部分，且一向扮演次要角色"的人为苏格兰光辉的历史传统代言。[7]麦考莱男爵（Lord Macaulay）对于 1822 年乔治四世访问爱丁堡一事的态度更为负面，1850 年代的他在回想此事时认为，这位君主试图对苏格兰民族的历史传统表达敬意，可他"身上的装束若放到联合王国成立之前，十个苏格兰人有九个见了都会视其为贼寇"。[8]尤为出人意料的是，在高地花格布如此盛行的时候，真正的高地社会正在走向崩溃——事实上，1822 年庆典中的一些主要参与者（例如格伦加里的麦克唐奈家）都是这场无情的社会变革的主要推手，正是他们通过对居民的强制性清退，把自己的领地转变成以赚取商业利益为目的的资产。但这些风波没有对国王访问期间的热烈气氛造成任何干扰。狂热的高地风尚与高地社会在当时和不久以前的实际情况是严重脱节的。

236

2

在 18 世纪，不列颠境内对于苏格兰高地的不少新认知都与詹姆斯党运动，尤其是 1745 年的詹姆斯党叛乱有关。正是这场叛乱让高地真正进入了文化界的视野。欧洲上流社会很快就对这场叛乱的经过与参与者产生了强烈的兴趣。诸如《小犹巴，抑或小骑士党人传》（*Young Juba or the History of the Young Chevalier*）之类关于这场叛乱的历史著作广为刊行，其中最具人气的是"王子藏身石楠之野"（Prince in the Heather）的故事，以及他在弗洛拉·麦克唐纳（Flora MacDonald）等忠义之士的庇护下潜伏高地数月的经历。这一题材最为热门的著作是《阿斯卡尼乌斯或小冒险者传奇，关于某人自 1746 年 4 月刻骨铭心的失败以来在北方游荡数月，直到当年 9 月 19 日虎口脱险之经历的详述》（*Ascanius or the Young Adventurer, containing a particular account of all that happened to a certain person during his wanderings in the North from his memorable defeat in April 1746 to his final escape on the 19th of September in the same year*），这本畅销著作几经再版，在发行后不久便有了法语、西班牙语和意大利语版。

　　早在詹姆斯党人举叛期间，他们便已释放出强大的感召力。詹姆斯党的歌谣作者将小王位觊觎者塑造成一个充满男子气概、个人魅力与胆魄的高地好汉，身穿五颜六色的方格纹服饰。而正如威廉·唐纳森（William Donaldson）所阐述的，对小王位觊觎者的这种赞颂在一定程度上来自"高地棒小伙"（Bonny Highland Laddie）的传统形象，这一形象往往被呈现为一名英俊且充满男性魅力的青年，从 17 世纪晚期开始便在苏格兰民间歌谣中频频登场。通过借鉴这一文学题材，小王位觊觎者的形象得以从"政治家与征服者"转变为"风流好男儿"。[9]查尔斯·爱德华·斯图亚特就这样成了"邦尼王子查尔斯"。

　　但在詹姆斯党运动遭到彻底镇压，斯图亚特王朝复辟的威

胁完全消亡之前，这种对于高地詹姆斯党人的刻板印象并未获
得广泛关注。詹姆斯党运动的历史形象之所以能被如此浪漫化，　237
与汉诺威王朝政府取得的军事胜利之彻底是分不开的。如果叛
乱的阴影仍潜伏在高地，这样的风潮便不可能兴起。但叛军最
终被政府彻底驯服，他们的军事力量遭到毁灭性打击，这也为
他们从不信仰正统宗教的叛匪转变为勇敢的民族英雄提供了舞
台。而随着威廉·皮特政府在七年战争期间将高地氏族武装引
入不列颠军事力量的策略取得了空前的成功，詹姆斯党时代的
遗恨距离和解更近了一步。后来在法国爆发的大革命也在这一
过程中发挥了重要作用，因为在这起事件中，"共和主义的幽
灵顷刻间让汉诺威与斯图亚特两朝王统间的传统对立变成往
事"。[10]根据《坎贝尔一族来了》改编的著名军歌《氏族战士大
集合》（The Gathering of the Clans）便在歌词中详细列举了一连
串投身战场讨伐拿破仑的高地氏族的名号。包括这首歌在内，
这一时期的流行风尚无不从大众文化的侧面印证了高地人从在
1745 年叛乱中支持斯图亚特王室到在 18 世纪末期效忠汉诺威
王朝的转变。在这一过程中，詹姆斯党运动的中心思想被重新
诠释成一种抽象的忠君之志，这正好与当时认为不列颠政治制
度面临国内外激进分子威胁的思想相吻合。詹姆斯党运动因此
摆脱了政治错误的地位，那些夹杂了爱、忠诚、放逐与失落等
主题的詹姆斯党传奇故事也得以广泛传播。詹姆斯党运动开始
被人们视为苏格兰英雄往昔的代表，并因其时代之近而更显魅
力，也自然而然地被与整个高地社会画上了等号。

　　詹姆斯党运动和以此为基础的所谓高地"传统"就这样以
音乐和文学的形式渗入了苏格兰的民族意识，曾写下《我之挚爱
查理》（Charlie's my darling）、《斯特拉撒伦叹》（Strathallan's

Lament）与《白帽徽》（The White Cockade）等詹姆斯党人颂歌的著名文人罗伯特·伯恩斯也为此出力不少。伯恩斯本人出生于辉格党人在苏格兰的传统根据地艾尔郡，却在诗歌中对詹姆斯党人表示同情，这一反差本身便鲜明地体现了詹姆斯党形象的剧烈转变。伯恩斯对詹姆斯党运动的同情是以爱国主义为基础的，他将其视为一场旨在实现苏格兰独立而非恢复绝对君主制的斗争，因此在歌谣中将1745年的叛乱与苏格兰历史上自独立战争以来其他英勇的民族抗争故事联系起来。那种民族主义的强烈表现——《苏格兰勇士》（Scots wha hae）或许就受到了詹姆斯党叛乱的鼓舞。在苏英合并以来新生的苏格兰民族意识逐渐形成的过程中，伯恩斯发挥了关键的作用，将詹姆斯党与高地的文化要素置于这种新意识的核心。伯恩斯的努力后来为詹姆斯·霍格（James Hogg）所继承，后者在《苏格兰的詹姆斯党遗存》（*Jacobite Relics of Scotland*）中汇编了很多由18世纪早期詹姆斯党人亲笔写就的诗句，但这些诗句甚少抒发悲伤的怀旧之情，与人们对"正宗"詹姆斯党人诗歌的期待背道而驰，也令授意编撰这部著作的高地协会大感失望。相比之下，创作了《愿君再来》（Will ye no come back again?）等名曲的奈恩男爵夫人卡罗莱娜·奥利芬特（Carolina Oliphant）的作品更受欢迎。毕竟，奈恩夫人本人就生于一户老派詹姆斯党家庭，她出生在小王位觊觎者查尔斯永远离开苏格兰仅二十年后！最终她的三部主要作品集刊行于世，分别是1825年的《苏格兰歌谣集》（*Songs of Scotland*）、1828年的《苏格兰行吟集》（*The Scottish Minstrel*）和1829年的《苏格兰歌集》（*The Scottish Songs*）。到1820年代，以詹姆斯党为主题的歌曲于质于量都已达到相当的高度，影响力仅次于苏格兰教会的流行赞美歌。

这一时期苏格兰的散文作者也参与了这场文化运动。加斯的大卫·斯图尔特（David Stewart of Garth）、拉根的安妮·格兰特（Anne Grant of Laggan）、帕特里克·格雷厄姆（Patrick Graham）以及最为显赫的沃尔特·司各特爵士都用文字描绘了高地英雄的理想化形象，这些角色固然投身于一项注定失败的事业，却仍保持着赤诚与忠心。以《威弗莱》（*Waverley*）为代表，司各特爵士的著作在詹姆斯党运动为大众所接受的过程中厥功至伟——他的作品甚至更进一步，让詹姆斯党的历史蒙上了一层浪漫且充满魅力的气息，用巧妙的手法将詹姆斯党运动永远地嵌入一个由酋长、氏族和花格布定义的高地文化语境之中。正如维多利亚时代的一位作家用略带夸张的语气所感叹的那样，拜司各特爵士的小说所赐，"整个国家……都为海峡对岸的查理①所倾倒"。[11]如果说1745年叛乱让整个联合王国认识到了高地的存在及其所处的位置，司各特爵士无疑是让这高地广为人知并传遍世界的关键人物。

3

1745年叛乱是詹姆斯党领导下的高地武装力量第四次，也是最后一次对1688—1689年革命的结果发起的挑战。因此并不意外的是，如彼得·沃马克（Peter Womack）所说，"高地人给不列颠社会留下的第一印象是战士，他们的社会也被认为充满了勇敢、忠诚的美德"。[12]高地人不顾一切的骁勇气质只吸引了那些站在詹姆斯党一方的人，但随着盖尔语社会的武力成功地为不列颠联合王国军队所用，政府军高地团的事迹迅速成为高

239

---

①　即小王位觊觎者查尔斯。

地人浪漫传奇的主要素材，也构成了所谓高地神话的基本要素。

早在 1739 年，一个颇有先见之明的人便指出：

> 他们（高地人）这个族群人数众多，如果能改进他们
> 的品性与举止，并妥善地利用他们，就能显著地增添大不
> 列颠的力量和财富。一些高地氏族娴于战斗，与政府关系
> 亲善，他们可以为该国充当一支善战且有力的防卫力量，
> 其实力将不逊于大不列颠、瑞士或欧洲任何一个地方。[13]

即便在 1745 年叛乱之前，政府就已利用高地人的军事潜能。
1739 年，高地卫士独立连队（Independent Companies of the
Highland Watch）被整编为第 43 步兵团（日后改为第 42 步兵
团）。这支部队终将以其他更为显赫的名号在无数军歌与战史
故事中登场：黑卫士团、王家高地团（Royal Highland
Regiment），抑或"勇猛的 42 团"（The Gallant Forty – Twa）。[14]
但直到 1757—1760 年，当时由老威廉·皮特领导的联合王国政
府才开始系统性地将尚武的高地人引入官方军事力量，而在那
之后发生于 18 世纪的军事冲突中，总共有超过 50 个营的高地
士兵应征参战，在魁北克、塞林伽巴丹（Seringapatam）、滑铁
卢等遍布世界各地的战场上立下殊勋。就这样，在这个不列颠
与法国频频于世界各地争夺霸权，因而急需可靠兵员的时代，
即 18 世纪下半叶的大多数时间里，曾被视为不法暴徒的高地人
摇身一变，成为联合王国的一笔宝贵财富。无论高地人是否认
同其效忠对象，时人都视高地士兵的忠心为他们最为重要的品
质，这种品质被认为在 1745 年叛乱期间詹姆斯党军队的顽强抗
争中有所体现，也被认为与高地氏族等级秩序下属民对酋长的

效忠传统有关。氏族制度在这一时期的崩溃似乎与这种认识并不相干，因为高地团的编制似乎表明氏族的价值观与社会结构仍在军中得到保存。弗雷泽的高地团（第 71 团）的军官队伍中有西蒙·弗雷泽（Simon Fraser）、克卢尼·麦克弗森（Cluny MacPherson）、麦克劳德、洛基尔的卡梅伦、拉蒙特（Lamont）和科洪（Colquhoun）六位氏族酋长，还有一些出身氏族社会的士绅。因此，高地部队的优势并不只在于英勇善战，也在于他们在政治上的可靠性：士兵们总是会忠于那些统治他们的世袭氏族领袖。正如 1797 年的一份政府文件所述，高地人与其他地方的居民不同，"对于当代人提倡的平等的危险思想一无所知"，他们因此可以在一个为激进主义暴动与共和主义思潮所充斥的时代受到信任，获准携带武器。[15] 这种过于乐观的认识无疑忽略了 18 世纪晚期在高地部队中爆发的一系列哗变事件。 240

在 1745 年叛乱之后不列颠对于高地社会的认识转变的过程中，高地团发挥了重大的作用。高地人的形象从詹姆斯党叛国者转变为爱国英雄，变化之快无疑是惊人的，这在当时著名的歌曲《老高卢人的衣装》（The Garb of Old Gaul）中可见一斑。在这首歌颂高地士兵的歌曲流行于 1760 年代的版本中，一些日后将构成高地神话之组成部分的要素已经出现。这首歌首先重申了一个传统认识，即古罗马人当年也因高地人的骁勇而未能征服苏格兰。接着，高地团被塑造为一支捍卫不列颠免遭法国与西班牙侵犯的力量，这与 20 年前卡洛登战役时的印象截然相反，高地人的勇敢事迹也终于被塑造为苏格兰民族英雄主义传统的一部分。在此之前，盖尔人在苏格兰被视为一个落后的异族；但现在，随着联合王国开始从高地征召士兵，高地人反而成了苏格兰民族悠久尚武传统的旗手。

高地团因此构成了高地风尚流行的关键。高地军人彰显了高地的魅力，奠定了将詹姆斯党运动与氏族制度相联系的认知并将这两者理想化，还强化了时人对"高贵的农民"不受城市恶习玷污，仍保有忠诚、勇敢与忍耐等品质的幻想，令这一想象戴上英雄主义光环。总体而言，穿格子裙的高地部队在高地服装走向流行并成为苏格兰民族象征的过程中发挥了最大的作用。在拿破仑战争结束，亦即高地团的名声鼎盛之时，他们在反法联军进入巴黎的仪式上大放光彩，并以英雄之姿凯旋故乡。黑卫士团在回到爱丁堡时受到了极为热烈的欢迎，该团的军需官后来回忆："……我们在喧嚣的欢呼声与朋友的祝贺声中进入城区。在我们的头顶上，人们在数以千计的窗户里挥舞无数旗帜、方格纹围巾和其他物件，向我们热情致意。"他们最终列队进入爱丁堡城堡，"对本团在充满感激之情的祖国受到的空前热烈的欢迎深感自豪"。[16]

不久后，整个苏格兰军事机构的面貌都开始为高地人所主宰。到 1881 年，高地风尚与军事文化之间的联系已如此密切，以至于联合王国战争部要求所有低地团的士兵都穿方格布长裤和高地式样的紧身上衣，就连那些曾在镇压高地人的战斗中赢得荣誉的功勋部队也不例外。高地风尚至此在苏格兰取得了完全的胜利。

241

4

在高地以盛产穿格子长裙的英雄而蜚声世界的同时，欧洲知识界与艺术界的新趋势也在剧烈地改变人们对高地社会与自然面貌的认识。这一时期的启蒙思想家开始寻求以科学方法探究人类与人类社会的演化过程。约翰·穆勒主张人的行为会自然从"粗鲁"向"开化"演进，亚当·斯密则提出了一个严密的社会演化结构，认为人类首先从狩猎时代演进到牧业时代，再逐步进入农业乃至商业主导的时代。这些观念从两个方面影响了时人对高地人的认识。首先，在实践层面，启蒙思想为当时诸如抄没地产委员会、不列颠渔业社等以"改良"为目的，旨在为落后的苏格兰高地带来进步的举措提供了智识上的正当性。其次，这些理念也提出了对"原始"社会加强探究与理解的新需求。正如查尔斯·威瑟斯（Charles Withers）所述："高地人与……生活在蛮荒之地的粗鲁蛮族的概念相符合。对于 18世纪晚期生活在城镇社会的哲学家而言，高地人如同一群活在当代的人类始祖，高地社会则如同苏格兰的古老状态被活生生地摆在门口。"[17]通过这种方式，高地开始被视为苏格兰的一部分；高地不再是一个建立在荒野上的异域世界，而是苏格兰古老社会惯习的生动遗存。高地社会"原始"且古老的一面因此得到了尤为密切的关注：

> 在一个所有思想者都在关注落后社会如何走向开化的时代，苏格兰盖尔人正好扮演了这样一个虽然原始，却在迅猛且粗暴的过程中被文明社会驯化的蛮族的角色。苏格兰高地社会对他们来说足够遥远，不至于失去异域气息，又足够接近，不至于遭到忽略，因此为这一角色提供了舞台。那里对他们来说不难探访，却又没有被卷入文明社会的一潭死水当中，失去所有值得关注的特色。[18]

詹姆斯·麦克弗森（James MacPherson）1761 年发表的伪作"史诗"《芬加尔》（*Fingal*）对这些思想界的新动向进行了

242

成功的利用。这部作品和其他一些相关作品伪托为公元 3 世纪一位名叫奥伊辛（Oisein）或莪相（Ossian）的失明竖琴师所作，主角是英雄人物芬恩（Finn）。这部传奇作品只是对爱尔兰和苏格兰高地由来已久的诗歌进行了再加工，但一经刊行便令麦克弗森享誉海外，莪相的诗歌最终也被翻译成 11 种文字，并在整个欧洲造成了广泛的轰动。据说拿破仑是《芬加尔》的狂热爱好者，维克多·雨果、阿尔弗雷德·德·缪塞、拉马丁、歌德、赫尔德与席勒等人也曾受其影响。在一个经济、社会、政治都在发生剧烈变化的时代，这些诗歌牢牢抓住了知识界与思想界认为"原始"社会拥有"现代"社会业已失去之美德的思潮，而这一思潮可以被很容易地代入 18 世纪苏格兰高地的语境中。在那里，似乎的确有一群"原始"人生活在一片自莪相时代以来便几乎没有变化的古老土地上。

莪相史诗之所以能获得如此之大的反响，是因为它与这一时期世人对高地面貌之印象的变化相辅相成。在 18 世纪晚期，高地已不再被视为一片令人不快的蛮荒之地，认为当地风光优美、浪漫乃至令人振奋的观点开始萌生。关于高地观念的审美化转向既催生了近现代社会的"风光"与观光美学意识，也反过来为这种新的意识所推动。莪相热潮之所以能在这一时期造成如此深远的影响，就是因为当时高地粗犷狂野的总体面貌与麦克弗森笔下大受欢迎的"原始"社会形象无比契合。这也是爱丁堡大学修辞学与文学教授休·布莱尔在 1740 年发表的专著《芬加尔之子——莪相诗歌评论》（*Critical dissertation on the poems of Ossian, the son of Fingal*）中表达的观点，当时正在欧洲知识界逐渐崛起的"崇高"概念构成了这部著作的思想基础。布莱尔著作的理论基础来自埃德蒙·伯克的《崇高与美的哲学探源》(*Philosophical Enquiry into the Origin of our Ideas of the Sublime and Beautiful*),但布莱尔没有像伯克那样比较两种概念所激发的不同情绪,而是将"美"彻底剥除,只论述"崇高":"崇高的根源在于畏惧,所谓崇高感会在我们心中激起一种恐惧的意识,让我们的意识里充满宏大的想法,让我们的灵魂为之激荡……任何如魅影一般让人感到不安的事物都能引发崇高的感觉,但那些关乎晦暗、权力、缺乏、庞大、脆弱或艰险的意象尤为如此。"[19]威廉·吉尔平(William Gilpin)1792 年出版的两卷本著作《景观美试论:以苏格兰高地为首的大不列颠多处地区为中心,作于 1776 年》(*Observations relative chiefly to picturesque beauty*, *made in the year 1776 on several parts of Great Britain*, *particularly the High-lands of Scotland*)中提出的"景观美"这一概念也产生了同等重要的影响。吉尔平在这部著作中提出,景观美源自环境当中各种因素的完美结合,只有在细心辨识与观察之下才能被察觉,而一个人想要欣赏景观美就必须有充足的辨别力。不是所有自然风貌都具有魅力,观察者只有在精心遴选之后才能发现真正的好风光。换言之,这一主张阐述了一种文化精英主义的立场。

243

　　这些新生观点进一步改变了人们对高地的认识,令高地的形象从荒凉的原野转变成充满自然美景的名胜之地。在欧陆旅游因对法战争而面临困难的 19 世纪初,面向上层阶级的高地旅游业已逐渐成形。正如司各特爵士在 1810 年所说:"每个伦敦人现在都把洛蒙德湖(Loch Lomond)当成自己的浴盆,随手便把鞋扔过本内维斯山(Ben Nevis)。"不过,司各特本人也促进了高地旅游业的流行。在此之前,高地的旅游业主要局限在高地的边缘地带,当时流行的高地"短途游"路线主要以邓凯尔德（Dunkeld）为起点，以洛蒙德湖为途中的重要名胜区，最后在拉斯（Luss）结束，很少有游人能穿越蛮荒的乡村腹地进入高地北部和西部。起初，司各特本人的作品，尤其是1810年发表的《湖之女士》（Lady of the Lake）为特罗萨克斯山（Trossachs）赋予了浪漫气息，并令卡特琳湖（Loch Katrine）取代洛蒙德湖成为时髦观光客趋之若鹜的新目的地。但他的另一篇作品《群岛之主》（Lord of the Isles）又让斯凯岛进入游客的视野，也让高地旅游的路线延伸到赫布里底群岛。在那里，游客可以直面完全由荒山构成的粗犷风光，体验一回货真价实的"崇高"之感。

不过，这一时期对高地风光态度的转变背后除了审美趣味的变化之外，还有18世纪和19世纪之交经济发展所造成的现实影响。游客之所以能大量涌向高地，离不开交通条件的改善，可以在海上航行的明轮蒸汽船的发明尤为关键。到1830年代，由这种新式船舶支撑的近海运输网络已经把苏格兰西海岸地区和内赫布里底群岛与克莱德河流域的核心地带紧密联系起来。托马斯·库克（Thomas Cook）① 从1846年开始经营以蒸汽船和铁道为主要交通方式的苏格兰旅游业务，而正是在这一年，高地农村正因土豆歉收而面临广泛的经济困难。如果游客能乘用更为舒适便捷的交通工具，蛮荒的高地风光看起来便不会像从前那样惨淡。随着经济变革不断深入，这一时期的苏格兰高地获得了一项独特而强大的优势。随着19世纪早期不列颠岛上其

---

① 托马斯·库克（1808—1892），19世纪英国著名企业家，曾创建近代世界第一家旅行社——托马斯·库克旅行社。他从1840年代开始在英格兰中北部的工业城市间组织团队旅游，并在1846年组织350名游客从位于英格兰中部的莱斯特（Leicester）乘火车游览苏格兰。

他地区的"自然"风貌已被农地圈占，精耕农场和改良农业彻 244
底改变，只有高地这片远在北方的边鄙之地似乎仍未受到农业
近代化的影响。尽管这个地区事实上已经被大规模的商业化绵
羊牧场侵占，其经济效率也不逊于不列颠的其他地方，人们仍
认为高地带有一种独特的魅力，仿佛在释放出"淳朴往昔的光
辉"。[20]因此，"古朴"的高地风貌与同样在这一时期被浪漫化的
高地历史紧密联系起来，形成了一个完全架空的世界。在这里，
盖尔语社会在清洗运动面前遭遇的现实苦难几乎无迹可寻。

5

在 19 世纪，高地的各种符号、服饰与意象都被正处于近代
化过程中的苏格兰采用，成为后者民族形象的主要构成部分，
这一现象固然有奇特之处，却并非完全无法理解。苏英合并之
后，苏格兰社会在联合王国框架下的地位有其自相矛盾之处。
一方面，苏格兰人的经济繁荣有赖南方邻居的支持；但另一方
面，英格兰在政治和物质实力上的压倒性优势也令苏格兰面临
被彻底同化的危险。与此同时，从 18 世纪晚期开始，浪漫的民
族主义思想开始在欧洲各地扩散，苏格兰也没有在这场文化与
政治思想上的变革中独善其身。但是，任何对苏格兰民族身份
的激烈表达都有可能威胁苏英之间的联合关系，而后者对苏格
兰社会的物质成就至关重要。所以，高地文化的流行为苏格兰
社会希望维持自身文化认同的情感需求提供了解决方案。不仅
如此，方格布、高地军人、爱国主义精神和为联合王国服役的
事迹反而在苏英之间增添了一条文化和情感上的新纽带。

1804 年伦敦高地协会通过动议，决定在每一次召开会议时
全体成员须穿着方格布服装，这项提议的发起者正是约翰·辛

克莱爵士（他在当时的议会下院被视为最无聊的议员，却是1750年以来苏格兰经济变革最热情的记录者）。他之所以发起这一提议，是为了重新唤起"我们祖先的高贵品质"，也是为了强调与会成员宣扬苏格兰身份认同，以免"苏格兰被英格兰完全吞并"的必要性。[21]正如沃马克所说："随着低地苏格兰变得越来越像英格兰，低地人开始向高地寻求文化符号与价值信念，以尽可能凸显自身与英格兰之间的区别。"[22]正是在这一过程当中，高地长裙被当成了苏格兰民族亘古以来的传统服饰。麦克弗森、司各特、加斯的斯图尔特等作家则把18世纪的高地文化描述成整个苏格兰早期历史的遗存，从而赋予这种崇尚高地的态度一种感情色彩。他们认为，曾为整个苏格兰民族所采用的惯习与装束如今已基本佚失，只有在当时高地的"落后"社会中才有些许保存。对于既经历了空前的经济与社会变革，又面临强邻英格兰同化威胁的苏格兰而言，高地无疑提供了一个充满诱惑力的神话。

第三部分
1830—1939

第十二章　世界工厂

1

1888 年，维多利亚女王亲自为格拉斯哥市议会大楼剪彩，这座建筑豪华的内部装饰、壮观的前立面和大理石楼梯象征了这座城市在此前数十年间惊人的发展，以及它如今作为"帝国第二大城市"的地位。更早之前的 1883 年，在市议会大楼的奠基仪式上，这座城市蓬勃的自信心已经清晰可见：约 10 万人聚集在乔治广场，观看受雇于重工业领域的熟练工人组队游行。到 19 世纪晚期，正是重工业令格拉斯哥成为当时世界上最大的城市之一。在 1901 年举办于凯尔温格罗夫公园（Kelvingrove Park）的第二届格拉斯哥国际博览会也传达了类似的信息：作为英国有史以来举行的规模最大的国际博览会，这场活动吸引了 1150 万人前来参观，俄国沙皇也曾亲临观瞻。这场博览会的重点在于宣传这座城市蜚声世界的经济与工业成就，会场上的机械展厅与工业展厅便是专门为展示格拉斯哥的工程与科技成就而准备的。

格拉斯哥市议会大楼的落成与第二届国际博览会的举办不但强有力地证明了这座城市在经济上取得的成功，也印证了1830 年以来整个苏格兰在物质层面的飞跃性发展。在 1830 年，苏格兰的经济支柱仍是纺织业，其中以棉纺业最为重要；但到19 世纪晚期，苏格兰的产业经济成功进军重工业领域，并在一些关键部门取得了世界性的主导地位。到 1913 年，格拉斯哥及其周边高度工业化的卫星城镇生产了相当于全英总马力数一半的船舶发动机、三分之一的铁路机车与其他车厢、相当于总吨位数三分之一的运输船舶，以及五分之一的钢。在第一次世界大战前夜，克莱德河流域的工业区生产的船舶吨位数相当于全英的三分之一，接近全球总产量的五分之一，这一产量在当时甚至远多于德国所有造船厂的总和。这一时期的苏格兰拥有一个面向全球市场的巨大重工业体系，而居于这一体系核心的是可以生产引擎、泵机、液压驱动设备、铁路车辆等各种工业产品的工程专业技术。四家主要的铁路机车生产厂商中有三家位于格拉斯哥。1903 年，这三家企业合并为北不列颠机车制造厂（North British Locomotive Works），成为一家"业界巨头"，年产量达到 800 列以上。格拉斯哥因此成为整个欧洲最大的铁路机车制造中心，有大量的机车发动机从这里被销往大英帝国各处属地、南美洲及欧陆各国。苏格兰西部地区也因其巨大的土木工程成就而闻名，曾主持建造福斯河大桥、泰河大桥、伦敦塔桥，并在世界各地留下了其他工程杰作的威廉·阿罗尔爵士（Sir William Arrol，1839—1913）便是其中代表。

在形容这一时期格拉斯哥重工业的全球影响力时，我们不难用到冠冕堂皇的词语，但有两个要点值得注意。首先，苏格兰工业经济的发展成就并不局限于格拉斯哥和低地西部。其次，在 19 世纪下半叶的几十年里，重工业不是苏格兰唯一一个成功打入全球市场的经济部门。诚然，在第一次工业革命中充当"领头行业"的棉纺业曾在 1850 年代因刺绣平纹细布的突然崩溃而陷入困境。到 1868 年，虽然苏格兰有 131 座棉纺厂仍在运作，但整个行业已在海外竞争、关税压力和兰开夏郡棉纺业者成功开辟的高端棉纺产业面前备感压力。到 1910 年，苏格兰的棉纺业已几乎彻底崩溃，只有九家企业幸存，导致这一结果的因素包括行业未能像从前那样维持快速革新的步调、商业投资的匮乏以及（在企业主看来）劳动力拒绝采取措施以提高生产效率。不过，棉纺业没落的损失远远小于其他纺织业部门的出色表现所带来的好处。1896 年，佩斯利的科茨纺织厂（Coats）与帕顿斯纺织厂（Patons）合并，成为世界上最大的制线企业。以"制线业的拿破仑"闻名的阿奇博尔德·科茨（Archibald Coats，1840—1912）在这一行业获得的利益如此丰厚，以至于他家族中有 11 个人成为百万富翁。即便美国征收了保护性关税，科茨仍成功打入并迅速主宰了美国市场。这家企业最终控制了全球制线业产能的 80% 以上。

　　同样令人惊叹的还有邓迪及其周边的粗麻产区的黄麻纺织业。黄麻纤维常用于包装和制毯，原料通常从孟加拉和印度进口。邓迪在短时间内崛起成为"黄麻之都"，由考克斯兄弟（Cox Brothers）在洛希（Lochee）经营的坎珀当纺织厂（Camperdown Works）在 1880 年代雇用了多达 14000 名工人（女工占大多数），成为世界上最大的独立黄麻纤维制造业综合体。苏格兰的黄麻制品最终将被销往全球，其中以美国和英属殖民地的市场发展最快。其他苏格兰城镇也在纺织业的其他部门中实现了专门化：柯科迪（Kirkcaldy）专营室内地面铺装与油地毡；苏格兰边境地区的加拉希尔斯、霍伊克和塞尔扣克擅长生产花格布、粗花呢和高档编织品；基尔马诺克和格拉斯哥主营地毯（到 1914 年，格拉斯哥附近的坦普尔顿［Templetons］已成为苏格兰最大的地毯产地）；艾尔郡的达弗尔（Darvel）和高尔斯顿（Galston）则主要生产精细花边窗帘（这一产业在一战前夕雇用了约 8000 人）。即便棉纺业已经衰败，如此众多的细分部门仍能保证纺织业在苏格兰的经济体系下占据一席之地。事实上，在 1910 年代，苏格兰西部地区受雇于制线业与花边纺织业的劳动者人数只略少于 1870 年代的棉纺业与编织业。

产品的多样性并不局限在纺织业。詹姆斯·"帕拉芬"·扬（James "Paraffin" Young，1811—1883）曾通过一系列发明创新成为西洛锡安地区页岩油开采的先驱，这一行业到 1900 年代已颇具规模，年产量达到 200 万吨。威士忌蒸馏在当时当然也是苏格兰的一项特色产业，在 1884 年一年之内，便有多达 2000 万加仑的威士忌在政府的税收记录上登记在册。位于克莱德班克（Clydebank）的美国胜家公司（American Singer Company）建成了世界上最大的缝纫机制造厂，超过一万名工人在那里工作。还有很多企业的存在也足以证明，传统重工业并没有在苏格兰西部的经济体系里占据垄断地位，例如巴尔与斯特劳德光学设备制造厂（Barr and Stroud optical factory）、顶点绞拧机制造厂（Acme wringer factory），以及在工程界巨头威廉·比德莫尔集团（William Beardmore and Co.）占地 45 英亩的广阔厂区里进行的汽车与飞机制造业试验——在一战期间，仅威廉·比德莫尔集团一家便提供了至少 650 架飞机。

1830 年以前的数十年间，苏格兰的经济与社会经历了剧烈的转变。然而，当时产业经济的主要发展仍体现在（尽管并不完全局限在）棉麻纺织业，至于采煤与制铁行业的发展势头则较为迟缓。直到 1830 年之后，尤其是 19 世纪下半叶，苏格兰工业经济才迎来大幅发展。这一时期的棉纺业已不复往日那般活跃，但其他纺织业部门都在这一时期快速细分化。更为根本的是，制铁、炼钢、造船与土木工程行业在苏格兰快速起飞，令苏格兰摇身一变成为世界工厂。上述所有产业部门都以海外市场为导向。到 1900 年代，人口不足 500 万的苏格兰已成为全球经济的重要玩家，同时与美洲、非洲、大洋洲和亚洲的原材料产地及欧洲的工业化地带相联结。这个具有划时代意义的发展历程必然给苏格兰社会的性质与结构带来了极为深远的影响，其中一些结果将在本书的后续章节中得到探讨，但在这里，有四个要点值得我们特别关注。

第一，新兴工业经济提供的就业机会让苏格兰人口得以显著增长。1750 年代到 1831 年，苏格兰总人口增长到 237.4 万人，增幅为 88%；但在接下来的 80 年，即 1831—1911 年，苏格兰人口增长了一倍，达到 476.1 万人。爱尔兰移民的人数在大饥荒和那之后的数十年间有所增加（为了寻求受雇于苏格兰工业企业的机会），无疑对这一增幅起了一定作用。第二，苏格兰人口流动的新格局早在 1830 年以前便已清晰可见，而在 19 世纪下半叶，这一趋势变得更为突出。人口向低地中部集聚的速度加快了。在低地中部的东端，即爱丁堡周边地区，人口在这一时期从 785814 人增长到 1400675 人，而在格拉斯哥及其周边的重工业核心地带，人口增长势头更为惊人。到 1901 年，位于低地中部西端地区的人口已从 628528 人增长到近 200 万人，此时低地西部诸郡在苏格兰总人口中的占比已达到惊人的44%，而低地东部诸郡的占比总体上仍维持不变。在苏格兰其他地方，人口总体上经历了持续的流失。高地人口在 1841 年达到峰值之后便陷入了不可逆的萎缩。高地极北地区的人口在 1861 年达到峰值，苏格兰边境地区在 1881 年达到峰值，东北地区则在 1911 年达到峰值。在人口流动中占据赢家地位的是那些以制造业和采矿业为主要产业的郡。例如，法夫、安格斯、

伦弗鲁和斯特灵等郡的人口在这一时期增长了一倍以上；西洛
锡安郡的人口增长到之前的三倍，邓巴顿郡的人口则增长到之
前的四倍。在人口涨势尤为惊人的拉纳克郡，这里的人口竟增
长了356%。乡村人口流失经常被视为一种发生在高地的现象，
但显而易见的是，这一时期的人口变动几乎影响了苏格兰的每
一个地区。关于1860年代的专门研究显示，苏格兰各地的大多
数堂区都经历了人口减少，其中以西南部和马里到贝里克之间
的东部地区最为显著，只有苏格兰边境地区的纺织业城镇与低
地中部的部分地区在这一时期吸引了大量移民迁入。

　　重工业发展在苏格兰造成的第三种，也是与上述两点密切
相关的一种影响在于，苏格兰农业在劳动力市场上的地位开始
快速衰退，采矿、建筑和制造行业开始占据主导地位。迟至
1851年，当时的人口普查数据仍显示苏格兰受雇于农业的男性
与女性居民人数多于矿业与纺织业的总和，但在那之后，这一
格局发生了剧烈的变化：农业劳动者在总人口中的比例从1851
年的25%下降到20世纪初的11%。重工业发展造成的第四种
影响是，人口大量离开土地必然造成城镇化的持续推进。如之
前的章节所述，苏格兰在19世纪初已经经历了快速的城镇化；
到1851年，苏格兰的城镇化率已显著领先荷兰，在欧洲的"城
镇化社会"排行榜上仅次于英格兰与威尔士。迟至1830年代，
苏格兰人口中只有略多于三分之一的人居住在人口超过5000人
的城镇中；到1911年，这一比例已上升至近60%。苏格兰城镇
在这一时期爆发式扩张的动力主要来自格拉斯哥、爱丁堡、邓
迪、阿伯丁这四大都市，这些城市在20世纪初已经容纳了苏格
兰超过三分之一的人口。在这当中，格拉斯哥再一次以其扩张
幅度之大与步调之持续脱颖而出。为了满足格拉斯哥日用品行

业对熟练与非熟练工人的巨大需求，成千上万的男性与女性移民从低地乡村及小镇、高地地区乃至爱尔兰涌入这座城市。在1830年代，格拉斯哥人口已超过25万；到1871年，格拉斯哥人口达到50万；而在1914年前不久，格拉斯哥人口终于突破百万大关，尽管城市规划调整在这当中扮演了一定角色。在苏格兰的其他地方，像拉纳克、邓弗里斯和哈丁顿这样的农业与地方性交易中心仍比较繁荣，但归根结底，苏格兰城镇社会的主要动力仍来自工业经济。在四大都市以外，苏格兰人口增速最快的城镇当数边境地区的纺织业城镇，拉纳克郡的科特布里奇、马瑟韦尔（Motherwell）和艾尔德里等制铁、炼钢和采矿业中心，以及法夫郡的一些城镇。

254

苏格兰新兴的工业与城镇社会建立在一些重要的基础之上。最关键的是，苏格兰的工业经济极为依赖海外的市场。在1910年代，苏格兰煤产量的38%通过跨海或沿岸贸易运往海外，其余的煤炭则被当地以出口为导向的制铁、炼钢等行业消费。在一战前，体量庞大的北不列颠机车制造厂将其生产的机车的近一半运往大英帝国的各处领地，其中以英属印度为最大的目的地。邓迪黄麻产业的崛起源自1840年代包装东印度咖啡和拉丁美洲鸟粪肥等各种海外商品的需要，以及克里米亚战争、美国内战和普法战争期间海外市场对沙袋的巨大需求。在1840年代经历了第一轮快速增长之后，苏格兰生铁铸造业三分之二的产出被出口到国外，这一比例远高于不列颠其他地方；即便在1860年代末，苏格兰仍有三分之一的生铁被销往海外。从克莱德赛德（Clydeside）地区的造船厂中源源不断地驶出的船舶所仰赖的订单主要取决于国际贸易的行情，即便在1890年代英国海军部对军用船只的需求日益增加之后也是如此。无论是边境地区的高档编织物，还是麦芽抑或调和威士忌，苏格兰其他行业的格局也大体相同。对整个苏格兰经济来说，国际市场都是重中之重。

由此便不难想见，19 世纪下半叶国际贸易的革命性发展在苏格兰工业经济的成功故事中发挥了关键作用。这一新趋势的基础是欧洲与美洲、亚洲和大洋洲之间以交换食物、原材料和工业制品为主体形成的商贸关系。谷物、肉类、棉花、木材、羊毛等各种商品涌向欧洲，原料生产国则能从北半球发达国家获得船舶、铁路机车、桥梁、铁路等重要的基础设备与设施。交通方式的革命让这一贸易体系成为可能，并使其大为发展：远洋帆船的设计与航速得到改进，蒸汽船也从 19 世纪下半叶开始参与远洋运输；跨大陆铁路运输网络令印度平原和北美草原这样的偏僻之地也能充分释放经济潜能；苏伊士运河的开凿则让从西方前往印度乃至更远地区的时间大大缩短。

上述这些因素无不给苏格兰产业经济带来了巨大影响，其效果主要体现在两方面。一方面，原材料生产者在贸易中得到的收入允许他们购买更多的资本产品；另一方面，对全球交通体系的巨额投资令对船舶、铁路机车、铁路、桥梁和黄麻包装袋的需求大大增加。在这一过程中，苏格兰投资者还亲自投资了美洲、澳大利亚和亚洲的铁路、农牧业、采矿企业、茶叶种植园和国家债券，制造了更大的商业需求。苏格兰的对外投资总规模从 1870 年的 6000 万英镑增长到 1914 年的 5 亿英镑，人均数字远高于联合王国全境的平均值。在一个大多数居民仍较为贫穷的地区，如此大规模的资本外流对苏格兰经济的发展造成了一种循环效应：苏格兰资本的海外投资反过来为苏格兰重工业核心部门制造了更多的需求。正如布鲁斯·伦曼（Bruce

Lenman）所说："以加拿大或美国的内陆草原为例，那里必须通过铁路才能与东海岸港口相通，在加拿大的铁路上奔驰的火车头很可能是在格拉斯哥生产的，而无论是在加拿大还是在美国，他们用来装粮食的袋子都很可能来自邓迪。将粮食运过北大西洋的船舶则常常是在克莱德河地区设计并建造的。"[1]因此世界经济的格局构成了苏格兰经济繁荣的必要前提。接下来，我们将探讨苏格兰为什么能在这一时期的国际市场上获得如此显著的优势。

　　苏格兰经济成就的首要前提在于其在 1830 年以前积累的经济基础。早期工业化进程意味着苏格兰可以在与除英格兰以外几乎所有欧洲经济体的竞争中领先一步。维多利亚时代的苏格兰在经济上已经拥有一系列关键优势，其中包括一个庞大且富有经验的商人群体，一个专注于促进经济增长的政治与社会精英阶层，在工程、采矿和纺织等行业拥有丰富经验的劳动力，以及对工业资本主义时代更为严格的时间管理与工作纪律的适应力。这一时期的苏格兰还拥有一套由港口、道路和运河构成的复杂基础设施，以及通往欧洲、北美乃至大英帝国南半球殖民领地的国际化市场渠道。在维多利亚时代的工业成就与这些丰富的经济积累之间有一些具体关联，值得我们加以关注。例如，邓迪黄麻纺织业的腾飞就在一定程度上以这种关联为基础。起初，东印度公司期待本国的纺织业者能对廉价的粗麻纤维产生兴趣，将黄麻样品从孟加拉送到不列颠本土的纺织业中心，而邓迪人率先用技术手段克服了这种纤维既干又脆的问题。这既是因为邓迪及其周边地区向来以粗亚麻纺织为主业，也是因为黄麻原材料需要经过所谓的"软麻"（batching）工艺，亦即用鲸油和水的混合物进行处理才能进一步加工。从 18 世纪晚期开始，邓迪便已是苏格兰捕鲸业的头号重镇。

苏格兰造船业与此前经济积累之间的联系更为紧密。进入19世纪下半叶，造船已成为苏格兰重工业经济的核心部门，但在之前几十年里，苏格兰在这一行业并没有什么竞争力。事实上，克莱德河地区长期以来缺乏制造新型船舶的技术积累，迟至1835年，这里仍只生产了不列颠造船业总吨位数的不到5%。船舶蒸汽发动机领域的领先地位是这一地区在造船行业最主要的早期优势，而这一部门又有赖于当地在第一次工业革命时期积累的一系列工程技术。蒸汽机在矿坑中被用于排水、运煤，在棉纺业中的使用也越来越普遍。克莱德河地区的工厂与作坊不但制造蒸汽机，还会对其设计进行改良。正如詹姆斯·克莱兰（James Cleland）在1830年代初所说："格拉斯哥……已拥有制造蒸汽发动机与相关机械，以及棉纺、麻纺和羊毛纺织设备的大型设施。一切属于机械制造与工程部门，或与这些部门有关的产品都要在这里完成组装。"[2]在精密工程学技艺如此高度的集聚之下，工业界自然会对蒸汽动力驱动船舶的实用化开发产生兴趣。1812年，亨利·贝尔研发的蒸汽船"彗星"号便横跨克莱德河进行了历史性的处女航，证明了这一技术的可行性。到1820年，克莱德河地区已生产了全英蒸汽船总吨位数的60%，尽管这一时期的蒸汽船体量较小、船用锅炉压力较低且非常耗煤。在取得日后的巨大成功之前，造船业者首先需要有效解决成本过高与性能过低等基本问题。以大卫·内皮尔（David Napier）和他的堂弟罗伯特·内皮尔（Robert Napier）为首的内皮尔家族被认为对蒸汽船的技术革新贡献甚大，他们在自家位于坎拉齐（Camlachie）的造船厂和位于兰斯菲尔德（Lancefield）的船坞实现了几项关键的技术突破，内皮尔家族的企业最终成为一处供船舶工程师与制造业者进修的场所。大卫·内皮尔首创将工程设计与船舶制造合并于一家企业的做法，并在名下的多家工厂大量制造蒸汽锅炉与发动机，以用于船舶或供矿坑与作坊等传统客户使用。尤为值得注意的是，几乎所有由内皮尔家设计并建造的蒸汽船都集中在格拉斯哥周边的棉纺业区域，例如垂德斯顿（Tradeston）和坎拉齐，这表明第一次工业革命的主角——纺织业和后来大名鼎鼎的造船业在苏格兰西部地区有着密切的联系。

第一次工业革命的经济积累为苏格兰重工业的发展奠定了基础，但还有其他一些因素令苏格兰在之后数十年间向世界性强大经济体迈进的步伐大大加快。在这当中堪称首要的因素是金属铸造业和造船业领域的一系列卓越且重大的创新。曾担任格拉斯哥煤气厂经理、在化学和工程领域拥有丰富经验的 J. B. 尼尔森（1792—1865）发明了热风炉工艺，革命性地改变了制铁业。这一工艺大大减少了制铁过程中对原材料与燃料的消耗，降低了金钱成本，同时提高了锅炉的单位产量。尼尔森的这项发明让苏格兰生铁铸造厂商在与英格兰和威尔士的对手竞争时拥有显著优势，从而为苏格兰生铁产量的惊人增长奠定了基础。1825—1840 年，苏格兰的生铁产量增长到之前的 20 倍，达到 50.4 万吨，这些增量主要源自艾尔郡及拉纳克郡，尤其是在后者的芒克兰（Monklands）地区，加特谢里（Gartsherrie）的贝尔德家族（Bairds）在这一时期建成了他们名下庞大制铁企业的核心设施。从 1830 年代开始，这一家族只用了短短 40 年便作为世界领先的生铁制造商而为人所知，他们在 1870 年已拥有 42 座高炉，年产量达 30 万吨，仅企业在当年获得的利润便高达 300 万英镑。1841 年，曾作为政府专员奉命调查苏格兰矿业地带状况的托马斯·坦克雷德（Thomas Tancred）曾用生动的语言描述了芒克兰工厂的景象："……四面八方成排而建的高炉足可以让人联想到正在喷吐火舌的火山，这里的熔炼工作不舍昼夜、不顾周日，总是持续不断地进行着。在白天，有一整条运河始终都在冒着热气，因为这里是两岸的锅炉排放废水的地方，蒸汽机车牵引着一长串挂斗从旁驶过，错综复杂的铁轨横穿乡间，朝着各个方向延伸。"[3] 这段对维多利亚时代苏格兰工业区骇人景象的刻画堪称经典。

苏格兰造船业的进步从 1830 年代开始便持续不断。克莱德河地区既能开发当时最为前卫的船舶推进技术，也在造船材料领域居于领先地位，并因此享誉世界。克莱德赛德地区在这一时期创下了造船行业的一系列第一，令苏格兰造船企业在蓬勃发展的世界船舶市场中始终占据鳌头。这些开创性成就包括航速更快的螺旋桨（代替明轮桨）、动力远大于早期型号的复合式船舶发动机，以及将铁和钢等新型材料用于造船。在 19 世纪下半叶，苏格兰造船业、制铁业与炼钢业的命运开始密切地联系起来，克莱德河地区船厂对采用新材料的强烈热情无疑在这背后起到了很大作用。在 1840 年代，英国几乎所有铁制船舶都产自克莱德河地区，1851—1870 年，克莱德河地区仍生产了全英铁制船舶总吨位数的三分之二以上。苏格兰的炼钢产业在1870 年代逐渐成形，但因为苏格兰以磷铁矿为主，而当时最主要的炼铁技术，例如贝塞麦（Bessemer）转炉和西门子 - 马丁（Siemens - Martin）平炉炼钢法，主要依赖含磷量低的铁矿石，所以这一行业的发展一直受到制约。直到 1880 年代吉尔克里斯特 - 托马斯（Gilchrist - Thomas）工艺发明之后，这一问题才得到解决。结果，苏格兰炼钢业只能依靠平炉炼钢法和进口铁矿石才得到发展。到 1885 年，苏格兰已经有 10 家炼钢企业，产量达到全英西门子平炉钢产量的近一半。平炉炼钢与造船业之间的关联非常重要：炼钢有赖于主要造船厂对使用更轻、更耐用、强度更大的金属材料，以维持世界市场领先地位的坚定追求。

维多利亚时代苏格兰的经济成就也有赖于当地燃料、原材料与廉价劳动力的供应。低地的中央地带有丰沛的煤炭资源，在 19 世纪早期便开始为蒸汽机驱动的纺织厂提供动力，但随着制铁业飞速扩张，煤炭产业的发展更为繁荣。1800 年，苏格兰有七八千名煤矿矿工，到 1870 年这一数字已增长到近 47000 人，受雇于苏格兰各地的超过 400 座煤矿。贝尔德制铁厂的出色成就在很大程度上便有赖于附近丰富的硬烟煤矿藏和拉纳克郡的黑铁矿储备。从 19 世纪晚期开始，随着道路与运河系统进一步发展，煤炭与铁矿石的运输变得更为便利。但从 1820 年代开始，铁路便已给苏格兰重型工业原料和制成品的运输带来革命性的影响。诸如芒克兰—柯金蒂洛赫铁路（Monkland and Kirkintilloch Railway，1824 年）和加恩图尔克—格拉斯哥铁路（Garnturk and Glasgow，1826 年）等最早建成的铁路都是以最大限度地开采矿石为目的修建的。1830 年，苏格兰铁路行业的融资总量仅为 15 万英镑，这一数字到 1850 年已上涨到超过 2000 万英镑，到 1870 年达到近 4700 万英镑。早在 1830 年代，连接格拉斯哥、爱丁堡、佩斯利、格里诺克和艾尔的铁路干线已经修建，通往英格兰的沿海铁路也在之后建成。铁路给苏格兰社会生活的方方面面都带来了深远的影响，但重工业受到的影响尤为重大。与容易在冬天封冻的运河相比，铁路更为可靠。和运河一样，铁路可以以低廉的成本运输大宗货物，但铁路运输的速度远比船运更快，行车日程也更为稳定。对于工业与矿业设施而言，通过岔线和支线与错综复杂的铁路系统相连也比与运河系统相连更为简便。铁路建成之后，特定区域的丰富矿藏可以得到更好的利用，彼此互补的工业部门之间也可实现前所未有的高度集聚。苏格兰的工业活动之所以在格拉斯哥、艾尔郡、西洛锡安郡和拉纳克郡部分地区高度集中，铁路无疑构成了最为重要的原因。

即便在技术领域取得了令人目眩的突破，苏格兰的大多数产业仍依赖人力劳动。造船业在很大程度上是一种大型组装工程，熟练工人在其中发挥的作用远大于机械工具。即便在 19 世纪晚期研发了更为先进的切削设备，苏格兰的煤矿开采仍以人力采掘为主。1890 年，有人估计劳动力成本仍占苏格兰炼铁成本的近一半，以及造船业成本的三分之一到三分之二。至于工程、工具制造、金属铸造、家具制造、木工和印刷等行业的运转则完全离不开熟练工。1911 年，格拉斯哥 70% 的男性或女性成年居民受雇于某一制造业部门。以男性熟练工为主要劳动力的行业在当时雇用了格拉斯哥总劳动力的近四分之一，但这一比例在 1841 年仅为 10%。

260 　　在此基础之上，与维多利亚时代主要的竞争对手英格兰相比，苏格兰的劳动力成本更低。即便英苏之间的平均工资差距在 19 世纪晚期有所缩小，学界仍普遍认为较为廉价的劳动力构成了这一时期苏格兰工业资本家享有的一个重要优势。根据 1880 年代的数据，在制铁、炼钢、造船、棉纺和啤酒酿造业，苏格兰的薪资低于联合王国平均水平。在最为重要的钢铁和造船行业，苏格兰劳动者的平均工资为每年 70 英镑，而整个联合王国的平均水平为每年 76 英镑。在大量雇用女性劳动者的纺织业，低薪资待遇更为普遍。在 1880 年代，受雇于纺织业的 10万名苏格兰劳动者中有三分之二是女性。在苏格兰西部，当地棉纺企业一直倾向于让女工而非男性劳动者操作走锭纺纱机；在邓迪，薪资寒酸的女性劳动力构成了当地纺织业抵抗印度纺织业竞争威胁的第一道防线。苏格兰煤矿产业曾经面临的劳动力瓶颈在这一时期被两个因素打破了。首先，政府在 1775 年与1799 年通过立法终结了运煤劳役制（collier serfdom），这些举措的初衷并不在于施善，而在于雇用更多的劳动力、打破运煤工人的结社活动（抑或"兄弟会"）、遏制他们对薪资待遇提出的要求。其次，1820 年之后，苏格兰的煤炭产量飞速增长，吸引大量爱尔兰劳动力迁入，苏格兰劳动力市场上的长期短缺状况从此不复存在。毫无疑问，在这个产量激增的时代，拉纳克郡和艾尔郡蓬勃发展的煤矿与铁矿开采事业都对爱尔兰移民颇为依赖。1861 年，科特布里奇只有不到一半的运煤与采煤工人生于苏格兰，爱尔兰移民已占据其中的大多数。

对于苏格兰的这些关键产业来说，只拥有一支廉价且人数充足的劳动力是不够的，劳动者对产业需求的应对方式同样值得考量。到 20 世纪初，苏格兰的工会运动开始扩散，劳资关系也开始变得紧张，1897 年苏格兰工会大会（Scottish Trades Union Congress）的成立便象征了这一历史变化。但在更早之前的几十年间，后世所谓"红色克莱德赛德"的印象并不能描述苏格兰西部的现实情况。格拉斯哥的棉纺工人工会曾成功地抵制了企业主引进走锭纺纱机的计划，但在 1837 年的罢工及其后续事件当中，这一组织被彻底打垮，再也不能对技术革新构成威胁。在 1860 年代和 1880 年代，克莱德赛德地区的工程业与造船厂都爆发过工人罢工，受雇于邓迪黄麻纺织企业的女性工 261

人也时常举行罢工。但在 1860 年代，威廉·诺克斯（William Knox）认定"造船与采矿业内的工会运动已被扫荡干净"。[4] 苏格兰劳动者加入工会的情况不如英格兰和威尔士普遍，且他们在传统上更倾向于规模较小的本地工会，这些工会往往成员较少、影响力薄弱。不同工种间的纠纷颇为常见，在冶金、造船和建筑行业尤为显著，而这种工种间的矛盾又因爱尔兰天主教徒和苏格兰新教徒工人之间的教派分歧而加剧。在这些因素的作用下，苏格兰的劳动力看起来既廉价又顺从。也正是在这种印象的作用下，美国胜家公司才会在 1900 年看中克莱德班克，并在那里建成了一座周产高达 13000 台的缝纫机制造厂。总体来看，在苏格兰经济的黄金时代，雇主在劳资关系中占据绝对上风。诸如贝尔德家族和尼尔森家族的大企业坚决反对工会运动，视其为不折不扣的邪恶力量，并无一例外地在劳资纠纷中采取强硬态度。还有一些雇主选择结成造船业雇主联盟、全国建筑承包商协会或东苏格兰工程师协会等业界共同体，以在劳资纠纷中与同业雇主共享话语权。苏格兰雇主的主导地位几乎不可撼动。1872 年，爱德华·扬（Edward Young）向美利坚合众国众议院报告称克莱德赛德地区的工人"只能为极为微薄的薪水拼命工作，让他们的雇主有能力将产品以低廉的价格销往国外，否则他们就没有工作可做，只能忍饥挨饿"。他进一步指出，克莱德河地区的造船业之所以取得了全球性的成功，归根结底是因为"当地人数众多的熟练工人和低廉的薪资水平"。[5]

2

维多利亚时代的苏格兰经济至今仍为一些人所缅怀。在 19 世纪，苏格兰的重要产业不但为苏格兰本地人所有，其产品也被销往世界各地。当时的苏格兰是世界经济格局中一股不可小觑的力量，苏格兰的制造业具有与其相对较少的人口颇不相称的优势地位，这一切都与 20 世纪末的苏格兰形成了最为鲜明的对比。到 20 世纪末，苏格兰的大多数制造业企业已不再为苏格兰本地人所有，苏格兰经济的繁荣与否似乎也取决于海外投资者的选择，现代苏格兰经常被贬低为所谓"末端经济体"，其命运往往受制于不受本地政治进程左右的外来力量。但我们应当避免美化维多利亚时代和爱德华时代的苏格兰经济。此时的苏格兰经济存在两个严重的弊病，其一在于这种经济体系对苏格兰民众福利与生活水准的影响，其二在于这一体系内部逐渐萌生的结构性破绽，这些破绽最终将在一战后苏格兰陷入工业危机时造成严重的后果。

262

这一时期的确有一些苏格兰财阀家族通过发展出口导向型工业牟取了巨额利润。1809—1914 年，整个英国共有 40 名富豪拥有价值 200 万英镑以上的财产，化工行业巨头查尔斯·提南特爵士（Sir Charles Tenant）、制铁大亨威廉·贝尔德、纺纱业帝国的詹姆斯·科茨爵士与彼得·科茨爵士，以及经营采煤与制铁事业的威廉·韦尔（William Weir）都位列其中。除了这些异常富有的商业大亨之外，苏格兰也拥有一个坚实且富裕的中产阶级群体，其中包括律师和医生等高薪专业技术人员，以及小商人和高级文员。维多利亚时代的经济学家 R. 达德利·巴克斯特（R. Dudley Baxter）在他发表于 1867 年的国民收入情况研究中指出，苏格兰中产阶级的总人数达到 267300 人，他们的年收入水平在 100 英镑到 1000 英镑，在人数上构成了苏格兰所谓"生产性人口"的近五分之一。这些苏格兰中产阶级的消费催生了 19 世纪苏格兰主要城市周边兴起的新式高档居民区，例如邓迪附近的布劳蒂费里（Broughty Ferry）、格拉斯哥城西（West End）美观的联排住宅区，以及爱丁堡近郊规模可观的纽因顿（Newington）和科斯托芬（Corstorphine）别墅区。1870 年以后苏格兰资本的大量外流也在一定程度上反映了当时苏格兰中产阶级储蓄水平的上升。以澳大利亚为例，当地来自苏格兰的注资在 1870 年后的二十年里便增长了八倍。大多数海外投资都来自苏格兰本地的专业人员或商人家庭，而负责为海外客户融资的则多为苏格兰本地的律师与特许会计师。有人认为 1880 年代的爱丁堡已成为这些海外公司代理人的"窠臼"，他们构成了当时苏格兰中产阶级资本外溢的主要渠道。苏格兰中产阶级的平均收入水平低于同时期的伦敦和英格兰的其他都会区，但在 20 世纪初，当地的中产阶级收入水平已与兰开夏郡和约克郡的主要工业地带相当。

263 　　与富人和中产阶级相比，其他苏格兰人的生活状态就要惨淡一些。在工业经济的黄金时代，苏格兰社会的分配不均达到了令人发指的程度。巴克斯特在 1867 年的研究中将苏格兰约 70% 的"生产性人口"（总数近百万）归为排行最低的"低技能"与"无技能"劳动者，他们都是平均年收入不到 50 英镑的男性工人。对于处在这一层次的很多苏格兰人来说，短期性失业是一个挥之不去的威胁。1884—1887 年、1894 年、1903—1905 年和 1908 年，苏格兰的造船业和其他以生产资本性产品为主的产业都曾经历了剧烈且危害颇大的波动，尤其是在 1908 年，克莱德赛德地区熟练工程师的失业率上升到 20%，造船厂工人的失业率则接近 25%。苏格兰四大都市拥有庞大的季节性与临时性劳动力，1900 年代初这些劳动者在城内的劳动力总供给中占比达到 25% 左右，他们主要从事搬运、驭车、沿街叫卖等行当，收入微薄且不稳定。本书之前提到，1830—1914年的大多数时候，苏格兰工业部门的薪资水平都低于英格兰。英国商务厅（Board of Trade）在1912年估算，苏格兰城镇地区的实际薪资（将生活成本纳入考虑）比英格兰城镇地区少整整10%。苏格兰的生活成本则更高。理查德·罗杰（Richard Rodger）近来关于格拉斯哥的研究也显示，当时格拉斯哥市民为食物和住处租金（这两项开支占据劳动者每周预算的五分之四）支付的数额比同期的曼彻斯特、利兹、索尔福德和诺丁汉等英格兰城市多5%。而在格拉斯哥所在的克莱德赛德地区，当地人的工资较英格兰城市更低，收入也更不稳定。

这一时期苏格兰的人口外流状况与居民居住条件也足以证明，维多利亚时代的工业经济并不能让苏格兰社会实现普遍富裕。正当苏格兰制造业在海外市场高歌猛进时，大量苏格兰人离开了本土，前往美国、加拿大和大洋洲。1830—1914年，近200万苏格兰人从苏格兰迁往海外，外迁人口与苏格兰总人口间的比例相当于英格兰及威尔士的1.5倍。除此之外，还有60万苏格兰人越过英苏边界迁往不列颠岛其他地区。如此庞大的人口外流令苏格兰和爱尔兰与挪威一道跻身欧洲移民来源地前列。1904—1913年的移民潮期间，共有60万人离开欧洲，苏格兰人在这一大潮中占据领先地位，移民率位列欧洲第一。而在更早之前的1850年代，因海外移民导致的苏格兰青年人口流失问题甚至比第一次世界大战期间更为严重。事实上，苏格兰在近代欧洲几乎是唯一一个既经历了快速工业化又见证了大规模海外移民的地区。考虑到欧洲大多数人口外迁比例较高的地区都处在较为贫穷的农业经济状态，苏格兰人的海外移民背后似乎存在一种"用脚投票"的因素，他们试图前往海外，以追

264

求在本土不易得到的更好的生活。

到 20 世纪初，苏格兰工人阶级的居住条件已经吸引了无数调查与评论。这些调查结果充分地说明，劳动者的生活状况在 1870 年至 1914 年几乎没有什么实质的改善。克莱夫·李（Clive Lee）在近来的研究中指出：

> 到第一次世界大战爆发前夕，苏格兰社会已处在一场住房危机的边缘。1911 年，近一半的苏格兰人居住在只有一到两间房间的狭小居所，而这一比例在英格兰只是略高于 7%。苏格兰的租金水平也相对更高，在 1905 年，苏格兰的租金比诺森伯兰和达勒姆高 10%，与英格兰中部和北部的其他郡相比则要高 25%。在 1914 年，超过 200 万苏格兰人（总人口的近一半）不得不多人同居一室，与当时对"过密"的定义相吻合。[6]

苏格兰的住房问题折射出居民收入水平较低且不稳定的现实。对收入有限的苏格兰家庭来说，租赁廉价的狭小公寓以尽可能避免房租积欠乃至被清退是较为经济的选择，问题的症结主要在于大多数人有限的经济能力，而非条件适当的住房的供应是否充足。以 1914 年为例，当时仅格拉斯哥一城便拥有超过 20000 处无人居住的房屋，相当于全城住房总量的约 10%。这场住房危机显而易见地表明，在格拉斯哥成为"帝国第二大城市"的同时，这座城市也正面临着严重的贫困问题。

维多利亚时代苏格兰工业经济取得的成就应当得到承认。对于苏格兰这样一个人口不多的地区而言，能在 19 世纪相当长的一段时间之内在世界经济的关键领域中占据主导地位，这无

疑是一个辉煌的成就，制造业和采矿业的快速扩张也为苏格兰
不断增长的人口提供了大量就业机会。但我们不能忽视这一经
济奇迹背后的局限性。进入 20 世纪，偏低的居民收入与广泛的
贫困问题令曾几何时实现了工业发展的苏格兰陷入严重的战略
劣势：在这个新时代，经济的增长潜能在很大程度上已开始为
对家用商品、汽车、自行车、家具和电子产品的需求所左右。
苏格兰西部自维多利亚时代以来形成的工业体系倚重船舶、机
车、桥梁工程、铁路车辆制造和制铁等行业，缺乏强有力的消
费用品制造业，这一弊端将在两次世界大战之间令当地经济遭
受惨痛打击。在 1914 年之前，苏格兰的经济结构已经暴露出危
险的脆弱性。苏格兰的重工业部门不但彼此之间紧密联结，还
高度依赖海外市场，尤其是不列颠殖民帝国市场的需求，这让
苏格兰经济在美国和德国等竞争对手面前面临风险。鉴于这两
个后发国家拥有庞大的人口与丰富的资源，它们几乎必然会崛
起成为世界级的工业强权国家。当地跨半个大陆的国家开始发
展工业时，它所释放的产能将远远压倒民寡地狭的苏格兰，无
论后者的制造业拥有多么丰富的经验与创新意识。因为苏格兰
擅长制造的基本资本产品很容易被海外竞争者模仿，所以其面
临的风险更为严峻。此外，到 1914 年，曾经帮助苏格兰在工业
时代获得强大竞争力的资源禀赋开始衰落。1870 年代苏格兰每
年开采的铁矿石总量超过 200 万吨；到 1913 年，这一数字已下
跌至 59 万吨。苏格兰整体的煤炭产量仍维持在较高水平，但在
拉纳克郡，储量最为丰沛的矿脉正快速趋于枯竭，金属冶炼行
业所需的硬烟煤也变得越来越稀缺。作为结果，苏格兰工业成
本开始上升。在苏格兰西部，企业主投资重金推广先进的煤炭
切削设备，但这一技术革新最终也未能阻止采煤业的劳动生产

265

率大幅下跌。

在受到威胁的重工业部门当中，造船业的处境最值得关注，这是因为苏格兰西部的制铁厂等工业企业很大程度上都依赖来自克莱德河地区造船厂的订单。从表面上看，一切似乎安好：一战爆发前几年里，苏格兰造船业生产的总吨位数创下新纪录，造船业者在技术创新方面的名声也没有被动摇。但历史学家在调查这一时期大型造船企业的经营记录时发现了两个不利的趋势。首先，由于竞争（对手包括英格兰东北部的造船企业）日益激烈，苏格兰的很多船舶都是在亏本的状态下建造的，而在一战前夕的几年间，这种"无利润繁荣"的现象开始变得越发常见。其次，诸如约翰·布朗造船厂（John Brown's）和费尔菲尔德造船厂（Fairfield's）等主要造船企业专注于为英国海军部建造战列舰、巡洋舰和驱逐舰等军用舰艇，这一策略在列强展开海军军备竞赛的时代无疑颇为保险且有利可图，但政治形势一旦发生变化，对军方订单的依赖便会埋下不小的隐患。上述两种趋势在短期之内尚不至于迅速恶化。然而，一旦整个造船业在更长远的时期陷入困境，整个苏格兰的重工业经济体系都将迎来危机。但至少在一战爆发前夕，这样的风险看起来似乎还很遥远。

266

3

1914—1918 年，苏格兰工业作为联合王国的巨大兵工厂卷入了第一次世界大战。战争晚些时候，德国的无限制潜艇战令英国损失了相当于战前商船队总数三分之一的海上运力，这为克莱德河地区的造船厂提供了巨大的新需求。苏格兰的机械制造与金属冶炼业则将产能用于大量生产枪炮与弹药。苏格兰的亚麻与羊毛产地则生产了大量帆布，供军队用作军装或帐篷的材料。而一战最具标志性的环节——堑壕战如果离开了邓迪生产的黄麻沙袋，也没有可行性可言。到1918年，共有一亿只沙袋被送往欧洲前线。也正是在那一年，克莱德河流域成为联合王国境内最重要的弹药生产地，当地的大型重工业企业全部受到政府的直接控制、规范或指示。采矿业和制造业的一些部门在战争中蒙受了损失。因为来自比利时的毛线供应被切断，边境地区的粗花呢产业大受打击。苏格兰东部的煤矿曾在1914年以前蓬勃发展，但随着德国与波罗的海地区的市场关闭，以及英国海军部决定征用福斯河口沿岸的煤炭港口，当地采煤业也陷入困难。但总体而言，第一次世界大战让苏格兰经济对少数彼此关联的大型工业部门的依赖更趋严重，经济体系的脆弱性也越来越明显地暴露出来。

随着经济在1919年至1920年迎来了短暂的繁荣，战时状态造成的不可持续的扭曲被进一步放大了。由于业界预期弥补战时损失的需要将带来大量需求，英国全国的造船业产出在这一时期相比战前上涨了近40%，但与此同时，美国、日本、荷兰与斯堪的纳维亚诸国等从事造船业的国家也在积极采用这一策略。1923年以后，对造船业这一苏格兰支柱产业面临产能过剩的担忧终于迅速成为现实。而在炼钢业，战时繁荣的表象也掩盖了一些正在萌生的新问题。虽然钢材的性质已经从酸性钢转换为碱性钢，但苏格兰的制铁业并没有完成相应的转变。事实上，在苏格兰炼钢行业扩张的同时，苏格兰的制铁业却没有新增一座炼铁高炉，这一反差加剧了制铁与炼钢行业在苏格兰的脱节，令苏格兰的炼钢企业在未来不得不背负更高昂的成本来参与国际竞争。但讽刺的是，在其他工业领域，产业间的整合加快了步伐。由于造船业者乐观地预计 1918 年后弥补战时损失的需求将带来大量造船订单，大型造船企业在这一时期为确保船舶钢板的供应，开始出手争夺对炼钢企业的控制权。到 1920 年，造船业对炼钢业的吞并潮已推进到如此彻底的程度，以至于整个苏格兰只有莫森德（Mossend）的斯图尔特与劳埃德公司（Stewart & Lloyds）这一家炼钢企业维持了独立地位。苏格兰造船业与炼钢业的所有权在战后被牢牢地捆绑在一起，随着战后的经济景气迅速恶化，两个行业的命运也将息息相关。

战间期对苏格兰工业来说并不完全是灾难性的。那些保住了工作岗位的人仍在大多数时间里享受了生活水平的提高。作为结果，制造业当中一些服务于本土消费者的小规模部门也取得了不错的效益。地毯、汽油、袜业与针织品行业的成绩尤为显眼，但这些部门雇用的人力相对有限。相比之下，19 世纪苏格兰工业经济体系中的霸主们在这一时期的大多数时间里都处境惨淡，时而陷入严峻的危机。在经历了短暂的战后复苏之后，黄麻产业不得不在战间期面临需求下滑和海外竞争的双重压力。在 1930 年代早期经济萧条最为严重的时候，受雇于这一行业的劳动力有近一半陷入失业状态。从 1920 年代中期开始，煤炭行业的需求便不再增加，而随着煤炭在市场上受到了来自油、气和电力等新能源的挑战，受雇于这一行业的劳动力数量也从 1920 年的 155000 人下降到 1933 年的 81000 人。炼钢业在整个战间期的状态都颇为低迷，再也没能重返 1920 年代早期的风光岁月。鉴于炼钢业所仰赖的造船业也已陷入长期衰退，这一结果并不令人意外。一方面，在第一次世界大战和结束后不久的一段时间之内，全球造船业产量增长了一倍以上。另一方面，在 1920 年代和 1930 年代的大多数时间里，曾在 1914 年之前支撑起全球贸易与造船需求的原材料产地和工业化国家间的贸易也陷入停滞，全球造船业因此面临着长期性的产能过剩问题。有研究估算，当时英国的造船厂即便在生产了相当于1921—1939年全球总需求的吨位数之后仍能有一定产能剩余。而随着世界主要海权国家在1921年的海军裁军会议上签订了《华盛顿条约》，军方的造舰订单也近乎断绝，令深受商船需求下滑之苦的造船业者的境况雪上加霜。不过，这一时期克莱德河地区的造船业尚能凭借制造远洋邮轮的经验抓住这一机遇，不至于像英格兰的泰恩河（Tyne）和威尔河（Wear）造船业那样一蹶不振。

如今，强调战间期情况的复杂性已成为学界的流行认识。英格兰研究者认为英国不同地区对战间期经济困境的体验有所不同。那些保有工作岗位的人享受了实际收入上涨所带来的好处，这在英格兰南部和米德兰地区带来了房地产业的繁荣与随之而来的居民消费上升。就联合王国总体而言，1913—1937年国民人均收入增长了超过23%，增速远超一战前的几十年。传统观点认为战间期充斥着经济萧条、失业与衰退，但在英国各地，战间期也是一个重要的经济变革期，由汽车、自行车、飞机、电子产品和轻工业等部门组成的新工业结构正是在这一时期诞生的。

这场经济变革在苏格兰并非无迹可寻。这一时期苏格兰的中产阶级就业率大体维持在较高水平，这一群体的失业率几乎很少高于5%。部分出于这一原因，诸如休·弗雷泽（Hugh Fraser）和艾萨克·沃尔夫森（Isaac Wolfson）等零售业巨头得以在这一时期扩大经营规模，而来自英格兰的刘易斯百货（Lewis's）、玛莎百货（Marks & Spencer）、布茨（Boots）和蒙塔古·伯顿（Montague Burton）等大型零售企业也开始进军苏格兰。那些拥有工作岗位的人显然有了更强的消费能力。然而，尽管战间期的苏格兰没有面临像威尔士、阿尔斯特和英格兰东北部那样沉重的经济压力，该地的处境与米德兰、伦敦和英格兰南部相比仍在两个重要层面上有所不同。首先，苏格兰经济主要依赖少数出口导向型企业，因此受到了全球贸易大幅萎缩的打击，苏格兰在战间期的总失业率始终高于英国平均水平。例如，在 1932 年，英国全国的失业率为 22.1%，苏格兰则为 27.7%。在低地西部的工业核心地带，超过总劳动力四分之一的劳动者（近 20 万人）在 1930 年代初没有工作。即便在更为富裕的洛锡安地区，当地失业率也高于英格兰南部。同样值得注意的是，由于海外移民为苏格兰社会提供了一道重要的安全阀，被登记为"无业"的人口规模本有可能比实际的统计数字更大。苏格兰一向在欧洲的海外移民来源地列表中位列前茅，但在 1920 年代，苏格兰的海外移民规模达到了空前的水平：1801—1911 年，每十年平均有 147000 人迁出苏格兰；1921—1931 年，这一数字翻了一番。

其次，苏格兰的一些经济指标也不如同时期的米德兰和英格兰南部可观。1924—1935 年，苏格兰的工业总产值每年收缩 2.89%，更为重要的是，对制造业进行的普查显示维多利亚时代苏格兰"旧"的支柱产业仍在战间期的苏格兰居于主导地位，相比之下"新"产业没能取得显著的发展。这不只是因为苏格兰人没能在制造业领域确立新的专精部门。汽车制造业等行业的萌芽可以追溯到 1914 年以前，但这些产业在 1920 年代都没能存活太久。即便传统的消费产业——家具制造业也没能在苏格兰实现大规模量产。苏格兰在繁荣发展的电子产品制造业领域也缺乏存在感，产量仅相当于全英总产量的 2%，而就连这些产品也大多为重型机械。苏格兰的工业经济结构似乎越来越趋于僵化，直到1939年仍没有与维多利亚时代和爱德华时代的格局拉开多少距离，而这一停滞将在未来数十年间让苏格兰面临严重的后果。本章的最后一部分便将讨论，为什么苏格兰经济没能从根本上摆脱对一些当时看来已陷入长期衰退的产业的依赖，并向未来更具发展活力的新板块过渡。

其中一个答案是，苏格兰旧支柱产业的适应力其实比表面上看起来更为强大。这些产业面临的一个主要问题在于全球市场的变动，但它们往往可以轻易地因应这些趋势改变策略。苏格兰的企业家早在1914年以前便已习惯于应对市场上对于资本产品之需求的剧烈波动，他们在变动前采取静观其变的"乐观主义"态度也便不难理解。而作为"静观"的结果，"变"的确发生了。随着国际关系恶化，英国重新开始扩充军备，炼钢业的行情在1934年迎来反弹，造船业的需求也随后上涨。但仅凭一种对时来运转的信念不足以让苏格兰传统工业巨头坚定对现状的信心。他们还认识到战间期的苏格兰经历了显著的技术进步，可以让苏格兰工业在复苏之后更好地参与市场竞争。通过对机械采矿技术投入重金，苏格兰采矿业的生产效率远高于英国平均水平，与英格兰各地相比也只逊于约克郡。此外，与一般人所认识的相反，战间期的克莱德河地区并未失去在船用发动机研发领域的领先地位，当地工程师开发新式柴油发动机的态度也非常积极。克莱德河地区在客运邮轮领域也享誉世界，正是这一名声让"玛丽女王"号（Queen Mary）与其姊妹舰"伊丽莎白女王"号（Queen Elizabeth，1936年动工）得以由克莱德班克的造船厂承建，尽管前者在1931年至1934年遭到弃置，成为经济萧条的恐怖象征。

270

苏格兰的炼钢业面临的技术困境更为严重，由于炼钢企业未能统合原材料、制铁与炼钢三大产业的资源调度，这一行业的成本仍较为高昂。由国际工业咨询机构布拉瑟特公司（H. A. Brassert & Company）发表的一份著名的报告认为，苏格兰炼钢业必须在克莱德河岸边的厄斯金修建一座完全一体化的制钢炼铁厂，才能解决当前面临的成本问题，但这个颇有远见的计划最终遭到了拒绝，这既是因为印度的制铁企业能够以比布拉瑟特报告所提议的更低廉的价格向科尔维尔炼钢厂（Colvilles）提供生铁，也是因为 1920 年代晚期市场对钢材的需求过于低迷，贸然发起一项野心勃勃的巨额投资可能反而会令行业陷于不利。不过，苏格兰炼钢业最终还是取得了一些进步。科尔维尔公司采取积极的并购策略，最终在 1936 年控制了苏格兰 80% 以上的钢产量，这为日后由安德鲁·麦坎斯（Andrew McCance）主导的产业改良计划提供了舞台。拜彼得·佩恩（Peter Payne）所谓"出色的临时之举"所赐，麦坎斯让苏格兰炼钢业的生产方法变得更有效率，并为这一行业在 1930 年代晚期经济复苏时期取得的成就做出了一定贡献。为了解决钢铁行业整合的问题，斯图尔特与劳埃德公司采取了更为激进的办法，将集中在格拉斯哥附近的莫森德的劳动力转移到北安普敦的科比（Corby），在那里建造了一座全新的炼钢厂，以利用当地的磷铁矿床。与造船业相比，炼钢业取得的进展颇为可观：苏格兰的造船企业在战间期成立了全国造船业担保有限公司（National Shipbuilders Security Ltd），旨在征收苏格兰造船业销售收入的 1% 以购买闲置不用的船坞，这一机构最终让造船业的产能收缩近 20%，却没能为造船业的生产方式与实践带来显著改变。然而，战间期蓬勃发展的合并财团、产业卡特尔

与企业主协会都让家族利益集团得以强有力地主导重工业的
发展方向。一家上市公司在利润大幅下滑时也许不得不改变经
营策略，但不上市的有限责任公司更有可能坚持既有方针，以
保护家族企业一直以来的商业利益。

　　虽然这些强大的经济与社会因素让旧支柱产业维持了在苏
格兰经济体系内的支配地位，但其他一些因素也让新的制造业
与服务业部门难以在二战前的苏格兰立足，从而在这一时期苏
格兰经济的停滞背后扮演了同样不可忽视的角色。"新"产业
的一个主要特点在于其对本土市场的依赖，而在这一点上，苏
格兰无疑有着严重的劣势。除洛锡安地区（收入高于英国平均
水平）以外，战间期苏格兰大多数地区的实际收入水平都显著
低于英国平均水平。例如，在1938年，即便重工业已经走向复
苏，苏格兰的人均收入仍只相当于全英平均水平的89%，消费
品制造业者因此并不愿意从英格兰北上，到苏格兰开设工厂。
在英国国内较为富裕的地区，房地产行业的繁荣发展对当地
"新"产业消费需求的增加至关重要。1919—1939年，苏格兰
总共新建30万间住房，但新房建造的速度并不及英格兰，苏格
兰的房地产业也没有在1930年代经历像英格兰那样大规模的房
屋新建潮。由于苏格兰人口较为稠密的地区面临着更为严重的
失业问题，消费者需求无疑进一步受到压缩。此外，传统重工
业在经济危机中蒙受的损失也让产业多样化变得更为困难。克
莱德赛德地区的产业巨头威廉·比德莫尔集团本可以在19世纪
的传统经济模式与20世纪的新机遇之间建起桥梁。这家企业在
1914年以前已经开始生产家用车、出租车、公共汽车、商用车
辆、航空引擎与各式飞艇，如果如此广泛的经济活动得以持续，
苏格兰西部的经济史可能会得到改写，苏格兰新旧产业之间的

271

衔接也将成为可能。然而，因为 1920 年代的市场需求严重萎缩，威廉·比德莫尔集团不得不收缩业务范围，彻底放弃在新经济领域的探索，回归传统部门。苏格兰其他涉足汽车制造的企业也面临了类似的处境：汽车制造在 1914 年之前拥有不错的增长潜力，但到 1930 年，所有崛起于战前的汽车制造企业都已消失，只有阿尔比恩汽车公司（Albion Motor Co.）仍在生产商用车辆。

1930 年设立的苏格兰国家发展理事会（Scottish National Development Council）对苏格兰经济所面临的问题有着充分的认识。理事会的领袖人物之一，即颇具影响力的苏格兰工业资本家詹姆斯·利思戈爵士（Sir James Lithgow）认为苏格兰亟需缩小重工业规模，并向新产业扩张，以吸收剩余劳动力。1934 年设立的所谓经济特别区（Special Areas）计划体现了政府因应这一建议采取措施的意图，这一区域将苏格兰西部的几个郡涵盖在内，但没有囊括格拉斯哥。这是英国政府第一次制定并推行一整套"地区性"经济政策，但因为授权给苏格兰地区的 248 万英镑资金大多被用于改善生活便利设施而非提供直接经济资助，这一政策并未达到预期的效果。相比之下，1937 年《特别区法（修订版）》的意义更为重要，这一法律以希灵顿（Hillington）和谢尔德豪尔（Shieldhall）的工业设施为起点，首次授权政府专员直接建造工厂并将其租出，以及扶助企业支付房租与人工成本。其他工厂则在拉纳克郡的三个地方得到了进一步的发展。到 1938 年底，政府已在苏格兰花费 490 万英镑，并在轻工业部门创造了 5000 个就业岗位（从业者大多为女性）。这些改进虽然有其价值，却不足以在实质上解决当时苏格兰面临的男性结构性失业问题。这个问题更为深重，只有重整军备带来的军工需求能在一定程度上带来缓解，但这一趋势又加重了苏格兰对重工业的依赖，令这一积弊在之后的一段时间里难以动摇。第二次工业革命带来的改变比第一次工业革命更为彻底，但苏格兰从第二次工业革命的早期阶段便已处于落后状态，这正是苏格兰经济的悲剧所在。作为结果，进入新时代的苏格兰将不得不把 19 世纪的"世界工厂"殊荣拱手相让。

第十三章 维多利亚时代苏格兰的政治、权力与身份认同

1

在维多利亚时代，苏格兰的经济与社会格局发生了革命性的变化，但在政治领域，苏格兰的局面并没有经历类似的高速发展。这一历史时期发端于 1832 年的《改革法案》，而这一事件是 1790 年代人民之友协会运动以来苏格兰旧宪制体系面临的第一次重大挑战。曾参与起草 1832 年法案的时任苏格兰总检察长亨利·科伯恩（Henry Cockburn）把这项法案视为新时代来临的先声："苏格兰人民的喜悦之情无以复加，这场改革无异于将自由权利授予奴隶：我们终于摆脱了桎梏，如以色列人离开了埃及地。"[1] 尽管实际局面并没有科伯恩设想的那么乐观，这场改革还是带来了一些可喜的新变化。到 1832 年底，苏格兰的选民规模扩大了 15 倍，从区区 4500 人增至 65000 人，新的政治制度也开始将快速城镇化的影响考虑在内。苏格兰的城镇选区数从 15 个增加到 23 个，格拉斯哥现在拥有了两个议席，爱丁堡也获得了一个额外的议席，至于邓迪、珀斯和阿伯丁等主要城镇也各获得一个议席，苏格兰的总议席数在改革之后增加了八个。这场改革最为重要的结果在于赋予了城镇中产阶级与乡村的很多佃农和自耕农参政权：城镇居民中资产在 10 英镑以上者，各郡资产在 10 英镑以上的土地主，以及资产 10 英镑

以上、租期 57 年及以上的土地租赁者和租期 19 年以上、年地
租额 50 英镑以上的佃农都有权投票。这场改革用采取直选制度
的新选区取代了由城镇议会操纵选民提名的旧选区，从而终结
了传统城镇内部的寡头政治。总体而言，随着选民基数扩大，
自《联合条约》以来由位于威斯敏斯特的联合王国内阁牢牢控
制苏格兰代议政治的做法不再可行。鉴于此时尚未出现有组织
的全国性政党，地方要人的影响力成为苏格兰政坛更为重要的
因素。

　　然而，1832 年的《改革法案》远非激进。辉格党政府的主
要目的在于吸纳被认为有资格获得投票特权、参与国家治理的
城市中产阶级进入选民群体，从而尽可能地保全基于土地所有
权的传统秩序的权威，一劳永逸地消灭民主化的威胁。男性公
民普选仍被视为一条必然通向无政府状态与经济灾难的道路。
改革后的宪制安排将为中产阶级留有一席之地，但他们不可能
占据主导地位；恰恰相反，辉格党人希望《改革法案》维护而
非消灭有地士绅阶层的政治权力，以及其他保障英国政治制度
在立法过程中维持渐进变化的关键因素。和之前一样，新的选
举制度仍以财产规模而非人数为基础。城镇代表权只得到了有
限的增强，大部分以传统的王室特许城镇为基础的选区不但没
有在改革中被废除，还依旧维持着与郡选区之间的区别。因此，
城镇地带无法对乡村地区的政治格局产生影响。在苏格兰，选区
的分布仍严重偏袒乡村地区，从而让有地士绅在选举中的地位更
加有利。正如一个近来的评论者所说："改革之后，苏格兰下院
议席的分布仍与 1707—1832 年的格局相差不大，那些新兴城镇得
到的代表权更像旧势力用来遏制它们的隔离带，而非一场由社会
上的新生力量取得的胜利。"[2]

274

在乡村地带，地主阶层的主导权仍不可撼动。一些佃农得到了投票权，但因为投票并非以不记名形式进行，他们仍将在1832年以后的很多年里受制于地主的政治选择。此外，旧制度下最为臭名昭著的腐败操作——造假票也没有因改革而消亡，只是以新的形式继续猖獗。根据苏格兰的法律，个人领有的土地本身与封建秩序上的主人身份是分开的，因此地主仍可以利用1832年《改革法案》的漏洞，将自己的封建主身份分割成拥有10英镑财产的多个单位，并分配给自己安排的人选，从而让他们参与投票。事实上，1832年改革之后，苏格兰选民基础的扩大不完全是因为选举制度得到了革新，而且是因为有大量"苦役"选民被登记在册。在苏格兰东南各郡，托利党人充分利用这一手段，为自己建立了牢固的政治基础；在安格斯郡、斯特灵郡和伦弗鲁郡等地，这种方法也在当地的一些选区中得到使用。

辉格党人试图通过笼络城镇中产阶级来维护旧制度，但他们同样试图用改革彻底终结宪制变动的趋势。1832年的《改革法案》旨在巩固由富裕寡头阶层施行的开明专制，消除社会上一切对于现行制度的不满，从而保证政治秩序的长期安泰。这场改革被视为一切改革的终点，而不是通往下一次选举权扩大的跳板。然而，1832年的改革不可能为英国的政治制度带来不可更改的最终答案。飞速发展的苏格兰即将跻身世界上第一批城镇化社会的行列，但新的选举制度仍严重偏向农村选区和有地士绅。此外，在1829年和1832年，议会改革运动的提倡者开始动员大众施加政治压力，以推动立法通过。在格拉斯哥和爱丁堡等地，由手工业者与工厂技师组成的"政治组织"走上街头举行集会，抗议政客对改革的种种阻挠。辉格党人也公然利用劳动者的力量为自己的政治目的造势，但这场博弈无疑是危险的。正如托利党人罗伯特·皮尔（Robert Peel）预言的那样："这些是你们执政党的下流伎俩，其他势力现在虽然不能赢过你们，但迟早要用同样的办法将你们打垮。他们将把投票权送给200万男性国民，后者将援引你们的先例，以你们的原则来让他们合法且顺理成章地达成自己的目的。"[3]

1832年改革很快令辉格党人自食其果。苏格兰的工会一直是改革运动的热情支持者，当《改革法案》得到通过时，苏格兰各地的工会成员都举行了长达数周的庆祝活动。一场由苏格兰工会大会在爱丁堡组织的大型庆祝活动上，各行各业的工匠高举纪念缪尔、杰拉德等政治改革运动牺牲者的旗帜，举行了盛大的游行。这份《改革法案》无疑被他们视为1790年代以来苏格兰改革运动的延伸，是实现激进主义政治理念之路上的一个阶段。随着越来越多的迹象表明曾与他们携手推动选举改革的辉格党人无意进一步扩大选举权范围，一种被背叛的幻灭感开始在加入工会的劳动者当中扩散。正是这一格局构成了19世纪最著名的工人阶级运动——宪章运动的基础。

《人民宪章》（People's Charter）在1838年由伦敦和伯明翰的激进主义团体起草。这份文件提出了"六项诉求"（实现普选、废除参政的财产限制、采取不记名投票制、根据人口均分选区、为议员支付薪水，以及每年改选一届议会），旨在重新提起1832年以来被辉格党无视乃至拒斥的种种激进的政治改革。宪章运动很快在苏格兰博得了巨大的人气。伯明翰宪章派的领袖托马斯·阿特伍德（Thomas Attwood）在1838年5月来到格拉斯哥绿地公园发起游行，总共吸引了10万人参加。到1839年春天，苏格兰已经成立了超过130个宪章派组织。苏格

276

兰宪章派也自行出版了一份全国性报纸——《真苏格兰人报》（*True Scotsman*）以及四份地区性刊物。即便议会在 1839 年 6 月以 235 对 46 的压倒性多数否决了宪章派的全部诉求，宪章运动的声势仍未减退，由来自英格兰的诸多巡回演讲者与宪章派要人组成的网络令这场运动在苏格兰始终得到忠实的支持。苏格兰宪章派成立了诸多地方性与地区性组织，并派出代表参加伯明翰和伦敦的全国总会。

宪章运动的崛起在很大程度上源自改革派对 1832 年《改革法案》未能激发新一轮社会变革的失望，但其他因素也起到了一定作用。宪章运动背后存在着一种由来已久的激进主义政治传统，这一传统肇始于 1790 年代的人民之友协会运动，在 1830 年代初围绕《改革法案》兴起的新一轮政治浪潮中又一次被激活。在 1838 年至 1843 年大多数规模较大的宪章派游行中，工会成员高举的旗帜仍与他们在 1831 年至 1832 年的旗帜相同。事实上，对宪章运动的理解必须以更广阔的历史背景为基础。在 1820 年代，苏格兰的工匠结社运动濒临崩溃，由于大部分半熟练（乃至一些熟练）工种受到大量新增劳动力的冲击，基于学徒制的传统行业准入机制已难以维持，克里斯托弗·惠特利曾不无道理地将这一过程称为"工人阶级的解体"。1830 年初有人试图重组工人并结社，1832 年的政治改革也在这一问题上带来了一些乐观的前景，但希望很快便走向破灭。1837 年著名的格拉斯哥棉纺工人大罢工最终导致数名领导者被逮捕、审判并流放，苏格兰最强大也最受畏惧的工会最终在雇主的强硬手段和政府对企业的支持态度之下走向消亡。棉纺工人的遭遇和 1838—1842 年的经济萧条都是促使宪章运动在苏格兰爆发式崛起的关键因素。法律的严苛制裁无疑让一些人对参与政治感到恐惧，但这种高压状态也激起了很多人对于政治变革的渴望，他们想借此动摇当局和司法制度的现状，剥夺后者用残酷手段与工人为敌的能力。

不过，苏格兰宪章运动追求的仍是改革而非革命。这场运动中没有鼓吹暴力推翻政府的思潮，尽管主张"暴力"应在特定情况下得到使用的派别和坚持主张使用"道德力量"的派别之间发生过争论。佩斯利的帕特里克·布鲁斯特（Patrick Brewster）牧师反对在任何情况下诉诸暴力，但追随这种纯粹主义立场的人很少。大多数宪章派支持者都愿意将暴力作为最后手段，尽管这一路线既没有一个清晰的策略，也没有在实践中得到检验。正如格拉斯哥民主协会（Glasgow Democratic Association）的格言"我们决心践行《人民宪章》，希冀以和平的方式，但不排除必要的暴力"所述，宪章派对暴力的态度始终停留在理论可能性的层面。结果，苏格兰的宪章派主要通过和平抗议、请愿、公开集会、公民教育、社会合作与宣讲会等形式推进自己的诉求，武装暴乱最终并未发生。在英格兰北部，由于政府试图推行备受憎恶的 1834 年济贫制度改革，进行济贫院（workhouse）资格测试并强制将济贫款项削减到最小限度，当地爆发了较为激烈且暴力的反抗活动。苏格兰的济贫法虽然也颇为严苛，但在 1843 年的修订之后，其内容并没有像改革后的英格兰济贫法那样严重威胁到工人的传统生活方式。自拿破仑战争结束以来，苏格兰济贫法便不承认拥有健全行为能力的失业者有权接受救济。很多人也意识到 1820 年那样的暴力抵抗只会再次迎来灾难性的结果，因此必须竭尽全力加以避免。当时的观点为，只要那些寻求政治权利的群体证明了自己具备足够的理性、纪律性和尊严，应当获得投票权，统治阶级便会乐于扩大参政资格的范围。在 1838 年的宪章派代表大会上，一些演讲者在讲话中强调了 1820 年罢工的失败，指出这一先例不但表明武装暴乱的策略必将破产，其结果也在事实上阻碍而非推进了改革的进程。

278 　　在主导了宪章运动的手工业者与小规模独立工匠看来，这种主张和平手段的观点无疑颇具吸引力。即便对 1832 年改革大感失望，他们仍继续和中产阶级改革派力量建立联系，试图与他们推动一场有影响力的运动，争取选举权进一步扩大。在这一背景下，任何暴力抗争策略都无异于自毁前程，届时作为唯一能保证运动取得成功的盟友，中产阶级一定会和宪章派拉开距离。这并非新鲜现象：工匠与中产阶级曾在 1790 年代结盟，这一合作关系后来又在 1812 年后短暂复活，在 1830 年代初结成的苏格兰政治联盟（Scottish Political Union）也以促进工人阶级和中产阶级的共识为目的。独立的外包工匠、手工织工和工匠技师构成了苏格兰宪章运动的社会基础，他们都曾与之前的激进主义运动有关。宪章派的领导人物往往出身小资产阶级，他们也和工人一样对自己在 1832 年改革中遭到排挤深感不满。因此并不意外的是，苏格兰的宪章运动几乎没有什么特定阶级的色彩。例如，宪章派人士和城市中产阶级曾成功地联手发起支持废除《谷物法》的运动，而尤为关键（但也颇为古怪）的是，这一时期他们的共同敌人仍是有地士绅阶级，而不是残酷无情的雇主或肆行剥削的工厂主。在他们看来，那些依凭地权而非依凭财产的权贵人物才是万恶之源。正如 1839 年 10 月的《宪章广报》（Chartist Circular）所说："世袭特权腐蚀政治，毒害舆论，令社会道德败坏，令教会尊严沦丧，令国家的资源靡费，造成了不公的垄断、产业的瘫痪，令半数商人经营惨淡，让全国陷于破产。"[4] 文章进一步指出，只有让"资本家与人民携手"，才能击败有地士绅这一传统敌人，让苏格兰脱离苦海。想要在这一背景下发起一场只代表工人阶级利益的政治抗争无疑是不现实的。

不过，我们也不应视苏格兰的宪章运动为一场只具有过渡性质的运动，认为其过分执着于手段的和平性和无法奏效的请愿活动，最终迎来失败。这样的看法忽略了宪章派文化对很多苏格兰工人阶级社群的重大影响。苏格兰宪章运动具有强烈的宗教道德色彩，反映了基督教信仰在苏格兰技术工人阶层中经久不衰的影响力。宪章派活动家对团结精神的呼吁以福音书的教诲为基础，很多为争取政治权利而斗争的活动者将自己的努力视为苏格兰历史上争取民事与宗教自由之斗争的延续，并因此以 17 世纪宪章派等苏格兰先烈的后继者自居。《宪章广报》曾呼吁其读者"研读《新约》吧，那里有宪章运动的要义"。这种宗教色彩赋予了苏格兰宪章运动强大的道德感召力，使其在 1840 年代（英格兰宪章运动正是在这一时期消亡的）的逆境过后仍能存活。宪章派把上帝拉到了自己一边：出于对信仰的执着，宪章派在 1839 年到 1842 年创立了专门的宪章派教会，以与敌视宪章运动的苏格兰国教会和其他对立教会抗衡。1841年初，苏格兰已有至少 20 个宪章派基督教会。《真苏格兰人报》宣称："从阿伯丁到艾尔，苏格兰每一座主要城镇里几乎都能找到一个举行主日崇拜的宪章派教会。"[5] 宪章派基督徒曾为本地会众举行婚礼和洗礼仪式，甚至设想过举办一场自己的公会议。很多宪章派人士也是苏格兰各对立教派的成员，他们本就不在苏格兰主流政治与宗教秩序之内，因此更有可能对苏格兰统治当局持批判态度。与此同时，苏格兰宪章运动的道德

279

色彩也解释了宪章派为何对"武斗"策略感到抗拒，决心以更理性、更克制的方式发起争取社会正义的圣战。

对禁酒、合作互助与教育的强调构成了宪章派文化的其他一些要素。1840年，《苏格兰爱国者》（*Scottish Patriot*）承认宪章运动对政府政策的影响力有限，但它通过宣扬全面禁酒与教导来"赋予人民一种前所未有的道德品格"。争取普选的问题如今已经从"公共场域"转移到"工人阶级的日常生活当中"，逐渐"成为人民社会生活的一部分"。[6]戒酒成为宪章派道德观念的一部分。在格拉斯哥，大多数宪章派领袖也是戒酒社团的组织者，阿伯丁全面禁酒社团（Total Abstinence Society）3000名成员中的绝大多数也参与了宪章运动。戒酒有助于改善工人的举止，提高他们的物质生活水平，让他们免于因酗酒陷入困顿，还可以通过减少酒水消费来降低政府从酒水税中征得的收入，从而对当局施加压力。禁酒运动造成了广泛的影响，当时的政治集会很快开始走出酒馆，转移到咖啡馆举行。禁酒运动的寿命最终超过了宪章运动本身，直到19世纪晚期还曾得到工党早期领袖们的支持。宪章派的另一个重点在于教育，他们视教育为民众承担公民义务的必要训练，这在他们获得投票权之后将至关重要。宪章派也试图给出对抗资本主义的其他方案。合作社商店的建立便是以直接挑战资本主义的核心——竞争力为目的的。1845年由宪章派成立的全国工会联合会（National Association of United Trades）则旨在将诸多劳工组织联合起来，以对抗过低的工资、血汗工厂与失业问题，"资本力量"是这一组织的重点抗争对象。宪章派土地开发计划（Chartist Land Plan）虽然在苏格兰并未造成多少影响，却提出了一种新思路，试图让人民开垦小片土地来实现农业自足，以作为工业资本主义的替代方案。

议会在 1842 年否决了第二次大众请愿运动所提出的诉求之后，宪章运动试图在 1848 年重振声势，却再次遭到挫败。进入 1850 年代初，宪章派终于退出政治领域，其追随者的政治愿景也彻底落空。1850 年代技术工人生活水平的提升和同一时期大量人口的外迁逐渐削弱了饥饿与不满对政治气候的影响。不过，宪章运动虽然以失败告终，却并没有从历史舞台上彻底消失。宪章运动令 1790 年代以来苏格兰的激进主义政治传统得到了更加深远的发展，它继承了公正、公平、道德操守、自力更生等伦理价值，以及相信全体人民应当为社会的共同良善而奋斗的信念，并对这些信条进行了更加细致的发展，极大地影响了 19 世纪晚期以来的劳工政治运动。尽管一再遭遇挫折，苏格兰激进主义的谱系却拥有惊人的连贯性。和其他激进主义运动一样，宪章运动也为苏格兰抗争者提供了锻炼政治领导力与积累组织经验的机会。1840 年代以后，著名的宪章派活动家将他们的精力与能力投入其他社会改革运动，推动了禁酒运动、工会运动、合作社运动以及城镇政治的发展。一些前宪章派人士成为城镇警察总监，还有一些人加入了地方的堂区委员会。在苏格兰政局当中，宪章运动的失败几乎立刻为自由党带来了利好。19 世纪晚期的自由党之所以能在苏格兰取得令人瞩目的主导性地位，其中一个原因便是技术工人阶层的坚定支持。在 1840 年代和 1850 年代，正是这一阶层为宪章运动提供了最大的能量。

2

在维多利亚时代的大多数时间里，苏格兰的自由主义都是一场派系林立的运动。推动了 1832 年《改革法案》的辉格党虽然对有限的社会改良心怀同情，却对进一步的政治改良持怀疑态度。他们将 1832 年的《改革法案》视为对政治改革问题的最终解决方案，从此之后政治制度最多只需接受一些细节修改，但城镇中产阶级中的激进主义者并不如此认为。他们执着于呼吁进一步扩大选举权，其诉求与 1868 年法案的内容相似。他们还积极支持自由贸易，并对维护苏格兰教会特权的传统政策怀有敌意。直到 1868 年才获得投票权的技术工人阶层对扩大参政权怀有同等的热情，但他们希望政治制度能得到更加彻底的改革，其程度甚至并不能为中产阶级激进派所能接受。此外，在诸如工厂改革和保障工人结社权等问题上态度积极的工人阶级激进派很容易与反对这些改革的中产阶级激进派发生冲突。因此并不意外的是，这些裂隙在选举中暴露出来，以至于在苏格兰的议会选举当中，彼此角逐的往往并不是自由党人和保守党人，而是在教会去官方化、保障工人结社权和改革选举制度等各种议题上立场不一的自由党人之间。在 19 世纪晚期，这些矛盾最终演变成公开的政治冲突，自由党最终因格莱斯顿对爱尔兰本地自治的支持而在 1886 年陷入分裂。

然而，即便这一松散的政治利益集团不可避免地面临诸多矛盾，自由党人仍在维多利亚时代的苏格兰取得了无可动摇的主导地位。在一定程度上，恰恰是因为保守党在苏格兰一直未能产生切实的威胁，自由党人才会围绕立场分歧与人际关系上的抵牾陷入公然的内斗当中。1832—1868 年的九场大选中，保守党人总共只在苏格兰赢得七个议席，而在 1857 年、1859 年和 1865 年三场大选中，甚至没有一个保守党议员成功守住自己的选区。自由党在苏格兰的霸权如此不可撼动，以至于 1832—1865 年，苏格兰的城镇选区议员中有一半根本没有面临来自其他党派候选人的挑战。1868 年《第二次改革法案》通过之后举行的大选中，苏格兰城镇选区议员中有一半未经竞选便直接连任，而自由党人内部的角逐整整比不同党派候选人间的角逐多出四倍。1832—1886 年，格拉斯哥总共只选出过一名保守党议员。保守党在乡村各郡更为强势，但即便在那里，自由党仍取得了惊人的成功，1868 年和 1880 年大选的结果都为此提供了证明。苏格兰人对自由党著名领袖威廉·格莱斯顿（William Gladstone）的热情支持也证明了自由党在当地的主宰地位。他在苏格兰受到了狂热的崇拜，很多苏格兰人都在家中陈列刻有他头像的雕版装饰品。迈克尔·弗赖伊曾如此叙述他在 1879 年于中洛锡安地区进行政治造势活动时受到的英雄般的热烈欢迎："整场活动从始至终都在热烈的气氛中进行。每一场集会都获得近乎无条件的盛赞，每一个论点都能引发积极的呼应，每一条得到重申的道德原则都得到人们热烈的赞许。"[7]

自由党在苏格兰的巨大人气主要源于其被认作代表进步、改革与自由之党。辉格党人至少在托利党人反对立场的威胁下推行了 1832 年改革。托利党则日益被人们称为"保守党"，始终坚持维护教会与政府的传统体制，尽可能避免修正。他们不可能带来任何进一步的显著改变。因此，托利党从一开始就在苏格兰颇不受欢迎。此外，托利党也因 1832 年改革之前半个世纪里的"腐败旧制度"而蒙羞，当时的托利党人正是通过公然使用舞弊、操纵等手段顽固地阻挠政治改革的进程。与此同时，在 1832 年之后获得投票权的新选民也决心用手中的选票支持赋予他们参政权的辉格党人。正如乔治·克拉克爵士在 1832 年选举后提醒罗伯特·皮尔时所说："苏格兰选民基础的彻底变化以及那些改革派新选民对自己获得的政治权利的重视，将令一

282

切保守党人，尤其是那些出手阻挠《改革法案》得到通过的保守党人失去他们的信任。"[8] 对保守党人卷土重来的担忧也激化了苏格兰选民对保守党的抵触情绪，尤其是考虑到在 1830 年代以后，保守党在面积较大的郡选区仍有不错的表现。事实上，保守党的事业并未因 1832 年《改革法案》所带来的影响而轻易失败，也没有在 1830 年代全盘皆输。即便在城镇地区，保守党仍一度得以维持一定的实力，直到 1840 年代初仍能部分恢复声势。但在那之后，保守党在苏格兰的命运便因一系列因素的共同作用而一蹶不振。

283 　　保守党面临的第一个问题来自教会。1830 年代，随着福音派牧师与信徒在苏格兰教会总会占据上风，教会和政府间的矛盾变得越发尖锐，前者得以重燃多年以前反对堂区赞助人制度时的斗志，重申堂区信众拥有无视在俗赞助人意向而直接选择牧师的权利。苏格兰中产阶级对贵族特权的仇视构成了这起冲突背后的一个潜在因素，他们关心的一个基本问题便是苏格兰教会是否应获得"独立宗教团体"的地位，免受任何世俗权力影响且不受官方司法制约。在 1834 年授予堂区信众否决在俗赞助人提名堂区牧师人选之绝对权利的《否决权法案》便是这一问题的体现。这项法案源自一起公然挑战在俗赞助人权威的司法判例，起初诉方的要求遭到苏格兰民事法院驳回，这一判决后来得到了议会上院的承认。作为对苏格兰民事法院和议会上院判决的回应，苏格兰教会总会表示强烈谴责，发表了一份《权利声索书》（Claim of Right，这一名称受到了 1688—1689 年新教徒革命的强烈启发），并宣布教会在信仰事务上拥有完全不受民事法庭约束的独立裁量权，不会在堂区小会的权利问题上做出让步。随着托马斯·查尔默斯在 1843 年教会总会上带领大多数福音派参会代表离席并另行组建苏格兰自由教会（Free Church），这场危机终于达到顶峰。随着超过40%的神职人员和大约40%的平信徒离去，苏格兰正统教会几乎分裂成两半，这起大分裂几乎可谓19世纪苏格兰历史上最为重大的事件，其在更广泛意义上的历史影响将在本书第十六章得到阐述。由罗伯特·皮尔和他的内政大臣詹姆斯·格雷厄姆爵士（Sir James Graham）领导的保守党在这场危机中采取了寸步不让的态度，因此被广泛指责为导致苏格兰教会大分裂的主要罪人，这些指责不无道理但也并非全然正确。之后苏格兰自由教会获得了富裕的中产阶级市民的忠诚支持，他们很快便将城镇选区转变成未来数十年间坚不可摧的自由党堡垒，令保守党尝到了苦果。1843年似乎再一次印证了1832年给人带来的印象：托利党（保守党）就是一股坚决反对民众权利的势力。由于一些支持托利党的地主拒绝出让土地供自由教会建设教堂，乃至迫使一些高地堂区的会众在山洞与没有遮蔽的山岗上举行宗教仪式，这种印象得到了进一步的强化。支持自由党的报纸怒不可遏地将这些事件公布于众，对这些反动主义者的歧视性做法大张挞伐。

在另一个方面，自由党也与苏格兰的主流政治舆论颇为契合。在那个举国呼吁对关税制度进行改革的时代，自由党被视为自由贸易的主要拥护者。反《谷物法》联盟在苏格兰城镇地带极受欢迎，而当时苏格兰的海外贸易正在经历一个繁荣时期，贸易保护手段在这一情况下不但没有必要，反而会阻碍货物的自由流通，影响工商业者的利益。在那场最终迫使罗伯特·皮尔于1846年废除《谷物法》的政治危机中，自由贸易议题受到了空前的关注。而值得注意的是，这一时期贸易保护主义即便在苏格兰的乡间选区也没有得到广泛的支持。事实上，来自东洛锡安郡芬顿巴恩斯（Fenton Barns）的乔治·霍普（George Hope），苏格兰当时尤为著名且极具创新意识的一个农场主，便是废除《谷物法》运动的一个重要支持者。即便在广大普通佃农当中，贸易保护似乎也没有引起多少反响，当时的人们广泛相信苏格兰农业拥有很高的技术水平与生产效率，无须保护措施也能取得成功。此外，"纯粹的"种植农业在苏格兰远不如在英格兰普遍，畜牧业在高地和边境地区居于主导地位，在低地的大部分地方，混合农业是当时农村经济的主流。

1867—1868 年，首相迪斯累里领导的保守党政府在议会推动通过了《第二次改革法案》，这本有可能打破自由党在苏格兰由来已久的垄断。就像 1832 年改革之后的议会选举所呈现的那样，落实改革的政党本应得到新选民的支持，将反对党彻底打垮，但这一情形并没有发生。在城镇，1867—1868 年的改革法案将投票权范围扩大到所有缴纳固定资产税的男性户主与年租金 10 英镑以上的男性住户；在乡村，投票权的资产总额下限从 10 英镑降到 5 英镑，佃农获得投票权所需的年租额度从 50 英镑降到 14 英镑。从 1872 年起，选举终于以不记名投票的方式举行。城镇选民规模在这场改革中的扩大尤为显著，仅格拉斯哥一地，选民总人数便从改革前的 18000 人增长到 47000 人。大多数新选民来自技术工人与半熟练工人阶层。在 1868 年以前，工人阶级只占格拉斯哥选民总数的三分之一，其中大部分是自营工匠，但在 1868 年的改革法案通过之后，格拉斯哥近三分之二的选民都是工人。然而，这些新选民并未对保守党政府心怀感激，而是在选举中令保守党迎来了又一次惨败。在苏格兰的 60 个选区中，自由党人赢得 52 个，《第二次改革法案》

反而在实质上巩固了自由党对苏格兰的控制，尽管这种控制所涵盖的选民基础仍只占苏格兰城镇总人口的 10% 以及农村总人口的 4%。不过，工人阶级新选民已经通过压倒性的支持表达了他们对自由党传统价值的赞同。作为一个相信"体面"、自我改良、节制饮酒与道德教育的群体，他们对自由党理念的认同顺理成章。在 19 世纪下半叶，自由党的价值观都将是苏格兰社会价值观的写照。

3

汤姆·奈恩（Tom Nairn）和乔治·戴维（George Davie）等当代作者曾把 1832—1914 年自由党主导苏格兰政坛的时代视为苏格兰民族认同的一场深刻危机。在这一时期的欧洲大陆上，规模较小、拥有历史传统的族群纷纷开始以民族的身份声索独立的权利，但在苏格兰，这种呼吁政治独立的民族主义运动并不存在，这让苏格兰在政治上陷入一种蹊跷的落后状态。这些作者认为，中产阶级虽然在欧洲大陆领导了民族主义的崛起，但在苏格兰却被联合王国与不列颠殖民帝国的经济利益诱惑，因而坐视其在文化上被英格兰征服。苏格兰人作为一个独特的族群逐渐变得不可辨别，他们的古老惯习和传统因与世界头号强国的政治结合而不断遭到稀释与蚕食，这一过程最终在文化上酿成了毁灭性的后果："信心的沦丧造成了苏格兰文化的彻底崩溃。文学退化成矫揉造作、眼界狭窄的菜园派（kailyard），绘画表现的只有了无新意的山谷风光。"[9]

从表面上看，这种悲观主义论述并不缺乏证据。1843 年的危机令苏格兰教会分崩离析，而在 1707 年苏格兰议会终止之后，教会便是苏格兰最为重要的机构。一个统一的苏格兰教会在苏格兰社会内部发挥了至关重要的作用，它监督社会生活中的伦理状况，管理教育和济贫事业，苏格兰教会的总会也在一定程度上替代了苏格兰议会的作用。随着40%的信徒在1843年离开正统教会后加入新组建的自由教会，一个具备强制力的苏格兰教会从此不复存在。事实上，如果将1843年大危机之前苏格兰教会已经历过的分裂考虑在内，苏格兰的长老派基督徒此时已经分裂成三大阵营，分别是"老教会"、自由教会和联合长老会（United Presbyterian Church），最后一个由反对主流苏格兰教会的救济教会与分离教会在1847年组建。此外，在1845年，苏格兰教会失去了1843年危机之前拥有的一项重要的民政职能——济贫工作被交由各地的堂区委员会执行，这一委员会的成员由本地固定资产税纳税人选举产生。在近三十年后的1872年，苏格兰的每一个堂区也建立了由本地选举产生的学校委员会，并接受坐落在伦敦的苏格兰教育部的监督。苏格兰最大的机构不但分崩离析，而且逐渐失去了它曾经在社会事务上拥有的大部分权力。在来自英格兰的同化压力日益增加的时代，这似乎沉重地打击了苏格兰作为一个民族的身份认同。雪上加霜的是，到1850年代，快速城镇化与工业化已经让苏格兰社会迎来翻天覆地的改变，一个由繁荣的城市、蓬勃的制造业与改良的农业所定义的新苏格兰已经诞生，而它在很大程度上已经与1707年《联合条约》之前几百年里那个历史悠久的国家没有相似之处。正如沃尔特·司各特爵士所说："那些决定了苏格兰之所以为苏格兰的东西正在快速消亡。"[10]

苏格兰贵族与很多地主家庭很早便开始将男性子孙送往英格兰接受教育，以为他们提供最好的职业前景。作为结果，很多苏格兰议员都在伊顿、拉格比等英格兰公学接受教育，在那之后去牛津或剑桥大学就读，并在内近卫骑兵团（Life Guards）和冷溪近卫团（Coldstream Guards）等英格兰的精英近卫部队服役。就连那些在城镇中不断扩大影响力的商人也在英格兰拥有与贵族和地主子弟类似的教育背景，往往在不列颠殖民帝国的诸领地上拥有从军或经商的经历，没有本地基础的英格兰"外来议员"也常常来到苏格兰的城镇选区参选。总体而言，这一时期苏格兰的下院议员都是不列颠帝国现行体制的坚定支持者。到 1850 年代，在苏格兰经济的核心地带——低地西部，那里的商界领袖与专业人士也越来越乐见苏格兰和英格兰之间更为紧密的联合，他们在这一时期对推动苏格兰法律制度（苏格兰民族独特性的另一大基础）向英格兰法律制度靠拢的支持便为这一立场提供了佐证。格拉斯哥法律修订社（Glasgow Law Amendment Society）主张，苏格兰法系在一些重要的层面上与当前的经济格局不相容，这一观点在格拉斯哥得到了商界领袖的强烈支持，格拉斯哥商会、商人行会（Merchants House）与主要报纸都对其大加赞许。

在这一时期，旨在增进苏格兰本地利益的努力也缺乏切实的政治影响力。成立于 1853 年的全国拥护苏格兰权利协会（National Association for the Vindication of Scottish Rights）的确象征着一些苏格兰人对苏英合并关系中的一些问题深感忧虑，并在这些问题上提出了一些主张，例如认为爱尔兰接受的政府支持多于苏格兰、苏格兰的议席分布不甚公平、建议恢复苏格兰王国枢密院、联合王国应当始终以"大不列颠"为正式国名，等等。全国拥护苏格兰权利协会认为苏英合并关系仍有薄弱之处，这一组织的诉求在于修补这些问题，而非将合并关系整个推翻。1853 年 12 月，协会在格拉斯哥举行的一场公众集会吸引了 5000 人参加，协会提出的很多意见也在 19 世纪晚期以来的苏格兰自治运动中得到继承，但协会的发展历程证明了政治上的民族主义在 1850 年代的苏格兰有多么脆弱。协会在成立三年之后便于 1856 年停止运作，除了激进派人士邓肯·麦克拉伦（Duncan MacLaren）和詹姆斯·贝格（James Begg）神父之外，这一组织没有吸引任何来自当时苏格兰政界主流——自由主义阵营的显要人物的支持，其领导者则大多是崇尚浪漫主义的保守党人。协会的主席是第十三代埃格林顿伯爵（Earl of Eglinton），他人生中唯一一项引人注目的成就是在 1839 年主持了那场旨在重演中世纪骑士比武的怪异活动"埃格林顿锦标赛"（Eglinton tournament）。这样的一场运动显然无法与 1840 年代震撼欧洲各国首都的激进民族主义抗争运动相比。

对于维多利亚时代苏格兰民族认同的悲观论述无疑得到了一些历史事实的佐证，但在最近十年间，理查德·芬利、格雷姆·莫顿（Graeme Morton）和林赛·佩特森（Lindsay Paterson）等新一代历史学者对这一解读进行了彻底的再诠释。总体而言，他们认为苏格兰的民族认同在维多利亚时代并未消失，而是因应新的环境做出了改变。此外，虽然同化在议会政治、公共财政和中央政府政策等层面成为主流，但苏格兰本地因素仍在那些与民众生活关系最密切的事务，即城市、城镇与地方的事务中占据主导地位。维多利亚时代也是苏格兰文化身份得到重塑的一个历史时期，一些新的文化符号和一些经过重新诠释的传统文化符号继续为苏格兰提供了一种在联合王国之内至关重要的独特认同标尺。

288　　与同化论的论述相反，在 19 世纪的大多数时期，苏格兰的大部分日常治理事务仍掌握在苏格兰人手中。直到 1872 年《教育法》通过、更多劳动者获得选举权以及 1885 年苏格兰事务部（Scottish Office）成立之后，联合王国政府对苏格兰的统治才决定性地走上了集权化的方向。而在此之前，联合王国可能是整个欧洲分权程度最高的国家。和 18 世纪的情况一样，伦敦的联合王国议会很少主动干预苏格兰事务，爱丁堡的苏格兰检察大臣仍对苏格兰的执法、治安等重要事务拥有掌控权。在 20 世纪下半叶，政府在教育、医疗、社会福利和经济治理上的强力干预被视作既定事实。但在 19 世纪，政府干预面临着最大限度的约束，这一系统因而赋予苏格兰在联合王国框架下颇为可观的自治权：

> 来自苏格兰选区的下院议员越来越倾向于在议会之外处理苏格兰事务，议会对其最终决定的肯认在很大程度上流于形式。因此这些苏格兰议员在整个帝国的立法机关内形成了一个非正式的本地小议会。例如，除非苏格兰人首先达成肯定性的共识，英格兰大法官不会将一项关于商业事务的立法提案的影响范围扩大到苏格兰。苏格兰人的小议会对私法法案的制定有着尤为重要的影响，而与当代相比，私法法案在当时的议会内部更为普遍，也更有影响力（这一现象可以追溯到 1832 年以前）。通过这些法案，城镇、大学和其他各种公共建制的治理主体委员会得以扩张自身的权力；它们也为铁路、港口和其他重大公共设施的建设提供了必要的法律框架。一份苏格兰的私法法案往往由来自苏格兰选区的议员提出，并在其他代表苏格兰的议员之间接受审议。这些苏格兰议员的投票结果往往决定了这份法案本身的命运。[11]

　　在全国性的议会之下，政府的日常行政事务被下放到城镇议会和1840年代以来逐渐崛起的各种监事会手中。从1845年开始，苏格兰的济贫工作由苏格兰监事会（Scottish Board of Supervision）负责，狱政监事会（Prisons Board）则在1838年成立。在这之后还成立了一系列管理公共事务的监事会，管辖范围包括公共健康、疯人院（1857年成立）和教育事务（1872年成立）。这些监事会中的新设职位大多由苏格兰本地律师充任，苏格兰本地的医生、调查员和建筑师则构成了监事会机构的巡查团队。1833年的《苏格兰城镇改革法》将城镇事务的管理职能交给广大中产阶级，这部重要的立法与上述种种行政工作上的变革一道，形成了一个由苏格兰资产阶级主持运作，并在实际工作中反映这一阶级政治与宗教观念的强大的地方性政府机器。正是这一机制，而非遥远且通常对苏格兰缺乏兴致的威斯敏斯特中央政府，在实质上治理着苏格兰的日常事务。因此，苏格兰的中产阶级没有理由寻求建立一个专属于苏格兰的议会，或追随一种与不列颠国家体制为敌的对抗性民族主义。他们热情地支持科苏特（Kossuth）在匈牙利以及加里波第（Garibaldi）在意大利实现民族统一的斗争，却没有像那些民族主义者一样认为自己受到了压迫，或认为苏格兰需要一个专属于苏格兰人的议会。事实上，欧洲的民族主义者长久以来渴望的政治自由、经济发展与文化统一，已经为苏格兰追随自由党路线的中产阶级所拥有了。

　　然而，我们并不能因此认为，鉴于维多利亚时代的苏格兰不存在维持一种强势的政治民族主义思潮的基础，苏格兰的民族认同便必然软弱无力。恰恰相反，苏格兰在经济上的成功不但消除了苏格兰人在民族身份问题上的不满情绪，也为苏格兰社会提供了一个民族荣耀与自我标榜的强大源泉。正如《格拉斯哥哨兵报》（Glasgow Sentinel）在 1853 年发表的文章所说：

> 在联合王国境内，没有一家显赫的工商企业能不将自己的成功或多或少地归因于苏格兰人的精明、坚忍与进取心，没有一个工业部门的管理层不高度倚重苏格兰人的参与。在这个国家历史上相对较短的一段时间里，其公民便增加了超过两倍。苏格兰是农业生产方式革新的领军者，而它的不动产规模的扩大幅度甚至更为惊人。[12]

活跃于世界各地的苏格兰人才也为不列颠成为世界上面积最大的殖民帝国出力甚多。不列颠殖民帝国的存在不但没有稀释苏格兰的身份认同，反而为苏格兰人带来了强大的民族自豪感，这增强了他们的自尊心，证明了苏格兰人在建设伟大帝国的事业中足以与英格兰人平起平坐。当时流行的说法是，不列颠帝国诞生于 1707 年以后，是苏格兰与英格兰的共同努力才让不列颠遍布世界的强权成为可能。对苏格兰人而言，不列颠帝国是通往自豪与富裕之路。琳达·科利指出，当时的英格兰人和海外人士都倾向于称大不列颠岛为"英格兰"，但在描述整个殖民帝国时，却总是以"不列颠"相称。在不列颠殖民帝国的框架之下，苏格兰人可以获得一种与英格兰人对等的自我感觉。事实上，苏格兰人在建设殖民帝国的事业上取得了尤为突出的成功，"无论作为军人、政治家、理财者、银行家、科学家、教育者、工程师，还是作为商人，苏格兰在帝国所有的殖民领地里不但独当一面，而且亲手为自己赢得了辉煌的地位"。[13]

　　虽然长老会在苏格兰本土陷于严重的分裂，但拜殖民帝国

290

的巨大成功所赐，长老派基督教得以在世界各地苏格兰传教士的努力之下于加拿大、大洋洲和非洲等地落地开花。著名的探险家兼传教士大卫·利文斯通（David Livingstone）便在维多利亚时代成为苏格兰的民族英雄。苏格兰人同样以作为帝国殖民领地总督和行政官员的才干著称。1850—1939年，不列颠各殖民领地历任总督中有三分之一是苏格兰人。在加拿大自治领于1867年成立之后，出生在格拉斯哥的约翰·A. 麦克唐纳爵士（Sir John A. Macdonald）主导了加拿大政坛二十多年。1884年，出身奥克尼群岛的前教师罗伯特·斯托特（Robert Stout）成为新西兰总理。1908年，艾尔郡出身的前矿工安德鲁·费希尔（Andrew Fisher）在澳大利亚当选总理，也成为世界上第一个出身工党的政府首脑。

殖民帝国的建设常常被描述成一种苏格兰人专属的事业，并被视为苏格兰民族使命的一种体现。时人还将帝国建设与詹姆斯党运动的历史联系起来。1745年叛乱被视为一场带有英雄主义色彩的失败，但也被描绘成一次武装力量的光荣展示，当时的战事令苏格兰人忠勇可靠的尚武品德永远为人铭记，而这些品质恰恰是建设殖民帝国所需的。无数报纸文章、儿童读物、部队史册与军人传记记载了苏格兰部队在不列颠殖民帝国扩张进程中发挥的重要作用，这些叙事广受欢迎，塑造并强化了将苏格兰人视为尚武族群的观念。这一时期代表苏格兰的民族英雄不断涌现，例如巴拉克拉瓦（Balaclava）之战中坚守阵线的"细红线"第93高地步兵团、指挥东印度公司军队镇压印度大起义的科林·坎贝尔爵士（Sir Colin Campbell）和1886年在喀土穆战死的戈登将军（传记作家将他刻画为一位为保全帝国利益而在与野蛮敌人的作战中英勇捐躯的烈士）。在苏格兰，不列颠帝国的军事文化也通过无数由非常备军人组成的志愿役连队在周末进行的操练与队列行军得到彰显，他们身着所挂靠之常备团的全套制服，在行进时用军鼓和风笛奏出意气昂扬的音乐，让本地居民颇感自豪。

不过，让司各特爵士对于"苏格兰"文化消亡的悲观预期落空的并不只是殖民帝国的成功。即便 1843 年分裂危机和正统苏格兰教会民政职能的终结沉重打击了苏格兰社会的信仰生活，宗教仍在苏格兰人的身份认同中发挥了关键作用。上述这些归根结底只是组织机构上的变动，但在更为根本的价值观层面，长老派基督教仍定义着苏格兰的民族身份。如前所述，即便与整个不列颠的激进主义政治运动紧密相关，苏格兰的宪章运动仍因对宗教信仰的强调而与众不同。根据大卫·贝宾顿（David Bebbington）近来的观点，1843 年的长老会分裂本身也是出于一种信仰上的民族主义情绪，因为从正统教会中分裂出来的苏格兰信徒的立场以苏格兰教会在信仰事务上由来已久的独立传统为基础，这一传统可以追溯到 1560 年苏格兰宗教改革时业已定下的方针，在 17 世纪的宗教纷争中也曾得到苏格兰国民的殊死捍卫。反对在俗赞助人制度的信徒所发表的《权利声索书》显然是为了向 1689 年列举了苏格兰教会反对奉詹姆斯七世为王之理由的《权利声索书》致敬，其措辞则酷似 1638 年的《苏格兰国民誓约》，其内容还专门控诉了 1707 年苏英合并以来的现状如何违背了苏英双方当初关于苏格兰教会事务的约定。作为一份强调苏格兰宗教原则的声明，《权利声索书》既以明示也以暗示的方式声援了苏格兰的长老派基督教传统。

除此之外，正是长老派基督教传统对节制、独立、戒酒、工作伦理与教育的重视，才塑造了维多利亚时代中产阶级和

291

"可敬的"工人阶级文化的底色。这些价值观通过哈丁顿出身的苏格兰人塞缪尔·斯迈尔斯（Samuel Smiles）的著作《自励》（Self - Help）以及其他极具影响力的文本广为传播，而苏格兰大多数选民对自由党贯穿近乎整个 19 世纪下半叶的忠实支持也是这种价值观的影响力在政治舞台上的体现。格莱斯顿之所以在 1879 年的中洛锡安造势活动中受到英雄般的热烈欢迎，其中一个原因便在于他既拥有苏格兰裔的身份，也是在苏格兰占据主导地位的政治力量——自由党的伟大领袖。随着爱尔兰大饥荒时及之后越来越多的爱尔兰天主教徒迁往苏格兰，长老派基督教作为苏格兰价值观捍卫者的作用再一次成为焦点。1851 年的人口普查数据显示苏格兰有 207367 名第一代爱尔兰移民，而在更早之前来到苏格兰的爱尔兰移民中，也有很多人仍坚守天主教信仰。这些人主要集中在苏格兰西部地区，更加强化了他们在苏格兰社会的存在感。作为结果，诸如苏格兰宗教改革社（Scottish Reformation Society）和苏格兰新教协会（Scottish Protestant Association）等反天主教社团，以及《苏格兰新教徒》（The Scottish Protestant）和《护教者》（The Bulwark）等反天主教刊物在 1850 年代初纷纷涌现。这些团体不仅主张捍卫"真正的"信仰，还自视为保护新教苏格兰民族免受"劣等"族群侵犯的力量。他们认为，那些"劣等"移民会带来疾病传播、犯罪增加和道德败坏的危险。

这一时期的苏格兰社会也诉诸那些正在被快速城镇化与工业化威胁的古老传统，以增强苏格兰作为一个独特族群的身份认同。曾担忧苏格兰文化彻底消亡的司各特爵士本人便牵头汇编了一些收录苏格兰民俗歌谣与传说的重要著作。从 1828 年开始，P. E. 泰特勒（P. E. Tytler）耗时 15 年出版了宏大且渊博的多卷本《苏格兰史》（*History of Scotland*），这部重要著作广为中产阶级读者所欢迎，表明当时的苏格兰社会仍对自己的历史充满兴趣。在 19 世纪晚期大多数面向工人阶级的报纸中，关于苏格兰历史的内容也占据了相当的比重。《人民报》（*The People's Journal*）在 1875 年的周发行量为 13 万份，在一战前一度达到 25 万份，这份报纸上经常刊登讲述苏格兰历史的连载作品。在主流社会仍只关注君王故事与英雄史诗的时代，该报便已关注苏格兰的民俗传说与社会史。长老派基督教的历史也吸引了广泛的关注，托马斯·麦克里（Thomas McCrie）的约翰·诺克斯传记（1811 年刊行）和安德鲁·梅尔维尔传记（1819 年刊行）都是当时的畅销书。宗教改革、誓约派运动和长老派英雄人物的事迹在乔治·哈维爵士（Sir George Harvey）的画作中得到表现，也在多座苏格兰城镇的石质纪念物上得到永久纪念。

但在这些新的文化形象中，最有影响力的还是那些前工业时代带有传奇色彩的故事与人物。在这个领域里，司各特爵士再一次扮演了先驱者的角色。在他的《威弗莱》和《祖父故事》（*Tales of a Grandfather*）等作品中，司各特爵士赋予苏格兰的往昔以一种迷人的魅力，满足了正在经历空前巨变的苏格兰社会对怀旧的强烈情感需求。司各特爵士是苏格兰传统再发现的杰出先驱，这一过程不但为苏格兰创造了一套新的民族象征，还根据维多利亚时代苏格兰社会的现状对一些古已有之的文化符号进行了再次塑造。早在 1830 年以前，高地的方格布与格子裙便已被当成苏格兰民族的代表性装束，但这些符号之所以在后来得到如此广泛的使用，还应归功于以长裙为标准服饰的苏格兰部队在为不列颠帝国征战时立下的广为人知的功勋，以及

293

世界各地苏格兰侨民群体组建的喀里多尼亚社团与随之得到传播的风笛乐团和方格呢装扮，维多利亚女王本人对苏格兰高地的钟爱也在其中发挥了不小的作用。这位近代英国史上最受爱戴的君主在迪赛德（Deeside）建立了巴尔莫勒尔（Balmoral）行宫，从 1848 年开始每年都会在那里休秋假。相比之下，女王在位期间只去爱尔兰访问过四次。维多利亚女王对苏格兰高地如此钟爱，甚至还曾称自己内心向往詹姆斯党，这种态度必然会带来不小的反响。高地风尚已经得到女王发自内心的认可，方格呢也正式被接纳为苏格兰身份认同的标志。当一群激进派志愿者组成部队去意大利追随加里波第作战时，他们都身穿方格呢上衣，头戴插有苏格兰蓟的无檐帽。与此同时，苏格兰的景物画家也开始对"山峰与洪流之地"的意象产生浓厚的兴趣，这在霍拉肖·麦卡洛克（Horatio McCulloch，1805—1867）等人的画作中可见一斑。麦卡洛克以对苏格兰湖泊、山坳与瀑布的描绘著称，他的代表作《我心在高地》（*My Heart's in the Highlands*，1860 年）在当时大受欢迎。

颇具讽刺意义的是，对浪漫的高地文化符号的采用正与高地传统小农场社会惨遭清退和人口流失同时发生，但这一变化并不是重塑苏格兰民族形象的唯一因素。苏格兰社会修建城堡、要塞、塔楼与防御设施的传统终结于 17 世纪晚期，但在维多利亚时代又以所谓"苏格兰男爵风格"（Scotch Baronial）得到复兴。罗伯特·比林斯（Robert Billings，1813—1874）在这场运动中发挥了关键作用，他在 1848 年至 1852 年刊行的系列著作《苏格兰男爵与宗教古迹》（*Baronial and Ecclesiastical Antiquities of Scotland*）为这场运动提供了最主要的素材来源。不久后，各式角楼、塔楼与带有垛口的外墙纷纷涌现，这些设计首先出现在乡间别墅中（维多利亚女王修建的巴尔莫勒尔城堡便是个中先驱），随后又为城市治安法庭、市政办公楼和救济设施所采用。当时甚至有人主张应根据男爵风格对爱丁堡城堡进行改建，以将其从军事营地改造成苏格兰民族的纪念碑。苏格兰男爵建筑风格的领头人大卫·布赖斯（David Bryce，1803—1876）曾大胆地提出修建一座高达 165 英尺的巨大城堡主塔，以作为"王夫阿尔伯特殿下在苏格兰的国民纪念碑"。这一计划虽未落实，却再一次印证了苏格兰民族与维多利亚女王之间的紧密联系。

在所有文化元素当中，对民族英雄的崇拜构成了最能将苏格兰城市社会与苏格兰历史联结起来的渠道。这一时期最受尊崇的苏格兰民族英雄是罗伯特·伯恩斯和威廉·华莱士。在 1840 年以后，伯恩斯得到了前所未有的膜拜。根据估算，在 1844 年举行的一次伯恩斯纪念日活动曾吸引了八万人参加，其中有 2000 人在现场共进午餐，还有无数人举杯向这位诗人致敬。这位国民吟游诗人的巨大影响力在苏格兰各地地方报纸"诗歌角"栏目上无数试图模仿他风格的投稿诗作中也可见一斑。不过，这一时期伯恩斯和他杰出的文学成就也根据维多利亚时代中产阶级读者的政治趣味得到了再诠释。他被塑造为一个反对贵族特权的人，通过个人才干而非世袭特权或尊贵身份取得成功。伯恩斯成为所谓"寒微之士"的代表，这一概念指代那些仅凭个人才能取得成功的人，是维多利亚时代苏格兰最具影响力的传说之一。此外，伯恩斯也因与苏格兰往昔乡村生活的联系而受到尊崇——时人常说他继承了艾尔郡誓约派的血脉——还被认为用他的文学才华保存了苏格兰古老的民族语言。正如罗斯伯里伯爵（Lord Rosebery）于伯恩斯一百周年忌当天在邓弗里斯发表的纪念演说所说：

294

> 伯恩斯荣耀了我们的民族：他让苏格兰和苏格兰的语言受到尊崇……按照他的说法，苏格兰的方言当时正濒临灭绝。伯恩斯在这一时刻决定亲自动手，重申苏格兰独特的民族存在；他的苏格兰歌谣传遍世界，他因此让苏格兰的语言永世长存——人类将永远不会让他在歌谣与诗作中无比珍视的那种语言习惯走向灭亡。[14]

19 世纪苏格兰社会对威廉·华莱士的崇拜背后有着同样复杂的机制，与 1990 年代好莱坞电影《勇敢的心》（*Braveheart*）当中那种粗糙的民族主义情绪几乎没有关系。华莱士无疑是维多利亚时代最显赫的传奇英雄之一，在特威德河畔与拉纳克都设有这位独立战争英雄的雕塑，但这些作品都无法与 1859—1869 年建于斯特灵附近的那座高达 220 英尺的国家华莱士纪念碑（National Wallace Monument）相比。在 14 世纪的独立战争中，这座巨大的纪念建筑俯瞰的苏格兰乡野上曾爆发过斯特灵桥和班诺克本等决定性战役。维多利亚时代苏格兰人并不只用建筑和雕塑的形式纪念华莱士。盲人哈里创作于 15 世纪的史诗《华莱士》（*The Wallace*）尽管在言语间表达了强烈的反英格兰情绪，却依旧在维多利亚时代广受欢迎，关于罗伯特·布鲁斯和华莱士的传说也经常见诸苏格兰的地方性报纸。不过，尽管全国拥护苏格兰权利协会曾热烈支持建造华莱士纪念碑的提议，对华莱士的崇拜却并不等于否定苏英合并或号召政治上的民族主义。恰恰相反，华莱士崇拜让当时的苏格兰人认识到，苏格兰与英格兰的合并正是因为华莱士捍卫自由的斗争才成为可能。华莱士的奋战让苏格兰在之后的历史上成为一个不可征服的民族，正是因为他们在中世纪为国家独立英勇抗争，1707 年的苏格兰才能与英格兰以对等的姿态结成联合王国，并在这一新关系中取得丰硕的成果。此外，对于维多利亚时代阶级区隔严重的苏格兰社会而言，华莱士的形象也颇为受用。对中产阶级自由党支持者来说，华莱士在贵族阶层背叛国家时拯救了苏格兰，而这个贵族阶层直到 19 世纪仍在把持苏格兰的权力，并被很多城市资产阶级视为反动主义敌人。对那些经常在集会时高唱《苏格兰勇士》的工人阶级宪章派支持者来说，华莱士代表了平民反抗暴政、争取自由的斗争精神。苏格兰上下对华莱士的关注表明，对苏格兰民族身份的自豪感与对联合王国和不列颠帝国的忠诚可以并存。

　　如上所述，我们很难认为政治民族主义的"失败"构成了苏格兰文化的一场危机。强大且完备的苏格兰民族认同可以在联合王国的政治框架内存在，并为苏格兰社会的文化成就提供坚实的基础，维多利亚时代有充分的历史证据可为这一点提供佐证。苏格兰的科学、医药与技术发展维护并增强了苏格兰享誉世界的声名，一些科学家的个人成就在这一时期尤为突出，例如后来成为开尔文男爵的威廉·汤姆森（William Thomson，1824—1907），以及运用多种才能让格拉斯哥成为英国领先的应用科学与工程学研究中心的威廉·麦夸恩·兰金（William McQuorn Rankine，1820—1872）。值得注意的是，开尔文男爵从事科学研究的驱动力来自他的宗教志业，这一点让他与 18 世纪苏格兰科学界的伟大先驱者不无相似之处。在 1846 年的就职讲座上，开尔文男爵提出物理学的价值不但体现在智识与实用上，更重要的在于探求关于自然法则的知识，而上帝正是通过这些法则"维持他所造之世界的和谐与永存"。[15] 19 世纪苏格兰最伟大的科学家詹姆斯·克拉克·麦克斯韦（James Clerk

296 Maxwell，1831—1897）是当时最杰出的数学物理学家，他提出的电磁学理论构成了无线电等新技术研发的基础。在医药领域，约瑟夫·利斯特（Joseph Lister，1827—1912）开创了外科消毒法，詹姆斯·辛普森爵士（Sir James Simpson，1811—1870）则是第一个在分娩时使用麻醉剂的人。不过，苏格兰在这一时期取得的科技成就并不局限在大学实验室、大型医院与福利院中。克莱德地区的造船厂在船舶工程设计领域占据了无可争议的世界级领先地位，苏格兰的土木工程人才则在全世界的桥梁、港口和其他设施的建设工程中得到广泛使用。1890 年建成的福斯河大桥既是维多利亚时代土木工程领域的最高杰作，也标志着苏格兰土木工程技术达到了历史性巅峰。

18 世纪苏格兰哲学的黄金时代在学界吸引了不成比例的关注，这让 19 世纪苏格兰哲学的研究与认知度受到打击。学界甚至存在专门研究特定启蒙时代思想家的学术期刊，但对于维多利亚时代的苏格兰哲学界，目前却没有一部专门的著作进行考察。鉴于维多利亚时代的苏格兰存在像 J. F. 费里尔（J. F. Ferrier）这样被一些时人称为当时欧洲最伟大的哲学家，以及曾在海内外享有盛名的阿伯丁大学的逻辑学钦定讲座教授亚历山大·贝恩（Alexander Bain）这样杰出的学者，这一领域学术研究的缺失诚然令人遗憾。[16]在社会学领域，詹姆斯·乔治·弗雷泽爵士（Sir James George Frazer，1854—1941）是人类学研究的先驱，他曾受教于格拉斯哥大学与剑桥大学，在古典学研究上深受威廉·汤姆森爵士（开尔文男爵）影响，他也在后者的启发下试图探究自然法则的终极规律。他的代表作是具有划时代意义的两卷本专著《金枝》（*The Golden Bough*），这部著作初刊于 1890 年，在早期人类社会的研究上提出了极富冲击力的新观点。与他同时代的帕特里克·格迪斯（Patrick Geddes，1854—1932）也因对新兴城市的研究而闻名世界，他认为新型城市格局将彻底改变所有工业化国家的面貌，并相信通过高效的城市规划与对环境的深刻理解，工业化社会的市民生活将得到改善。在今天的学界看来，格迪斯对社会学与城市规划学的研究都产生了重大影响，他也被视为环保主义的始祖。

在文学和艺术领域，现代批评家对于维多利亚时代苏格兰文化沦为空洞菜园派的指责也与事实严重不符。托马斯·诺尔斯（Thomas Knowles）曾如此定义所谓菜园派：

> 在"经典"意义上，菜园派的主要特征是对苏格兰田园风光感伤而怀旧的表达，其作品通常以堂区社群为中心，往往关注那些在天真的环境中度过早年，并在城市环境里长大（并受到玷污），最后回归乡土重获安逸的个人经历。"寒微之士"构成了这类作品的典型主题，它主要讲述了一个出身贫苦的苏格兰男孩如何受益于苏格兰较为"民主"的教育体系，但在长大成人并成为牧师之后英年早逝，最终在所有堂区乡亲的注视下死在母亲怀中。堂区居民自己的口音常常会在作品中转译成英语读者能读懂的形式，他们的对话中闪烁着乡土文化中的机智桥段，内容经常在琐碎的乡间流言与故作深沉的淳朴哲思之间转换。[17]

S. R. 克罗克特（S. R. Crockett，1860—1914）、伊恩·麦克拉伦（Ian Maclaren，1850—1907，真名约翰·沃森）和 J. M. 巴里（J. M. Barrie，1860—1937）堪称菜园派文学的代表。在第一部作品《荆棘丛旁》（*Beside the Bonnie Brier Bush*，1894 年发

297

表）中，麦克拉伦引用了伯恩斯的两行诗句，其中便出现了
"kailyard"（种植卷心菜等蔬菜的园圃）一词，这一词语随后便
与这种文学类型紧密联系起来：

> 这漂亮的荆棘丛长在我们的菜园中
> 在菜地上开出洁白的花

在近一个世纪的时间里，菜园派作家因糟糕的艺术品位、俚俗
的文化趣味和粗糙的情感表达备受批评界的无情贬低。而菜园
派作品在当时的苏格兰本土与侨民当中取得了巨大的成功，更
令这些作家在文学史上万劫不复。对一个既拥有世界领先的城
镇化水平，又对乡村有着强烈且相去不久的情结的社会来说，
菜园派文学无疑有着不可阻挡的吸引力。

　　然而，19世纪晚期的苏格兰文化远比菜园派文学更为丰
富。上述三位声名狼藉的作者只在十年间出版了十几本书，这
些作品主要服务的也只是一个由苏格兰本土居民和海外侨民中
的上流中产阶级组成的市场，但这些只是苏格兰丰富多样的文
化生活的一个侧面。威廉·唐纳森（William Donaldson）对当
时苏格兰面向大众出版的几千部系列小说进行了出色的分析，
他的研究结果清楚地显示维多利亚时代的很多苏格兰作家并没
有局限在田园牧歌式的主题之中，而是经常在作品里用写实且
冷峻的笔调描写城市与贫民窟、贫困与疾病，以及工人与资本
家。上述很多大众小说用苏格兰低地的方言写成，这种语言当
时仍在日常口头表达中为大多数低地居民所使用。19世纪末苏
格兰文学界在盖尔语文学的开拓则标志着一种新兴的文化自信
心。英文名为威廉·利文斯通（William Livingstone）的乌利

298

姆·迈克邓莱卜（Ulleam MacDhunleibhe）与英文名为约翰·史密斯（John Smith）的伊兰·麦克－阿－戈拜恩（Ilan Mac a Ghobhainn）在诗歌中对高地清洗运动与各种信仰和世俗权威的代表发出了尖锐的批评，这种强硬的语调和19世纪早期较为柔弱温和的盖尔语诗歌形成了鲜明对比——后者正为一个因饥荒、人口流离与强制清退而陷于破碎的社会提供了写照。

19世纪末期的苏格兰也见证了罗伯特·路易斯·史蒂文森（Robert Louis Stevenson）冒险小说的流行，他的代表作有1883年的《金银岛》（*Treasure Island*）和1886年的《绑架》（*Kidnapped*）。玛格丽特·奥利芬特（Margaret Oliphant）创作了超过一百部畅销小说，她在1886年发表的《埃菲·奥格尔维》（*Effie Ogilvie*）和在1890年发表的《柯尔斯廷》（*Kirsteen*）是刻画当时苏格兰人生活风貌的重要作品。乔治·麦克唐纳（George Macdonald）为儿童和成年人创作的幻想小说得到了他笔名为刘易斯·卡罗尔（Lewis Carroll）的朋友查尔斯·道奇森（Charles Dodgson）的盛赞，无疑也对后者创作的《爱丽丝梦游仙境》系列产生了影响。在文学创作光谱的另一端，威廉·亚历山大（William Alexander）的小说主要关注现实中的苏格兰低地东北部，他的代表作《古谢纽克的约翰尼·吉布》（*Johnny Gibb of Gushetneuk*）用十分尊重历史与现状细节的现实主义笔调探索了当地农业社会从小农经济向资本主义农业时代过渡所经历的巨大变迁，他采用的语言则来自19世纪初阿伯丁郡中南部的俚俗方言。亚历山大的作品几乎与菜园派描绘的浪漫化乡村世界截然相反。在苏格兰美术界，维多利亚时代的创作主题也和同时代的苏格兰文学一样丰富多样。正如菜园派并未垄断文学领域，"山谷风光"也没有主宰苏格兰的绘画界。威廉·麦克塔格特（William

McTaggart）的风景画作便与以高地风尚为主题的霍拉肖·麦卡洛克和汤姆·费德（Tom Faed）等人不同。在 19 世纪最后几年里，E. A. 沃尔顿（E. A. Walton）、约翰·莱弗里（John Lavery）、W. N. 麦格雷戈（W. N. McGregor）和 E. A. 霍内尔（E. A. Hornel）等人组成了所谓的"格拉斯哥小子"一派，他们的风格深受法国印象派影响，令苏格兰美术融入了当时欧洲美术界的主流。从上述事迹很难看出苏格兰文化在 19 世纪晚期陷入了危机。恰恰相反，帕特里克·格迪斯在他的期刊《长青》（Evergreen）中宣称，这一时期的苏格兰正在经历一场文艺复兴。这一断言显然比后世评论者的悲观论调更具说服力。

第十四章　自由党霸权的衰亡

1

自 1832 年《改革法案》通过以来，自由党主宰苏格兰的
选举政治长达半个世纪，直到 1880 年代才终于面临挑战。
1884 年的《第三次改革法案》授予所有男性户主投票权，并
为大城镇和工业地带设置了数量空前的下院议席，这些变化构
成了自由党内分歧激化的主要因素。自由党从来都是一个松散
的党派，但 1884 年的选举制度改革令党内辉格派一翼与激进
派一翼间的冲突大大加深了。随着更多的普通工人与小农得到
投票权，自由党激进派的影响力大大增强；在乡村地带，地主
阶层的自由党人与他们的佃户之间的政治矛盾也变得更为尖
锐。苏格兰自由党的头号大亨第八代阿盖尔公爵就曾因担心
1881 年《爱尔兰土地法》①的条款会被施加于苏格兰高地而退
出了自由党。结果，因为高地西部和海外群岛部分地区的小农
场农民引起了持续不断的骚动，以及内皮尔勋爵领导的王家调
查委员会的介入，格莱斯顿领导的自由党政府最终在 1886 年

---

① 1880 年格莱斯顿领导的自由党赢得大选后通过的一部法律，旨在对爱尔兰
的租佃关系进行管制，确立所谓"3F 原则"：政府限制之下的公平租税额
（fair rent）、地主所有地的自由交易（free sale），以及禁止地主在地租得到
清缴的情况下驱逐佃户（fixed of tenure）。这部法律大大限制了爱尔兰地主
的权力，使爱尔兰租佃关系中的封建因素大大减少，并刺激了对传统地主
所有地的收购活动。

推动通过了《小农场农民所有地法》，让阿盖尔公爵的担忧成为现实。这部法律显著削弱了地主的权力，让当地的小佃农得以享受稳定的租期与较为公平的租税率。而在前一年的大选中，1884 年新改革法案的效果已经在高地地区鲜明地显现出来，所谓"小农场农民党"在阿盖尔、凯斯内斯、罗斯和克罗默蒂等郡击败了自由党的官方候选人，还在因弗内斯同时击败了自由党和保守党的候选人。高地清洗运动的创伤记忆让高地地区的选战具有了情绪化的一面，但在低地，自由党辉格派世家的影响力也在快速衰退。1885 年自由党在苏格兰有九名地主阶层出身的下院议员，这一数字到 1910 年底已经减少到三名。在城市选区，随着自由党激进派对辉格派的传统地位发起了强有力的挑战，自由党的内部分歧也愈演愈烈。1885 年，苏格兰的自由党激进派人士建立了苏格兰全国自由党人联盟（National Liberal Federation of Scotland），这一组织不但独立于自由党内部的层级架构，还旨在推动上院改革和苏格兰教会去官方化等一系列涉及面甚广的议题，而这些主张都非党内保守派所能容忍。

在内讧激化的背景下，还有三个具体的因素让自由党在苏格兰的处境越发困难。第一，社会主义政党的崛起吸引了不少1884 年改革中获得投票权的男性工人新选民，这让以熟练工匠为传统基础的自由党受到威胁。一些工人开始视自由党为资本主义的卫道士和自由市场经济的坚定捍卫者，因此对该党感到失望。詹姆斯·基尔·哈迪（James Keir Hardie）可能是当时最早也是最有名的一个对自由党心存怀疑的人。在中拉纳克选区补选中惨败之后，哈迪在 1888 年苏格兰工党的成立过程中扮演了领导角色。1893 年在布拉德福德（Bradford）举行的一场会议后建立独立工党（Independent Labour Party，ILP）的过程中，他也发挥了主要作用。独立工党在两年后与苏格兰工党合并，而在这些工人政党成立之初，有不少关键人物都是对自由党感到失望的前自由党人，例如曾在 1886 年于东北拉纳克郡选区当选的 R. G. 坎宁安·格雷厄姆（R. G. Cunninghame Graham），他后来在以伦敦为据点的社会民主主义联盟（Social Democratic Federation）的影响下左倾。在独立工党领导层中扮演主要角色的基尔·哈迪、布鲁斯·格莱西尔（Bruce Glasier）和拉姆齐·麦克唐纳（Ramsay MacDonald）等人都对自由党是否真心想要扩大工人阶级的政治代表权抱有疑虑。此外，自由党对自由市场经济的崇尚与工会运动之间也存在潜在冲突，该党的党内意见此时正越来越多地批评后者在国际竞争日益激烈的时期对特定行业的发展施加限制。1897 年，旨在扩大工会政治影响力的苏格兰工会大会（Scottish Trades Union Congress，STUC）成立，构成了苏格兰工会运动发展的一个重要节点。正是苏格兰工会大会与独立工党一道在 1900 年帮助建立了苏格兰工人议会选举委员会（Scottish Workers' Parliamentary Election Committee），这一具备强大政治潜能的组织将工会利益与工人在政治上的诉求统合起来，并让工人阶级的政治立场通过完全独立于自由党的组织得到表达，这一为部分人所秉持的方针就此终于得到落实。

301

第二，纵观整个 1880 年代，苏格兰教会去官方化运动都构成了一个刺激自由党内派系分裂的严重问题。作为自由党的传统支持者之一，苏格兰自由教会在雷尼神父（Principal Rainy）的领导下从 1875 年开始坚决主张苏格兰教会去官方化，党内辉格派与激进派也从那一刻开始陷入内讧之中，直到 1885 年苏格兰全国自由党人联盟成立，并推动将苏格兰教会去官方化一事写入自由党下一次大选的政纲。格莱斯顿抵制这一主张，因此遭到了全国自由党人联盟的谴责，后者随即决定自行指派候选人参选以作为报复。作为结果，就连在党内极具声望的格莱斯顿也未能平息这场旷日持久的冲突。四年后，当他终于决定做出让步，承认大多数苏格兰人支持让苏格兰教会独立于政府时，自由党内在这一议题上仍未达成共识，结果冲突再一次爆发。此外，由于去官方化运动威胁到了苏格兰官方教会的公开地位与影响力，自由党的内部动向也让官方教会的很多普通信徒感到受冒犯。

第三，也是最重要的因素在于爱尔兰本地自治问题。在苏格兰教会去官方化问题上，自由党至少避免了公开的分裂，而即便在高地地区，独立竞选的"小农场农民党"也没有长期存在下去，小农场候选人在1895年便正式回归了自由党，小农场农民依然对那个授予他们稳定租佃权与公平地租政策的政党表达了感激之情。相比之下，格莱斯顿的爱尔兰政策在党内引发的矛盾更为根本，也更为持久。格莱斯顿在首相任内试图通过向爱尔兰授予有限的本地自治权以换取当地的和平，这在苏格兰自由党内制造了难以弥合的裂痕。针对这一政策的反对意见背后存在几种不同的因素。在一些人看来，爱尔兰本地自治将成为自由党左倾化的最后一根稻草，斯泰尔伯爵、法夫伯爵和明托伯爵等自由党辉格派要人便是其中首先提出异议的代表。还有人出于商业上的利害关系，将爱尔兰本地自治视为对大英帝国和自由贸易的威胁。在与北爱尔兰阿尔斯特地区往来密切的苏格兰西部，"本地自治就是罗马教皇来统治"的恐慌则弥漫在追随奥兰治兄弟会①的新教徒工人阶级群体之间。而对很多支持自由党的土地主而言，爱尔兰本地自治与土地改革密切相关，在他们看来这一动向也坐实了自由党终将彻底屈服于激进派的影响。

最终，对爱尔兰本地自治最为不满的自由党人从本党脱离并组建了自由统一党（Liberal Unionist Party），并在 1885 年的大选中表现出色，赢得 17 个议席，接近自由党在苏格兰总席位数的三分之一。在这里，"统一"指的是大不列颠对爱尔兰的统治。1885 年的选战胜利并非短暂现象：苏格兰西部很多新教徒工人阶级选民在之后的几场大选中也从自由党倒向了自由统一党一方。自由党在城镇选区的实力曾经不可撼动，但现在终于受到了强有力的挑战，在一些地方甚至遭到了推翻。事实上，这一时期的统一派运动大体上仍以城市为主舞台。在苏格兰，就连《格拉斯哥先驱报》（Glasgow Herald）、《苏格兰人报》（Scotsman）和阿伯丁的《每日自由报》（Daily Free Press）等大城市的主要报刊都开始鄙弃格莱斯顿。格里诺克与格拉斯哥的商会也打破了长久以来的政治中立立场，公开谴责爱尔兰本地自治政策。虽然自由统一党直到 1912 年才与保守党联合组成苏格兰统一党（Scottish Unionst Party），但两党之间已维持密切往来，并从 1895 年开始结成同盟，以从政治光谱的右翼对自由党霸权发起 1832 年以来所未有的强力冲击。和之前一样，他们的最佳突破口在于苏格兰西部。1886 年，保守党和自由统一党分

①　发端于苏格兰低地的新教徒兄弟会之一，成立于 1795 年，因光荣革命中加冕英王的威廉·奥兰治之家族姓氏得名。该团体以捍卫苏格兰与大不列颠作为新教徒国家的纯粹性为基本主张，视以天主教徒为主的爱尔兰为潜在威胁，并支持北爱尔兰阿尔斯特地区的新教徒。

别在当地从自由党手中夺走了十个和八个议席，并依托一个具有工人阶级色彩的选民群体（这是苏格兰政坛的第一次），形成了一个新的大众政治派别。

从 1886 年开始，自由党再也无法在苏格兰政界一家独大，该党的前途也将长期陷于困顿。从 1874 年到 1900 年，自由党在苏格兰的得票率从 70% 下降到 51%，而在 1895 年和 1900 年的大选中，自由党的表现都不尽如人意。在 1895 年大选中，自由党的领先优势被削减到区区八个议席，而在五年后的卡其布选举（Khaki Election）① 中，保守党人在苏格兰赢得了多数席位，创下 1832 年以来的第一次。一个自由党官员曾哀叹道："我们在苏格兰悲惨地陨落了。"[1] 围绕布尔战争问题，主战派罗斯伯里伯爵领导的自由党帝国主义者和坚决反战的亨利·坎贝尔－班纳曼爵士（Sir Henry Campbell－Bannerman）领导的激进派之间的矛盾公开爆发，令自由党在选民当中的声望大受打击。

不过，我们不能认为早在 1914 年以前，自由主义作为一场政治运动就已陷入了不可逆转的衰退。自由党诚然失去了 1880 年之前数十年间那样彻底的主宰地位，但与 1895 年和 1900 年的选战失利相比，这一时期的自由党仍在苏格兰拥有广泛且坚韧的支持。在一战前的数年里，自由党仍是苏格兰实质上的执政党。约翰·巴肯（John Buchan）在 1911 年对此确信无疑：

自由党的信条已被苏格兰人如此广泛且潜移默化地接

---

① 1900 年英国议会选举进行时正逢第二次布尔战争，索尔兹伯里侯爵领导的执政党保守党最终借战时的民族主义气氛击败自由党成功连任。"卡其布"之名源自当时英国军队新换装的制服，这一名词后来常在英文语境中被用来指代深受战时或战后的特殊政治氛围影响的选举。

受，以至于他们在发表政策时与其说是在向选民公布主张，更像是对一群部落民念咒语。格莱斯顿先生赋予了自由党真挚的道德光环，让自由党人的讲台形同布道讲坛，让自由党人的慷慨陈词拥有宗教宣讲一般的力量。自由党的成员似乎认定他们的对手如果不是在道德上，就是在智识上有缺陷。他们认为托利党是"蠢人"党。只有自由党人能理解穷人，并对他们抱以同情。一个不支持自由党的男性工人如果不是蠢得无可救药，就是在道德上有败坏之嫌，抑或受到了地主或雇主的蛊惑。[2]

巴肯发表的评论所要针对的是当时已经从 1900 年的挫折中顺利复苏的自由党。1906 年，自由党在苏格兰赢得了一场压倒性胜利，以 58 个席位远远凌驾于保守党和自由统一党的 12 个席位之上，而工党则在苏格兰的两个选区赢得了首次胜利。自由党的地位在 1910 年 1 月和 12 月的两场选举中得到了进一步的巩固（甚至略有长进），相比之下，保守党在英格兰却恢复了之前的强势地位。这一切迹象表明 1900 年的选举结果充满暂时的意外因素，自由党的偶然挫败主要是因为英属南非的战事令该党内部一片混乱，而保守党和自由统一党则正好擅长利用国民因布尔战争燃起的爱国主义与帝国主义情绪。不过，在另外几场选举中，自由统一党人始终未能在民众当中得到稳固的支持，虽然保守党的处境与 1886 年以前漫长的惨淡岁月相比已有所改观，但他们仍无法在苏格兰西部以外的地方造成太大影响。此外，这一时期的工党也远远不足以挑战自由党的地位。1914年，工党本决定在苏格兰安排最多 17 名候选人竞选，但他们最终将这一数字下调至七人到八人。在当年的工党大会上，一名代表承认摆在工党面前的仍是一场逆势而行的苦战："不幸的是，苏格兰对自由党的路线如此执着，以至于我们在那里面对的挑战大于不列颠其他任何地方。"[3] 就在同一年，工党在英格兰安排了远比苏格兰多的候选人角逐议会选举，无疑证明了那位代表的论断。

自由党之所以在苏格兰拥有持久且轻易不为形势所左右的支持，主要是因为以下几个因素的作用。从长期来看，1880 年代令辉格派与统一派离开自由党的严重内讧反而产生了正面效果。自由党不但在 20 世纪初逐渐变得更为团结，在路线上也越发偏向激进主义，使其得以继续受到产业工人、小农场农民和农业佣工的支持。1891 年，苏格兰自由党协会（Scottish Liberal Association）决定支持在高地推行全面土地改革、实行成年男性普选、废除议会上院和实施八小时工作制等政治主张，而 1906 年之后自由党政府改革政策的幅度也在整个 20 世纪的历届政府中位居前列，自由党不但在那个执政时期里建立了养老年金和失业补助制度，还开始在英国建设有组织的医疗制度。这些关乎社会政策的议题在 1906 年的苏格兰显然构成了当时政治论争的基本焦点，而相比之下，同一时期的英格兰政坛对这些问题的反响较为平淡。苏格兰的主要报刊无不用大量篇幅关注社会政策问题，自由党的一些发言人也将这种"新"自由主义称赞为确保工人阶级选民继续支持本党，并尽可能避免选民基础流向工党的最佳策略。在苏格兰工人阶级中的爱尔兰天主教徒移民看来，自由党是为自己的本土争取本地自治的唯一有效力量。大多数天主教徒直到 1918 年仍没有投票权，但在 1910 年，爱尔兰民族主义党（Irish Nationalist）已经在 46 个苏格兰选区里安排候选人参与角逐，他们的得票率在 1%（阿盖尔）

到 24%（西法夫）之间，他们的主要影响力集中在格拉斯哥城内与周边地区的工业地带。在格拉斯哥，1882 年成立的爱尔兰国民联盟（Irish National League）及其后继组织——成立于 1900 年的统一爱尔兰联盟（United Irish League）实际上左右着当地爱尔兰移民的选票流向，而他们在选举中一般会偏好自由党候选人。爱尔兰国民联盟的主要组织者是著名的约翰·弗格森（John Ferguson），一个阿尔斯特新教徒出身的文具商人兼出版商。他是苏格兰自由党协会执行层的活跃成员，曾在 1890 年大选期间邀请爱尔兰民族主义党的发言者在苏格兰进行巡回宣讲。而在 1880 年代呼吁保障小农场农民权利的运动中，自由党激进派的主要领袖也与迈克尔·达维特（Michael Davitt）等爱尔兰土地改革派人士建立了密切的联系。诚然，到 1914 年，爱尔兰民族主义党在一些选区的选票已有流向工党的迹象。例如，生于沃特福德郡（County Waterford）的约翰·惠特利（John Wheatley）曾担任爱尔兰国民联盟在谢特尔斯顿丹尼尔·奥康奈尔（Shettleston Daniel O'Connell）支部的主席，他在 1906 年成立了天主教社会主义者社团（Catholic Socialist Society），致力于号召爱尔兰天主教徒移民支持工党。但总体上，1914 年以前苏格兰的爱尔兰天主教徒移民仍支持自由党，惠特利本人收到的来自其他天主教徒的暴力威胁也佐证了这一点——他们认为惠特利在社会主义组织中的高调参与是对爱尔兰自治事业的背叛，也是对唯一能让这一政策通过议会审议的自由党的背叛。

还有一些短期因素减弱了社会主义运动对工人阶级自由党支持者的吸引力。大多数苏格兰工人当时仍未加入工会，这令工会运动更难通过扶持一个独立的工人阶级政党来更好地促进

305

工人的权益。直到 1890 年之后工会运动的迫切性才逐渐凸显，这主要是因为工会在当时遭遇了一系列法律上的挫折。例如，1901—1902 年臭名昭著的塔夫河谷铁路公司（Taff Vale）诉铁路员工联合会案令工会运动背负破坏企业经营的风险，因此被判违反民事法律的工会被勒令从工会费用中支取赔偿金交付给雇主。而在禁酒、和平主义、福音派信仰、土地改革与苏格兰本地自治等议题上，自由党激进派仍与苏格兰的早期社会主义者拥有不少原则性共识。工党领袖在高地土地联盟（Highland Land League）和苏格兰本地自治协会（Scottish Home Rule Association）等自由党人主导的政治组织中都扮演了重要角色。反对高地地主的严酷剥削是自由党人的传统使命之一，独立工党则在这一传统的基础上独立发起了针对城市房地产业主征收过高租金的政治运动。自由党和工党都憎恶地主阶层，而当时最著名也最具影响力的地主阶层批判作品《我们的贵族世家》（Our Noble Families，发表于 1909 年）出自 1906 年成立的独立工党报纸《前进报》（Forward）编辑汤姆·约翰斯顿（Tom Johnston）之手。由此可见，此时自由党新派与独立工党的政见区别并不明显，因此苏格兰的技术工人不愿意切断与那个许诺将在他们有生之年通过新的社会改革措施让他们的生活迎来实际改变的政党之间的传统联系。

20 世纪初的工党并非没有取得成果：两名工党候选人在 1906 年当选，但他们都在立场上高度倾向自由党。在克莱德赛德的机械车间与造船厂里，由于失业问题发生得越来越频繁，而雇主为应对海外竞争而投资节省劳动力的机械设备，从而冲淡了工人技术在生产中的作用，技术工人正变得对现状越来越不满。在这一层面上，1907—1908 年的失业危机堪称苏格兰工

人阶级的历史分水岭。数千人在这场危机中失去工作，其中很
多人具备高度的生产技能，而到 1907 年底，格拉斯哥城内外已 306
有 7000 人依赖特别救济金生存。这对克莱德河地区许多骄傲且
独立的工匠来说都是痛苦的打击。与此同时，社会主义观点正
通过公开讲座、《前进报》、社会主义主日学和工人教育协会
（Workers' Educational Association）的夜校课程得到传播。以社
会民主主义联盟（Social Democratic Federation，SDF）和 1903
年因詹姆斯·康诺利（James Connolly）的运作从社会民主主义
联盟中独立出来的社会主义工党（Socialist Labour Party，SLP）
等组织为平台，倾向革命的左翼力量在苏格兰越发活跃。社会
民主主义联盟和独立工党看似立场相近，实则截然不同。与寻
求通过议会渠道实现社会改革的独立工党不同，社会主义工党
号召工人接管产业生产，并用罢工手段让资本主义制度走向崩
溃。从 1911 年开始，戈万（Govan）地区①颇有人气的学校教
师兼社会民主主义联盟成员约翰·麦克莱恩（John Maclean）每
周日晚介绍马克思主义哲学与经济学的例行讲座能够吸引数千
人参加，这一现象体现出苏格兰工人阶级政见趋势的变动。不
过，虽然在 1914 年以前，社会主义思想便已在克莱德赛德地区
逐渐传播开来——这将在一战期间和战后带来意义重大的结
果——这一思潮却并未对短期内的选举结果造成显著影响。没
有迹象表明工党在这些年的选举中取得了突破。作为一个只有
三个议席的小党，工党仍无法撼动大多数工人阶级选民对自由
党的支持。此时的自由党在 1900 年的失败之后已改变策略，通
过成功占据苏格兰政治光谱的中间地带，将左翼的社会主义者

———————

①　格拉斯哥城郊地名，是克莱德赛德地区的工业重镇。

与右翼的统一派边缘化。

　　自由党这一策略的成功在很大程度上归功于党内年轻男性与女性成员结成的团体的活跃支持。苏格兰女性自由党人联盟（Scottish Women's Liberal Federtion）在 1914 年已拥有 174 个支部、25000 名成员，这一组织在 1910 年大选的逐户拉票活动与地方选民注册工作中发挥了关键作用，而这只是自由党新兴的强大选举机器的一部分。这台选举机器的另一个更具影响力的组成部分是青年苏格兰人社（Young Scots Society）。青年苏格兰人社建立于 1900 年大选之后不久，目的在于"向年轻男性普及自由主义的基本信条，鼓励他们学习社会科学与经济学知识"。[4] 和苏格兰女性自由党人联盟一样，青年苏格兰人社的成员人数快速增长，到 1910 年已有 2500 人加入这一社团，这与当年独立工党在苏格兰的党员总人数已相差无几。在一战爆发前夕，青年苏格兰人社已拥有 50 个支部和超过 10000 名成员。

　　自由党的青年组织对"新"自由主义的发展和在选举中的成功做出了重大贡献。第一，这些组织因其对竞选手段积极且富有新意的使用而闻名，包括大规模散发传单，为温斯顿·丘吉尔等知名自由党人组织巡回演讲活动，在宣传中重点针对党派间选票差距不大的边缘议席，以及频繁举行露天集会。即便与自由党人竞争的统一派和保守党对手也承认，这种坚决果断的竞选作风对 1910 年自由党赢得选举至关重要，并试图模仿这些竞选策略。第二，地方选区的政治气象再次被激活，而青年苏格兰人社在时机恰当时会试图将自己的成员推举为本党在该选区议员选举中的候选人。作为结果，1905—1914 年有 30 个青年苏格兰人社成员当选下院议员，这一组织取得的成功可见一斑。第三，自由党的青年组织意识到赢得选战的核心在于争取技术工人阶层发自内心的支持，因此将政治宣传的重点放在贫困、住房和教育问题上。在约瑟夫·张伯伦（Joseph Chamberlain）① 提出对进口商品征收保护性关税时，推动自由党在选举中支持自由贸易便是它们取得的最大成就。通过露天集会与大量分发传单等渠道，青年苏格兰人社不遗余力地宣传张伯伦的关税改革计划是对工人阶级生活水平的直接威胁，因为这一政策必将导致食品价格上涨。

正如理查德·芬利所主张的那样，苏格兰本地自治问题之所以在一战爆发前的几年里成为苏格兰政坛的核心关切所在，青年苏格兰人社成员对社会改革议题的执着强调发挥了主要作用。苏格兰政界对本地自治的兴趣并非新现象。部分出于对爱尔兰在联合王国宪制安排中得到优于苏格兰的特别对待的担忧，以及出于对让苏英合并关系运转更为有效的行政制度改革的关切，苏格兰本地自治问题早在 1880 年代便已为人所提起。1885 年，英国政府在伦敦恢复了苏格兰事务部，而在 1894 年，英国议会又设立了一个苏格兰事务常务委员会（Scottish Standing Committee），以对所有苏格兰立法进行考量。此外，苏格兰本地自治协会也在这一时期成立，意在呼吁在爱丁堡设立一个苏格兰自治议会。1886—1900 年，共有七项苏格兰本地自治动议

---

① 约瑟夫·张伯伦（1836—1914），英国政治家，早年曾属于自由党激进派，在 1886 年因反对格莱斯顿的爱尔兰自治政策转投自由统一党，1895—1903 年在保守党－自由统一党联合政府中担任殖民地事务大臣。张伯伦从 20 世纪初开始主张在英国与帝国各自治领和殖民地间建立特别互惠贸易关系，并对来自英帝国以外的产品征收关税，以应对德国和美国等新兴工业国的保护主义政策。他从政期间先后加入自由党、自由统一党与统一党（1912 年由自由统一党与保守党合并而成），在帝国关税改革问题上造成了自由党和保守党两大主要政党的分裂。在 1930 年代担任英国首相的内维尔·张伯伦是约瑟夫·张伯伦的次子。

被送交议会审议。在 1894 年和 1895 年递交的动议得到了多数支持，却因为议会议事时间不足而未被通过。然而，苏格兰政界对本地自治的态度是否坚决仍成问题。自由党高层对苏格兰自治态度冷淡，苏格兰自由党中的很多重要成员对此也不予支持，苏格兰本地自治对他们而言到底是一个关于实现真正自治的诉求还是一种对苏格兰行政体系进行有限改革的呼吁，这一问题的答案并不总是显而易见的。

但在 1910 年之后，本地自治问题迎来了完全不同的局面。此时的青年苏格兰人社认为本地自治是实现社会改革的必要条件，这一举措之所以遭到了无谓的推迟，只是因为议会议事时间的不足以及英格兰保守主义者的阻挠。青年苏格兰人社成员宣称："如果苏格兰有权议决自己的法律，今天的整个激进主义政治纲领与社会改革诉求早在四分之一个世纪以前就已经全部审议通过了。"[5] 作为结果，青年苏格兰人社开始采用切实手段推动苏格兰本地自治被纳入本党主要议程，他们使用的手段包括推动本党的议会选举候选人就在苏格兰设立议会发起公开请愿。随着《本地自治法案》（Home Rule Bill）在 1914 年 5 月通过议会下院二读，改革苏格兰宪制地位的运动距离胜利只有咫尺之遥。不幸的是，随着一战爆发，这项法案再也无望成为正式生效的法律，然而宪制问题在苏格兰政局中新近取得的核心地位无疑造成了重大影响。1912 年，保守党与自由统一党基于捍卫联合王国与帝国完整性的共同主张而合并为统一党（Unionst Party）。在自由党内部，由于一些人认为青年苏格兰人社的激进主张过于极端，运作方式过于凶狠，这一组织也成为新一轮意见冲突的起源。在成立早期，青年苏格兰人社曾在塑造所谓"新"自由主义路线的过程中厥功至伟，但在战争爆发前夕，这一组织逐渐被自由党内立场更趋保守的人视为一个极具争议性的隐患，乃至被指责与工党有所勾连。在 1918 年以后彻底改写苏格兰政治版图，并令自由党在苏格兰的传统霸权彻底崩溃的政治巨变，此时开始显露出一些端倪。

2

　　起初，这看似是一个不太可能的情境。执政的自由党因 1914 年席卷全国的爱国热潮变得更为强大。少数社会主义者的确对这场资本主义的战争大加批评，但工会和大多数工人都支持政府的决定，要对德意志敌人发起伟大圣战。成千上万苏格兰青年涌向征兵处参军入伍，令苏格兰的志愿役人员与总人口之间的比例超过联合王国的其他所有组成部分。在组成英国远征军的 157 个营中，有 22 个隶属于苏格兰部队。然而，苏格兰人的狂热并没有维持多久。西线战场的惨烈状况和看不到尽头的伤亡人员名单很快令民众陷入集体悲恸之中。苏格兰在这场战争中蒙受的生命损失之惨重是前所未有的。在 557000 名应征入伍的苏格兰人当中，有 26.4% 的人在战争中失去了生命。相比之下，1914—1918 年英国军队的平均死亡率仅为 11.8%。在所有参战国家和地区中，只有塞尔维亚和土耳其的人均死亡率高于苏格兰，但这主要是因为堑壕战阶段的疾病暴发，而非战事造成的直接损失。苏格兰士兵的伤亡率高于平均水平，主要是因为他们被视为最为优秀、最敢冲锋的尖兵，总是可以在战役开始的头几个小时里走在攻势的最前列。由于军队的征兵制度往往将同村、同地区或同一职业的兵员编入同一建制，战场上持续不断的杀戮对苏格兰的人口造成了更具破坏性的影响。在索姆河战役等主要战斗期间，苏格兰地方报纸的死亡告知版

309

面上总会被大量伤亡人员的姓名挤满。随着如此惨烈的杀戮持续不断，自由党政府自然开始因其对这场冲突的不力应对和在结束战争这一问题上暴露的无能而遭到越来越广泛的批评。

自由党在苏格兰也面临着新的问题。战争期间，克莱德赛德地区成为一处庞大的军事工业区，这里的工厂开始大量生产战时所需的船舶、炮弹、枪械和各种弹药。但在1915年，这里也成为苏格兰劳工运动史上最著名的一些劳资纠纷的舞台，韦尔公司（Weirs）、阿尔比恩汽车公司、威廉·比德莫尔集团、巴尔与斯特劳德公司等大型工业企业的车间工人都曾参与其中。1914年以前，由于雇主开始用基于转塔车床、万能铣床和磨床等设备的大规模量产工艺取代依赖技术工人精确操作的非流水线作业，苏格兰机械制造业内部的劳资关系已趋于紧张。在战争的头两年里，政府对大规模增产的要求进一步刺激了量产技术的推广，并促使企业开始雇用男女非熟练工人以应对更高的产量要求。而随着首相劳合·乔治（Lloyd George）在1915年任命以克莱德赛德反工会态度最坚决的企业家著称的威廉·韦尔（William Weir）担任苏格兰军械负责人，技术工人对自身地位不保的危机感进一步加深了。在1915年3月的《财政部协议》（Treasury Agreement）中，车间技工工会同意在战时停止一切罢工活动，但作为交换，政府必须立法保证战前的工作方式将在战争结束后立刻得到恢复。在基层工人当中，这一许诺受到了公开的怀疑，这种情绪不断累积，最终于1915年在克莱德河地区的多家机械制造企业引发了一系列罢工运动。这些罢工都不是工会的正式罢工，一个名为"克莱德工人委员会"（Clyde Workers' Committee）的工会谈判代表小组在其中扮演了一定角色。这一小组的一些成员与社会主义工党有联系，例如威廉·加拉赫（William Gallacher）、阿瑟·麦克马纳斯（Arthur McManus）和约翰·缪尔（John Muir）。罢工技工的目的在于保护自己作为技术工人的身份、生活水平和在工厂中的地位不受影响，并不带有革命色彩。然而，政府认为罢工运动中存在颠覆性阴谋的成分，为此首相劳合·乔治召开会议，以让克莱德工人委员会成员认识到技术工人地位淡化之好处，但会议遭到扰乱，罢工运动中为首的一些工人代表在1916年2月被从苏格兰西部驱逐出去，《前进报》也遭到取缔。自由党政府似乎已坚定地站到了企业老板一方，反对工人捍卫自己的权利。政府的首要也是唯一的目的在于保证对德战事顺利进行，而一场全面战争必然要求个人为国家的迫切需要牺牲自由权利。这一做法彻底违反了自由党人的根本信条，而正是这一信条让自由党在苏格兰的选举政治中称霸数十年。对于这一点，那些早已因政府应对战争的无能表现而感到不满的人并不会轻易放过。与此同时，劳合·乔治关于克莱德河地区弹药生产因当地工人的酗酒问题而受到影响的言论也让工人阶级对自由党的怒火越发高涨。

但从长期来看，1915年格拉斯哥的房租抗争运动对克莱德赛德地区的工业经济造成了更大的冲击。这场由机械制造业工人发起的抗争运动将一个关键的社会群体拖入了一场以捍卫特定职业从业者利益为主旨的斗争。房租抗争的影响遍及整个市民社群，并让整个工党运动得到了更为广泛的支持。在英国所有城市当中，格拉斯哥一向以最为糟糕的住房条件臭名昭著。1911年格拉斯哥近一半市民的居所只有两间卧室，超过八分之一的市民居住在只有一间卧室的房屋中。自由党的福利政策改革尚未涉及住房问题，但这无疑是一个对工人阶级生活质量极

311

为重要的领域。随着战争爆发，格拉斯哥的住房问题进一步加剧。在 20000 名军工业工人涌入城市的同时，新住房的建设又陷于停滞，这令城市居民过密问题更为严重，并在一些区域造成了房价的快速上涨。例如，在戈万和帕特里克等地，1914 年春季到 1915 年 10 月的房租平均涨幅在 12%—23%。房租上涨很快激起了民愤。房屋租客的儿子与丈夫可能正在前线为国作战，房东此时决定抬高租金，于是被视为乘人之危的不义之徒。房租抗争运动的规模迅速扩大，到 1915 年底，已有逾 20000 名租客拒绝按增长后的数额缴纳房租。示威者在游行期间使用的一些招牌标语生动地体现了他们对房租上涨的义愤："我们的丈夫在法国对抗普鲁士人，我们则在帕特里克反抗本地的普鲁士人。"[6] 整个社区都在这场抗争中团结起来，租户家庭中的妻子与母亲们也在维持抗争者内部团结、坚决抵制强制清退的过程中扮演了关键角色。同样关键的是，租户们得到了政治活动家的强力支持，其中包括女性普选权运动中的左翼人士、独立工党的城镇议员、格拉斯哥工会联合会（Glasgow Trades Council）与中格拉斯哥选区工党组织。1915 年 11 月，当一些积欠房租的租客被带到法庭受审，并被罚没工资所得时，军工厂和造船企业的工人决定放下工具，威胁举行无限期罢工，直到要求租客缴纳罚金或强制退租的判罚撤销。此时政府担心罢工会扰乱必要的战时生产，而决策者已经开始考虑制定法律来管控房租水平，于是当局最终决定到战争结束为止禁止房东上调房租。

因为政府一度采取了一些被认为在暗中支持房东涨租的措施，所以这一决定并没有赢得居住在这座苏格兰最大城市的工人阶级的信赖。此外，这场运动也表明了工人阶级团结起来发起抗争所能造成的威力，并让独立工党的威望与影响力大为增加。在自由党政府将抗争与罢工的参与者斥为不爱国分子，并因此给人留下强权压迫之印象的同时，独立工党出面支持工人表达对物价、房租和投机牟利行为的不满。1914—1918 年，独立工党在苏格兰的党员总人数增加了两倍，该党还通过在格拉斯哥各工会与用工企业之间建立强有力的联系网络，得以在这座城市的工人阶级当中施加颇为突出的影响。在苏格兰统治当局与民众之间关系恶化的同时，自由党政府的统治本身也陷入危机。首相阿斯奎思曾在 1915 年组建了一个囊括所有议会政党的战时联合政府，但到 1916 年底，劳合·乔治将他逼出唐宁街 10 号，令自由党陷于分裂。很多代表苏格兰选区的自由党议员仍忠于阿斯奎思一派，这部分是因为劳合·乔治将新内阁的大部分阁僚职位授予了保守党人。自由党似乎已方寸大乱。

随着自由党遭遇挫折，工党成为工人阶级票仓当中的最大受益者。1918 年选举权改革赋予了该党巨大的潜在优势：这次改革令苏格兰的选民从 1910 年的 779000 人猛增至 1918 年的 2205000 人，增幅高达近两倍，而新选民中的绝大多数都来自工人阶级。就在不久后的 1918 年的选举中，工党便赢得了苏格兰三分之一的选票，得票数相当于此前得票数的十倍以上。但是，选举系统中的问题导致这些选票只为工党换来了八个下院席位。这场大选中的选民登记制度可能存在缺陷，令很多曾入伍参战的选民无法投票，对结果造成了显著影响。但在接下来的几年里，一系列因素让工党在苏格兰的影响力得到了进一步增长。其中一个关键因素在于工党对爱尔兰裔天主教徒选民的巨大吸引力。多年以来，这一选民群体始终支持自由党，将其视为实现爱尔兰本地自治的最大希望所在。但随着爱尔兰在

1920 年从联合王国分离并成立爱尔兰自由邦，这一许诺失去了魅力。《泰晤士报》的文章指出，天主教徒占苏格兰选民总人数的 20%，他们将在 1922 年大选中构成工党潜在票仓的"关键部分"。在几年之前，苏格兰最具影响力的天主教报纸的编辑也撰文解释了为什么工党对他的教友们具有如此强的吸引力：

> 一个强有力的、民主的工人政党的结成给了我们一个机会。从前的工党是孱弱的，这迫使我们转而支持那个在我们看来能为爱尔兰出力最多的政党……支持托利党则是绝不可能的。不幸的是，自由党的政见也充满了狭隘且偏执的反天主教思想……但新兴的工党是一个真诚的人民政党，而鉴于大不列颠境内的绝大部分爱尔兰人都是基层劳动者，身处常人不能想象的恩怨与爱恨之中，工党自然是他们的首要选择。[7]

与此同时，劳合·乔治领导的战后联合政府没能兑现承诺，用经济重建"把祖国建设成英雄宜居之地"，1918—1920 年的战后繁荣迅速在 1921 年转为萧条。随着阿斯奎思派自由党人在 1918 年大败，工党的地位得以攀升，现在工党已成为英国政坛唯——个具备实质影响力的非参政党。与此同时，工党也开始从传统政党中吸纳思想更倾向进步主义的人士，例如著名的自由党人 R. B. 霍尔丹（R. B. Haldane）。他认为在一个大众民主的新时代，只有工党才能维持英国社会的协调运转。工党的组织性也十分出色。在信奉天主教的帕特里克·多兰（Patrick Dollan）的主持下，工党在格拉斯哥建立了一套强大的竞选机制，兼具高效的管理设计与宗教般的热情。这一竞选机制的主要任务是始终不懈地鼓励工人进行选民登记，关注的领域则是住房、房租和工作岗位等关乎日常生计的问题。正如约翰·惠特利所说："在会议上我们讨论的是本地人的政治，我们追求的是捍卫格拉斯哥东面远郊居民的权益，而不是关注欧洲的近东地区。"[8]

工党的努力终于在 1922 年大选中得到了报偿：该党在苏格兰最终赢得 32% 的选票和 29 个议席，成为苏格兰的最大党，其中有 10 个议席来自格拉斯哥地区。这无疑是工党在苏格兰取得的一场历史性胜利，尽管在格拉斯哥以外，工党的表现并没有那么惊人。例如，在爱丁堡，工党的得票率就不及 10%。但无论如何，苏格兰的政治版图都被彻底改写了。在 1924 年和 1929 年大选中，工党在苏格兰的得票率进一步增长，而直到 1935 年，工党在苏格兰的选战表现也始终优于英格兰。当 1922 年当选的工党议员从格拉斯哥的圣伊诺车站启程前往威斯敏斯特履任时，很多人都认为这将为苏格兰开启一个新时代。在那些议员当中，如詹姆斯·马克斯顿（James Maxton）、大卫·柯克伍德（David Kirkwood）、伊曼纽尔·欣韦尔（Emmanuel Shinwell）和约翰·惠特利等人都有过在战时参与克莱德赛德地区工人权益与政治运动的经历，他们都曾对满怀热情的人群发表雄辩而感人的演说，发誓要"增进同胞的福利与全人类的福祉"，并带领支持者高歌誓约派时代的赞美歌，标榜自己与苏格兰古老的激进主义传统的联系。

"红色克莱德赛德"的诞生与工党在选举中的突破只是一 314 战结束后苏格兰政坛转型的一部分。在这一过程中，最具决定性的变化在于自由党在选举政治中的彻底消亡。自由党的崩溃并非一蹴而就，但在 1924 年耻辱的选战失败之后，自由党的全面衰落已显而易见。自由党在 1924 年大选之后只剩下八个苏格兰议席，其中五个位于高地和西部群岛地区。有几个因素可以解释自由党灾难性的崩溃，其中一些已经在本章中提及。工党吸收了大量在传统上支持自由党的工人阶级选民，赢得了 1918 年选举改革以来的绝大多数新选民的支持，并招揽了爱尔兰裔天主教徒社群。讽刺的是，工党本身的成功在很大程度上便以土地改革、教育改革、住房政策和苏格兰本地自治等战前自由党激进派的政策为基础，而在 1918 年之后，大批自由党进步主义者也选择转投工党，其中包括詹姆斯·巴尔（James Barr）牧师、J. L. 金洛克（J. L. Kinloch）、罗斯林·米切尔（Rosslyn Mitchell）和沃尔特·默里（Walter Murray）。此外，作为一个代表政治光谱中间派的传统政党，自由党在战间期以阶级立场为主要分野的政治新格局当中也面临来自右翼的压力。在 1920 年代早期，苏格兰中产阶级的主要政治关切便是阻止社会主义在苏格兰进一步扩大影响力。

苏格兰的工党主张改革而非革命，但克莱德河工业区在战时发生的一系列抗争事件仍引发了对"赤色渗透"的担忧，尽管这些运动的目的在于保障工人的收入与工作条件，而非发起一场工人起义并建立社会主义乌托邦。不过，俄国十月革命与 1919 年 1 月格拉斯哥工人的又一次力量展示在中产阶级当中煽动了恐慌情绪：工人们发起了呼吁落实 40 小时工作制的罢工，以支持苏格兰工会大会用减少工时来缓解军人复员所造成的失业率上升问题的诉求。罢工者试图阻止政府撤销对工资和房租的战时管制措施，并在格拉斯哥的乔治广场发起了一场 10 万人规模的大规模游行。随着警察持警棍对人群发起冲击，场面最终演变为一场"暴乱"。尽管参与者曾挥舞红旗，已知证据却显示这场游行背后并无革命者参与，局势的混乱主要是由警察的过度反应引发的。不过，当时的苏格兰政府并没有采取这样的看法。苏格兰事务大臣在向其他阁僚提出的建议中称格拉斯哥当前的事态不是一场罢工，而是"一次布尔什维克起义"。就在集会当天，政府向格拉斯哥城内派驻了 12000 名军人，部署了六辆坦克驻守牲畜市场，并在邮局和宾馆门前设置了机枪。格拉斯哥已被置于军事管制之下。

315

罢工运动的声势很快消退下去，40 小时工作制也没有落实，但后来所谓的"血腥星期五"事件对格拉斯哥政坛造成了长远影响。对城内很多工人来说，这起镇压事件再一次证明了政府的压迫态度，令他们对现行体制的幻灭感大大加深，促使更多人支持工党。而更为关键的是，在十月革命的背景之下，1919 年 1 月的工人集会极大地震撼了苏格兰中产阶级，让他们坚决地倒向一个能阻止社会主义在苏格兰不断壮大的政党。至于这个党会是自由党还是统一党，起初尚不明确。统一党的组织性更好，反社会主义立场也更强硬，而自由党在 1919 年仍拥有一些议会席位。未来五年的变化将决定中产阶级右翼选票的归属。

最终，统一党成为中产阶级选民眼中更可靠的反社会主义政党。决定这一胜负的时刻出现在 1924 年，随着阿斯奎思决定带领自由党支持工党的少数派政府，舆论广泛指责他背叛了自己的党派与阶级。有说法称联合自由教会（United Free Church）的大批神职人员在这一时期脱离了自由党，商界则对这一决定深感恐惧，一些曾经忠实追随自由党路线的报纸也改变了立场。格拉斯哥主要的自由党系报纸《每日记录报》（*Daily Record*）

决定转而支持统一党，宣称只有统一党才能建立稳健的统治。
但正如 I. G. C. 哈奇森（I. G. C. Hutchison）的研究所表明的，
自由党人的失败背后也存在其他因素。由于战间期苏格兰法律
界的精英人物几乎都倾向统一党，苏格兰在这一时期的政法体
制也偏向统一党一方。苏格兰教会领导者的政治立场也在这一
时期右转，大多数神职人员都在 1926 年谴责了总罢工运动。在
主张限制爱尔兰天主教徒移民规模的同时，苏格兰教会总会并
没有对大规模失业和日益加剧的贫困问题等现代社会的邪恶现
状表示出显著关切。从 1920 年代中期开始，苏格兰主要城市的
所有早报都开始倾向保守党。曾经颇具影响力的激进派周报
《人民报》从一份充满社会议题评论的报纸演变为一份以炒作
热门话题与东拼西凑的文章为主的报纸，也构成了这一时期苏
格兰报界的一大转变。换言之，自由党的媒体声音在这一时期
已"在实质上被消灭"了。[9]面对战间期较为有利的条件，统一
316 党采取了更具进攻性的竞选策略，重点关注近来新获得选举权的
女性选民，并再次振兴帝国青年联盟（Junior Imperial League）以
吸引年轻人。到 1920 年代末，统一党党员规模已达约 20000
人，战间期的保守党[①]可谓在苏格兰取得了巨大的成功。
1918—1939 年举行了七次大选，其中四场保守党都在苏格兰赢
得最多席位，仅这一时期的表现便已经与他们在 1832 年改革到
一战爆发之前大半个世纪里取得的纪录持平。

---

① 苏格兰统一党名义上沿袭了 1886 年自由党右翼另行组建的自由统一党
（前述），但在 1912 年自由统一党与保守党合并后，该党在事实上成为保
守党在苏格兰的代表，直至 1965 年完全并入保守党。今日苏格兰保守党的
官方全称仍为"苏格兰保守与统一党"（Scottish Conservative and Unionist
Party）。

3

从1924年到1930年代，经济状况是决定苏格兰政坛局面的首要因素。两次世界大战之间的经历给苏格兰留下了充斥着经济灾难与社会悲剧的惨痛回忆。工业萧条、大规模失业、饥饿游行与依靠救济金艰难生存的人们构成了整个英国在这一历史时期最为人所熟知的形象，不断为后世所提起。然而，近年有一些学者开始对英格兰在1920年代和1930年代的历史体验提出新的诠释。他们认为，部分地区在这一时期的特定阶段遭遇的现实困境必须与整体收入的稳步增长、"新兴"产业的崛起，以及米德兰和英格兰南部等地区的经济繁荣同时看待。汽车制造、电子设备、化工与建筑等产业的发展在这一时期弥补了传统制造业收缩所造成的损失。他们进而主张，战间期英格兰的经济史是一个关于经济转型，而非绝对且不可逆转的经济衰退的故事。

如第十二章所述，上述观点在一定程度上也可套用于苏格兰的情况。即便在衰退最严重的年份，苏格兰仍有五分之四左右的劳动者保有就业岗位，随着实际收入水平上升而更低的利率让借贷成本下降，他们的生活水准无疑经历了提升。即便有越来越多的人申请失业救济，苏格兰还是在这些年间经历了娱乐方面的变革。苏格兰消费者为"电影"这一新鲜事物而疯狂，这一热潮在1929年有声片诞生之后更为高涨。1930年代苏格兰较大的城镇往往拥有三四家电影院，而格拉斯哥则拥有惊人的127家。作为整个苏格兰受经济衰退打击最严重之地区的中心城市，格拉斯哥也是苏格兰的舞会之都，成千上万的年轻男女涌入这座城市多达30家的舞厅寻欢作乐。随着无线电收

317

音机在 1930 年代末进入超过 40% 的苏格兰家庭，苏格兰人的家庭娱乐生活也迎来巨变。不同地区和社会阶层之间的生活体验有着巨大差异：在苏格兰西部，经济危机令整个社区遭到毁灭性打击，爱丁堡和洛锡安部分地区受到的冲击更大。对商界人士与专业人员来说，这一时期的生活条件空前优渥。苏格兰的汽车保有量大幅上升，新建的独栋小别墅遍布于大多数苏格兰城镇的近郊地带，这些都表明这一时期苏格兰至少有一些社会阶层仍拥有相当的消费能力。"独栋环城带"热潮甚至引来圣安德鲁十字社（Saltire Society）的强烈抨击，这一成立于 1935 年、旨在弘扬苏格兰文化传统的组织谴责这一风尚为"一种来自英格兰的侵略"。

埃德温·缪尔（Edwin Muir）于 1935 年出版的《苏格兰纪行》（*Scottish Journey*）颇为精到地捕捉了 1930 年代苏格兰社会生活体验的复杂性。他在旅途中遭遇了不止一种苏格兰社会，他的评论文字里则透露着中产阶级消费主义的气息。他注意到加油站遍布格拉斯哥与基尔马诺克之间的道路两旁，而在艾尔郡的伯恩斯故居旁，郊县小路"被停靠的汽车挤满"。缪尔也提到爱丁堡的茶室几乎专属于中产阶级与上流人士，"工人阶级、工会和拥有强烈阶级意识的无产阶级"很少光顾。他如此描述自己位于格拉斯哥城南沿一条街边的家，那里距离欧洲条件最恶劣的一个贫民区并不算远：

> 邻里大多数住户都是收入较高的职员、店主、领班、采购员和推销员：他们可敬且虔诚，喜欢过一种积累名利的所谓入世生活。他们的居住条件在我看来也是舒适的：屋里有几间房间，有保险柜、扶手椅、钢琴、装饰画和各

种小摆设。他们出门时总是衣着体面。

不过，缪尔也注意到大萧条给苏格兰人带来的可怕后果与苦难，这些场面构成了他笔下 1930 年代苏格兰社会的底色。他提到"一场寂静的清洗"正在苏格兰西部的工业地带展开："工业化时代遗留的外观犹在，工业本身却像梦一样消失无踪。"鉴于这一地区构成了"苏格兰的心脏"，即便苏格兰其他地区在大萧条时代受到的打击相对较轻，西部的苦难也将对整个苏格兰的未来造成致命影响。旅途结束后，缪尔的"总体印象"变得极为悲观，近乎绝望："苏格兰的人口正逐渐枯竭，它的精神、财富、产业、艺术、智慧与内在品德都将耗尽。"怀有这种感受的绝不只有缪尔一个人，其他评论者也把这一时期的苏格兰描述为一个陷入不可逆衰退的地方。乔治·马尔科姆·汤姆森（George Malcolm Thomson）曾言简意赅地指出："关于苏格兰民族的首要事实是，它开始衰朽了。苏格兰民族是一个行将就木的民族。"[10]

苏格兰的社会信心之所以崩溃，其根源在于经济危机对该地的影响比对英格兰除北部诸郡工业地带之外的大多数地区都更深重，持续时间也更长。1924—1937 年全英国民生产总值年均增幅为 2.2%，但根据罗伊·坎贝尔（Roy Campbell）提供的数据，苏格兰的经济表现远比这一数字更差：同期苏格兰年均国民生产总值增幅仅为 0.4%，1928—1932 年，苏格兰还经历了年均 2.0% 的绝对衰退。到 1931 年，苏格兰的工业生产总值已低于 1913 年的水平。超过 26% 登记社会保险的劳动力处在无业状态，两倍于英格兰的平均水平，还有 10 万人被归类为"永久性剩余"劳动力。在造船和机械制造业，数以千计的传统技术工人遭到裁员，而在受害最严重的拉纳克郡与邓巴顿郡，就连下层中产阶级也因服务业需求的消亡而陷入绝境。在 1930 年代，为数不多的大学毕业生甚至很难在苏格兰得到教师职位，也表明了这一时期就业环境之恶劣。如果没有 1920 年代规模空前的人口外流浪潮（苏格兰的总人口在 1921 年至 1931 年净减少 4 万人），就会有更多苏格兰人依靠失业救济金维生。

经济崩溃造成的毁灭性打击在苏格兰人当中激起了一种悲观的自省情绪，而第一次世界大战造成的尚未弥合的可怕创伤加重了这一倾向。在苏格兰各地的城镇与乡村，人们竖立纪念碑，并用频繁举行的民间与军事纪念仪式缅怀战争中的死者。罗伯特·洛里默爵士（Sir Robert Lorimer）设计的苏格兰国家战争纪念碑于 1924 年至 1927 年在爱丁堡城堡内建造，这一设施在完工后立刻成为空前流行的朝圣地。1920 年代访问纪念碑的人数如此之多，以至于原本用粗糙石板铺装的地面在短短数年之内便被访客的双脚磨平。正如 1990 年出版的《苏格兰建筑史》（History of Scottish Architecture）所述，战争纪念碑不仅被苏格兰人视为对壮烈战死之士的纪念，也成了对正在逝去的帝国光辉的缅怀。与此同时，苏格兰不得不开始面对沉重难解的社会问题。政府委员会与学术界的调查报告直白地暴露了苏格兰社会的严峻现实。杰出的营养学家约翰·博伊德·奥尔（John Boyd Orr）指出，1930 年代苏格兰的婴儿死亡率在整个欧洲西部仅次于西班牙和葡萄牙。战间期苏格兰新建住房超过 30 万间，其中三分之二属于公有部门，但这些成就仍不足以弥补旧房老化带来的损失，也不能缓解早在战前便已浮现的长期性人口过密问题。更糟糕的是，由于经济危机严重限制了公共财政，这些社会问题不可能立刻得到解决。到 1939 年，苏格兰有一半的现有住房被判定为不适合居住，住房过密问题的严重程度也五倍于同期的英格兰。

这些年里，大多数苏格兰人有幸逃过了最严重的失业危机，生活水平亦得到提高，但在经济上陷于绝望境地的苏格兰人同样为数众多，他们一度对苏格兰社会造成了巨大压力。格拉斯哥的剃刀帮（razor gangs）最初便崛起于战后繁荣期之后的经济萧条时代，当时的小说《并非无名小城》（*No Mean City*）① 提供了对于这些犯罪团伙的生动描写。相比之下，这一时期更为严重的威胁来自卷土重来的教派冲突。苏格兰教会与联合自由教会共同发起运动，呼吁严格限制爱尔兰移民，称所谓"苏格兰-爱尔兰"族裔为不可同化的劣等人群，尽管 1920 年代苏格兰的爱尔兰移民人数已大大下降。鉴于用工人数遭到大幅缩减，而工厂领班的职位又多为共济会或奥兰治兄弟会成员所有（或两者兼而有之），就业市场上的教派歧视也越发普遍起来："对失业的天主教青年来说，这个时代意味着被人盘问'你在哪里上的学？加没加入基督少年军②？主日学老师是谁'。"11 1930 年代初，持反天主教立场的苏格兰新教徒联盟在格拉斯哥市议会选举中赢得六个议席，以 67000 的得票数超过了得票 63000 的工党。值得注意的是，新教徒联盟的支持者主要来自卡斯卡特（Cathcart）、戈万希尔（Govanhill）和金宁公园（Kinning Park）等技术工人聚居区，这些地方的居民在 1931 年至 1933 年的失

---

① 该小说由苏格兰记者兼作家 H. 金斯利·朗（H. Kingsley Long）与失业工人亚历山大·麦克阿瑟（Alexander McArthur）共同创作，发表于 1935 年。"并非无名小城"源自《新约圣经·使徒行传》中保罗的自述："我本是犹太人，生在基利家的大数，并不是无名小城的人。求你准我对百姓说话。"

② 1883 年成立于格拉斯哥的新教青少年团体。

业危机期间受损尤为严重。在爱丁堡，约翰·科马克（John Cormack）领导的新教徒行动党（Protestant Action）呼吁取消罗马天主教徒的选举权并将他们驱逐出去，这在 1935 年夏天酿成了战间期苏格兰最严重的教派纠纷事件。所幸，宗教社群之间爆发严重冲突的风险得到遏制，格拉斯哥最终没有成为第二个贝尔法斯特。工党、统一党与民族主义政客都与激进分子拉开距离，苏格兰媒体也很少对此表示支持。事实上，《格拉斯哥周报》（*Glasgow Weekly Herald*）曾披露一封约翰·科马克未经修改的信件原稿，暴露出他识字能力不强的弱点，令他的声誉大受打击。面向苏格兰西部中产阶级读者的《格拉斯哥先驱报》也刊载了一系列内容扎实的权威文章，试图论证苏格兰教会关于移民管控必要性的大部分说法缺乏事实支撑。

即便受到其他社会力量的钳制，族群与教派仇恨的存在仍昭示着一种遍布全苏格兰的社会弊病，这似乎也对这一时期苏格兰人的创造意志产生了影响。苏格兰文学诚然在经济萧条时期经历了可观的复苏。笔名休·麦克迪尔米德（Hugh MacDiarmid）的克里斯托弗·默里·格里夫（Christopher Murray Grieve）被视为伯恩斯以来苏格兰诗坛的头号天才，除此之外，刘易斯·格拉西克·吉本（Lewis Grassic Gibbon）、尼尔·冈恩（Neil Gunn）、埃德温·缪尔、菲昂·麦克科拉（Fionn MacColla）、内奥米·米奇森（Naomi Mitchison）和詹姆斯·布赖迪（James Bridie）等重要作家也活跃于这一时期的苏格兰文坛。所谓"苏格兰文艺复兴"作为一个文学现象无疑值得关注，但上述大多数作家并没有在当时给大众的认知带来多少直接冲击。麦克迪尔米德曾希望苏格兰民族能在重拾旧时方言的过程中得到重生，也曾致力于恢复一种正宗的苏格兰民族文化，但在题为《再赞列宁》（Second Hymn to Lenin）的诗作中，他本人也怀疑自己并未产生多少影响：

> 在工厂与田园，
>
> 还有城镇的街道上，可有人提及吾诗？
>
> 若非如此，我的志业
>
> 便不算完成

确实，麦克迪尔米德的影响是有限的。正如克里斯托弗·哈维（Christopher Harvie）尖刻地评价道："此时的苏格兰普通人仍在读邓迪的报纸、赴伯恩斯纪念晚餐，麦克迪尔米德的晚期诗歌则变得越来越清高而费解。"[12]事实上，麦克迪尔米德把大部分文学才华都用来回应他自己对苏格兰糟糕状态的认识。在1926年完成的那篇2600行的杰出长诗《醉人观蓟》（A Drunk Man Looks at the Thistle）和自己作为记者写下的论述文章中，他用标志性的尖锐文字批评了苏格兰郊县社会及其上流阶层的平庸气质："一帮又一帮脑满肠肥的名流要人……那些对英格兰的威风溜须拍马的人。"

尽管在文学领域表现了高度的才华与热情，"苏格兰文艺复兴"运动却没有在战间期激发苏格兰民族文化界更广泛的繁荣气象，圣安德鲁十字社在1935年的成立也反映了一些人对这一时期苏格兰文化遗产得不到振兴的担忧。这一时期苏格兰的历史学研究也陷入低迷，不仅专著的产量寥寥，《苏格兰历史学评论》（Scottish Historical Review）也从1929年开始停刊。有记载称，这一时期收藏在苏格兰档案馆（Register House）地下室长达一个世纪以上的大量珍贵文献也因保管不善开始霉变。

战间期的苏格兰建筑设计起初也以因循传统风格为主，经济条件的局限和大赞助人的消失意味着公共住房和功能性学校设施成为这一时期苏格兰建筑作品的主力，而这些建筑在设计上大多是模式化且缺乏想象力的。直到战间期后期，以现代学院派（这一流派经常被视为电影院、滑冰场与游泳池等"休闲设施"的代表性风格）的崛起以及巴兹尔·斯彭斯（Basil Spence）、贾科莫·科亚（Giacomo Coia）等人为 1938 年格拉斯哥帝国博览会提供的富有创造力的设计方案为代表，苏格兰设计界的创意活动才终于迎来真正的革新。相比之下，美术界在战间期的社会与经济困境当中受害更为严重。以 S. J. 佩普洛（S. J. Peploe）、莱斯利·亨特（Leslie Hunter）、F. C. B. 卡德尔（F. C. B. Cadell）和 J. D. 弗格森（J. D. Fergusson）等人为代表的"苏格兰色彩画派"（Scottish Colourists）早在 1918 年以前便已奠定了自己在艺术界的地位，并创作了大部分代表性作品。但在一战结束后，苏格兰美术界再未涌现具有国际性名声的艺术家，而随着富有的赞助人退场，中产阶级开始成为艺术品市场的主要客户，他们的艺术品位往往倾向于更为熟悉且常规的风格，不愿在经济动荡的时代支持大胆的创作。

　　苏格兰的大学也在战间期经历了显著的衰退。与英国其他地区大学生人数上升的趋势相反，苏格兰的大学生人数从 1924 年的 10400 人下降到 1937 年的 9900 人。苏格兰大学的研究水平也严重落后，导致最具才华的一等学位毕业生大量流向英格兰顶尖大学进行研究生阶段的学习，这一不利趋势在科技专业尤为明显。这一时期大学科研设施缺乏投资构成了这一危机背后的一个因素，但苏格兰的大学无疑也（和苏格兰的文化生活一样）受到了年轻人才大量战死于西线战场的制约。很多在 20

世纪科技领域留下显著成绩的青年人才往往都和古老的传统大学没有什么联系，例如电视机技术的先驱约翰·洛吉·贝尔德（John Logie Baird）和英国广播公司（BBC）的主要创始人兼第一任总裁约翰·里思（John Reith，后来受封为勋爵）都毕业于格拉斯哥的皇家技术学院（Royal Technical College），亦即后来的斯特拉斯克莱德大学。曾在 1929 年的《游荡者》（Drifters）等作品中用现实主义手法表现社会问题的战间期纪录片大师约翰·格里尔森（John Grierson）甚至从未上过大学。

322

4

战间期的经济困难也塑造了苏格兰的政治格局。在其支持者看来，工党代表了社会正义，也最能捍卫工人阶级的利益，保护他们免受大规模失业、糟糕的住房条件与生活水准恶化的侵袭。但工党没能兑现他们的希望与期待。1924 年 5 月，尽管只是在自由党的支持下组建了一个少数派政府，工党还是第一次成为英国的执政党。由于保守党在同年 10 月的大选中取得大胜，这届政府最终并未统治多久，但左翼在苏格兰的得票状况要好过英格兰。第一届工党政府在政策上几乎没有取得什么成就，在社会议题上值得一提的努力也只有约翰·惠特利提出的《住房法案》，这项重要的法案旨在大幅增加对地方行政机构的财政补助，鼓励后者显著扩大新房建设规模。不过，即便惠特利用高超的政治手腕推动这一法案通过议会审议，其效力也在 1926 年受到了限制。

随着经济问题越发紧迫，工党在 1929 年再度成为苏格兰第一大党，赢得 74 个苏格兰议席中的 38 个，进一步证明了该党对选民的号召力已大大超出克莱德赛德地区的传统核心之外。然而，这场胜利只是工党未来灾难的序曲。随着大萧条爆发，经济上的不景气迅速恶化为严重的金融危机。为应对这一局面，首相拉姆齐·麦克唐纳与保守党、少数自由党议员和一小部分议会工党议员组建了"紧急联合政府"。包括独立工党和工会势力在内的左翼阵营坚决反对一切削减福利支出的计划，因此与麦克唐纳政府决裂。在1931年的大选中，联合政府取得英国选举历史上最大的一场胜利，工党在苏格兰的席位大幅减少到七席。尽管首相出身工党，但保守党的支持构成了新一届联合政府最重要的执政基础，统一党在苏格兰政坛的主导地位也从1931年一直延续到二战结束前夕。不过，苏格兰的工党并未彻底消亡，对福利制度的担忧让工党在产业工人阶级当中获得了牢固的支持，这在工党稳步改善的地方选举表现中可见一斑。到1935年，工党在包括格拉斯哥在内的19座苏格兰城镇的城镇议会中都占据多数，尽管对多年间被议会下院拒于门外的工党和受到结构性失业困扰的无数工党支持者来说，这一成绩无法带来多少慰藉。

工党在战间期的失败在一定程度上可以归因于不受其控制的外部因素。工党的确两度在大选后取得权力，但这两次执政都依赖自由党的支持，这便要求工党在政策上做出妥协。政策中的社会主义色彩因此必须被淡化，工党的官方立场也越发倾向于渐进改良，这令包括大多数独立工党成员在内的激进派坚定支持者大为不满。即便如此，工党的反对者仍将工党斥为"布尔什维主义"势力，认为工党代表了威胁摧毁不列颠文明社会的革命阴影。正是在这一背景下，一封被指来自苏联共产国际领袖季诺维也夫（Zinoviev），要求英国共产党人通过渗透工党来颠覆英国政府的所谓"红信"在1924年大选前的宣传战中受到了彻底的利用。在1931年大选中，工党的反对者也把将工党描述为一场失控的革命运动作为宣传策略的核心，他们宣扬工党将用大规模国有化威胁私有财产权，并用违背财政纪律的冒进政策让整个英国经济面临风险。

但工党自身同样存在问题。和自由党或者保守党一样，工党对于战间期的经济问题没有提出思想上的解决方案。诸如菲利普·斯诺登（Phillip Snowden）这样的工党籍财政大臣在制定政策时只知严格奉行当时的主流经济学教条，直到晚些时候，汤姆·约翰斯顿等苏格兰工党政治家才开始支持凯恩斯主义经济学关于政府力量大规模介入经济活动的观点。毕竟，鉴于失业人口的规模如此庞大，结构性危机如此严重，政府干预能否产生效果犹未可知，但如果一届工党政府试图以积极创造就业岗位为政策目标，拒绝对私营经济部门注资、只愿意为道路和住房等公共建设事业提供资金的财政部一定会坚决予以反对。　324
在1926年之后，工党总体上也更愿意发展自身的组织结构，维持党高层对党组织的领导权威，而不是探索更有新意的政见。在1926年，约翰·惠特利以独立工党的名义发表了一份题为《我们这个时代的社会主义》（Socialism in Our Time）的文件，在一系列重要议题中加入了他对于经济国有化和政府开支的看法。作为1924年《住房法案》的主要推手，惠特利一向能有效且务实地推行自己的社会主义政见，但他在1929年没能就任大臣，并在第二年去世。1929年第二届工党政府的遭遇为党内左翼和右翼之间的矛盾与分歧提供了写照，也让工党难以在长时间内维持选举竞争力。独立工党与工党之间的公开冲突始于1926年总罢工的失败。作为独立工党主席，富有感召力的詹姆斯·马克斯顿坚决支持这场运动，并强烈地谴责了工党高层和工会势力，认为是他们的软弱导致了总罢工走向破产。在1929

年工党政府执政期间，要求政府用国有化和大规模干预来解救苏格兰经济的独立工党与内阁之间又一次发生激烈冲突，令工党左右翼之间的嫌隙进一步加深。首相麦克唐纳关于组建联合政府的决定被工党左翼视为工党高层背叛社会主义原则的终极标志，独立工党最终在 1932 年脱离工党而独立。

　　早些时候，工党已经放弃了长久以来对于本地自治的支持。在 1922 年乘火车去威斯敏斯特列席议会之前，惠特利曾宣称"在苏格兰没有什么事务能像本地自治一样激起如此高涨的热情"，[13] 但到 1920 年代中期，工党的态度有了变化。工党的立场逐渐向政治光谱的中间地带转移，伦敦的工党高层对苏格兰工党组织的控制权也有所增强。苏格兰工会大会在 1931 年收回了对苏格兰本地自治的支持。当时更为严酷的经济环境迫使工会领袖认为，只有建立遍及全英、规模更大的工会力量，才能弥补 1926 年总罢工的惨败对工会运动造成的重大损失。苏格兰人若只凭自己的力量抗争就太过脆弱，一个关键原因在于苏格兰是整个英国受经济萧条打击最严重的地区。就连当时苏格兰工党的顶尖思想家约翰·惠特利也在这一新形势面前改变了自己的判断。他认为，只有一台完整的不列颠国家机器才有能力保护工人阶级免受国际资本主义掠夺本性的压迫。苏格兰本地的问题过于尖锐，只有动用整个英国的经济资源才能得到缓解。正如惠特利的同志汤姆·约翰斯顿所说："如果我们在爱丁堡建立了一个苏格兰的议会，但它掌管的是一个坐视人口外流的移民制度、与济贫法无异的福利体系和一片经济荒漠，这样的自治又有什么意义？"[14]

　　工党对苏格兰自治问题越发淡漠的态度（一些工党政客甚至对此抱有敌意）刺激了苏格兰国民党（National Party of Scotland）在 1928 年的建立。苏格兰国民党起初以证明本地自治对苏格兰选民的吸引力为目的，旨在借此让工党相信忽视这一诉求自己将会蒙受损失。然而，苏格兰国民党候选人在选区补选中对工党候选人的积极挑战收到了与此截然相反的效果，两党之间的分歧迅速扩大。但不可否认的是，随着这一时期苏格兰的经济危机日趋严重，民族主义的前景本应良好。根据英国政府国务大臣的说法，经济萧条正促使一些苏格兰人把在爱丁堡建立苏格兰议会视作解决方案。1932 年，一群温和右翼人士离开批评英国政府漠视苏格兰处境的卡斯卡特统一派协会（Cathcart Unionist Association），建立了苏格兰党（Scottish Party），表明本地自治并不是一个专属于苏格兰左翼的政治议题。苏格兰党最终与苏格兰国民党合并，在 1934 年结成苏格兰民族党（Scottish National Party，SNP）。

　　然而，苏格兰民族主义者并没有在战间期成功地利用选民的焦虑情绪。在 1935 年大选中，民族党参与角逐七个苏格兰议席，却没有赢得任何一个；在其中五个曾经有民族主义候选人参与竞选的选区中，民族党人的得票数相较之前都有大幅下滑。民族党人或许可以宣称经济萧条的爆发标志着联合王国在苏格兰已经破产，却无法提出重建苏格兰经济的替代方案。与此相对，政府一方坚持认为，苏格兰在一个经济严重衰退、欧洲局势日渐不稳的时代寻求独立无异于自杀。此外，政府也在 1937 年将苏格兰事务部迁至爱丁堡，以迎合苏格兰人的民族情绪，有人曾精到地评价这一举措具有"……巨大的象征意义，让爱丁堡再一次成为苏格兰政府的所在地、一个货真价实的首府，而不只是教会总会与司法部门的所在地"。[15]不久之后，苏格兰民族党开始分裂为彼此竞争的左右两派，政党内部的秩序走向崩溃。到二战爆发前夕，作为一股政治力量的苏格兰民族主义暂时不复存在。

在战间期的艰难岁月里，统一党成为苏格兰政坛的最大赢家，该党直到 1945 年都在苏格兰政界占据不可撼动的主导地位，这部分是因为它的主要对手——工党和民族主义者都受到内部分裂的困扰。此外，即便席卷苏格兰的经济危机影响颇为深重，这一时期苏格兰的反政府抗议活动却意外地少，大多数抗议活动由全国失业工人运动（National Unemployed Workers' Movement）发起，这一组织曾在 1931 年抗议政府对失业补助的削减和饱受憎恶的"救助资格检验"，又在 1933 年和 1934 年发动了反饥饿游行。不过，统一党人也在这一时期积极寻求巩固对苏格兰政治的主导权。他们常在宣传中把工党塑造为一个用国有化政策威胁居民储蓄、年金和投资利益的革命政党，并始终提防来自自由党的竞选威胁。自由党的实力虽远不如以往，却是统一党在很多选区面临的主要竞争对手，这在那些因农民近年来倒向统一派而重回统一党手中的农村新选区尤为显著。统一党因此采取与自由党人互相妥协的政策，在各场选举中与其达成协议，在立场上向政治光谱的中间靠近，拒绝与任何法西斯主义者抑或格拉斯哥和爱丁堡的新教徒排外主义力量接触，还四度在统一党政府（或由统一党主导的联合政府）中任命自由党人担任苏格兰事务大臣。

在担任苏格兰事务大臣期间，信奉"一国保守主义"的保守党人沃尔特·埃利奥特（Walter Elliot）曾致力于解决来自民族主义者的威胁，以及正在对苏格兰部分地区造成毁灭性打击的经济危机。埃利奥特坚持奉行进步主义社会政策，愿意动用政府干预手段解决经济问题，并对白厅方面漠视苏格兰危机的态度感到恼火。1932 年，当中央政府决定取消冠达邮轮公司（Cunard）的造船计划时，他再也无法遏制心中的愤怒：

问题不只在于克莱德河的造船工人。政府可以取消邮轮建造计划，把资金用在其他地方。但苏格兰人民知道，政府官员往往倾向于把钱花在伦敦的桥梁和英格兰的其他项目上，尽管此时苏格兰的失业规模已不可承受。[16]

埃利奥特在任期间，英国政府设立了苏格兰经济委员会（Scottish Economic Committee）、苏格兰发展理事会（Scottish Development Council）和经济特别区重建协会（Special Areas Reconstruction Association）等机构，以在苏格兰创造就业机会并推进经济活动的多样化。这些措施只从表面上缓解了苏格兰积重难返的问题，而随着英国再次扩充军备，苏格兰重工业的用工规模有所扩大，这些问题也暂时变得更加可控。即便如此，上述机构的设立仍标志了苏格兰经济治理的一次重大进步，为二战期间和二战后国家深度介入经济运转的新体制奠定了基础。埃利奥特任内取得的最大成就则是在 1937 年将苏格兰事务部迁往爱丁堡。在此之前，苏格兰的行政事务必须在不同地点进行，虽然苏格兰事务部本身设在伦敦，负责管理苏格兰各项事务的诸多委员会却在爱丁堡办公。随着苏格兰事务部永久性迁往爱丁堡的圣安德鲁府（St Andrews House），传统的委员会被改组为农业、教育、卫生与住房四个更成体系的部门。埃利奥特的改革寻求在不动摇伦敦中央政府对苏格兰的控制权的基础上建立一套尽可能高效的管理体系，将具体的行政事务下放到苏格兰本地。在苏格兰本地自治议题受到冷落，民族主义者因选战惨败而沦为次要力量的时期，这位拥有统一党背景的苏格兰事务大臣却增强了苏格兰的身份认同，确实可谓历史的讽刺。

327

第十五章　苏格兰的城市

1

　　1830 年以前数十年间，苏格兰的城镇经历了迅猛的发展。然而，当时的大多数苏格兰人仍生活在农场、小农场和村庄里。例如，在 1840 年代，苏格兰只有不到三分之一的人口居住在人口超过 5000 人的城镇中。但在那之后，苏格兰的城镇经历了不间断且不受局限的增长，到 20 世纪初，苏格兰的城镇化程度在世界上仅次于英格兰，位列第二。1911 年，苏格兰人口 5000 人以上城镇容纳了苏格兰总人口的 60%，人口 20000 人以上城镇在所有城镇中所占比例达到 50%。从 1831 年到 1911 年，苏格兰城镇人口占总人口的比例增加了一倍。城市人口如此迅猛的增长终将放缓，苏格兰的实际经历也证明了这一点。尤其是在 1920 年代和 1930 年代，随着低地中部工业核心地带的经济陷入困难，城镇扩张的进程进一步受挫。不过，苏格兰城市人口在这一时期仍以较低的增速维持了增长的势头。1891—1981年，苏格兰的城镇人口增长了 57%。

　　苏格兰城镇化浪潮的主要特征在于爱丁堡、格拉斯哥、邓迪、阿伯丁这四大城市的主导地位日益凸显。1851 年每五个苏格兰人中有一人生活在上述四大都市，到 1911 年这一比例上升至三分之一。大都市的扩张一直持续到 1950 年代才告结束，当时至少 37.6% 的苏格兰人生活在大城市中。苏格兰没有一座像伦敦之于英格兰抑或巴黎之于法国那样的核心都会，只有格拉斯哥距离这一地位较为接近：该城的人口从 1831 年的 274000 人增长到 1901 年的 761000 人，增速可谓惊人。格拉斯哥构成了苏格兰中西部重工业地带的核心都市区，也是世界级制造业中心。到 1901 年，450 万苏格兰人中有 200 万居住在格拉斯哥城内与周边的佩斯利、基尔马诺克、马瑟韦尔、艾尔德里和科特布里奇等港口及矿业或工业城镇。上述的每一座城镇都曾在维多利亚时代经历了蓬勃的经济发展，随着工业资本主义经济的突飞猛进促使一系列新的煤矿和铁矿矿脉得到开采，这些城镇经历了极为迅猛的扩张。在大城市之外，一些规模略为逊色的城镇也成为城镇化社会的次级中心，其中一些城镇具有工业属性，另一些则服务于乡村农业，例如艾尔、邓弗里斯和珀斯。苏格兰边境地区的加拉希尔斯和塞尔扣克等羊毛纺织业城镇，以及安格斯郡的福弗尔、邓迪等麻纺工业中心都以各自的支柱产业见长。还有一些城镇拥有更为细分的行业导向，例如渔业城镇、温泉城镇、海滨疗养地和 19 世纪形成于大城市周边的中产阶级住宅区，如邓迪附近的布劳蒂费里、爱丁堡附近的波托贝洛（Portobello），以及格拉斯哥北面的海伦斯堡（Helensburgh）。

　　19 世纪的苏格兰城市不但经历了飞速的人口增长，其面貌也发生了颇为剧烈的变化。维多利亚时代大规模城市建设与建筑设计革新留下的印迹至今仍在苏格兰主要城市的中心地带清晰可见。爱丁堡是这一时期第一座接受大规模改造的苏格兰城市：在 1820 年代和 1830 年代，随着卡尔顿山（Calton Hill，样式正是万神庙的翻版）上的苏格兰国家纪念碑（National Monument）、爱丁堡大学和苏格兰皇家美术振兴学会（Royal

Institution）等重要建筑和设施落成，这座城市被 W. H. 普雷菲尔（W. H. Playfair）等建筑师赋予了一种"希腊化"风格。在1780 年代规划成形的爱丁堡新城在这一时期得到城内专业人士与商人阶层的进一步发展，到 1830 年已拥有超过 5000 间房屋和 40000 名居民，占爱丁堡总人口的近四分之一。爱丁堡新城在住宅建筑、广场和街道之间实现了视觉风格上的统一，这一观感也可在市中心其他地段见到。这种风格的目的显然在于以希腊古典时代风格为基础，建立一座整齐划一的建筑纪念碑。爱丁堡因此成为一座在自然美景环绕之下以古典主义风貌闻名的景观城市。正是在 1820 年代，诗人休·威廉·威廉斯（Hugh William Williams）第一次称赞爱丁堡为"北方的雅典"，为这座城市冠上了至今仍为人所知的头衔。这个爱丁堡城建史上最为辉煌的时期的最后一处力作是普雷菲尔在 1840 年代和1850 年代对土丘（The Mound）一带的改造工程。在 1843 年苏格兰教会大分裂之后，他受委托设计了自由教会神学院（Free Church College），用主导土丘一带新城风貌的视觉景观体现这个新教会在苏格兰宗教生活中的核心地位。爱丁堡土丘上的建筑奇观还包括容纳苏格兰国家画廊和苏格兰皇家学院（Royal Scottish Academy）① 的新设施。

虽然规划了上述声名显赫的建筑项目，对爱丁堡城建水平的总体评价却开始下滑。因为在把城区向利斯（Leith）港方向扩张的项目上花费过大，爱丁堡市议会在 1833 年正式宣布破

---

① 今天的苏格兰皇家学院大楼（Royal Scottish Academy Building）在 1826 年至 1911 年为前述苏格兰皇家美术振兴学会等机构所用。苏格兰皇家学院创立之初曾借用皇家美术振兴学会的场地存放藏品，在 1850 年代位于爱丁堡土丘的新设施落成后迁入，与苏格兰国家画廊分占东西两翼，直到 1911 年才迁至今天位于苏格兰国家画廊北面的苏格兰皇家学院大楼。

产，在接下来的近二十年时间里，爱丁堡的城建工作陷于停滞，居民人口的增长也显著放缓。即便如此，新时代的爱丁堡仍保留了自身的特色与气质，充满视觉冲击力的建筑风貌与典雅方正的古典血统注定令人印象深刻。这些建筑印证了爱丁堡作为苏格兰首府与宗教和司法事务中心的地位，也彰显了城市中产阶级规划并改造自身生活环境的巨大力量与蓬勃自信。这一时期苏格兰的其他城市也效仿了爱丁堡的发展历程。邓迪新城的核心地段——改革街（Reform Street）在 1830 年代规划完成，阿尔伯特纪念学院（Albert Institute）、皇家交易所（Royal Exchange）、凯尔德大厅（Caird Hall）和邓迪邮政局（Post Office）等标志性建筑都将在日后在其四周落成。爱丁堡的城市建设也对阿伯丁城市面貌的变迁产生了显著影响。阿伯丁的新城以联合街（Union Street）为起点，面向商人和专业人士的住宅区在其两翼展开，城区内还建有一系列希腊式风格的公共与宗教建筑，由该城的建筑师约翰·史密斯（John Smith）在 1830 年代到 1840年代设计完成。苏格兰当地的传统石材花岗岩曾被认为过于坚硬，不适合用作建筑装饰，但随着蒸汽动力技术不断发展，石材切割技术在 1830 年代实现了突破，花岗岩很快成为苏格兰古典主义建筑的一个重要组成部分。阿伯丁在这一时期成为花岗岩之城，而以珀斯为代表的一系列苏格兰城镇也开始模仿爱丁堡的风格。

　　相比之下，格拉斯哥的城建规模在总体上更为庞大。早在1830 年代，格拉斯哥就以落成于 1809 年的司法法院大楼（Justiciary Court House）和落成于 1810 年的邮政局大楼闻名。1826 年，欧洲著名建筑师卡尔·弗里德里希·申克尔（Karl Friedrich Schinkel）在访问苏格兰之后曾具体描述了格拉斯哥城

中新型建筑"纯粹"且"壮丽"的风格，并如此称赞格拉斯哥
331 与爱丁堡两座城市的前卫成就："旧城区里充斥着干草屋顶的
石制窝棚，壮观的新街区里却充满宫殿般的建筑，二十英尺宽、
用石块细密铺装的人行道，供马车使用的铁轨和煤气路灯——
两者之间的反差令人目眩。"令申克尔印象尤为深刻的是外露
于苏格兰大型建筑表面的石材，他认为这种风格与流行于自己
的祖国普鲁士的石膏外立面和英格兰住宅建筑的"单调"风格
形成了鲜明对比。[1] 不过，这一时期只是格拉斯哥中心地带面貌
变革过程中的第一个阶段。这里在维多利亚时代将迎来爆炸式
的发展，城市中产阶级日益增强的经济实力、话语权和社会地
位也将在之后的发展过程中得到体现。殖民帝国和工业经济的
发展在苏格兰引发了大规模的财富膨胀，拥有资产的社会阶层
从中获得的好处最多，当时的税收对他们的生活水准几乎没有
影响。1842 年以后，个人所得税处在较低水平，商业经营的利
润则处在课税范围之外：

> 这场资产阶级革命加速了传统城市功能的重构与分
> 化——一边是新型住宅区，构成其面貌的包括联排住宅或
> 小型别墅，其间点缀有花园、壮观的教堂和公园；另一边
> 则是城市中心区，具有特定目的的俱乐部建筑、慈善机构、
> 浴场、剧院、火车站、宾馆、拱廊商店街和"库房"商店
> 等新型设施在这里扩散。[2]

随着格拉斯哥的中产阶级市民逐渐从旧城核心地带向西迁
移，越来越多由当时顶尖的设计师设计的高档住宅开始变得更
加奢华，规模更加庞大。这一时期格拉斯哥最重要的房地产项

目包括一系列壮观的林荫大道、弧形街区和联排住宅区，由J. T. 洛希德（J. T. Rochead）和亚历山大·"希腊人"·汤姆森（Alexander "Greek" Thomson）在伍德兰山丘（Woodlands Hill）与大西路（Great Western Road）及其周边地区建设而成。还有一些壮观的建筑也成为资本主义体制的载体：银行、保险公司、律师事务所和航运公司都建造了一系列宏伟的总部建筑。资本主义社会对个人主义与社会地位的崇尚要求人们在建筑上不断增添装饰与美化手段，就连死亡也不例外，在建于中世纪的格拉斯哥大教堂旁仿照巴黎拉雪兹神父公墓建造的大墓地（Necropolis）于 1833 年投入使用之后，上流市民在其中展开的"造墓竞赛"便为此提供了佐证。在阿盖尔街（Argyle Street）、布坎南街（Buchanan Street）和索赫霍尔街（Sauchiehall Street）上快速扩散的零售商店和"库房"商店（现代综合百货店的先驱）也表明一种新兴的大众消费主义文化开始在中产阶级和熟练工匠阶层中传播。格拉斯哥的一些商界精英则慷慨出资，赞助吉尔伯特·司各特（Gilbert Scott）在 1860 年代于吉尔摩山（Gilmorehill）上设计建造格拉斯哥大学的新哥特式建筑。随着宏大且豪华的市政厅在 1880 年代动工兴建，格拉斯哥的公共建筑热潮也到达顶点，这座石制新建筑为这座城市的商业成功、市民自豪感和对未来的憧憬提供了不可磨灭的象征。

　　在 19 世纪的英国，很少有城市能在建筑成就上与格拉斯哥比肩，但在苏格兰的其他城市与城镇中，与格拉斯哥类似的城建动力也在不同程度上发挥着作用。随着社会阶层分化加剧，铁路与有轨电车大大缩短了住处与工作场所间的通勤时间，专属于中产阶级的郊区住宅规划变得普遍起来。更加富有的人则会住在庞大的独栋别墅与豪宅中，1850 年代黄麻纺织业繁荣时

332

期由邓迪的黄麻企业主修建的"黄麻宫殿"就是个中案例。在其他地方，从前安置于"实用性建筑"中的银行、保险公司、图书馆、学院、博物馆、法庭和学校等设施也开始转移到美观的公共建筑中，这些新设施都是为专门的用途而建，在设计上采用了希腊、意大利或法国的风格，其目的在于通过外表的壮观给人留下深刻印象。这一时期苏格兰建筑史上更令人惊讶的是对建造教堂的热情，这一浪潮在 1843 年苏格兰教会分裂后几乎达到狂热的地步。建造教堂的浪潮反映了当时很多城市中产阶级对福音主义基督教的热忱、苏格兰三大长老会之间的激烈竞争，以及向与宗教关系疏远的广大城市贫民传播福音的宗教复兴运动的影响。任何人只要看一眼这一时期在苏格兰各城镇兴建的数百座教堂，便能体会到宗教信仰在维多利亚时代苏格兰社会扮演的核心角色。在这些教堂当中，由虔诚的联合长老会基督徒亚历山大·"希腊人"·汤姆森在喀里多尼亚路（Caledonia Road）、圣文森街（St Vincent Street）和女王公园（Queen's Park）设计的三座教堂堪称这一时期的代表性杰作。铁路的兴起也为苏格兰的城市风貌增添了新特征，其中最为突出的是喀里多尼亚铁路公司（Caledonian）和北不列颠铁路公司（North British）建造的爱丁堡威弗莱站（Edinburgh Waverley）与格拉斯哥中央站（Glasgow Central）等棚式车站，这些车站本身便体量庞大，在附近还有同样庞大且豪华的综合性宾馆设施与其相连。

苏格兰城市在面貌与结构上令人印象深刻的新变化带来了苏格兰民族认同的转变。繁荣的城市环境为苏格兰作为世界上最富裕社会的新地位提供了最鲜明的注脚，而这一地位最终又以苏英合并关系和不列颠殖民帝国的成功为基础。正因如此，这一时期苏格兰城市的公共建筑常通过外立面装饰或雕刻艺术来宣扬对联合王国的忠诚，以及对共济会和自由主义——在苏格兰占主导地位的政治思想——的赞美。例如，格拉斯哥宏伟的新市政厅就在入口处的外立面上刻有维多利亚女王接受帝国各领地致敬的形象。与此同时，苏格兰城市的纪念碑往往也标榜了一种强烈的苏格兰认同，以及文化上的国中之国意识。维多利亚时代的苏格兰中产阶级把建筑视为一种铭记苏格兰史上重大事件的载体，尽管他们对于苏格兰历史的认识在很大程度上受到了司各特爵士历史小说的影响。1707 年以后，苏格兰本地的建筑风格在长达一个世纪的时间里受到冷落，但在 1820 年代，随着拥有伸出建筑主体之外的塔楼、烟囱与山墙的"苏格兰男爵风格"逐渐流行，本地风格卷土重来，当时的很多治安法庭、城镇市政厅、公共讲堂、银行、警局、郊外别墅以及重建之后的爱丁堡城堡都反映了这一风尚。格拉斯哥建筑界的巨人查尔斯·伦尼·麦金托什（Charles Rennie Mackintosh）本人就深受苏格兰文艺复兴运动、男爵风格和凯尔特传统文化的影响，在格拉斯哥艺术学校、苏格兰街头学校（Scottish Street School）和海伦斯堡丘陵屋（Hill House）等代表作中可以看到不少上述风格留下的痕迹。在城镇广场、公园和主干道上，诺克斯、伯恩斯、华莱士、利文斯通和司各特爵士等苏格兰民族英雄的雕像常常被摆放在显要位置。对维多利亚时代苏格兰的统治阶层来说，对联合王国和大英帝国毫无保留的忠诚与对历史上的苏格兰民族文化符号的归属感之间并没有什么矛盾。

2

在 1840 年代和 1850 年代，苏格兰的城市因宏伟的建筑、

333

丰裕的财富和蓬勃的经济令海外访客赞誉有加，但不是所有人都对它们心怀艳羡。对于这些城市日益膨胀且毫无节制的人口规模，一些观察者感到了警惕、担忧乃至恐慌。苏格兰的城市的确拥有美观的建筑和街道，但它们也深受疾病、不卫生的环境、贫困和高犯罪率等问题的困扰，一些人认为这些问题造成的负面影响足以威胁到苏格兰都市社会的存续。苏格兰的财富分配极度不均，没有哪里能比城市更好地体现这一现象。例如，格拉斯哥的上流市民居住在旧城中心以西拥有豪华宅邸和精致花园的地段，那里象征着这座城市无比繁荣的经济表现。但在高街（High Street）、加洛韦门（Gallowgate）和盐市（Saltmarket）等地段，充斥着"窄巷与背街杂院"的街区构成了城内不断蔓延的贫民窟的核心，那里的景象与富人区截然不同。在 1830 年前后，贫民窟的人口已超过 2 万，这一数字还因移民的不断涌入而逐年增加。时人把这座"罪恶之都"称为"不洁之恶至极之地"，认为这里体现了新兴的城市社会最为不堪的一面：

> 肮脏堕落的群氓聚集在城市中心，恐怕不列颠所有领地中的所有城镇都无法与这丑恶的场面相比——在盐市街区内部的广场，在特朗门（Trongate）和斯托克韦尔（Stockwell）的街巷里，在克莱德河岸边，以及狭巷（Vennels）、哈凡纳（Havannah）和伯恩赛德（Burnside）等高街以东的地段，聚集着各种丑恶且不道德的事物，它们传播疾病，令人作呕。粪便在贫民居所旁堆积成山，排污系统毫无用处，各种污物不断累积……
>
> 住在这些地段的人已堕落得无以复加，无人能从他们

334

的脑中唤起任何崇高的想法。为绝望的处境所迫，他们也认为自己注定要在犯罪与丑恶之中度过余生……他们每晚的活动都令疾病得以传播，让城镇的街道充斥各种可恶的罪行。[3]

苏格兰没有哪座城市的卫生状况能像格拉斯哥这样不堪。西苏格兰手摇织工委员会的一名调查员曾对此做出广为人知的评论："在英格兰和国外，我都见过当地社会最为堕落的模样，但我可以负责任地说，直到造访格拉斯哥的那些窄巷之前，我不敢相信一个文明国家的国土上能存在如此严重的污秽、犯罪、贫困与疾病。"[4]

　　深刻的问题并不只在于此。苏格兰的城镇地带正变得越来越致命。在 1837 年和 1847 年，苏格兰暴发了严重的斑疹伤寒疫情，而在 1832 年，恐怖的霍乱第一次传入苏格兰即造成一万人死亡，这种传染病后来还在 1848 年、1853 年和 1866 年三度暴发。霍乱患者在得病后往往快速死去，且没有规律可循，这在社会各阶层都引发了广泛的恐慌情绪，也让公众开始注意到城市社会这一新环境的危险性。相比之下，肺痨（肺结核）、腹泻和百日咳等更为"寻常"的传染病造成的更为致命的后果，却没有得到多少关注。在 1830 年代到 1850 年代晚期，苏格兰城市的人口死亡率达到了 17 世纪以来的顶峰。在 1860 年代，尽管一些预防性措施已在城市地带得到推行，以缓解公共卫生问题，苏格兰四大都市的人口死亡率仍比一般城镇高五分之一，比乡村地区高近 60 个百分点。无论富人还是贫民，弥漫在城区里的恶臭都比任何关于死亡率的研究结果更能让市民切身体会到公共卫生危机的严重性："现代人只要站在一处排水

335

不畅的阴沟旁，就能闻到维多利亚时代中前期弥漫在城镇中的气味……这种味道的背后有着失修或不敷使用的排污系统、漫溢的粪坑、排水不畅的牛棚、血腥的屠宰场、贫民窟里的猪圈、露天粪堆和工业垃圾。"[5] 有医学界的权威人士指出，"恶臭空气的臭味本身" 就足以对居民的身体产生 "健康恶化、食欲低落、反胃乃至有时呕吐或腹泻，以及头痛、目眩、头晕和慢性抑郁与不适感" 等危及生命的不良作用。[6]

埃德温·查德威克 1842 年发表的《大不列颠卫生状况报告》，以及 W. P. 艾利森（W. P. Alison）、贝尔德（Baird）医生、考恩（Cowan）医生和瓦特（Watt）医生等公共医学领域先驱的研究都系统性地证明了疾病与供水和清洁卫生之间的关系，但发现问题存在不等于找到了有效的解决方案。解决公共卫生危机面临着一系列困难。根据 M. W. 弗林（M. W. Flinn）的说法，苏格兰城市在这一时期的扩张之快 "足以让 20 世纪的地方住房委员会惊得满头大汗"。[7] 但与后代不同，维多利亚时代的人们缺乏科学管理的经验。例如，当时的医学界围绕一些重要的致命性疾病的成因仍有激烈争论，对于遏制方法的理解也比较有限。仅围绕霍乱的病因问题，持 "污浊空气致病说"与 "接触传播致病说" 两大主张的医生们就曾在多年间争执不下。不过，这一时期的中产阶级并未完全弃城市贫民于不顾。每当 "热病" 暴发之际，他们便致力于开设救济院——尽管这些设施总是在疫情过去之后便关闭。直到 1850 年代为止，中产阶级主要通过教会与慈善社团的渠道推动慈善事业。城市社会的危机被视为道德上的问题。当时的人们认为，贫民窟的糟糕处境很大程度上源自广大贫民宗教信仰的缺乏，这一问题对那些自甘堕落的穷人的人格造成了毁灭性影响。尽管 W. P. 艾利

森等人主张贫穷源自环境和经济因素，道德主义解释仍在苏格　　336
兰盛行多年。这一思潮也因托马斯·查尔默斯牧师出众的个人
影响力得到助长，他相信只要把基督的福音传给穷人，他们就
能发展出一种新的自我责任意识，从酗酒和道德败坏中解脱。
由此可见，在 1830 年代和 1840 年代解决城市社会现实问题的
种种思路中，对道德整肃的呼吁具有不可忽视的影响力，人们
对在城市地带修建教堂的项目也倾注了高度的福音派宗教热忱
与大量的金钱。苏格兰的城市社会在这一时期迎来了一股传教
热潮，尤其是在 1850 年代，在自由教会和联合长老会的推动
下，大量传教士挨家挨户走访不去教堂的市民，向他们传播基
督教的救赎信念。满怀宗教热忱的男性与女性基督徒组建了一
系列慈善社团，为孤儿、流浪者、娼妓、酒精成瘾者和其他遭
遇不幸的人提供帮助。不可否认的是，这些组织从事的事业产
生了积极的影响。但在另一方面，慈善事业往往让中产阶级的
善心过早地得到满足，从而令城市危机的根本性解决一再拖延。

　　彻底改善苏格兰城市的供水与卫生系统需要投入大量资源，
但到 1840 年代，对于房产税纳税人是否应缴纳税款以为城市里
的所有居民提供好处，苏格兰社会并未形成共识。格拉斯哥警
察委员会在 1840 年指出，治理贫民区的责任不应落在"全体市
民"头上，而应由当地房产所有者承担。警察委员会还反对在
格拉斯哥建立一个负责"承担修建医院、药房等设施，以及任
用医务官员、社区医生、药剂师、卫生监督员等人员之费用"
的卫生委员会，因为如此高度的干预措施势将对私有财产权的
神圣性（这正是维多利亚时代社会体系的核心价值）造成严重
侵犯。警察委员会还认为，通过强制性卫生评估来"保障公共
健康"将令格拉斯哥的慈善资源枯竭，让富裕的市民大量逃

离，造成灾难性后果。[8]

有鉴于此，让纳税人相信城市卫生改革在长远看来可以节省开支才是更为有效的办法。《英国及海外内外科医学评论》（*British and Foreign Medico - Chirugical Review*）在 1840 年代指出："在卫生的经济学问题上，我们可以放心地提出一个较为宽泛的原则，那就是制造疾病比阻止疾病的经济代价更为高昂。此外，所有可能促使疾病暴发的社会机制都是一种对资源的严重浪费。"[9] 不过，向满怀疑虑的纳税人实际宣扬这一观点仍较为困难，"卫生观念"的倡导者们在得到广泛认可之前也难免被当地人拖入冗长细碎的争论。那些可以从效率的角度得到辩护的市政改革最终取得了一定进展，至于用公共财政改善工人阶级住房条件等难以用财政效率论证的提议则在之后数十年内遭到冷落。

到 1850 年代，呼吁在苏格兰城市提供清洁用水、强化卫生管理的声音开始产生作用，其中一项显著进展便是 1855 年在苏格兰推行的居民出生及死亡强制登记制度——英格兰的类似立法早在 19 年前便已生效。从人口普查中得出的数据也为格拉斯哥第一任卫生主管 W. T. 加德纳（W. T. Gardiner）和他伟大的继任者 J. B. 拉塞尔（J. B. Russell）颇具影响力的研究提供了基础。他们的研究揭示了当时苏格兰城市地带惊人的婴儿死亡率，并用决定性的证据证明了不同阶层市民的死亡率之间存在巨大差异。1853—1854 年的第三次霍乱疫情紧随 1848—1849 年的大规模暴发而来，这场危机也让苏格兰较为富裕的市民阶层开始关注疾病从贫民区向富人区扩散的危险。在这场危机中，霍乱不再被视为上帝的惩罚，而是被视为贫民窟必须被彻底清理的证据。正如一位医生在《格拉斯哥先驱报》中所说："上帝之所以允许这场霍乱疫情暴发，就是为了迫使富裕且具有才智的人改善穷人居住的地方。"[10]卫生改革因此得到了狂热的道德支持，甚至在当时被不少人视为福音主义圣战运动的一部分，是让苏格兰城市社会变得更为虔诚的一种方式。对城市环境与精神面貌的大扫除从此不再两相孤立，而是被视为同一道德使命彼此关联的不同层面。正如安东尼·沃尔总结的那样：

> 　　对维多利亚时代的大多数人而言，传染病不是上帝用来惩罚人类原罪的天灾，而是人类因忽略上帝创造的自然世界，漠视上帝要求他们照顾病弱者的训诫所招致的后果。对一个既怀有福音主义的宗教责任感，又日益被建设良善社会的新兴世俗事业感召的群体来说，卫生改革、医疗保障、上门帮扶穷人、清理贫民区，以及为穷人提供健康和卫生教育等措施都极为重要。无论采取措施的驱动力来自信仰还是世俗追求，来自羞耻感还是利他主义的道德责任心，来自自利心态还是对疫病暴发的恐惧，维多利亚时代最广为接受的社会信条都认为良好的物质生活条件与纯净的环境是一切社会进步的必要基础。没有物质环境的改善，便不会有道德、宗教或智识上的进步。[11]

拜这一心态所赐，维多利亚时代的城镇化危机得到了一种更具环境主义色彩的诠释。这一诠释以出于宗教立场的诊断为底色，得到了查尔斯·达尔文更具世俗色彩的科学探究的支持：在那部影响深远的著作《物种起源》中，他强调了适者生存的原则和外部环境塑造人类生存境况的能力。

　　作为结果，对卫生事务的积极干预成为大势所趋。因为

1848 年《公共健康法》并未覆盖苏格兰，所以改善卫生状况的举措只能在地方政府层面推行，不过这些政策得到了 1861 年《城镇警察法》与 1867 年《（苏格兰）公共健康法》的支持。不过，从很早以前开始，很多苏格兰城镇的警察委员会便已有权力为道路铺装、公共照明、街道巡逻和垃圾清理等市政工作征收或提高税收，这些地方性"警察"工作本身就在相当程度上发挥了市容清洁的功能。1862 年的法案进一步增强了上述地方性权力，并让城镇行政部门的常设人员规模大大扩张，其中便包括卫生监督员与政府医生（medical officers of health, MOH）。政府医生在这一时期颇具影响力，格拉斯哥的 J. B. 拉塞尔、阿伯丁的马修·海（Matthew Hay）和爱丁堡的亨利·利特尔约翰（Henry Littlejohn）都曾是这一群体的成员，"他们带头行动，维持城市清洁，兴建排污系统、公园、热病医院，改善住房条件，收集统计数据，让市政长官们自惭形秽"。[12]

向城市输送清洁用水并妥善处理废水需要大量投入，但对市民健康状况的改善效果最大。在这一方面，格拉斯哥表现出色，为全英国树立了榜样。该城从位于苏格兰南部特罗萨克斯（Trossachs）地区的卡特琳湖引水，两地之间相距约 50 英里，这一工程在 1859 年由维多利亚女王亲自剪彩，被时人歌颂为土木工程的伟大成就，也不容置疑地证明格拉斯哥严重且广泛的卫生问题可以通过大规模投资得到解决，随着立式输水管铺遍格拉斯哥贫民区的背街陋巷，这一项目最终为所有居民都带来了好处。卡特琳湖引水工程也促使其他城市更为积极地解决用水问题：阿伯丁和邓迪分别在 1866 年和 1869 年建成了各自的给水系统。在格拉斯哥，随着给水系统落成，贫民窟清理、煤气供应、街道照明、有轨车道、公共图书馆、博物馆、公共浴

室、公园和画廊等一系列新的商业机会的基础得以形成。到 339
1890 年代，格拉斯哥在同等规模的城市中已拥有最为完备的市
政服务设施，这一成就为苏格兰另外三座主要城市提供了表率，
也令大量海外访客投来赞赏的目光，尤其是来自美国的游
客——在那里，大规模市政服务项目被广泛视为未来社会的典
范。即便如此，我们在看待 1900 年以前苏格兰城市环境的改观
时仍有必要注意到其局限性所在。克莱德河直到 1894 年仍是附
近城市废水的主要排放地，J. B. 拉塞尔也认为大规模燃烧煤炭
与大量的工厂烟囱意味着格拉斯哥依旧是"一座几乎令人窒息
的城市"。总而言之，到 19 世纪结束时，贫民窟住房问题和长
期性人口过密问题仍没有得到解决，后续段落将对这些问题进
行更具体的阐述。

　　医学进步对城市人居危机的遏制效果是有限的。诚然，本
章叙述的这一时期是苏格兰医学的黄金时代：约瑟夫·利斯特
初步建立了外科消毒医学体系，这一成果在 1890 年代由他杰出
的学生威廉·麦凯文（William MacEwen）得到进一步发展。在
更早之前的 1840 年代，日后被封为爵士的詹姆斯·辛普森首次
在产妇分娩过程中使用麻醉剂。"当时的观点认为产痛是上帝
的安排，辛普森不得不与此对抗。他提出反驳的论据是，上帝
在亚当体内取出肋骨创造夏娃的时候也曾先让他睡去。"[13]在外
科手术中采用预防性抗菌措施无疑提高了患者的存活率，但这
一技术在当时只能惠及城市居民中的一小部分人。在苏格兰所
有城市，既有的救济院都得到扩建，新的医院也被建立起来，
诸如西方（Western）救济院、维多利亚（Victorian）救济院和
斯托布希尔医院（Stobhill Hospital）等著名设施都建成于 1870
年至 1914 年。此外，到 19 世纪末，接受济贫法救济的贫民可

以得到免费治疗，这一服务由地方堂区和监理委员会负责维持。不过，这些变化既不能满足其所服务的穷人的需求，也没有惠及大部分穷人。下院议员查尔斯·卡梅伦（Charles Cameron）曾描述了当时的"格拉斯哥有无数贫穷的病人既不能进入救济院，也不愿进入济贫院，更没有钱请医生入户诊治"。[14]换言之，最容易在城市环境中感染疾病的社会阶层恰恰最难获得起码的医疗服务。当时的医学技术尚不能克服维多利亚时代最可怕的城市传染病——结核病，以及导致城市婴儿死亡率居高不下的百日咳与麻疹。

340　　　　不过，到 20 世纪初，城市人居危机总体上已得到控制。传染病肆虐的时代已经结束了。19 世纪末至 20 世纪初，只有 1897 年和 1915 年的死亡率高于平均水平，而这两年死亡率异常的原因都在于一系列较零散的传染性疾病，而非斑疹伤寒或霍乱等单一致命性传染病的大规模暴发。此外，从 1860 年代开始，苏格兰的城市似乎逐渐克服了其他的一些问题。曾在 19 世纪中叶无比悬殊的城乡人口死亡率在这一时期快速缩小，1910—1912 年，城市人口死亡率只比乡村高 17 个百分点（在 1860 年代初高达 57 个百分点）。迈克尔·安德森（Michael Anderson）和唐纳德·莫尔斯（Donald Morse）在这一问题上发表的最新研究表明，到 1900 年苏格兰的大城市已不再拥有最高的人口死亡率。在这份不甚光彩的排行榜前列取而代之的是规模相对较小的斯特灵、蒙特罗斯、艾尔、科特布里奇和邓弗里斯，这些城镇的卫生治理手段此时还不像其他地方那样健全。然而，平均值只能反映现实的一个侧面。贫民区的穷人和郊外住宅区的上流市民面临的死亡风险仍相差甚大，"婴幼儿屠杀"并无消弭的迹象。苏格兰的婴儿死亡率（每年满一岁之前死去的婴儿在当年新生儿总数中的比例）在 1850 年代为 120‰，到 1890 年代末反而上升到 129‰。虽然在 1900 年代初婴儿死亡率进入了漫长的衰减期，但这一数字的下降速度与幅度不能与同时代的英格兰相比。这一趋势发人深省地反映了当时苏格兰城市贫民恶劣的生活水准，也表明 1870 年代和 1890 年代基本食品价格的下降（这在数十年后为苏格兰提供了一整代营养条件更好的母亲）、市政部门改善乳制品供应状况、学校从 20 世纪初开始提供的免费学生餐，以及育儿护士、助产士和家访护士（health visitors）越来越显著的作用都与清洁饮水和更有效的排污系统一样，有效地降低了城市居民的死亡率。

3

这一时期苏格兰城市工人阶级的住房问题和城市卫生问题一样严峻，却更难通过数据追踪。1871 年，苏格兰近三分之一的住房只有一间房间，37% 的房屋只有两间。住房条件到 1911 年有所改善，此时居住在单间中的家庭比例已下降至 13% 左右。然而，在城市中较为贫穷的地段，人口过密问题依旧严重，格拉斯哥的情况尤为如此，1911 年格拉斯哥的人口密度相当于爱丁堡或邓迪的两倍。想要理解苏格兰住房问题的全貌，首先有必要将苏格兰的情况与英格兰对比。如果采用英格兰及威尔士民政注册总局（Registrar – General）将一家超过两人同居一室视为“过密”的定义，那么 1918 年有 45% 的苏格兰人都生活在人口过密的环境中，总人数达到惊人的 200 万以上。

一些人认为苏格兰城市的楼式住房传统应对这一问题负有责任。苏格兰城市的传统“楼房”（tenement）往往由一系列三

341

到四层、共用一条楼梯的公寓组成，其中的住房大多分为一到五间房间，但所谓"单间"公寓被批评为当时苏格兰城市人口过密的主因，这样的"单间"住所在 1913 年的爱丁堡有 7106 处，在格拉斯哥有 44354 处。不过，这种楼房在建筑设计上也有一些引人注目之处：它们大多为石制建筑且体量厚实，可以有效隔绝室外的恶劣天气。这些公寓也便于采暖，在这个夏短冬长的国家，这一点对很多家境贫困的人来说非常重要。与居住在乡间平房农舍相比，居住在楼房中的租户也更不易受到地面潮湿的影响。虽然在后世留下了贫民窟的印象，但这种楼房中的公寓是 19 世纪大多数中产阶级市民的住处，他们居住的公寓一般有五间房间，包括专门的餐厅、起居室和厕所，拥有精美的内部装饰。此外，较为高档的楼房公寓还拥有外部装饰和凸窗，以与其他公寓区别开来。不过，在更为贫穷的地段，由于住户对楼房公寓空间进行过度分隔（making down），或者在背街空地上额外搭建设施，形成窝棚与陋巷，严重的人口过密问题甚至令城市卫生改革的推动者感到绝望。这些楼房的气氛阴森压抑（房屋间距太小，导致采光受限），散发刺鼻的气味，一处厕所或无冲水粪坑往往要服务多户人家。如此恶劣的居住条件部分解释了为什么当时的苏格兰家庭要把大量时间花在室外的街道上：儿童往往在室外玩耍，妇女在巷道入口处闲聊，不少男性则在附近的酒馆消磨时间。当时还有"墙洞"床或装在轮子上的"滚轮床"（hurley beds），后者在平时可以收拾起来，到了晚上再张开（hurled out），但改造家具带来的效果总是有限的。拉尔夫·格拉瑟（Ralph Glasser）曾生动地描述了一处位于格拉斯哥城内戈尔鲍斯（Gorbals）地区的楼房里缺乏隐私的生活景象：

在我们所了解的大多数房屋里，床、地铺、几张寒酸的木椅与一张用旧的餐桌占据了屋内的每一寸空间。一名（有时甚至有两名）较为幼小的子女一般与父母同床，但"床"通常也只是一张放在有支架支撑的木板上的床垫，放在厨房中一处有遮帘的凹室里。

为了利用遮帘后仅有的一点私密性与丈夫行房事，女方需要从床上起身，拽一条毯子把床上的幼儿裹起来，放到靠近炉灶的地板上，以从火堆中获取一点余热。事后，她要再一次拉开遮帘，赤裸着身子把依然清醒的孩子抱回床上，放在自己和张着嘴酣睡的丈夫之间，母子二人则如瘫痪般躺在床上，在一段时间之后才会睡去。她的身体仍沉浸在之前的余韵中，心神为之迷乱；孩童则被自己在地板上听到的不可名状的动静迷住，想要加入那神秘的震动与呻吟中。母亲仍在陶醉，父亲陷入昏睡，自己则躺在两人之间，身下一片濡湿而温暖的气息，这与之前已留在床上的汗渍不同，是一种神秘而原始的神奇物质，在不久之前刚刚洒下。这种液体与他的肌肤接触，在他的感官中留下强烈而诡异的冲击。

如果有两个孩子与父母同床，另一个孩子此时可能还只是婴儿，在被放到地板上之后便已睡去。但他迟早也将经历这般夜间奇遇。[15]

一些人认为，因为穷人们对生活水准缺乏要求，严重的人口过密问题才为当时的社会所容忍。对很多城市贫民而言，爱尔兰多尼戈尔（Donegal）地区潮湿的陋室民居、高地西部黑暗的房舍与低地农场中的农舍和野外小屋等家乡的传统住所并不比过分拥挤的楼房公寓好到哪里。然而，贫民区过密问题更为根本的原因在于维多利亚时代工人阶级的家庭经济模式。很多城市贫民家庭的经济状况长期处在初级贫困（primary poverty）水平，收入只能勉强覆盖最基本的生存所需。在 1890 年代，据说格拉斯哥近 27% 男性成年劳动者的收入都没有达到每周 1 英镑的最低水平。在此之外，城市里还有大量流浪者、老人、病人以及从事季节性工作的临时劳动者。过大的家庭可能对低收入者的经济造成毁灭性后果。J. 布鲁斯·格莱西尔（J. Bruce Glasier）的研究表明，城市中的不少移民面临的风险尤为突出，因为"他们大多不是熟练工匠"，且"多从事非常不稳定的工作"。[16]但就连熟练工匠也不能完全规避陷于贫困的风险。邓迪和格拉斯哥的经济繁荣高度依赖国际市场，后者的波动及其对就业造成的影响都会对市民生活造成显著冲击。例如，造船行业面临的需求波动从 1880 年代开始变得越发剧烈，即便在较为繁荣的年份，工人也可能因需求不足以维持全年的工作流程而歇业一两天。即便地位较高的技术工人在疾病、事故和衰老面前也缺乏保障，一旦失业更无法依赖妻子的收入糊口，因为大多数技术工人的妻子并不从事职场工作。值得注意的是，在 1880 年代因无力缴纳房租而向慈善组织协会（Charity Organisation Society）请求帮助的申请者中，有近四分之一都出自技术工种。1845 年的济贫法改革在苏格兰各地设立了地方性的济贫监理委员会，取代了原本负责济贫政策的教会堂区，拥有强制征收济贫所需税费的权力，并设立贫民监察员（Inspectors of the Poor）来审理济贫资助申请，但"身体健全"的失业人员仍没有获取济贫金的法定权利（即便当时已有一些人实际上得到了济贫金的救济），且这一时期苏格兰的济贫制度仍远比英格兰吝啬。以 1900—1905 年为例，苏格兰每年的人均济贫开支比英格兰少整整 50%，表明苏格兰的济贫制度在这一时期甚至无法为城市工人阶级提供最基本的社会安全网。

在如此贫困且充满不确定性的背景下，人们只能根据自己的经济能力而非生活条件选择住所，但在这种策略背后还存在其他考量。第一，正如理查德·罗杰的研究所指出的那样，苏格兰城市的房租与食品成本（占当时工人阶级总开销的五分之四）高于英国全境的平均水平。1912 年，阿伯丁的生活成本比曼彻斯特、利兹和谢菲尔德高 7.4%，邓迪和爱丁堡的生活成本也分别比英格兰城市高 10.6% 和 9.6%。第二，苏格兰的租赁制度一贯遵循着谨慎的作风。一般而言，苏格兰的房屋租约以圣灵降临节为起点，为期一年，租赁双方应在租期开始四个月前完成签约，这一常规做法与当时的雇用程序并不吻合。受制于劳动力市场的波动，工人阶级的收入水平往往很不稳定，但他们必须提前 16 个月缴纳定额租金才能租到一间住处。对于这一问题，罗杰曾有如此评价：“鉴于家庭财务状况如此动荡，很多租户不出意外地选择租赁条件最为简陋的住房，这样才能保证无论接下来的 12 个月里季节性抑或临时性用工需求有何波动，他们都能尽最大可能缴纳房租。这一选择是刻意权衡的结果。”[17]第三，当时的苏格兰城市对于违约租户的惩罚手段极为严厉。欠缴房租有可能导致（在很多案例中也确实导致了）租户被强制清退。在 20 世纪早期，格拉斯哥每年都要清退约 3000户人家，而值得注意的是，其中有超过三分之一的家庭被描述为“体面人”。在租户违约尤为严重的一个年份里，格拉斯哥的治安官法庭受理了两万份强制清退申诉书，其中大多数诉求最终都得到了治安部门的认可与履行。

　　想要打破贫困与人口过密问题的恶性循环，唯一可靠的办法是通过额外征收地方税或抽调公共财政资源等方式补贴工人阶级的住房开支。尽管这一构想最终成为现实，但在19世纪的绝大部分时间里，它都没有在政策制定过程中被当作一个严肃的选项。例如，迟至1911年，格拉斯哥只有0.47%的人口居住在市政公租房中，这一比例在爱丁堡也只有0.61%，而上述两座城市的大多数公租房住户都不是最需要廉价住房的人。在维多利亚时代的大部分时间里，主流舆论都是贫民窟的居民怠惰、酗酒且无能，他们的穷困潦倒应被归因于人格上的败坏与缺陷，因此浪费公共财政资源为这些人提供住处是不可接受的，而对住房的规范和管控政策才是更为合理的做法。格拉斯哥市议会在1866年获得了对容积不足2000立方英尺的住房进行"标记"（ticket）的权力，市政当局可以在金属制的"标记"上记下特定住处的法定居住人数上限并固定在房门或门楣上，警察和卫生监督员则有权在任何时候（无论昼夜）对这些房屋进行检查。"标记"制度在之后的15年间逐渐传播到苏格兰其他城市，并在1903年《城镇警察法》中得到普遍推行。这种直接干预并管制居民住房的强大权力不见于不列颠列岛的其他任何地方，反映了古老的王家城镇制度中固有的干预主义传统在近现代苏格兰地方行政治理中投下的威权主义阴影。仅在格拉斯哥一地，就有28288处房屋被"标记"，平均每年接受市政当局夜访的房屋数量在1880年代为约4万处，到1900年代初则达到5万处。值得注意的是，非熟练工家庭租住了被"标记"房屋中的70%，这也正是最难维持基本生计的一个社会阶层。房屋标记制度构成了对贫民生活的一种骚扰，但很少有证据表明这一做法对穷人的住房选择造成了多少影响，或者为人口过密问题带来了显著的改善。

1860 年代，苏格兰城市的市议会也曾采取另一种做法，即通过各种地方性城镇改造法案推动对贫民窟最恶劣地段的大规模清拆。格拉斯哥、爱丁堡和邓迪的改造法案分别在 1866 年、1867 年和 1871 年得到通过。格拉斯哥改造法案的结果在学界得到了更多关注，有研究发现这一法案所追求的城区改造思路在一定程度上受到了奥斯曼男爵对巴黎市中心地带的大规模改造计划的影响。1870—1874 年，基于这一改造法案设立的城区改造托拉斯（Improvement Trust）在格拉斯哥十字（Glasgow Cross）、卡尔顿（Calton）、特朗门和盐市等地段周边最为拥挤的背街杂院拆除了近 15500 处房屋，由此彻底清理了城内条件最为恶劣的一些贫民区。然而，居住在这些区域里的不幸居民没有重新得到安置，而是遭到驱逐。此外，铁路造成的影响也固化并加剧了人口过密问题。仅为建造圣伊诺火车站，就有433 栋高层公寓楼被拆毁，但在苏格兰其他城市，由于铁路通常不会像格拉斯哥那样大量占用工人阶级的密集居住区，当地居民并未受到如此严重的影响。

不过，到 20 世纪初，一些在住房问题上限制公共政策干预的传统思维很快走向瓦解。查尔斯·布思（Charles Booth）和希伯姆·朗特里（Seebohm Rowntree）在这一时期分别对伦敦和约克进行了影响深远的研究，他们发现这些城市的初级贫困问题主要源自过低的收入、衰老、家庭规模过大和疾病，而非工作意愿的缺乏。这些新发现在苏格兰引起了广泛的讨论。20世纪初自由党政府关于养老年金、失业保险等福利制度的立法措施间接地承认了贫困的根本原因不在于穷人的人格缺陷，而在于过低的收入水平，这一波及范围广泛的社会问题也难免对住房问题产生影响。劳工运动主张在财政补贴的支持下建设市政公租房，以足够填补建造和维护成本的低廉租金租出。有趣的是，独立工党曾在这一时期援引格拉斯哥在供气、供水和电车运输等领域取得的先驱成就，指出公共干预手段可以比私人企业更高效地提供服务。一战期间的房租抗议活动也表明住房危机已成为迫切的政治和社会问题，一些教会人士也越来越支持社会改革。在更早以前，教会内部普遍希望维护现有的社会秩序，强调用纯粹的慈善性工作来解决最严重的社会问题，但到此时，神职人员之间开始兴起一种鼓励社会批评的新氛围。1891 年，格拉斯哥长老教会的一份穷人住房问题报告呼吁市议会采取措施以应对贫民窟的危机。讽刺的是，统计数字显示这一时期苏格兰的人口过密问题虽仍很严重，但与最糟糕的时候相比已有所改善。1871 年，苏格兰 32.5% 的住房只有一间房间，但到 1911 年，这一比例已下降到 12.8%，这一趋势可能反映了 19 世纪末苏格兰人实际收入的小幅增长。不过，在（1911年）人口密度两倍于邓迪和爱丁堡的格拉斯哥，住房问题依旧严峻，苏格兰各城市的居住条件亦普遍劣于英格兰。

呼吁改革的压力迫使事务大臣组建了一个应对住房问题的王家委员会，并在 1917 年发布了一份官方报告。报告在结论中对地主和政府发出了尖锐的控诉："不可容忍的人口过密问题，不同性别的居民在拥挤的村镇中聚居，大家庭蜗居于一室住房，旧城区内大量住房采光和通风条件恶劣，贫民居住区淤积于大城市内。"在这项调查中，委员会以具有空前说服力的方式指出了住房问题惊人的严重性。大多数委员都认为依靠私营部门解决住房问题的努力显然已告失败，政府必须采取与以往截然不同的新手段才能应对危机："国家必须立刻采取措施以缓解住房供应短缺，并提高住房质量，这些任务只有动用公权力才能完成。"[18]此外，委员们虽然没有彻底否定这一建筑形式，但他们在报告中指出高层公寓楼构成了苏格兰城市住房问题的核心。他们因此建议苏格兰城市不要再建设一室户型的公寓和超过三层的高层公寓楼，并强调住宅应成排布置，以保障建筑前后侧的通风与采光。

在未来的岁月里，这些理念将彻底改变苏格兰城镇的风貌，并把市政与国家力量置于全国住房发展事业的中心。对于王家委员会的报告，政府很快做出了回应。劳合·乔治在战后的大选中承诺为英国建设"英雄宜居之家"，并对1918年选举改革之后工人阶级日益壮大的政治影响力有所注意，格拉斯哥女性居民在1915年发起的房租抗议活动也向他证明了住房问题有可能在民间造成紧张事态。1919年，劳合·乔治领导的联合政府通过了《（苏格兰）住房与城镇规划法》，这是整个20世纪对苏格兰城镇发展格局影响最为重大的一部法律。这部法律令国家财政补贴得以介入住房开发事业，并赋予地方议会更大的权限，从此终结了私人房东和自由市场经济对住房领域的控制。1912—1938年通过的另外六项法案则进一步细化并延伸了《住房与城镇规划法》的规定。1924年通过的法案向地方行政部门提供了一笔每户每年9英镑的财政补贴，这笔补贴一旦转交到租户手中，便相当于削减了一周房租的四分之一到三分之一。1930年和1935年通过的法案则重点关注了贫民窟清拆，以及将贫民窟居民重新安置到新房中的工作。

从这一刻开始，苏格兰城市的面貌与住房格局迎来了不可逆转的改变。政府公租房（council house）的时代由此诞生了。1919—1941年，苏格兰新建的344209间住房中超过70%都由地方行政部门所有。私人房东群体依旧存在，但规模变得越来越小，1920 年《房租限制法》等限制房东权限与租赁获利空间的立法加速了这一衰落过程。与此同时，大量新建的地方政府公租房彻底改变了苏格兰城市多年以来的传统风貌。密集的老式高层公寓楼几乎再也没有得到新建，取而代之的是带有园圃、密度较低的住房。苏格兰城市传统的石制房屋逐渐被砖房取代，两层高半独立式成排分布的小屋式住宅成为主流。在格拉斯哥，1920 年代在奈茨伍德（Knightswood）、汉密尔顿希尔（Hamiltonhill）、莫斯帕克（Mosspark）和珀西尔帕克（Possilpark）等地段新建的居民区就采纳了上述方式。但在之后的十年里，三层的高层公寓式住宅区则涌现在布莱克希尔（Blackhill）、巴洛尔诺克（Balornock）和哈格希尔（Haghill）等清拆之后得到重建的地段。在爱丁堡和格拉斯哥，新房建设在总体上都集中于地价更为低廉的郊外地段，那种常见于当代苏格兰城市周边的单一阶级环状公租房地带由此形成。

上述住宅开发模式倾向于拉大社会各阶层在空间分布上的距离，这一趋势虽然在 19 世纪已有所体现，但传统的高层公寓楼在当时对这种阶层隔离起到了一定限制作用。但在两次世界大战之间，城市阶层间的疏离化开始加速推进。1920 年代初的很多住房政策立法都以这种理论为支撑：公租房应首先被分配给条件较为良好的社会阶层，这样一来较为富裕的市民就会乐意搬进新居，把自己的旧住处留给穷人，假以时日，这种"攀梯"效应终将彻底消灭贫民窟问题。以爱丁堡为例，在该城于一战后修建的第一批 700 间公租房中，有 80% 为非一线工人所居住，格拉斯哥的莫斯帕克和奈茨伍德等模范住宅区起初也是为了容纳"体面"的技术工人阶层而建造的。但到 1930 年代，

348

经济危机导致住房领域的财政补贴遭到削减，而由于 1920 年代初的低密度公租房住宅区逐渐占用了城市中最好的地段，建设新房的成本开始快速增长。有鉴于此，这一时期紧随贫民窟清拆之后建造的公租房在成本上远比之前低廉，宜居性也更为逊色，其建造目的主要是安置旧城区最为贫困的那些居民。被新式公租房填充的这些地带很快被贴上了二等城区的标签，成为另一种形式的阶层空间区隔的对象。诸如爱丁堡的克莱格米勒（Craigmillar）和格拉斯哥的布莱克希尔这样的地段逐渐被视为不受欢迎之人居住的隔离区。有人曾如此评论：

> 建造于 1930 年代初的那些街区到 1950 年代已成为盗贼和罪犯的避风港，这一恶名在全城各地无人不晓。在布莱克希尔，持有公租房的当地行政部门和工人阶级中的其他群体都把住在当地的工人称为"贱民"，这些工人每时每刻都应受到限制、看管和监视。和其他地方的很多工人阶级居住区一样，位于格拉斯哥城斯普林本（Springburn）地区的布莱克希尔地带被污名化了，连锁商店曾系统性地将那里的居民列入不可赊欠的黑名单，劳务介绍机构、地方行政服务机构和出租车司机也曾有过类似的歧视手段（至今依旧如此）。这一居民区有一个"专属"的警察局（窗户上装有钢条）和一栋专门为社会福利工作者提供的高层公寓楼。这里的地理空间被三条公路切断，这种社会隔离正是战间期苏格兰住房政策失败的写照。[19]

同样在两次世界大战之间，苏格兰的中产阶级逐渐搬离了主城区。虽然这一时期苏格兰人的住房仍以租赁而非自有为主，但在 1920 年代和 1930 年代，小别墅型住宅在苏格兰所有大城市和一些小城市变得越发普遍起来。那些在这一时期拥有稳定工作的人享受了 15%—16% 的实际收入增长，其中又以领薪水或自主营业的中产阶级为主要受益者。电车和公交车路线的扩张以及私家车持有率的上升也让经济上较为宽裕的市民能够像更早以前的富人那样住在距离工作地点较远，但环境更为优美的地段。"小别墅环带"在苏格兰城镇周围的扩张也反映了富裕市民对高层公寓生活的厌恶。为弘扬苏格兰文化而成立的圣安德鲁十字社猛烈抨击了 1920 年代晚期以来小别墅型住宅的快速扩散，认为这种之前从未见于苏格兰的住宅形式是来自英格兰的文化入侵。但和传统的高层公寓楼相比，小别墅拥有巨大的吸引力。1943 年英国卫生部的一份报告指出："居民对单层独栋小别墅的偏爱与家庭主妇在拥挤的公寓街区中生活的不快经历有关。"[20] 和地方行政官员在建设公租房时的选址决定一样，独栋小别墅在无数街区的扩散在苏格兰城市里形成了更大规模的中产阶级专属地段，加剧了城市空间与社会的阶层分化。

为解决人口过密问题而推行的公共政策总体上有利有弊。到 1951 年，只有四分之一的苏格兰人居住在只有一到两间房间的住房里，而这一比例在 1921 年高达一半，居住条件的改善大部分发生在两次世界大战之间。即便最为寒酸的公租房也有更多的房间和专门的厕所，与老式高层公寓相比，这一改进颇为显著。少数在 1920 年代便拥有第一批公租房的人则更为幸运，他们的住处拥有一道面朝街道的正门和一个小花园，还有综合了浴室功能的卫生间与热水供应，这些都为居民的家庭生活带来了巨大的改善。一个爱丁堡妇女曾如此回忆自己对公租房优越条件的惊叹："简直像天堂一样！我和我姐姐曾经共用一间卧室，所以我们会如此惊喜。屋里还有专门的浴室和电灯！"[21]
另一个人在回忆搬进公租房之前的生活条件时也毫无怀念之意：

> 我再也不想回到从前了，一点也不想。那时我们住的
> 屋子都挤成一团，彼此挨着，一间厕所要供一整个楼道的
> 人使用。从前的日子真的很糟。有人谈起什么美好的旧时
> 光，还问我"你愿不愿意回到过去重新活一遍"，我就说
> "不，绝对不要"。我绝不会回到过去，说什么我也不愿意
> 回到过去。您要知道，我真是受够了那种穷日子。[22]

但住房政策的成果并非无可挑剔。1930 年代的公租房事业
制造了大片单调乏味的二层或三层联排住宅设施，在风格上毫
无个性。在 1919 年获得法定的财政补贴之前，地方政府的公租
房建设计划都受制于英国财政部的审核，地方议会因此只能建
造财政部许可的少数几种住宅样式。随着经济危机趋于恶化，
对公租房设计和建造成本的要求也更为严苛。此外，1930 年的
《住房法》虽然清拆了一些条件最为恶劣的贫民窟，却没有大
量建设新的公租房。对公租房的新住户来说，基本生活设施的
确得到了改善，但高层公寓楼里的那种互帮互助、密切的邻里
关系和社群感也因此消失，对工人阶级的身份意识至关重要的
酒馆、小商店和廉价杂货铺等设施通常也不见于公租房社区之
中，一些住户甚至在搬进公租房后不久便回到了老城区。事实
上，尽管公租房建设事业规模可观，苏格兰城市的住房危机直
到二战爆发前夕都未见解决。根据 1935 年《住房法》对人口
过密的定义，英格兰及威尔士与苏格兰之间的差距仍十分显著：
苏格兰有超过四分之一的住房有过密问题，但在苏英边界以南，

350

这一比例只略高于4%。

讽刺的是，在20世纪初，正是苏格兰出身的帕特里克·格迪斯在现代城市规划领域首先强调了城市生活质量的重要性，并提出了缜密的城区重建和社会对话、避免阶层分化、整合居住区与休闲区等改善市民生活空间的方法。格迪斯去世于1932年，没有证据表明他的城市规划思想给自己的出身地苏格兰带来了显著的影响。事实上，1930年代苏格兰的城建政策几乎在每一个方面都和格迪斯的思想针锋相对，尽管其中一些冲突可能是无法避免的：从19世纪继承而来的城市居住空间问题过于庞杂，而1920年代和1930年代中央政府可以为此动用的财政资源又颇为有限，这两个因素都大大限制了这一时期住房政策的有效性。

4

1850年，《苏格兰人报》的一个意见领袖曾如此宣称：

> 苏格兰是世界上酗酒问题最严重的地方之一，这一事实几乎无法反驳。因此难免令人感到奇怪的是，在爱丁堡设立总部的各教派的牧师拥有比爱尔兰以外其他地方的神职人员更大的影响力，那里在饮酒问题上表现出的节制胜过了其他任何城市，但在神职人员云集的格拉斯哥，酗酒的罪孽却如此泛滥，堪居基督教世界之首。[23]

351

这一略显夸张的评论或许可以被视为苏格兰东西部矛盾的一个早期范例，但在维多利亚时代的苏格兰城市，酒精消费的规模的确大得惊人。到1840年代，爱丁堡每30户居民家庭就有 5 家得到官方许可的酒馆，这一比例在邓迪是 24 比 1，而在拥有 2300 个官方认证酒馆的格拉斯哥，平均每个酒馆都能对应 150 个居民。不过，合法酒馆只是酒精消费的其中一个渠道，在城市中更为贫困的地段往往还存在由各种非法酒吧与地窖酒馆组成的地下饮酒网络。1870 年代初由《北不列颠每日邮报》(North British Daily Mail) 发起的一项调查显示，仅在格拉斯哥的盐市 - 加洛韦门地段就有超过 150 家非法经营的烈酒店，其中既包括一些设施完备，只是缺乏法律认可的"体面的小酒吧"，还有一些"设在楼梯尽头的'尿坑酒馆'(wee shebeens)，只有一个醉醺醺的老太婆戴着一顶肮脏的破帽子，用颤抖着的手从黑色的瓶子里倒出混杂了威士忌和变性酒精的液体，顾客在原地拿起杯子一饮而尽，付完酒钱，然后摇摇晃晃地走下楼梯，回到大街上"。[24]

　　除了庞大的酒精消费量之外，苏格兰的饮酒文化还有两个突出的特点。第一，从 18 世纪晚期开始，威士忌变得比淡啤酒和黑啤酒更受欢迎。啤酒中的酒精含量大约为威士忌的八分之一，其中一些威士忌还是来自高地峡谷和爱尔兰乡村腹地的移民用土法蒸馏而成的私酿酒。不过，威士忌并没有完全取代啤酒的地位，而是通常和啤酒一道饮用。当时有一种名为"纵帆船和棍子"(a schooner and a stick) 的鸡尾酒调法颇受欢迎，这种鸡尾酒将一品脱啤酒和一小杯威士忌混合起来，以增强酒劲。烈性酒消费的显著增加部分解释了为什么一股酒精成瘾的浪潮在这一时期席卷了苏格兰低地的多个城镇。正如一些评论者指出的那样，每逢经济景气的年份，人们收入增加，威士忌的消费量也会随之增长。近代苏格兰饮酒文化的第二个特点在于酒精的普遍易得性。在英格兰，1830 年的《啤酒法》明确禁止啤

352 　酒馆售卖烈酒，但这部法律并不适用于苏格兰，因此苏格兰的酒馆（虽然写作"公共酒馆"［public house］，但实际上往往开设于私有房屋里）、杂货店和食肆都在同时出售上述两种酒水。1828 年的《霍姆·德拉蒙德法》（Home Drummond Act）在苏格兰首次确立了酒馆的官方认证制度，酒馆老板现在必须得到当地行政部门的许可才能营业，但这部法律似乎没有对当时不断扩张的非法酒吧和廉价烈酒店造成多少影响。苏格兰的法律对于购买酒水的资格也没有做出多少限制。事实上，直到 1903 年，苏格兰的贩酒者仍能把酒卖给所有 14 岁以上的顾客，而此时英格兰的最低购酒年龄是 16 岁。烈酒的低廉价格和易于获取的特性都导致威士忌在近代苏格兰社会得到了普遍的（以及过度的）消费。例如，在 1830 年代，官方数字（无疑低估了现实状况）显示苏格兰每年的人均烈酒消费量超过了 2.5 加仑，相当于一百年后人均消费量的七倍以上。

　　但价格和易得性并非仅有的原因，近代苏格兰的大量饮酒问题背后也存在文化和社会上的因素。在任何社交场合中，饮酒都是不可或缺的一部分。婚礼、洗礼、葬礼和新年庆祝仪式上经常有大量饮酒的环节，雇工招聘会也常以聚众酗酒的糟糕场面闻名。在标志一项工作完成、学徒期结束或者缔结一项协议的"社交场合"上，大量饮酒被认为是有益且必要的。和今天相比，维多利亚时代的酒馆也承载了更为丰富的社交功能，那里是早期工会、政治组织和联谊社团的常用会场。在 1870 年代立法禁止实物工资之前，很多雇主都在酒馆向工人支付报酬，那里长期以来也是雇主招募临时工的场所。近代苏格兰的所有城市都充满了外来移民，对孤身一人离开家乡来到城市旅馆，或者辗转于各处临时住所之间的求职者来说，酒馆不只是一个喝酒的地方，也是一个理想的社交中心和社会连带感的来源。贫民窟的酒馆必须被放在维多利亚时代街头生活的语境之下才能得到准确的理解，这种生活的重心并不在于狭小、简陋而拥挤的家，而在于街头的各种非正式社交生活，酒馆在这种生活中提供了饮酒、交友和娱乐的机会。"不妨设想一下，对于一个逃离逼仄住处、唠叨的妻子（或女房东）和哭闹的子女，浑身疲惫不已的工人来说，一间烈酒店能对他产生多大的吸引力。"[25]一些酒馆也有娱乐设施。酒馆里有时设有名为"免费消遣室"（free‑and‑easy）的空间，这种地方往往有一个舞台和一架钢琴，供三三两两的酒客演唱感伤、滑稽或有些下流的歌谣，这种地方构成了后来的杂耍戏院的前身。其中一些歌唱沙龙"布置精美，拥有精致的绘画和良好的照明"，无疑令那些尽情酗饮的酒客更感愉悦。[26]

353

　　进入1830年代和1840年代，苏格兰社会巨大的酒精消费量不可避免地促使正在苏格兰教会内部崛起的福音派势力采取反制措施。随着统计数据显示苏格兰的酒精消费量增长几乎不可遏制，饮酒开始被视为一个社会问题。1823年，对烈酒征收的消费税从每加仑9先令4.5便士下调到每加仑2先令4.75便士，这最终导致合法烈酒的消费量从1823年的2303000加仑增长至1852年的7171000加仑，涨幅超过两倍。一份调查1831—1851年因酗酒而被捕人数的议会报告书称，格拉斯哥的酗酒问题在联合王国境内最为严重，堪称"长老会地界的罗马，当代的蛾摩拉……格拉斯哥平均每年都有二十二分之一的市民因酗酒而被关进警察局"，这意味着"格拉斯哥的酗酒人数相当于爱丁堡的三倍，伦敦的五倍"。[27]以禁酒运动为代表，苏格兰社会出现了要求严格遏制饮酒的风潮，这一运动的支持者将饮酒视为道德败坏与犯罪行为的根本原因，还认为穷人的苦难生活源自严重的酗酒，而非经济和社会层面的其他不利因素。不过，在工人阶级改革派（包括宪章运动的很多参与者）当中也有很多人对反酗酒运动表现出高度的热忱，他们相信激进主义的诉求只有在戒除酗酒状态之后才能取得成功。这一思想在19世纪的激进主义政治中发挥了重要作用，也对后来的合作社运动与独立工党成员产生了影响，尽管后者颠倒了禁酒运动的因果关系，把严苛的工作与生活环境视为工人阶级酗酒的根源。

在1820年代晚期，福音派平信徒领袖约翰·邓洛普（John Dunlop）与威廉·科林斯（William Colins）在苏格兰发起了反烈酒运动。作为格里诺克的一位市政官，邓洛普曾撰写了一份关于苏格兰人饮酒习俗的深入研究，而威廉·科林斯则是格拉斯哥的一个显赫的出版商。但由于运动分裂成呼吁全面戒酒的一派和提倡节制饮酒的一派，他们的努力没有立刻收获成功。直到1840年代，反烈酒运动才取得了较为显著的进展，富有感染力的爱尔兰禁酒运动领袖西奥博尔德·马修（Theobald Matthew）司铎在1842年对苏格兰的那场著名的访问便是例证。他在格拉斯哥绿地公园发表的演说吸引了5万名热情的听众，并得到苏格兰禁酒运动领导者的公开欢迎，还有4万名定居在苏格兰的爱尔兰人向他送出了一份集体请愿书。同样在1840年代，正统苏格兰教会和苏格兰自由教会都采取了提倡戒酒的方针。苏格兰自由教会在1849年向议会发出请愿，最终为禁酒运动赢得了第一场显著的胜利，因立法推动者、皮布尔斯郡地主福布斯·麦肯齐（Forbes Mackenzie）得名的《福布斯·麦肯齐法案》在1853年得到通过。这部专门针对苏格兰的法案要求所有酒馆在周日全天歇业，在每周另外六天的半夜11点到第二天早上 8 点之间也不得开放。在 1862 年《公共酒馆修订法》（Public House Amendment Act）等后续立法的补充下，这一法规在之后一个多世纪里始终保持了效力。在安息日当天，只有所谓"出于善意的"旅行者可以在旅馆中饮酒，结果后来有很多人都利用这一漏洞绕过了法律的限制。随着禁酒运动在城市中产阶级当中越发得到尊重，城镇议会开始扩大警察的权力，允许他们查处非法酒吧和地下蒸馏设备。更大的影响来自烈酒消费税：之前这一税目的下调曾加剧了苏格兰人大量饮酒的倾向，但 1853—1860 年，烈酒消费税的税率上升了一倍以上。

到 19 世纪晚期，反对酗酒的宗教圣战演变得愈发热烈。宗教界组织的少年禁酒会（Band of Hope）专门针对青少年的酗酒问题，而救世军（Salvation Army）和禁酒会（Rechabites）等互助社团也坚定支持禁酒运动。所有基督教派别都支持禁酒运动，天主教会也设立了自己的禁酒协会"十字联盟"（League of the Cross）。禁酒运动的重点越来越倾向于提供一系列替代性活动，以避免潜在酗酒者在饮酒场所的诱惑面前沦陷。禁酒活动家还创作了《离开威士忌》（Whisky's Awa'）等宣扬禁酒的歌曲，诸如《荒野的流浪者》（The Wild Rover）这样的歌曲得到广泛传唱，甚至被人们当成了祝酒歌。绝对禁酒派人士也筹办了禁酒演奏会，以取代酒馆里的"免费消遣"。1854—1914年，格拉斯哥戒酒者联盟（Glasgow Abstainers Union）每周六晚上都在格拉斯哥城市音乐厅举办音乐会，这一不间断的努力最终大获成功。禁酒活动家还开办竞赛以吸引新的艺人加入，其中就包括哈里·劳德（Harry Lauder），他在一场禁酒艺术竞赛中出名，最终凭借对苏格兰人刻板形象的独特呈现成为近代苏格兰第一个赢得国际性声名的大众娱乐明星。禁酒运动甚至还拥有一艘专门的明轮蒸汽船"艾凡霍"号（*The Ivanhoe*），它从 1880 年开始在克莱德河上提供短途航行服务，以与那些作为水上酒馆而臭名昭著的蒸汽船相抗衡。在那些蒸汽船上，人们可以开怀畅饮而不必担心受到 1853 年安息日酒水禁售令的制裁，"冒热气"（steaming）因此也成为苏格兰俗语中"醉酒"的代名词。禁酒运动远远不只是一场由中产阶级发起的道德圣战。包括基尔·哈迪和克莱德赛德地区出身的大卫·柯克伍德、威廉·加拉赫等人在内，很多工党领袖都是在禁酒运动的协商会所里接受了自己的政治启蒙。工会坚持不懈地鼓励工人戒酒，"早期社会主义运动也怀有坚定的禁酒立场"。[28]

禁酒运动到底造成了怎样的影响？首先，禁酒运动影响了苏格兰的中产阶级。到 1850 年代，禁酒已成为中产阶级的普遍立场，当时流行于资产阶级市民之间的福音派基督教信仰为这一运动提供了坚实的基础。这一趋势正好与苏格兰中产阶级追求以理性且有道德的方式打发休闲时间的风潮同时兴起。园艺、保龄球和业余合唱团等活动都在这一时期大为流行。中产阶级开始视适度的身体运动为增进友谊以及锻炼意志力、韧性和勇气的方式，冰壶、乡间远足、板球以及最重要的高尔夫球因此得到了他们越来越热烈的欢迎。还有迹象显示，到 1860 年代，越来越多地位较高的工人开始选择在家喝酒，或彻底放弃烈酒。"在苏格兰，随着中产阶级、技术工人和妇女选择远离，酒馆逐渐成为不那么'体面'的男性工人专属的地方。"[29]无论作为顾客还是酒吧招待，女性都逐渐退出了酒馆空间，苏格兰酒馆因此成为男性主导的领域，直到 1960 年代。不过，禁酒运动并未立刻撼动苏格兰的酒水消费总量。虽然禁酒活动家多年间付出了巨大的努力，但到 1840 年代末，苏格兰的税后烈酒消费量仍略高于 1820 年代的水平。直到 1850 年代烈酒消费税提高，以及 1853 年更为严格的许可制度出台之后，苏格兰烈酒消费量才开始减少。到 1900 年，苏格兰人均威士忌消费量与 1830 年代水平相比已减少了一半，啤酒的消费量虽然有所增加，但不足以与烈酒消费量的大幅下跌相提并论。

然而，禁酒运动的成果颇有局限。苏格兰烈酒消费量到 1860 年代为止经历了大幅下降，但在那之后又大体维持在同一水平，直到 20 世纪初。一个关键原因在于，烈酒消费税在这段时间里没有大的变化。此外，合法的烈酒销售业在这一时期也表现出强大的韧性，继续吸引着传统顾客。这一时期英格兰酒 356 馆的结构与设计经历了革命性的变化，苏格兰的酒馆也在一定程度上做出了改变：

> 一种名为"琴酒殿堂"（gin palace）的新风格开始引发好评，其特色包括平板玻璃窗、装饰精美的外立面、镀有金属的招牌文字和明亮的灯光。城镇酒馆几乎普遍采用了这种风格，它对酒馆设计的影响延续至今。精美的外观让酒馆和周边的残破街道形成了鲜明的反差，在夜色远比今天更为昏暗的城市街道上，硕大且精致的铸铁煤气灯挂在酒馆的入口处，把室内的光亮带到了门外……[30]

面对如此热闹的竞争，只有多次大幅提高消费税才能进一步减少烈酒消费，这也最终让威士忌从一种廉价酒变成昂贵的饮品。烈酒消费税在 1860 年为每标准加仑 10 先令，到 1918 年就上升到 30 先令。1920 年，消费税再一次提高了一倍以上，达到 72 先令 6 便士。很快，威士忌的消费量便自然而然地呈现出大幅下降的态势。到 1930 年，苏格兰的人均烈酒消费量已不到 1890 年代水平的四分之一。正如 T. C. 斯莫特（T. C. Smout）指出的那样，这更像是财政部而非戒酒运动的胜利。这种变化的背后也反映出苏格兰大众文化的深层变迁：从 19 世纪晚期开始，随着一系列新的休闲娱乐活动兴起，工人阶级可以将剩余的收入用在其他地方，饮酒在业余生活中的支配性地位开始衰落。

对 1914 年以前的大多数苏格兰人来说，从事休闲活动和体育运动的机会极其有限，这既是因为他们的收入水平较低，也是因为繁重的体力劳动极为费时费力。但即便在 1840 年代和 1850 年代，在酒馆痛饮烈酒也不是普通城市居民唯一的生活消遣。罗伯特·邓肯（Robert Duncan）近来对拉纳克郡矿业小镇威肖的研究表明，当地人从事的业余活动丰富得出人意料。他们进行的休闲活动包括能在不同矿道、工种和社区的代表队之间引发激烈竞争的投环游戏（quoits），赛鸽竞速与育种，惠比特犬竞速，音乐表演（最终形成了各种管乐团与风笛乐团），以及赌博。如果威肖的情况在当时的苏格兰城镇中具有代表性，历史学家就有必要修正他们对于新兴工业城镇工人生活的认识。传统观点认为他们在生活中的大多数时候极度缺乏休闲手段。不过，在一系列因素的共同作用下，苏格兰城镇居民的业余休闲活动将大为丰富，最终令苏格兰社会迎来一场大众娱乐的革命。

最晚从 1870 年代开始，很多苏格兰劳动者的实际收入开始增加，其中一些人（例如熟练工匠）享受的增长幅度颇为可观。从事临时性与基础性劳动的人仍受困于低收入与不规律的工作时间，但苏格兰劳动者的平均工作回报水平无疑正在上升。对于这一趋势的具体时间和实际影响，学界仍存有争议，但从英国全境的情况来看，1850—1900年劳动者的实际收入总体上升了约80%，苏格兰的情况应当也相差不大。很多工人的剩余可支配收入略有增长，因为节假日制度得到普及、工作时间被缩短，他们进行消费的机会也变得更多了。不是所有人都能从这一趋势中受益，但到一战结束时，多个行业工人的每周平均工时已从19世纪末比较普遍的50—60小时减少到48小时。到1900年，星期六的半天休假已在苏格兰城镇劳动者中颇为常见，这对足球作为一种大众观赏性竞技活动的兴起至关重要。此外，从1880年代开始，夏季的一周无薪长假开始在苏格兰出现，在制铁、炼钢等行业，很多工厂在1914年会歇业整整两周，以作为工人的无薪休假。

正是在这一背景下，城市交通的飞速发展让休闲娱乐活动的商业化成为可能。随着福斯河与克莱德河沿线的蒸汽渡船线路以及（1840年代以来）铁路运输系统不断扩张，苏格兰西部工业地带的普通民众可以轻松地"顺流而下"，来到克莱德河口的海滨度假地，或者绕道高地南部进行观光一日游。早在1820年，洛蒙德湖一日游便开始流行，到1844年，蒸汽船运营者之间的竞争将从巴勒赫（Balloch）到洛蒙德湖最深处的价格压低到每程6便士。各种戒酒与联谊社团以及布道团都积极赞助这些短途旅行项目，以为人们提供一种更健康、更符合道德的休闲方式，让他们远离那些被认为道德败坏的传统节庆活动。但讽刺的是，大量饮酒很快成为蒸汽船旅行的吸引力来源之一。到1870年，乘船"顺流而下"的活动已如此盛行，以至于在格拉斯哥和低地西部其他工业城镇中，只有最为贫穷的居民才会在家中度过整个夏天。随着船运公司的价格战将从克莱德河口到贝尔法斯特的船票单价从1860年代的1先令降到4便士，

358　爱尔兰移民也有机会抽出几天时间渡海访问自己的故乡。交通业革命对足球等新兴观赏性体育活动的崛起也颇为关键。在1880年代，铁路公司开始运营"特列列车"以搭载球迷前往新的比赛场地，也让他们有机会从更多的球队中选择自己的支持对象。相比之下，有轨电车的作用甚至更为重要。到1900年代初，格拉斯哥已拥有世界上最大的三座球场——汉普登（Hampden）、伊布洛克斯（Ibrox）和帕克海德（Parkhead），每一座球场都能容纳成千上万名观众。原本由马匹拉动的有轨马车从1898年开始变成电力驱动的电车，为城市提供了一种廉价且有规律的交通手段，为大量观众的聚集提供了条件。

城镇议会、教会、戒酒组织和政治团体也在这一时期致力于拓展人们从事业余休闲活动的机会。城市议员们主持建造了图书馆、画廊和公共音乐厅，以向大众提供"理性"的消遣方式，新建的公园和市政公共浴室则是为了改善市民的健康状况。建设这些市政设施都是以增进市民的自豪感、培养独特的城镇文化为目的的。阿伯丁画廊开放于1885年；位于爱丁堡钱伯斯街（Chambers Street）上的科学艺术博物馆（从1904年更名为皇家苏格兰博物馆）所在的那栋壮丽的新建筑从1861年开始建造，历经三阶段施工终告落成；邓迪也在1872年有了自己的博物馆和画廊。在这些项目的背后存在一种城镇间互相攀比的因素。格拉斯哥博物馆在1870年建立，又在1901年搬到了位于凯尔温格罗夫的一处更为气派的新馆址。由于一些市民担心过于正式的画廊和博物馆不会对工人阶级产生直接的吸引力，一座名为"人民宫"（People's Palace）的设施在格拉斯哥绿地公园落成，这处设施包括博物馆、画廊、花园和音乐厅等场所，专门为城市东郊较为贫穷的市民服务，在第一年就吸引了超过

77 万人到访。格拉斯哥也是公园开发的佼佼者，到 1914 年，这座城市已拥有 1516 英亩公园用地，远远领先于苏格兰其他城市。不过，这一时期苏格兰大多数城市无论大小，都建成了新的公园，它们的主要目的是为推杆高尔夫球、足球等体育活动提供场所，让市民在修剪整齐的花丛旁散步，并在夏天为临时夏季音乐会提供搭建舞台的场地。除此之外，一些城镇还选择将本地的博物馆建设在新市政公园内部或周边。来自富裕市民的捐赠构成了这些市政项目的一个重要特征，他们的注资帮助市政部门建设了音乐厅、博物馆、画廊和图书馆，也以馈赠或遗赠的形式贡献了自己收藏的美术品。纺织业巨头科茨家族出资为佩斯利修建的博物馆在 1871 年正式开放。时至今日，邓迪的凯尔德音乐厅、爱丁堡的厄舍音乐厅（Usher Hall）与麦克尤恩音乐厅（McEwan Hall），以及阿伯丁的考德雷音乐厅（Cowdray Hall）都为维多利亚时代的捐赠风潮充当了壮观的纪念碑。在凯尔温格罗夫的格拉斯哥博物馆里，大多数美术藏品都是由当地富有市民和他们的继承者捐赠的。在很多苏格兰城镇，公共图书馆都得到了卡内基基金会的支持，这一基金会的创立者、美国钢铁大亨安德鲁·卡内基（Andrew Carnegie）当初便出生在苏格兰的邓弗姆林（Dunfermline）。

　　这一时期的教会也与飞速发展的世俗休闲业展开了激烈竞争。新教和天主教会都在苏格兰开设了戒酒音乐厅，而正如汉密尔顿的本地牧师在 1829 年说过的那样："……人们终于可以在下班后从事一些理智且无害的娱乐活动了。在不久前，他们只能把业余时间花在酒馆里，因此而生的种种罪恶无人不知。"[31]教会也组织了短途旅游、野餐会、舞会和运动会等活动。起初，一些神职人员曾用启示录式的严厉口吻谴责信徒对足球的狂热，宣称天堂里不会有足球。苏格兰基督教青年会（YMCA）在1890年的年会上强烈抨击了人们对足球运动"全然丑恶"的痴迷。不过，教会很快发现大众对足球的热爱难以动摇，而这项运动作为一种健康的消遣方式也符合当时对"健美基督教"（muscular Christianity）的推崇。结果，由苏格兰各派教会和基督少年军组织的联赛对业余足球竞技的发展产生了重要的影响。例如，女王公园队（Queen's Park）最早起源于基督教青年会，凯尔特人队（Celtic）则是由天主教圣母小昆仲会的沃尔弗里德修士（Marist Brother Walfrid）① 创建的，目的是为格拉斯哥东郊贫穷的天主教堂区提供衣物、免费餐食与金钱资助。社会主义运动同样对休闲业的发展给予了高度关注。很多业余休闲活动都能增强工人社群的连带感与团结意识，促使他们远离酒精的诱惑，鼓励他们提高自身素质，这一切都与社会主义者的道德观念高度吻合。因此社会主义游泳俱乐部、年度交谊舞会、野餐会与合唱团在苏格兰涌现，其中成立于1906年的格拉斯哥奥菲厄斯合唱团（Glasgow Orpheus Choir）还因传奇指挥者休·罗伯顿（Hugh Roberton）享誉世界。号角童子军（Clarion Scouts）和号角野营队（Clarion Campers）等组织定期举行夏令营活动，各地组建的大量号角自行车俱乐部（Clarion Cycling Clubs）甚至形成了一个竞技性联赛。从1888年开始配备了邓禄普充气轮胎的"安全"自行车令骑行运动成为一种相对廉价的户外消遣方式，其影响力远及社会主义运动之外。

---

① 沃尔弗里德修士的本名是安德鲁·凯林斯（Andrew Kerins，爱尔兰语写作Aindreas Ó Céirín），在1864年作为教师加入圣母小昆仲会，1870年代从爱尔兰来到苏格兰。他在1888年提议创建了凯尔特人足球俱乐部，即今天苏格兰足球超级联赛传统强队之一格拉斯哥的凯尔特人队。

19 世纪末的苏格兰也见证了大众娱乐产业的萌芽，音乐厅、剧院、足球运动、电影院和舞会在其中扮演了关键角色。从 1870 年代起，规模更大、装饰更精美、适合更多社会阶层举家造访的音乐厅和剧院开始取代传统的"免费消遣室"，将苏格兰的大众娱乐业带入新时代。在一战尚未爆发时，苏格兰还出现了更为宏伟的大型宫殿式剧院，格拉斯哥的国王剧院（King's，1904 年开张）和阿尔罕布拉宫剧院（Alhambra，1910 年开张）便是范例。日后成立了著名的莫斯帝国有限公司（Moss Empires Ltd），并在爱德华时代主导了全英剧院行业的娱乐业巨头 H. E. 莫斯（H. E. Moss）当初便是在苏格兰起家，这从侧面反映了当时剧院在苏格兰的热门程度。至于这一时期诞生的音乐厅则催生了将苏格兰人看作"高地棒小伙"的刻板印象，这种炒作式的形象总是穿着花呢布，唱着戏谑的小曲，在与人说笑时从不拘礼。这种在日后广为人知的刻板印象起源于 W. F. 弗雷姆（W. F. Frame），他于 1898 年在纽约卡内基音乐厅进行的表演引发了轰动，表明这一形象对北美的苏格兰移民拥有巨大的潜在吸引力。在哈里·劳德的模仿与进一步的改良之下，这一形象最终受到了全世界观众的欢迎。

不过，剧院行业很快受到了来自电影院的冲击，尽管后者起初并没有体现出成为工人阶级新娱乐方式的潜质。最早的电影只是巡游艺人吸引眼球的新奇手段，在观众当中受到的欢迎并不如幻灯片（两者时常一起出现）。不过，专门化的电影院很快发展起来，在 1910 年，苏格兰第一座电影院"伊莱克特拉剧院"（Electra Theatre）于格拉斯哥的索契霍尔街（Sauchiehall Street）开张，这一行业随后迎来了飞速的发展。到 1914 年，像马瑟韦尔这样的城镇也拥有 4 座电影院，格拉斯哥在一战爆发前夕可能已有 66 座电影院，到 1938 年则拥有 104 座。电影院的奇妙吸引力遍及各种人群：电影票价格多在 1 便士到 6 便士之间，与剧院相比颇为低廉，于是那些因戒酒法规无法进入酒馆的工人阶级妇女和儿童自然而然地成为电影观众的主力。1937 年一项对西洛锡安地区 8000 名未成年学生的调查显示，有 36% 的人每周去一次电影院，每周不止一次去电影院的人则占 25%，只有 6% 的受访者从来不去电影院。电影院的火爆行情也开始对在 1920 年代和 1930 年代陷入相对衰退的杂耍剧场行业产生影响。除了来自电影院的冲击，杂耍剧场还面临着来自舞会的强有力竞争，后者在战间期已成为苏格兰成年男女最热衷的晚间娱乐活动。1934 年，格拉斯哥拥有多达 159 个官方注册的舞厅，整座城市都陷入了"舞会狂热"。不过，星期六晚上的舞会也在苏格兰各城镇的民用、宗教厅堂以及室内训练场中举行，并不局限于专业舞厅。舞蹈对大多数年轻人来说都是一种社交体验，但在另一些人看来，"在舞厅中起舞也是一种向普通人开放的高雅艺术形式"。[32]

到 1930 年代，去电影院和参加舞会已成为工人阶级青年当中非常受欢迎的娱乐活动，仅次于观看或参加足球比赛。从 1870 年代和 1880 年代开始，足球逐渐获得了大众的关注，苏格兰的第一家足球俱乐部"女王公园"成立于 1867 年；苏格兰足球总会在 1873 年成立，到 1890 年代，苏格兰足球总会名下已有 130 家到 190 家俱乐部。足球最终成为工人阶级当中的顶级体育活动，其影响力无可匹敌。虽然板球、英式橄榄球、划船和保龄球都曾在 1860 年代流行于技术工人当中，但这些运动终究无法与足球的魅力相比。苏格兰的足球队起初往往以特定工种的工人为基础组建而成，然后才将周边街区与社区囊括

361

在内。足球运动不需要昂贵的装备，可以在任何空场上进行，这在休闲用地因快速城镇化而被削减的苏格兰城镇尤为重要。足球的魅力不止于此。"足球让那些脚下功夫了得的工人有机会脱离工厂生产的体系，也让那些脚法欠佳、只能在脑海中体会足球魔力的人在短短几个小时之内得到忘我的宣泄。"[33] 工人们很快为足球而痴狂。一项估算显示，在足球运动最为火热的时期，苏格兰中部 15—29 岁年龄段的男性居民中有四分之一都曾隶属于一家足球俱乐部。不过，观看比赛、支持特定球队很快变得和踢球一样重要。足球运动成了一门规模庞大的生意，庞大的专门化付费足球场、签订职业合同的专业球员和管理球队财务的有限公司应运而生。在一战爆发前，大牌球队在赛场上吸引超过 7 万人观战的盛况便已存在。1872 年苏格兰和英格兰之间的第一场足球赛只吸引了 3500 名观众，但在 1906 年，苏英足球赛的观众人数便超过了 121000 人，这一数字到 1937 年更达到 149515 人，创下世界纪录。

足球不只是一种运动，也是一种民族认同的强大载体。苏格兰从一开始就有一支自己的代表队和一个自己的联赛。1900 年以前，苏格兰队时常在比赛中打败英格兰队，让苏格兰球迷骄傲不已，即便在强弱形势扭转之后，两者间的年度赛事仍带有强烈的爱国主义色彩。1930 年代末，时常有多达 6 万名苏格兰球迷南下温布利（Wembley）球场，观看苏格兰队与"老冤家"（auld enemy）英格兰队对决。随着中产阶级对足球失去兴趣，这项运动逐渐染上了鲜明的工人阶级色彩。苏格兰的足球队往往代表了不同的宗教、社群与族裔背景，建立在这些差异基础上的分歧与矛盾又时常刺激球迷对球队和球赛给予更强烈的关注。正如足球运动刺激了民族认同一样，地域性认同也在这场热潮中得到强化。例如，邓迪的竖琴队（Harp）、爱丁堡的希伯尼安队（Hibernians）和格拉斯哥的凯尔特人队都是当时爱尔兰裔天主教移民的代表。成立于 1888 年的凯尔特人队起初与格拉斯哥流浪者队（Rangers）关系良好，但他们终将在未来成为一对死敌。1892 年，《苏格兰体育报》（Scottish Sport）曾提到"浅蓝色在帕克海德最受欢迎"，并在第二年的报道中描述这两支球队的关系"正变得非常亲密"。[34]然而，凯尔特人队在之后取得的一系列胜利很快终结了这个蜜月期。苏格兰媒体开始呼吁苏格兰本地人建立一支王牌球队和"爱尔兰佬"较量，而扮演这一角色的恰恰是格拉斯哥流浪者队。从 1896 年的赛季开始，便有说法称这两支球队之间有着"深仇大恨"，教派冲突的色彩已在足球运动中体现出来。这一矛盾最终在 1909 年的苏格兰杯决赛上演变成大规模骚乱，愤怒的观众在球场上抢夺球门门柱、焚烧球网，随后爆发的暴力冲突一直持续到当天深夜，最终有近 100 名球迷受伤。凯尔特人队和流浪者队分别被爱尔兰裔天主教徒和苏格兰本地新教徒两大人群奉为旗手，苏格兰西部的这一族群矛盾在比赛里这两支球队的冲突中也可见一斑。

第十六章　宗教与社会

在19世纪工业化、城镇化快速发展的苏格兰社会，宗教信仰的实践及其影响究竟如何，这一问题在学界引起了不少争议。直到最近，欧洲各地的历史学家和社会学家都大体同意，这一时期欧洲经济的革命性变化令传统的宗教信仰与归属意识大为减弱。近代欧洲日趋科学化与技术化的思考方式逐渐瓦解了人们对传统信仰的坚持，城镇化的惊人速度与规模也超出了由教堂和礼拜堂组成的传统宗教组织的承受范围。随着城市中产阶级的道德观念日益主导工人阶级的社会生活，后者与有组织宗教的关系也越发疏远。总而言之，在上述因素的作用下，近代欧洲社会变得越来越世俗。在实质上，这一学说也把到20世纪下半叶令世俗主义在诸多欧洲国家占据主导地位的宗教衰退归因于工业化与城镇化的进程。

最近几十年以前，上述理论仍是大多数学者的共识。然而，在英国及其他国家，新一代历史学者与社会科学研究者对这种认识发起了强有力的冲击，对世俗化理论的一些关键要素提出了质疑。他们认为，这一时期教会信徒规模并未急剧萎缩，宗教伦理依旧影响着政治、教育、福利政策等各个方面，还帮助塑造了强有力的民族认同。即便世俗力量在这一时期的确开始动摇宗教的地位，这种影响也要到19世纪最末期才变得较为显著，而不是在之前几十年间的快速城镇化时代大行其道。

在对近代苏格兰宗教衰退学说采取修正主义的学者当中，

卡勒姆·布朗（Callum Brown）的贡献最为重要，他曾准确地指出，近代苏格兰的历史经验可以非常有效地检验世俗化理论或其反论是否成立。如前所述，在不到150年的时间里，苏格兰从一个以农业为主的社会崛起为世界上第二个工业社会。此外，正如本书之前的章节所阐述的那样，苏格兰在1760年以后的城镇化速度远远快于同时代的英格兰，经济变革也发生得更为迅猛。如果传统理论成立，这里本应为世俗化提供最为适宜的社会背景：快速工业化的强大力量必然对传统的宗教制度与信仰体系发起有力挑战。那么，关于世俗化理论的成立与否，近代苏格兰的历史经验可以为我们揭示什么？

1

在维多利亚时代的苏格兰，宗教伦理依旧在社会观念中占据核心位置，这一点仅从表面上看便一目了然。这一时期的苏格兰社会仍严守安息日，商店为此歇业，生意为此停摆，就连大部分有轨列车线路也会在安息日停运，这无疑为基督教在苏格兰社会的影响提供了最为明显的例证。迟至1950年代，苏格兰的酒馆仍在星期日关门，游戏与体育活动也会停止。尤为重要的是，并非所有守安息日的习俗背后都有法律规定。例如，在安息日购物从来都不违法，人们之所以不这么做，只是因为直到1970年代，苏格兰社会仍广泛认为商店在星期日开门是不可接受的。与此同时，新教各教派也在苏格兰的公共生活中持续施加强有力的影响。诸如托马斯·查尔默斯（他可能是19世纪最有影响力的苏格兰人，也是自由教会自1843年独立以来的首任议长）等教会领袖在很大程度上主导了苏格兰关于济贫、教育等诸多社会政策议题的讨论。詹姆斯·贝格、诺曼·麦克劳德（Norman Macleod）和托马斯·格思里（Thomas Guthrie）等名气相对较小的宗教界人物也在维多利亚时代的公共舆论场上扮演了重要角色，并在工人阶级住房、禁酒运动和城市卫生改革等议题上做出了重大贡献。教士阶层在当时仍是苏格兰的社会领袖与知识精英，这一阶层的家庭培养了一代又一代深受宗教义务感与文化教育熏陶的年轻男女，他们在苏格兰及不列颠殖民帝国其他地方从事专业服务，在历史上留下了自己的印迹。

在当时的苏格兰，大多数公共政策的讨论都围绕高度道德化的角度展开，基于宗教信仰的研判因此产生了广泛的影响，并同时造成了正面与负面的效应。例如，在 1833 年英国彻底废除奴隶制到美国内战爆发之间，福音派长老会信徒在苏格兰充当了反奴隶制运动的先驱，带头在爱丁堡和格拉斯哥组建了废奴社团。但宗教人士也倾向于把复杂的经济、社会和政治问题简化为个人信仰与道德操守的问题，因而过分强调个人对自身处境的责任，乃至彻底无视了不受个人力量控制的外部环境因素。自由教会的报刊《见证人报》（The Witness）曾在 1841 年刊文称："缺乏信仰才是当下悲惨处境的原因，也……只有信仰才能带来救济。"[1] 受此影响，在 19 世纪的大多数时候，苏格兰社会都偏执地信奉纯粹自愿的慈善行为。虽然宗教界出于信仰而对慈善事业怀有热忱，但这种情怀常常伴随着对国家力量干预工商业活动的强烈排斥。

从某些角度看，苏格兰各教派对社会问题的影响力似乎在 19 世纪逐渐衰退了。1845 年的《济贫法修正案》取消了教会对济贫政策的独占职责，终结了自宗教改革乃至更早以前便存在于苏格兰的传统社会保障制度。1872 年，政府在苏格兰推行

365

了普遍的公立基础教育，基层学校的控制权也从地方教会转到非神职人员组成的理事会手中。不过，我们不应据此认为宗教伦理不再影响苏格兰的公共领域。上述法案设立的世俗管治机构的人员通过选举产生，一些当选为管理者的神职人员和怀有宗教热忱的平信徒因此仍能在苏格兰的公共生活中维持宗教理念的影响力。事实上，维多利亚时代的苏格兰社会非但没有经历宗教信仰在世俗化面前的逐渐侵蚀，反而见证了基督教伦理与社会政策前所未有的高度结合。包括住房、卫生、犯罪和公共设施等领域在内，当时的管理者常常以不加掩饰的宗教立场处理大多数重要的市政问题。城镇议会的议员们往往也是当地堂区的长老，因此乐于在处理城镇环境问题时带入宗教信仰的原则。福音派牧师和平信徒领袖的影响力也颇为可观，无论是争取爱丁堡和格拉斯哥城市公园的免费开放、1850 年代的卫生立法、公共酒馆的执照制度，还是在 1840 年代呼吁城市当局为从高地西部逃荒而来的失业难民安排工作的运动中，都可看到他们的身影。1850 年以后，维多利亚时期的很多社会政策背后都有一种基于宗教信仰的观点，这一观点将社会环境的改良与人民道德水准的进步联系起来，并对勤劳、自立、节俭和戒酒等道德品质予以特别关注。

苏格兰活跃的福音派宗教文化也对当时的休闲活动产生了影响。到 1880 年代，越来越多的工人开始有机会享受不断增加的休闲时间，在星期六尤其如此。随着实际工资在 19 世纪末期逐渐上涨，大多数工人的可支配收入也有所增加，这与音乐厅、足球比赛和（从 1900 年代开始）电影院等新兴娱乐活动及场所一道，带来了休闲经济的大繁荣。在这场竞争中，宗教界也做出了迅速反应。即便在大众文化领域，宗教组织和宗教观念也有着不可小觑的影响力。以 1863 年成立于格拉斯哥、在苏格兰大受欢迎的基督少年军为首，诸多与教会有关的社会组织既要求成员参加祈祷集会，也运营面向青少年的游泳和足球联赛。少年禁酒会在组建之初以在未成年人当中宣传禁酒主义为目的，但这一组织也在后来筹办了自己的足球比赛。到 1910 年代，禁酒联盟杯（Band of Hope Union Cup）在苏格兰西部的加盟球队已达 70 支以上。少年禁酒会也安排了幻灯片表演，并尝试举行了"观影会"，以传播提高道德修养的主张。新教与天主教的教会也纷纷组织信徒举办讲座、联谊会、舞会、音乐会等活动，或到海滨及其他风景胜地集体出游。在 19 世纪末的苏格兰，宗教对大众文化的影响仍强烈且持久。

　　宗教也对苏格兰的民族认同与帝国归属感产生了显著影响。基督教传教运动为苏格兰人在大英帝国体系内扮演的角色赋予了强大的道德合法性：帝国的广阔疆土因此可以被视为上帝的国度在世间扩张的基础，由此可以让亿万遭受野蛮异教文化奴役的人类得到解放。在印度、非洲、加勒比海地区以及中国，苏格兰传教士总是走在传教运动的最前列。当时，英国最大的医疗传教中心便位于爱丁堡。后来被奉为国家英雄、民族圣人的大卫·利文斯通，以及芒戈·帕克（Mungo Park）、玛丽·斯莱瑟（Mary Slessor）和克里斯蒂娜·福赛思（Christina Forsythe）等知名传教士都在苏格兰产生了巨大反响，他们的事迹在报纸文章、幻灯片宣讲、巡回讲座、小册子与畅销书中广受称颂。这些叙事的一个核心主题便是描述遥远国度的原住民曾经生活在何等恐怖而不可言状的野蛮状态，又如何在听闻基督的好消息之后脱胎换骨。这不但为不列颠殖民帝国的扩张提供了一种道德上的迫切性，也增添了维多利亚时代的宗教信仰在时人眼中的魅力。玛丽·斯莱瑟曾作为联合长老会的传教士在尼日利亚传教28年，在那之前她是邓迪的一名工厂女工。当她在1876年来到尼日利亚时，她发现当地社会仍以奴隶制为基础，每当一名酋长去世，数以百计的奴隶就将被杀害或活埋以为酋长殉葬，而在基督徒看来，废除这一陋习势在必行。不出意外的是，苏格兰的本地社区也积极地与海外传教活动直接建立联系，通过募捐或在本地教堂祈祷等方式向正在海外从事宣教事工的同胞表示支持。这在一定程度上构成了苏格兰本土传教运动的延伸：这一本土运动旨在把福音传给苏格兰主要城市内部的所谓"不信者"，这些民众聚居于贫民窟深处，既没有教会可以依靠，也对基督教的仪轨与戒律一无所知。

通过把大英帝国的殖民事业表现为一种道德责任，19世纪的宗教观念不但增强了苏格兰人对苏英合并的认同感，也有力地增强了苏格兰人自身的民族认同。苏格兰长老会的创始人约翰·诺克斯在维多利亚时代被奉为苏格兰的民族英雄，乃至"教士出身的杰斐逊"。[2] 在1843年的大分裂以前，苏格兰教会总会在没有苏格兰议会的情况下为讨论苏格兰的大事提供了平台。也有一些人认为，1843年自由教会的独立以及约三分之一神职人员（乃至比例更大的平信徒）的离开背后有着苏格兰民族主义的色彩。世俗赞助人制度引起的争端造成了这次严重的分裂，而这一制度的抗议者真正试图反对的恰恰是当时已深受英格兰影响的苏格兰地主阶级。此外，正是位于伦敦的威斯敏斯特联合王国议会在18世纪通过了备受争议的立法，在苏格兰确立了赞助人制度，违背了《联合条约》，一再无视苏格兰方面的请求，拒绝调解苏格兰教会与当局之间日益激化的矛盾。

因此我们有充分的理由认为，在一个经历了快速工业化与城镇化的时代，宗教依然在苏格兰人的生活中发挥了重要作用。宗教影响了人们的道德观念，为个人行为提供规范，也参与推动了当时的社会、福利与教育政策，还塑造了苏格兰的民族认同与帝国归属意识。现在有待澄清的便是教会信徒人数的变化趋势。在上文所述的世俗化理论中，这一数字（尤其是在工人阶级当中）是证明西欧地区的宗教影响在城镇化进程中快速衰落的关键指标。因为关于信徒参与率的统计数字多有间断且在方法上并不统一，我们很难比较不同时期定期上教堂的虔诚信徒的人数，因而无法确知数字上的变化轨迹。不过，卡勒姆·布朗对现有数据进行的研究显示，从 1830 年代到 1890 年代，上教堂的虔诚信徒的人数并无显著下降，更为明显的下降趋势要在那之后才会出现。相比之下，皈依各派教会的信徒，亦即以成年基督徒或主日学学生等身份从属于某个教会的信徒人数更好统计，这些数字表明，1830—1914 年苏格兰的信徒人数增长了一倍以上。这一增速超过了同期苏格兰人口的增长速度，并在 1905 年达到峰值。同样值得注意的是民政注册总局对伴侣举行婚礼的地点进行的统计（当然，在教堂举行婚礼可能只是因为新婚夫妇希望得到体面与尊重，而不是真的出自信仰）：1861—1870 年，苏格兰只有 0.2% 的婚礼以"非宗教方式"举行；1881—1890 年，这一比例仍只有 2.5%，维持在很低的水平。直到 1901—1910 年，这一比例才有显著上升，达到 6.4%。

　　这些整体范围的数字既向我们揭示了很多信息，无疑也掩盖了不少细节，更没有对积极上教堂的虔诚信徒的比例或信徒内心的宗教意识给出任何提示。苏格兰长老会的教会生活与事工委员会（Life and Work Committee）曾在 1874 年悲观地估计，

368

在该会的 679488 名正式成员中，只有 174371 人在当年参加了圣餐礼，相当多的信徒只是在名义上从属于教会。在城市里，由于大量居民甚至没有教堂可去，这一问题尤为严重。托马斯·查尔默斯等宗教界要人也曾对类似的怨言抱有共鸣，他在1847 年指出，苏格兰大城市拥有一群"放肆无度、罪孽深重且没有信仰的居民"，他们既让基督教文明社会蒙羞，也对社会秩序构成了潜在威胁。[3] 正是在这种对于苏格兰城市贫民窟存在"大量事实上的无信仰者"的指控的刺激之下，近代苏格兰的城镇社会发起了一场热烈的教堂兴建、传教与慈善运动，其细节将在接下来的篇幅里得到详细说明。[4] 1890 年的苏格兰民众宗教状况调查委员会曾得出结论，当时苏格兰市民中的"无教会者"更有可能出自贫穷的非熟练工或临时杂工阶层，但委员会的报告也承认，天主教会在属于这一阶层的爱尔兰移民当中吸引了很多忠实的追随者。不过，委员会并不认为苏格兰的城镇工人阶级当中普遍存在与教会疏远的情况。"即便工人阶级的大多数成员不上教堂，大多数上教堂的虔诚信徒仍来自工人阶级。"[5] 事实上，苏格兰城市里大多数长老派团契的成员仍主要来自较为富裕的劳动者，亦即由技术工匠、商人和文员组成的所谓"工人贵族"，这一阶层在维多利亚时代拥有尊重宗教的文化氛围，很多人都在这一时期追随了自由教会。

在苏格兰的大城镇以外，大量居民信仰宗教的证据也不少见。高地西部和群岛地区的居民在 19 世纪早些时候已皈依了福音派基督教，在那之后也保持了虔诚的风气，成为基督教信仰的一大堡垒。在低地中部及南部主营农业的堂区，大多数居民家庭虽然在虔诚的程度上不如盖尔语地区的基督徒，但都维持了与教会的关系。在拉纳克郡与洛锡安地区的矿业地带，居民对宗教的态度相对冷淡，即便在那里，宗教的直接与间接影响仍颇为强大。例如，拉纳克郡的马瑟韦尔在当时是一座繁荣的工业城镇，在1891年有近19000名居民，大多数劳动力都受雇于采矿或制铁行业，该镇唯一一座较为显要的公共建筑是1887年竣工的城镇礼堂，那里的第一座公共图书馆直到1904年才正式开放。然而，那里在1891年已有不少于11座教堂，足以容纳当地60%的适龄人口进行宗教活动。在教堂之外，当地还有一系列唱诗班、男性信徒俱乐部、少女辅导队、禁酒协会与基督少年军等组织，还在1899年成立了一所颇为引人注目的基督教青年会学院（Young Men's Christian Association Institute）。关于宗教在苏格兰城镇社会发挥了怎样的作用，马瑟韦尔的案例无疑提供了一个具有代表性的写照。各派教会的社会影响力远及正式成员群体之外，它们在近代苏格兰推行了一整套社会与宗教措施，针对城镇居民酗酒无度、铺张挥霍与缺乏信仰的问题发起了不遗余力的教化运动，通过由一系列俱乐部、学校、讲堂、社团组成的网络，以及大批虔诚的平信徒的不懈努力，让基督教的福音在本地社区里广泛传播。在如此强大的社会能量背后提供信仰基础的，则是基督教福音主义思潮。

2

　　福音派基督徒认为，信仰的关键在于发自内心而非主观意志的信靠，个人只能通过接受上帝的启示来实现从不信到信的转变，只有上帝的拣选才能保证真心悔改的罪人终将得到救赎。基督的牺牲已足够让救赎成为现实，但上帝拣选的信号也在严守安息日、诚心事工和弥补罪过的灵性修养中清晰可见。不过，比起投身神学辩论，福音派基督徒更重视采取行动，他们最优先的目标是彻底改变个人作风，帮助每一个他人走上属于自己的信仰之路，然后让社会风气得到改良，以保证人们的信仰之路可以走得更为顺畅，减少信徒面临的风险或损失。这一教派相信上帝号召信徒积极行动，这在他们当中激起了强大的传教热忱，并最终演变为所谓的"进取型基督教"（aggressive Christianity）。在 19 世纪的苏格兰，整个城镇社会都被持续不断的主日学、传教社团、慈善社团、《圣经》学习班和祈祷小组的活动充满。

托马斯·查尔默斯曾在 1830 年代为福音主义的传教理念提供了一套连贯一致的主张。他本人在 1811 年经历了一场激烈的信仰变化，成了一名福音派基督徒，并试图在法夫郡基尔马尼这个乡下堂区的牧师任上将自己的宗教理念付诸实践。查尔默斯的原则以 16 世纪和 17 世纪关于"虔信共同体"（godly commonwealth）的理念为基础，这一理念不承认教会与国家的彼此独立，认为两者应结成一种牢固且神圣的合作关系，以创造一个符合造物主意志的理想社会。通过布道、教育、全面走访和高效的济贫政策等措施，查尔默斯将基尔马尼堂区变成了一个实验场，试图根据上帝描绘的图景塑造当地社会的模样。在那之后，随着查尔默斯被委任为格拉斯哥特隆（Tron）堂区的牧师，他得到了一个进行更大规模实验的机会。一个名为圣约翰的堂区于 1819 年在这个较为广阔的地区建立起来，在那里，查尔默斯启动了一场著名的社会实验，试图彻底改变这个贫穷的内城社区里的信仰生活、道德观念与社会伦理。这一堂区内建立了四所学校，济贫制度也得到了彻底改变，不再以强制征收的济贫款为基础，而是完全依赖自愿捐赠，教会人员也更重视积极的行动，其中包括专门的平信徒家访员和主日学教

师。这个实验起初取得了表面上的成功，但最终远远未能达成
其核心目标，将圣约翰堂区改造成一个"虔信"社会。事实
上，查尔默斯的实验可能取得了与此相反的效果。查尔默斯认
为贫穷的根源是个人道德操守的欠缺，坚持在经济危机最为严
重的时候根据强制的人格测试判断居民是否有资格领取微薄的
救济金，这显然不太可能让他那严格的宗教立场在城市工人阶
级当中受到欢迎。

不过，圣约翰堂区的实验在日后所谓"进取型基督教"的
发展历程中发挥了重要的基础性作用。查尔默斯等人相信这场
实验取得了成功，还认为如果格拉斯哥城镇议会给他们更多支
持，在圣约翰堂区使用过的方法肯定可以更好地解决城市居民
缺乏信仰的问题。在他们看来，宗教与民事当局之间真正的密
切合作必然将令基督教信仰有充分的底气应对工业化社会的挑
战，"虔信共同体"也将最终成为现实。这些观点在当时的城
市中产阶级当中引起了不少共鸣，这部分是因为查尔默斯是当
时苏格兰最杰出的布道者，也是最有号召力的教会领袖。当他
在 1847 年去世时，约 10 万人在爱丁堡参加了他的葬礼，这一
场面无疑证明了他的巨大影响力。查尔默斯也为福音主义运动
提供了一幅看起来颇为可行的蓝图，似乎为解决当时最为严重
且难解的一个社会问题指明了方向。此外，他的社会观念也与
当时有产阶级的思想相吻合。与后者一样，他认为苏格兰现有的
经济秩序是上帝意志的安排，而与之相对的"民主"必然导致彻
底的无序。他还谴责了工会结社，认为一个所有人都追求自利的
社会必然在"看不见的手"的引导下增进所有人的共同福利。然
而，查尔默斯也认为，财产私有权应伴随着慈善的沉重责任。这
一观点在他的中产阶级追随者当中得到了广泛的响应：

通过响应积极行动的号召，维多利亚时代的中产阶级把福音主义宗教思想当成了一种身份认同的来源，让他们得以与老派地主精英和工人阶级区分开来：穿着"主日正装"（Sunday best），在租赁了位置的教堂长椅尽头刻下的自家姓氏所带来的归属感，向教会的传教资金"捐款"的显在动作，更富有的人还可以出资赞助一位传福音者的开销，甚至赞助一整支传教士团队在"贫民窟"传播信仰。志愿者，尤其是自 1840 年代以来人数不断增长的"本土传教士"的事工通过他们的中产阶级赞助者得到广泛传播，通过展现传教工作改善社会的巨大力量，进一步巩固了资产阶级的伦理观念与独特身份。[6]

不过，福音主义的信仰与社会力量并不局限于苏格兰城镇。在 19 世纪上半叶，福音主义也在高地西部和群岛地区的部分地方留下了尤为深刻的印迹。那里不但经历了一场崭新的灵性觉醒运动，也见证了越来越频繁的宗教复兴事件：从 1816 年珀斯郡的布雷多尔本（Breadalbane）到 1824—1833 年刘易斯岛上兴起的一系列宗教热潮，再到 1840 年代初整个斯凯岛及外赫布里底群岛部分地区经历的信仰爆发。关于这些热潮的文献记载常常描述了当地居民如何陷入宗教狂热之中，躁动不安、大声哀恸乃至抽搐不止。不过，这些过于戏剧化的突发事件只是当地很多堂区大众信仰热情普遍增长的偶发表征。这在一定程度上与当时高地清洗运动和饥荒造成的社会影响有关。当地居民在 19 世纪的头几十年里目睹自己熟悉的旧秩序飞速瓦解，因此在沉重的心理压力之下陷入恐慌，直到福音派的宗教理念让他们获得了希望、安慰与灵性关怀。一个人似乎只有全然服从上帝的意志才有可能皈依福音派基督教，拒绝接受苦难被认为与质疑上帝的意志无异，而忍受痛苦则被视为基督徒服从上帝安排的表现。在高地发生土豆饥荒的头几年里，在高地活动的一个传教团队曾说："上帝说过，祂将永远不会离弃你们。你们的教导者正是为了把这些话语传播给高地和群岛地区忍饥挨饿的人家，才会不舍昼夜、不辞辛劳。"[7] 在高地社会从传统氏族时代过渡到清洗运动时代的过程中，福音主义也为因社会动荡而受创的当地人提供了信仰上的确定性，让人们把注意力和情绪集中在个人为获得神恩与上帝的拣选所必须经历的严格试炼之上。对那些想要在死后得到永远救赎的人来说，此世生活的困难便不是一个需要忍耐的痛苦来源，而是信仰的必经之路。

　　盖尔语地区部分地方的宗教复兴运动受到了来自低地的福音主义思潮的影响，也取决于高地原生宗教力量的发展进程。高地的福音派布道与传教活动早在 1790 年代便已展开，当时由 373 詹姆斯·霍尔丹（James Haldane）与罗伯特·霍尔丹（Robert Haldane）兄弟创立的本土福音传播社（Society for Propagating the Gospel at Home）把在高地传教视为向边远地区无信仰居民传播基督教的一种手段。事实上，他们的传教工作在很多地方和后来的海外传教团颇为相似。传教者在各地巡回奔走，用盖尔语宣讲基督教教义，他们在布道时直接诉诸听众的情绪，每到一个地方都会散发大量传教小册子。在之后几十年里继续霍尔丹兄弟未竟事业的传教组织，例如高地传教社（Highland Missionary Society）与三个盖尔语学校社团（Gaelic Schools Societies）都在传教时使用了类似的方法。

　　在盖尔语地区，所谓的"常人"（Na Daoine），亦即平信徒传教士（这一称呼将他们与被教会正式按立的牧师区别开来）

构成了本地传教运动的主力。作为信仰生活中的精英分子，他们继承了从前氏族时代中间地主的社会地位，对于 19 世纪上半叶福音派基督教在本地社区内部的广泛传播厥功至伟。需要注意的是，他们的影响力在很多地方相对有限，这包括斯凯岛以东的内赫布里底群岛与高地中部和南部的大部分地区。但在其他地方，这些平信徒传教士直到 1840 年代以前无疑都在当地的信仰生活中占据着主导地位。早在 1740 年代，"常人"传教士的影响力开始在伊斯特罗斯（Easter Ross）地区显现，并在之后五十年里向西方和北方扩散。这些传教士既是社会精英又是信仰领袖，在传统社会秩序因地主制度的商业化和中间地主阶层日益恶化的处境而逐渐消亡的时代，他们在当地社区填补了领导者的空白。"常人"传教士大多来自较为富裕的小农场农民和工匠家庭，而不是更为贫穷的茅屋小农或游民，但他们的社会地位与影响力总体上仍取决于个人素质，例如强烈的宗教热忱、对《圣经》的深入了解，以及将基督教教义与盖尔语传统文化紧密结合的能力。一些"常人"在传说中具有预言抑或千里眼的异能，表明他们能够直通上帝，还有很多"常人"将盖尔语民俗文化与传统符号加以改编，使其符合传教的要求。"常人"并不都接受过正规教育，但他们显然天生具有强大的感召力，可以有效地传播上帝的话语，促使 19 世纪上半叶的高地地区迎来一系列信仰复兴浪潮，定义了当地在这一时期的信仰图景。

374   "常人"在早些时候之所以具有如此强大的影响力，与他们在常见于盖尔语地区很多地方的大规模公众圣餐礼上所扮演的角色有很大关系。因为信徒赶赴圣餐礼需要跋涉很远的路程，所以这些公开的宗教仪式不会频繁举行，但每一次举行时都能吸引极为庞大的人群前来参与。在仪式正式开始前的数天里，信徒们召开团契会议，为之后的仪式做准备。在这些集会上，"常人"将充当平信徒教理讲师，为信众解读经文，帮他们处理信仰生活中的顾虑与问题，这让一些人（尤其是长老会温和党的堂区牧师）感到担忧，怀疑他们具有让教会分裂的倾向，有可能在教会内部形成自己的宗教组织。因为"常人"歌颂福音派牧师，视温和党牧师为缺乏信仰之辈，所以他们确实对后者的地位构成了潜在威胁。在1843年长老会大分裂之际，自由教会之所以能在高地西部和群岛地区的大部分地方取得优势，"常人"的作用不可或缺。

福音主义是1843年苏格兰长老会大分裂的根源所在。在1830年代，福音派在苏格兰的影响力与日俱增。福音派领袖托马斯·查尔默斯在1832年成为苏格兰长老会的议长。高地地区的宗教皈依热潮推动一个真正的福音派根据地在高地西北部与赫布里底群岛大部地区建立，大城镇的福音派狂热与捐款热情也得到了有效的动员，以至于在短短7年之内，超过200座教堂被建立起来。在这一背景之下，自信满满的福音派神职人员能在1834年首次打破温和党在两代人的时间里对苏格兰教会总会的垄断，也就不足为奇了。温和党倾向于回避过于强烈的宗教热忱，对智识上偏离正统教导的思想持包容态度，对遵守教会纪律的要求也较为宽松，更倾向于承认政府的民事权力，而非与其抗衡。与此相对，福音派的立场更加强硬，他们坚决主张苏格兰教会应保持独立，只服从基督的领导，不愿把教会在属灵事务上的权柄转让给国家。

发生于1833—1843年的"十年冲突"震动了整个苏格兰教会，直到教会最终分裂才告结束，这场动荡背后的一大因素在于围绕世俗赞助人制度的争议，亦即由谁来掌握堂区牧师任免的最终决定权。根据 1712 年《赞助法》暧昧不清的条文规定，私人赞助者（主要是地主阶层）在受惠于自己的堂区出现职务空缺时有权自行推举就任者，但这一提名必须得到一份由堂区内全体男性户主联署的"背书声明"的认可才算有效。然而，从 1750 年代开始，尤其是在温和党主导教会总会的时代，信众的"背书声明"逐渐成为一种没有实际效力的形式，教会法庭的态度也越来越倾向于保护赞助人的任命权。斯图尔特·J. 布朗（Stewart J. Brown）曾说："赞助人制度象征着苏格兰教会屈服于权贵阶层，尤其是地主阶层的利益。"[8] 从 1730 年代开始，很多信奉福音主义原则的人将赞助人制度视为世俗权力对基督国度的悍然侵犯，对此大感恼怒，因此退出苏格兰国教会、投奔分离派教会的长老派基督徒与日俱增，达到成千上万之多。不过，此时仍有很多福音派基督徒留在传统教会之内。从 1830 年代夺取教会总会领导权的时刻开始，他们便决心改正这个长久以来的错误。

福音派采取的第一个动作是 1834 年的《否决权法》。这部法律没有直接提议废除赞助人制度，但其主张颇为激进，它要求堂区会众在赞助人提名牧师人选时应拥有绝对否决权。起初，新的牧师任命大多得到了平稳的解决，但不久之后，随着一些候选人就堂区会众的否决提起上诉，事态变得难以收拾。1838年，在一起发生于金诺尔伯爵（Earl of Kinnoul）提名的牧师与奥赫特拉德（Auchterarder）堂区会众之间的诉讼中，苏格兰民事法院裁定《否决权法》没有法律效力，这场诉讼最终成为一起著名的判例，英国议会上院也在几年后维持了民事法院的判决。火上浇油的是，上院还否决了教会在属灵事务上的诉求。

这一决定必然令托马斯·查尔默斯领导下的大多数福音派教士怒不可遏，他们因坚决拥护国家无权干预教会事务的"两个王国"基本原则，反对世俗赞助人提名的牧师人选"侵入"堂区而被称为"反侵入派"（non-intrusionists），但苏格兰最高司法审判机构已经用一起判决公开否定了他们的主张。1842 年，苏格兰教会总会用一份名为《权利声索书》的文件做出了强有力的回应，这份文件重申了教会的领导权只在主基督之手的原则，认定接受国家权力的至高性等同于否定上帝的权威。

危机由此愈演愈烈。苏格兰民事法院要求教会向金诺尔一案中遭到否决的牧师和他的赞助人赔偿 15000 英镑的损失费，构成了又一次冲击。鉴于此时还有 39 起与世俗赞助人提名权有关的诉讼等待审理，教会若要继续坚持原则，势必将付出越来越高昂的代价。"反侵入派"的另一个选择是集体退出教会。鉴于议会和政府都试图介入这起争端，争取让教会方面妥协，这一选择的可能性变得越来越大。事实上，1843 年初，罗伯特·皮尔爵士领导的政府曾轻描淡写地抨击《权利声索书》"蛮不讲理"，如果政府向这份文件提出的诉求让步，无异于开启一条通往教士独裁的道路。事已至此，大分裂恐怕在所难免，查尔默斯早在 1842 年便开始筹备一项计划，试图在仅靠信众自愿捐赠的情况下维持一个覆盖整个苏格兰的长老派教会。1843 年 5 月 18 日，苏格兰教会总会年度会议召开的第一天，教会内部的冲突在爱丁堡的圣安德鲁斯教堂迎来高潮。在开幕祷告结束后，即将离任的议长大卫·韦尔什（David Welsh）博士宣读了一份篇幅颇长的声明，抗议联合王国政府侵犯了苏格兰教会在属灵事务上的独立性。宣读完毕之后，他将抗议声明放在桌上，然后带领大量福音派教会领袖和他们的追随者走上街头，

376

几乎令圣安德鲁斯教堂中属于福音派神职人员的席位空空如也。他们沿着汉诺威街游行，"从密不透风的声援人群中穿过，街边的窗外伸出无数挥舞手帕的手，向他们表示支持"。[9] 在坦菲尔德大厅（Tanfield Hall），另有数百名牧师加入了游行的队伍，他们同样决心退出苏格兰国教会。接下来，集会的人们正式宣布成立"苏格兰自由抗议教会"，并签署了退职声明，至此共有超过 450 名牧师宣布退出国教会，放弃自己的教堂、住处与收入。这场集会充分证明了宗教原则和信仰在当时的苏格兰具有多么惊人的力量。

苏格兰教会的分裂本身并非没有先例。在 18 世纪中叶，随着有组织的异见信徒日益增加，教会分裂的迹象开始抬头。然而，1843 年大分裂的范围与规模无疑是空前的，这场大分裂动摇了苏格兰教会的根本，绝非寻常的分裂运动所能比拟。在这次大分裂中，近 40% 的牧师和三分之一的会众离开了国教会，国教会也因此失去了一些最具活力与感召力的信仰领袖。到 1851 年，当年的宗教信仰普查显示苏格兰的基督教信仰已彻底分为两派，国教会与自由教会的信众人数几乎相当。自由教会在那些实现了阶级跃升的新兴中产阶级、技术工人以及在之前数十年间皈依福音派基督教的高地西部小农当中特别受欢迎。虽然失去了如此众多的信众，但苏格兰国教会的地位没有彻底衰落。国教会仍在苏格兰边境地区得到了大多数信众的支持，并在低地的乡村地带维持了可观的影响力。在城市里，国教会的信徒主要分布于地位稳固的传统专业服务人员、商人以及城市贫民当中。

在 1840 年代，苏格兰长老派基督教的分裂几乎势不可挡，到 1847 年，名为联合长老会的第三大派系又在 18 世纪两大分离教派的基础上诞生了。一些人认为，这些时而激烈的分歧对苏格兰的新教信仰造成了致命打击，让教会在之后的几十年里无力对抗世俗化的影响与信徒弃教的趋势。诚然，1843年大分裂加快了国家权力向教会的传统管辖领域渗透的进程。1845年，堂区对济贫政策的执行权限被转移到地方民选理事会手中。1852年，苏格兰的大学废除了对除神学以外所有教职就任者的信仰测试。在乡村堂区，本地小会贯彻道德戒律的权力早在1840年代以前开始瓦解，到1850年代及1860年代终于走向消亡。不过，从另一个角度来看，1843年的剧变也为苏格兰的长老派基督教注入了一股新鲜的活力。自由教会从零开始建立了一个只靠信徒自愿捐款维持的全国性教会，并通过巨大的物质牺牲捍卫了属灵事务独立的原则，因此获得了广泛的信赖。到1849年，自由教会已建立了730处礼拜场所、400座牧师住宅，资助513名教师为44000名儿童提供教导，还在爱丁堡土丘上建立了宏伟的建筑，以容纳一所专门用于培训牧师的学院。自由教会还发起了一场面向城市贫民的"本土传教"运动，并在海外建立了传教机构。上述种种成果建立在福音主义精神和城市富裕中产阶级与工匠阶层（他们构成了自由教会信众的主心骨）慷慨捐助的基础之上，可谓十分出色，自由教会的成功因此也在一定程度上折射出维多利亚时代中期苏格兰经济的繁荣与活力。然而，在这一过程中，富人将捐赠数额与自己得到救赎的机会挂钩的可能性始终存在，教会的传教方针也很有可能被这些利益上的考量左右。

不过，自由教会并不是19世纪中叶苏格兰社会宗教热情的唯一表达渠道。在人们耳熟能详的歌谣里，国教会曾被如此取笑：

378   老教会，冷教会，
           这个教会没有人

然而，国教会在爱丁堡、格拉斯哥和整个低地仍拥有颇为可观的信众基础，并将很快在格拉斯哥巴罗尼教堂（Barony Church）的诺曼·麦克劳德和爱丁堡大学教会史教授詹姆斯·罗伯逊（James Robertson）等人的领导下重振人气。这些人试图证明，只有国教会才能真正代表苏格兰，为各阶层的信众服务。从1860年代开始，国教会的信众人数的确开始上升。除此之外，这一时期的一些工人阶级社区里也发生了一系列情绪高涨的信仰复兴事件。在1840年代，基尔赛斯（Kilsyth）和阿伯丁都发生了"觉醒"浪潮，而1859—1862年，更为显著的"觉醒"事件出现在西南部和东北部的部分地区。查尔斯·芬尼（Charles Finney）和E. P. 哈蒙德（E. P. Hammond）等美国福音派领袖首次在苏格兰引入了颇有特色的信仰复兴崇拜仪式，在发表简短而充满感情的布道词之后，向那些担心自己是否能得到救赎的信徒发出"呼唤"。这种仪式的重点在于让信众远离罪恶和永劫的恐怖威胁，追求皈依与救赎的愉悦体验。这种新的布道方式产生了轰动效应，还从1873年到1874年经过另外两位美国福音派领袖——德怀特·L. 穆迪（Dwight L. Moody）和艾拉·大卫·桑基（Ira David Sankey）的改进之后变得更具号召力。穆迪与桑基在崇拜仪式上极力调动信众的情绪，还特别注意对音乐的运用，他们的苏格兰巡回布道因此取得了惊人的成功。艾拉·桑基让簧风琴变得如此家喻户晓，以至于1870年代工人阶级社区的传教会众团也开始呼吁在宗教活动中引入器乐演奏。对穆迪和桑基这种布道活动的反应表明苏

格兰信仰中的清教色彩正在淡化，诉诸地狱永火的严厉布道词已不再有效。

维多利亚时代活跃的宗教气氛并不局限在长老派各教会当中。从 18 世纪到 19 世纪初，苏格兰圣公会似乎陷入了不可逆转的衰退。但从 1850 年代开始，圣公会在苏格兰迅速复苏，在接受英格兰文化影响的上层阶级当中吸引了大量对长老会的新变化感到不安的成员，也于 19 世纪末期在城市工人阶级当中广为传播。圣公会的一些信徒来自原本追随爱尔兰圣公会的爱尔兰裔新教徒移民。作为坚定的奥兰治派，他们的加入让苏格兰圣公会信徒的社会成分变得更为多样且奇特。从 1877 年开始，直到 1914 年达到峰值，苏格兰圣公会的信徒总数增长了两倍。鉴于新教会众派（Congregationalists）与浸礼教会（Baptists）等少数派系的信徒人数也多有增长，苏格兰的信仰版图在 19 世纪晚期变得更为多样。在这些新的变化当中，一个尤为突出的趋势是天主教信仰的复苏。这在很大程度上源于爱尔兰裔天主教移民的涌入，从 1880 年代开始，还有少数来自意大利和俄罗斯帝国统治下的立陶宛的移民加入了天主教徒的行列。当苏格兰天主教会在 1878 年恢复圣统制时，苏格兰可能有约 30 万名天主教徒。自苏格兰宗教改革时代以来，阿伯丁郡、班夫郡和因弗内斯郡部分岛屿和本土地区便拥有天主教传统，但到 1870 年代，大多数苏格兰天主教徒都是爱尔兰裔，主要居住在苏格兰西部的工业城镇，还有相对较少的人居住在邓迪和爱丁堡。

大卫·亨普顿（David Hempton）曾说："研究 19 世纪英国历史的学者常常过于草率地认为城镇化令有组织的宗教一蹶不振，但他们应该好好审视爱尔兰在这一时期的历史体验。"[10] 显然，在 1850 年代第一波爱尔兰移民涌入之际，其中有很多人都

379

脱离了天主教信仰的怀抱。在 19 世纪上半叶，当时的苏格兰天主教会没有足够的神职人员，也没有足够的礼拜场所容纳这些新来的人。但在那之后，形势有了显著的变化。仅在格拉斯哥（那里的天主教徒在 19 世纪的最后 30 年里增长了 10 万人以上）大主教区，当地的神职人员总数就从 74 人增至 234 人，其中很多人都在爱尔兰出生并接受教育。与 1843 年后自由教会的发展轨迹类似（尽管可用资源要少得多），苏格兰的天主教会和信徒社区建立了一个由新堂区、礼拜堂、学校和会堂组成的巨大网络，以满足信众的灵性与社会生活需求，信众对宗教戒律的遵奉程度也因此大为提高。有记录显示，1880 年代定期参加主日弥撒的爱尔兰裔天主教徒比例高得惊人。由此可见，天主教会无疑在苏格兰城市工人阶级里最为贫困的某些人中取得了成功。天主教信仰赋予了那些"独在异乡为异客"的移民一种身份认同，还为他们提供了信仰上的慰藉与社群归属感。近代苏格兰的很多天主教移民非但没有与信仰渐行渐远，反而加强了自己与教会的联系，让天主教会在苏格兰发展得比在爱尔兰乡间更为强大。

3

380　　在 19 世纪的大多数时候，苏格兰各教派都很少对社会秩序提出公开批评。教会史研究者 A. C. 切恩（A. C. Cheyne）曾言简意赅地概括了当时的宗教界在社会问题上的立场：

　　　　显而易见，这一时期的神职人员仍以一种几乎毫无保留的态度承认现行社会秩序的合理性，向社会弱势人群宣扬服从才是最重要的美德。苏格兰社会的贫困问题仍在很大程度上被归因于个人道德缺失，外部环境的因素则被严重轻视乃至忽略。虽然在程度上有所不同，但宗教界人士仍广泛信奉古典经济学家的基本假设。[11]

在 1870 年代和 1880 年代之前，像詹姆斯·贝格（他领导过一场改善工人阶级住房条件的运动）和托马斯·格思里（他曾致力于改善城市流浪儿童的处境）这样的牧师仍非常罕见。托马斯·查尔默斯对自愿善举的无条件信奉、对国家干预的坚决拒绝和对工人结社和集体谈判以提高工资的强烈反对，为当时盛行的社会观念提供了强有力的合法性依据。无比崇尚古典经济学思想的查尔默斯甚至"认为不受干预的自由市场经济所带来的后果在性质上类似上帝的裁决"。[12]在 1840 年代，苏格兰大多数牧师的立场都与查尔默斯相近，这从当时出版的《新苏格兰统计通鉴》（*New Statistical Account of Scotland*）中收录的来自各堂区的信息当中可见一斑。

在 1870 年代以前，上述格局没有发生显著的变化。宗教界依然认为现有的社会秩序是上帝的安排，社会上的问题主要是个人人格缺陷、信仰缺失和道德败坏所致。联合长老会在政治立场上更为开明，但大多数神职人员仍对扩大参政权范围深表怀疑，他们对 1867 年《第二次改革法案》的反对态度便是这种思想的体现。不过，在 19 世纪的最后二十五年里，苏格兰宗教界的思潮经历了一场颇为激进的变化。这场思想领域的革命在一定程度上受到了世俗世界思想与社会力量变化的影响。查尔斯·布思和希伯姆·朗特里等人开创的社会问题调查，以及由王家调查委员会对住房、济贫政策、工作条件和工人薪酬水平等问题发起的一系列调研，都让人们更多地关注环境因素在

381 社会问题中扮演的角色，也令个人道德责任与人格素质的相对重要性有所下降。各教派内部也对社会问题进行了大量调查与探究，其结果最终促使国教会在 1888 年至 1891 年设立了格拉斯哥长老会贫民住房及社会生活状况委员会，并在 1889 年至 1896 年设立了人民信仰生活状况委员会。它们的调查结果让教会开始注意到一些关于苏格兰社会的残酷现实，也推动宗教界与工会势力和工党运动的早期活动家建立联系，在日后促进了基督教社会主义运动的发展。与此同时，随着古典经济学理论神圣不可侵犯的地位被阿尔弗雷德·马歇尔（Alfred Marshall）等思想家提出的新观点动摇，整个英国社会对国家干预经济和动用公权力帮助贫民、病人、老人等弱势群体的态度也变得更为积极。1888 年苏格兰工党的成立和 1892 年基尔·哈迪当选下院议员表明社会主义思想获得了越来越广泛的欢迎，人们也开始越发清楚地注意到外部环境对个人境遇的影响。

　　这一时期政治和社会思想上的新变化无疑对苏格兰宗教界产生了影响，但神职人员并不是新时代的被动接受者。与世俗社会的思想一样，苏格兰的宗教思想也在这一时期有所演进。在新教各派当中，最显著的变化是 1880 年代到 1890 年代自由神学的崛起。这种新思想重视耶稣关于"神的国度"的教导，认为"神的国度"并不只存在于天堂，也可在人间实现。联合长老会的司各特·马西森（Scott Matheson）牧师曾在 1893 年发表的《教会与社会问题》（*The Church and Social Problems*）中如此描述这一思想的推导结果："教会要保证上帝的意志在天堂和人间都能得到贯彻，而整治社会弊病、消除贫困、用一切合法手段让劳动者得到他们应得的报酬、为劳动者在生活中增添更多便利，这些都是上帝的愿望。"[13] 与 19 世纪上半叶宗教界对现有社会秩序的全盘接受相比，19 世纪末苏格兰宗教界的观念无疑经历了巨大的变化。由于马西森等主张积极参与社会治理的牧师没有将自己的理据建立在世俗社会的思想，而是建立在《圣经》的权威性之上，他们的观点具备强大的说服力与正当性。

　　所谓"社会神学"思潮很快在一些新生代神职人员的实践中得到了公开的体现。教会对工会的敌视态度逐渐消退，而在旷日持久的 1890—1891 年铁路罢工期间，一些神职人员对参与罢工的铁路工人给予了强有力的支持。在 1880 年代高地西部的"小农场农民战争"（Crofters' War）期间，自由教会总会虽不支持农民进行暴力抗争，但也开始主张国家有必要介入高地社会事务，以解决当地严重的社会不公。1890—1914 年，来自格拉斯哥、爱丁堡和邓迪的约一百名工会领袖、学者、下院议员以及宗教人士组成了一个联合小组，进一步增进了宗教界与工会运动间的联系，国教会、自由教会、联合长老会、苏格兰圣公会和天主教会都有神职人员参与其中。正如教宗利奥十三世发布的《新事通谕》（Rerum Novarum）所显示的，将宗教使命与社会议题联系起来的趋势并非新教各派的专利。通过上述网络，神职人员可以就养老年金和国民保险等重大社会议题与改革派人士和工党活动家交流观点。这些将社会运动与宗教界联系起来的关系网也意味着苏格兰各教派对工人结社的态度日趋包容，让苏格兰的教会免于陷入法国和德国等欧陆国家的教会在这一时期遭遇的窘境，与结社的工人阶级脱节。事实上，工党运动的一些早期领袖都是虔诚的基督徒，如信奉新教的基尔·哈迪和信奉天主教的约翰·惠特利，以及独立工党的一些主要成员。在一战前的几年里，苏格兰的一些教会也为社会公益活动提供了经济支持。国教会和联合自由教会都在 1908 年到 1909 年经

382

济萧条期间为失业信徒提供资金援助，开设婴幼儿诊所，为贫民窟的儿童提供住所。到 1910 年，上述两个教会都已成立了专门的委员会，负责制订应对社会问题的政策方案。

基督教社会主义运动虽然在这一时期颇有影响力，但苏格兰各教派的信徒当中只有少数人参与了这一运动。新教各派的平信徒大多对这一运动态度冷淡乃至怀有敌意，国教会的一些长老则公开指责这种社会服务的做法无异于向无神论社会主义者投降。基督教社会主义运动主要局限于神职人员当中，而正如一战结束后的事实所证明的那样，这场运动在苏格兰国教会信徒当中的根基并不牢靠。但在一战期间，苏格兰教会各派对社会正义的呼吁事实上变得更为强烈了。从 1916 年起，苏格兰国教会和联合自由教会就未来苏格兰社会的重建与改革方针提出了一项共同倡议，这两个教会都希望用一个崭新的苏格兰来祭奠这场惨烈战争中的死者，这个新社会将拒绝旧社会的经济个人主义原则，致力于实现平等和人民之间的友爱。为达这一目的，国教会与联合自由教会完全合并的计划再次浮出水面，这样可以恢复长老会在苏格兰的影响力，确保战后的新社会在基督教原则的基础上诞生。随着战争结束，国教会与联合自由教会共同组建了一个全国再奉献布道团（National Mission of Rededication），以让这一设想成为现实。

然而，这场运动标志着社会主义理想主义思潮在 1939 年以前所能达到的最高点。在 1920 年代晚期到 1930 年代的经济萧条和政治动荡面前，基于宗教与社会价值的重建战略土崩瓦解。十月革命也对基督教社会主义的愿景造成了冲击，因为俄国的经历表明，在一个工人阶级的革命乌托邦里，基督教本身就面临毁灭的威胁。在当时的苏格兰，克莱德赛德地区已经爆发了激烈的劳工斗争，工人阶级也因日益壮大的工会和工党而变得更有组织，不少人因此担忧布尔什维克的意识形态终将波及苏格兰。随着保守党在1918年大选中取得大胜，以及1921年短暂的战后繁荣期骤然终结，基督教社会主义者的社会重建倡议很快从政治舆论场上销声匿迹。

在这一背景下，约翰·怀特（John White）、亚历山大·马丁（Alexander Martin）和詹姆斯·哈维（James Harvey）等保守派牧师重新确立了各自在国教会和联合自由教会的话语权。在主导了教会法庭的中产阶级平信徒的支持下，他们不顾基督教社会主义者在战前的种种抨击，重申了19世纪的福音派神学路径。他们不再批评社会不公，而是再一次将苏格兰社会的弊病归咎于个人的道德问题，这些弊病只有通过对懒汉和酗酒者的规训与对赌博和性行为的严格限制才能得到解决。清教徒式的严格戒律因此再次降临。更为严苛的是，1922—1938年，苏格兰各长老派教会对爱尔兰移民和爱尔兰裔罗马天主教徒发起了系统性的歧视运动，指责他们拉低工资、夺走本地人的工作岗位，还是犯罪与酗酒问题的渊薮。此外，"苏格兰－爱尔兰人"还在1922年大选中为工党在克莱德赛德的突破性胜利做出了巨大贡献。格拉斯哥的约翰·麦克拉格兰（John Maclaglan）牧师在苏格兰教会总会上宣称苏格兰西部的工会和工党都被从爱尔兰来的"外国佬"支配，邓肯·卡梅伦（Duncan Cameron）牧师则说1926年总罢工的绝大多数领袖都是爱尔兰裔。在当年发表于佩斯利的一场讲话中，卡梅伦牧师的夸张指控更进一步，他指责苏格兰－爱尔兰裔天主教徒对于苏格兰民族的威胁甚至大于一战期间的德意志帝国！不过，他们将爱尔兰裔天主教徒当作替罪羊的企图没有取得成功。保守党和工党

384

都无意通过国教会与联合自由教会年复一年呼吁的歧视性立法，这场运动的最终效果也适得其反：歧视爱尔兰裔天主教徒非但没有重振各教派的福音主义热忱，反而被很多苏格兰人视为与基督徒精神不符的粗鄙之事，令他们对保守派离心离德。这场运动唯一的作用是为 1930 年代再次崛起的教派冲突蒙上了道貌岸然的色彩，构成了 20 世纪苏格兰宗教历史上的一个低谷。正如斯图尔特·J. 布朗所说："这一时期的很多苏格兰人都迫切需要物质和精神上的帮助，但苏格兰国教会似乎更热衷于重振自己在宗教事务上的权威，并鼓吹一种排外的族群民族主义，而不是践行布道使命，把福音传给全体苏格兰人民。"[14] 同样值得注意的是，随着苏格兰各教派一边倒地谴责 1926 年总罢工，宗教界与劳工运动之间的关系再一次破裂。

早在总罢工之前的几十年里，宗教界与工会之间的裂隙已经浮现。1930 年，曾领导苏格兰国教会的约翰·怀特在回忆自己毕生经历时说，从前那种对基督教信条无条件服从的状态如今已荡然无存，现在的苏格兰社会转而服从于"世俗理性主义、无神论和所谓的现代心理学（New Psychology）"。19 世纪晚期，《圣经》研究领域的新成果开始动摇认为《圣经》经文前后一致，基督徒必须在字面意义上遵循其教导的传统观点，质疑了当时教会的信仰基石。1881 年，阿伯丁自由教会学院的教授威廉·罗伯逊·史密斯（William Robertson Smith）甚至大胆地提出，摩西五经（Pentateuch）并非出自同一作者之手。虽然他因这一观点失去了教职，但这些新学说很快得到了广泛的接受。对于传统宗教观念的疑虑也因大众媒体围绕查尔斯·达尔文的进化论展开的激烈辩论而日益增加。生物进化理论似乎与《圣经》的字面解读相悖，而在查尔斯·莱尔爵士（Sir

Charles Lyell）等地质学家发现《创世记》关于上帝在七日内创造世界的说法很难解释地球的实际构造之后，科学与宗教间的矛盾变得更加尖锐。自然科学与心理学、人类学和比较宗教研究等新学说的崛起逐渐影响了人们的认识，让他们越来越难以相信基督教对于世界的超自然解释。在这一时期，还有一些神职人员认为宗教面临的更大威胁来自足球、舞会等工人阶级的新娱乐活动，它们的吸引力如今已非教会的信仰活动所能比拟。T. C. 斯莫特曾斥足球为"人民的新鸦片"，在不少人看来，这一运动在大众当中激起的热情已近乎宗教狂热。[15]

　　第一次世界大战也很有可能加速了苏格兰人宗教信仰的衰落。苏格兰的新教各派与天主教会都在战争期间庄严且积极地支持了英国对抗德意志帝国的军事行动。有人认为，到1915年，苏格兰已有约90%的"牧师子弟"志愿参军，还有很多牧师投身行伍，充当随军牧师乃至一线战斗人员。苏格兰各教派都没有表达过和平主义的立场，整个宗教界在战时都洋溢着一种道貌岸然的沙文主义气息。华莱士·威廉森（Wallace Williamson）博士曾在1915年的国教会总会上宣称："举国人民在投入这场战争时都已清楚地认识到，如果不这么做，我们就将在上帝的审判中成为罪人。"[16]随着前线战事造成的骇人伤亡与恐怖景象传回国内，苏格兰民间看待战争的态度迅速转变，但苏格兰各教派此时已将这场战争歌颂为宗教圣战，因此战争的惨烈现实对基督徒的信心造成了毁灭性打击。在一战尾声阶段，对于前线士兵宗教信仰状况的调查显示了令人担忧的迹象：虽然绝大多数作战人员仍相信上帝与未来的永生，但他们已对基督教的很多基本原则感到困惑乃至彻底将其无视，苏格兰部队中只有20%的士兵还保持着与某个基督教教派的"活跃联

385

系"，尽管这一比例仍远高于同时期的英格兰部队。关于士兵信仰的最低数据总是出现在由城市工人阶级士兵组成的营里。而对新教各派来说同样值得担忧的是，在苏格兰士兵当中，天主教徒与天主教会保持联系的比例远高于新教徒士兵之于新教各派教会。在战争中暴露的信仰危机沉重打击了苏格兰新教各派的士气，促使它们加快推动长老会各派联合的进程。在1921年《责权声明条例》（Declamatory Articles）通过之后，苏格兰国教会与政府之间的关系在法律层面得到澄清，教会在属灵事务上得以免受国家干预。这份法律文件最终构成了1929年国教会与联合自由教会部分组织的历史性合并的基础。在1843年大分裂期间，联合自由教会正是因在国家干预问题的立场上与"老教会"不合才决定分离的。

386　　　然而，新教教会在组织上的变动很难阻挡战间期世俗主义思潮在苏格兰的强劲势头。对于这一问题，A. C. 切恩曾给出了如下悲观的结论：

　　　　在科技进步与社会变迁面前，定期上教堂和严守安息日等长久以来的宗教惯习节节败退。交通手段的进步——越来越方便快捷且舒适的列车，有轨电车、公共汽车和私家车带来的交通革命，以及航空运输业的诞生——也令农村社会的衰退步伐大大加快，而那里自古以来便是最坚固的信仰根据地。交通的发展还让人们迎来了一种迥然不同的新生活方式，让他们可以更轻松地逃离自己不愿服从的旧社会、旧秩序，进一步加快了苏格兰传统风俗的瓦解。这些新的发展也削弱了老一辈人的权威性，他们的经验在新时代面前变得越来越不中用，对于敬畏、节俭、戒酒和自省的坚持变得更像固执的迷信，而非由来已久的智慧。在更为实际的层面上，基于气或电的新照明手段延长了人们的工作时间，也鼓励男性和女性在工作之余追求更为广泛的兴趣。电影、广播等大众传媒无疑取代了布道坛，成为大众生活中最重要的教育和娱乐媒介，集体体育活动则取代了宗教仪式（以及政治活动），主宰了人们的休闲时间。[17]

从 20 世纪的总体变化来看，切恩的结论固然无法否定，但若从 1939 年以前的形势来看，他的论断未免过于消极。与 1905 年的历史最高点相比，迟至 1956 年，苏格兰的教会信徒人数并没有显著下降。直到 1950 年代末，苏格兰的信徒人数才发生了崩溃式下跌，这一势头在进入 1960 年代后变得更为显著。若以教会成员人数、洗礼次数与教会婚礼次数计算，1960 年代几乎所有教会都遭遇了大规模的信徒流失。不过，在 1920 年代到 1930 年代，苏格兰国教会的信徒人数仍颇为稳定，只是在某些海外移民人数高涨的年份里才略有下降。二战结束后，苏格兰新教信徒的数量还一度显示出短暂的回升迹象。对苏格兰天主教会而言，1920 年代和 1930 年代意味着信仰生活的复兴与信徒数量的快速增长。苏格兰的天主教徒人数从 1892 年的 343000 人增长到 1939 年的 614469 人，涨幅接近一倍。在 1918 年《教育法》通过之后，天主教会不再需要分担维持苏格兰学校系统的重负，得以将更多的资源用于建造教堂，以及推进宣教事业。战间期对很多苏格兰天主教徒来说是一个信仰振兴的时代。在 1920 年代的萧条岁月，拉纳克郡卡芬（Carfin）的失业矿工曾修建了卡芬石窟，埃德温·缪尔在 1935 年出版的《苏格兰纪行》中以引人入胜的文字描述这处圣所"是那个满目疮痍的区

387

域里……唯一一处彰显人性的地方"。[18]

1929 年，教区理事会和长期以来由神职人员代表主导的地方民选教育理事会被废除之后，长老派教会在苏格兰民政事务中的影响力遭到了进一步的削弱。与此同时，随着战间期地方会众越来越多地投票支持保留酒馆而非将其禁绝，国教会对严格禁酒的强调与"新"清教主义的道德观念遭到了彻底的挫败，教会内的教条主义力量因此大受打击。不过，即便对那些很少上教堂的名义基督徒而言，战间期苏格兰的宗教与宗教价值观也在他们的生活中扮演了重要的角色。大量口述历史研究的成果已经表明，主日学、少年禁酒会、少女辅导队、基督少年军和女童军（Girl Guides）等青年组织在 1920 年代和 1930 年代对苏格兰的年青一代产生了十分显著的影响。基督少年军的成员人数从 1900 年的 12796 人增长到 1939 年的 35922 人，大多数新成员来自苏格兰西部的工人阶级社区。虽然电影院和舞会颇具诱惑力，但教堂直到 1960 年代才失去人们业余时间首要活动场所的地位。在这一时期的苏格兰，即便父母本身并不时常上教堂，他们也会让子女参加教会的青少年俱乐部以及主日学。在一战的恐怖经历和战间期漫长的经济苦难之后，苏格兰新教徒的身份认同仍坚强地维持下来。在以戈万地区为舞台的小说《魔笛》（*The Magic Flute*）中，艾伦·斯彭斯（Alan Spence）曾生动地描述了基督教新教对苏格兰西部工人阶级男孩们的影响，无论主日学、基督少年军、奥兰治派游行，还是去伊布洛克斯球场为"新教徒"的流浪者队加油助威，都是这种熏陶的体现。

大卫·亨普顿曾简要概括了当今学界对于宗教在战间期英国社会发挥的关键作用有何认识，他的结论也与苏格兰的具体情况颇有关联：

> ……就连不常上教堂的家庭也会把子女送去主日学，在星期日穿着得体的正装，在求职和申请福利救济时标榜自己的信仰背景，通过唱赞美歌来巩固社区的团结意识，遵从"务实基督徒"的道德规范，在性生活中高度关注基督教伦理（包括以基督教伦理为基准定义自己的行为如何逾矩），在苦难与灾难中诉诸宗教寻求慰藉，承认教堂与礼拜堂、新教与天主教构成了社会矛盾的根本分野，并在不必然参加更为显而易见的"宗教"活动的情况下利用各教派的社会设施。[19]

388

第十七章　大众教育

　　在 19 世纪的苏格兰，教育的意义远不止在于知识的传授与获得。教育构成了这一时期苏格兰人身份认同的一部分，为他们打上了潜在的苏格兰印迹，也是苏格兰的民族身份在不威胁联合王国体制的前提下得以保全的一种手段。然而，苏格兰教育制度实现这些目标的途径并不是鼓励学生学习本土语言文学和苏格兰的历史。恰恰相反，这一时期苏格兰的教育体系常被人指责忽视了苏格兰本地的文化遗产，迟至 1901 年和 1911 年，爱丁堡大学和格拉斯哥大学才分别设立了专门教授苏格兰历史的教席。让苏格兰的学校教育得以巩固苏格兰民族认同的不是课程的内容，而是整个体系：苏格兰的教育制度被视为民族自豪感的一个重要来源。人们普遍认为，苏格兰的教育体系不但在本地取得了优秀的成果，也比欧洲其他国家和地区更为出色。尽管越来越多的迹象表明，关于苏格兰教育制度的一些溢美之词在当代颇有值得商榷之处，这种毫无保留的自豪感仍作为苏格兰大众观念的一部分，一直持续至今。

　　不过，在过去，苏格兰教育的优越性的确能在现实中得到有力支撑。毕竟，在英格兰只有两所大学的时候，苏格兰就已拥有五所大学了。在宗教改革后的一个世纪里，苏格兰就发展出一套"全国性"教育体系，为生活在各阶层的苏格兰人提供普遍的受教育机会，并将学费维持在颇为低廉的水平。苏格兰教育制度被认为更加民主，能更公平地择优栽培，它为学生们

提供了一个从堂区和城镇学校直到高等学府的上升渠道，即便
出身低微的优秀学童也能凭一己之才爬上显赫的位置。苏格兰
人广泛相信，对于那些靠学习崭露头角的"寒微之士"，阶级
跃升的壁垒并不存在。一个学校巡查员曾在 1872 年的报告中
说："苏格兰的穷人没有放过高等教育繁荣发展所带来的好处，
将更广泛的受教育机会为己所用。在英格兰，只有天才才能从
一所公立学校升入大学。但在苏格兰，一个人只要足够聪明、
细心且勤奋就有接受高等教育的机会。"[1] 曾致力于鼓励科技教
育发展的莱昂·普莱费尔（Lyon Playfair）也在 1872 年强调，
苏格兰面临的关键问题并不在于实际取得学业成功的学生的人
数，而在于工人阶级出身的优秀学生有多大机会接受进一步的
教育。

　　从维多利亚时代到 20 世纪的最初几十年可能是上述关于苏
格兰教育体系的信念的高峰时期，而安德鲁·麦克弗森
（Andrew McPherson）等现代学者的研究也显示，这种想法直到
1970 年代乃至以后仍在影响苏格兰教育界的高层人物。不过，
大多数关于苏格兰教育的神话都是在 19 世纪晚期形成的。随着
1872 年法定的公立教育制度诞生，人们开始对从前的教会堂区
学校抱有怀念之情，将其视为苏格兰教育制度优秀传统的基石。
正是在这一时期，所谓"怀才之人"（lads of pregnant parts）的
说法开始见诸教育议题的有关文献，而在 1894 年，苏格兰文献
中第一次出现了"寒微之士"的说法。"寒微之士"一词始见
于伊恩·麦克拉伦的菜园派短篇作品《教书匠》（Domsie），这
是一篇讲述出身贫寒但成绩优异的乡村学子在大学取得双一等
学位的煽情故事。这篇作品的标题"教书匠"指的是村里的学
校教师（也写作"dominie"），他的门下子弟中有七人成为牧

390

师，四人成为教师，四人成为医生，还出过一位大学教授和三名公务员。1870—1914 年，这种对农村生活进行理想化描写的大众传奇故事在中产阶级读者当中颇受欢迎，侨居国外的苏格兰人也乐于通过这些作品追忆长辈在乡下农场度过的恬静往昔。在殖民地"出人头地"（getting on）的故事构成了"寒微之士"题材的另一个变种，一些苏格兰人在海外取得的成就也常常被轻易地和苏格兰本地的教育制度联系起来，同时佐证了后者的优异之处。

上述关于苏格兰教育的设想与新教信仰密不可分，后者正是在维多利亚时代定义苏格兰身份认同的另一个关键要素。苏格兰长老派的教育理念与其宗教信仰息息相关，令苏格兰民族引以为傲的教育制度最早由 16 世纪的约翰·诺克斯和其他改革家在《戒律书》中实质建立的史实只是原因之一。任何人在阅读 19 世纪晚期关于苏格兰教育制度的档案时都会承认，诺克斯在当时的整个教育体系里仍备受尊崇，时人总是引用他的名字以增强自己笔下主张的说服力，为一种改革措施辩护，或捍卫苏格兰传统免遭英格兰的影响侵蚀。即便在论点发生冲突（例如 1890 年代的初级中学论争）时，争议各方在论证时仍会诉诸诺克斯的理念，尽管此时基于堂区学校的教育制度已成为历史。不过，16 世纪的《戒律书》在 19 世纪依旧指导着苏格兰教育界的思维，这一点并不令人意外。这不仅是因为在当时，负责管理这一体系的政治家与官员是虔诚的基督徒，因而天然地倾向于从自己的新教背景里寻找施政理由，而且是因为在那个崇尚个人主义竞争的时代，诺克斯对于学问成就的认识在得到了以强调个人才干、努力、野心与认真态度为主旨的重新论述之后，对中产阶级也产生了强烈的影响。因为具有才干的学生在理论上（有时也在现实中）总能利用教育制度的阶梯向上攀爬，所以就连当时苏格兰社会存在的不平等问题也可以被正当化。正如苏格兰教育研究所的主席在 1903 年所说：

> 全民享有把握机会的自由……这种理念无论以民主还是民族相称，都深植于苏格兰人民的心中。无论在最近一代人的时间里，在以苏格兰日益发展的工业经济为首，社会出现阶级分化的各种因素影响下，这种理念受到了怎样的限制，经历了怎样的改变……教育界的决策者仍以它为基础，思考应如何根据我们的传统精神，从整体上塑造我们的教育制度。[2]

在上述发言中，诸如"我们的教育制度"之类的措辞折射出发言者的传统主义立场，这一表述所指的正是 1872 年公立教育立法之前在苏格兰建立的高度发达的教育体系。在这层意义上，苏格兰教育的历史传统与 19 世纪末苏格兰教育的现实被联系在一起，前者为后者的存在提供了正当性的解释。

1

正因为苏格兰的教育制度在苏格兰的民族认同叙事中扮演了如此重要的角色，研究者有时很难穿透种种神话与想象，发现教育制度不那么光鲜的现实。本书第五章曾提到，必要的实体证据的缺乏导致学界在考证 18 世纪到 19 世纪初苏格兰的识字率时只能做出不甚确定的估算。但在 1850 年代和 1860 年代，上述问题已有一定改善，历史学者因此可以更有把握地估计 1872 年里程碑式的《教育法》通过前夕苏格兰教育的总体水平。1855 年，政府对婚姻的强制性登记催生了关于"识字率"的第一批可靠的统计数据，在这些档案当中，新郎和新娘能否书写自己的名字构成了衡量苏格兰人文化水平的主要依据。1861 年的人口普查则统计了苏格兰居民的就学状况，为教会和私人统计者提供的教育相关数据提供了有力补充。在 1860 年代，一个专门调研苏格兰教育情况的王家调查委员会在阿盖尔公爵的领导下成立，该委员会在 1864 年至 1868 年调研期间收集并整理了大量统计结果，产生了很多具体的评论报告，剖析了当时苏格兰的教育体系与居民的文化水平。教育史研究者罗伯特·安德森对上述史料进行了全面的梳理与审读，本书接下来将讨论他得出的一些结论。

　　基于上述史料，在 1872 年《教育法》普及义务基础教育前夕，我们对苏格兰教育制度最突出的第一印象是其庞大的规模和高度的复杂性、多样性。1851 年的宗教信仰普查显示，只有 25% 的学生正在后来饱受赞誉的堂区学校就学，苏格兰国教会在此时也完全无法垄断苏格兰的基础教育。其他教派在教育事业上的表现非常活跃，这再一次佐证了宗教信仰在维多利亚时代苏格兰社会的核心地位。在 1843 年的苏格兰教会大分裂之后，新生的自由教会在教育事业上倾注了大量资源，到 1850 年代初，这一教会已资助了 600—700 所学校，主要分布于该教会实力最强的城市地区及高地西部。不过，这些学校中约一半都成立于教会分裂以前，自由教会只是继承了它们的管理权责。此外，尽管基数不大，天主教会在苏格兰的教育事业也在 1860 年代经历了显著发展。阿盖尔委员会的调查结果表明，当时的天主教会在苏格兰拥有 61 所学校、5736 名学生，但这些数字并没有反映出当时大多数爱尔兰裔天主教移民社群教育参与率低的实情。在对上述资料的研究中最为显著的一项发现是，当时苏格兰有44％的学校完全独立于各派教会，由私人所有，基于付费制运营，苏格兰有三分之一的学生在这些学校里接受教育。这些私营教育机构包括所谓"陋室学校"（ragged schools），它们原本为市井贫民子弟设立，日后逐渐演变为对不守纪律、频繁旷课的顽劣学生进行规训的"矫正"场所；还有旨在提供免费教育的慈善学校，面向中产阶级、学费昂贵的私立学校，在1850年代到1860年代因大众舆论越来越倾向于支持普及女童教育而快速扩张的女校，以及由工业或矿业村镇的主要企业设立，旨在向劳动者灌输道德观念、纪律意识和忠心的学校。如此驳杂多样的教育体系为近代苏格兰惊人的社会与经济变迁提供了写照，其根源正存在于之前的数十年间大规模的城乡移民、城镇扩张与职业和阶级格局的剧烈改变当中。正如唐纳德·威思灵顿所说：

　　事实上，苏格兰学校如此复杂多样的面貌原本就是被其需求者的诉求塑造的：无论公立还是私立，苏格兰的学校都折射了当时苏格兰社会潜在受教育者在数量上的增长与在地理分布范围上的扩散，以及他们在当时的职业发展意向和为教育付费的意愿之强弱。在很多城镇以及一些人口众多、社会关系紧密的堂区，学生常常为学习不同的科目在一天之内先后奔赴两所乃至三所学校，而不是只在一所学校就学。关于一日教学时长的规定也不严格：一些男女教师的授课时间可能从早上6点半一直延续到晚上9点半，以充分吸纳不同的学生群体。当时的课纲提供了关于可选学校规模、学费额度、学校特

色、教师专业能力、校内风气和对应客户群体的信息，
以供潜在客户选择。[3]

此外，即便阿盖尔公爵领导的王家调查委员会认为当时苏
格兰的教育体系之"凌乱"已近乎无政府状态，这一体系仍产
生了不错的结果。从当时苏格兰官方的婚姻登记册来看，苏格
兰人的"识字"能力早在 1872 年义务基础教育普及之前便有
了显著提高。1855 年，89% 的苏格兰登记新郎可以书写自己的
名字；到 1885 年（反映了 15 年前苏格兰的教育成果），这一比
例上升到 94%。苏格兰女性识字率的涨幅甚至比男性更高，
1855—1885 年从 77% 上升到 89%。这些数字表明，与之前数十
年间将大部分精力用于培养阅读能力的传统教育相比，这一时
期的苏格兰教育体系开始更加广泛地向学生传授书写能力。就
读于学校的儿童人数在这一时期总体上呈增长态势，幅度在
1850 年代到 1860 年代尤为显著，其中有不少新学生是女童。
到 1871 年，苏格兰女童的就学时间已与男童持平，在部分地区
甚至更长。这在苏格兰的教育史上堪称革命性的变化，也给苏
格兰女童和她们的父母的人生预期带来了深远的影响。另一项
指标，即学生人数在总人口中的比重，也与这种乐观的迹象相
吻合。苏格兰在这一指标上的表现始终强过其他国家和地区，
这也表明至少在某些主张上，苏格兰教育制度的歌颂者并非没
有道理。1850 年对于欧洲各地学校就学率的估算数字显示，苏
格兰的就学率低于瑞士和德意志的同期水平，但略高于法国。
到 1860 年代末，苏格兰的教育普及程度显然有了长足的提高，
苏格兰孩童的入学率已与同时期基本实现了义务教育的普鲁士
接近。这一变化表明，1872 年《教育法》在苏格兰确立的义

务教育制度更有可能是在苏格兰教育体系现有成就的基础上起到了巩固与进一步的促进作用，而不是在教育领域引发了激烈的改变与发展。

苏格兰教育的上述格局诱使我们思考两个显而易见的问题。首先，在基础识字能力和入学率等指标上取得的显著进展背后，存在哪些有利因素？其次，如果苏格兰现有的教育体系如此成功（即便阿盖尔公爵的调查委员会也承认，苏格兰当时不存在教育机会不足的问题），为什么1872年的决策者仍认为加强国家对苏格兰教育的介入程度有其必要？1850年代到1860年代的历史进程或许可以在一定程度上帮助我们回答第一个问题。这一时期正值所谓"维多利亚中期景气"，工资水平与用工规模在大多数年份里都经历了增长和扩大，这或许让工人阶级家庭有能力为子女的教育投入更多金钱。与此同时，这一时期的人口增长相对平缓（部分因为1850年代初苏格兰的大规模人口外流），让苏格兰的教会与私立学校有能力满足社会对教育的需求。此外，1850年代到1860年代也是福音派传教团在苏格兰城市活动最为活跃的一个时期，而宗教上的信心重振与青少年受教育有着密切的关系。教会在贫困社区设立了布道学校，很多工人阶级居住区的教会也开办了在安息日当天提供教育的主日学。

在1872年《教育法》之前，政府已经加大了对教育事业的支持。从1833年开始，政府开始为新设立的学校提供资金支持，虽然起初金额有限，但从1846年起，所有接受官方机构审查、使用官方认可的教纲、聘用有官方资格认证的教师的学校每年都可获得财政资助。一个总部设在苏格兰的监督机构和位于伦敦的枢密院教育事务委员会共同监管这一体系的运行。即

395

便在当时的苏格兰社会不少人批评这一制度有可能招致英格兰的文化侵略（反对声浪在 1860 年代初《修订规范》① 发布时达到顶峰），到 1860 年代，苏格兰绝大多数工人阶级家庭的儿童仍在"枢密院"体系资助下的学校就学。因此，即便在 1872 年以前，政府的介入在苏格兰识字率的提高过程中起到的作用也不可小觑。

除此之外，国家也为保障教师人员供应做出了一定贡献。以 1837 年在格拉斯哥开设的"师范学院"（Normal Seminary）为代表，大卫·斯托（David Stow）成为当时苏格兰师范教育领域的先驱。爱丁堡也在这一时期开设了另一所师范学校；在 1843 年教会大分裂之后，自由教会也效仿其形制，组建了类似的师范培训机构。政府为这些师范学校提供了财政补贴，并从 1846 年开始用学校赞助金鼓励发展"师范生"体系。所谓"师范生"指的是一些 13 岁及以上，在继续学习的同时练习授课的男生或女生，他们在学徒阶段结束后可以申请助学金，以进入苏格兰的一所师范学校继续就读，最终取得完整的教师资格。有资格认证的教师如果为"师范生"授课，可以从政府那里获得额外的赞助金，这一制度在短期为苏格兰教育体系提供了廉价的助教人手，在长远来看也为苏格兰更为优质的教师资源打下了基础。

正因如此，关于 1872 年《教育法》的一种解释是，正因为国家力量早已为苏格兰的教育事业提供赞助，政府当然希望

---

① 即 1862 年由时任枢密院教育事务委员会副主席罗伯特·洛（Robert Lowe）主持发布的《关于枢密院教育委员会修订规范》（The Revised Code of Minutes and Regulations of the Committee of the Privy Council on Education），这项法令规定政府将为符合要求的学校提供公共财政支持，标志着英国政府系统性介入英国教育事业的开始。

建立一套更为中心化的教育管理体系，对苏格兰的学校施加更有力的控制。威思灵顿就曾指出，1860年代晚期阿盖尔委员会对苏格兰教育状况的主要关切在于改变当前教育体系效率低下、资源配置不合理的问题，建立一套更为缜密的管理机制，以更高效地利用公共财政资源。此外，政府对苏格兰的教育事业还有更为广泛的忧虑。虽然从表面上看，苏格兰教育的平均水准令人满意，但污点无疑也存在于局部地区。在西部群岛地区和苏格兰西北部的部分地方，当地的教育体系就存在问题。高地学校往往很难达到获得公共财政支持的要求，学费收入往往也捉襟见肘。在低地的一些城市腹地与工业区则存在识字率和就学率偏低的问题。低教育参与率的问题不仅存在于城市。有些令人意外的是，1871年的苏格兰人口普查显示，大多数苏格兰城镇的就学率都比周围的乡村堂区更高，爱丁堡、阿伯丁等主要城市的数字则超过了苏格兰几乎所有乡村郡。但在15%左右的适龄儿童没有接受良好教育的格拉斯哥和低地西部的一些工业城镇，教育普及度仍显著不足。很多从事临时性与非技术性工作的劳动者身陷贫困陷阱无法自拔，只得尽可能早地把子女送入劳动力市场，这必然影响了他们的受教育水平。在格拉斯哥、邓迪部分城区、西洛锡安和拉纳克郡的一些工业城镇，低于平均水平的识字率与当地爱尔兰裔天主教移民的分布存在显著的相关性。爱尔兰移民主要从事临时性与非技术性工作，困难的经济条件最有可能对他们接受常规教育的机会造成影响。

　　因此，这一时期的苏格兰社会兴起了一种新的观点：国家当前为教育事业提供的资源不足以改善那些教育水平不足的群体的处境，只有更具强制性的手段才能消除调查报告中显示的教育差距。此外，苏格兰的长老派教会也逐渐希望摆脱维持教

396

会学校运转所造成的财务负担。随着不断增加的师范生和成年助教促使学校采用分班制，对于校舍容量的需求将越来越大，学校运营者也将越来越不堪重负。因此，一些神职人员开始对建立全新的国民教育体系，让年轻人在基督教价值观的熏陶下就学受教的构思表示欢迎。当时的一名自由教会牧师认为，建立国民教育体系是让年轻人不再远离信仰的最佳办法：

> 年轻人往往太过轻易地参加工作，并过早地离开父母独自生活，因此总是被无尽的诱惑与堕落的危险困扰，而他们的父母通常又无力提供指引。让他们在基督教的教诲下长大成人的唯一办法，就是送他们去全日制学校接受教育。[4]

其他更为广泛的社会与政治因素也推动了国民教育体系的建立。在 1871 年巴黎公社革命爆发，坐实了苏格兰社会对底层市民革命隐患的担忧之后，认为一套有效的教育制度将为下一代公民提供良好的教育，从而保障政局稳定和社会秩序的观点越发受到欢迎。当时的苏格兰人在思考教育问题时也注意到了各国之间经济与军事竞争的因素。普鲁士王国在 1866 年和 1871 年取得的军事胜利，以及德意志在 19 世纪下半叶的经济崛起都在很大程度上被视为该国推行普遍义务教育的结果。1870 年，颇具盛名的莱昂·普莱费尔曾说："无论在战争时期还是和平年代，各国在国际竞争中的前景都取决于人民的教育。"[5]当时有不少评论者也提出了类似的观点。这便是 1872 年《（苏格兰）教育法》通过时的舆论环境。

　　1872 年的这项立法没有从零开始建立一套"公立教育"体

系。如前所述，早在 1840 年代政府便开始对学校进行资助与监督。即便如此，《教育法》仍是苏格兰教育史上的一座里程碑，这部法律推行的举措也比 1870 年英格兰的教育立法更为彻底。《教育法》要求 5—13 岁的所有儿童必须接受教育，并将现存的城镇与堂区学校移交地方教育理事会管理。理事会成员全部由当地纳税人组成，他们将有权设定教育相关的税率，并为在本地修建新学校借贷。非堂区学校与私立学校仍将保持独立地位，但不能接受来自本地税收的资助。作为结果，大多数上述学校都选择加入公立教育体系，仍维持独立的学校以天主教会和圣公会的学校为主。到 1878 年，在苏格兰的 3011 所学校中，只有 28% 的学校不受各地新设立的教育理事会管辖。这一数字在 1914 年下降至 10%。到 1918 年，天主教和其他教派运营的学校也被纳入公立教育体系当中。由国家强势主导的苏格兰基础教育制度与英格兰的情况形成了鲜明的对比：在英格兰，学校教育并非强制，基于自愿付费的私立教育体系依旧强大，且在地位上高于几乎只为较为贫穷的社会阶层服务的公立学校。在苏格兰，鉴于绝大多数学生都在理事会管理的公立学校就读，公立学校的教育背景并不会像在英格兰那样成为社会阶层分化的标尺。

苏格兰公立教育的特殊性背后也存在着政策上的延续性。学费在 1872 年《教育法》生效后仍存在了一段时间，直到 27 年后才被废止。此外，《教育法》的举措几乎只关注基础教育阶段。时人并不认为中等教育也将追随基础教育的先例，成为公立事业。1872 年的法律确实将城镇学校的管理权责交给新设立的地方理事会，其中地位比较突出的学校被指定为"高级"学校，但国家财政并不会为任何中等教育机构提供支持，理事

398　会也不同意把纳税人的钱花在中等学校上。当时的观点是，中学主要面向富裕阶层，这些机构因此可以在经济上自给自足，一些顶尖的城镇学校还能靠现有的捐赠资金维持运转。日后苏格兰中等教育的发展历程，将在下一节予以阐述。

苏格兰教育新体制的另一个特点是政府中心化干预力度的大大增强。由于地方教会的神职人员和虔诚的平信徒在新设的教育理事会中扮演了关键角色，苏格兰的教会在教育体系中发挥的作用得以延续，但总体而言，管理苏格兰教育事业的权力已在实质上被移交到政府官僚手中。1872 年的法律因此公开地表明了宗教界权威的相对下滑，以及世俗国家权力的扩张。枢密院下新设的一个名为苏格兰教育署（Scottish Education Department，SED）的委员会负责监督《教育法》落实后苏格兰新教育体制的运转。苏格兰教育署设在伦敦（这引发了苏格兰社会对于英格兰人渗透苏格兰教育体系的担忧），在 1885 年被置于新设的苏格兰事务大臣的统辖之下。在亨利·克雷克爵士（Sir Henry Craik）和 A. 克雷格·塞勒（A. Craig Sellra）等专横强势的官员领导下，苏格兰教育署很快施展了令人敬畏的力量。苏格兰教育署对于教育预算有着最终发言权，教育署手下的学校巡查员也时刻监督苏格兰的教育机构，保证中央政府的政策在苏格兰每一所接受教育理事会监管的学校里都得到了严格的落实。到 1918 年，苏格兰教育系统管理结构的集权程度已经达到了世界最高水平。

1872 年的《教育法》及其最终落实与后续发展既收获了赞誉，也受到了批判。早在 1872 年以前，向大众普及的基础教育已存在于苏格兰多个地区。新的教育体系让城市贫民区、部分工业社区和西部群岛地带得以达到这一教育水准，上述地方的识字率在 1870 年以前曾显著低于苏格兰的平均值。在《教育法》面前，父母再也无法以贫困为由拒绝让子女入学。那些在经济上无力将子女送去学校的家庭将有权申请济贫补助，各地的入学监督委员会（School Attendance Committees）及其下属的巡查员也积极履行职责，让《教育法》得到彻底的落实。在《教育法》实施之后，少年儿童到学校接受教育的情况变得更加普遍，入学时间也变得更长。苏格兰的大城市和一些城镇发起了兴建大型学校的工程，这些新设施全部设有彼此独立的教室，将学生根据年龄分开授课。由此设立的"理事会学校"很快成为苏格兰城镇风貌的固有组成部分，其中有不少校舍直到今天仍矗立在城中，为维多利亚时代的教育热潮提供了肉眼可见的标志。公立教育的大规模扩张离不开女性教师人数的大幅增长，这也彻底地改变了苏格兰教育体系内的性别比重。女性的雇用成本更低（她们的工资只有男性教师的一半），而当时的人也认为她们比男性更适合教导少年儿童。到 1881 年，苏格兰教育行业的 13000 名雇员中有 8000 人是女性，女教师在全体小学教师当中的比重则高达 70%。教师行业为女性提供了一条重要的职业发展路径，也是一种新的独立性的来源，但就薪资水平、晋升机会和行业地位而言，苏格兰女教师的待遇在很长一段时间里都远不如同时代英格兰的女教师。

1872 年以来政府对教育事业日益增加的干预也对社会福利领域造成了影响。1899—1902 年的布尔战争揭示了城市工人阶级兵员异常糟糕的身体状况，令当时的政府大为震惊。在这个强调"国民效率"、认为国家的军事与经济实力取决于年轻国民身体素质的时代，这一问题引发的忧虑极为深重，而 1872 年以来在苏格兰建立的公立义务教育为解决这一问题提供了门路。

作为结果，苏格兰的公立学校在实质上成了国家福利与社会政策"改良"下一代国民素质的一种政策工具。从 1908 年起，地方教育理事会开始为学生进行体检，并为有需要的学童提供餐食。管理部门还会采取措施，防止被认为"不卫生"的家长影响子女的健康成长。因认为优秀的母亲将为国民实力打下坚实的基础，苏格兰公立教育也开始着力培养女性的烹饪与家政技能。一个由校医和学校卫生巡查员组成的新官僚体系因此诞生，教师也被要求定期检查学生身上有没有虱子，并将学生光脚上课的情况向上汇报。然而，这种巡查制度无法解决慢性贫困导致的根深蒂固的问题。后来成为下院工党议员的詹姆斯·马克斯顿曾在格拉斯哥布里奇顿（Bridgeton）的圣詹姆斯学校授课，他回忆"在一个有六十名十一岁左右男生及女生的教室里……有三十六人因发育畸形无法把腿伸直"。[6]

不过，无论在当时还是后世，1872 年《教育法》都没有逃过学界的批评。《教育法》拒绝资助中等教育的决定被认为限制了有才能的工人阶级子女获得进阶教育的机会。威思灵顿尖锐地批评权力极大的苏格兰教育署利用巡查员和各种规章制度，在"课堂上强加了一种无聊且沉闷的气氛"，将学生们置于"军事化规训"之下。[7]也有一些当时的苏格兰人始终强调保护苏格兰独特教育传统的必要性，担忧 1872 年的《教育法》最终将让一种统一的"不列颠"教育系统（完全由伦敦的中央政府出资支持）吞没苏格兰的教育实践。罗伯特·安德森曾指出，在 1961 年乔治·戴维颇具影响力的著作《智识民主》（The Democratic Intellect）出版后，关于苏格兰教育"英格兰化"的讨论大多关注苏格兰的大学教育，人们似乎默认苏格兰的普通学校教育仍维持了本地的传统特色。与此相反，安德森正确地指出："……仅从课纲与教育体制来看，1900 年代一所苏格兰小学与英格兰小学的相似性远大于苏格兰大学之于英格兰大学。"[8]

苏格兰教育署也被指责发起了一场旨在迫害盖尔语的运动。1884 年的内皮尔调查委员会曾提议将盖尔语教育纳入高地地区学校课纲，但苏格兰教育署并未予以执行，这一点尤为受人诟病。此时诸如苏格兰盖尔语协会（An Comunn Gaidhealach），以及爱丁堡大学的约翰·斯图尔特·布莱基（John Stuart Blackie）和代表因弗内斯的下院议员 C. 弗雷泽·麦金托什（C. Fraser Mackintosh）等组织或个人都在力争把盖尔语纳入义务教育授课内容，苏格兰教育署对这一诉求的忽视被认为加速了盖尔语在苏格兰的衰落。不过，事实要比上述看法更为复杂。苏格兰教育署的巡查员（其中一些人说盖尔语）对盖尔语复兴运动毫无信任。在他们看来，所谓盖尔语复兴运动背后只有来自外界的猎奇趣味，不能反映高地居民的真实想法。即便怀有如此犬儒的态度，苏格兰教育署对盖尔语也并非全然无动于衷，在 1878 年允许为教授盖尔语的教师提供财政资助。不过，教育署并不打算强制推行盖尔语教育，理由包括难以资助盖尔语教师以及部分地方教育理事会的反对。推行盖尔语教育的一个根本难处在于，当时高地社会普遍崇尚英语教育，而非盖尔语。盖尔语是当地人在日常生活、宗教活动与民俗诗歌中使用的语言，他们很难想象这种母语会被轻易抛弃。但在 19 世纪晚期的高地人看来，英语才是代表未来的语言，能为高地带来经济机遇与社会进步。在 1860 年代，就连一个对盖尔语心怀同情的评论者也承认："……最为热心的盖尔语爱好者也必须明白，掌握英语对于一个出身岛屿，希望学习一门手艺，或者在家乡以外找到糊口机会的可怜人来说是至关重要的。"⁹ 最终，即便在 1886 年、1904 年和 1906 年又采取了一些浮于表面的举措，苏格兰教育署在 1918 年之前仍未对盖尔语教育提供有力支持。

2

与基础教育相比，1872 年之后苏格兰中等教育的发展历程更为曲折，其中一个原因在于政府起初并不认为中学和小学在政策上拥有同样的重要性，直到后来，决策者才逐渐开始重视苏格兰教育体系的完整面貌。1872 年的教育改革将已有的城镇学校的管理权责交给了新设立的教育理事会，其中 13 所位于苏格兰最大城镇的学校被列为"高级公立学校"，艾尔学院（Ayr Academy）、格拉斯哥高中（Glasgow High School）等知名中学都位列其中。这些精英中学可以不受政府巡查员的监督，也无须遵守苏格兰教育署的管制。作为代价，它们不能从当地的教育理事会得到任何资金支持，只能靠学费维持运转。不过，随着 1892 年政府首次为中学提供直接财政支持，政府部门、苏格兰教育署与教育界专家开始为规划义务教育阶段之后的教育体系倾注心力。1872 年《教育法》本身意味着政府愿意承担公民教育的职责，一旦这一原则得到确立，其适用范围便不难延伸到中等教育，这在英国面临国际经济新挑战的时期尤为迫切。如果大英帝国要在竞争更加激烈的国际环境中保持繁荣发展，国民的才能就应尽最大可能为国所用，这就要求政府在基础教育和中等教育之间实现稳健的衔接，保证全社会各阶层的人才都能凭实力成为精英。格拉斯哥大学拉丁语教授 G. G. 拉姆齐（G. G. Ramsay）是当时教育问题辩论中的意见领袖，他在 1876 年提出，未来决定国家富裕的最主要因素在于"社会大众有序

发挥的才智":

> 我们不能只依靠上流阶级的智力；我们不能对那些出身低微的人才弃而不顾，让他们只能依靠极为罕见的机遇证明自己，收获认可；我们必须在社会的各个角落寻觅人才、培养人才，让所有具备潜力的人都能从一套以学级为基础的精妙教育系统中受益，尽一切可能让全体国民接受教育，提高全国民众的智识水平。[10]

基于"机会平等"的"育人唯才"理念要求政府对中等教育加大投入，而在广泛相信传统的堂区学校制度曾不分阶级培育人才的苏格兰，这样的想法得到了尤为热烈的响应。当时的苏格兰人认为，无论扩大中等教育规模，还是建立一套更加系统的升学制度，都是在当代语境下对诺克斯教育思想的再利用，这些举措因此与苏格兰民族的光荣传统联系起来，轻松地获得了合法性。不过，在拓展受教育机会的说辞之下，实际上只有很少的苏格兰人从这一时期的中等教育中获得了好处。在1890年代，苏格兰教育署和议会认为只有略多于4%或5%的苏格兰适龄人群在中学就读。由此可见，促使国家扶持中等教育的并不是所谓"智识民主"的理念，而是严格拣选潜在人才，以为国家利益服务的战略考量。

苏格兰大学的发展也对苏格兰中等教育界的趋势产生了推动作用。这一时期的苏格兰大学不得不响应新兴中产阶级的诉求，在颁发专业从业资格时使用更为正式的认证与检验方法，而不是像往常那样根据政治赞助与世袭特权决定。例如，在1858年，医科被置于政府监管之下，毕业生在完成教育后可直接获得政府认证的从业资格，公务员系统也设立了专门的选拔考试。在这些新变化面前，大学制度的改革者试图提高教学水准，具体做法包括引入入学考试，以及将入学年龄从十四五岁提高到十七八岁。如果没有高级中等教育的扩张，教学结构的变化就无法轻易实现，这在政府于 1888 年设立高中结业考试，并在 1892 年判定只有高中毕业证持有者才可就读大学之后变得更为迫切。

1870—1918 年，苏格兰中等教育在多个领域都有所扩张。起初，在 1870 年代到 1880 年代，中产阶级向学费昂贵的精英中学提供的捐款快速增长。在这一时期，爱丁堡商会与赫里奥特信托基金（Heriot Trust）在爱丁堡捐建了四所大规模全日制收费学校，为爱丁堡高级专业人员的子女提供教育；格拉斯哥也新建了凯文赛德学院（Kelvinside Academy）和采用男女共学制的哈奇森文法学校（Hutchesons'）。事实上，这一时期中等教育界尤为突出的一项发展是对中产阶级女童教育的投入。1877 年设立于圣安德鲁斯的圣莱昂纳德女校（St Leonard's）模仿英格兰公学采用寄宿制，除此之外，还有格拉斯哥设立于 1877 年的韦斯特伯恩女校（Westbourne）、1880 年的帕克女校（Park School）、1894 年的克莱格霍尔姆女校（Craigholme）以及 1888 年的爱丁堡的圣乔治女校（St George's）等"私立女校"也效仿了这一模式。当苏格兰的大学在 1892 年首次招收女学生时，苏格兰的中等教育界早已有多所女校可供中产阶级家庭选择。与此同时，由文员、小店主和小学教师组成的下层中产阶级正不断增加，他们不满足于只让自己的孩子接受基础教育，因此把子女送进学费相对低廉、由政府部分出资的中学就读。苏格兰教育署也在关于小学教育的规范中为部分内容更艰深的科目教学提供了额外的资助，这一政策最终导致了所谓"进修学校"（Higher Grade Schools）的崛起。这种学校为学生提供完整的初中课程教学，大多数学生会在15岁时离校务工，但至少有一部分人仍有希望升入大学。在缺乏爱丁堡式赞助学校的格拉斯哥，这种"进修学校"尤为流行。

随着1892年政府首次为中等教育提供直接资助，就读于中学的机会至少在理论上有了进一步的增加。虽然主张压缩高级中等教育规模的苏格兰教育署表示了反对，但面向中学的教育资助最终令苏格兰绝大多数城镇的中学得以受益。对于那些崇尚旧式堂区学校的传统理想，认为教育机会应尽可能普遍分配的势力（例如教师工会和苏格兰教育研究所）来说，这无疑是一场政治上的胜利。这项新政策的另一个特点是，很多中学开始免除学费，学生申请助学金的机会也更多，这些无疑都让工人阶级子女接受中学教育的机会有所增加。一战结束后通过的1918年《教育法》进一步扩大了国家对教育系统的支持。这部法律的内容包括将天主教和圣公会学校的管理权责交给新设立的地方教育机构（取代了从前的理事会），作为附带条件，上述学校将继续遵守所属教会的章程，教会也有权决定教师的人选。虽然爱尔兰天主教徒群体付出了不懈的努力，天主教会为天主教学校提供的支持却远远不及来自教会以外的资助。将天主教学校纳入国家管制的决定无疑体现了苏格兰教育署追求提高"国民效率"的根本动机，这一动机也塑造了教育署的其他政策。当时的政府担心天主教徒会成为苏格兰的"贱民阶层"，他们的"效率问题"将对国家通过高效的教育来改善人力资源素质的战略构成威胁。

关于苏格兰的中等教育在这一时期是否有效，有关学者近来展开了热烈的争论。H. M. 佩特森（H. M. Paterson）和 T. C. 斯莫特都认为，近代苏格兰的中等教育主要服务于中产阶级的需求，没有为大多数人提供实现阶级跃升的机会，因此没有为苏格兰社会带来应有的好处。在这一点上，佩特森的批评尤为激烈。在他看来，所谓"育人唯才"只是"针对教育体系中必然产生的国民分流问题而采用的一种颇具苏格兰特色的办法，即通过大众教育制度让有天分的学生有机会成为精英，但与此同时规训并掌控大多数永远不可能成为尖子生的人"。[11]斯莫特则认为教育"在苏格兰中产阶级的主观意识里并没有那么重要"，而"只有极少的工人阶级子女才有机会通过中学和大学实现阶级跃升"。[12]

到目前为止，安德鲁·麦克弗森在苏格兰中等教育史领域的研究最为深入，我们可以用他的成果来检验上述论点准确与否。麦克弗森的研究表明，中等教育机会在苏格兰确实呈现过扩大的态势。1923 年，苏格兰教育署为约 200 所曾经的"进修学校"赋予了完全的中学地位，中学学生的人数也在这一时期增长了一倍以上，从 1913 年的 40000 人上升到 1939 年的 90000 人，结业证书的颁发数量也在这期间从 1700 份上升到超过 4000 份。苏格兰中学与大学的学生容量高于同时期的英格兰和威尔士，学生通过受教育来实现阶级跃升的机会也因此略多一些。苏格兰中等教育的一大特点在于没有强势的私立学校或收费制学校体制，因此不至于让公立中学沦为二等学校。1914 年，每六到七个苏格兰适龄少年儿童中就有一人就读于中学，这一比例在英格兰则更接近二十一分之一。此外，在一战前的几年里，苏格兰大学里工人阶级学生的比重也比 1860 年代更高。即便如此，大多数工人阶级出身的男生和女生在毕业离校之后就立刻投身工厂、矿坑、农田、办公室或家务工作，成为劳动力的一部分，但这主要是因为平民家庭面临沉重的经济负担，对于社会地位的预期也有限，与教育系统本身的关系没有那么大。事实上，1918 年《教育法》的其中一个部分在强调机会平等原则时曾声明"任何一个……有资格就读于中学，且……有潜质从教育中受益的孩子，都不应被经济上的困难拒于校门之外"。[13]这段话重申了教育公平的理念，认为物质条件不应限制学生的升学机会。

在当时的苏格兰教育界，一些重要人物仍呼吁让入学门槛进一步降低。1920 年代初，苏格兰教育研究所发出了"全民中等教育"的倡议，很多政党政治家与教育界评论者也对此表示支持。然而，苏格兰教育署并不认同这一想法，依旧坚持认为完整的高级中等教育只应面向少数特别聪明的学生。当时的教育署秘书长乔治·麦克唐纳（George Macdonald）曾说："……学生人群由两部分组成：大部分学生的智力水平非常有限，只有一小群极为重要的尖子生能够达到远超常人的水平，这些人有可能来自任何一个社会阶层。"[14]

在政府部门惯有的官僚作风，以及 1920 年代初萧条时期财政部对公共财政的严格控制的共同作用下，教育署在 1923 年发布了备受诟病的 44 号公告（Circular 44）。这份文件为苏格兰中等教育奠定的基础直到 1965 年才有所改变，也是让苏格兰的中等教育受到佩特森与斯莫特强烈抨击的首要原因。这份公告将义务教育的范围限制在 12 岁及以前，只有能够完整提供五年制中等教育的机构才会被认证为"中学"。只有在 12 岁那年通过了学力检测的学生才能在中学就读，至于大多数不能合格的学生则要在新设的"进阶教育"（Advanced Division）学校接受教育，这些学校的师资力量与可用资源都比五年制中学逊色。在 1930 年代末，"进阶教育"学校最终成了所谓的"初级中学"（junior secondaries），而 44 号公告中规定的具有完整资质的中学则成为"高级中学"（senior secondaries）。1924 年，苏格兰教育署还取消了中等教育结业认证（Intermediate Certificate），将中等教育彻底截成互不相连的两部分。讽刺的是，在 1960 年代苏格兰教育系统恢复了面向 16 岁学生的升学考试之后，就读"高中"的人数在几年之内飞速攀升。

苏格兰中等教育的批评者准确地指出了这些政策的问题所在：决策者将大多数学生视为"残次品"，用政策手段加大了社会差异，在中等教育系统里公然制造了不平等。教育署强制推行的政策受到了几乎整个苏格兰教育界的普遍批评，就连政府内部的教育事务顾问委员会（Advisory Council on Education）也表示抗议。教育署政策的反对者甚至另外出台了一份规划，把中等教育的前三年纳入义务教育范畴，并为 15 岁的学生安排统一的学力测验，愿意从此走上社会的学生可以获得一份结业证书，那些想要进一步接受教育以从事更高级工作的学生则可以用测验成绩作为升学资格的证明。出于对教育署侵犯苏格兰教育界"民主"传统的强烈愤慨，苏格兰很多地方的教育主管部门在 1920 年代到 1930 年代甚至拒绝落实教育署的新规范。然而，44 号公告还是在苏格兰社会留下了深刻的印记。1944 年，苏格兰教育研究委员会（Scottish Council for Research in Education）估算，至少三分之一的学生能够进入"高级中学"就读。不过，迟至 1951 年，苏格兰 17—19 岁的基础教育完成者中只有 5% 仍在完成五年制中等教育中的高级课程，近 90% 的人都在 15 岁及之前离开了学校。正是出于对这种"学业荒

废"现象的担忧，当局于 1955 年决定在中等教育的四年级设置
"O"级考试，并在 1962 年将其落实。随着 1965 年确立的综合
学校制度（comprehensive schooling）终结了"高级中学"和
"初级中学"的隔离状态，中等教育阶段的继续就学率大幅上
升，而工人阶级收入在这一时期的显著上涨也意味着很多家庭
的实际教育成本有所下降，越来越多的人有机会继续就学。到
1974 年，苏格兰基础教育完成者获得中等教育结业证书的比例
已从十年前的 27% 增长到惊人的 66%。这一变化无疑表明，从
1920 年代开始塑造苏格兰中等教育四十多年的那套制度既不公
平，也缺乏效率，更没有理论上的合理性。

3

19 世纪下半叶，面对呼吁改革的种种压力，苏格兰的大学
教育经历了显著的变化。当时的一些批评者认为苏格兰的大学
已沦为封闭的行会，被一群不断自我更新的学阀主宰。在这个
医学和自然科学飞速发展、学科专门化快速推进的时代，大学
的学术水准也面临着越来越严格的考验。此外，包括颇为权威
的王家科学指导与科学进步委员会（Royal Commission on
Scientific Instruction and the Advancement of Science，1872—
1875）在内，也有一些机构与个人开始探讨如何让大学的学术
资源更有效地参与国民经济发展。诸如财会、医药等中产阶级
职业的专业化进程也在这一时期制造了对于以资格认证为目标
的专业培训的需求。例如，在 1858 年，政府规定只有医学院毕
业生才有从医资格，公务员选拔考试则在政府部门普及开来。
当然，这一时期的苏格兰大学同样无法忽略 1872 年基础教育的
改革，以及 1888 年中等教育改革（这项改革开设了面向 17 岁

中学生的结业认证考试，所以对大学影响更大）所带来的改变。在这些改革之后，很多从前在大学低年级教授的课业将成为中学高年级课程的一部分。

与上述问题相比更为根本的是，这一时期的苏格兰社会开始广泛担忧，曾在 18 世纪领先世界的苏格兰大学教育已陷于平庸。人们抱怨苏格兰大学的毕业生不得不去英格兰接受进阶教育，认为苏格兰大学严重忽略了学术研究工作，诟病各高等学府三百年来未经改革的陈旧课纲。爱丁堡高中的校长、《教育新闻》（*Educational News*，由苏格兰教育研究所创办的期刊）的编辑詹姆斯·唐纳森（James Donaldson）是 19 世纪晚期苏格兰大学教育最激烈的批判者之一。他曾在 1882 年批评"苏格兰的大学至今仍在沿用和宗教改革时期相差无几的课纲"，并提出 19 世纪的高等教育界已经经历了一场"教育革命"，大学之间"在科学、人文、神学等领域的探究中角逐杰出地位的竞争"也远比从前更为激烈。然而，在这样的一个时代里，"苏格兰却不得不用弓箭对抗手持枪炮的敌人。在新的学术世界里，苏格兰就是那个被淘汰的手工织工"。[15]

或许正是在上述担忧的推动下，苏格兰的大学教育在 19 世纪晚期的改革步调颇为迅猛。1889 年，一个由苏格兰民事法院大法官金尼尔（Lord Kinnear）领导的行政委员会在一项议会立法的基础上得以设立，旨在管理苏格兰的高等教育制度，这一委员会最终通过了多达 169 项政令，内容包括设立强制性大学入学考试，改革文学、法学和医学的学位认证体系，引入荣誉学位制，以及设立单独颁发科学学士（B. Sc.）学位的科学专业，以与文学（Arts）教育相区别，还对研究型学位进行了监管。大学入学考试制度从 1892 年开始落实，将大学新生的一般年龄从 14—15 岁提高到了 17 岁，而这一制度又是以中等教育结业考试为基础的。迟至 1870 年代，只有一小部分文学专业学生会完成自己的大学课程并取得学位，但到 1914 年，苏格兰的大多数大学生都已将完成学业、正常毕业作为目标。以医学为首（爱丁堡大学医学部在 1860 年至 1914 年吸引了 40%—50% 的大学生就读，苏格兰其他大学的医学生占比也颇为显著），这一时期的苏格兰大学新设立了很多教席，不过金尼尔委员会也在阿伯丁、爱丁堡和格拉斯哥大学为英语文学、历史、政治经济学设立了新的教职。从 1892 年开始，女性终于获准在苏格兰的大学正式就读（远远晚于英格兰），但在 1900 年以后苏格兰女大学生的数量便飞速增长，到 1914 年她们已经占到大学生总人数的 23%。不过，女性学者在学术界的发展历程仍极为缓慢。二战之前苏格兰大学没有聘用过一名女性教授，但已有一些女性在大学里担任讲师或助理。

迅猛的改革措施让苏格兰的大学教育变得更加专业，也提高了苏格兰高等学府的教学水准和研究能力，加强了与中等教育之间的衔接性，让苏格兰的大学毕业生得以更好地与联合王国乃至大英帝国其他地方的人才竞争——最后一点在当时尤为重要。有人估算，19 世纪末期阿伯丁大学超过一半的毕业生最终都离开了苏格兰，在英格兰或海外任职。早在 1914 年，整个 20 世纪苏格兰大学的大致框架便已经奠定，这一成就足以引起我们对三个问题的关注：大学改革在思想和文化上的影响、入学机会向大众普及对大学造成的影响，以及高等教育和近现代苏格兰经济之间的关系。

乔治·戴维的《智识民主》曾对苏格兰的大学改革运动发起了全面的抨击，他认为这场运动导致苏格兰大学课程严重

"英格兰化"，最终对苏格兰文化与苏格兰社会造成了深刻的损害。戴维批评19世纪末的大学改革者通过引进外来的单一学科荣誉学位制，摧毁了苏格兰大学以广博为特点的教学传统；大学入学考试则限制了学生的入学机会，还令哲学失去了在苏格兰大学里作为核心科目的传统地位。戴维认定，这些变化不可避免地让苏格兰的大学在社会中变得更不民主、更不开放。自1960年代戴维发表这些看法以来，教育史学者已对他的诸多论点进行了具体的实证检验，他们基本同意，戴维对苏格兰哲学衰落的阐述在他的所有主张中最具说服力。18世纪伟大的苏格兰哲学传统进入维多利亚时代便衰落殆尽，在这一时期苏格兰的大部分大学里，哲学课程都以新黑格尔主义为中心，哲学教授也一般由牛津大学毕业的新黑格尔主义者担任。不过，戴维的其他论述在学界看来并没有那么合理。首先，戴维高估了苏格兰大学学位制度的专门化程度。1945年之前，苏格兰只有一小部分专业采用了荣誉学位制，文学专业更是在大体上延续了之前的通识教育色彩，而1889年的行政委员会也没有改变所有大学生必修古典学与哲学的传统规范。其次，戴维在教育改革者当中强调"爱国者"与"崇英派"之分的做法也无助于理解历史真相，这是因为站在上述立场的改革者都基于苏格兰大学教育正在失灵的信念，试图推动现代化革新，而可供苏格兰大学借鉴的外部经验不是来自英格兰，而是来自法国和德国。时人相信，这两个国家取得的经济成就都以该国出色的教育制度为基础。

戴维的批评也提到了大学准入这一重要的问题，并吸引学者关注入学考试的设立以及空前制度化的大学教育体系在多大程度上限制了苏格兰人接受高等教育的机会。在1860年代，阿盖尔公爵领衔的委员会曾以一群大学生为样本进行调查，最终发现有三分之一的学生来自专业人员家庭（尤其是牧师家庭），中产阶级出身的学生则占到了样本总量的一半左右。样本学生中也有不少人来自所谓"工人阶级"，但他们的父母几乎都是木匠、鞋匠、石匠等专业手工业者，只有少数人来自普通工人、农场佣工和矿工家庭。有人认为，当时牧师的儿子上大学的概率相当于矿工子弟的一百倍，而"大多数工人阶级出身的大学生都来自那个社会阶层中最顶尖的一小撮，乡村贫农、绝大多数工厂工人和城镇里的非技术工人的儿子则根本没有任何机会"。[16] "寒微之士"即便确实存在也极为罕见。最关键的是，大多数工人阶级出身的大学生在入学时都已成年（其中不少人只能半工半读），并不是直接从备受赞誉的堂区学校申请进入的。传统的苏格兰大学不设入学考试、学费低廉且设有低年级课程，可以为工人阶级子弟"补课"，这些都是工人阶级愿意就读大学的主要原因，而 19 世纪末的大学改革无疑对这一传统模式构成了威胁。

　　不过，从 1910 年的注册大学生档案来看，工人阶级出身者在大学生中占据的比例在这一时期没有发生显著的变化。事实上，造船或机械制造等行业的工人到格拉斯哥大学就读的人数反而比以前有所增加。中等教育的发展、奖学金申请机会的增加和苏格兰裔富豪慈善家安德鲁·卡内基设立的卡内基信托（Carnegie Trust）都帮助苏格兰大学维持了一定的开放度，其中尤其重要的是成立于 1900 年的卡内基信托，到 1910 年已为苏格兰约一半的大学生垫付了学费。为了取得学位，工人阶级出身的大学生在就读大学的同时接受师范培训并承担基础教育阶段的授课工作，其中一个尤为著名的例子便是革命的社会主义者约翰·麦克莱恩（John Maclean），他出身贫寒，在高中毕业后就读于格拉斯哥大学，最终取得文学硕士（M. A.）学位。不过，即便在 19 世纪的大多数时候苏格兰的大学入学率都高于欧洲其他地区，绝大多数苏格兰人仍与大学教育无缘。进入 20 世纪，欧洲其他国家的大学入学率开始迎头赶上，苏格兰的大学生人数虽然也从 1900 年的 6000 人增长到 1938 年的 10000 人（招收女大学生是大学生人数增长的原因之一），但在两次世界大战期间，苏格兰大学生规模的扩张几乎陷于停滞，大学生的社会背景构成也没有显著变化。在与专业资格有关的法学院和医学院，中产阶级出身者仍占据着绝对多数，工人阶级学生则几乎总是以普通的文学硕士学位毕业，然后成为职业教师，他们在所有学生当中的占比从一战到 1950 年代都没有太大改变。

苏格兰高等教育第三个也是最后一个值得关注的侧面是与苏格兰经济的关系。在这一时期，苏格兰高等教育和苏格兰经济的联系远远称不上紧密。工业与商业界的大多数行业并不需要以大学训练为基础的专业资格认证，大学学位一般也只被法律、医药、教育和教会等重视"学问"的行业视为用人时的必要条件，这一传统格局直到 20 世纪的最后几十年才有了变化。

411　一份对 1860—1960 年苏格兰"商界领袖"的研究显示，这一人群当中只有 15% 获得了大学学位，53% 的人几乎只接受过小学教育。在这些商业精英看来，人才最重要的素质无疑来自实际工作中的训练与积累的经验。1870 年代格拉斯哥大学著名的土木与机械工程学教授 W. J. 麦夸恩·兰金曾说他的门生在印度、巴西、英格兰和其他地方都找到了工作，唯独在苏格兰没有留下什么业绩。他的很多学界同侪也在向王家科学指导与科学进步委员会作证时就轻视学术知识的问题批评了苏格兰西部的工业资本家。不过，鉴于克莱德赛德地区的工业巨头仍在世界工业品市场占据着不可撼动的霸权地位，他们对学术研究的漠不关心或许并不出人意料。更何况，即便苏格兰的人才市场存在问题，工商业界也不应承担全部责任。在这一时期，像麦夸恩·兰金和伟大的开尔文男爵这样的大学者都对将科学知识直接用于实用领域感到不安。兰金认为大学不应该提供实用技术的训练："大学的功能有其限度，它应当专注于向学生传授科学知识并检验他们是否已经掌握，而不是传授他们实用的技能。"[17]

　　正因如此，真正对苏格兰经济产生影响的不是苏格兰的大学，而是提供技术培训的学院。当时的政府认为职业高中和商校是德意志等欧洲国家实现经济复兴的首要因素，所以对苏格兰的职业培训机构给予了越来越多的关注。在爱丁堡，赫里奥特－瓦特学院（Heriot–Watt College）的前身瓦特学院（Watt Institution）在 1885 年成立，格拉斯哥与西苏格兰技术学院（Glasgow and West of Scotland Technical College）也于 1887 年成立。在三所构成格拉斯哥与西苏格兰技术学院的培训机构中，安德森学院（Anderson's College）的历史可以追溯到 1796 年。1888 年，邓迪也开设了一所技术学院。到 20 世纪初，上述学校与另外八所以艺术、家政学、商业技能和卫生为主要专业的学校一道，构成了所谓"中心培训机构"（Central Institutions），被置于苏格兰教育署的管辖之下。这些学校在 1912 年拥有超过 15000 名学生，其中三分之二只在晚间接受培训，且出身于技术性或白领职业。在 1912 年改名皇家技术学院的格拉斯哥与西苏格兰技术学院和爱丁堡的赫里奥特－瓦特学院将课程拓展至更高端的领域，并建立了专门的研究实验室，以满足工业经济发展的新需要。与此同时，来自苏格兰教育署的统计也显示，在1913年，1740名获得中等教育结业证书的学生中有三分之一希望到11所"中心培训机构"就读，这些学校对于职业教育的重视在一定程度上填补了重视学术性的苏格兰大学所留下的空白。

第十八章　高地与小农场社会

1

1840 年代的爱尔兰大饥荒是 19 世纪西欧历史上最惨重的　
人为灾难。在土豆歉收的荒年期间，共有超过 100 万人死于饥
荒相关的疾病，另有 200 万人为躲避饥饿与赤贫而背井离乡。
爱尔兰饥荒造成的破坏之深重在当时罕有其匹，但在此期间，
土豆疫病引发的粮食危机也曾出现在爱尔兰以外的多个国家，
不列颠本岛、荷兰、一些德意志邦国和法国的土豆产量都因土
豆致病疫霉（phytophthora infestans）大幅下降。当时的科学界
对土豆疫病的性质、成因与防治方法缺乏了解，但显而易见的
是，这种疫病可在长达数年（不只是一两个生长季）的时间里
给土豆种植业带来浩劫，而在冬季较为温和、夏季较为湿润的
地区，由于气候条件十分有利于被感染土豆中的疫霉菌萌芽、
生存并散播真菌孢子，疫病造成的冲击尤为严重。在苏格兰，
土豆饥荒对高地地区的威胁最为紧迫，这既是因为当地沿海与
离岛地区的自然环境为疫病的传播提供了温床，也是因为土豆
在当地人的饮食结构中占据了核心地位。

直到爱尔兰所有土豆收成被疫病彻底摧毁一整年后的 1846
年秋天，苏格兰高地才开始受到疫病的影响，但疫病在当年 8
月和 9 月传入高地之后便造成了致命的冲击。当时的媒体报道
描述了腐烂土豆的恶臭如何弥漫在高地西部沿海和赫布里底群

岛的无数小农场村镇上空。一些时代较早的估算显示，当地小农场社会超过四分之三的堂区都遭遇了土豆完全歉收的危机。苏格兰自由教会的《见证人报》认为"这诚然是上帝的压倒性力量降临人间"，并宣称这场灾难的惨重程度"未见于这一代人乃至之前数代人的记忆，在苏格兰自近代以来的历史上也从未有过"。[1] 这场饥荒在高地留下了不可磨灭的印迹。虽然在1840 年代，高地大部分地区的埋葬者档案遗存都较为稀少，但从现有的资料来看，当地老人和幼儿的死亡率在1846 年底到1847 年初出现了显著的上升。1846 年12 月，《苏格兰人报》曾描述了在高地的小农场农民阶层当中，死于痢疾的人数正"以令人惊骇的速度飞速攀升"。[2] 在马尔岛上的马尔岬（Ross of Mull），政府赈灾官员留下的记录显示当地当年冬天的死亡率是往年同期的三倍。在哈里斯岛、南尤伊斯特岛（South Uist）、巴拉岛、斯凯岛、莫伊达特和金泰尔等地，流行性感冒、伤寒和痢疾等疾病也在当地穷人之间大肆传播，高地社会似乎即将和爱尔兰一样，面临一场空前的人间惨剧。

不过，尽管在1846 年和1847 年后土豆疫病仍在高地肆虐数年，苏格兰高地却避免了一场爱尔兰式的灾难。到1847 年夏天，高地地区的死亡率已回归正常水平，饥荒的威胁也有所缓解。死亡率危机至此已经得到了遏制。高地与爱尔兰受害程度的差异可以从几个因素来解释，其中一个重要的因素在于土豆疫情的规模。土豆疫病在爱尔兰导致超过300 万人濒临饥饿边缘，但在高地，只有约20 万人的生计受到严重冲击，而随着疫病危机的影响范围逐渐收缩到西北部沿海，以及奥克尼群岛、设得兰群岛和赫布里底群岛的部分地区，这一数字还呈逐渐下降的态势。到1848 年，高地只有四分之一的居民（少于7 万人）仍需要依赖饥荒救济。高地南部、中部和东部地区同样受到了土豆疫病的影响，但在1847年之后，当地的赈灾力度便逐渐减弱，这表明当地的农业经济在灾难面前更具韧性。那里对土豆的依赖度较低，谷物和鱼类在食物中的比重较高，人口密度更为合理，诸如阿盖尔郡南部、珀斯郡和因弗内斯郡东部的商业捕鱼和亚麻纺织业等副业活动也更加发达。土豆饥荒在苏格兰的波及范围更为有限，规模也更小，这意味着和爱尔兰海对岸的重灾区相比，苏格兰当局在采取赈灾措施时面临的压力更轻。苏格兰官员在土豆饥荒期间只需要赈济数以千计的灾民，而这一数字在爱尔兰高达数百万。政府的救灾力度差异为两地灾荒规模的悬殊提供了最佳的佐证。在爱尔兰，地方政府与中央政府在长达数年里都充当了赈灾的主要力量；在苏格兰高地，政府的直接干预始于1846年底，到1847年夏天便已告结束。在马尔岛的托伯莫里（Tobermory）和斯凯岛的波特里（Portree），政府派驻了两艘船只作为粮食的集散点，通过出售谷物来控制当地粮价，灾区的土地主也可以根据《排水与公共工程法》（Drainage and Public Works Act）的规定申请贷款，为自己名下土地上居住的灾民提供救济。

　　在上述措施之外，苏格兰的三大慈善机构承担了主要的赈灾职能，它们分别是苏格兰自由教会与爱丁堡和格拉斯哥的两大赈灾委员会（Relief Committee），这两个机构在1847年初合并，组建了高地赈灾管理中央理事会（Central Board of Management for Highland Relief），这一理事会直到1850年赈灾活动结束为止都在负责为当地赤贫农民提供救济。苏格兰高地的赈灾事业经历了几个发展阶段。起初，负责一线救济工作的是自由教会，这一教会在高地西北部与海岛地区有一些虔诚的会众社群，因此

415

热切希望对受到疫病冲击的上述地区提供帮助。一艘名为"布雷多尔本"号（Breadalbane），原本在赫布里底群岛为牧师们提供交通服务的纵帆船被用来向受灾最严重的社区紧急运送补给品。在 1846 年底到 1847 年初灾情最为急迫的时刻，自由教会是唯一一支积极向灾区提供帮助的力量。通过当地牧师构成的绝佳情报网络，自由教会能够向那些饥荒最为严重的地区提供直接援助。自由教会在当地的赈济活动并不局限在特定教派的信徒之间。在阿里塞格和莫尔丹特（Mordant）等以天主教徒为主的地区，人们也对自由教会输送粮食的努力深表感激。自由教会在这一时期还提出了一项颇有创意的方案，计划从高地灾区向低地输送 3000 名体格良好的男性劳动者，参与修建铁路的事业。

1847 年 2 月，高地赈灾管理中央理事会接管了赈济活动的管理权责。到当年年底为止，中央理事会总共为赈济活动提供了近 21 万英镑的巨额资金支持，这可能是整个 19 世纪苏格兰历史上为单独一项慈善活动募集的最大一笔善款。在如此雄厚的财力支持下，中央理事会将赈灾活动的范围分为由爱丁堡和格拉斯哥分别主管的两个区域，前者包括斯凯岛、韦斯特罗斯、奥克尼群岛、设得兰群岛和高地东部，后者包括阿盖尔、因弗内斯西部、外赫布里底群岛和斯凯岛以外的内赫布里底群岛。分发粮食的工作起初由两个委员会下辖的地方委员会负责管理，其成员从当地各堂区牧师提供的人选清单中产生。赈灾活动的主要目标是以最为基本的手段防止饥荒发生，因此谷物粗粉的分配额被限制在每个成年男性每天 1.5 磅，每个成年女性每天 0.75 磅，以及 12 岁以下的儿童每人每天 0.5 磅。为避免让当地人陷于依赖与懒惰之中，他们在接受赈济的同时也应参与劳动。

在 1847 年的春季与夏季，高地西部、北方群岛地区和赫布里底群岛上的男性、女性居民以及少年儿童成群结队地从事各种"公共事业"劳动，包括铺路、筑墙、挖掘壕沟以及修建码头。在高地的很多地方，一些"赈灾道路"直到今天依旧存在，为当地近代以来最严重的一场危机提供了不可磨灭的证明。

　　赈灾活动确实遏制了饥荒的危险。例如，在 1847 年春天，格拉斯哥赈灾分部总共配发了 15680 博尔①的小麦粉、燕麦粉、豌豆粉和玉米。不过，中央理事会内部的批评者很快便开始指责这种赈济手段正让高地人越来越依赖于"令人陷于贫穷"的救济，并抨击当时的"劳动考核"并未得到严格执行，粮食的分发也过于慷慨。一场旨在让赈灾制度更为严格的运动逐渐壮大起来，这在一定程度上是因为当时有人相信土豆疫情制造的赤贫问题有可能延续到很久以后，因此赈灾政策有必要保证盖尔语地区的居民能在今后自给自足。潜移默化的族群歧视也在赈灾期间浮出了水面。《苏格兰人报》在这一时期刊登的文章尖刻地批评"懒惰"的高地人正在仰赖"勤劳"的低地人的帮助。时任助理财政大臣、爱尔兰赈灾工作的核心人物查尔斯·特里维廉爵士（Sir Charles Trevelyan）曾对中央理事会的主要人员施加了不小的影响，他的态度十分明确：他认为爱尔兰和苏格兰高地的凯尔特族群比盎格鲁－撒克逊人低劣。土豆饥荒被视为上帝向一个堕落的族群降下的裁决，受灾者必须从中吸取道德上的教训，彻底改正自己的民族陋习，才能实现自给自足，而过于慷慨的救济反而会害了他们。正如特里维廉爵士所说："有一种行为的罪恶性仅次于坐视人们饿死，那就是让他

---

　　①　苏格兰传统容积单位，1 博尔相当于 6 蒲式耳，约合 218.21 升。

们从此沉溺在对公共慈善的依赖当中。"[3]

　　作为结果，广受憎恨的所谓"赤贫考核"在受灾地区被推广开来。这项极为苛刻的制度要求贫民用一整天的辛勤工作来换取一磅谷物粗粉，其理由在于只有那些真正面临饥饿威胁的人才会愿意承受如此沉重的负担，以换取粮食救济。特里维廉爵士认为"因善致贫"或对救济粮的依赖现象并非不可避免，但他坚信"用八小时以上的苦工换来一磅粮食才是根治这一道德疾病的最佳机制"。[4] 为强制实行这一新政策，政府建立了一整套精细的官僚部门，包括一个总监事，以及多名常驻监察员、赈济官员和劳役监工。这一管理体系的很多人员是退伍或半退伍状态的海军军官（一名评论者曾将他们称为"从后甲板上走来的英雄"），早已对维持严格的纪律司空见惯。救济粮食的配给每两周发放一次，以训导贫民对口粮精打细算，学会在较长的时间内节俭进食，而不是在一天之内将救济粮食用殆尽。监工在劳动登记簿上仔细记载了每一个救济领取人的工时数字、在精心计算后得出的每一个家庭每两周的粮食配给额，以及提交给粮食商人的票券。那些把为贫民提供"道德教化"视为己任的赈济官员颇为严格地执行"赤贫考核"制度，不出意外的是，这一做法在当时激起了强烈的反对声音。一名批评者曾尖锐地指出，这一制度本质上是在"用最受欢迎的政治经济学信条让贫穷的高地人陷于饥饿……他们将因信奉天主教而迎来与爱尔兰人一样悲惨的遭遇"。[5] 自由教会的牧师们也极力控诉这一制造"制度化饥荒"的计划，斯凯岛和韦斯特罗斯地区的居民也对这一制度极为愤慨。不过，"赤贫考核"制度仍在 1848年运作了一整年，直到 1849 年才宣告结束，这在本质上将赈灾活动从一场伟大的慈善运动转变为一场以让一群被认为品德有

417

缺、急需教化的人民洗心革面为目的的意识形态圣战。这一结果无疑是十分惊人的。

不过，高地没有在土豆疫病面前陷入饥荒的真正原因远比单纯的赈灾活动更为深刻。在危机开始的几年里，苏格兰高地的很多地主都曾积极地为领地内的居民提供帮助。当时高地西部只有14%的地主曾因疏于照顾领地居民而被政府申斥，尽管在另外一些案例中，政府仍需要向地主施加压力来让他们履行职责，而在土豆疫情后期的几年里，地主的领地政策总体上变得更加严苛，慈善色彩也大大减少。苏格兰的公务员甚至将苏格兰地主在危机面前扮演的积极角色与爱尔兰很多地主在饥荒中的冷漠态度进行了对比。在苏格兰的情境下，地主采取积极应对措施的一个主要原因在于，他们确实拥有为小佃农提供帮助的财力。从19世纪早期开始，高地的地产就经历了一轮从负债累累的世袭领主向高地以外的新兴富豪转移的潮流。在高地的受灾地区，到1840年代，已有超过四分之三的地产掌握在商人、银行家、律师、金融资本家和工业企业家手中。高地对这些人的吸引力主要在于体育和娱乐活动、浪漫的风土人情，以及攫取土地的欲望，这些新贵地主当中的代表人物当属巴拉岛和南尤伊斯特岛业主、人称"苏格兰最富有的平民"的约翰·戈登（John Gordon）上校，以及刘易斯岛业主，即东印度商业巨头怡和洋行（Jardine, Matheson and Co.）的合伙人之一詹姆斯·马地臣爵士（Sir James Matheson）。至少在灾难爆发之初的几年里，这些商业精英的雄厚财力构成了对政府和慈善机构赈灾活动的补充。

爱尔兰和苏格兰经济发展的阶段性差异也决定了两地在土豆疫病面前的处境差别。饥荒发生时的苏格兰已是一个工业化

418

社会，这里的城镇化速度在当时超过欧洲几乎所有国家和地区。到 1840 年代，苏格兰的人均财富已远远超过了爱尔兰，苏格兰的工业经济也提供了多种多样的就业机会与临时工岗位，以容纳来自高地的暂时性或永久性移民。在苏格兰南部繁荣的经济活动中，高地人可以从事的行业包括但远不限于农业（尤其是在收获时节）、渔业、家政、建筑、码头劳动和铁路铺设等。到 1840 年代，劳动力的短期迁徙已成为高地社会生活中司空见惯的一部分，这不但让高地社会得以从低地的经济活动中不断汲取收入，也意味着季节性人口迁徙的高峰时段（5 月到 9 月）正好与存粮最为紧张的时节（前一年的谷物与土豆收成即将耗尽，新一年的作物尚未长成并收获）相重叠。这些劳动力流动网络在土豆危机期间发挥了重要的作用。在 1846 年和 1847 年，受益于 19 世纪苏格兰铁路铺设事业的大繁荣，低地的经济正好处在蓬勃发展的阶段，这不可避免地带来了对筑路工的空前需求，而在渔业和农业领域（两者都是高地季节性移民的传统务工领域），低地的劳动力需求也颇为旺盛。结果，低地用工市场的高度活跃与高地粮食短缺的迫切压力在受灾地区制造了一场大规模的人口迁徙潮。

在诸多因素的共同作用之下，苏格兰高地得以免受大规模饥荒困扰，但这并不意味着高地社会在土豆疫病面前毫发无损。土豆饥荒在高地引发了规模空前的人口外流，因此对当地小农场社会的发展史造成了决定性影响。有人认为从 1840 年代初到 1850 年代末，永久迁离高地西部和赫布里底群岛地区的人数很可能达到了当地总人口的三分之一，时至今日，我们也能从散布在当地小农场地带的村社废墟与被抛荒的土豆栽培床（lazybeds）遗迹中看到高地历史上最大的一场移民潮所留下的

痕迹。在斯凯岛、马尔岛、泰里岛、外赫布里底群岛和内海峡
（Inner Sound）沿岸位于高地一侧的诸堂区，人口流失最为严
重，一些离岛堂区的人口甚至比灾前减少了一半。

　　土豆疫病期间的人口外流不但在规模上引人注目，也在另
一个方面颇为独特：灾区地主采取了强有力的手段，让从前无
力或不愿外迁的当地贫民离开故乡。在灾荒期间，高地有近
17000人在地主的"帮助"下迁往加拿大与澳大利亚，地主这
么做的目的是把陷入赤贫状态的小佃农与茅屋小农从土地上赶
走，以更好地实现自己的经济诉求。由于土豆收成未能在短时
间内恢复，作物疫病迅速演变成一场经济危机，这迫使地主进
一步推动高地人口向外流动。1848—1852年，黑牛价格大幅下
挫，商业化渔业陷入困境，而1840年代末的工业经济萧条也意
味着低地对于高地流动劳动力的需求趋于下降。土豆危机的烈
度与持续时长产生了累积效应，让人口与土地间的纽带不断弱
化。在很多受灾堂区，人们迫于无奈大量外逃，就连一直以来
最不愿离开乡土的茅屋小农和较为贫穷的小农场农民也不得不
加入迁徙的行列。

　　地主鼓动农民离开土地的动机在这一时期也与日俱增。政
府为地主提供赈济补助的政策并未持续多久，而从1849年开
始，因担心未来的赈济义务将由地主完全承担，慈善赈灾活动
的重点开始向推动贫苦灾民离开故乡转移。这一转向在一定程
度上是因为当时负责管理赈灾工作的主要组织——中央理事会
在1850年对外透露了停止救灾活动的意向，但当时在高地流传
甚广的一则传言也起到了一定作用。这则传言称政府已经认定，
在高地的受灾地区引入"健全人济贫法"才是彻底消除当地饥
荒隐患的最好办法，这一政策将让在高地大多数地产的居民中

420 　　占据多数的赤贫者拥有领取救济的法定权利，并将在高地确立强制性济贫征款的原则，让很多地主背上危险的财务负担。关于这一政策的传言本身便足以让地主阶层大感震惊，一些人怀疑苏格兰济贫法监理委员会的主席约翰·麦克尼尔爵士（Sir John McNeill）可能就类似的手段表达了积极的态度，他在1851年正负责就高地的赤贫问题展开调查。但事实上，麦克尼尔爵士建议政府推行一项促进人口外流以缓解高地经济问题的计划。在政府就他的提案做出决定之前，一些地主已经认定，无论是因为救荒工作还是因为济贫政策适用范围的大幅度扩张，自己都将直接或间接地背负救济领地贫民的重担。他们之所以热衷于在自己的土地上推动人口外流，归根结底就是因为推动移民的成本从长期来看远比其他的方案更为低廉。

　　对地主来说，减少领地人口也会带来显而易见的经济利益。在1840年代末，牛只价格的下降导致越来越多依靠出售牛只的收入来购买口粮的小佃农开始拖欠地租；与此同时，绵羊的价格正在增长，这一市场在走出了1820年代到1830年代的低迷行情之后开始持续复苏。绵羊养殖业的吸引力不只在于高于传统养牛业的地租产出，也在于更少的放牧人手，这意味着和大多数贫穷的小农场农民相比，牧羊人提供的地租收入更为稳定，也更便于征收。作为结果，在这一时期赫布里底群岛的一些私人地产上，绵羊牧场的扩张、针对小佃农与茅屋小农的清退和地主支持下的人口外流共同形成了一套浑然一体的经营模式。

　　强制性在这一时期高地地主的土地管理策略中构成了核心要素。1848年以后，高地西部治安官法庭支持当地地主驱逐佃户的传票数量大幅增长。1846—1848年，仅在马地臣爵士位于刘易斯岛的地产上，法庭便发出了187道强制驱逐令，这一数字在接下来的三年里更是增长了近六倍，达到1180道。值得注意的是，强制清退或以强制清退为要挟只是这一时期地主将居民从地产上赶走的多种手段之一，他们可以使用的方法还包括威胁从欠租佃户手中没收牛只，禁止农民在夏天采集并切分越冬用的泥煤，以及拒绝向身陷困境的贫民提供赈济。地主在施展这些手段时颇为精明，通常只有那些处境最为困难的赤贫者才能得到帮助。1851年5月，阿盖尔公爵曾在信中写道："我希望把那些如果留在家乡就会仰赖我们施舍的人全部赶走，让这个群体从我的土地上消失就是我的追求。"[6]他在自己位于泰里岛和马尔岬的地产上采取了彻底的区别措施，以彻底驱逐"当地最为贫穷，以及最有可能对地产的经营造成负担的那些居民"。阿盖尔公爵的经营策略在很大程度上以消除那些因褐藻产业衰退而陷于贫困的"冗余"人口为目的，这也解释了为什么很多当地居民在抵达大洋彼岸的加拿大之后，常因贫寒邋遢的形象而被与爱尔兰人相提并论。在刘易斯岛上，地方行政当局一方面试图把人口从西部以采集褐藻为主业的村社驱逐出去，另一方面又试图让东部地租缴纳状况较为良好的渔业村社的人口保持稳定。这种对移民促进措施的选择性运用归根结底建立在暴力、压迫和威胁的基础之上，最终让那些没有面临"强制外流"威胁的小农场地带也感到警惕乃至恐慌。这些手段带来的总体效果必然是增加了整个高地乡村社会对强制驱逐的恐惧，也让越来越多的人选择永远离开这个地方。

421

2

1856年初，在经历了整整十年的苦难之后，关于高地社会出现复苏迹象的乐观报道才第一次见诸苏格兰报端。在这一年里，《因弗内斯广告报》（*Inverness Advertiser*）提到高地南部和东部有越来越多的人得到了工作机会，更为重要的是，高地的土豆产量也开始上升了。不过，土豆在那之后再也没有恢复到像 1846 年前那样主宰高地人食谱的重要地位，而到 1870 年代，已经有充分的文献证据表明高地社会的饮食习惯已发生改变。进口谷物粗粉在高地的消费量大幅增长，以至于高地本地出产的大部分作物和一部分土豆被广泛用作牲畜的冬季饲料，人们一般只食用进口的存粮。同样值得注意的是高地茶、糖、果酱和烟草进口量的显著增长。1850 年代之前，上述商品在高地仍只是罕见且昂贵的奢侈品，但到 1880 年代，饮茶已经成为遍布整个高地小农场社会的习惯，融入了无数家庭的日常生活。

这些饮食习惯上的变化为苏格兰小农场社会在灾荒后的根本性变革提供了最为显著的例证。土豆地位的下降在一定程度上反映了高地部分地区人口压力的缓解。人口外流此时仍持续不断，在除了长岛之外的大多数地方，茅屋小农阶层的规模都有所收缩。然而，即便在人口过密和土地稀缺等传统问题并未得到解决的外赫布里底群岛地区，新的饮食习惯也开始兴起。事实上，这种更为多样化的饮食习惯只是影响苏格兰高地所有地区的一场更为深远的社会变革的一部分。在 1870 年代和 1880 年代，高地西部的大多数居民对土地的经济依赖都有所减轻，另外两种在灾荒期间被证明更具韧性的营生手段变得越来越重要，即渔业和外出务工。高地西部的居民更加深入地参与货币经济，通过出卖劳动力换取以现金形式支付的酬劳，在获取生活必需品时更多地依赖购买，而非自产。

高地社会的新结构建立在五个基础因素之上：高地黑牛行情的复苏，世界粮价在 1870 年代到 1880 年代间的大幅下滑，高地西部蒸汽船运输业的持续扩张，本土渔业活动的发展，以及外出务工和临时性劳务雇用规模的进一步扩大。在提到这些具体的因素时，我们也要注意到高地西部经济大环境在更长时间里经历的决定性变革，这一进程从 1850 年代晚期开始，到1860 年代和 1870 年代仍在发生。从拿破仑战争结束到土豆饥荒暴发之间的这段时间里，高地的收入与就业机会都经历了持续的下跌和收缩。在土豆危机之后的三十年里，高地社会的这两个指标都经历了显著复苏，无论成本的增长还是人口压力的加剧都没有完全抵消这一增长期产生的效应。即便将居民的生活水平考虑在内（这一重要指标将在接下来的段落中得到阐述），高地的一些居民也在这一时期经历了经济条件上的相对改善。

在 1850 年代到 1870 年代，市场行情对小农场地带的居民有利，这一态势与 1846 年以前的经济环境迥然不同。牛只价格的回升始于 1852 年并长期持续，养牛小农场农民在刘易斯岛市场上贩卖牛只的成交价在 1854 年仅为 30 先令到 2 英镑，到1883 年便增至 4—5 英镑。绵羊市场的上扬行情一直持续到1860 年代末，让那些从事绵羊养殖业的小佃农获益不少。养牛农民也在越冬时为牛只提供了以谷物和土豆为主、营养价值大为提升的饲料，进一步增强了牛只在市场上的吸引力。现在，从事畜牧业的高地农民不再沿袭传统做法，以缴纳地租为经济活动的主要目的，而是试图尽最大可能开发牲畜的经济潜力，以从中榨取尽可能多的资金收益，用于从外界购买粮食和其他商品。

海上船舶运输量的进一步增长也让牛羊出口与谷物进口成为可能。1850 年初，克莱德河口与伯特利之间只有一艘两周一班的轮船通航，但在 30 年后，每周都有两艘更大的轮船在克莱德河口与斯凯岛和刘易斯岛之间航行，还有三艘轮船每周访问巴拉岛和南北尤伊斯特岛。交通技术的发展与这一地区生活方式的变迁以及当地居民对货币经济的更深度参与互为因果。最重要的是，这一时期铁路和轮船运输的发展将欧洲国家与北美内陆连接起来，令世界粮食价格持续下跌，苏格兰运输技术的发达也让越来越多的地区得以抓住这个机会。1840 年代初，克莱德河沿岸进口的谷物粗粉在外赫布里底群岛的均价为每博尔 2 英镑 2 先令；到 1880 年代，这一价格只略高于每博尔 16 先令。粮食成本的大幅下降让越来越多的高地农民选择用本地谷物喂牛，再用销售牲口和其他经济活动产生的收入购买进口粮食。

在高地社会贸易、信贷与货币流通全面扩张的背后，季节性工作机会的大幅增长，以及外赫布里底群岛地区原生白鱼和鲱鱼捕捞业的空前发展，都起到了颇为重要的作用。卡斯尔贝（Castlebay）、洛赫博伊斯代尔（Lochboisdale）和洛赫马迪（Lochmaddy）形成了新的渔业基地，当地的水产腌制商也从 1853 年的 7 家增长到 1880 年的 50 家。在 1850 年代初，外赫布里底海域有约 300 艘小型渔船从事捕捞活动，但在 30 年后，这一数字就增长到 600 艘左右。当地渔业的管理组织和商业资本主要来自苏格兰东海岸，但赫布里底群岛本地人也从这一产业新增的季节性工作机会中得到了好处。随着蒸汽船运输业不断发展，资本从东部不断涌入，外赫布里底群岛的冬季白鱼捕捞业得到了尤为强烈的刺激。高地人还可以在私家休闲胜地从事追猎者与用人等工作，或者作为工人参与修建因休闲产业的发展而兴起的道路与度假设施。

促使高地社会在 19 世纪下半叶迎来变革的最后一个主要因素在于，即便土豆饥荒已经平息，高地人外出务工的规模仍持续扩大。从低地乡村的农业到大城市的家政服务业，乃至海上商贸和杂务劳动（例如在大城市的煤气厂工作），苏格兰经济的几乎每一个领域都为高地务工人员提供了前所未有的工作机会。正因如此，劳动者的"季节性"迁徙往往会演变成"短期"迁徙，高地务工人员的离乡时间不再局限在几周或几个月之内，而是延长到大半年乃至更长的时间。由于不同工种的季节性需求波动规律不一，劳动者可以在一年之内兼顾多项外地工作，乃至在本地务农和外出务工之间两相调剂。这种循环工作制的一个典型案例便是明奇海峡的渔业，当地渔民在冬天捕捞白鱼，在春天捕捞鲱鱼，进入夏季则来到东海岸继续捕捞鲱鱼。

不过，由于高地腹地的大多数居民在 1860 年以后仍过着贫困且缺乏保障的生活，高地人生活水准的提高绝非普遍现象。经济状况的相对改善并没有让高地居民的生活变得更有保障，一旦当地人赖以为生的那些脆弱的经济活动在短时间内发生崩溃，他们便很容易再度陷入赤贫当中。1856—1890 年，高地便经历过不止一个糟糕的时节，由此引发的困难甚至可与土豆饥荒最严重的时候相比，尤其是在 1864 年，当时的艰难处境甚至能让人回想起 1840 年代高地社会最为悲惨的经历。在阿盖尔公爵位于马尔岛的地产上，小佃农与茅屋小农的地租欠缴率在这一年大幅攀升，当地居民从 1862 年开始便遭遇了生计上的困难，到此时已不得不依靠外界的援助才能获得足够维持生活的粮食、种子与劳动力。四年之后，马尔岛的居民再次陷入危机，而此时该岛的人口已持续下降多年：马尔岛在 1841 年尚有

10054 人居住，这一数字到 1861 年已减少至 7240 人。如之前提到的，外界最终为马尔岛提供了粮食赈济，当地的公共工程也开始启动。1881—1882 年，整个高地西部连绵不断的恶劣天候不但引发了广泛且深重的苦难，迫使超过 24000 人接受救济，也为 1880 年代规模最大的小农场农民暴乱提供了最初的经济诱因。1888 年，高地小农场社会的处境再一次迎来危机，外赫布里底群岛地区一度被认为"濒临饥荒"，当地居民因此再一次得到了来自低地城市慈善组织的救助。刘易斯岛的地产代管人曾估计，1853—1883 年当地至少经历了九个受灾季，土地所有者不得不向当地提供数量不等的种子与粮食，以为陷入困境的小农场农民提供救济。

由此可见，苏格兰高地乡村的"复苏"在总体上仍有限、不稳定且时断时续。在一些居住环境恶劣、卫生条件糟糕、人与牛只仍像从前一样混居一室的地方，斑疹伤寒依旧普遍。高地人的居家环境仍十分邋遢，令外地来的观察者深感不安。大规模清退虽已成为历史，但农民的租佃权依旧得不到保障。"还有一些农民正在法律程序的压迫下，以所谓自愿迁徙的名义被寂静无声地赶出他们的家园。律师的笔端比士兵的钢枪更为凶狠。"[7]与此同时，高地社会的年轻人仍持续不断地涌向新大陆与低地城市。归根结底，这一时期的高地社会并未忘却几十年前的苦难记忆，流离失所的创伤感始终萦绕在民俗文化当中，不断酝酿着不满情绪，直到在 1880 年代引发了公开的抗争。

3

在传统观点中，清退时代的高地人通常被视为一个被动且软弱的群体，但近来的学术研究揭示了一幅更为复杂的历史图景。1780—1855 年，苏格兰高地发生了至少 50 起反抗地主权威的抗争事件，如果对相关资料多加调查，我们一定会发现更多的集体反抗事例。正如 1792 年伊斯特罗斯的抗争事件那样，农民发起抵抗的规模有时相当可观，当时有来自多个地区的民众聚集到一起，试图把威胁他们传统生活方式的可恶羊群赶走。不过，绝大多数抗争都是地域范围狭小的偶发事件，缺乏协调性与计划性，往往在强制清退迫在眉睫的最后关头才突然发生。

426

在高地农民的抗争运动中，妇女和打扮成妇女的男性常常站在前列，他们的武器通常是棍棒和石块。地产代管人、警察与地方治安官常常在抗争中遭到袭击与羞辱，但抗议者往往在军队介入之后便四散而去。高地人偶尔也会做出盗窃绵羊、恐吓牧羊人等行为，表明他们并没有屈服于清退运动的压力。1843 年自由教会的崛起堪称这一时期规模最大的反地主集体运动，高地西部和外海岛屿地区的很多社群都在这起事件中脱离了传统的苏格兰国教会。小农场地区的普通民众在信仰上具有福音主义倾向，那些由在俗赞助人（几乎肯定是当地地主）任命的牧师因此并不受欢迎，这两股力量间的矛盾最终在 1843 年的教会分裂运动中迎来了高潮。对高地社会而言，1843 年的苏格兰教会大分裂并不是一场政治风波，它的重点首先在于基督教信仰，而非直接抨击地主制度。不过，大量农民不顾地主的反对选择脱离国教会，这一现象本身便颇有意义。

不过，在几年之后，盖尔语地区居民的信心便因饥荒和随之而来的空前的驱逐浪潮而大受打击。在危机期间主管赈济事务的政府高层官员爱德华·派因·科芬爵士（Sir Edward Pine

Coffin）有着与这场灾难相称的不祥姓氏①，作为一名职业公务员，他并非典型意义上的悲观主义者。但在向自己的上级做书面汇报时，他也难掩自己对高地佃农驱逐运动的担忧，强烈谴责当地地主试图"将本地居民彻底抹去"。1848—1849 年，驱逐运动的烈度甚至让他认为"整个高地社会的基础都将瓦解"。[8] 在饥荒结束后，地主强迫佃农背井离乡的手段不再是直接驱离（这在 1850 年代末逐渐消失），而是对次级租佃行为进行异常严格的限制，以免新一代居民在佃农租赁的土地上结成新的家庭。这一政策不但全面禁止佃户允许外人借住，还要求所有年轻居民在结婚后从自己的小农场土地上离开。随着年轻人远走他乡，家族的农舍也会在父母死亡后被夷为平地。如果当地人不服从这一安排，他们就将面临法庭驱逐令的可怕威胁。在某些地产上，地产代管人对付当地居民的残酷手段几乎与暴君无异，其中最为臭名昭著的例子便是人称"大管家"（Factor Mòr）的约翰·坎贝尔（John Campbell），即阿盖尔公爵在马尔岛和泰里岛的地产管理人。当他在 1872 年死去时，大西洋两岸的移民群体都纵情庆祝，他们的喜悦之情体现在一首题为《悼大管家》（Lament for the Factor Mòr）的讽刺诗歌中：

> 在加拿大的人们听说那畜生已死
> 便点起了篝火，挂上了彩旗；
> 人们在相见时
> 欢乐不已
> 他们都跪在地上，感谢上帝让你断气。[9]

---

① "Coffin"即棺材。

因为小佃农的土地租约只能以年为单位，所以地产代管人在驱逐人口时拥有近乎无限的权力。小农场农民利益的捍卫者约翰·默多克（John Murdoch）曾发现，1870年代南尤伊斯特岛戈登所有地上的居民正生活在"奴隶般的恐惧当中"，他们不敢向地产代管人拉纳尔德·麦克唐纳（Ranald MacDonald）申诉任何不满，生怕他把自己赶出家乡。同样地，在哈里斯岛南部，默多克发现那里的小佃农"因恐惧而无所适从"。[10] 几年后，一个名叫唐纳德·麦卡斯基尔（Donald MacAskill）的小农场农民曾在斯凯岛上召开的一次土地改革会议上坦言："我满怀羞耻地承认，从前我畏惧代管人胜过上帝。"[11]

因此令人意外的是，在这种挥之不去的恐怖气氛之下，当地人最终在1880年代对地主的暴政发起了成功的挑战。高地农民的抗议活动始于格丁泰勒（Gegintailor）、巴尔梅纳赫（Balmeanach）与佩恩柯兰（Peinchorran）等村社，这一地带被称为"布雷斯"（the Braes）①，位于麦克唐纳勋爵在斯凯岛东岸的地产内。当地小农场农民向地主请愿，要求恢复传统的放牧权。在代管人表示拒绝之后，小农场农民们便宣称自己将不再向麦克唐纳勋爵缴纳地租，直到诉求得到满足。地主随即以地租积欠为由，请求司法机关对一些佃农下发强制驱逐令，但在1882年4月7日，500多个农民围攻了前来执行驱逐令的治安官员，夺走并焚毁了他手中的告示。十天后，执法行动在50多名格拉斯哥警察的参与下再次展开，他们逮捕了那些曾袭击本地治安官员的人，但也被大批当地男女用棍棒和石块围攻，十多名警员负伤，史称"布雷斯之战"。1882年底，一场与 428

---

① 意为沿海或山麓陡坡。

"布雷斯之战"类似的冲突也在斯凯岛上的格伦代尔（Glendale）发生。

上述的这些暴动在一些方面与 1860 年代以前高地清退时期不成功的反抗运动相似，例如原始的武器、妇女的关键作用、对地方执法官员的抗拒、警察力量的介入，以及抗争活动高度本地化的本质。不过，"布雷斯之战"也意味着当地的民众抗争运动迎来了一个决定性的转折，因而在历史上具有划时代的意义。首先，民众为了恢复 17 年前被剥夺的放牧权主动发起抗争，这与之前被动的抗议活动截然不同。其次，在更早之前发生在爱尔兰的一些私有地产上的罢租抗争酿成了致命的后果，一旦农民采取类似的策略，土地所有者如果不将他们大量清退（这在 1880 年代的政治环境下是不可能的），便很难令事态平息。"布雷斯之战"等抗争活动的涌现意味着苏格兰高地的地主正面临着一种前所未有的挑战，但抗争者的活动规模仍十分有限，地理分布也仅限于斯凯岛的少数地产上，而在这一阶段，当权者所要做的无异于平息一场影响不大的地权纷争。从前，类似的抗争活动通常都会自行消亡，参与者也会被捕入狱，但"布雷斯"人民的小规模抗争为更为广泛的不服从运动提供了榜样，这股浪潮将波及高地的多处私有土地，持续数年之久，当地农民将使用罢租、占据绵羊牧场、破坏牧场围栏、违抗治安官执法和虐杀牲畜等手段发起抗争。1884 年 10 月的《苏格兰人报》曾忧心忡忡地报道："当地人正肆意拿走不属于他们的财物，践踏一切法律，在当地推行令穷人无力抵挡的恐怖统治……佃农不再纳租，但这不是因为他们付不起，而是因为他们拒绝纳租，或者迫于压力不敢纳租。"《苏格兰人报》认定，如果不迅速采取手段恢复秩序，"群岛地区的局面将很快恶化到与三年前的爱尔兰无异的程度"。[12]

作为一份立场高度偏向地主阶层的报纸，《苏格兰人报》的描述很可能有所夸大。这一时期的高地社会很少有类似"爱尔兰"那样的农村恐怖主义活动，大多数抗争运动都局限在特定地区。高地西部总体上仍较为稳定，即便在赫布里底群岛地区，公然的抗议与非法抗争活动也主要局限在斯凯岛，还有一些事例发生在刘易斯岛。南尤伊斯特岛、泰里岛和哈里斯岛的居民的确发起过直接抗争，但这些运动的持久性远不如其他地方。从某种程度来看，认为整个高地都已沦为动荡不法之地的观念恰恰证明，高地人的抗争活动已经在苏格兰和英格兰的新闻媒体界成功引起了高度的关注。斯凯岛上的抗争运动引起了政府的极大警觉，甚至令当局自 18 世纪詹姆斯党叛乱以来第一次向岛上派出了一支远征军，这个决定在当时的部分媒体当中引起了极为夸张的反应。一些人认为军队与民众间的暴力冲突在所难免，《北不列颠每日邮报》曾以"高地小农场农民威胁挑起大叛乱""邓韦根（Dunvegan）人正向乌伊格（Uig）进发"等煽动性标题报道了事态发展。然而，预想中的暴力冲突并未发生，从南方派到斯凯岛的 16 个新闻记者与来自《画报》（Graphic）和《伦敦新闻画报》（Illustrated London News）的两名画家大失所望。一队海军陆战队士兵的确在斯凯岛上驻屯到 1885 年，当他们在当年 6 月从乌伊格离开时，当地人亲切地为他们送别。在斯塔芬（Staffin）驻扎的军人似乎与岛上居民结下了尤为深厚的友谊，还有人说他们对当地的妇女颇感兴趣："他们把更多的时间献给了爱神而非战神。"[13]

事实上，1880 年代所谓"小农场农民战争"的显著特征并不在于暴力、要挟与不法活动在高地扩散，而在于一场捍卫小农场农民权益的政治运动正被卓有成效地组织起来。在这一过程中，当地人发起了一系列具有广泛影响力的抗争运动，其中最为显著的手段包括拒绝纳租和对自己传统土地上的财物进行"骚扰"。到 1880 年代初，支持小农场农民权益的声音已开始在南方的城市中兴起，其来源主要是土地改革派人士、盖尔文化复兴活动家、第二代与第三代高地移民，以及激进派自由党人。在这些群体和一些业已存在的协会组织的基础上，高地土地法改革协会（Highland Land Law Reform Association，HLLRA）成立了，这个机构主张在高地实现公平地租、保障租佃权、补偿地产改良的损失，以及对土地进行再分配（这一点尤为重要），其策略大体上沿袭了爱尔兰土地联盟的模式。高地土地法改革协会的诞生具有里程碑式的意义，这不只是因为该协会将小农场农民的诉求与外部的政治议程联系起来，也是因为协会通过不断在地方上设立新的分部与地区委员会，打破了从前令高地的集体抗争运动裹足不前的地方主义格局。

430　　　在这一时期，英国政府委派了一个王家委员会，该委员会在内皮尔和埃特里克勋爵（Lord Ettrick）的领导下调查高地与群岛地区小农场和茅屋农民的处境，这构成了高地抗争运动迎来新变化的一个最佳例证。为应对高地社会看似日益激化的不服从运动和民间舆论对小农场农民日益同情的立场，政府委派王家委员会成员在 1883 年春季到冬季之间调查整个高地地区的情况，并在 1884 年公布最终的调查报告。这份报告建议政府限制地主在地产上的权限，因而不出意外地遭到了地主阶层的严厉抨击，但它所建议的干预力度在民众看来极为不足，因此也没有得到大多数人的欢迎。报告忽视了茅屋小农的处境，只把重点放在那些年度地租额在 6 英镑到 30 英镑之间的佃农身上。

即便如此，内皮尔委员会的报告也意味着小农场农民的抗争取得了象征性的胜利，标志着政府机构第一次承认高地居民在自己居住的土地上享有正当权益（即便未在法律中得到明确规定）。王家委员会也提出，国家应为高地农民提供一定程度的保护。委员会报告并不提倡为农民的租佃权提供永久性保障，但提出政府应帮助小农场农民赎买自己实际经营的土地。与1840 年代和 1850 年代的饥荒期间关于政府外部干预的流行观点相比，这一结论无疑标志着一场彻底的改变。

基于内皮尔委员会报告的情况起草并得到确立的《小农场农民所有地（苏格兰）法》（Crofters Holdings［Scotland］Act）在一些关键的问题上与委员会推荐的举措不同，但其条文仍标志着高地地主与农民的关系迎来了一个与以往不同的新时代。这部法律规定，农民只要按时按量缴纳地租，租佃权便会得到保证，一个专门的土地法庭将负责判定公平的地租水准。因地主的土地改良计划而放弃土地或被迫清退的农民将得到补偿，他们的土地权益不能出售，但可馈赠给亲属。在一定的限制条件下，土地法庭还会考虑用法律手段要求扩大农民持有土地的面积。

《小农场农民所有地法》并没有立刻得到土地改革派的欢迎，在他们看来，这部法律的一个关键的不足在于远远未能满足农民对扩大土地持有面积的诉求。不过，这部法律的历史意义不可小觑。《小农场农民所有地法》杜绝了旧式的土地清退，打破了地主财产权神圣不可侵犯的观念，引入公权力来管控地主与农民间的关系，还让小农场农民的土地用益权得到了保障。到 1886 年，地主和小佃农之间的力量对比已迎来决定性的翻转，这一点早在之前便已清晰可见。1884 年 12 月，洛基尔的

431

卡梅伦注意到，政坛与社会舆论界对地主阶层的态度正在快速恶化，而在 1885 年 1 月，约 50 名高地地主和他们的代表便在因弗内斯召开会议，讨论小农场农民抗争问题，并就允许小农场农民世袭土地租佃权、考虑改订地租率和确保土地改良造成的损失得到补偿等要点达成了共识。这意味着土地精英阶层在立场弱化之后，不得不后知后觉地采取一种更为仁慈的地产管理方式。当时的舆论把这些决议视为地主阶层一败涂地的标志。《奥本时报》（*Oban Times*）就曾得意地宣告："高地地主们已无计可施。"[14]农民们取得最终胜利似乎只是时间问题。

从历史的角度来看，1880 年代高地乡村的新动态十分值得关注。小农场农民未能夺回清退运动期间失去的土地，因为达成这一目的无异于全面更改高地的私有地产格局，在政治上毫无可行性。然而，随着国家以法律形式保障佃农租佃权的世袭性，当局已在事实上剥夺了地主在私有地产上的大部分权威。在 19 世纪末的不列颠岛上，没有哪个社会阶层或群体能像高地的小农场农民一样得到国家法律如此高度的保障。接下来，我们将探讨这一群体为何能获得如此突出的特权。

斯凯岛上的抗争运动在一定程度上起源于当地的经济危机。1882 年与 1883 年之交，斯凯岛经历了 1840 年代以来最为严酷的一个冬天，土豆收成在恶劣天气之下彻底遭毁，远赴东海岸从事渔业的收入（这是斯凯岛和长岛居民极为重要的经济来源之一）也急剧下降。1882 年 10 月，一场强风暴在斯凯岛损毁了大量渔船（有人估计受损渔船超过 1200 艘）、渔网和打捞装置，经济上的困境愈发窘迫，这部分解释了罢租抗争为何在当地小农场农民当中如此盛行。即便当地经济从 1882—1883 年危机中有所复苏之后，牛只价格又在 1880 年代剩下的年份里大幅下挫，到 1880 年代末，一头在 1883 年能卖 7—8 英镑的牛犊在市场上只值不到 2 英镑。另外，由于大洋洲殖民地的产品大量涌入，英国市场的羊毛与羊肉价格下跌，斯凯岛的绵羊养殖业也受到了冲击。大规模养殖者在这一冲击面前的损失尤为严重，不少人不得不放弃承包经营权，整片绵羊牧场因此成为植被茂密的无人树林。由于当地的小佃农往往也会蓄养几头绵羊，因此他们的收入同样受到了影响。

　　高地西部在经济上持续不断的困难局面激化了社会矛盾。不过，当地在之前也经历过类似的逆境，却没有爆发严重的冲突。当地人曾惯于把生活的苦难视为上帝的裁决，或者自然法则的一部分，不会将其归咎于人为的不公正。但在这一时期，当地社会的观念起了新的变化。一些学者已经注意到，高地西部居民的信心在 1880 年代已显著增强。正如索利·麦克莱恩（Sorley McLean）的研究所揭示的，土地战争（land war）[①] 时期的盖尔语诗歌表达了一种比之前更为强大的信心与乐观精神，甚至在"布雷斯之战"爆发前，已经有证据表明在一些高地地产上，佃农正变得桀骜不驯。例如，到 1880 年，在萨瑟兰公爵家的地产上，地主的代理人似乎开始放任当地佃农拖欠地租或违反租约规定，以免在当地激起反抗。同样值得注意的是，小农场农民战争期间几乎所有著名的抗争事件都是由当地居民主动发起的，这与从前那种在地主暴政面前迫不得已发起反击的被动抗争截然不同。青年男女在抗议活动中充当了主力。他们生长于 1860 年代和 1870 年代这一物质条件较好的时期，没有像父母与祖辈那样经历过更早以前的饥荒岁月，因此没有让苦

432

---

　　① 即小农场农民战争。

难消磨了自己的斗志。当时的报道经常提到，小农场村社中的老年居民往往更为温顺胆怯，年轻人的性格则大胆不羁。

爱尔兰的先例也为高地人的抗争提供了关键的推动作用。1881 年，随着格莱斯顿政府通过了《爱尔兰土地法》，爱尔兰乡村的抗争浪潮取得了引人注目的胜利，这部法律赋予了爱尔兰佃农所谓"3F"权利，包括由土地法庭设定并保障的公平租税额、（在地租按期按量缴纳的前提下）不可更改的租佃权，以及用益权的自由出售（因此佃农在土地改良中蒙受的损失可以得到补偿）。爱尔兰农民的胜利显然对高地小农场农民造成了影响。高地的地方性媒体传递了一些关于爱尔兰农民运动的消息，其中最为重要的渠道是《高地人报》（*Highlander*）的专栏版面，编辑这份报纸的约翰·默多克有过在爱尔兰生活的经历。事实上，有人认为，约翰·默多克在《高地人报》的最后几期里报道爱尔兰的消息比高地本地的消息还多。不过，比报纸报道更为重要的是斯凯岛和爱尔兰之间的人员往来。从 1875 年前后开始，很多斯凯岛居民都会在夏季在坎贝尔敦（Campbeltown）和卡拉代尔（Carradale）的渔船上打工，这些渔船主要活动在爱尔兰海域，还会一年一度在爱尔兰靠岸，这些机会让他们得以了解罢租抗争等爱尔兰农民的斗争技巧。事实上，与爱尔兰之间的联系在很大程度上解释了为什么高地农民运动在早期阶段主要集中在斯凯岛。麦克唐纳勋爵在斯凯岛的代管人曾在一封寄给勋爵在爱丁堡的代办的信中提到：

圣马丁节前不久，一群年轻男性来到我办公的地方。他们都是佃户的儿子，大多曾在爱尔兰的金塞尔（Kinsale）当过渔民，被爱尔兰那边的思想感染。他们向我提交了一份请愿书，还争取到了几乎所有佃农的联名支持，要求在本李山（Ben Lee）和他们现有的所有租佃地上停止缴纳额外的地租。[15]

即便斯凯岛上的年轻人表现出罕见的斗志，如果离开了外部社会在土地问题上的态度转变，这场争端恐怕也很难持久。迟至1850 年代，反对土地清退的抗议活动仍全部以失败告终，保护地主权力的法律得到了强制执行，但在三十年之后，像清退运动那样粗暴宣示地主特权的做法已不见容于新时代的政治环境。起初，当局在镇压斯凯岛居民反抗治安官执法与骚扰地主资产的行动中遵守了法律规定的程序，并投入了警察与军队的力量。但政府很快意识到，社会与政界舆论不会容忍强力部门在斯凯岛不加限制地使用武力。因此，当局唯一的选项就是向小农场农民让步，同意他们的部分诉求，以更好地恢复法制。

早在 1870 年代，舆论的风向就已经起了变化。1879 年，阿伯丁的造纸厂主 A. C. 皮里（A. C. Pirie）在洛赫布鲁姆湖畔的莱克梅尔姆（Leckmelm）购置了一处地产。他试图对这片地产进行“改良”，但将导致一些佃农被强制驱离家园，这一决定在高地地区引起众怒，乃至受到了苏格兰各大全国性媒体（《苏格兰人报》当然不在此列）的挞伐。四年后，J. B. 鲍尔弗（J. B. Balfour）指出，一些自由党人正受到“一种强大但游移不定的对小农场农民处境的同情心”的影响。[16]一些政府的高层人士，例如首相格莱斯顿和1882 年的内政大臣威廉·哈考特爵士（Sir William Harcourt），无疑也怀有这种同情心。哈考特在赫布里底群岛抗争事件中扮演了关键角色，那里曾是他多年以来的游艇度假地，这些经历让他对当地人的处境有了恻隐之

434　心。1882 年 11 月，哈考特爵士否决了向斯凯岛派遣军队的方案，并在同月向首相格莱斯顿建议，应设立一个王家调查委员会处理此事。值得注意的是，他认为在当时的"体面人士"当中，一种认为高地小农场农民的不满确有其渊源的观点正在盛行，而在一个人民参政权不断扩大的时代，政府不应对这种观点置之不理。

　　这一时期主张捍卫小农场农民利益的宣传家充分利用了社会舆论对小农场农民的潜在支持，在他们当中，取得了最大成效的当数《凯尔特杂志》（*Celtic Magazine*）的编辑亚历山大·麦肯齐（Alexander McKenzie）。从 1877 年开始，麦肯齐便利用这份刊物呼吁读者关注高地西部的社会问题，但在 1883 年，他出版了一部畅销著作《高地清退史》（*A History of the Highland Clearances*），用充满感情的散文文体刻画了高地大规模人口驱离期间一些最为臭名昭著的历史细节。这本书在内容上并不是对历史事实的平铺直叙，而是对地主罪状的罗列与抨击。在像《高地清退史》这样的作品里，高地地主被描述成了背叛领主责任与属民期待的无良暴君。

　　与麦肯齐等人的宣传相比，当时的媒体报道在让小农场农民的抗争广为人知的过程中起到了更为关键的作用，也让公众舆论越发同情小农场农民的处境。在这场宣传攻势面前，即便最为富有的地主也无力招架。一名曾报道 1880 年代高地抗争的记者在日后回忆道："像报纸这样的出版物才是对付高地地主最有力的武器。"[17]高地问题不但见于苏格兰报端，也为一些英格兰媒体所关注，如此广泛的传播范围表明不列颠全国都对高地的处境怀有强烈的关切，而这是与高地西部群岛地区通信条件的革命性变化离不开的。到 1880 年代，蒸汽船运输网络已遍及内外赫布里底群岛，电报技术也让高地抗争的一线记录得以在事发后不久广为流传。发达的媒体不但让高地的实情得到传播，还在事实上影响了高地抗争的发展轨迹，这一切都让高地小农场农民战争成为英国民众抗争史上空前的里程碑。

来自外界的政治与文化影响也在这一过程中发挥了重要的作用。在查尔斯·斯图尔特·帕内尔（Charles Stewart Parnell）领导的爱尔兰民族党（Irish Nationalist Party）和爱尔兰土地联盟的启发与引导下，高地小农场农民的政治意识开始觉醒。虽然高地的抗争运动绝非如一些人所宣称的那样，是一场"芬尼亚分子的阴谋"①，来自爱尔兰的影响却不容置疑。富有个人魅力的约翰·默多克留下的文字与言论尤其体现了这一点。他曾在爱尔兰参与政治活动多年，与爱尔兰抗争运动中的一些领导者有过往来。苏格兰低地城镇中不甚活跃的高地社团也为高地抗争运动提供了强有力的支持。1870年代之前，这些社团几乎只从事交友联欢与文化活动，但从1870年代末开始，已经有一些人认为当时的凯尔特社团联盟（Federation of Celtic Societies）变得过于政治化。像爱丁堡大学富于口才与魄力的约翰·斯图尔特·布莱基教授这样的活动家为高地抗争赋予了鲜明的文学浪漫主义与政治激进主义色彩。高地本地媒体的立场也在这一时期变得越来越倾向于小农场农民一方，其中最为显著的是1882年以来由邓肯·卡梅伦主编的《奥本时报》。高地报纸忠实地记录了高地土地法改革协会地方分会的演讲与议事内容，为农民抗争提供了推动力与协调性。在不列颠本土与爱尔兰的

435

---

① 指1858年成立于美国的爱尔兰民族主义社团"芬尼亚兄弟会"（Fenian Brotherhood）。该组织以争取爱尔兰独立、建立统一的爱尔兰共和国为主要使命，曾多次试图在加拿大等英国领地发起暴力抗争。

土地改革派也声援高地小农场农民的主张，苏格兰自由党内的土地改革派人士在这当中发挥的作用尤为重要。在高地的某些地区，来自南方城市的第二代高地移民的支持也施加了深远的影响。

上述种种力量组成的松散联盟一时为小农场农民运动发挥了强大的游说功能。在抗争运动中，当地居民主要依靠的仍是自己的力量，但空前强大的外界支持也为他们提供了富有经验的领导者、政治上的影响力和组织技巧。这些外部因素的作用在内皮尔委员会成立之初的几个月里得到了最为显著的体现。在政府看来，内皮尔委员会的调查工作可能只是为了缓解高地抗争地带的社会矛盾与不满，但它最终却让农民运动更为活跃、更有组织，这在政府宣布保证委员会作证的人将不会受到威胁之后尤其如此。鉴于当地年长居民的历史经验对小农场农民运动的影响甚大，而他们仍对清退运动时期地主的恐怖统治怀有痛苦记忆，这一保证无疑意义重大。在内皮尔委员会于1883年5月在斯凯岛的布雷斯召开第一次听证会之前，小农场农民运动的支持者尽一切可能搜集了相关证据。亚历山大·麦肯齐和约翰·默多克走遍抗争地区，为农民提供建议，到1883年底，伦敦的高地土地法改革协会以盖尔语和英语发布了三种小册子，供高地小农场农民阅读，并在这些小册子里强调了地主从前犯下的恶行，鼓励人们就保障租佃权、实现公平地租和土地再分配等诉求发起抗争。高地土地法改革协会号召农民们以地区为单位形成分会，用和平且合法的手段推动自己的诉求。在地区分会形成后，他们将根据伦敦总部制定的规则展开行动。

外部支持者的努力让高地农民对参与抗争的期待大大提高，但他们并不是这一时期高地小农场农民运动爆发并成功的唯一原因。在高地农民形成抗争组织的进程中，1883 年 8 月西海岸渔民在弗雷泽堡（Fraserburgh）大会上做出的决定颇为关键。与会渔民大多从事鲱鱼捕捞业，他们在会上决定在家乡组建土地改革协会。此外，即便高地土地法改革协会总部公开反对非法的骚扰性行动，此类事件仍在一些地产上时有发生。小农场农民战争的胜利建立在小农场农民与新的盟友们共同努力的基础上。小农场农民利益的外部支持者们充分利用了 19 世纪最后四分之一个世纪里对小农场农民立场更具同情心的舆论环境，正是这一点让这一时期的小农场农民具备了之前几代高地人不曾拥有的政治能量。

4

在高地清退运动的历史上，地主和当地民众扮演了主要角色，来自外部的执法力量只会偶尔介入其中。但在 1886 年《小农场农民所有地法》通过之后，高地西部和群岛地区的经济社会状况发生了彻底的变化，国家成为影响这一地区未来发展的主要因素。国家力量干预高地社会的主要渠道包括法律（1886年《小农场农民所有地法》对地主和佃农间的关系施加了新的监管措施）、新设立的机构（例如小农场农民调查委员会），以及 1897 年设立的人口过密区域理事会（这一机构负责为困难地区的经济发展、人口外迁和通信设施开发提供资金支持）。虽然政府干预高地地区的最初目的是平息那里的社会动荡，但在一战前夕，这一目的已被一种更为含混的经济社会改良主义取代。到 1914 年，认为高地是一个特殊地区且值得特殊对待的看法已在英国政策制定者的心中根深蒂固。

《小农场农民所有地法》是政府对 1880 年代初高地社会问

437　题做出的主要回应，其总体内容也反映了来自一系列复杂因素的影响。立法者希望通过对小农场农民做出妥协来缓解当地的紧张状态，恢复法制，但这又会构成对私有财产权的干涉，乃至严重撼动英国其他地方既有的阶级秩序。有鉴于此，政府重要部门的主管大臣只得承认高地人的情况在英国具有特殊性，其原因不在于他们的贫困，而在于他们独特的历史。格莱斯顿指出，高地人自古以来对他们的土地拥有权利，只是在 18 世纪和 19 世纪被商业化的地主剥夺了。因此高地小农场农民是一种深刻的不公正待遇的受害者，议会必须出面加以补偿。从土地法的角度来看，这一论点的历史依据并不成立，但这种"历史主义"的观念恰恰是 1886 年《小农场农民所有地法》得以通过的基础。1885 年初，格莱斯顿曾表示：

> 归根结底，议会之所以应当介入小农场农民的处境问题，是因为他们的历史背景。这不是因为他们生活贫困或人口过密，也不是因为他们需要更多的土地来养活自己的家人，而是因为他们对土地享有权利，但这些权利在不知情的情况下被人夺走，从而令当地居民备受苦难。[18]

格莱斯顿也指出，新法的适用范围将仅限于那些在近一个世纪以来仍保有公共牧地传统的堂区，高地的小农场农民因此被与英国其他地方的贫困人群区别开来。根据法律定义，高地小农场农民构成了一个例外情况，因此政府为他们提供的保障措施既不会威胁社会的总体秩序，也不会设立一个在当时的政坛看来极为危险且不可接受的先例。

起初，《小农场农民所有地法》并没有让高地的民情趋于平息。这部法律的通过在当地引发了强烈的失望情绪，甚至在赫布里底群岛的部分地区导致暴力冲突重燃。支持小农场农民的议员们与他们的爱尔兰民族党盟友曾联手反对这部法律，但最终未能成功。他们对这部法律最大的不满之处在于其条文中并未提及恢复农民之前被剥夺的土地，这一点也在斯凯岛的基尔缪尔（Kilmuir）和格伦代尔等抗争活动较为激进的地方引起了盛怒。与小农场农民相比，那些没有地权或拥有不完整地权的茅屋小农对 1886 年《小农场农民所有地法》的失望要更进一步，这部法律没有为他们的权益做出任何保障，因此这一遭到排斥的阶层在之后的四十年间持续不断地骚扰多处高地地产，以宣示他们的不满与愤怒。在 1886 年 9 月高地土地法改革协会的年会上，对于《小农场农民所有地法》过于软弱且不充分之处的担忧开始浮现出来，协会在这场年会上宣布改组为高地土地联盟（Highland Land League），并将自身的使命定义成"为高地人民恢复他们对家乡土地的固有权利"。1886 年秋天，格莱斯顿的自由党政府因爱尔兰自治问题倒台，并被一届保守党政府接替，高地土地问题势将引发进一步的冲突。新一届保守党政府决心采用更为坚决的强制手段处理高地动乱问题，新任苏格兰事务大臣阿瑟·鲍尔弗（Arthur Balfour）也拒绝对高地小农场农民做出更多妥协。在他看来，1886 年的《小农场农民所有地法》足以平息他们的不满，因此抗法行为的合法性不复存在。在这之后爆发的骚动必须受到严惩，不法分子必须受到制裁。

《小农场农民所有地法》在出台之初便于 1886 年和 1887 年引发了几场规模不小的动乱，因此陆海军力量不得不重新部署到高地以维持当地的社会秩序。在泰里岛发生一起地产袭扰事

438

件之后，部队被派驻到当地，以帮助警察阻止局面走向失控。同样地，在 1886 年底，随着斯凯岛的行政当局因居民拒绝纳税而濒临瘫痪，军方也向那里派出了一支远征队。第二年，军队也被部署到刘易斯岛和萨瑟兰的阿辛特，以应对当地居民对地主资产的袭扰活动。此时高地动乱的发展方向起了变化，农民抗争的重点已不在于罢租，而在于直接夺占土地，茅屋小农阶层在这一时期的冲突中扮演的角色越来越显著。法庭对不法分子的制裁力度日益增强，量刑远比之前更重，这似乎意味着一种新的观点正在崛起：1886 年的《小农场农民所有地法》已经大体解决了小农场农民的不公境遇，因此继续挑起骚动毫无正当性可言。

随着时间的推移，《小农场农民所有地法》的名声有了显著的改善。1887 年 1 月，小农场农民调查委员会发布了关于小农场租佃状况的初步结论，其结果颇具启示性。在结论公布几天后，《奥本时报》发表文章，承认 1886 年的《小农场农民所有地法》在之前遭到了误会，指出从委员会的调查结论来看，这部法律很有可能为高地人开启一个新的时代。委员会在 1886 年至 1887 年调查了 1767 户佃农的土地状况，建议将当地的平均地租水平下调 31%。而 1892—1893 年，当地地租的实际降幅多在 21%—30%。《小农场农民所有地法》里关于地租积欠的规定也很重要，这一问题此时因 1880 年代初的经济危机，以及高地西部和群岛地区一系列的罢租抗争而变得尤为严峻。1886—1895 年，韦斯特罗斯和刘易斯岛上 72% 的积欠地租都被勾销，在因弗内斯郡和阿盖尔郡的岛屿上，积欠地租的勾销率也分别达到略多于 71% 和约 63%。

在小农场农民当中，《小农场农民所有地法》很快被奉为高地社会的"大宪章"。借用亚当·科利尔（Adam Collier）的说法，这部法律赋予了小农场农民特殊的地位，"给他们以土地产权的绝大多数好处——他们要求的保障与权益——却让他们免于承担这些权益的代价"。[19]在《小农场农民所有地法》出台之后的二十年里，小农场农民的物质生活得到了显著的改善，在巴拉岛、尤伊斯特群岛、斯凯岛和哈里斯岛，估计有40%的小农场农民为自己修建了新居。1912年，小农场农民调查委员会注意到，很多地方农民的过时"黑屋子"已经被新的农舍取代。一个王家调查委员会也在1895年得出结论，认为《小农场农民所有地法》为高地小农场农民社会带来了一股新的发展动力，增强了当地农民在生活中的安全感与信心。土地经济效益的提高不再必然与地租上涨挂钩，这一认识为这一时期小农场农民社会的发展带来了新气象。委员会在调查结论中宣称：

> 我们发现，农民开始将更多的心思用于扩大开垦、发展轮作、恢复抛荒地、设立栅栏，以及铺设或修复村社道路。但在种种变化当中，最为鲜明的迹象当数建筑，这既包括住宅也包括农舍。我们在很多地方都看到，自《小农场农民所有地法》出台以来，农民们亲手建成了不少新的住宅与农舍，它们的条件也比之前更为优越。[20]

然而，这一时期小农场社会的进步并不只是《小农场农民所有地法》的结果。事实上，这部法律甚至不能算是其中的主要因素。19世纪末期，包括小农场农民在内的很多阶层都在物质生活上经历了一定程度的改善，但在这一总体趋势当中，对高地人而言最为重要的变化是世界粮价的下降。此时的高地社会越来越倾向于从外部输入口粮，而把本地的作物用来饲养牲畜。在萨瑟兰的西海岸，谷物价格在 1880 年至 1914 年下降了约 50%。此外，由于移民在外的亲人将部分收入寄回家乡，高地很多家庭的金钱收入也有所增加。

出于对长远趋势的顾虑，《小农场农民所有地法》的批评者曾指责这部法律将为高地带来一股强大的保守风气，让小农场社会在未来陷于停滞，永远停留在当前以零碎租佃地为主的状态，无法根据情况变化调整佃户持有地的面积。令批评者更为担忧的是，这部法律还将让人更倾向于制造一种不利于也不允许高地土地法规进一步接受修订的政治环境。《小农场农民所有地法》赋予小农场农民调查委员会以酌情扩大小农场用地面积的权力，但这不足以带来实质改变，且每次给土地产权格局带来的变化都不大。此外，这部法律完全没有提及设立新租佃地的有关事项。1886 年格莱斯顿政府的高地政策背后存在这样一个假设：政府正在以某种方式保护一种古老的生活方式免受商业化地主支配的破坏。但这一前提在现实中是不成立的。高地小农场制度本身就是 18 世纪晚期因应农业改良时代的经济变革而产生的一种格局，绝非更早以前氏族制度的直接延伸。1886 年《小农场农民所有地法》看似仁慈的条款也没能为当地经济的根本问题提供长期的解决方案，令当地的人口流失问题在 20 世纪几乎无法阻挡。在关于高地问题的提议中，内皮尔勋爵预设了小农场制度已经在 19 世纪上半叶失去了继续存在的大部分理由：此时与小农场农民租佃相挂钩的褐藻生产或烈酒酿造等副业已陷入衰退，而小农场租佃地本身并不足以保障农民的生计，农民必须将耕作与副业结合起来才能维持经营。正是为了应对这一人口与资源间根本性的不均衡现象，内皮尔委员会才向政府建议了比《小农场农民所有地法》更为激进的改革措施。鉴于直接剥夺地主所有地在政治上完全不现实，内皮尔勋爵认为高地西部的土地已不足以供当地的全部人口维持基本生活，因此当地小农场农民社会需要接受帮助与重组，设立一个系统性迁出当地人口的计划也势在必行。不愿为当地经济全盘包办的自由党政府拒绝了这一提议，转而采用了以更为务实的短期目标为指导的政策。1886 年《小农场农民所有地法》的出台是政治选择的结果，它是政府出于政治上的考量对高地公共秩序恶化的问题做出的回应，因此其长期的经济后果引发了巨大的争议，也非意料之外。这本就不是一幅为高地经济复苏绘制的蓝图。

《小农场农民所有地法》同样没能照顾到的还有无地茅屋小农的问题。茅屋小农阶层在高地的分布并不均匀。在高地本土西部的大部地区和内赫布里底群岛的一些地方，清退运动和土豆饥荒之后对次级租佃的严格限制导致这一阶层的人数大大减少，但在斯凯岛、马尔岛的部分地区，以及（尤为重要的）外赫布里底群岛，尤其是刘易斯岛、哈里斯岛和尤伊斯特群岛上，仍存在着不少茅屋小农家庭。《小农场农民所有地法》通过之后的最初几年里，随着大众抗争运动的重心从刘易斯岛转移到斯凯岛，上述茅屋小农大量存在的地区的抗议活动也变得普遍起来。对于这些因自己的利益在《小农场农民所有地法》中被忽视而感到不满的茅屋小农来说，高涨的政治运动无疑提高了他们的期许，而《小农场农民所有地法》的出台本身无疑也证明了直接抗争能够带来政治上的积极结果。与此同时，从1884 年开始，赫布里底群岛地区的茅屋小农阶层在经济上陷入了危机。大多数茅屋小农家庭的经济收入来自东海岸渔业的季

441

节性雇用，但 1884—1886 年，鲱鱼的价格因为创纪录的高捕捞量与欧洲进口关税的上升而下跌，迫使渔船船主在向腌制工支付报酬时放弃固定计费，转而根据水产市场的行情波动计费，导致腌制工的收入下降。从 1880 年代初到 1880 年代末，赫布里底群岛季节性渔业工人的平均收入从 20—30 英镑下跌到区区 1—2 英镑。

正是在上述经济环境下，茅屋小农在当地发起了一系列针对地主地产的袭扰行动，他们的主要目的是让外界注意到自己的困难处境。在这些袭扰行动当中最著名的一起事件发生在刘易斯岛的帕克猎鹿林，当时有数百名年轻人闯入这片属于马地臣爵士的土地，屠宰了栖息在当地的许多动物。这场行动具有高度的组织性，也产生了广泛的舆论效应，引得当时的媒体用耸人听闻的夸张笔法渲染暴民如何在森林中大肆屠杀了成百上千头鹿。政府再一次被迫调动军队恢复秩序，这一次他们派出的部队来自王家苏格兰团。1887 年 12 月，《奥本时报》认为，小农场农民的抗争已经走向终结，取而代之的抗争主力将是无地的茅屋小农，亦即高地清退运动时期失地农民的后人。正因如此，接下来的抗争将以恢复地权为主要诉求。这将是一场属于土地失权者的抗争。

帕克森林的侵占者最终因法律上的技术细则被判无罪，这很有可能刺激了更多小农铤而走险。1888 年初，又有几起侵占事件在刘易斯岛的埃尼什（Aignish）和萨瑟兰的阿辛特爆发，而在发生于埃尼什的事件中，侵占者还与军队爆发了流血冲突。在整个外赫布里底群岛，形式更为隐匿的小农抗争活动开始蔓延开来，在夜间破坏边界土堤的行为随处可见，几乎无法遏制。政府在应对这一时期的上述不法行为时不只派出了军队维持秩

序，也建立了一个调查机构来实际考察刘易斯岛的社会与经济　442
状况。由此产生的调查报告表明，当地法制败坏的根本原因并
不在于情绪激动的抗争农民，而在于当地人赤贫的生活状况、
糟糕的居住条件和无地农民分布过于密集的状况。当地人道主
义危机的严重程度在某些方面足以让人联想到 1840 年代的土豆
饥荒时期，为了恢复当地社会秩序，政府也有必要干预。刘易
斯岛的问题需要的不只是镇压与强制。在制订解决方案的同时，
国家力量便以空前的规模直接地卷入刘易斯岛的局势当中，政
府的目的变成了为当地设计一套发展战略，以彻底消除社会动
荡与经济危机的根源。

　　政府的高地新政主要由以下几个方面组成。第一，高地社
会需要一笔短期援助金以缓解迫在眉睫的问题。1888 年，保守
党政府同意以减免地方税的形式为当地提供 30000 英镑的支持。
以 1889 年通过的《地方政府（苏格兰）法》为基础，高地地
区又在之后的数年里享受了 48000 英镑的地方税减免，这一优
惠为当地缓解了 1880 年代末到 1890 年代初严重的经济困难。
第二，政府制订了一项颇具野心的人口外迁计划，以缓解赫布
里底群岛的人口过密问题。在制订这一计划的过程中，其中一
个参与撰写刘易斯岛社会情况调查报告的作者曾提议从高地西
部迁出 30000 户居民。苏格兰事务大臣洛锡安勋爵在 1887 年提
出了一项计划，建议英国政府为每户高地移民提供 120 英镑的
贷款，加拿大自治领当局则相应地为他们提供每户 160 英亩的
免费土地，但英国政府最终只为移民提供了总计 12000 英镑的
贷款，在加拿大马尼托巴（Manitoba）和西北地区设立高地移
民定居点的计划也不甚成功。第三，政府在 1888 年至 1892 年
致力于发展当地的基础设施，并鼓励渔业发展，但这些经济提

振计划终将与移民计划同时发生。到 1890 年 12 月，财政部同意为高地西部的港口、道路、蒸汽船运输网络和电报系统的扩建提供近 10000 英镑的财政补贴。

上述新动向标志着英国政府在高地地区扮演的角色已远比之前更为积极，但对农民抗争运动复发的担忧并不是迫使政府采取行动的唯一原因。诚然，高地西部的法制与治安问题相当紧迫，决策者也希望通过经济的繁荣发展来实现一劳永逸的社会稳定。然而，执政的保守党政府拒绝向小农场农民和茅屋小农就扩大土地占有面积的诉求做出让步，对土地持有权的调整也被明确地排除在一切政策动议之外。事实上，政府之所以扶持高地渔业，是为了通过增加当地的非农就业机会来缓解土地紧张的问题。政府把人口外迁当作高地振兴战略核心的决定，也与小农利益支持者认为高地土地只要经过再分配便足以让当地居民维持生活的观点相悖。

当时一种日益盛行的观点是，高地面临的问题有其长期原因，只有通过外部介入才能得到解决，这种观点因而为政府的高地政策提供了正当性。越来越多的人相信如果没有政府的干预，高地小农社会的危机将接踵而至，不断重演的极端贫困与社会动荡终将迫使政府一次又一次采取紧急措施，最终虚耗国民资源。因此，从长远来看最好的策略是让高地社会实现长期稳定，并通过有政策协助的计划移民、渔业发展与基础设施建设，在当地形成一套更为稳健的经济体系。值得注意的是，正如 1888 年一些地主在一份呈交给洛锡安勋爵的备忘录中所表明的，高地地区的大部分大地主都支持这一策略，他们采取的行动也在很大程度上让保守党政府相信以政策手段介入高地事务是有价值的。然而，尽管政府在当地的道路、港口与电报系统建设等事业上取得了一定进展，这些高地政策的总体结果并不算成功。针对高地的投资规模有限，很少有项目能够完工，政府虽然在高地西部缓解了 1880 年代晚期的经济危机，却没能显著解决当地经济与社会的长期问题。而英国政府的决策者也终将发现，19 世纪末的高地政策并不是最后一项以失败告终的官方高地发展战略。

在 19 世纪的最后二十五年里，政府在高地西部与爱尔兰西部采取的政策往往有共通之处，这两个地区都长期受到经济困难的影响，因此时常爆发民众骚乱，而爱尔兰的土地法律在立法者试图改变高地土地所有权规定时起到了参考作用。在 1890 年代，爱尔兰形势的新变化也在高地西部产生了一个新的效应。1891 年，保守党政府在爱尔兰西部设立了人口过密区域理事会，旨在通过为农民提供新土地以及支持工业进步、指导农业经营等手段促进当地的经济发展。理事会在当地造成了不小的影响，即便是爱尔兰西部最为贫困的区域，也被认为实现了很多既定的政策目标。

正是在爱尔兰模式的激励下，政府于 1897 年也在高地设立了一个人口过密区域理事会，以为高地地区一些被认为和爱尔兰西部一样受困于人口压力的地方带来改善。小农场各郡的 56 个堂区被判定为"过密"地带，理事会的管辖范围将巴拉岛与泰里岛及其以北的所有岛屿囊括在内，还包括了阿德纳默亨半岛以北的大部分高地西部沿海地区。理事会的目标是促进上述地区的农业发展，为小农场农民和茅屋小农提供新的定居地，扩大道路交通网络，在当地发展渔业。上述的大部分政策都可从 1880 年代晚期以来的政府政策中找到类似的先例，但理事会政策的新颖之处在于，决策者不但致力于对土地进行再分配，

444

对农民进行再安置，还第一次承认了"人口过密"问题仅凭鼓励外迁无法得到解决。对土地安置原则的接受在政治上具有重大意义。尽管在一战爆发前，这一原则产生的实际效果十分有限，它仍为之后的高地政策提供了重要的基础，也让国家力量越发深入地参与这一地区的社会生活当中，其程度远非 1880 年代土地战争时期的人们所能想象。

虽然理事会的成立让急需土地的茅屋小农们燃起了希望，理事会却没有能力满足他们的诉求。不过，在理事会存在的 15 年里，它仍在一些政策上取得了一定成功。理事会为过密区域的农民提供了改良的谷物种子与牲畜品种，修建了新的道路、桥梁和码头，也在当地鼓励了蔬菜种植。1897—1912 年，理事会成功地开辟了 640 处新租佃地，让农民用地扩大了 133000 英亩，但这种程度的地权转移远不能满足高地西部居民的期望。在理事会管理高地西部的十多年间，新的地产袭扰事件仍时有发生，当地农民的不满与失望也从中得到了体现。巴拉岛、南尤伊斯特岛和刘易斯岛都受到袭扰事件波及，其他许多地方也面临着地主资产被农民强占的危险。

既有的证据表明，高地西部的茅屋小农要求恢复自己的祖先在高地清退运动中失去的所有土地，这是理事会绝对无法做到的。理事会无权对土地进行强制赎买，因此无法主动干预土地市场，只能在有地主愿意出售土地时才能安排转让。直到 1904 年为止理事会都没有购买过大规模地产，而从 1906 年开始，因为政府政策发生变化，理事会的地权转移活动受到了严格的限制。这一时期的理事会也受制于财政上的困难。高地理事会的预算仅有 35000 英镑，而爱尔兰理事会的最终总收入高达 231000 英镑，两个机构在各自的管辖地区造成的影响自然因此而不同。爱尔兰的人口过密区域理事会甚至有能力让当地最贫困的地区迎来显著的改变，但高地理事会取得的成效却很成问题。爱尔兰理事会的权力远大于苏格兰高地理事会，可以诱使乃至在后来强迫土地所有者出售土地，而且苏格兰高地小农场农民的购地意愿也比爱尔兰佃农弱得多，这一差异因此大大限制了高地理事会的潜在收入。事实上，对于高地小农场农民来说，在《小农场农民所有地法》的保护下维持佃农状态，要好过赎买土地的完整所有权，并因此背负沉重的额外税负。在更根本的层面上，高地西部的地权转移政策之所以注定失败，是因为当地大多数地方的人都对迁居异地极为反感。一些人认为，当时的高地农民即便能从有计划的人口再安置活动中得到好处，也会把这种迁徙与清退运动时期的苦难联想到一起。19世纪重大社会灾变留下的深刻创伤此时并未弥合，也将在较长的一段时间内对公共政策实践的效果造成影响。

高地人口过密区域理事会在 1912 年停止运作，其职能被转交给农业署（Board of Agriculture）。人口过密区域理事会的衰落也意味着政府不再对高地事务有更深的介入。不同党派组建的政府都把高地视为英国境内的特殊案例，拒绝把当地的政策、机构与补贴方针挪用到其他地方。关于这一点，1913 年高地与海岛地区医疗服务理事会（Highlands and Islands Medical Services Board）的成立提供了一个惊人的例证。政府为该理事会拨款 42000 英镑，以支援医生在理事会负责的地区凭固定的低廉费用行医。设立这一机构的依据有二，其一是向理事会影响下地广人稀的偏远地区提供医疗服务的成本极高，其二是高地西部居民的健康状况非常恶劣。在一战爆发前夕，英国政府还接管了高地居民的社会福利权责，这在几十年前是不可想象的。这一决定背后的因素除了爱德华时期社会福利开支的普遍增长，还有高地地区独特的历史与地理条件。讽刺的是，这也解释了为什么政府的政策未能让高地的经济重焕生机。对历届政府而言，将高地地权的合理化重组视为高地政策的重点乃至核心都不可行，因此决策者必须以民意可以接受的范畴为基础制定政策。如果能够将高地的零散土地整合为规模更大的用地，高地经济活动的总产出与总收益都有可能进一步提高。但无论这一方案有着怎样的潜在好处，都不见容于当时的政治与社会环境。正如 1929 年苏格兰土地安置委员会（Committee on Land Settlement in Scotland）指出的："作为全体国民的一部分，（小农场农民的）处境令英国蒙羞，消除这一耻辱的唯一办法就是把当地的土地分配给他们。"[21] 这一言论无疑宣告，来自全体社会的顾虑在解决高地问题时具有最高的优先性。

1919 年的《土地安置（苏格兰）法》为上述关切提供了最为彻底的证明。这部法律不但为土地安置提供了更多资金，还授权农业署对土地进行强制赎买，从而令土地安置进程大大加快。1912—1925 年，高地西部新增农民用地 1571 处，另有 894 处用地得到了扩大。仅在赫布里底群岛，就有 932 处新用地从19 世纪清退运动中形成的大规模农场中切分开来。在外赫布里底群岛、泰里岛和斯凯岛（尽管马尔岛、斯莫尔群岛和本土西部大部地区并非如此），维多利亚时代的清退土地几乎都被返还回来。从 1886 年开始，高地小农场农民已经为自己的租佃权益获取了充分的保障，为土地缴纳的地租也几乎不再对生活产生实质性影响，苏格兰没有任何一个地方的农民群体能像他们这样享受此等特权待遇。国家力量的干预成功地化解了小农场地区的政治问题。在 1920 年代初，地产袭扰事件虽然因复员军人的回归而一度在西部群岛地区的某些地方蔓延，但这股风潮最终还是在几年之后平息下来。然而，农民的土地需求得到满足并不等于他们的经济状况得到了保障。高地西部的人口外流仍令人警觉。1861—1931 年，高地人口净流出总数高达 23 万人，人口外流的现象在 1920 年代和 1930 年代尤为突出（如果没有土地安置，这一时期的人口外流还有可能更为严重）。在外赫布里底群岛，当地人口直到 1911 年仍有实质性增长，但随着战后牲畜价格暴跌和渔业活动衰退，当地的人口外迁大幅加速。1923 年恶劣气候条件下的粮食歉收还在高地引发了一场深刻的社会危机，令政府不得不在刘易斯岛等地提供紧急救济粮。由此可见，土地安置并不是解决一切经济问题的灵丹妙药，其效果与之前政府采取的各种高地政策相差不大，最终也没能很好地缓解人口过密的问题。以赫布里底群岛为例，1925 年当地83％的农民用地面积仍小于 15 英亩。这些小片农民用地不足以维持一户农家的基本生活，迫使他们从事副业来补贴家用，但在两次世界大战间的经济萧条时期，就连副业的就业机会也变得越来越稀缺。然而，此时高地可供转让安置的土地已所剩无多，到 1920 年代中期，绝大多数可被转让的土地都已经被此前的安置项目覆盖。政府和决策者开始越来越倾向于认为，高地的小农场土地实在过于狭小，如果不进一步加以扩大便无法保障当地居民长期可持续的经济生活。政府从 1880 年代开始便试图处理"小农场问题"，但这一问题直到二战前夕仍无法得到妥善解决。

447

第十九章 土地、精英与民众

低地乡村往往在苏格兰近现代史领域扮演了灰姑娘的角色，这一话题在普遍性研究中常常被忽视或边缘化，在近年也很少得到学者的专门研究。遭受如此冷遇的原因不难想见：这一地区没有像高地那样经历标志性的重大苦难与戏剧性转变，而城镇化与工业化进程在 19 世纪和 20 世纪历史上的主导地位，也让今人过于轻易地认为研究这一时期的低地乡村对于了解苏格兰现状的来龙去脉并无助益。本章将试图挑战这一认识，并提出如下观点：关于 1830 年以后低地乡村的研究对于在更广泛的意义上解释现代苏格兰的形成不可或缺。本章将重点关注低地乡村的两个层面，并阐述这两个层面的共同效应如何塑造了 20 世纪苏格兰社会的本质与面貌。第一个层面是地主制度的权力结构，第二个层面则是从乡村去往城镇及海外的移民潮的起源。

1

几个世纪以来，地主阶级都是苏格兰社会无可争议的主宰力量。但到 1830 年代，这一阶层历史悠久的霸权地位终于出现了动摇的迹象。1832 年的选举改革首次将选举权向地主阶层以外大幅扩展，因工商业活动而崛起的新富阶层也在这一时期动摇了地主对苏格兰财富的垄断，而在 1846 年，废除《谷物法》的决定也昭示着城市社会的关切已经在政治上压倒了农业经济和地主阶层的利益。上述事件都对地主阶层的传统权力构成了严重的潜在威胁，但在 19 世纪中叶，它们还没有对地主阶层的经济处境造成直接或决定性的冲击。事实上，到 1880 年代，苏格兰低地的大部分地主都已经历了数十年的经济景气，地租收入总体上也在上升。在整个苏格兰，只有高地西部和群岛地区的传统地主曾因拿破仑战争之后的经济崩溃而面临严重的危机，大片世袭领地因此易主。锡福斯的麦肯齐家、艾莱的坎贝尔家、巴拉岛的麦克尼尔家和克兰拉纳德（Clanranald）的麦克唐纳家等高地世家都在这一时期损失了大片土地。在高地近代史上规模最大的一波土地转让之后，到 19 世纪的最后二十五年间，阿盖尔西部、因弗内斯和罗斯约 70% 的本土与海岛堂区的土地都已归新的地主所有。不过，讽刺的是，世袭领地的大规模出让反而印证了地主地位经久不衰的吸引力，这是因为大多数土地买家都是来自高地以外的富商、工业大亨和富裕的律师。与此相对，低地地主的资产规模保持了稳定，他们始终控制着大片地产，并维持着 1870 年以前的社会结构，这表明地主阶层在低地乡村的经济格局中仍具有举足轻重的地位。

1872—1873 年，政府对苏格兰的土地所有权状况进行了第一次官方调查，其结果表明此时苏格兰的传统地权结构大体上没有改变。苏格兰 80% 的土地由 659 人所有，118 名大地主占有一半土地。在苏格兰的土地大亨中，地产规模最为惊人的当数拥有 100 万英亩土地的萨瑟兰公爵、拥有 43.3 万英亩土地的巴克卢公爵、拥有 28 万英亩土地的里士满与戈登公爵，以及拥有 24.9 万英亩土地的法夫公爵。和高地一样，这一时期低地城镇的富人也开始在低地乡村购置地产，但这一进程还不足以改变 18 世纪大地主崛起、小地主衰落的格局。对阿伯丁郡土地交易行情的研究表明，19 世纪当地只有一小部分土地（占可交易

449

土地面积的不到 15%）被转让到新地主家庭名下，大多数土地交易发生在买主和之前的买主之间，不是由买主直接向传统领主购地。因此，在低地的大部分地方，权势之家（这种家族拥有的巨大地产往往有成千上万英亩之广）的领地权威仍不可动摇，巴克卢、希菲尔德（Seafield）、阿瑟尔、罗克斯堡、汉密尔顿和达尔豪西（Dalhousie）等大贵族世家的领地仍极为庞大。苏格兰土地私有权的高度集中化位列欧洲第一，甚至远比英格兰更严重（尽管英格兰有地贵族的土地霸权也远强于当时的其他国家和地区）。在工业革命萌芽整整一个世纪之后，苏格兰社会仍没有任何一个经济或社会意义上的阶层有能力挑战传统地主的强大势力。科茨、坦南特（Tennant）和贝尔德等大型工业企业虽然也购买了大量土地，但它们名下的土地加起来也远远无法与世袭贵族们的领地相媲美，而其对购置地产怀有浓厚兴趣这一点本身，便证明了地主身份拥有经久不衰的魅力与居高不下的社会地位。

地主阶层的地产不但经久不衰，还在 1830 年代到 1870 年代之间享受了高度的经济繁荣和稳定收益。这在一定程度上源于苏格兰法律对财产权的规定以及与此相关的金融机制，这些都有利于保障大多数地主世家的权益。约翰·辛克莱爵士曾在 1814 年给出了一个著名的论断："欧洲没有任何一个地方能像苏格兰这样，为地主的权益做出如此完善的法律定义，并提供如此缜密的保护。"[1] 从 1685 年起，一系列关于限定继承的法律保障了苏格兰地主的土地所有权即便在地主本人破产时也不会落入债权人手中。地主阶层采取的另一个保障策略是在一个地主因破产、未成年或其他原因不能直接拥有土地时可以组建信托机构，对地产进行代管。到 19 世纪，基于信托代管的土地管理制度在地主家族产权的某些阶段颇为盛行，由此衍生的法律机制也发展到了更为保险、复杂且精细的程度。低地地主制度的这种法律结构的背后是 19 世纪中叶苏格兰农业经济的繁荣局面。这一景气时期的背景是城镇和工业区迅速扩张所带来的巨大需求，市场需要比之前更多的食物、饮料和其他产自农村土地的商品，远非海外供应商的进口所能满足。不过，低地的地主和佃农也为这一时期低地农业的成功出力颇多，他们用进一步的投资与技术革新发展农业，在降低生产成本的同时扩大了可被用于高强度耕作或牲畜育肥的土地面积。到 1830 年，低地农业的基本格局已初步形成。农地用益权的一元化已经完成，次级租佃制已在大多数地区消失，改良的轮作制度也已普及所有地方。由此开始，苏格兰农业革命进入了一个新的阶段。18 世纪的农业改良思想家始终未能解决田地排水的问题，作为结果，低地农村仍在广泛使用传统的垄沟制。随着圆柱形黏土排水管的发明，这一状况终于有了改变：这种管道可以埋在地下充当排水道。此外，政府从 1846 年开始为低地垄沟农田的改造提供低息贷款。作为结果，陡峭而冰冷、曾遍布低地许多地方的垄沟农田开始缓慢但一刻不停地被改造为新式农田，芜菁和土豆的种植面积也因此得以大幅增加。

451

蒸汽船和铁路带来的交通革命也对低地农业的繁荣发展产生了关键影响。拜这两项技术进步所赐，苏格兰在牛只育肥与育种上的强大潜力终于得到了充分的发挥。从前，苏格兰的牛只必须在赶牛人的驱赶之下长途跋涉，以瘦弱的姿态前往英格兰的牲畜交易市场。但随着 1820 年代的蒸汽船运输和 1850 年代的铁路运输崛起，苏格兰的壮硕牛只终于可以直达伦敦的庞大市场。这一时期的低地东北部在这一进程中获利尤为丰厚，当地迅速成为优质牛肉的著名产地，到 1870 年，那里的牛肉已经在伦敦市场上成为最高档的产品。由蒂利福尔（Tillyfour）农场的威廉·麦康比（William McCombie）培育的阿伯丁安格斯牛最终成了享誉世界的知名品种。铁路交通也让距离城市较为遥远的低地乡村有机会把乳制品和酪乳制品等更不易保存的农产品销往城内，也让远处的农民得以大量进口饲料、海鸟粪肥等肥料以及工业制成的含磷化合物，让农田的产量进一步增长。低地乡村也越来越多地将蒸汽动力用于谷物脱粒，而到 1870 年代，低地大部地区的大多数谷物和干草收割工作都已由机械完成。随着更大、设计更优良、结构更精妙的农舍在乡间各地不断扩散，低地农村的风貌也有了显著改变。很多壮观的农舍直到今天依然存在，成为维多利亚时代"高端农业"（High Farming）繁荣景象的永恒纪念碑。

因为谷物和牲畜价格上涨以及土地开发投资带来的丰厚收益，这一时期低地地主阶层的地租收入有了大幅增长，但这并不是他们经济所得的唯一来源。随着工业化不断推进，一些大地主也因领地内的矿区使用费大赚了一笔，其中收益最为丰厚的当数汉密尔顿公爵（拉纳克郡最为丰富的煤炭矿藏正好在他的领地之内）、法夫公爵、埃格林顿伯爵和波特兰公爵。对于工业时代的象征——铁路，大部分地主也抱有积极欢迎的态度，而这一点并不出人意料。1868 年 J. 贝利·丹顿（J. Bailey Denton）发起的一项调查发现，邻近火车站的农田的租赁价值可能比其他土地高出 5%—20%，幅度因土地与火车站之间的距离缩小而递增。地主们为铁路开发提供了大量资金，乃至在 1860 年前成为新建铁路项目背后仅次于城市商人群体的第二大投资方。一些豪门地主也从来自海外殖民帝国的资本收入中收益颇丰，他们拥有深厚的家世背景与强大的人脉网络，可以在殖民经济中凭特权抢占先机。这一时期殖民帝国利益与传统地主阶层联手的一个最为鲜明的例证是定居于纽（Newe）的福布斯家族，他们自 16 世纪起便是纽的土地领主，但从 18 世纪中期开始，随着家族子弟前往印度从商，福布斯家族的经济实力大为增长，名下土地的面积也有所扩大。到 19 世纪初，福布斯家族在孟买赚取的巨额财富足以让他们修建一座新的乡间府邸、对名下土地进行大规模的改良，以及在阿伯丁郡购买传统领地周边的地产。类似福布斯家族这样将土地所有权与帝国收益相结合的例子几乎存在于苏格兰的每一个郡里。

在历史学家看来，19 世纪苏格兰地主的乡间别墅比当时的账房拥有更大的政治影响力。议会下院此时在很大程度上仍是一个地主的专属俱乐部，上院席位则几乎完全由世袭有地贵族占据，而在苏格兰的地方政治领域，大地主仍依靠郡长、治安法官等身份以及一系列更为非正式的手段维持着强大的权力。不过，和英格兰乡间的大地主相比，苏格兰地主的权势或许还没有那么不可一世。在 19 世纪晚期以前，地权问题就在苏格兰引发了比在英格兰更热烈的讨论。1843 年的教会大分裂让苏格兰的一些大地主（例如拒绝为自由教会的设施提供土地的巴克卢公爵）面临了强大的舆论压力，从 1870 年代中叶开始的苏格兰国教会去国教化运动也让社会上针对地主阶层的敌意长期延续。这场针对地主的圣战得到了苏格兰绝大多数长老派基督徒的支持，一些地位显赫的上院议员也成为他们反对的对象，其中就包括坚决为国教会辩护的伯利勋爵鲍尔弗。与此同时，社会矛盾也在乡间爆发。由于地主试图在自己的领地上尽最大可能开发休闲狩猎业务，严格的渔猎禁令（game laws）在一些地

453

方引起了冲突。到 1870 年代，商业化猎场已得到系统性的开发，猎场租赁业务带来的收入也不断增长，但这一新行业意味着佃农的庄稼地越来越频繁地受到猎用兽类（兔子、野兔）和禽类的侵扰，而农民如果出于报复杀害猎场的猎物，又将受到制裁。另一个更为严重的社会矛盾来源是关于抵押权（hypothec）的法律规定。这些规定让地主在租佃关系中成为一名强势的债权人，将佃农的动产当作佃租的一般抵押物。一些人认为，这一法定特权让地主有权制定一个偏高的地租水平，一旦农民未能履行缴租义务，他们便能强征佃农的财产以作为补偿。因这些事务而起的纠纷导致了以土地改革为主要诉求的苏格兰农民联盟（Scottish Farmers' Alliance）的建立，也让地主阶层的议员候选人在 1865 年和 1868 年大选中蒙受了一系列失利。最终，地主阶层在猎场问题和抵押权问题上都选择了让步，这在一定程度上缓和了农民的不满情绪，低地的农民抗争因此没有演变成全面暴动。1883 年的《农业持有地法（苏格兰）》也规定，佃农有权就自己在地产改良过程中遭受的损失要求赔偿。总之，从 1860 年代和 1870 年代的历史经验中，我们不难看出，虽然这一时期苏格兰乡间的地主阶层正处于权势的顶峰，他们在当地社会却远非无所不能的霸主。

2

然而，从 1880 年代开始，低地地主的经济基础终于出现了动摇的迹象。这一趋势的直接起因是 1870 年代末的一系列歉收。在此之前，低地乡村也经历过歉收问题，但都没有引发过危机。1870 年代末困难时期的独特之处在于，虽然谷物供应量下降了，粮价却没有上升。这是因为随着铁路与蒸汽船运输业彻底释放了北美平原地带的农业潜力，大量廉价粮食输入苏格兰市场。几年后，此前相对未受冲击的牲畜价格也因大洋洲冷冻牛羊肉的大量输入而下跌。自由贸易终于对不列颠本土的农民和地主造成了持久冲击，他们的土地上产出的农产品的价格在整个1880年代不断下跌，势头甚至延续到了1890年代。不过，因为当时价格下跌最为严重的小麦在苏格兰大部分地区（除低地东南部以外）都是较为次要的作物，所以相比联合王国的其他地区，苏格兰在进口农产品的冲击面前受害相对较小。苏格兰的混合耕作传统在当地形成了高度灵活的农业体系，也让苏格兰农业在市场波动面前更易于调整。即便在高地（那里的山坡绵羊养殖业受到剧烈冲击），人们也迅速选择开发森林养鹿业，以丰富经营活动的种类。苏格兰的养牛业在市场上以优良的质量为主要竞争优势，这也在一定程度上让从业者在廉价进口肉面前留有余地。不过，虽然苏格兰农业不是英国农业大萧条时期最严重的受害者，维多利亚时代中期苏格兰农业的繁荣局面与蓬勃信心却仍受到了打击。在1890年代，苏格兰燕麦均价已比1870年代下降了四分之一左右，就连东北部各郡优质肥牛的销售量相比1880年代中期也有了显著下降。在农业下行的同时，地主的佃租收入也在下降。随着乡间社会逐渐承认从前那个高售价、低进口量的好时代已经一去不复返，就连主营养牛业的地区也没能从时代的变化中幸免。在以优质养牛业闻名的马里郡，大农场的地租水平在1878年到1894年间下降了四分之一；而在处境更差的产粮区，地租的下降幅度甚至更大，一些地方的降幅达到了三分之一乃至一半。不过，不同地产的受害程度也有不小的差别。小地主大多在这一时期陷入了严重的困境，他们必须支付利息或家庭年金等固定支出，收入

454

却大为缩水。大地产所有者的处境相对较好，这是因为他们往往拥有地产以外的收入来源。

与经济上的困境一样，1880 年代的政治环境也变得对地主阶层越发不利。虽然小农场农民的抗争运动局限在高地部分地区，1886 年《小农场农民所有地法》的适用范围也仅限于七个"小农民郡"，这一时期的低地地主却没能躲过批判"地主制之恶"（这正是高地社会一系列问题的原因）的政治浪潮，在报纸上不断遭受批判。诸如城市自由党人、工人阶级的社会主义者和爱尔兰民族主义者等派别则在抨击地主权力过大这一点上结成了联盟。1909 年劳合·乔治提出的"人民预算"中包括了一系列关于土地改革的内容，因此在苏格兰得到了不同阶层的广泛赞许，这一点对地主阶层来说尤为值得警惕。

事实上，19 世纪末对地主阶层的财富来说可谓一道分水岭，他们遭遇了一场又一场的不幸。从 1894 年起，政府开始征收遗产继承税，虽然起初税率不高，但在进入新世纪以后，遗产继承税率最终还是上升到了令地主阶层叫苦不迭的水平。对私有土地征收的一系列新税也在议会得到了通过，其中包括一项始于 1907 年，以租金形式获得的非劳务收入增加值为对象的税目。从 1870 年代中期到 1910 年，英国全境的地租收入减少了约 25%，如此持续不断的下行势头动摇了土地所有者自古以来的信心，让他们不再像从前那样坚定地视土地为一种保险资产。作为结果，地产市场的销售量开始上升，就连大地主也开始将名下的地产转手出让。金诺尔勋爵通过出售土地获得了127000 英镑资金，诸如法夫公爵和昆斯伯里侯爵等大地主也开始从各自名下的庞大产业中出让部分土地。在一战期间及之后，地主面临的压力进一步加剧。在 1914—1918 年的残酷战争中，贵族阶层损失了大量家族成员，苏格兰贵族的 255 名亲属当中有 42 人在战时阵亡。C. F. G. 马斯特曼（C. F. G. Masterman）曾说："在蒙斯（Mons）撤退和第一次伊普尔（Ypres）战役期间，不列颠贵族之花彻底凋零。"他认为，英国的"封建制度"在一战的炮火与血泊中"走向消亡"，有地贵族阶层在这一过程中损耗殆尽。[2] 虽然大多数地主子弟从战争中幸存，但高昂税率所带来的无情压力在战时和战后不久仍在加剧，此时遗产继承税率比以前又有所提高，促使地主更加积极地寻求出售土地（如果继承人在地主生前阵亡，出售土地的需求便更为迫切），收入税和地方税的税率也大为增长。以阿伯丁侯爵为例，1870 年他的年度地产税额仅为 800 英镑，但这一数字到 1920 年便激增至 19000 英镑。农业收入曾在战时因短暂的形势变化而有所增长，但在战后的 1921 年又回落到之前的水平。在上述因素的逼迫下，各家地主开始以空前的规模出手土地，一些地产也在这一过程中遭到拆分。马尔伯勒公爵曾宣称 1919 年政府预算案中"居心不良"的税收政策直接导致"旧秩序万劫不复"，在这份预算案中，价值 200 万英镑及以上的地产在作为遗产继承时将被课以 40% 的超高遗产税。

　　公爵的悲观预言与苏格兰的情况颇为吻合。萨瑟兰公爵、波特兰公爵、艾尔利伯爵（Earl of Airlie）、斯特拉斯莫尔伯爵（Earl of Strathmore）和汉密尔顿公爵等苏格兰的顶级贵族在 1920 年代初都出售了数以千英亩计的广袤地产。有人认为，1918—1921 年苏格兰有五分之一的土地在交易中易手。佃农出身的农民从大地主手中购地的频率与规模达到了空前的程度，表明一场显著的社会革命正在展开。1914 年，苏格兰只有 11% 的农业用地由自耕农所有，到 1930 年，这一比例已攀升至

456

30%。地主阶层权力的根本基础似乎开始崩溃，地主们在这一时期不断出售城镇宅邸、艺术藏品和乡间大宅，表明他们在这场危机中处境极为困难。鲍尔弗勋爵和罗斯伯里伯爵在伦敦的住处分别于1929年和1939年出手转让。洛锡安侯爵则在1930年代出售了他名下四处大宅中的三处。汉密尔顿公爵在1922年关闭了苏格兰最为豪华的私人宅邸汉密尔顿宫（Hamilton Palace），并通过出售绘画、家具和地毯获得了超过24万英镑的资金。上述这些豪华的设施都曾是贵族地位的外在体现，它们在这个时期被如此处置，也表明了这个阶层正在走向衰败。

地主的没落似乎不可避免。1911年《议会法》废除了上院在立法过程中的否决权，事实上终结了其在英国议会中的实质权力。1884—1885年的《第三次改革法案》让英国全境的选民规模扩大了一倍，令地主阶层在乡间的政治影响力大为削弱。到一战爆发时，英国无疑已经进入了一个大众民主的时代。在一战后的第一场大选中，贵族出身的议员候选人在苏格兰几乎全部落选，只有埃利班克勋爵（Lord Elibank）两兄弟取得了胜利。与此同时，诸如由未来将成为劳工大臣兼苏格兰事务大臣的汤姆·约翰斯顿（Tom Johnston）所著、于1909年付梓的《吾国苏格兰贵族世家》（*Our Scots Noble Families*）等论战性出版物也在民间激起了反地主情绪。约翰斯顿认为，大地主世家的庞大产业起源于他们的祖先在过去犯下的盗窃罪行：

> 要让人民看到，我们的旧贵族并不高贵，所谓领地也是他们巧取豪夺所得。要让人民看到，地主的地契是掠夺、杀戮、欺骗或宫廷淫乱的产物。我们要消灭笼罩在世袭头衔之上的神圣光环，让人民清楚地认识到今天议会上院的

议员大多是得逞的海盗和流氓之辈的子孙。只要实现了这些，我们就打碎了让全体人民麻木不仁的幻象，让他们意识到特权分子正在窃取他们的果实。[3]

在物质层面，贵族阶层也不得不面对其经济基础直接受到威胁的现实。在 1920 年代，煤炭开采的萧条状态令矿区使用费收入大幅下降，而随着煤矿最终在 1938 年和 1942 年被收为国有，地主在得到一笔经济补偿之后彻底失去了这一财源。在 1921 年《谷物生产（废除）法》生效之后，政府也废除了战后以来对燕麦和小麦价格的财政支持。有地贵族的经济活动因此在每一个方面都蒙受了打击。

然而，认为上述因素的强大影响终将彻底摧毁传统地主阶层或地权格局的观点是极为错误的。地主阶层显然在崇尚大众民主的 20 世纪失去了作为国家统治阶级的历史地位，但与此时大地主彻底消亡的欧陆国家和爱尔兰相比，苏格兰和英格兰的地主制度表现了极为强大的韧性。在今天的爱尔兰，近一百年的历史进程见证了当地地权结构的颠覆性变化。1880 年代爱尔兰的土地有一半为贵族和地产面积在 3000 英亩及以上的乡绅大地主所有，但到 1980 年代，大地主所有地在爱尔兰几乎彻底消失。与此相比，曾深入研究近现代苏格兰土地制度的罗宾·卡兰德（Robin Callander）和罗杰·米尔曼（Roger Millman）等学者揭示了一个与爱尔兰截然不同的苏格兰格局。这些学者的研究得出了四个主要结论。

第一，从 1930 年代末开始，大地主出手大片土地的情况开始减少，这一趋势一直持续到二战之后，直至 1970 年代才告一段落。农民从地主手中购买土地的热潮曾对传统的地权格局构

457

成了威胁，但在这一时期已明显衰落下去。第二，虽然 1880 年代到 1930 年代之间的种种危机显著动摇了苏格兰传统的地主制度，但这一体系在那之后仍展现了强大的连续性。苏格兰地权分布的集中程度仍冠绝欧洲其他地方，到 1970 年代，面积在 1000 英亩以上的大型地产仍占据了苏格兰私有土地总面积的 75%，面积在 2000 英亩以上的大型地产所占比重也超过了三分之一。到 1990 年代，如此高度的集中化格局进一步加强了。从 1870 年代开始，大型地产占据的土地比重总体呈下降态势，但地权高度集中的传统格局仍未彻底改变，其保全程度也比欧洲任何一个地方都高。第三，在近 900 年的历史中，苏格兰的大部分土地都被不超过 1500 处核心私有领地占据，这种地权格局上的连续性因此具有深远的意义。一些大型地产的持有者已是绵延超过 30 代人的古老世家，虽然有一些地主家族失去了部分乃至全部地产，诸如巴克卢、希菲尔德、罗克斯堡、斯泰尔、艾尔利、洛锡安、霍姆（Home）、蒙特罗斯和汉密尔顿等大地主世家至今却拥有广袤的地产。第四，历代新兴地主的位置在 20 世纪得到了延续。商业银行家、证券经纪商、实业巨头、流行乐明星、阿拉伯石油大亨以及来自荷兰与丹麦的富有购地者也在最近数十年间于苏格兰购置了地产，但他们购入的土地通常有频繁易手的传统，所以总体上没有对传统的大型地产造成冲击。

由此可见，苏格兰传统的地主制度与大土地所有制显然没有像 1920 年代的悲观主义者所预计的那样走向衰亡。恰恰相反，苏格兰传统的地权格局直到 20 世纪末仍异常完好地保存下来。这到底是为什么？其中一个原因在于，战间期的很多土地出让行为并不是为了出售地权变现，而是要对地产进行多样化

配置，通过投资利润率更高的资产来更好地保障地主对于核心
土地的所有权。例如，在 1920 年代，埃尔金伯爵只有一半的收
入直接来自他的领地，另外一半收入则来自他在银行业与房屋
互助信贷业出任董事的所得。这种资产配置策略本身并不新鲜。
早在 1880 年代，波特兰公爵和萨瑟兰公爵这样的大贵族便开始
投资英国国内外的证券与债券。不过，基于理性选择，用多余
领地换取资金来投资证券市场或企业股份的风潮很可能是从
1920 年开始才在地主阶层中空前流行起来的。同样不可忽视的
是，在 20 世纪初的景气时代被政治激进主义者奉为核心的土地
改革运动在一战结束后便退出了英国的政治舞台。爱尔兰的案
例充分证明了政治因素对于大片私有土地解体的决定性影响。
F. M. L. 汤普森（F. M. L. Thompson）曾说，爱尔兰的"土地改
革像绞肉机一样"，在短短数年之内便让那里的大型地产走向
瓦解。[4] 但在高度城镇化的苏格兰，乡村的人口流失、市民议题
的主导地位和工业经济的危机都在整整一代人的时间里让土地
问题屈居次要地位。此外，媒体对于战间期售地热潮的高度关
注或许也让当时的土地改革派人士相信自己的目的已经达成。
不过，与 1880 年代和 1890 年代政治激进主义者将土地问题奉
为重中之重的景象相比，这一问题在战后舆论场上的彻底消失
无疑也标志了一个重大变化。正是在包括这一变化在内的诸多
因素的作用下，联合王国的大地主们没有遭到严苛的土地资产
税的压迫，从而不必过快地走向衰亡。

　　事实上，从二战结束到 1970 年代，地主的总体税负不但没
有增加反而经历了持续下降，政府对于农业和林业的补贴也有
了显著增长。在这一时期，英国的平均地价从 1945 年的每英亩
60 英镑激增至 1980 年代初的每英亩 2000 英镑。虽然需要缴纳

459

高昂的税金，但私有土地仍能为其所有者带来显著的财税优势，自有自耕者的待遇尤为优越。在某些地区，土地所有者还能受益于欧洲共同体共同农业政策提供的各种农业补贴。讽刺的是，和他们的祖先相比，20世纪末的苏格兰地主从公共财政中得到了前所未有的好处，即便《谷物法》时代的优惠待遇也无法与之相比。与此同时，苏格兰的土地交易市场至今仍保持着高度的自由，这与欧洲其他地方日益严格的土地交易监管机制形成了对比。一名来自瓦赫宁恩（Wageningen）一所农业大学的专家曾在不久前对苏格兰的情况做出如下评论："（苏格兰人）对待土地的做法十分奇怪。他们只把土地当成一种商品，这是一种高度自由放任的资本主义。从长远来看，土地拥有极高的经济价值，但在苏格兰却可以随意买卖，这与欧洲任何一个地方的情况都很不同。"[5]包括上述格局在内，现代苏格兰的土地制度在很多层面上都与数百年以来的历史传统有着显著的连贯性。近年来，随着越来越多的乡间大宅对游客开放，旅游业的发达与大众的怀旧想象让一些大贵族世家能够以苏格兰民族传统的守卫者，乃至苏格兰民族辉煌过去的当代写照自居，进一步强化了这种文化上的纽带。不过，下一节的内容将试图阐明，有地贵族们享受的这种历史连续性，绝非19世纪在他们的地产上生活并劳作的无数农民的体验。

2

1909年，G. T. 比塞特（G. T. Bisset）曾说"苏格兰人以不喜安居、嗜好迁徙闻名"。[6]在苏格兰，很少有什么地方能像低地乡村这样鲜明地佐证他的说法。自农业改良运动以来，这一地带的社会与人力资源结构就令大规模的人口迁徙不可避免。

在苏格兰，人口迁徙在传统上往往与高地和高地清退运动联系起来，而在高地大饥荒期间及之后，高地西北部与赫布里底群岛地区的小农场地带确实发生了大规模的人口外流。1840 年代以前，将多人共同租佃地切割为小农场的新动向、当地人对租佃地无休止细分的容忍态度，以及土豆种植业的发展和短期外出务工的兴起一道，在客观上让高地西北部的居民更加倾向于留在家乡。但在低地和高地东南部，农村社会的新格局造成了完全相反的效果，把对于高效农业生产而言并非必要的人口向外地赶了出去。

从 1760 年前后到 1840 年，低地的租佃一元化进程不断加速。关于低地租佃状况的系统性统计数字最早可追溯到 1880 年代，这些早期记录显示，超过 400 英亩的大型租佃地已在苏格兰边境地区、洛锡安地区和贝里克郡颇为常见，但在很多其他地方，租佃一元化的效果远没有如此彻底。在低地 18 个郡中，有 16 个郡内一半或以上的租佃地面积都在 100 英亩以下，在中西部的艾尔、拉纳克、伦弗鲁和斯特灵等郡，"家庭农场"仍占据了不小的比重。虽然在程度上有差异，但低地乡村社会仍遵循着大体类似的规律：持有土地的主要佃农只在当地人口中占据一小部分。到 1830 年前后，曾在苏格兰低地乡村旧秩序中扮演重要角色的次级租佃制几乎在所有地方都已被消灭，各地都采取了强有力的措施，以严控租佃地的次级分包。只有在东北部的阿伯丁、班夫和金卡丁等郡，由于小型租佃地或小农场与大规模农场经历了同步发展，当地的佃农人数反而有所增长。这是新的土地格局中重要且必不可少的一部分。这一地区拥有大片低洼荒原，当地人因此认为将荒地划分为小块租佃地，就能更为经济高效地对其进行开发。然而，在其他大部分地区，人口的增长不可避免地导致了向外迁徙。最晚到1850年代，改良之后的低地农业用工需求仍有增长，但增速完全无法与1831—1911年增长了近一倍的总人口相比。长此以往，低地乡村的新增人口中只有一部分能被新型农业经济吸收，很多人不得不从事农村工商业活动，或彻底离开家乡，到城镇或海外寻找谋生机会。

461　　在1830年以前，上述因素构成了促使低地乡间的"富余劳动力"向外地输出的基本框架。在1830年代初的英格兰东南部多地乡村，结构性失业导致的诸多社会问题曾引发了一系列被称为"斯温长官"（Captain Swing）暴动的暴力冲突事件，但因为上述促进人口外迁的机制发挥了作用，同一时期的苏格兰低地乡村没有发生动荡与抗争。1820年代苏格兰大城镇诚然面临着求职者与工作岗位严重不均的紧迫难题，但低地乡村的局面并非如此。在整个19世纪，低地乡村的这套体制都成功地扮演了人口安全阀的角色。在现有农业结构之下不被需要的人口都被无情地挤出了乡村。由于已婚和未婚的佃农都必须住在自己的农场里，所以没有工作就等于没有住处，这进一步加快了富余人口外流的步伐。换言之，低地乡村的社会结构迫使不被需要的人离开家乡，尽管这一过程并未像高地清退运动那样直接动用了暴力压迫，但在实质上仍具有普遍的强制性。不过，通过以这种机制调节农村劳动力供给，低地乡村避免了像1840年代的盖尔语地区那样深刻的社会危机，在本地农业生产中得到工作机会的劳动者也享受了稳定的薪资水平。

　　不过，社会调节机制的高效本身不足以解释，为什么低地乡村人口外流的规模在19世纪末到20世纪初如此之大。在这一时期，低地乡村的人口外流率第一次超过了当地人口的自然增长率，而后者在 1914 年之前仍高达每十年 10% 以上。显然，从低地乡村流出的不只是"富余人口"。事实上，这一时期在低地从事农业和乡村副业的劳动者人数也开始快速下滑。1871—1911 年，熟练扶犁工和牧羊人的人数减少了三分之一。女性劳动者的外流规模尤为突出，她们在低地东南部的大规模种植业地带以及家庭农场和乳牛农场的生产活动中扮演了关键角色。"女性有偿农业劳动者"（这一范畴没有将所有女性劳动者计算在内）的人数从 1861 年的 40653 人下降到 1911 年的 15037 人，这一下降势头一直持续到两次世界大战之间。人口的大规模外流让低地乡村社会迎来了前所未有的新局面。1893 年，劳动力问题王家调查委员会认为，低地乡村的新问题不在于用工需求不足，而在于愿意在农场工作的人手日益短缺。许多证人都向调查委员会指出，低地农民为了对抗人口外流的趋势，开始大幅上调薪资水平。事实上，从 1850 年到 1914 年，苏格兰农业薪资的增长速度超过了英国绝大多数地区，只在 1880 年代短暂落后。即便如此，人口外流的趋势仍不可阻挡，这在年轻人当中尤其显著。有人估计，1920 年代低地乡村有一半的男性劳动者都在 25 岁时放弃了务农。人口外流在 19 世纪中叶还只是涓涓细流，但在 20 世纪初已经演变成不可阻挡的洪水。

　　如此大规模的人口流失让当时和后世的很多评论者困惑不已。即便在 1920 年代的萧条岁月里，低地乡村仍没有经历显著的失业问题，薪资水平甚至在 1922 年至 1927 年有所增长。此外，乡村劳动者的实际收入也不低于同时代的城镇劳动者。城镇工人必须支付食宿开支，但对低地农场的佣工而言，提供食宿从一开始就是雇主在契约中承诺的条件之一。诚然，农场工

462

人的住房条件往往非常恶劣，过于潮湿的农舍和糟糕的卫生条件直到 20 世纪都为很多人所诟病。这一问题虽然常常被视为低地乡村人口减少的原因，但不同地区农民住房条件的优劣与人口外流的趋势之间并无显著相关性。此外，这一时期从乡村涌入城市的人日益增多，他们当中的大多数在城里人看来都不甚卫生，也并不精干。疾病、恶劣的住宿条件和季节性失业时常困扰着城市贫民，而鉴于大多数农村移民离城镇不远，想必他们已经对进城谋生的种种困难有所了解。这正是低地乡村人口外流问题的谜团所在：为什么在如此条件之下，城镇仍对乡村居民具有强大的吸引力？

上述问题同样无法从科技进步以及机械对人力的替代的角度得到解答。19 世纪晚期，谷物收割与捆扎等领域的确经历了技术革命，但这些新技术影响的主要是收获季节的农家杂务，是低地乡村劳动力短缺的一个结果而非原因。在那以后，直到 1939 年，低地乡村大部地区的科技发展都比较有限。直到 1945 年以后，昵称为"小弗吉"（Wee Fergie）的标准弗格森（Standard Ferguson）拖拉机与联合收割机的问世才给低地农业带来了真正的颠覆性变化，这些新设备让农用马匹的使用走向衰亡，令大量马夫和其他传统农业体系下的工匠离开家园。作家加文·斯普罗特（Gavin Sprott）曾回顾了在 1970 年代，一台联合收割机只用了一个早晨就在东北部靠近基里缪尔（Kirriemuir）的一片 15 英亩的田地上收割了所有庄稼，但在 1922 年，这样的一片土地需要至少 40 人从事收割、捆扎与堆放，才能在同样的时间内完成同样的任务。1945 年以后的农业技术进步确实给乡间带来了革命。到 1950 年代末，马匹在乡间已变得越发罕见，自 18 世纪晚期以来形成的一整套劳动密集型农作体制也随之消亡。堪称惊人的是，在这一变化的作用下，到 1990 年代，低地乡村只有一小部分人还在直接或间接地从事农业。由此可见，技术发展在 20 世纪下半叶深刻影响了低地的农业，但在二战以前，这一因素对于"逃离乡土"的潮流没有起到关键的推动作用。"农业萧条"在这一时期同样不构成人口外流的根本原因。正如本章在之前所阐述的，尽管连续歉收、粮价降低和来自海外进口肉制品的冲击让英国某些地区的农业陷入危机，但低地乡村的经济状况在 1870 年至 1900 年呈现出强大的韧性。低地东南部和边境地区部分地方的谷物种植业地带在危机面前最为脆弱，但总体而言，低地乡村就业率的衰减并不显著，显然不足以解释为什么同时代有如此众多的乡村居民背井离乡。到 1900 年，苏格兰最好的农村土地中只有 10% 无人耕种，这一比重远低于英格兰的 20%。

若要为低地乡村的人口流失找到一个合理的解释，我们首先必须认识到，人口流失的问题远比当地农业人口的问题更为深远，即便没有直接参与农业用地的整理与耕作工作的人也会受其影响。首先值得注意的是，在 1830 年，苏格兰仍有很多工业生产活动在乡村进行。在低地中部和其他一些地区，手工纺织业直到 1850 年代都是当地乡村经济中的重要组成部分。此外，改良运动之后的新型农业所需的多种技术工匠群体也在这一时期有所发展。例如，为了制造、维修新型铁犁，乡村社会离不开铁匠。由于马匹在 18 世纪末替代了牛，乡村居民必须定期（平均六到八周一次）给它们钉蹄铁。1840 年代的"高端农业"促使低地乡村新建或改建了很多带有住房、牛棚、挤奶棚、谷仓和马厩的新型农舍，类似的风潮又在 1870 年代再次上演（虽然在程度上略逊于 1840 年代）。这就对建筑业，以及采石、碎石、制砖、锯木等方面的技术提出了巨大的要求。此外，新型农业生产方式也离不开磨坊工、细木工、石匠，以及筑堤和掘壕工人。为了满足乡村劳动者的需求，低地乡间也存在裁缝、鞋匠（也写作"soutars"）和织工等行当。然而，因为教科书在描述乡村社会时往往只关注扶犁工、女性劳动者和住在棚屋里的贫农（bothymen），这些重要且多样的行业都受到了今人的忽略。

在19世纪下半叶，上述很多行业无疑在来自城镇的竞争面前有所衰落。早在1850年代，动力织布机（power looms）技术的普及就对珀斯、法夫和安格斯等郡大量乡村的纺织业造成了毁灭性打击，最终导致当地大批居民外迁。错综复杂的铁路网络将廉价的工厂产品运往乡村腹地，侵占了乡下裁缝、鞋匠等手工艺人的传统市场。到19世纪晚期或之前，流离失所的乡村手工艺人和他们的家人已成为低地乡村外迁潮中的常见成员。不过，虽然一些职业（例如乡村鞋匠）在这一过程中彻底消亡，但还有一些与农用马匹相关的职业（诸如铁匠）幸存下来，甚至还有一些工匠在日后掌握了农业工程技能。

然而，总体来看，解释1940年代以前低地乡村人口外迁的主要因素仍在于农业劳动者自身的心态变化。首先需要注意的是，早在外迁潮开始以前，苏格兰的农业佣工就已有了惯于迁徙的传统。

苏格兰低地农业佣工的雇用体系本身就在乡村地带制造了高度的内部流动性。对低地乡村的佣工来说，在为期六个月到一年的契约到期之后"跳槽"（flitting）到另一家农场（通常与前一家在同一个堂区或郡）是生活的常态。雇用合同的规定意味着在法律意义上，佣工在一年之内只有一到两次迁徙的机会，这让他们把注意力完全集中于这些关键的节点上，而因为更换工作地点有可能带来更好的收入、更丰富的经验或新鲜的环境，"跳槽"对佣工颇有吸引力。不过，佣工选择迁徙的原因多种多样。曾有人就此询问过战间期一个洛锡安地区的农场工人，他对此的解释是："可能是因为邻居不好，可能是因为工头不好，可能是因为农场主不好，可能是因为马不好。如果农场上找不到一对好马，或者没有一套好马具，那么马不好可能就要排在第一位。"[7]对已婚男性而言，迁徙的成本并不高。雇主会给佣工提供一套住房，新雇主也会提供交通工具来帮助新来的工人和他的家人迁居。一个东洛锡安的作者曾在1861年提到一个已婚扶犁工的家门上465"布满了各式各样的锁孔，以对应每一任住户的钥匙"。[8]上述这种常态化的人口流动几乎只发生在较小的地域之内，但它让农业佣工和他们的家人对流动性较高的生活更为适应，让他们在特定条件下更有可能选择彻底离开乡村。

　　乡村雇用体制和人口外流之间的关系在单身佣工（这一人群在低地乡村的常规农业工人当中占大多数）身上体现得更为清楚。因为很多地方的乡村严重缺乏可容纳一户人家的农舍，这些单身佣工在即将结婚时便不得不面临艰难的抉择。其中一些人可以继续作为日结工参与农业生产，而在东北部，一些单身佣工还有可能选择回到自己年轻时工作过的小农场。然而，小块租佃地的数量过于稀少，不足以容纳那些在25岁前后不再从事全日制农业劳动的人，更何况在整个低地乡村，只有东北部的佣工还有可以回归的地方。年轻的扶犁工也惯于迁徙，定期在不同的农场之间转移，其中很多人在结婚时会彻底告别乡土，进城从事其他职业。以对未婚农场佣工依赖尤为严重的珀斯郡为例，在19世纪中叶，当地单身佣工当中可能有三分之一的人在 30 岁时离开了农场，并从事其他职业。对这些单身佣工来说，离开土地向外迁居在本质上构成了他们人生轨迹的一部分。

从 19 世纪晚期开始，上述这种传统的外迁终于演变成大规模的人口流失。对这一时期的乡村年轻人来说，迁居城镇乃至移民海外的前景开始释放出魔术般的吸引力。这一变化在一定程度上是因为，随着农业劳动者薪资水平提升、1872 年义务教育的普及，以及铁路支线遍及低地乡村，将城镇价值观带入农村腹地，农村居民对于生活的期许有所提升。经营农田的生活向来非常艰苦，随着人们在这一时期开始将农场生活与城镇的工作条件和社会生活相比较，这种艰苦终于让他们感到无法忍受。在 1914 年以前，一名扶犁工需要在早上 5 点起床喂养马匹，在 6 点为它们套上轭，然后一直工作到晚上 6 点，只有在 11 点到下午 1 点之间才能休息。如此漫长的工时在一战以后才被缩减到每天 10 小时，除此之外佣工们也第一次得到了在星期六休息半天的待遇。但在此之前，佣工们每年能够享受的假期只有星期日、元旦当天以及农场的雇用日。在低地西南部与北部的家庭农场中，女性负担的劳动量尤为沉重，以至于一个评论者曾在 1920 年称她们的状态有如"被家庭的劳作奴役"。在城市附近的乳牛农场上，因为消费者普遍偏好刚挤出来的温牛奶，女性劳动者需要在凌晨 2 点或 3 点便起床工作。类似地，为了赶上进城的早班火车，边境高地地区乳牛农场里的女性劳动者也必须起得很早。在一战后，一个评论者曾如此描述了将牛奶制成奶酪的劳作情形：

（这项工作）需要大量持续的劳力投入，妇女们每年都要在六七个月的时间里一周七天不间断地工作……在一些农场里，我看到那里的妇女在下午 3 点仍穿着凌晨 3 点或 4 点时草草穿上的衣服，她们在此期间一刻不停地劳动，各种苦活接连不断……乳牛农场里的妇女一天时常要工作 16 个小时，只有在吃饭时才有一点闲暇。[9]

农场佣工的休闲活动中也充斥着劳作的影响。棚屋贫农的歌谣往往与劳作有关，标志着收获季结束的"丰收节"（Kirns）庆祝活动也以农事为主题。与乡间农场的艰苦生活相比，家政仆人、铁路搬运工、警察和运输马车夫等城镇行当似乎无比轻松。这些职业的收入有时可以超过农场佣工，但工作时间更短，雇主也允许劳动者在晚间和周末享受更多的休闲时间与活动自由。

与此相比，乡村生活在社交层面上缺少吸引力。苏格兰的农场佣工往往散居在三五成群的农舍、棚屋或独室小屋（chaumers）里，和农场以外的世界隔绝开来。佣工们工时漫长，在契约到期之后又惯于迁徙，他们的社交活动因此仅限于偶尔参加集市或农业展销会。在 1917 年之后，农业署曾参与设立了苏格兰妇女农村协会（Scottish Women's Rural Institutes），这一机构的发展历程向我们展示了农村居民对更为活泼的日常生活的渴望。苏格兰妇女农村协会虽然在一开始受到男性农民的抵制，但还是很快取得了成功，在成立 5 年之后便建立了 242 个支部，拥有 14000 名会员。但对很多农村居民（尤其是年轻人）来说，对活泼生活的渴望只有通过彻底离开乡村才能得到满足。1893 年，劳工问题王家调查委员会曾得出了如此结论：

农场佣工的日常劳作繁复无聊，毫无趣味，而我相信无聊正是年轻人所厌恶的，趣味才是他们想要追求的。与各行各业的城镇劳动者相比，农村的佣工们很少对乡村生活相对更为健康的一面予以关心。健康与否的问题在他们对生活的评估中微不足道，对年轻的农场佣工来说，具备吸引力的只有城镇里更短的工时、更多的假期以及永远繁华喧嚣的生活方式，或者当上警察或铁路搬运工之后就能享有的整洁制服与更为体面的工作内容。[10]

第二十章 海外移民

1

1821—1915年，据估算欧洲有超过4400万人移民到了北美、大洋洲或其他地方。如此大规模的人口外流在人类历史上前所未有，也构成了新旧世界经济实力对比翻转的重要原因。如果洲际移民在19世纪没有发生爆炸式增长，美利坚合众国便不可能崛起为全球性的超级大国。在欧洲侨民外迁的潮流当中，苏格兰扮演的角色非常显著。仅从人数来看，1820年代到一战之间苏格兰的外迁侨民人数只略多于200万，显著少于意大利的800万、德意志各邦的500万以及西班牙和葡萄牙的450万，但从外迁侨民占本地区总人口的比例来看，苏格兰的移民比例远远超过了其他地方。在整个19世纪直到20世纪初，爱尔兰、挪威和苏格兰在欧洲中西部各国和地区当中拥有最高的移民率。在大多数时候，爱尔兰排名第一。因为移民规模时常因本土和国际的经济形势变化而显著浮动，挪威和苏格兰经常在第二名和第三名之间反复交替，但在1850年代、1870年代、1900年代早期和战间期的四次大规模移民潮中，苏格兰的移民率不是在上述三地当中稳居第一，就是略低于爱尔兰位列第二。如果将迁入英格兰的苏格兰移民也计算在内，苏格兰将在近代的大多数时间里无可争议地成为欧洲头号移民来源地。1825—1850年，有记录的苏格兰外迁移民远低于每年1万人；1851—1875

年，每年有记录的移民人数都不会比 2 万人少太多。1876—
1900 年，苏格兰的每年移民人数在 2 万到 3 万人之间浮动，
这一数字在一战时期猛增至 6 万，并在 1920 年代和 1930 年代
初进一步上升。在 1935 年《苏格兰纪行》的序言中，埃德
温·缪尔曾对面积狭小的苏格兰如此庞大的移民规模发出了警
示，他的断言无疑说出了不少人的心声："我的大体印象
是……苏格兰的人口正在枯竭，她的精神，她的财富，她的产
业、艺术、智慧与内在性格也将失落。如果一个地方年复一年
地让自己最富进取精神、最具智慧的人民流向海外，就这样持
续五十年、一百年或二百年，一些可怕的后果将不可避免地到
来。"[1]

　　移民潮影响了苏格兰的所有地区。高地西部是传统的移民
来源地，当地的小农场社会在经历了 1830 年代和 1840 年代的
生存危机之后也确实成了苏格兰人口外流的主角。在土豆饥荒
期间，小农场农民与茅屋小农家庭的大规模外迁尤为严重，高
地西部人口在 1841 年至 1861 年的流失竟高达三分之一。但在
19 世纪的其他时候，尽管从西北部出发的移民持续不断，绝大
多数离开苏格兰的移民仍来自城镇地带及低地的乡村。这构成
了苏格兰移民现象背后的一个根本悖论：在 1860 年之后，苏格
兰已拥有世界上最发达、最成功的工业与农业，但苏格兰的人
口仍在大量外流，其程度甚至比某些一向受困于贫穷、清退与
饥荒的落后国家和地区更甚。1844 年济贫法调查委员会的报告
表明，当时海外移民在乡村地区已极为普遍，超过三分之二的
堂区都在之前数年里出现过居民迁居海外的情况。与地理分布
之普遍一样惊人的是，移民现象遍布苏格兰的各行各业，农场
佣工、编织工、石匠、木匠、铁匠乃至其他手工艺人都加入了

移民的行列。不过，到 19 世纪晚期，海外移民的主要来源已逐渐向城镇和工业地带转移。鉴于此时的苏格兰正在快速进入城镇化时代，这一变化在一定程度上并不出人意料，但它的确表明苏格兰的海外移民潮不但出现在经济衰退的地区，也出现在正经历经济发展的地区。19 世纪末期对于在美苏格兰移民的一项抽样调查显示，超过四分之三的苏格兰移民来自城镇而非农村。例如，在 1880 年代，约 80% 的男性苏格兰移民都来自所谓"工业"郡，而土地广袤的加拿大、澳大利亚、新西兰吸引的苏格兰移民仍以佃农和农场佣工为主。直到 20 世纪较晚些时候，上述地区仍是主营农业的东北部各郡居民首选的移民目的地。苏格兰农场佣工工会（Scottish Farm Servants' Union）精干且富有远见的秘书长乔·邓肯（Joe Duncan）曾如此评价一战前苏格兰乡村日益扩大的移民潮：

470

> 从苏格兰乡村出发的移民潮一直颇为稳定地存在着，它有时会崛起为一股洪流，正如我们在之前三四年里看到的那样。移民规模最大的那些郡的情况值得我们予以注意。到目前为止，来自埃尔金、奈恩、班夫和阿伯丁等地的移民数量最多，这可能是因为当地工业活动较少，导致农场工人缺乏在本地更换职业的机会。这些地区同样拥有规模最大的单身农场工人群体，而那里的工资在传统上又是每半年一结，这迫使很多年轻人养成了节俭存钱的习惯，让他们有足够的积蓄远走海外……
>
> 在薪资更高、转行机会更多的郡里，海外移民的规模相对较小。农村移民大多以加拿大为目的地，澳大利亚排名第二，还有越来越多的人正在前往新西兰和美国，但规

模远逊于加拿大与澳大利亚。海外移民潮令本地农村的薪资上涨，也让留在本地的农村劳动者享受了更高的经济自主性。在今天，整个苏格兰的农场都面临着缺少人手的问题，虽然近来海外移民的势头似乎缓和了许多，但农村劳动力数量不太可能出现大幅增长。[2]

移民目的地的相对受欢迎程度在各个时期有所不同。1840年代初之前，英属北美（在 1867 年成为加拿大自治领）是大多数苏格兰移民的目的地，当时在沿海各省与上加拿大（后来的安大略省）地区，苏格兰侨民群体已经站稳了脚跟。直到一战以前，加拿大仍然是苏格兰移民的头号目的地，因为可以较为容易地获取自治领辖下公用土地，所以那里对苏格兰乡下的移民特别有吸引力。澳大利亚和新西兰在 1850 年代早期的淘金潮时代吸引了大量苏格兰移民，当时仅澳大利亚就吸引了约 9 万苏格兰人迁居。即便在 1860 年代初和 1870 年代末移民较少的时期，大洋洲仍是颇受苏格兰人欢迎的移民目的地。在 19 世纪与 20 世纪之交，苏格兰移民还一度涌向了南非。不过，美利坚合众国在任何一个时期都堪称最具吸引力的选择。1853—1914 年，超过一半的苏格兰移民来到了美国，还有很多移民在来到加拿大之后选择南迁，将美国作为自己的最终目的地。就交通便利、文化亲近、机遇丰富、家族联系紧密与获取廉价土地的简便性而论，没有哪个国家能与美国和加拿大相比。

苏格兰移民总体上在目的地国家的发展历程中留下了深刻的印迹，这一成就本身并不出人意料。虽然很多移民原本是赤贫的高地人、失业的手工编织工、被发配到澳大利亚的流放犯或在政府资助下离开苏格兰的孤儿，但不少移民在离开苏格兰时具有不俗的竞争力，可以在新世界抓住机遇，并成功地影响当地的经济发展。不过，认为所有移民都取得了成功显然也是不合理的。从19世纪末到20世纪初，成千上万人从大西洋彼岸回归苏格兰本土，其中有不少人的海外打拼经历可能以失败告终，但这样的情况不但不足以概括苏格兰移民的整体处境，甚至也不构成多数。对19世纪安大略地区苏格兰裔城镇居民的研究显示，苏格兰移民在来到当地之后呈现出社会地位降低的现象，但即便将上述情况考虑在内，苏格兰移民在建设北美与大洋洲的过程中创下的纪录依然令人印象深刻。苏格兰移民拥有的几项优势让他们具备比其他族群更为优越的竞争条件：大多数苏格兰移民都是来自低地的新教徒，以英语为母语，他们因此不必像爱尔兰裔天主教徒移民那样受到教派歧视，也在语言上比德意志、斯堪的纳维亚诸国、法国、意大利等国家出身的移民更有优势。他们也拥有在世界上最先进的经济体之一生活并工作的经验。近代苏格兰的农业以其质量和效率之高享誉世界，而在银行、保险、工程、应用科学、造船、采煤和钢铁冶炼等诸多行业，苏格兰也占据着世界领先地位。苏格兰移民在迁往海外之前已经在这种先进的资本主义体系中积累了工作经验，他们从中掌握的丰富技能也非其他欧洲国家出身的移民可比。1815—1914年，移民美国的苏格兰移民中技术工人与半熟练工人的比重高达一半，在1920年代初，离开苏格兰的成年男性移民中有55%拥有专业技能，而在一战前的两年里，有人指出当时超过五分之一的苏格兰移民来自"商业、金融、保险、专业服务界，或已从大学毕业"。这正是埃德温·缪尔哀叹移民浪潮正在榨干苏格兰民族精英血脉的原因。在移民潮中

472

把握机会的不只是在苏格兰大城市和主要产业领域工作的技术工匠，农村的佃农、扶犁工和牧羊人也在改良农业生产模式下习惯了具有高度纪律性的劳作和更为先进的农作方法，这样的移民在那些地广人稀、原材料丰富但熟练劳动力严重不足的国度颇有竞争力。甚至可以说，苏格兰人从一个更为成熟发达的经济体系向殖民地国家更为落后原始的经济体系迁移，这本身就在一定程度上构成了一种技术转移。苏格兰移民的另一个额外优势是，他们在迁居海外时通常带有一定的初始资本。与移民美洲的爱尔兰裔天主教徒不同，逃离贫困状态并不是苏格兰侨民远走海外的主要目的。

苏格兰声名卓著的基础教育与高等教育传统也对苏格兰移民的成功起到了一定作用。18 世纪晚期，北美殖民地几乎所有医药从业者都是苏格兰人，或在苏格兰受过培训。苏格兰出身或在苏格兰受教育的牧师主宰了北美殖民地的长老会与圣公会，苏格兰的教育者也在普林斯顿学院、费城学院和北美殖民地中南方各地的无数长老会学院中扮演了关键角色。进入 19 世纪，苏格兰人在北美专业人士群体中的占比仍举足轻重。在《加拿大人物传记辞典》（*Canadian Dictionary of National Biography*）的条目中，我们可以在宗教、教育、文学、医学和新闻等领域里看到大量苏格兰移民的身影。即便在被流放到澳大利亚的罪犯当中，苏格兰人的文化水平仍高于英格兰人或爱尔兰人。不过，正规教育并不是苏格兰教育体系对苏格兰移民产生影响的唯一途径，还有很多移民曾在工作期间通过学徒工制度掌握了专业技能。对工业领域而言，真正的"高等教育"发生在克莱德河地区先进的机械制造车间里，工业领域的技艺往往在那里得到改进与优化，并被年轻的员工习得，从而传承给下一代劳

动者。同样地，农村的年轻养马童（haflin）要在体验饲养马匹
的诸多阶段之后，才能通过马夫结社（Horseman's Word）的秘
密仪式正式成为扶犁工。今天的加拿大商业史研究者认为，这
种对传统熟练工匠的培训体系的信念，正是19世纪晚期苏格兰
移民几乎主导加拿大工业经济的关键所在。在安大略地区的乡
下，苏格兰移居农民家中那些没有土地继承权的儿子被大量送
往铸造厂、磨坊和工厂车间，在那里学习专业技能，从而获得
了相对于其他族裔劳动者的竞争优势。在此基础之上，第一代
苏格兰裔移民（以及部分第二代苏格兰裔移民）也保留了对于
本民族同胞的认同感。在所有苏格兰移民的目的地国家里，移
民精英都依靠共济会、长老教会、圣安德鲁十字社和伯恩斯俱
乐部等盛行于19世纪的组织保持了族群认同，它们既为苏格兰
人提供了在生意上互相联络提携的平台，也是苏格兰移民社群
内部至关重要的宗教与社会组织机构。

473

　　基于上述原因，苏格兰移民能在近代北美和澳大利亚很多
地方的经济发展中扮演如此重要的角色，便不难理解了。苏格
兰移民中的杰出人物经常受到高度关注，其中就有来自邓弗姆
林的安德鲁·卡内基，世界最大钢铁制造企业卡内基钢铁公司
的创始人，以及生在班夫郡木匠之家，在移民加拿大之后成为
推动修建加拿大太平洋铁路（Canadian Pacific Railway）这一庞
大工程，改变了19世纪晚期整个加拿大的东西交通格局，并在
1921年去世时受封斯蒂芬山勋爵（Lord Mount Stephen）的乔
治·斯蒂芬（George Stephen）。即便没有像这些产业巨头一样
的名声，很多苏格兰移民也在其他产业中占据了主导地位。
1880年代，苏格兰移民与苏格兰裔居民主宰了加拿大的纺织、
造纸、制糖、制油、炼铁、炼钢、家具制造、毛皮贸易与面包

烘焙行业，取得了与他们的人口比重不相匹配的显赫成就。有人估计，19世纪末加拿大自治领约三分之一的商业精英都出身苏格兰，而当时第一代苏格兰移民在加拿大总人口中的比重仅为16%。在美国，苏格兰移民也取得了显著的商业成就。诸如亨利·埃克福德（Henry Eckford）、唐纳德·麦凯（Donald Mackay）和乔治·迪基（George Dickie）等苏格兰人曾为纽约和波士顿造船业的发展做出了不小的贡献。詹姆斯·福根（James Forgan）是苏格兰圣安德鲁斯一个高尔夫球杆制造者的儿子，他在1885年抵达美国之后，最终成为第一国民银行（First National Bank）的主席。在美国铁路交通网络的建设过程中，苏格兰建筑工与操作员也发挥了带头作用。生于伦弗鲁郡的克雷格·麦卡勒姆（Craig McCallum）少将曾在美国内战期间对维持联邦铁路系统的高效运转厥功至伟，他的努力被认为对联邦军最终击败南方邦联军具有决定性贡献。

上述"伟人"的功绩彪炳史册，在后世广受称颂，但和他们相比，无数默默无闻的普通苏格兰移民为开发北美做出的贡献更为显著。一代又一代的苏格兰牧羊人在蒙大拿、爱达荷与怀俄明地广人稀的土地上留下了自己的印迹；在西部的新边疆上随处可见大批苏格兰裔银行家、商人和小店主的身影；苏格兰货栈主把在爱丁堡与格拉斯哥的布料商那里学来的生意经验带到美国，成为美国城市百货商店行业的先驱。在大洋洲各殖民地，苏格兰移民的表现同样活跃。当代的汤姆·布鲁金（Tom Brooking）曾如此评价苏格兰人在新西兰历史上扮演的角色："……苏格兰农民、制造业者和商人的贡献远非他们的人数所能衡量。苏格兰移民在人数上不如英格兰人，但他们的开拓性贡献无疑超过了后者。"[3] 相比之下，澳大利亚的历史学家对苏格兰移民历史地位的评价更为持中，他们正确地指出移民中的成功者往往吸引了后世的全部关注，而失败者则更有可能被忽略。例如，在1890年代持续的经济萧条期间，澳大利亚的一些苏格兰移民企业也曾穷途末路。此外，现有的历史文献只能让我们了解到"可见的"苏格兰人的情况，至于女性、普通劳动者、罪犯、采矿工和流放者等群体虽然在澳大利亚历史上同样重要，其经历却没有得到记录。即便如此，苏格兰移民对今日澳大利亚社会的形成所发挥的作用仍得到了充分的重视，尽管他们在这一过程中扮演的角色并不总是光彩的。维多利亚的苏格兰开拓者常常是以残酷无情著称的土地强占者，来到澳大利亚的苏格兰移民总体上也与英格兰、威尔士和爱尔兰移民一样，深度参与了对当地原住民群体的残酷压迫。讽刺的是，一些最为恶名昭彰的原住民迫害者本身就来自高地，在离开家乡之前深受土地清退之苦，直到1850年代才凭高地与群岛移民协助社（Highland and Island Emigration Society）的赞助移居海外。在1900年前最终抵达澳大利亚的约25万苏格兰移民中，有相当多的人都被吸纳为城市劳动力，或在内陆放牧绵羊，但他们当中也有不少人和在北美一样，参与了澳大利亚的商业、教育、宗教与文化事业。这一时期的苏格兰移民对澳大利亚（以及新西兰）的放牧业与矿业施加了显著影响，其中一个突出的因素就是苏格兰本土资本与澳大利亚企业之间的联系。澳大利亚的苏格兰移民积极参与了土地、养牛或绵羊养殖业公司的经营，并通过一系列为富人运作流动资本的商业律师和注册会计师组成的行业网络，将苏格兰中产阶级的储蓄投入澳大利亚的开发事业。到1880年代，澳大利亚总借贷额的40%以上都可直接追溯到来自苏格兰的资金，这一点再次证明了苏格兰在 19 世纪取得的经济成功与苏格兰移民在海外的成就之间有着紧密的关联。

2

欧洲人移民新大陆的活动可以追溯到近代早期的地理大发现时代。但在 19 世纪下半叶，这场规模不大的人口迁移运动逐渐成为一股洪流，将大量个人或家庭带往大西洋彼岸，大规模移民时代至此真正地揭开了序幕。这场移民潮的原因不只在于美国和加拿大前所未有的扩张活动在北美大陆产生了无比旺盛的劳动力需求，也取决于越洋交通领域两个重大阻碍的克服，即距离和成本。从前，越洋迁徙对欧洲人而言往往意味着有去无回，欧洲人也在传统上将新大陆视为一片森林密布的遥远蛮荒之地，失败的风险与死亡的危险在那里远远大于潜在的机遇。

和人类生活中的很多其他方面一样，移民在 19 世纪因交通方式的革命而迎来了翻天覆地的变化。虽然蒸汽船的客运成本事实上比帆船高出三分之一，但这种新交通工具在速度、舒适度和安全性等方面带来了巨大的改善。1850 年代，乘船横渡大西洋需要六个星期，但到 1914 年，横跨大西洋的平均船运时间已缩短至一周左右。在 1860 年代初，45％ 的跨大西洋移民在出发时乘坐了帆船，但这一比例在接下来的几年里迅速下跌，以至于到 1870 年，几乎所有移民都会乘坐蒸汽船渡过大西洋。蒸汽船极大地缩短了航行时间，从而为移民消除了另一个重要的成本来源。移民们在出发到靠岸之间没有任何收入，但这段困难时间在蒸汽船普及之后大大缩短了。对于 19 世纪晚期在苏格兰移民当中占比越来越大的城市技术工人或半熟练工人而言，这一变化非常关键。他们现在可以利用北美地区临时性的劳动力短缺，在特定的时候前往北美，以在那里赚取比本土更高的工资。这一变化也解释了为什么这一时期从美洲返回苏格兰的移民规模也有所扩大。据估计，到1900年有三分之一的苏格兰移民都曾在抵达目的地之后回到了苏格兰本土。上述变化不只发生在从欧洲去北美的移民身上。1853—1920年，共有140万人（几乎都来自不列颠）移民新西兰，据估计其中有近100万人（这些人当然不都是移民）都回到了本土。回归本土的人数与日俱增，在1853—1880年新西兰的对外船运总人数中仅占36%，到1881—1920年就上升至82%（在此期间共有100万人乘船离开新西兰）。这一上升态势与通往新西兰的海运交通方式的变化直接相关。

476

蒸汽船是19世纪最具颠覆性的技术进步，但铁路对移民的影响也不遑多让。铁路让来自各地的移民都可以快速且方便地通过遍及全国的交通网络前往海滨的出发港。船运公司常常与铁路公司签署协议，保证移民在抵达出发港时不必承担火车票开支。铁路在北美的扩张也带来了类似的好处。到1850年代，加拿大运河网络已经建成，与此配套的铁路开发事业改善了北美东海岸与美国西部之间的交通连接，移民可以在欧洲购买去魁北克或汉密尔顿的船票，再从那里乘火车去芝加哥。蒸汽船与铁路两种交通方式的连通催生了备受欢迎的所谓通票（through-booking）机制，让移民可以一次性预订全套交通服务，只需在欧洲购票一次就能直达美国内地的最终目的地。1857年，《钱伯斯周刊》（Chambers' Journal）曾将通票称为一种"惊人的便利做法"，认为它"让移民不再对越洋远行心怀恐惧，想必会让成百上千户家庭蠢蠢欲动"。[4]

苏格兰移民在铁路时代享受了独特的优势，这是因为当时苏格兰的铁路系统已经把各个地区与克莱德河口一带一系列重要的客运出发港连接起来，而从 1850 年代开始，始于那些港口的航运网络便已布满全球。当时主要的客运公司包括艾伦公司（Allan）、锚公司（Anchor）和唐纳森公司（Donaldson），它们主要经营的是跨大西洋线路；城市航运公司（City Line）则主营印度航线。此外，艾伦公司也运营南非线路，而从 1860 年代开始，阿尔比恩航运公司（Albion Line）还开始运营前往新西兰的客船。在加拿大，还有一些主要的铁路公司瞄准移民市场，积极地发挥了作用。这些公司认识到，对初来乍到的欧洲移民而言，铁路不仅是一种便捷快速的交通方式，也是开拓北美内陆荒野、建立永久性定居点的最有效手段。正因如此，体量庞大的加拿大太平洋铁路公司（Canadian Pacific Railway Company，CPR）在这一时期积极地鼓励移民到加拿大内陆定居。1880 年，加拿大自治领当局已经为加拿大太平洋铁路公司提供了从温尼伯到落基山脉之间的 2500 万英亩土地，为了从这些土地上获取利润，加拿大太平洋铁路公司不得不在沿线扩大居民区的规模以提高人员输送量。结果，加拿大太平洋铁路公司决定在英国本土发起积极的营销活动，鼓励英国人移民内陆平原地区。在加拿大太平洋铁路公司的营销战略中苏格兰被列为重点关注的目标，公司的代理人也走遍了苏格兰乡间，为当地居民宣讲好处，提供信息。为了降低移民迁入的难度，加拿大太平洋铁路公司甚至在艾伯塔南部预先建好了农场，有意移民者在购买服务的同时就能获得农场住宅、谷仓和栅栏的所有权。

在大型企业主动吸引移民迁徙北美内陆草原的举措背后，是一场让更多欧洲人知晓移民美洲之魅力所在的信息革命。一直以来，新大陆移民都会在写给本土的信函中通报海外的情况，这构成了移民目的地与旧大陆之间信息传播的最重要渠道。随着蒸汽船、铁路和电报等技术快速进步，邮政服务变得更为频繁、可靠且迅捷，这一传统通信渠道的传播力度也大大加强。对于旧大陆的居民来说，那些由移民写给可信任的家属的信件是他们了解海外工作机会、物价水平和收入水准的最可靠来源。而在信件之外，移民们还会给母国的亲属汇去款项。魁北克最大的移民中介商亚历山大·布坎南（Alexander Buchanan）就曾在历年的年度报告中提到，来自苏格兰和英国其他地方的大量移民依靠新大陆亲友寄回的现金漂洋过海，前来投靠他们。

回乡移民也是向旧大陆提供海外信息的一条重要渠道。虽然的确有一些回乡移民在闯荡新大陆失败、彻底失去希望之后才选择回国（这一时期的苏格兰媒体经常发表文章，称回国的移民已经"耗尽了期许，花光了积蓄"），但将他们一概视为落魄之人也是错误的。随着轮船的普及彻底改变了越洋航运，当新大陆的经济环境暂时恶化时，乘船返回本土的移民人数自然会大幅上升。不过，很多回乡移民在离开苏格兰之际就不打算永久定居美国，这在技术工匠和半熟练工人当中尤为常见。例如，在当时的苏格兰东北部，数以百计的花岗岩采石工都会在每年春天渡海前往美国的采石场，直到冬天才回到阿伯丁。而在拉纳克郡，一些煤矿工人也形成了定期前往美国工作的传统。此外，石匠和其他建筑行业的技术工匠也会在新大陆迎来旺盛的季节性需求。到1880年代，苏格兰移民似乎已乐于以相对较短的滞留为目的前往海外。例如，在1880年代后期，大量苏格兰建筑工匠都被报纸上的广告吸引，来到得克萨斯州首府奥斯汀（Austin），在美国工人罢工期间从事他们放下的工作。来自斯堪的纳维亚诸国、意大利、希腊和英格兰的例子也表明，所谓"落魄"之人在回乡移民当中只占少数，我们似乎也没有理由认为苏格兰移民的情况与此不同。而在回乡的移民中，那些取得了成功的人无疑在当地广泛地传播了关于海外工作与生活状况的信息，甚至可能鼓励了更多人出海移民。

在 19 世纪末，除了上述私人和家庭渠道之外，旧大陆有潜在移民意愿的人所能获取的信息于质于量都有了爆炸性的提高。1886 年，英国政府设立了对外移民信息办公室（Emigrants' Information Office），旨在就迁居海外时的土地分配、工资水平、生活成本与交通费用等情况提供客观中立的介绍。这一机构还散发了大量手册与简介，其中的信息因扎实准确而备受信赖。相比之下，地方性报纸发挥的作用更为显著。玛乔丽·哈珀（Marjory Harper）的研究揭示了《阿伯丁日报》（*Aberdeen Journal*）等当地主要报纸如何在苏格兰东北部的乡村地区引发了对于移民海外的兴趣。这些报纸不断刊登远洋航线的广告、赞助出海的信息，以及许多介绍北美生活的文章和海外移民来信，让乡村读者受到了无休止的信息轰炸。海外国家的政府与土地公司也开始更加积极地吸引移民，他们的做法变得更加专业、更加精致。例如，在 1892 年，加拿大政府任命了两个全职代理人，到苏格兰各地的集市、招工集会、农业展销会和乡村礼堂集会上宣传移民加拿大的好处，他们最得心应手的技术就是用幻灯片进行配图宣讲。负责苏格兰北部的代理人 W. G. 斯图尔特（W. G. Stuart）甚至能在听众有需要时用盖尔语为他们宣讲。

从 1870 年代到一战爆发前，加拿大政府吸引移民的目的都在于尽快开发西部的内陆草原，以为整个自治领充当农业基地。

在这一计划的背后，曾在 1896 年至 1905 年任加拿大自治领内政部部长的克利福德·西夫顿（Clifford Sifton）施加了关键影响。他曾为加拿大制定了最早的移民宣传策略，包括大量传播富有吸引力的文案，在报纸上刊登广告，邀请当地知名记者走访加拿大并写下称赞加拿大的文章，以实际移民人数为基准支付代理人的佣金，并为蒸汽船船票代销商提供津贴，让他们帮忙在英国宣传移民加拿大的好处。苏格兰乡村与加拿大素来有密切的关联，那里的居民也多为经验丰富的农民和拥有熟练技能的农场佣工，因此在加拿大的移民宣传策略中，苏格兰被视为特别重要的争取对象。

479

3

　　信息沟通与移民市场营销手段的革命在西欧所有国家都造成了不同程度的影响，但这种影响本身不足以解释为什么苏格兰相对于欧陆任何一个地方的移民比例都如此之高。像爱尔兰和斯堪的纳维亚诸国这样人口流出率较高的社会大多在经济上以农业为主，比较落后，而苏格兰拥有当时世界上最为发达的工业社会，在 19 世纪下半叶不但享受了生活的改善，也以优秀的造船、机械制造、炼钢制铁和农业造诣享誉世界。此外，苏格兰的对外移民潮在持续时间上也超过了联合王国境内的任何一个地方。尽管英国的对外移民在两次世界大战之间有所回落，苏格兰的对外移民数量在此期间仍保持在较高水平。事实上，在 1920 年代，苏格兰的对外移民率达到了几十年来的最高点，也在当时的所有移民输出地当中位列第一。即便在一战以前的那些年里，苏格兰的对外移民率仍高达英格兰的近两倍。讽刺的是，苏格兰的移民输入（尤其是来自爱尔兰的移民）也曾在

19 世纪初颇具规模，并在爱尔兰大饥荒期间进一步增长，直到在 1891 年达到峰值（当时的人口普查显示，苏格兰有 218745 名出生在爱尔兰的第一代移民）。在 19 世纪晚期，意大利的很多地区和北欧部分地区的移民输入规模也有所扩大，但在规模上不能与苏格兰相比。换言之，苏格兰在近代欧洲的语境下不但拥有超高的移民输出率，移民输入也异常活跃。

为什么在 19 世纪取得了辉煌经济成就的苏格兰有着一段如此活跃的移民输出史，这无疑是一个发人深省的问题。其中一个可能的原因在于，苏格兰人在传统上就乐于迁徙，因此惯于在英格兰和海外寻找工作机会与发展机遇。苏格兰侨民的海外开拓事业早在大规模移民北美和大洋洲之前便已存在。在 16 世纪和 17 世纪，成千上万的苏格兰人来到波兰、斯堪的纳维亚诸国、爱尔兰和英格兰，成为雇佣兵、游方商人、小商贩、（在阿尔斯特地区）佃农与普通劳工。据估计，1600—1650 年共有 3 万到 4 万名苏格兰人前往波兰，还有 4 万多人曾在 17 世纪末定居阿尔斯特，其中有很多人是在 1690 年代的"灾年"期间前去移居的。T. C. 斯莫特曾指出，17 世纪中叶 15—30 岁的苏格兰男性远走海外的比例很有可能与 19 世纪中叶相当，而在后一个时代，苏格兰的人口已有了显著的增长。同样地，100 年后最早一批定居北美殖民地的移民当中也有苏格兰人的身影。1763 年《巴黎条约》让北美内陆山区对英国殖民者开放，到美国独立战争爆发时，那里已经有约 4 万名苏格兰人定居。这些移民往往大批前来，北美殖民地边境地带的佐治亚、卡罗来纳、加拿大和上纽约等地是他们的主要聚居区。数百年以来，海外迁徙都是苏格兰人社会习俗的一部分，对他们来说，出国闯荡不是什么新鲜事。尤其值得注意的是，近代早期热衷移民的传统遍及苏格兰各地，从北端的奥克尼群岛到南方的边境地区无不如此。16 世纪大多数前往欧洲大陆的苏格兰侨民来自东部各郡和北方诸岛，而定居在阿尔斯特的苏格兰人大多来自低地西南部和阿盖尔郡。18 世纪末，第一次有大批高地人移民北美。由此可见，苏格兰的大规模海外移民几乎从不间断，维多利亚时代和爱德华时代的移民潮只是延续了这一拥有数百年历史的传统。

　　不过，19 世纪到 20 世纪苏格兰的大规模对外移民背后也存在具体的时代原因。为了更好地揭示这些原因，我们应该审视这一时期高地、低地乡村和低地工业城镇地区的不同状况。高地西部及群岛地区在苏格兰移民史上的地位尽人皆知，无数歌谣、传说故事与历史著述都曾提及当地的人口外迁与土地清退运动间的关系。然而，当地的实际情况比流行观念的叙述更为复杂。高地海外移民的来源地主要集中在西部边远地区和赫布里底群岛的小农场地带，相比之下，大多数从高地南部、中部和东部堂区离开的移民最初的目的地并不是国外，而是格拉斯哥、爱丁堡和邓迪等大城市。从 18 世纪末到 1850 年代，高地居民的移民率已显著高于苏格兰其他地区。例如，在 1840 年代初，据估计苏格兰海外移民当中有五分之二来自高地各堂区。但正如之前提到的那样，从 1860 年代开始，高地的对外移民规模与其他地区相比便不再显著。到 19 世纪末，大多数苏格兰移民都来自城镇地带，在移民之前从事工业相关的工作，若将此时苏格兰人的大规模外迁归结于高地地区的经济与社会问题，就显然是不准确的。

　　即便如此，在之前的数十年间，高地西部有如此之多的人口迁居大西洋彼岸的原因仍不难理解。首先，与一般观念相反，

481

盖尔语地区的居民对外部世界的机会有着充分的了解。18世纪末的大规模征兵活动在当地形成了惯于迁徙的民风,也在当地传播了关于海外移民目的地的信息。到拿破仑战争结束时,已经有约3万高地人移民北美,当地的高地侨民社区也与家乡维持着密切联系,在19世纪晚些时候促成了所谓"连锁移民"的现象。事实上,高地西部的大规模移民最早可以追溯到1820年代,正是从那时开始,当地大部分地区的人口不再增长。鉴于褐藻产业崩溃、渔业行情低迷,在当时流行的马尔萨斯人口理论的影响下,高地地主自然开始认为自己领地上的人口"过于稠密",只有将部分居民迁出才能腾出土地交给绵羊养殖业者。与艰难谋生的贫苦佃农相比,绵羊养殖业者缴纳的地租更多,稳定性更好。早在1820年代,诸如寇尔岛(Coll)的麦克林恩和斯凯岛的麦克唐纳等地主便开始帮助领地上的"富余人口"向大西洋彼岸迁徙。1836—1837年的粮食危机之后,英国政府殖民地部(Colonial Office)也参与发起了一个规模更大的项目,为海外移民提供支持。作为结果,约4000名高地人最终在澳大利亚的新南威尔士定居。在1840年代的土豆灾荒之后,辅助移民项目的规模进一步扩大,在私人地主和高地与群岛移民协助社等慈善机构的帮助下,超过16500人离开赫布里底群岛,前往加拿大或澳大利亚。在"辅助移民"的过程中,不少迁徙海外的高地居民是在强制手段的胁迫下离开家园的。如第十八章所述,这一时期的高地西部发生了整个19世纪最为残酷的人口清退潮,无数穷人迫于经济困难和地主的无情压迫而远走他乡。

在所有苏格兰移民当中,高地人的故事最吸引大众眼球,这一点并不意外:只有在这个悲惨的地方,地主直接动用了自己的权威,要求当地人离开。在这一时期苏格兰的其他地方也发生了大规模移民，但这些移民潮带来的影响更为微妙且抽象，因此很难像高地人的悲剧那样引起强烈的情绪共鸣。不过，值得注意的是，即便在高地，移民的具体过程也没有那么单纯。在1886年的《小农场农民所有地法》生效后，虽然大规模人口清退被判定为非法，但当地人离开土地的趋势没有缓解，在一些地方反而有所加速。在1880年代以前，除刘易斯岛和南尤伊斯特岛之外，高地大多数地方的地主便已有效地遏制了小农场土地的进一步细分，没有继承权的农民子女必须离开家乡，而由于高地缺乏可分配的土地，这往往意味着他们必须彻底离开高地，前往远方。在1860年代初、1880年代和1920年代初，经济危机与粮食危机在高地反复降临，制造了一波又一波移民浪潮。但由于高地此时仍是苏格兰最为贫穷的地区，也是在文化传统上对地权最为执着的地区，高地人即便不受危机威胁也会倾向于迁徙海外。正是在这些地方特色的驱动下，盖尔语地区的年轻人成了加拿大土地公司代理人绝佳的推销对象——与进入低地城镇工作相比，到加拿大定居开垦的生活方式与他们在高地的体验更为接近。

　　上述的一些因素在低地乡村也发挥了作用。低地乡村人口历来拥有高度的内部流动性。例如，在1860年代，低地绝大多数堂区的人口都出现了净外流，这一现象背后的原因多样复杂，本书第十九章已对其进行了说明。不过，理解这种罕见的人口内部流动性对于解释低地乡村海外移民的盛行十分关键。低地乡村出身的苏格兰人在海外的高度流动性，在很大程度上与他们在本土的高度流动性有关。现有一些证据表明，从19世纪末期起，海外移民的规模与低地内部流动的规模成反比发展。那些往返于低地乡村的农场和村庄间寻找就业机会的人在决定迁

483

徙目的地时会把苏格兰城镇与海外等量齐观，比较两者的优劣之后再做出选择。例如，1881—1890 年及 1901—1910 年，分别有相当于同期苏格兰人口自然增加数的 43% 和 47% 的人移民海外，而在此期间，前往格拉斯哥及其郊区的人数跌至低位。在 1870 年代与 1890 年代，虽然海外移民人数有所下降，迁往低地西部城镇的人数却大幅增加。上述规律表明低地乡村的居民惯于迁徙、精明善变，他们能通过报纸、亲属来信和回乡移民等渠道获得信息，并以此为基础判断自己应迁往何方。这一现象也再次印证了 19 世纪晚期交通革命的重要性：正是发达的交通方式充分释放了苏格兰乡村居民长久以来的内部流动性，让他们积极参与通往海外的迁徙活动。

与高地长期以来的状况不同，贫穷或生活上的困难并不是促使低地乡村的苏格兰人移民海外的主要因素，追求经济上的机遇才是他们的主要动机。从 19 世纪到 20 世纪初，加拿大对希望耕种土地的苏格兰移民来说都是最具吸引力的目的地，乡村地区的匠人与在工厂工作的工人则更倾向于移民美国。通过调查这一时期移民寄回家乡的信件和关于海外移民的报纸文章，我们可以整理出移民海外对小佃农和农场佣工到底有什么吸引力。对这些人而言，移民海外的一个主要好处在于拥有土地的机会更大：新大陆的土地更便宜，而在加拿大自治领政府及地方政府和当地土地公司的运作之下，越来越多的土地在上市销售时便已得到了初步开发。在苏格兰，即便较为富裕的农民也要受制于他们的地主，必须遵守租约上的细致规定，否则便有可能面临法律或其他手段的制裁。相比之下，在加拿大和澳大利亚，农民可拥有的土地要广袤得多。1870 年代苏格兰乡村的佃农抗争表明了农民和地主间的紧张关系可能引发怎样的社会冲突。在殖民地，移民则可以以实惠的价格购买土地，成为土地的持有者与地权的完整所有者，他们不但能享受完全的独立性，还可将辛勤耕耘的土地传给家人。在苏格兰乡村的一些地方，农业大萧条造成的压力激化了当地的社会矛盾，让更多的人选择定居海外。1906年英国农业署曾对乡村人口减少的原因展开调查，并针对苏格兰的情况得出了如下结论：

> 很多受访者都提到，自己已经没有因守土地的理由，484
> 继续留在家园也不会让自己的生活状况有所改善。而在一些地区，尤其是在苏格兰，当地乡村一些最为精干的男性都选择去海外殖民地定居。在那里，他们可以在更开阔的土地上发挥自己的力量，也更有可能获得独当一面的地位。[5]

对农场佣工而言，移民海外的诱惑同样很大。在东北部诸郡，扶犁工会把自己工资收入的一部分存进本地的储蓄银行，以为未来移民海外做准备。还有一些人则会到加拿大接受短期雇用，直到存够了购置农场的钱为止。

对来自苏格兰城镇与工业地带的移民来说，工资也是促使他们远走海外的核心因素。相对较低的薪资水平让苏格兰制造业在全球市场上拥有了强劲的竞争力，但这也必然导致苏格兰的工人向雇用待遇更好的地区迁徙。当然，较低的工资水平和对外移民规模并不必然相关，真正重要的因素还是在于本土与海外工作机会之间的相对优劣。毫无疑问，维多利亚时代苏格兰的经济增长促使苏格兰工人的实际收入有所提高，尤其是在19世纪末。但在地大物博、人口稀疏的美国和大洋洲殖民地，工人工资的增长速度比苏格兰快得多，具备专业技能的熟练工人在那些地方尤其抢手。受到高薪资水平与技术工人严重短缺的吸引，成千上万的苏格兰工人最终选择了移民海外，苏格兰的对外移民规模因此不出意外地超过了英格兰。这一时期的苏格兰仍是一个比英格兰更为贫穷的社会。1841—1911 年，约 60 万苏格兰人迁居英格兰，这远远多于从英格兰迁居苏格兰的人口。这一反差表明，由于海外与本土的就业机会差距过大，苏格兰人能够从对外移民中获得的好处也比英格兰人多得多。

然而，苏格兰城镇居民的外迁潮背后并不只有工资水平这一个因素。苏格兰的制造业结构建立在少数高度依赖海外市场需求的巨型企业之上，因此在经济景气的循环波动面前十分脆弱。从 1840 年前后开始，英国经济越来越受制于景气循环的影响，因为造船、钢铁、机械制造和煤矿等产业内部联系紧密，且整个工业体系高度依赖海外市场，苏格兰对这一周期性变化尤为敏感。因此，即便在维多利亚时代和爱德华时代工业经济最为繁盛的时期，苏格兰的工业经济仍无法逃脱慢性的不稳定状态，就业规模在 1840 年代末、1880 年代中期和 1906—1910 年等衰退时期都曾出现严重萎缩的情况。苏格兰海外移民的高峰往往与这些景气循环中的下行阶段重合，这不只是因为苏格兰的困难状况将更多的人"推"向海外，也是因为美国和加拿大更高的工资与更多的工作机会对苏格兰人产生了"吸"力。正如布林利·托马斯（Brinley Thomas）在多年前指出的那样，当英国经济在 19 世纪晚期陷入萧条状态时，美国的经济却正逢繁荣时期。在这样的条件下，本土的"推"力与海外的"吸"力共同作用，对外移民的规模往往会在这时达到创纪录的高度。1914 年以前，苏格兰海外移民规模的最高纪录出现在 1901—

1911 年，当时苏格兰的工业经济陷入了长达数年的停滞，而加拿大经济正处在繁荣状态，内陆草原农业、铁路建设、采矿、制造业和伐木业都在这一时期大幅扩张。同样地，1920 年代和1930 年代持续不断的对外移民潮（此时英国其他地方的对外移民规模都在缩小）也可以在苏格兰独特的出口导向型重工业经济体系在战间期异常不利的处境中得到解释：1931—1933 年萧条最为严重时，苏格兰超过四分之一的劳动力失去了工作，这一比例在英国全国只略高于五分之一。正所谓"万变不离其宗"（plus ça change, plus c'est la même chose），鉴于苏格兰人在经济上面临着更多的困难，他们比其他人更倾向于移民海外也便不难理解。

第二十一章　新苏格兰人

爱尔兰裔天主教徒

　　近现代意义上的苏格兰民族发源于中世纪的苏格兰国家，后者统治的民众混合了盖尔人、皮克特人、斯堪的纳维亚人、布立吞人（Britons）和盎格鲁人等多个族群。与威尔士、爱尔兰相比，古代苏格兰的族群构成要复杂得多。1800年后，随着大量移民再次涌入苏格兰，苏格兰民族反而形成了一种更为一元化的身份认同，那些在宗教、语言和文化传统上与本地人不同的移民因此受到了怀疑，乃至公开的恶意对待。在19世纪和20世纪，一波又一波爱尔兰人、意大利人、立陶宛人、犹太人、波兰人、英格兰人和亚裔移民来到苏格兰定居，自数百年前爱尔兰、斯堪的纳维亚和不列颠诸部族定居苏格兰以来，这一时期可谓移民迁入的又一高潮，这些新定居者的到来也对现代苏格兰社会的发展产生了强大而多歧的影响。本章将重点关注其中五个移民群体（他们构成了二战前苏格兰迁入移民的大多数）的历史体验以及苏格兰居民对他们的态度。

　　19世纪的欧洲各地普遍进入了大规模移民的时代，但很少有地方能在对外移民的规模上与爱尔兰相比。"移民海外成了人生正常道路的一部分，在爱尔兰长大，就意味着准备离开爱尔兰。"[1]爱尔兰人的移民目的地遍及世界上几乎所有英语国家，而在1841年到1921年，移民苏格兰的爱尔兰人只占爱尔兰移民总数的 8%。即便如此，他们仍对苏格兰社会产生了显著的影响。爱尔兰裔天主教徒是近现代苏格兰的主要移民群体，其规模远远超过了意大利人、犹太人、立陶宛人（上述三个移民群体在 1930 年代的总人口超过了 4 万），以及在 20 世纪下半叶开始迁入苏格兰的亚裔移民。早在 1850 年代，苏格兰已有约 25 万出身爱尔兰的居民，来自爱尔兰的移民人数在那之后始终维持在较高水平，直到 1920 年代才开始下降。即便不讨论社会影响，仅就最基本的数字来看，爱尔兰向苏格兰移民的人数比例上也高于向英格兰移民的比例。1851 年英格兰和威尔士只有 2.9% 的居民来自爱尔兰，而这一比例在同时期的苏格兰高达 7.2%。虽然在一战前的几年里，爱尔兰向英格兰移民的人数逐步下降，但爱尔兰向苏格兰移民的规模并没有显示出衰退的迹象。1901 年，苏格兰仍有 20.5 万爱尔兰裔居民，与土豆饥荒之后不久的 20.7 万人相差不大。

由于爱尔兰裔居民往往集中居住在特定区域，尤其是在格拉斯哥城内及郊区的工业地带、邓迪以及洛锡安地区的矿业地带，他们在近代苏格兰社会中拥有异常高的辨识度。归根结底，吸引爱尔兰移民来到苏格兰的最大原因就是苏格兰发达的工业化进程，作为结果，在艾尔德里、科特布里奇、马瑟韦尔和低地西部其他一些繁荣的工业城镇，爱尔兰裔居民都形成了规模可观的社区。在这一时期定居苏格兰的爱尔兰人大多来自爱尔兰北部的阿尔斯特地区，至于来自爱尔兰岛其他地方的移民则为数较少。正因如此，虽然大多数爱尔兰移民都信仰天主教，但 19 世纪中叶仍有相当一部分爱尔兰移民（约占五分之一到四分之一）是新教徒，他们的祖先正是 17 世纪从苏格兰前往阿尔斯特定居的长老派基督徒。这些人出于文化、族裔和宗教信仰

487

上的原因，能够比天主教徒移民更好地融入苏格兰当地社会。关于这一群体的故事，本章将在下一节予以讲述。爱尔兰移民的地域特性非常值得关注，因为来自阿尔斯特的移民在迁居苏格兰工业地带时也带来了家乡传统的社群仇恨：在19世纪拉纳克郡和艾尔郡的一些地方，新教徒与天主教徒间的"橙绿之争"①也成了当地社会的一个固有特征。

爱尔兰裔居民对苏格兰的经济发展贡献巨大。1843年，弗里德里希·恩格斯曾说，不列颠工业革命如果离开了来自爱尔兰海彼岸的移民劳动力就不可能发展下去。这句发言本身针对的只是拉纳克郡，但恩格斯讲述的这一情况可能更适用于整个苏格兰。爱尔兰裔居民在苏格兰的总人口中占据更高的比例，苏格兰工业经济的成功也取决于非技术与半熟练劳动力的充足供应。在拉纳克郡和艾尔郡的矿业地带，爱尔兰工人常常背负着工贼的名声，19世纪早期的一些狡猾的雇主时常会雇用他们来打破工会集体抗争的计划。不过，从长远来看，爱尔兰移民工人对苏格兰本地劳动力起到了补充作用，他们愿意承担那些因过于枯燥和缺乏技术性而被苏格兰本地人嫌弃，却对工业和城镇发展至关重要的工作。年轻的爱尔兰劳动者在苏格兰的劳

① 以浅绿色象征爱尔兰独立性的做法始于1641年，当时由欧文·奥尼尔（Owen O'Neil）领导的爱尔兰天主教同盟趁英国内战推翻英格兰新教政权统治之后，设计了以浅绿色为背景、配有竖琴图案的旗帜，这一意象后来在18世纪末为爱尔兰人联合会运动（以新教徒为主，主张推翻君主制并建立共和国）所利用，成为爱尔兰民族主义的标志。在19世纪初爱尔兰人联合会运动被镇压，以及英国政府废止对天主教会与天主教徒的压迫政策之后，爱尔兰民族主义运动中的天主教色彩不断加强，到19世纪中叶，浅绿色已成为爱尔兰天主教徒的代表颜色。橙色指代1688—1689年光荣革命期间成为不列颠统治者的威廉·奥兰治，在19世纪的苏格兰和爱尔兰被"奥兰治兄弟会"等对天主教态度强硬、反对爱尔兰民族主义运动的保守派新教徒组织视为代表色。

动力市场上形成了一支强大的流动性力量，他们徘徊于苏格兰各地，参与修建港口、铁路、运河、桥梁与水库的工程，为苏格兰经济的新格局建设了重要的基础设施，但其中一些人只希望从这种工作中赚取足够移民海外的收入，以伺机远渡大西洋，前往真正的机会之地。

当时的爱尔兰人虽然为苏格兰经济奇迹的延续做出了巨大的贡献，但他们并未因此得到多少褒奖。他们是"身在异国的陌生人"，无论在宗教、语言还是文化上都与本地社会格格不入。他们在劳动力市场上总是居于末流，舆论时常抨击他们为一群怠惰的贫民以及纳税人和济贫体制的累赘，还把他们当作一切社会问题（从酗酒到大城镇的传染病疫情）的替罪羊。一些人认为，正是在这样的社会压力之下，爱尔兰移民社群减少了与外部社会的交集，变得更加故步自封，并因此形成了一种独特的身份认同和对天主教的信仰热忱，以求天主教信仰给予自己精神上的慰藉，在这片充满敌意的土地上为自己提供社会价值。近代苏格兰作为一个"无国家之民族"的身份认同建立在长老派基督教的基础之上，这一派别将天主教视为一种浮夸的迷信，乃至一种恶魔般的威胁，其罪魁祸首便是罗马教宗，即所谓的"原罪之人"。不过，爱尔兰裔天主教徒社群的封闭意识既非一蹴而就，也从来没有全然主导这一群体，从 20 世纪初开始，这种意识更显露出逐步瓦解的迹象。此外，如本书之前所述，苏格兰的长老派基督教内部也颇为多歧，在 19 世纪的大部分时间里受制于教派矛盾，其烈度有时甚至能让天主教徒和新教徒之间的矛盾相形见绌。

第一波爱尔兰移民最为突出的特点在于他们被苏格兰社会同化的速度之快。18 世纪移民加洛韦和艾尔郡的爱尔兰人很快就抛弃了他们的天主教信仰，一方面是因为他们与本地人的通婚，另一方面是因为苏格兰没有天主教会的司铎与教堂。在这一过程中，第一批爱尔兰移民也逐渐放弃了爱尔兰式的姓氏。例如，麦克达德（McDade）变成了戴维森（Davidson），奥尼尔（O'Neil）变成了麦克尼尔（McNeil），德怀尔（Dwyer）变成了戴尔（Dyer）。很多第一代乃至第二代爱尔兰移民很快就成了苏格兰本土居民的一部分，可辨识的身份差异几乎消失不见。直到19世纪中叶为止，苏格兰的天主教会仍无力接纳有如洪流一般不断涌入的爱尔兰移民。在1836年，格拉斯哥全城只有一名天主教司铎，但城内天主教徒的人数已达9000—11000人。位于圣安德鲁斯城内克莱德街上的主教座堂在1816年正式开放，象征着天主教徒社群在苏格兰西部的兴起，但这座宏伟的建筑让这个本就拮据的社群陷入了长达多年的财政困难，反而影响了在移民聚居区建设新教堂的步伐。在这一时期，苏格兰西部的天主教司铎甚至时常离开自己的职守所在，前往英格兰和爱尔兰募集资金。同样地，后来成为天主教徒移民宗教认同感重要支柱的教会学校在这一时期的影响力也十分微弱。直到1816年以前，苏格兰西部并没有天主教学校；在1817年，一个天主教学校社团得以在格拉斯哥成立，但这背后离不开一些富裕新教徒的资助。这笔资金支持对天主教社群而言并非没有代价：这些"天主教学校"的教师将被禁止传授天主教信仰，在宗教相关课程上也必须使用新教版本的《圣经》。

拿破仑战争后，苏格兰劳动力市场陷入低迷，薪资水平也有所下降，这一困难局面被一些人归咎于爱尔兰移民，一度导致爱尔兰移民社群在苏格兰的处境进一步恶化。不过，直到土豆饥荒以前，苏格兰没有多少针对爱尔兰移民的公开暴力行为，当时的教派冲突大多发生在爱尔兰裔天主教徒与爱尔兰裔新教徒之间，两派时常在新教徒举行"奥兰治游行"（Orange marches）时大打出手，在新家园里重演故乡的传统冲突。在1829年《天主教解放法案》（Catholic Emancipation Act）通过时，格拉斯哥长老会议与格拉斯哥大学曾表示抗议，但爱丁堡的法律界与学术界对这项立法表示了支持，诸如司各特爵士和托马斯·查尔默斯等要人都在支持者之列。这一时期的爱丁堡司法机关审判了当时苏格兰最恶名昭彰的两个爱尔兰人，即威廉·伯克（William Burke）和威廉·黑尔（William Hare），但值得注意的是，这场审判并未在爱丁堡引发任何针对爱尔兰裔人群的骚乱。伯克和黑尔原本是在联合运河工地上工作的两名工人，他们后来决定冒险从事非法生意，向爱丁堡大学的解剖学讲师售卖尸体。为了在成本上战胜尸体盗掘者（resurrectionists），他们决定谋害在世之人，并在1828年向罗伯特·诺克斯（Robert Knox）博士出售了不少于16名死者的遗体，其中包括几名与凶手一样信仰天主教的爱尔兰同胞。黑尔和他的妻子最终决定作为污点证人指控伯克，后者被判处绞刑并被戮尸。行刑的场面吸引了超过2万人围观，还有不少人继续观看了接下来将尸体公开肢解的过程。不过，这些残忍至极的事件在当时仍没有引起任何针对爱尔兰裔人群的暴力事件。

　　在亨利·科伯恩（Henry Cockburn）看来，这一时期的爱尔兰移民与苏格兰本地人之间没有什么显著的冲突。1835年，他在自己的《回忆录》（Journal）中有过如此评论：

　　　　整个苏格兰充斥着爱尔兰劳工，因此本地的长老派基督徒能够以亲身经验认识到，一个信仰天主教的人并不一定丧失理智，也不会像恶魔一样长出犄角。新的天主教堂在苏格兰各地平安无恙地建立起来，没有引起冲突。虽然爱尔兰人的性格向来好斗，但他们在很多场合的举止和我们苏格兰人一样沉稳。近来的苏格兰社会已不会因宗教歧见而发生动荡，法定的宗教迫害因此宣告终结，人们逐渐愿意相信常识与良知。由来已久的仇恨，以及相信自己有义务遵循仇恨而行动的那种观念已被新的观念取代，天主教徒和理性的新教徒之间的关系甚至比新教徒各派之间的关系更为融洽。[2]

基于这一描述，我们便不难理解为什么在这一时期，有很多历史证据表明爱尔兰裔与苏格兰裔劳动者时常为了共同的目的联合起来。一些人认为爱尔兰裔天主教徒在这一时期形成了一个封闭的群体，只关心诸如天主教解放和废除 1800 年《联合法案》① 等"爱尔兰"问题，与苏格兰的激进主义和工会政治传统相隔绝，但这些认识显然是与事实不符的。诚然，一些移民有时会被雇主当作破坏本土工人罢工的武器，但关于此类事件的记载主要来自 1830 年代艾尔郡和拉纳克郡的煤铁工业地带。在其他地方，爱尔兰人事实上经常在工会活动与激进主义运动中充当先驱。格拉斯哥棉纱纺织协会的大多数领导者与成员都是爱尔兰移民，而在 1830 年代晚期，手工织工仍是苏格兰最大的产业工人群体，爱尔兰工人也在苏格兰西部的手工织工

---

① 该法案旨在将大不列颠联合王国与爱尔兰王国之间的共主邦联关系升级为议会合并关系，取消都柏林的爱尔兰议会，并入伦敦的大不列颠及爱尔兰联合王国议会。这项法案在 1800 年分别在大不列颠议会与爱尔兰议会审议通过，1801 年 1 月 1 日起生效。

协会里占据了相当的比重。苏格兰的爱尔兰裔天主教居民曾发起热烈的政治运动以呼吁建立爱尔兰自治议会，而正如马丁·米切尔（Martin Mitchell）的研究所揭示的那样，这个移民群体也曾深度参与了 1790 年代的苏格兰人联合会运动（这场运动本来就受到了爱尔兰人联合会运动的强烈影响）、1816 年格拉斯哥城内及周边的秘密结社、1830 年代的宪章运动，以及 1840 年代的普选协会运动等苏格兰的激进主义运动。迁徙、工业化与城镇化是爱尔兰劳动者与很多苏格兰工人共有的经验，这在 1840 年代以前曾促使他们携起手来，一同追求那些被认为对实现社会与经济进步不可或缺的政治目标。此外，爱尔兰议会自治也能在当时的很多苏格兰激进主义者当中产生共鸣。丹尼尔·奥康奈尔在 1835 年访问苏格兰时便受到了狂热的欢迎，当他在格拉斯哥绿地公园发表讲话时，据说有近 20 万民众到场聆听。

491

　　从 1840 年代的大饥荒到 20 世纪初的这个时期构成了爱尔兰裔天主教徒移民生活体验的第二个阶段。在土豆危机的余波之下，苏格兰社会对待爱尔兰裔天主教徒的态度无疑恶化了。1850 年教宗庇护九世（Piux IX）宣布在英格兰恢复天主教会圣统制，这在苏格兰激起了潜在的反天主教情绪。在一年多的时间里，苏格兰各地都举行了针对天主教的集会，人们向议会发出大量请愿，以对抗"天主教入侵"的威胁。而在大饥荒肆虐期间及结束后不久，数量空前的爱尔兰贫民涌入苏格兰，这一事态也在客观上引发了苏格兰人对天主教的敌意。在近现代苏格兰历史上，还未曾有如此之多的移民在如此短暂的时间里进入苏格兰。1851 年，生于爱尔兰的苏格兰居民人数上升至 207000 人以上，即便在十年之后，这一数字仍高达 204000 人。这一时期涌入苏格兰的爱尔兰移民大多经历了 19 世纪欧洲最为惨痛的人为灾难，在来到苏格兰时已沦为身无分文的难民。
1845—1854 年，苏格兰行政当局曾将多达 47000 名爱尔兰赤贫
者送回本籍，但更多的人最终得以留在苏格兰，既受到苏格兰
本地人的排挤，也成为新教徒发起的新一轮攻击的目标。苏格
兰宗教改革社在成立之初的宗旨便是"抵抗天主教的进犯，时
刻警惕天主教喉舌与鼓动者的阴谋伎俩"。这一组织很快便组
建了 38 个分社，遍布苏格兰各地。在数年时间里，反天主教宣
传家吸引了大量居民的目光，其中较为著名的是以"天使加百
列"之名自居，曾在 1851 年和 1852 年分别于格里诺克和古罗
克（Gourock）举行集会并最终酿成骚乱的约翰·塞耶斯·奥尔
（John Sayers Orr），以及前天主教僧侣亚历山德罗·加瓦齐
（Alessandro Gavazzi）。据《格拉斯哥先驱报》报道，后者关于
天主教种种劣迹的演讲在苏格兰反响剧烈，只有当时人称"瑞
典夜莺"的著名歌手珍妮·林德（Jenny Lind）可与他相比。
此外，《护教者》和《苏格兰新教徒》等反天主教刊物也是在
1850 年代创办的。《苏格兰新教徒》的文章曾提出爱尔兰饥民
的大量涌入和天主教势力不断迫近的阴谋之间存在因果关系：
"如果天主教近来重新生出歹心，要在这个信奉《圣经》的国
度重建它的黑暗统治，唯一的原因就在于天主教徒正在从另一
片土地上大举涌来，试图在我们的土地上殖民。它的排头兵是
那些成群结队的野蛮之辈，他们被天主教的迷信奴役，而天主
教也得意地称他们为'子民'。"[3]不过，公然的反天主教浪潮并
未持续多久，到 1850 年代末，类似的舆论已销声匿迹。在 1850
年代之后，苏格兰的教派冲突主要集中在西部的爱尔兰裔新教
徒和他们在故乡的宿敌——爱尔兰裔天主教移民之间。相比之
下，拥有大量爱尔兰移民的邓迪和爱丁堡的教派关系通常比较

稳定。1850 年代的苏格兰经济在采煤业和制铁业的驱动下飞速发展，因此能较好地吸纳大量新来的移民，把他们转化成非熟练与半熟练劳动力。此外，爱尔兰北部（亦即苏格兰大多数爱尔兰移民的家乡）在土豆饥荒中的受灾状况相对较轻，也缓解了苏格兰社会吸纳爱尔兰移民时的压力。虽然从爱尔兰北部前往格拉斯哥和低地西部的移民规模在这一时期比之前更大，但在同一时期从爱尔兰除阿尔斯特以外受灾更严重的地方涌向英格兰利物浦的巨大难民潮面前仍相形见绌。帮助苏格兰社会更好地承受爱尔兰难民潮的另一个偶然因素来自苏格兰高地，在慈善组织和政府的努力下，当地在土豆疫情中的受害程度得到了有效的遏制，没有发生高地难民大量涌向低地的情况，从而避免了盖尔语地区难民和爱尔兰难民在低地城市街头爆发族群冲突的可能。

不过，1850 年代早期的教派冲突可能在一定程度上让苏格兰的爱尔兰裔天主教徒社群变得比之前更为内向了。当然，在饥荒移民潮爆发后的半个世纪里，爱尔兰裔天主教徒的宗教认同感也的确达到了空前的高度。虽然苏格兰的天主教圣职（很多司铎来自爱尔兰）人数有限，不足以应付激增的信众人数，但他们仍对贫民的处境怀有极深的关切。他们视探望患病的信徒，及为所有有需要的人行临终圣事为自己的职责。有一些圣职被繁重的工作压垮，大多数爱尔兰裔天主教徒（据估算，1840 年代这一群体在格拉斯哥爱尔兰裔天主教徒当中约占三分之二）虽然并不定期参加弥撒，但他们对天主教会保持了高度的忠诚。在 1830 年代，默多克主教曾利用这一支持基础，派人到格拉斯哥市中心的高层公寓居民区走访各户活跃信徒与名义信徒，以收集每周的献金，最终在很短的时间内还清了教会积欠的 9000 多英镑债务。基于穷人的微薄捐献乃至借贷，以及由典当行老板、酒馆经营者、杂货店主和经商只够糊口的小商贩组成的微弱的中产阶级移民群体的资助，天主教会逐渐建立了一个强大的堂区网络。到1878年，格拉斯哥已有134名天主教司铎，这一数字到1902年增至234人。在此期间，苏格兰天主教会的堂区从60个增至84个，另有44座礼拜堂落成。虽然一些新教教会可能在这一时期与城市贫民渐行渐远，天主教圣职却与贫穷的城市天主教徒建立了更紧密的联系。一种新的、充满社会关怀的天主教运动正在苏格兰崛起，这几乎为爱尔兰移民及其后代提供了一种全新的社群认同。

在这一时期，爱尔兰裔天主教徒最快的融入途径——与苏格兰新教徒通婚的情况变得更为罕见，而随着梵蒂冈在1908年颁布了严苛的《戒急通谕》（*Ne Temere*），这一做法在教理上也变得越发困难。在大多数堂区里，诸如以帮助穷人为宗旨的圣文森保禄会（St Vincent de Paul Society）和旨在控制酗酒问题的十字联盟（League of the Cross）逐渐发展壮大。天主教会的礼拜堂旁边常常设有开放式会堂，供年轻的天主教徒在晚间从事适当的休闲活动，且在社交场合上只与和自己信仰相同的人交往。圣母小昆仲会的沃尔弗里德修士创建凯尔特人足球俱乐部的最初目的是向格拉斯哥东郊堂区里的贫民信徒提供食物和衣物，但他也担心年轻的天主教徒在下班后与新教徒产生交集，甚至在新教教会慈善食堂的诱惑下叛教。因此，建立一个新的足球俱乐部不但可以为穷人提供帮助，也能让年轻的天主教徒聚在一起度过休闲时光。天主教社群建立自我认同的另一个主要努力在于对天主教学校教育的投入。1872年《教育法》要求苏格兰的所有儿童接受义务教育，但天主教学校在经济上仍主要依赖自愿捐献，这促使天主教会推行了一场庞大且持久的募款运动，方式从每周奉献、主动募捐、义卖市场（bazaar）、慈善集市、音乐会到社交集会不一而足，这些努力也进一步增强了天主教社群的自豪感与集体认同。到1876年，天主教会在苏格兰总共拥有192所学校、171名正式教师和357名见习师范生，总共向超过20600名日间学生和3300名夜校学生授课。鉴于大多数天主教徒在经济上较为贫困，这一成就可谓十分惊人。不过，即便如此艰辛的付出仍不足以让天主教学校在校舍质量、资源实力和师资规模上与公立教育系统媲美。教育系统上的不足也和贫困造成的社会障碍以及就业市场上针对爱尔兰裔天主教徒的歧视一道，解释了为什么在1914年以前"爱尔兰裔苏格兰人"很难实现阶级跃升。

正是在这一时期，天主教的伦理价值正在天主教社群当中变得越发鲜明，天主教社群的"爱尔兰特性"也越来越稳固。这一变化乍一看有些让人意外，因为此时新移民在爱尔兰裔天主教徒中的比重正在稳步下降，很多第二代、第三代乃至第四代爱尔兰裔苏格兰居民甚至从未踏足爱尔兰。不过和全世界其他地方的爱尔兰移民一样，这些身在苏格兰的爱尔兰裔居民也受到了爱尔兰民族主义运动崛起的影响——这一思潮肇始于1870年，亦即呼吁废除1800年《联合法案》，主张在都柏林建立爱尔兰议会的爱尔兰本地自治运动兴起之时。爱尔兰民族主义组织的分支机构很快就在苏格兰的城镇与工业地带建立起来。在1890年代，"橙绿之争"经久不衰的科特布里奇曾拥有整个不列颠岛上规模最大的爱尔兰自治运动分部，还是这场运动在联合王国境内最大的赞助方之一，爱尔兰裔社群的族群认同感因此大大增强。很多天主教圣职也对爱尔兰本地自治运动怀有同情，并时常在自治运动支持者的集会上讲话。直到1850年代

494

为止，主要由苏格兰高地和东北部圣职领导的苏格兰天主教会都不太愿意接纳太多爱尔兰司铎，担心爱尔兰圣职在苏格兰天主教会一家独大。不过，饥荒移民潮之后严重的人手不足迫使苏格兰天主教会改变心意，1867 年，在苏格兰西部宗座代牧区，167 名圣职当中有 20 人来自爱尔兰，在这 20 人当中有不少人带有强烈的民族主义倾向。此外，在 1851 年至 1868 年发行于苏格兰西部，主要面向当地爱尔兰裔读者的《格拉斯哥自由报》（*Glasgow Free Press*）也增强了爱尔兰自治运动在苏格兰的影响力，这份报纸虽然最终因遭到教廷方面的谴责而停办，但在那之前始终在所有与爱尔兰有关的问题上持激烈的民族主义立场。在地方分支机构的层面上，自治运动从 1880 年代开始起到的主要作用在于对爱尔兰裔社群进行选举前动员，让他们把选票投给支持爱尔兰自治的候选人。这些选票通常都会投给在 1886 年、1892 年和 1912 年屡次提出本地自治法案的自由党，但自治运动的基层组织有时也会认为某些候选人在自治问题上缺乏热情，因此不为他们提供政治背书。

495　　到 1900 年，爱尔兰移民与爱尔兰裔居民几乎已在苏格兰发展出一套独特而内向的族群文化，他们拥有自己的礼拜堂、学校、社会福利机构，乃至独特的政治诉求。诸如盖尔体育协会（Gaelic Athletic Association）、盖尔语联盟（Gaelic League）和希伯尼安兄弟会（Ancient Order of Hibernians）等组织也进一步增强了在苏爱尔兰裔社群和爱尔兰本土社会之间的纽带。爱尔兰音乐节、爱尔兰语言课和爱尔兰历史讲座也吸引了大量听众参与。爱尔兰移民还在苏格兰组建了自己的足球队，第一支是1875 年成立的爱丁堡希伯尼安队，接下来又有名为"竖琴队""三叶草队""绿宝石队"的多支地方性球队在各地涌现。爱尔兰裔社群在体育界的骄傲当数 1888 年成立的格拉斯哥凯尔特人队，这支球队在成立后不久便连战连捷，又在 1905 年至 1910 年史无前例地赢得了六连冠。凯尔特人队的起源具有毋庸置疑的爱尔兰裔天主教社群色彩，这支球队最早的赞助者是格拉斯哥大主教艾尔（Archbishop Eyre）。1892 年，著名的爱尔兰民族主义领袖迈克尔·达维特曾在新建的凯尔特公园球场上撒下了第一把"正宗爱尔兰三叶草"的种子。凯尔特人队的一些管理者也是当时著名的爱尔兰民族主义支持者。

不过，认为这一时期的爱尔兰裔社群完全闭关自守，与苏格兰社会的其他部分彼此隔绝的观点，同样是过于夸张的。爱尔兰人和苏格兰人在工作场所拥有共同的劳动体验，和 19 世纪早期一样，爱尔兰人在这一时期也参与了苏格兰的工会组织，其中就包括苏格兰全国劳动者工会（National Labourers Union）与格拉斯哥的码头劳动者工会（Dock Labourers Union）。在邓迪受雇于黄麻产业的爱尔兰工人早在 1914 年就已经普遍参加了工会。此外，爱尔兰本地自治问题在苏格兰本地的政坛也构成了一个焦点，它让原本对政治缺乏兴趣的非技术工人也具备了政治意识，还让爱尔兰移民群体中有才能的人士有机会锻炼自己的组织才能，从而在其他领域发挥作用。天主教社会主义者社团的创立者、日后在政府担任内阁大臣的政治家约翰·惠特利（1869—1930）正是在这样的背景下崛起的，在他的强大影响下，苏格兰的很多爱尔兰裔选民都选择支持新兴的工党。在爱丁堡，当地爱尔兰裔社群中涌现的代表性人物是詹姆斯·康诺利（1868—1916），他在早年同样因爱尔兰自治问题接受了政治启蒙，但在后来成为非熟练工人的政治领袖和著名的革命社会主义者，直到因 1916 年在都柏林参与复活节起义被当局处

496 死。早在 1914 年以前，由于自由党迟迟未能为爱尔兰带来自治，爱尔兰裔选民对自由党的支持变得越发不稳，约翰·弗格森等亲爱尔兰一方的主要领袖也逐渐开始在公平薪酬和缩短工时等问题上向工党的立场靠拢。在高地和爱尔兰的土地改革问题上，爱尔兰自治派、苏格兰自由党政治家与激进主义运动家也能找到共同的利益关切。迈克尔·达维特曾强烈支持增进小农场农民的利益，还曾得到了一个代表高地的下院席位。查尔斯·斯图尔特·帕内尔也曾于 1881 年在格拉斯哥就土地改革问题向高地社团成员发表演说。小农场农民权益的著名捍卫者约翰·默多克也曾试图诉诸爱尔兰和苏格兰之间古老的文化联结，为土地改革的诉求服务。

由此可见，苏格兰的爱尔兰裔居民并没有生活在一个完全封闭的世界里。事实上，在对教育、自力更生、人格改善与禁酒等事务的热切追求上，爱尔兰裔社群的圣职和在俗领袖与苏格兰社会的主流人群之间有很多共同语言。在一战期间及之后，由于爱尔兰裔居民和爱尔兰本土之间的联系终于呈现出减弱迹象，他们对于苏格兰的归属感反而变得比之前更强了。爱尔兰裔社群在第一次世界大战中与苏格兰本地人一道出生入死，格拉斯哥和爱丁堡天主教会的大主教都曾在这场战争中祝福英国一方，认为苏格兰军人将要投身于一场正义的战争。早在 1916 年大规模征兵开始以前，苏格兰已有大量爱尔兰裔居民参军入伍，总共有六名爱尔兰裔苏格兰军人因战争中的杰出贡献被授予维多利亚十字勋章，关于在苏爱尔兰人是否忠于联合王国的一切疑虑就此彻底消失。在整场战争中，以爱尔兰移民为主要受众的《格拉斯哥观察家报》（*Glasgow Observer*）坚定不移地支持了英国的战争努力，并对天主教徒军人在前线的英勇表现进

行了持续不断的报道。在 1918 年，即战争结束的那一年，议会
通过了《教育（苏格兰）法》，其中的第 18 条被奉为苏格兰天
主教社会在 20 世纪的"大宪章"。根据这一条款的规定，到那
时为止一直由天主教社群自行维持的天主教学校将被并入国家
公立教育体系。此时，天主教学校正成为苏格兰社会一些最贫
穷地区越来越难以承受的负担，因为天主教社群不但需要供养
自己的学校，还要向政府缴纳普遍的教育税。但随着 1918 年
《教育法》第 18 条做出了上述规定，这一负担终于被一笔勾
销。不过，第 18 条的规定也带来了一种独特的教育融合状态，
罕见于其他以新教为主要信仰的国家。为了征得天主教会同意
以将天主教学校纳入公立教育体系，当局对天主教会做出了三
项让步：天主教教士可自由出入学校，天主教学校的宗教教育 497
可维持现状，而最为重要的是，在曾隶属于天主教会的学校中，
只有在教会看来"达到信仰与品行标准"的人选才能担任教师。
作为结果，天主教学校的独特伦理要求得到了保持，只有运营的
成本被转交给了政府。不出意外的是，这一异常安排在苏格兰国
教会内部引起了一些成员的强烈抗议（他们将其斥为"罗马接受
救济"），而在那之后，也一直有人认为第 18 条的安排构成了苏
格兰社会内部教派分歧未被解决的主因。不过，从另一个角度来
看，1918 年《教育法》带来了一个更为积极的结果：它在天主教
教育问题上做出的安排，从长远来看反而构成了促进天主教社群
融入苏格兰社会的关键因素。如果没有第 18 条的规定，爱尔兰
裔苏格兰人可能永远无法在 20 世纪抓住机会来攀上教育的阶梯，
并将永远被视为一个地位较低、封闭自守的少数群体。不过，在
1918 年《教育法》和二战结束后一系列旨在扩大高等教育机会的
措施之下，一个庞大的天主教专业中产阶级最终在苏格兰形成，

并完全与苏格兰的主流社会融为一体。

不过，这些都是出现在未来的长远结果。从短期来看，在一战时及结束后不久，爱尔兰问题仍主导着爱尔兰移民群体的政治关切。在苏爱尔兰裔群体起初将1916年复活节起义谴责为一场疯狂的暴动，认为其对和平解决本土自治问题构成了威胁。但随着英国当局决定处死起义军成员，爱尔兰裔群体很快将他们奉为烈士。随着英国当局镇压爱尔兰起义的消息传来，越来越多的在苏爱尔兰裔居民开始在立场上倒向支持爱尔兰独立的新芬党（Sinn Fein），其中尤具轰动性的是英国一方的非正规武装力量"黑棕部队"（Black and Tans）犯下的暴行，而在这支部队里，很多成员是在法国和比利时参加过一线阵地战的苏格兰老兵。到1920年，苏格兰已有80个新芬党俱乐部，它们都强烈支持以暴力手段对抗不列颠在爱尔兰的统治。在同一年，据估计在格拉斯哥有4000人志愿加入了爱尔兰共和军（IRA），这支武装力量的高级军官至少两度从都柏林前来，在苏格兰西部秘密检阅了当地的爱尔兰移民部队。在爱尔兰分离主义者进行武装斗争的那些年里，来自苏格兰的支持者是他们的火药与硝铵炸药的主要来源，这些军事物资主要由在苏格兰低地中部工作的爱尔兰工人从采石场、煤矿和页岩矿中取得。来自苏格兰的金钱与物资援助远远超过了包括爱尔兰本土在内的所有地方。埃蒙·德·瓦莱拉（Eamon de Valera）[①] 曾在感谢在苏爱尔兰裔社群的杰出贡献时称，他们的帮助是新芬党运动取得最

498

---

① 埃蒙·德·瓦莱拉（1882—1975），曾在1917年至1926年担任新芬党领袖，后独立组建共和党（Fianna Fáil）。他是爱尔兰独立斗争中的重要领袖和爱尔兰共和国宪法的主要起草者，后成为爱尔兰共和国第三任总统，并在半个世纪的时间里三度担任总理。

终胜利的主要原因。然而，这一时期也标志着爱尔兰裔苏格兰人对爱尔兰政治局势的关切达到了顶点。随着 1921 年血腥的爱尔兰内战爆发，很多爱尔兰裔苏格兰人开始对爱尔兰局势感到幻灭，而作为这场内战的结果，爱尔兰自由邦最终在 1922 年成立，在苏爱尔兰裔群体活跃的政治活动也就此告一段落。在那之后，爱尔兰移民的选票逐渐流向工党，这既是因为工党承诺为社会带来公平正义，并帮助改善天主教社群较为恶劣的处境，也是因为约翰·惠特利等在爱尔兰裔社群中较有影响力的人物早在 1920 年以前便已为工党建立了民意基础。通过支持工党，天主教徒第一次登上了英国的主流政治舞台。正如汤姆·加拉格尔（Tom Gallagher）所说：

　　尽管在普通天主教徒看来有诸多问题，工党对他们而言仍是一股极为重要的政治力量。这不是因为工党能够为他们提供多少物质改善（遗憾的是，在 1940 年代以前工党能够带来的改善十分有限），而是因为工党给他们提供了一个参与政治的机会，从而让很多天主教徒得以融入主流社会。从长远来看，对工党的支持帮助天主教徒在英国的政治体系里找到了自己的位置，也让他们的政治视野变得更加开阔，不再拘泥于自己的堂区抑或祖先之地爱尔兰，而是优先效忠于自己的阶级、工会或职业。[4]

　　加拉格尔描述的这种格局要在数十年后才逐渐发展起来，直到 20 世纪下半叶才最终走向成熟。直到那时，在劳动力市场上教派歧视走向衰退、公职部门就业机会增加、高等教育入学渠道更为开放，以及福利国家提供经济支持等因素的帮助下，爱尔兰裔苏格兰人才快速融入了苏格兰社会。事实上，由于战间期苏格兰社会的反天主教思潮再次爆发，甚至在一些人看来引起了17世纪以来苏格兰最激烈的教派矛盾，这一时期爱尔兰裔社群的封闭观念反而有所强化，对苏格兰本地社会的猜疑也进一步加深。在第一次世界大战造成了惨重的人员损失之后，苏格兰又受到了经济萧条、大规模失业和移民外迁潮的打击，陷入一种深切的危机感当中。正因如此，被很多人视为异族与异端的爱尔兰裔天主教徒就成了这场危机当中最显著的替罪羊之一。

从1922年开始，苏格兰国教会总会将爱尔兰移民群体视为诸多社会问题的来源，发起了一场猛烈的宣传攻势。隶属于国教会总会的教会与国民委员会（Church and Nation Committee）在1923年批准发布了臭名昭著的报告书《爱尔兰族裔对我苏格兰民族的威胁》（*The Menace of the Irish Race to Our Scottish Nationality*），谴责爱尔兰裔天主教徒与苏格兰本地人争夺就业机会，暗中策划颠覆长老派基督教价值的阴谋，还称这一族群为酗酒、浪荡、犯罪等恶行的主要源头。报告称，解决在苏爱尔兰裔问题的唯一办法就是限制来自爱尔兰自由邦的移民流入，把被关押在苏格兰监狱里或正在接受济贫救助的爱尔兰移民遣返爱尔兰本土，并在招聘公职人员时绝对优先采用苏格兰本地人，这是因为苏格兰"已经被爱尔兰人充斥"。这份报告采用的人口统计学假设与事实严重不符。随着苏格兰工业经济陷入大萧条，来自爱尔兰的移民流已近乎消亡，在1920年代的经济危机期间，事实上也有很多爱尔兰裔工人加入了海外移民的行列，与成千上万的劳动者一起离开苏格兰前往其他地方。这一时期的大多数"爱尔兰裔苏格兰人"都是在苏格兰出生的。不过，这份报告的结论仍成为国教会总会每一年辩论的焦点，直到二战爆发前夕才逐渐消退。

到 1920 年代末，以格拉斯哥的苏格兰新教徒联盟（领导者为亚历山大·拉特克利夫［Alexander Ratcliffe］）和爱丁堡的新教徒行动党（领导者为约翰·科马克）为代表，一股政治化的反天主教浪潮也在苏格兰的基层社会萌生。在这场运动的巅峰时期，反天主教政党一度在上述城市赢得了三分之一的总选票，并在城市议会选举中取得了一些议席。1935 年，科马克的新教徒行动党在爱丁堡集结了近万名狂热的支持者，打断了一场由天主教青年社（Catholic Young Men's Society）主办的公开招待会。两个月后，他们又扰乱了一场为信奉天主教的澳大利亚总理约瑟夫·莱昂斯（Joseph Lyons）举办的接待会。当年 6 月，在对一场天主教徒的圣体大会（Eucharistic Congress）发起系统性的袭击时，新教徒行动党人犯下了最为严重的暴行，他们甚至向载有天主教儿童的车辆投掷了石块。在整个 1935 年夏天，教派冲突都在蔓延，天主教徒因此组织了"彻夜警备队"以保护礼拜堂不受破坏。正如斯图尔特·J. 布朗所说，虽然长老教会的神职人员并未参与这些冲突，"但国教会从 1922 年开始针对在苏爱尔兰裔社群的谴责攻势无疑鼓动了暴力迫害的情绪，给种族主义和教派仇恨蒙上了一层遮羞布"。[5]

不过，随着经济逐渐好转，以及第二次世界大战在 1939 年爆发，这一时期的教派冲突没有持续很久便走向了平息。此外，无论是苏格兰国教会还是它的盟友联合自由教会都未能在这一时期争取任何一个主流政党，以对他们关于限制移民或强制遣返"不受欢迎的"天主教徒的诉求表示支持。工党强烈支持 1918 年的《教育法》，保守党也极力试图与国教会内部的极端主义者撇清关系。苏格兰媒体（其中最为重要的是《格拉斯哥先驱报》，该报曾专门刊登一篇文章，有理有据地反驳了苏格兰国教会的论调）总体上也不支持长老教会的反天主教立场。即便如此，从 1920 年代到 1930 年代，新教徒的排外游行仍吸引了成千上万人参加，新教极端主义政党也在地区选举中取得了一些成功。口述史证据也表明，这一时期严重的经济衰退加剧了苏格兰就业市场上的传统歧视，而天主教徒聚居的地方恰恰又在这场危机里受害最重。爱尔兰裔天主教徒社群要到 20 世纪晚些时候才能真正融入苏格兰社会，但在这之前，这一群体经历的创伤需要经历很长一段时间才能弥合。

爱尔兰裔新教徒

对爱尔兰的长老派基督徒而言，19 世纪初的苏格兰并不是什么陌生的地方。他们的祖先本就是在 17 世纪从艾尔郡、威格敦郡和阿盖尔郡等地前往阿尔斯特地区开辟种植园的殖民者，而在之后的年代里，他们与苏格兰之间始终维持着密切的贸易、文教与血缘联系。北爱尔兰安特里姆（Antrim）海岸距离苏格兰只有 20 英里，而到 18 世纪下半叶，在爱尔兰的多纳加迪（Donaghadee，位于以苏格兰长老派教徒为主的阿兹半岛［Ards peninsula］）和威格敦郡的帕特里克港（Portpatrick）之间已经开设了每日运营的客运渡航线路。在 1800 年以前，阿尔斯特地区和苏格兰之间已有常态化人员往来，其中最显著的例子包括 1780 年代和 1790 年代从爱尔兰前往苏格兰指导苏格兰亚麻纺织业发展的漂白工匠与织工，以及从爱尔兰去格拉斯哥（也有一些人去了爱丁堡）大学就读的长老派学生。在 18 世纪的格拉斯哥大学，"苏格兰裔"爱尔兰学生在全体学生中的比重几乎从未低于10%，这所大学对他们最大的吸引力在于其长老派基督教传统与低廉的课程学费。这些学生毕业后回到故乡成为教师与牧师，他们也因此把当初从苏格兰教授（比如充满魅力的弗朗西斯·哈奇森）那里学来的启蒙思想带往阿尔斯特的新教徒社会，成为这一新思潮重要的传播媒介。

1790年代的政治变迁进一步强化了阿尔斯特和苏格兰之间的纽带。因为阿尔斯特的长老派基督徒曾深度参与了爱尔兰人联合会运动，当这一组织在1798年发动的起义被政府镇压时，爱尔兰新教徒的对外移民人数大幅增长。这些长老派基督徒既反对信奉爱尔兰圣公会的统治阶级强加于他们的法律制裁，也不愿缴纳什一税以支持爱尔兰圣公会的神职人员。事实上，像北方的唐郡（County Down）这样拥有大量爱尔兰人联合会支持者的地区，通常也拥有旺盛的长老派激进主义传统，乡村的小佃农与亚麻纺织工往往在这种激进运动中扮演了主角。当局对爱尔兰人联合会起义的残酷镇压迫使他们当中的很多人逃往苏格兰，其中至少有一些人参与了苏格兰的激进主义抗争运动，其最终结果便是1820年的所谓激进派战争。在1790年代，爱尔兰的教派热情也趋于激化。在1792年和1793年分别由威斯敏斯特议会和都柏林议会议决通过的《天主教解放法案》（Catholic Relief Acts）令爱尔兰新教徒社群普遍感到警觉，他们担心一场天主教徒的武装叛乱一触即发。与此同时，天主教徒当中"护教运动"（Defenderism）的兴起也进一步刺激着新教徒的神经。这场运动以天主教徒组成的秘密组织为基础，旨在将新教徒从他们占据的土地上驱逐出去。同样令新教徒感到惊骇的是，1798年爱尔兰人联合会起义引发的教派冲突最终酿成了约3万人死亡的血腥结果。这些政治与宗教上的考量本身便

501

足以让越来越多的爱尔兰新教徒迁往苏格兰，此时的苏格兰对他们而言正好有着强大的经济吸引力。在阿尔斯特地区，很多新教徒居民是经营土地的小农，但他们当中同样有不少人从事编织、漂白等行业，是拥有技能的工匠或普通劳动者。在拿破仑战争期间，苏格兰正好经历了第一波快速工业化，无论经济机遇还是工资水平的增长势头都超过了爱尔兰。因此不出意料的是，很多爱尔兰新教徒都决心迁往苏格兰，苏格兰不但在政治上更稳定，在宗教和文化上比较亲近，在经济发展上也比爱尔兰更有潜力。

到 1830 年代，爱尔兰裔新教徒在苏格兰的整个爱尔兰裔族群中已占约四分之一，但在特定的地方以及特定的行业内，例如西南部的威格敦、格伦卢斯（Glenluce）、牛顿斯图尔特（Newton Stewart）、梅博尔（Maybole）、格文（Girvan）和格拉斯哥的卡尔顿等纺织业中心城镇，爱尔兰裔新教徒的比例远远高于这一平均水平，而在拉纳克郡布兰太尔（Blantyre）等一些棉纺业城镇，爱尔兰裔新教徒的人数也显著多于爱尔兰裔天主教徒。在 1830 年以前，被以纺织业为主的苏格兰第一波工业化进程吸引而来的爱尔兰裔新教徒移民大多从事编织、漂白、纺织品整理加工和棉纺等行业，但这一群体向苏格兰移民的势头并不局限在这一时期。19 世纪晚期的一些粗略的统计数字显示，1876—1881 年迁往苏格兰的爱尔兰移民中有 83% 来自阿尔斯特，而在这些阿尔斯特人当中，又有超过 58% 的人出身于安特里姆、唐郡、伦敦德里（Londonderry）和阿马（Armagh）这四个新教徒占绝对多数的地区。在这一时期，一些颇具规模的爱尔兰裔新教徒社群已在拉纳克郡的矿业和制铁业地带（其中包括拉克霍尔［Larkhall］和艾尔德里等重要城镇）、西洛锡安地区的煤矿地带，以及格拉斯哥附近的戈万、怀特因奇（Whiteinch）、帕特里克一带的船舶制造业区域扎下根来。直到19世纪末、20世纪初，从阿尔斯特新教徒地区移民的人数才出现了显著下降，爱尔兰北部以天主教徒为主的郡（尤其是多尼戈尔和卡文［Cavan］）就此成为在苏爱尔兰移民的主要来源地，并将这一地位一直保持到现代。

在历史学家看来，19世纪苏格兰的爱尔兰裔新教徒移民与占大多数的天主教徒移民之间有两个最为常见的区别：前者通常从事更具技术性的职业，而因为他们在苏格兰没有遭遇基于族群或信仰差异的强烈歧视，他们也没有动机维持一套完全独立的社群认同。对他们而言，融入苏格兰主流社会不但更为简单，也更为稳妥。上述第一个论点得到了很多证据的支持。因为19世纪下半叶有很多苏格兰工匠都倾向于移民海外，爱尔兰裔新教徒之所以来到苏格兰就是因为自己事先已经得到了来自苏格兰雇主的直接聘用，以从事技术性或半技术性工作。苏格兰雇主时常在贝尔法斯特的报纸上刊登广告，向阿尔斯特当地人发布拉纳克郡或艾尔郡矿场或钢铁厂里具体职缺的招工信息，用人企业不但会为应聘者报销前往苏格兰的路费，还会为其提供住处，甚至开设专门的学校为移民工人的子女提供教育。在格拉斯哥，货物看守与火车司机等运输业高级岗位也会以类似的方式在阿尔斯特公开招聘。在维多利亚时代苏格兰最大的制铁企业贝尔德公司位于科特布里奇的庞大制铁厂里，管理者始终让苏格兰和爱尔兰裔新教徒掌握所有技术性工作，而爱尔兰裔天主教徒只能从事最基本的体力劳动或在一线担任炉前工。据说在1931年以前，当地的工程师联合会里从来没有一个信仰天主教的成员。

克莱德河口地区各大造船厂的情况与此类似。爱尔兰裔新教徒在技术性岗位上占据的比重不小，其中以锅炉制造领域尤为突出，他们的住处往往位于帕特里克和戈万等造船业重镇，生活条件在工人阶级的住房中相对舒适。由于当时造船厂里的学徒工人选往往取决于技术工人工会与领班的协商，爱尔兰裔新教徒因此可以较为轻松地维持这种在工人阶级里较为优越的地位。在技术工人群体本身的排他性、工厂对技术水准的要求、较高的进入门槛以及宗教信仰的影响下，大多数天主教徒非技术工人家庭的子弟几乎彻底与工厂里最好的工作绝缘。不过，我们也不能将这一时期的爱尔兰裔新教徒工人视为纯粹的"工人贵族"。取决于具体的时期、地点和职业，这一群体的工作和生活状况也体现出高度的差异性。直到 1830 年代和 1840 年代，大多数从阿尔斯特来到苏格兰的爱尔兰裔新教徒都受雇于麻纺或棉纺行业，充当织工。薪酬下跌与劳动力价值的稀释在这些行业时常发生，而在拿破仑战争结束后，苏格兰纺织业又迎来了严重的劳动力供应过剩。进入 1840 年代和 1850 年代，很多爱尔兰织工之所以移民苏格兰就是为了躲避阿尔斯特地区业已彻底衰败的纺织行业，但在爱尔兰海对岸，苏格兰自身的制造业经济也在这一时期陷入了持久的低迷。格雷厄姆·沃克（Graham Walker）对 1860 年代晚期格拉斯哥济贫记录的研究表明，尽管当地的赤贫居民以爱尔兰裔天主教徒为主，这一时期也有很多爱尔兰裔新教徒织工、体力劳动者、家庭勤务人员和工厂工人在寻求救助。在格拉斯哥与拉纳克郡以外的其他地方，爱尔兰裔新教徒的职业图景更为复杂。1880 年代，格里诺克的爱尔兰裔新教徒居民以在港口工作的普通体力劳动者为主，而在艾尔郡以炼钢为主要产业的加诺克谷地（Garnock Valley），这一时期的爱尔兰裔新教徒劳动者当中既有人占据了一些薪酬较高的技术性岗位，也有人从事非技术性或半技术性工作。对于另外一些有爱尔兰裔新教徒定居的地方，例如邓巴顿、斯特灵和西洛锡安的情况，我们掌握的信息尚不充分，但我们没有理由认为，这一群体在那些地区的处境与苏格兰其他地方存在显著不同。

在阿尔斯特，爱尔兰裔新教徒的身份认同是在17世纪和18世纪爱尔兰北部政治、宗教与社会等因素的影响下被塑造出来的。尤为值得注意的是，在1790年代爱尔兰裔新教徒第一次大规模涌入苏格兰的时期，阿尔斯特地区新教徒自身的集体意识也达到了空前的高度。1798年新教徒参与爱尔兰人联合会起义既是一种追求政治解放和激进共和主义理念的体现，也是一种阿尔斯特－苏格兰社群认同的有力表达。此外，正如之前所述，随着爱尔兰人联合会起义最终演变成天主教徒和新教徒之间的残酷争斗，当地的教派敌对情绪也在这一时期达到了前所未有的高度。在此之前，针对天主教徒的恐惧已是爱尔兰裔天主教徒身份认同观念中一个挥之不去的要素，而在这一时期的教派冲突爆发之后，爱尔兰新教徒有了更多的理由团结起来，对抗共同的敌人，这种族群忠诚意识自然被阿尔斯特地区的移民带到了苏格兰。由于他们的世敌——爱尔兰裔天主教徒也开始在这一时期涌入苏格兰低地西部的工业化地带，爱尔兰裔新教徒的社群认同得到了进一步的强化。

504

在这一时期传递并巩固这种新教徒集体认同的主要组织是奥兰治兄弟会（Loyal Orange Order），该组织在1795年成立于阿马，旨在保护当地新教徒免受日益活跃的天主教秘密社团威胁。奥兰治兄弟会的名字取自奥兰治亲王兼英格兰国王威廉三世，亦即在 1690 年赢得著名的博因河战役（Battle of the Boyne），并在爱尔兰确立新教主导地位的君主。兄弟会的机构由一系列支部组成，以爱尔兰全国总会（National Grand Lodge of all Ireland）为顶点，分为郡、地区和地方等层级。在支部的层级秩序之外，兄弟会还以早期新教徒秘密组织和共济会的制度为基础，设计了一套由握手姿势、头衔、手势与密码组成的复杂体系，以增强社团成员交流的保密性，并在他们当中形成一种同志意识，从而进一步增强了整个组织的团结性。奥兰治兄弟会在成立后大受欢迎，并在阿尔斯特地区迅速传播开来，从第一个支部创立之日起，在短短一年之内就有 315 个支部紧随其后成立。同样重要的是，在 1798 年爱尔兰暴动期间，兄弟会成员曾通过加入当地义勇团和组建专门的"奥兰治志愿军"（Orange Volunteers）等方式将自身的暴力反天主教立场付诸实践。

在 19 世纪初，奥兰治兄弟会在苏格兰的扩张势头并不显著，但到 1830 年，兄弟会的支部已经在加洛韦、艾尔郡和格拉斯哥等地站稳脚跟。并非所有兄弟会成员都是爱尔兰裔新教徒，也不是所有爱尔兰裔新教徒都加入了奥兰治兄弟会，但他们在 1850 年代之前就已构成了奥兰治兄弟会背后的主要推动力，他们的子孙也在之后的年代里为维系这一组织的传统发挥了重要作用。奥兰治兄弟会的实力分布与在苏爱尔兰裔新教徒的居住地之间有着密切的相关性。例如，在 1830 年代，格拉斯哥的六处兄弟会支部都位于有大量阿尔斯特新教徒定居的纺织业重镇卡尔顿。在 19 世纪晚些时候，苏格兰支部的名称还可以与爱尔兰裔新教徒移民的"故乡"联系起来，例如位于格拉斯哥的第 78 支部"安特里姆忠诚者"（Antrim True Blues）、佩斯利的第

155 支部"恩尼斯基林忠诚者"（Enniskillen True Blues）和格拉斯哥港的第 348 支部"阿尔斯特之子"（Sons of Ulster）。到 19 世纪晚期，加入奥兰治兄弟会支部已成为不少工人阶级家庭世代相传的传统，一名兄弟会成员的儿子在成年后也会加入他父亲所在的支部。由于奥兰治兄弟会的很多支部不但会参与成员日常生活中的仪式，还发挥了一定的社会福利功能，所以爱尔兰裔新教徒社群与这一组织之间的纽带变得更为紧密。成员们的家庭婚礼往往在当地的兄弟会礼堂举行，而在成员家中举行葬礼时，其他成员也会身着全套礼服为死者护柩，这一场面成了奥兰治兄弟会文化广受瞩目的外在标签。

　　不过，在苏格兰定义了奥兰治兄弟会公众形象的依然是其与爱尔兰裔天主教徒之间的紧张对抗：奥兰治兄弟会成员会在每年 7 月 12 日博因河战役纪念日当天发起庆祝游行，以宣扬新教相对于天主教的主导地位，在平时也常常与天主教宿敌发生推搡挑衅乃至集体斗殴。天主教徒和新教徒之间的暴力冲突在 19 世纪的苏格兰并不常见，这部分是因为苏格兰当局通常会在奥兰治兄弟会游行有可能威胁公共秩序时快速出面加以禁止，而苏格兰的司法机关（与阿尔斯特地区的司法机关不同）也敢于对任何寻衅滋事者做出惩戒性判决，以儆效尤，不会偏袒特定教派。1857 年，在艾尔德里曾有约 300 名奥兰治兄弟会成员在游行结束之后被一大群天主教徒围攻，当局随即在之后整整十年之内禁止了拉纳克郡的 7 月 12 日博因河战役纪念游行。而在 1834 年，同样是在艾尔德里，拉纳克郡治安官阿奇博尔德·艾利森爵士（Sir Archibald Alison）无视以宣称自己忠于宪制为挡箭牌的兄弟会成员，率领一群龙骑兵冲散了爱尔兰裔新教徒的游行队伍，在逮捕了其中 28 人之后将他们押往格拉斯哥。这

505

场游行的领导者最终都被判流放海外。如果宗教矛盾真的演变成冲突，事态往往也只会在以艾尔郡和拉纳克郡的煤矿地带（例如科特布里奇及周边地区）为首的一些地方蔓延。在19世纪中叶，受1840年代的爱尔兰大饥荒和苏格兰采煤、冶金业快速发展的影响，移民大量涌入这些地带，爱尔兰裔新教徒和天主教徒往往在这里比邻而居。

从1860年代开始，随着越来越多的技术劳动力从贝尔法斯特涌向克莱德河口地区的造船厂，当地爱尔兰裔新教徒社群的集体认同及其与奥兰治兄弟会的联系越发巩固。很多从北爱尔兰前往克莱德河口工作的人都只是短期移民，他们常常根据工作机会的有无而往返于爱尔兰海两岸，这一点本身就加强了阿尔斯特地区和格拉斯哥的爱尔兰裔新教徒社群之间的联系。不过，这一时期也有很多人从北爱尔兰永久性移民格拉斯哥，令帕特里克、戈万和怀特因奇等船舶制造业重镇的奥兰治兄弟会支部数量快速上升。在这之后，兄弟会的势力范围向克莱德河下游进一步扩张，到1880年代和1890年代，克莱德班克、格拉斯哥港和格里诺克的兄弟会支部也建立起来。在克莱德班克，当地兄弟会支部的礼堂就修建在该镇享誉世界的约翰·布朗造船厂（John Brown's）正门对面。到1914年，苏格兰三个最大的奥兰治兄弟会地区分部就坐落在格里诺克、帕特里克和戈万这三处造船业中心。苏格兰兄弟会与爱尔兰裔新教徒之间维持着强有力的联系。在1920年代由《贝尔法斯特新闻周报》（*Belfast Weekly News*）定期刊载的"苏格兰奥兰治消息"（Scottish Orange Notes）中，列出了很多在19世纪最后四十年间移民苏格兰的知名爱尔兰裔兄弟会成员。苏格兰的兄弟会支部可以为初来乍到的移民提供必要的支持和广泛的人脉，这些足以证明这一组织为何在爱尔兰裔新教徒移民中如此受欢迎。值得注意的是，在苏格兰东海岸的邓迪等城市，因为当地爱尔兰裔移民社群以天主教徒为主，奥兰治兄弟会在当地的势力较为薄弱。

爱尔兰裔新教徒在移民苏格兰之后并未忘记他们的阿尔斯特文化渊源，这一点从他们在一战前夕参与爱尔兰本地自治争端中可见一斑。在社会基层，奥兰治兄弟会和保守党结成了联盟，猛烈反对自由党的爱尔兰自治计划。反对本地自治的新教徒举行了多场集会以表达自身诉求，其中最为引人注目的当数爱德华·卡森爵士（Sir Edward Carson）于 1913 年 10 月在格拉斯哥发表的一场公开演讲，这次活动吸引了大量听众前来，圣安德鲁斯音乐厅被挤满。他们以"在格拉斯哥的阿尔斯特人"的名义在《阿尔斯特誓约》（Ulster Covenant）上签字，表达对自由党政府本地自治政策的抗议。来自阿尔斯特的极端派布道者、隶属于卡尔顿（这里是爱尔兰裔新教徒的一大重镇）"基督联合教会"的詹姆斯·布里斯比（James Brisby）牧师还从格拉斯哥、拉瑟格伦和克莱德班克召集了一群志愿者举行公开游行，并发誓捍卫爱尔兰北部新教徒居民的权利。在更早之前的1912 年，随着哈兰与沃尔夫造船厂（Harland & Wolff）在戈万建立，大批工人从贝尔法斯特来到克莱德河地区，进一步助长了反本地自治运动的声势。然而，从事后来看，反本地自治运动也构成了在苏爱尔兰裔新教徒激进运动的最后一个高潮。在一战之后，阿尔斯特新教徒向苏格兰移民的规模大为萎缩，在苏爱尔兰裔新教徒社群与北爱尔兰故乡之间的联系也不可避免地变得淡薄。在 20 世纪末，北爱尔兰冲突既没有波及苏格兰西部，也没有在苏格兰西部引发和 20 世纪初的本地自治问题同等剧烈的情绪反应，便是这一变化的例证。不过，爱尔兰裔新教

507

徒并未完全失去传统的文化认同。正如格雷厄姆·沃克指出的："新教徒社群内部的民俗文化记忆依旧鲜活，奥兰治兄弟会运动的歌谣、旗帜与口号在今天也仍在暗示着苏格兰和阿尔斯特之间的无形纽带，只有那些希望领会的人才能明白其中的含义。"[6]

立陶宛裔

对 19 世纪的绝大多数欧洲移民而言，美利坚合众国无疑是他们心目中的圣地，那里充满了经济机遇，且拥有价格低廉的土地。随着蒸汽船和铁路让洲际交通迎来一场革命，远渡重洋前往美国不再需要高昂的开支，可即便如此，也不是所有来自中欧和东欧的移民都会直接前往美国。其中一些移民选择将联合王国作为前往美国的中转站，他们发现与从欧洲大陆直接乘船前往美国相比，先在不列颠的赫尔（Hull）或利斯靠岸，再坐火车到利物浦或格拉斯哥搭乘渡美轮船更省钱。在这些"中转移民"（transmigrants）当中，有一小部分人最终留在了苏格兰，建立了一个个新的移民社群，其中最为重要的两个群体便是立陶宛裔和犹太人。立陶宛人的故乡原本在波罗的海以东、德意志人的普鲁士王国以北，他们的国家曾拥有悠久的独立传统，但在 18 世纪晚期被俄罗斯帝国吞并。即便如此，立陶宛人仍维持着自身的民族身份，即便备受迫害也仍坚守天主教信仰，并在 19 世纪通过移民的方式把自己的信仰带到了苏格兰。

从 1860 年代到 1914 年，立陶宛曾有四分之一到三分之一的人口移民海外，向苏格兰的移民在这场大规模迁徙潮中只构成了一小部分。1861 年俄罗斯帝国的农奴制改革导致地租与课税负担同时加重，从而间接令立陶宛农民的生活状况恶化，而在经济上的压迫之外，沙俄政府还用全面俄化政策迫害立陶宛的民族文化，强行把东正教设为立陶宛官方宗教，并强制立陶宛人在沙俄军中服兵役。正是在上述种种措施的压迫，以及西欧和北美地区拥有远比东欧更丰富的经济机遇的吸引之下，立陶宛的对外移民人数大幅增长。早在 1870 年代和 1880 年代，贝尔德与梅里－坎宁安（Merry and Cunninghame）等苏格兰主要的煤铁工业企业就开始雇用立陶宛年轻人在矿场和炼铁高炉从事非技术性工作。雇主时常为这些工人提供住处，而在工作数年攒够积蓄之后，工人们还会将自己的妻子、家庭或相好接到苏格兰团聚。这些移民工人还会在信件里讲述自己在苏格兰工业企业工作的种种好处，从而诱惑故乡的男性友人和亲属前来投靠。向外来移民王家调查委员会（Royal Commission on Alien Immigration）作证的人曾对委员会成员们描述了"移民的信件如何……把这里描述成黄金之地，并宣扬了这里优渥的薪资待遇"。1886 年的薪资水平普查也显示，虽然此时苏格兰采煤业与生铁行业的总体薪资水平仍然偏低，但在大多数立陶宛工人工作的部门里，苏格兰的薪资水平高于当时英国的平均值。正是在这一背景下，来自波罗的海地区的移民规模加速扩大，到 1914 年，拉纳克郡、艾尔郡、法夫郡和西洛锡安等地区的城镇里已有近 8000 名立陶宛移民定居。初次来到苏格兰之后在矿场上工作的立陶宛工人常常会一起凑钱，帮助更多的年轻人从立陶宛的其他地方移民苏格兰。此外，还有一些在事业上小有成就的立陶宛移民会帮助适龄年轻人从立陶宛迁徙过来，以利用他们的劳动力为自己在苏格兰谋取经济利益。

　　对于这一波不断增长的外来移民，苏格兰本地人最初曾抱以强烈的敌意。基尔·哈迪曾亲口声称这些"外国人"是被故

508

意带到艾尔郡的煤矿，以降低工人工资、破坏罢工、令工人的工作条件恶化，乃至稀释工会影响力的。1900 年以后，随着苏格兰采煤业陷入萧条，煤矿工人的工资一再遭到削减，劳动力市场也供大于求，但此时从立陶宛涌来的移民人数未见下滑，导致本地人与立陶宛移民之间的矛盾大为激化。虽然确实有迹象表明，立陶宛劳动者曾在 1890 年代的拉纳克郡被雇主用来施加工资下行压力或破坏本地工人的罢工运动，但这种发生在工人之间的族群矛盾并未持续很久。立陶宛移民社群内部开始有人施加压力，呼吁缓解族群之间的紧张关系，其中一小部分工人早在移民苏格兰之前就已在家乡成为社会主义者，而在 1903 年，立陶宛马克思主义社会民主党还在拉纳克郡的贝尔希尔（Bellshill）建立了一个支部，那里正是在苏立陶宛移民的主要聚居地之一。在俄国 1905 年革命之后逃亡苏格兰的政治难民可能也进一步影响了在苏立陶宛移民社群，让他们更倾向于从阶级利益出发处理社会关系。渐渐地，越来越多的立陶宛工人开始加入矿工工会，尽管他们的另外一些同乡此时仍在被煤矿企业用来破坏工人罢工。值得注意的是，大不列颠矿工联盟（Miners' Federation of Great Britain）在这一时期决定刊印联盟规则的立陶宛语版本，并在不久后决定允许所有来自海外的联盟成员享受全部联盟福利，这标志着立陶宛工人已经在工会运动中有了显著的存在感。在短短二十年间，来自立陶宛的非技术劳动者已逐渐明白自己的经济利益与苏格兰本地工人的关切一致，通过参与 1912 年的全英矿工大罢工，他们强有力地证明了自己对工会运动的忠诚追随。在一战爆发前，这种对工人阶级团结性的深切信念无疑缓解了立陶宛移民与苏格兰本地族群之间的潜在矛盾。

　　然而，立陶宛移民被苏格兰社会同化的进程最初局限在政治与工会运动领域。在其他所有方面，在苏立陶宛人仍与苏格兰当地社会颇为隔绝。虽然还不至于生活在类似犹太人"隔都"（ghetto）那样的封闭社区里，但立陶宛移民仍倾向于聚居在苏格兰中部少数城镇里特定的几条街道上，形成了从外表上看来清晰可见的社群。立陶宛妇女和儿童因身着鲜艳的服装而十分显眼，几乎所有第一代立陶宛移民的婚姻都发生在本族群之内。立陶宛移民会去住所附近的天主教堂参加宗教仪式，但他们也成立了一个专属于立陶宛裔族群的组织——圣卡西米尔社（St Casimir Society）。在家庭生活中，立陶宛移民的语言、饮食、着装、室内布置乃至庆祝圣诞节的方式都维持了立陶宛的习惯。母亲向子女传授立陶宛的语言、歌谣和民俗故事，从而也在维持立陶宛民族认同方面发挥了关键作用。女性在立陶宛移民社群的社会生活中发挥了关键作用，她们最终在1929 年成立了立陶宛天主教妇女合作社（Lithuanian Catholic Women's Society），以弘扬本民族的文化。到 1914 年，苏格兰已发行了两份立陶宛语周报，它们既发表关于立陶宛本土的消息和评论文章，也广泛发布关于宗教活动、文化社团、集体舞会和晚间音乐会的信息，有力地巩固了立陶宛人的族群认同。立陶宛裔圣职在宗教仪式上也依旧使用立陶宛本国的语言。此外，立陶宛移民社群还发展出一系列保险与互助合作社。立陶宛裔的社交生活丰富多彩，他们经常举办管弦乐团音乐会（移民们拥有自己的管弦乐团）、晚间合唱演出和戏剧表演，甚至于 1905 年在格拉斯哥的城市音乐厅举办了一场立陶宛文化节，表演了民俗舞蹈和立陶宛传统歌曲合唱等节目。立陶宛移民还开设了自己的店铺，出售黑麦面包和香肠等深受本族同胞喜爱的食品。从表面上看，立陶宛移民在苏格兰形成了一个自信且自足的社群，他们维持了强烈的族群团结性与独特的文化认同。

510　　然而，在之后两代人的时间里，这种自给自足的局面就在很大程度上消散了。立陶宛裔社群自信消退的一个早期迹象是，越来越多的人开始放弃自己的立陶宛姓名，其中一些人将自己的姓氏转化为英语形式，但更多的人选择了与自己的本姓无关的姓氏。例如，本姓"雷绍卡斯"（Lesaukas）的人会改姓"史密斯"，本姓"拉姆科维休斯"（Ramkevicius）的人会改姓"布莱克"。一些早期的立陶宛移民也曾被他们的苏格兰工头和雇主冠以英语化的名字，以方便辨认，但在此时（尤其是在1930年代），立陶宛移民开始主动抹去姓名这一自身文化身份的重要标志。这一点与苏格兰的意大利移民群体形成了鲜明对比。除了因在二战期间和二战后遭受反意情绪的强烈冲击而确实改变了姓氏，他们中的很多人仍不愿意放弃自己的母语姓氏。年轻的第一代立陶宛移民大多避免与苏格兰本地人通婚，选择把自己在家乡的伴侣带到苏格兰，但在两次世界大战之间，立陶宛裔与苏格兰本地人之间的通婚很快就变得普遍起来。对新一代立陶宛裔居民而言，学校构成了一个重要的文化融入渠道。在这里，他们不但学习了一种新的语言，也接受了一种新的文化。很多第二代立陶宛裔苏格兰人曾回忆，在放学回家之后，他们便如踏入"异国"一般，回到了一个只说立陶宛语的环境里。在格拉斯哥的戈尔鲍斯城区，当地规模庞大的犹太人社群拥有三所由本族教师授课的犹太学校；与此相对，立陶宛移民的分布更为分散，他们因此只能把子女送到本地学校，学习与本族不同的当地语言、价值观、历史和文学。外加上新一代立陶宛裔学生在长大成人的过程中受到了来自本地同学的同辈压力，立陶宛移民的族群认同不可避免地受到了冲击。

在这一时期，立陶宛裔社群的着装、饮食和休闲习惯也受到了影响。随着一些立陶宛裔居民得到了接受高等教育的机会，这一群体的文化融合步伐进一步加快了。仅在拉纳克郡，当地在 1939 年前就有约 20 名立陶宛裔居民成为教师，而值得注意的是，其中接近半数都是女性。在战间期地方行政当局的住宅建设计划中，一些在"立陶宛人街"上由来已久的移民社区遭到拆散，很多立陶宛裔家庭因此分散到各处。不过，即便在 1940 年代，立陶宛裔社群仍远远没有完全被苏格兰主流社会同化。立陶宛移民的文化活动、音乐会与宗教仪式仍兴旺不衰，前往卡芬天主教石窟的圣地巡礼活动依旧是这一族群一年一度的头号盛事，很多立陶宛裔居民都会身穿本民族服饰参与这场活动，来自苏格兰中部各地的大批信众也会在仪式上用震撼人心的歌声咏唱本民族语言版本的赞美诗。不过，最近研究在苏立陶宛裔社群的历史学者埃伦·奥唐奈（Ellen O'Donnell）认为，这种族群意识在 1990 年代开始消退，参与朝圣仪式的人员不但在人数上大大减少，在年龄构成上也以老一代人为主，这种在 20 世纪上半叶曾无比鲜活且独特的习俗在当代很可能濒临灭绝。

一个移民族群完全融入本地主流文化并非不可避免，在苏犹太人与爱尔兰裔天主教徒的案例都已表明，外来族群完全有可能在加入苏格兰社会生活的同时避免彻底的同化。那么，为什么立陶宛裔社群未能做到这一点？首先，立陶宛裔社群相对较小的规模（1914 年不到 8000 人）构成了其中一个原因。1917 年，由于英国和俄国之间的军事协定要求在英"俄罗斯帝国臣民"作为俄国军人到协约国东线战场作战，超过 1000 名立陶宛裔男性被强制送出国境，令本就不大的立陶宛移民社群大为萎缩。1920 年代，由于苏格兰出现了向美移民潮，而立陶宛在一战后也成为一个独立国家，又有一大批立陶宛移民选择离开。直到二战结束后，随着立陶宛被苏联占领，才又有一些新来的移民从立陶宛迁入苏格兰。立陶宛裔的经历无疑与爱尔兰裔形成了鲜明的对比：从 1800 年代初到 1950 年代，爱尔兰裔社群的身份认同总是能在一波又一波移民浪潮中不断得到重振与更新。与此相对，随着英国政府于一战结束后限制外来移民，而战间期的经济萧条又令苏格兰的吸引力大为减退，在苏立陶宛裔社群从 1920 年开始便陷入了孤立无援的状态。

与此同时，苏格兰的立陶宛裔社群也面临着来自内部与外部的压力。在团结的表象背后，立陶宛裔社群内部始终存在着左右两翼的激烈斗争：少数左翼移民怀有社会主义倾向，抑或与在英立陶宛社会主义者联盟（Lithuanian Socialist Federation of Great Britain，这一组织本身与全英社会主义运动之间有着密切关联）有联系，但大多数移民仍是追随天主教会的"保守派"。虽不至于造成彻底的分裂，但这些矛盾影响了立陶宛裔社群内部的团结性。在 1930 年代的经济危机期间，左右翼的紧张关系迎来了尤为严峻的考验。在大萧条时代最不景气的年份里，多处立陶宛裔聚居区都受到了大规模失业的沉重打击，以 1932 年拉纳克郡重要的立陶宛裔聚居区贝尔希尔为例，有人认为当地的男性失业率在当年高达 70%。与那些可以在自己的商店和咖啡馆里为自己的同胞提供工作的意大利移民不同，大多数在苏立陶宛人在萧条时期都只能依靠失业救济金，在长期失业状态下惨淡度日。因为信仰天主教，又在族群身份上与本地人不同，立陶宛裔居民也很有可能在某些行业的劳动力市场上受到歧视。很多立陶宛裔家庭仍保存着当初被当局称为"外国人"时的记忆，还记得有一些友人与亲戚曾在一战期间被强制送出苏格兰。他们在这种困难状态下倾向于采用务实隐忍的策略，这似乎削弱了他们身份认同，让他们倾向于保持低调，并成为苏格兰本地社会的一部分。通过改变姓名，他们可以隐瞒自己的原国籍，从而提高找到工作的概率。在这一点上值得注意的是，在 1930 年代天主教会的婚姻记录中，立陶宛裔变更姓名的情况比之前普遍得多，这表明很多在苏立陶宛人都选择以彻底抹去自身独特性的方式融入苏格兰的主流社会生活。

意大利裔

虽然在 19 世纪晚期以前，已有意大利人在苏格兰居住，但直到 1880 年代以前，在苏意大利人的数量仍极为稀少，其构成以少数掌握高端手艺的工匠、巡回乐手和街头商贩为主。迟至 1881 年，苏格兰的人口普查记录里仍只有 328 个人出生在意大利。不过，到一战爆发前夕，在苏意大利人已猛增至 4500 人左右，一个独特的意大利移民社群也开始成形。这一时期许多在苏意大利裔家庭都是在 1880 年至 1914 年来到苏格兰的。1908 年，一份名为《苏格兰报》（La Scozia）的报纸正式发行，其目的在于服务初来乍到的意大利移民，但只发行了一年就宣告停刊。在更早以前的 1891 年，在苏意大利人还建立了一个互助社（Societa de Mutuo Soccorso），以为移民提供福利和资金上的支持。在格拉斯哥的戈尔鲍斯和加内特希尔（Garnethill）、爱丁堡的干草市场（Grassmarket）、阿伯丁的城堡门（Castlegate）等地段，一处处意大利移民"定居点"开始形成。苏格兰最大的意大利裔社区（也是全英第三大意大利裔社区）位于格拉斯哥，当时拥有约 3000 名居民。不过，意大利裔社群总体上以分散而非集中为标志，这也让他们的情况与本章中提及的其他移民群体显著地区别开来。

在苏意大利移民很快专注于发展餐饮业，一些家庭开始经营冷饮店，或以售卖炸鱼薯条为业。这一特殊的经济结构决定了他们的地理分布必然较为分散，无论是为了维持自家的生计还是为了容纳第二代移民或不断从意大利本土前来的远亲，他们都必须不断在新的地段与新的城镇开拓自己的事业。意大利移民为苏格兰工人阶级社区带来了新的消费选择："尖头帽"（即蛋卷冰激凌）在苏格兰大受欢迎，炸鱼薯条也成为平民百姓最早的"快餐"。从 1880 年代到 1920 年代，随着劳动者的实际收入逐步增长，越来越多的人愿意把一小部分收入用于定价合理的休闲与奢侈消费，意大利人经营的咖啡厅生意因此颇为兴隆。这些咖啡厅之所以能满足这种新兴的消费需求，不只是因为它们能为顾客提供点心、香烟与冰激凌，还因为它们和炸鱼薯条店一样开放到深夜，而此时本地人经营的店铺已经关门。对于那些想要在自家住处以外欢聚的年轻人而言，咖啡厅具有强大的吸引力。

在苏意大利人经营的餐饮业不可避免地引起了一些非议。1906 年，关于星期日经商问题的议会调查委员会接到一份证言，其中声称因为冷饮店让"年轻男女有机会在法定的商铺营业时间之外聚集于一室之内，乃至做出不检点的行为……很多人之所以来冷饮店消费也正是追求这一点，而不是因为冰激凌多么美味"，所以有"道德败坏"之嫌。[7] 苏格兰警方也对议会调查委员会表示，冷饮店顾客的行为举止"不见容于除那些来自外国的店主和品行有亏之辈以外的任何人"。[8] 但是，支持禁酒政策的政治游说集团为意大利人的餐饮事业提供了强有力的支持，他们认为这些移民开设的咖啡厅为苏格兰人提供了一个切实可行且充满魅力的替代选项，让他们不必在公共酒馆里用堕落的酗酒行为消磨时光。不过，意大利人开设的另一项餐饮生意——炸鱼薯条店与酒馆之间倒是存在着更为互补的关系。到1920年代，既感到饥饿又渴望饮酒的苏格兰平民常常在经营到晚10点的炸鱼薯条店买外带晚餐，然后站在街头吃完，这样的做法代代相传，直至今天依然盛行。光顾意大利店铺的食客们有时也会引起事端，这在星期六晚上尤为频繁。在1919年来到格拉斯哥的布鲁诺·塞雷尼（Bruno Sereni）[①] 曾在著作《他们走下面那条路》（*They Took the Low Road*）中提到，意大利移民的店里爆发斗殴在当时并非罕有之事。早年的塞雷尼曾在他父亲的咖啡厅里帮忙，他学会的第一句英语就是"店里打成了一团"——当时他父亲的店里确实发生了斗殴，他被派到当地警察局求救。

　　在近现代苏格兰，意大利移民最早可追溯到1850年代以来定居伦敦的"人像贩子"（figurinai）。"人像贩子"指的是一群云游各地、制售人偶与小型人像的手艺人，他们经常以五到七人为一小组走遍英国各地，沿途向当地人销售他们的制品。一些四处开拓新市场的"人像贩子"最终从伦敦一路北上来到苏格兰，其中便有少数人在苏格兰定居下来，为日后从意大利直接移民苏格兰的新潮流奠定了基础。正是在这一时期，诸如卢

514

---

① 布鲁诺·塞雷尼（1905—1986），意大利记者、作家。他早年曾随家人移民苏格兰，后一度往返于美国和意大利本土。他在意大利的故乡就是下文提到的巴尔加。

卡（Lucca）地区的巴尔加（Barga）等村落和更南方的阿布鲁齐地区（Abruzzi）的居民与苏格兰之间建立了直接联系，在之后的一个世纪里，那些地方出现了很多移民苏格兰的人家。苏格兰与意大利部分地区之间的联系还因所谓"赞助"（padroni，既是雇主又是赞助人）制度而得到了进一步的巩固，提供"赞助"的人会从意大利招揽新移民前来，为他们支付迁徙费用并向他们提供工作机会。在1900年成为在苏意大利人首富的利奥波德·朱利亚尼（Leopold Guliani）就曾从自己的家乡巴尔加村帮助不少男青年来到苏格兰，以让他们为自己庞大的冰激凌企业效力。这些在"赞助人"的帮助下移民苏格兰的青年在成人之后开辟了自己的生意，他们的商业成就接下来又通过家庭与意大利故乡社会的人际关系网吸引了一波又一波新的移民。起初，意大利人只是在手推车上贩卖冰激凌，咖啡厅生意也只是在后来才变得更为普遍。不过，对白手起家的移民来说，购置一辆冰激凌手推车（他们有时还能得到其他人的资助，例如亲戚或雇主，冰激凌小贩可以用日后的经营所得偿还这笔款项）的成本远低于租赁一间店铺，这意味着有更多的人能够在移民苏格兰后不久便开始独自营生。不过，一个新移民必须通过漫长且艰苦的努力才能独当一面。坎布斯朗（Cambuslang）的费代里科·蓬蒂耶罗（Federico Pontiero）曾如此回忆：

> 是的，当时的工作真的很苦，想要把生意经营起来非常不容易。我走到这一步的时候，每天早上七点就要起来干活，不到夜里一点没法干完，有时甚至要拖到两点，就这样硬生生干了八年。有一天晚上，我们三个小的去看了场电影，结果一回去他们就警告我们："不许再去电影

院!"我们没有哪一天晚上不在干活。我还记得那位里纳尔迪（Rinaldi）先生，他应该是坎布斯朗的第一个意大利人，他曾下到克莱德河里切割冰块。他们当时要从克莱德河里切冰块，所以那肯定是老早以前的事了，因为我压根就没见过克莱德河结冰！（大笑）他切下来的冰是给冰激凌用的。要知道那可真是苦日子，我向你保证，当时想挣钱绝不是什么容易的事。[9]

随着时间推移，越来越多的在苏意大利人开始经营店铺而非游荡摆摊，其中一些经济上较为宽裕的人选择开设咖啡厅，在经营一段时间后将店铺作为持续经营的产业转让他人，并从新的经营者那里以周或月为单位收取分期款项。

515

在苏意大利人的商业活动建立在私人信誉、家族关系和个人见识的基础上，对于在异乡开拓生意的人来说，这些都是取得成功的必要条件。作为结果，这种模式也塑造了未来移民的本质。在很大程度上，与本章介绍的其他移民群体不同，1870年以来移民苏格兰的意大利人往往只来自意大利本土的少数几个地方。意大利移民往往来自特定的一些大家族或村落，他们都与19世纪晚期的一些移民先驱有亲缘或地缘关系。在意大利移民的来源地中，有两个地方最为重要：一个是意大利北部的卢卡，另一个是罗马以南拉齐奥（Lazio）地区的弗罗西诺内（Frosinone），这两个地方相距约250英里。这些地方素来拥有短期迁徙的传统，这让当地人更习惯长途移民。随着19世纪末当地人口的快速增长将当地过时的农业生产方式逼至绝境，很多人不得不选择背井离乡。一个在20世纪初移民苏格兰的意大利裔妇女（当时她尚处童年）曾如此回忆自己故乡的田园：

"到处都是葡萄藤，树木丛生，也有很多鸡和其他动物。"不过，当地人的贫苦生活"十分悲惨"，在她的印象中，所有离开家乡的移民都"为逃脱在意大利的悲惨生活感到高兴"。[10]然而，随着 1919 年《外国人法》（Aliens Act）生效，意大利人向苏格兰移民的人数大幅下降，这一趋势后来又因战间期意大利法西斯政府对人口外迁的抵制而加剧。作为结果，在苏意大利裔社群的规模最终稳定在 5500 人左右。与同样信奉天主教的爱尔兰人和立陶宛人相比，意大利移民没有受到苏格兰本地人的强烈敌视。他们从事的事业在苏格兰大受欢迎，而因为他们的人数较少，且绝大多数人都受雇于意大利人自己经营的企业，他们也没有对苏格兰本地工人的工作机会与薪资待遇构成威胁。在 1930 年代，意大利裔社群散落在苏格兰各地，没有一处规模较大的聚居区，因此也不容易吸引本地人的注意与猜忌。意大利裔社群的社会生活较为内向，他们在工作之余不太与生活在苏格兰的其他人打交道，不过在 1930 年代，苏格兰的大学里已经出现了一些意大利裔学生。关于这一时期的口述历史证据表明，意大利移民在家里仍说意大利语，吃意大利菜，意大利裔子女一般只与其他意大利裔年轻人结婚，而无论是在 1920 年代、1930 年代还是之后，他们的父母都会对他们施加严格的控制，将与非意大利裔通婚的可能性降到最低。意大利裔女孩的社交生活受到的限制尤为严格：因为店铺营业时间很长，她们不得不在店里度过大部分时间，商铺后门（男人们会聚在那里打牌）也成了她们与朋友和亲人见面，以及打听故乡村子里最新流言的场所。随着在苏意大利人在经济上越来越宽裕，回乡探亲也变得越来越普遍。当时的很多意大利移民仍把人生的希望寄托在自己的故乡（确实有一些人最终回到了意大利），这意味着让他们被苏格兰本地社会同化的尝试往往只是徒劳。

　　在 1920 年代意大利墨索里尼法西斯政权政策的影响下，在苏意大利人的身份认同受到了进一步的强化。墨索里尼希望招揽所有从意大利本土迁往海外的移民与他一道建立一个新生的意大利祖国。名为"法西斯"（Fasci）的法西斯主义俱乐部开始在海外的意大利裔移民社群中涌现，其领导者往往是当地移民社群的名人，抑或曾在一战期间加入意大利军队作战的老兵。格拉斯哥的法西斯俱乐部在 1922 年建立之后，逐渐发展出种类繁多的社交与文化活动项目，其中包括面向儿童的晚间意大利语学习班以及一个到 1939 年已吸引 1000 人加入的意大利工会——这一工会也是第一个属于小店主和零售业者的同业团体。1935 年，一座"意大利会馆"（Casa d'Italia）在格拉斯哥繁华的公园圆环（Park Circus）地段揭幕，这里既是（在法西斯俱乐部的赞助下）开展一系列意大利文艺、社交与学术交流活动的中心，也是在苏意大利人社群活跃气象的象征。在爱丁堡、阿伯丁和邓迪，意大利移民也设立了其他的俱乐部，意大利法西斯主义者在各地的代表组成了一张遍布苏格兰的联系网络，并大受欢迎。1933 年，一项意大利政府针对海外侨民进行的调查发现，50% 的在苏意大利人受访者都已加入了法西斯党。"意大利法西斯党人"每年 8 月 15 日（亦即圣母升天节）都会举行集会，来自苏格兰各地的意大利侨民代表都会在这一天齐聚一堂，共同标榜自身的民族身份。意大利法西斯政府对侨民团体如此高调的关注无疑触动了很多曾认为自己被祖国抛弃，但也没能完全融入苏格兰社会的移民。因此，在苏意大利人对法西斯运动的热情显然只是出于一种爱国情怀，而不是认同法西斯主义的意识形态。

然而，随着墨索里尼在 1940 年 6 月 10 日对英宣战，对法西斯运动的公开支持让意大利侨民群体付出了惨重代价。在意大利宣战几个小时之后，格拉斯哥、爱丁堡、福尔柯克、格里诺克、格拉斯哥港、欧文（Irvine）、汉密尔顿、斯通黑文等地便爆发了针对意大利人的暴动。意大利咖啡厅的窗户被人砸碎，意大利人的店铺惨遭洗劫，店内的装饰也被损毁殆尽。反意骚动在英国全境都有发生，但在苏格兰传播得特别广泛，性质也尤为恶劣，这在一定程度上可以归因于 1930 年代苏格兰部分地区高涨的反天主教情绪。在爱丁堡最为严重的一起骚乱中，手持警棍的警察不得不对约 1000 名暴动市民发起两次冲锋才将他们驱散。这一时期反意情绪的强烈令在苏意大利人惶惑不已。他们在几代人的时间里都与本地的邻居和平相处，还有很多人本来就在苏格兰的土地上出生。一个名叫多米尼克·克罗拉（Dominic Crolla）的口述证人回忆，"这就好像五六十年的努力毁于一旦"。[11]紧随骚动而来的是针对 17—60 岁的意大利男性移民的集中监禁，其中有很多人最终被强制遣送海外，甚至有人被送到了澳大利亚。这一时期在苏意大利人社群发生的最大惨剧便是这一政策的结果。1940 年 7 月 2 日，"阿兰朵拉之星"号（*Arandora Star*）在运载 712 名被判定为"敌国国民"的意大利侨民前往加拿大的途中，在大西洋上被德国潜艇用鱼雷袭击，最终有 450 名被遣送的意大利侨民溺死。在那些来自苏格兰的死者当中，大多数人都是无辜的咖啡厅经营者、小店主和年轻的店员。

这场惨剧一度让意大利侨民社群在 1930 年代曾颇为高涨的自信心彻底消散。1945 年二战结束后，在苏意大利人不得不从零开始，重建当初被战争重创的生意。泰里·科尔比（Terri

Colpi）曾提到，"有很多人在这种时候都只得承认继续当一个意大利人不是什么好事，并把自己的族群身份掩藏起来"。[12]在1950年代，意大利侨民的归化人数达到了高峰。著名的意大利裔苏格兰建筑师贾科莫·科亚的经历为这一变化提供了典型的例证。在1939年以前，科亚在苏格兰西部设计的几座天主教堂无论是内部还是外部都有着鲜明的意大利风格，彰显了他对自己族裔出身的自豪感。但在1950年代，科亚的设计作品中不再体现意大利元素，这从侧面折射出二战结束后社会环境已经有了变化。

在最近几十年里，意大利裔社群开始加速融入苏格兰社会。大多数年轻的意大利裔居民都与苏格兰人通婚。与伦敦以及英格兰其他地区的情况不同，二战结束后并没有成规模的意大利"新移民"涌入苏格兰。高等教育的扩张则让大量有才能的年轻人得以从事法律、医药与教育等行业。作为结果，在苏意大利人开始融入苏格兰社会，但他们并未彻底失去作为意大利人的身份认同。从1950年代到1970年代，天主教会面向格拉斯哥意大利移民社群的圣职都由意大利司铎担任，但丁协会（Dante Alighieri Society）也在这一时期成立了多个颇为活跃的分部，为维持意大利移民对意大利文化的关心起到了重要的作用。意大利裔餐厅、宾馆、商店与咖啡厅经营者之间依旧维持着密切的商业往来。最为重要的是，在苏意大利人与本土之间的亲缘联系不但延续至今，还在现代民航业的帮助下得到了进一步的巩固。如今，苏格兰的意大利裔居民可以定期飞回意大利南北各地，拜访自己的祖先在百年前生活过的那些小村庄。

518

格拉斯哥的犹太人

直到1870年代，苏格兰的犹太移民才达到比较显著的规模。当时苏格兰的犹太人社群规模尚不足千人，主要集中在格拉斯哥、爱丁堡和邓迪三座大城市，其中大多数家庭已通过经营商贸、服装、珠宝首饰，以及制造新奇商品等行业发家致富。随着 19 世纪末中欧和东欧的犹太人移民大量涌入，上述格局迎来了剧烈的改变。这些移民离开家园主要是为了躲避俄罗斯帝国境内的一系列反犹迫害，但他们也向往移民西方之后的经济前景，而轮船与铁路等大众交通手段也让更快捷、更廉价的长途迁徙成为可能。这一时期总共有数百万犹太人离开了"栅栏区"（Pale），亦即东欧地区犹太人的传统定居地带，其中大多数都希望移民"黄金之地"（die goldene medine）美国，最终定居英国境内的人数则相对较少。不过，很多东欧犹太人都把英国当作从波罗的海港口前往美国的中转站，赫尔—利物浦与利斯—格拉斯哥的铁路线因此成为犹太移民的陆上迁徙要道。早在 1860 年代便有犹太人途经苏格兰前往美国，而在之后数十年间，采用这一路线的犹太人数量大幅增长。其中一些犹太移民在来到苏格兰之后决定留在当地，不再渡过大西洋，因此到 1880 年代末，格拉斯哥城内主要的犹太人聚居区已不再是城西的富人区加内特希尔，而是克莱德河南岸的戈尔鲍斯。1914 年，格拉斯哥城内已有约一万名犹太人，占当时在苏犹太人的九成以上，其中大多数都居住在戈尔鲍斯。在爱丁堡、邓迪、福尔柯克、格里诺克和艾尔，犹太人也形成了一些规模较小的聚居点。因为 1905 年《外国人法》严格限制了来自东欧的大规模移民，在苏犹太人群体的扩张势头大为减缓。在 1930 年代，还有少数犹太难民从纳粹德国逃往苏格兰，但由于业已定居苏格兰的犹太人不断迁往美国和英格兰的城市，在苏犹太社群的规模并未因此扩大。

　　新来的犹太移民和在苏格兰定居已久的犹太人之间有着不小的差异。新犹太移民大多是来自俄罗斯与波兰、讲意第绪语的贫民，几乎不会说英语。对他们而言，戈尔鲍斯一带最大的好处在于靠近克莱德河沿岸的铁路与船运通道，租住成本也较为低廉。随着戈尔鲍斯的犹太人聚居区逐渐发展壮大，当地逐渐成了一个避风港，为风尘仆仆从东欧赶来的移民提供慰藉、援助和工作机会。拉尔夫·格拉瑟曾如此回忆：

　　　　那些新来的很好认。他们留着整整一个星期没剃的胡须，因为一路上缺乏睡眠而露出疲惫的神色，他们会吃力地拖着自己的"包袱"（peckel）——塞进一只破旧旅行箱里的行李——走在戈尔鲍斯的街上，听着街上的人们说着东欧犹太人熟悉的语言，像纯血猎犬一样认定自己要找的就是这里的居民。他会把手伸进那件不成样子的外套的口袋里摸索一番，向戈尔鲍斯的犹太人出示一个饱经摩挲的信封："我的同胞！请告诉我，我该怎么找到这个地址（或这个人）？"（Lansmann! Sogmer, wo treffich dos?）[13]

戈尔鲍斯很快就有了两座犹太教会堂、一所提供宗教教育的犹太学校和一间锡安主义阅览室。这里总共有超过 60 家犹太商店与作坊。海姆·伯曼特（Chaim Bermant）① 对当地在二战前的风貌有过描述，他的文字体现了戈尔鲍斯的犹太色彩：

---

　　① 海姆·伯曼特（1929—1998），英国犹太裔作家、记者。伯曼特出生在波兰布拉茨拉夫的一户犹太教拉比家庭，4 岁时举家迁往拉脱维亚的犹太定居点巴罗夫克（即下文引文中提到的巴罗夫克），8 岁移民格拉斯哥，从此在英国定居。

公告栏上张贴着意第绪语海报，店铺里写着希伯来字母，到处都是犹太人的脸庞、犹太人屠夫、烤着犹太面包的犹太面点师，还有带着成桶的鲱鱼站在门廊的犹太杂货商……在街头说意第绪语的人比说英语的还多，一些行人就算出现在巴罗夫克（Barovke）也不会有任何异样之处。[14]

戈尔鲍斯的犹太人社区位于苏格兰最大城市的核心地带，规模可观且具有鲜明的边界，却没有激起严重的反犹主义运动。不过，针对犹太人的骚扰与歧视确实存在。拉尔夫·格拉瑟早年生活在老戈尔鲍斯城区，他记得自己在学校里遭受了"无情"的排挤，他的父亲也曾告诫他低调做人，不要引起不必要的注意，最终惹祸上身："他亲自教会了我栅栏区犹太人的处世之道。"[15]因为族群混居"可以更好地避免反犹主义袭击"，[16]当地的高层公寓楼基本都有非犹太人居住。当时有人公开批评犹太人不守基督教的安息日，还有一些长老派基督教会试图在犹太青年当中传教，以让他们皈依基督教信仰。一些犹太老板雇用移民在"血汗工厂"里用超长时间的工作换取少得可怜的薪水，受到了工会的强烈谴责与嫌恶。此外，在一战爆发前，格拉斯哥也有一些房屋管理人员因不愿接纳犹太人家庭租住而广为人知。不过，和发生在新犹太移民东欧故乡的那些残酷而普遍的反犹主义行径相比，这些歧视与敌意远远算不上严重。格拉瑟回忆，在奥斯瓦尔德·莫斯利的黑衫军（Blackshirts）运动崛起前，格拉斯哥没有发生多少针对犹太人的"有组织骚扰"，他认为这在很大程度上要归功于"基督教神职人员的暗中努力"。格拉瑟还指出，戈尔鲍斯的另一个主要族群——爱尔兰裔天主教徒与被他们称为"锡尼"（Sheenys）的犹太人的关系甚至比他们和苏格兰新教徒的关系更为融洽。[17]

　　多种因素限制了反犹运动在苏格兰本土社会的影响。首先，除了"血汗劳工"问题引发的争议以外，大多数犹太人都不直接在劳动力市场上与苏格兰人竞争。此外，犹太移民的经济生活也是高度自给自足的。大多数犹太移民不是自己经营生意就是受雇于犹太雇主，从事的行业包括裁缝、卷烟贩卖以及各种形式的街头行商。《屋顶上的小提琴手》（*Fiddler on the Roof*）等影片曾把东欧犹太移民塑造成贫穷农民的形象，但在现实中，很多犹太移民都是从东欧的城镇来到苏格兰的，他们已经在欧洲的城市经济生活中掌握了相应的技能，可以在定居格拉斯哥之后派上用场。因此，除非为贫困所迫，犹太人基本没有意愿与爱尔兰人和立陶宛人在码头、矿场和炼钢厂里争夺非技术性工作岗位。另外，由于犹太社群内部发展了一套卓有成效的福利体系，新移民不必依赖苏格兰本地的济贫政策或其他公共福利机构也能维持生计，因此不会被本地人视为福利制度的累赘。 521 这种犹太社区内部的福利体系在一定程度上应归功于定居较早、经济上较为富裕的犹太人对新移民同胞的积极关怀，但这两个群体之间也存在一些矛盾。一些人担心新来的移民在苏格兰激起反犹运动，并给那些定居已久的犹太人带来更大的经济负担。即便如此，在富裕犹太人的支持和新移民自身的努力下，格拉斯哥的犹太社群还是从1890年代到1900年代建立了一系列社会救助组织，其中包括鞋业与服装业行会（Boot and Clothing Guild）、探病协会（Sick Visiting Aossociation）以及"欢迎客旅"合作社（Hacknosas Orchin）。格拉斯哥希伯来免息贷款社（Glasgow Hebrew Benevolent Loan Society）也在这一过程中发挥了重要作用，通过向犹太小商贩提供免息贷款，让他们得以顺利地发展自己的事业。

不过，和爱尔兰裔天主教徒一样，犹太社群与苏格兰本地社会之间的联系绝非疏远。在 1900 年代初仍大受欢迎的锡安主义运动在犹太人当中得到了广泛支持，也与工党有密切往来。格拉斯哥的其他犹太人也积极参加了独立工党与社会主义工党的活动，在十月革命爆发之后，不少人都为布尔什维克终结专制政治与阶级剥削的口号所感召。在这些左翼犹太人中，最为著名的政治人物当数伊曼纽尔·（曼尼）·欣韦尔（Emmanuel [Manny] Shinwell），他后来成为"克莱德赛德帮"（Clydesiders）① 的一员，还曾担任内阁大臣，并最终被封为终身贵族。到 1920 年代与 1930 年代，在苏犹太人社群中已经出现了一些社会与文化融合的迹象。首先，曾经在大部分犹太人家庭里被用作日常语言的意第绪语逐渐衰落。意第绪语报纸在这一时期接连停刊，到 1928 年，犹太社群内部只有一份英文的《犹太回声报》（*Jewish Echo*）仍在刊行。这一时期的在苏犹太人也体现出超过其他移民群体的社会阶层流动性。到 1914—1918 年第一次世界大战期间，在苏犹太人已经在医学领域确立了牢固且显赫的名声。在 1920 年代初，仅格拉斯哥大学就有三十多名犹太学生攻读医学，还有一些犹太人就读于爱丁堡的医学院。与战间期的很多爱尔兰裔天主教徒不同，在苏犹太人在阶级阶梯上攀登时没有遭到同样严重的系统性歧视，但在社会层面，针对犹太人的歧视仍颇为盛行。一些保龄球俱乐部拒绝接纳犹太人成员，而在 1928 年，一些犹太高尔夫球手因类似的歧视而在邦尼顿

———————

① 指 1922 年英国大选中的一些苏格兰独立工党议员，因议席集中于克莱德赛德地区的工业地带而得名，其中包括曼纽尔·欣韦尔、约翰·惠特利等人。

（Bonnyton）设立了自己的高尔夫球俱乐部。在这一时期，犹太人经营的一些企业已在格拉斯哥拥有显赫的名声，剧院娱乐业的福鲁廷家族（Frutins）、服装业的莫里森家族（Morrisons）和零售业的戈尔德贝格家族（Goldbergs）都是各自行业领域的佼佼者。这一时期的戈尔鲍斯也逐渐成为格拉斯哥南郊的富裕城区，表明当地犹太人正逐渐成为小中产阶级。以戈尔鲍斯城区的大规模改建为标志，这一过程在 1960 年代迎来了高潮。在 20 世纪下半叶，格拉斯哥的犹太人社群依然运作着各种宗教福利与文化机构，但此时这一群体的地理分布中心已转移到基夫诺克（Giffnock）这个上流城区，其成员也以商人与专业服务业人士为主。

522

第二十二章 苏格兰女性：家庭、工作与政治

1

在维多利亚时代，"女人应当结婚持家"的观念决定了女性的社会角色。当时的中产阶级认为，理想的女性应当成为"家中的天使"；当时的工人阶级也认为，妇女应当掌握必要的家政技能，以成为一个称职的妻子、母亲与家庭主妇。无论现实如何，这些社会观念决定了她们能够从事的工作、能够赚取的薪水和能够接受的教育，因而从方方面面影响了女性的生活。在 1860 年代，50—55 岁的苏格兰女性中有约五分之四是有夫之妇，这一比例直到 1930 年代也没有太大变化。不过，结婚虽然普遍，但并非所有女性都处在已婚状态。因为男性寿命通常比女性短，所以当时的苏格兰也有很多寡妇。1911 年的人口普查显示，寡妇在 25 岁以上女性人口中的比例达到 12%，她们的丈夫往往因当时流行的各种传染病英年早逝，留下她们独力维持家庭生计。因此，单身母亲绝不是一种只存在于 20 世纪下半叶的身份，只不过在本章关注的时代，终结婚姻的最主要原因不是离婚，而是夫妻之中某一方的死亡。在 1900 年，苏格兰只有 142 人发起离婚诉讼；迟至 1960 年代，苏格兰一年也只有 2000 起离婚。

与离婚和配偶死亡相比，保持单身才是导致苏格兰未婚女

性人数增长的更重要的原因。保持单身的女性规模在不同的地区或阶层都有差别，决定这一数字的关键因素在于婚龄人口中的男女性别比。如果婚龄男女性别比失衡，结婚的频率便会下降。在本章覆盖的时间范围内，苏格兰的适婚女性始终多于男性，这不只是因为男性死亡率更高，也是因为苏格兰人口的内部迁徙与对外移民十分盛行。直到 20 世纪上半叶，二十多岁的年轻男性离家迁徙的可能性仍高于同龄女性，而在某些地方，严重的男性人口流失有可能导致当地人口性别比严重失衡。这一现象影响了苏格兰乡村大部地区，但在奥克尼、设得兰、凯斯内斯和高地诸郡尤为严重。在很多乡村堂区，男性人口根本不足以让当地妇女全部拥有配偶，大龄未婚因此不可避免。1931 年的人口普查显示，低地北部腹地和高地各郡 50—54 岁的女性当中有近 30% 没有过婚姻经历，这一现象对当地不可逆的人口衰减带来了与人口外迁一样严重的影响。在城市（尤其是低地西部的城市）里，男女性别比相对合理，结婚率也比乡村高很多，但即便在这些地方，因为大量居民都是年轻的移民，女性长期未婚的现象也不罕见，在中产阶级当中尤为突出。因为神职人员和医生等专门职业需要长时间的专业训练，中产阶级男性结婚通常较晚，有不少家庭由未婚的兄弟姐妹（姐妹往往代替妻子承担家务）组成。近来一项针对 1830—1900 年格拉斯哥牧师家庭状况的研究表明，这一时期牧师女儿们的成年未婚率有可能高达一半。鉴于当时的资产阶级社会观念把婚姻视为一种义务，我们不难想象那些未婚妇女在人生中承受了多少痛苦、焦虑乃至屈辱。不过，大龄未婚与守寡现象在社会各个阶层的普遍存在无疑意味着，认为维多利亚时代的家庭总是由双亲和子女构成的传统观点并不总是成立的。

524

不过，当时苏格兰的大多数女性仍会结婚，生育子女也将支配她们接下来的人生。1900 年代苏格兰工人阶级的平均预期寿命为 47 岁，在这一背景下，苏格兰很少有妇女在家庭生活中没有照料过儿童。人口普查数据显示，20 世纪初的苏格兰社会主要由大家庭构成。1911 年，22—26 岁结婚的苏格兰妇女的平均生育数为 5.8，其中有至少五分之一生养了 10 个或以上的子女。值得注意的是，因地区、职业和阶级而异，妇女的子女生育数可能有非常大的差别。在西北部大部地区、艾尔郡部分地区、中部地带和东洛锡安西部诸堂区，家庭的平均规模较大，小农场农民和矿工通常会组成 7 人或以上的大家庭。重工业和造船业工人平均每人会生养 6 个以上的子女，而纺织业工人（尤其是在边境地区的羊毛纺织业工人）的家庭规模相对较小。不过，工人阶级家庭的子女数量在总体上相差不大，大多数家庭在 20 世纪初都会生养 5—7 个子女。不难想见的是，如此众多的子女不但在大多数苏格兰工人阶级家庭居住的一室或两室居所里加剧了居住空间过密的问题，也对这些家庭拮据的经济处境造成了巨大的压力，迫使妻子（母亲）们无时无刻不为家人的生计奔忙。

在工人阶级和中产阶级之间，家庭规模的巨大差异开始显现。1900 年，苏格兰的医生、律师、教师和牧师家庭通常只有不到 5 个子女，书商、水果商贩、文员、酒馆经营者和杂货店主家庭也是如此。与低地中部的矿业村镇和工业区相比，居住在格拉斯哥、邓迪、爱丁堡城郊和其他乡间小集镇的中产阶级家庭生养的子女数量要少得多，而两个阶级在这一重要层面上的差异还随着时间推移不断扩大。早在 1870 年代，很多中产阶级专业人员的妻子们就在 35 岁前完全停止生育。在一些上层中产阶级群体中，生育子女的行为逐渐向婚后头几年集中，这些家庭的子女生育数也因此逐步减少。可以说，在一战爆发前，通往 20 世纪下半叶典型的两孩家庭的趋势便已率先在内外科医生和牧师等行业群体的家庭中出现了。而在战间期，工人阶级家庭规模开始以比中产阶级更快的速度缩小。尽管在 1910 年代到 1930 年代之间，苏格兰的育龄女性数量有所增加，苏格兰的年均生育数却在这一时期从约 131000 人下降到约 90000 人，这一革命性变化对苏格兰社会的后续发展产生了难以低估的影响。生育减少的现象同样见于西欧其他国家和地区，但在这一进程中，苏格兰的变化领先了一步。人口史学家将这场苏格兰人口格局的"寂静革命"追溯至 1860 年代，但它对苏格兰总体人口的实际影响要到 1920 年代才逐渐显现。1911 年公布的数据显示，当时 22—26 岁结婚的妇女平均生育约 6 个子女，但到 1950 年代初，那些在 1920 年代结婚（当时年龄为 20—24 岁）的妇女平均只生育不到 3 个子女，"寂静革命"带来的巨大变化可见一斑。

526

　　这场"人口剧变"的起因一直以来令学界困扰不已。首先，婚外生育数的持续增减不可能构成这一变化的原因。与一般人印象中被加尔文宗教条与教会组织束缚的保守形象不同，非婚生育在 19 世纪的苏格兰社会比较常见。《苏格兰人报》曾发表一篇报道，称苏格兰的非婚生育数在欧洲仅次于奥地利，这在苏格兰舆论场上引起了争议。这一结论虽然有夸张之处，但苏格兰的非婚生育比例无疑高于英格兰和欧洲大多数地区，私生子女的现象在东北部一些地区（1855—1860 年班夫郡非婚新生儿比例达到 15.4‰）与西南部的艾尔郡和威格敦郡尤为普遍。在乡间的某些地方，当地人之间还存在一种"私生子亚文化"，针对女性婚外生育的社会压力也较别处更轻。随着苏格兰人口逐渐向城镇集中，非婚生育在整个苏格兰受到了越来越强烈的排斥，但在乡间的一些地方，这种现象仍作为一种传统做法流传下来。然而，非婚生子女在这一时期新生儿中的占比从未超过10%，其数量也随着整体生育数的下降而下降。另外两个可能的因素——结婚年龄的上升和结婚频率的下降——在这一时期没有经历显著变化，也无法构成重要原因。1830年代苏格兰女性的平均结婚年龄为25岁，到1911年这一数字也只略微上升至26岁，不足以对妇女的生育周期造成显著影响。如果这些变量造成的影响都不显著，那么1920年代苏格兰社会各阶级妇女生育率的显著下降背后一定存在一种婚内的生育控制因素，换言之，苏格兰的生育率之所以在1870年代末到1930年代初之间下降一半，是因为越来越多的夫妇决定生育更少的子女。在苏格兰家庭内部，这确实是一个具有历史意义的重要527 变化。这一时期大家庭在苏格兰社会依然常见（尤其是在1939年以前的工人阶级之间），但此时苏格兰社会的大趋势显然已在向减少生育发展，在二战结束后，这一趋势进一步加速了。

我们仍无法从性行为的角度对这场人口格局的"寂静革命"做出明确的解释。1870年代之前，节育"用具"开始在苏格兰的较大城镇出现，因此人工节育手段可能对这一变化产生了一些影响，但它们此时仍较为昂贵且稀缺，无法对苏格兰人口造成显著的总体影响。1877年，查尔斯·布拉德洛（Charles Bradlaugh）和安妮·贝赞特（Annie Besant）因宣传节育手段被控犯下猥亵罪，这场审判在当时引起了高度关注，也让更多的人认识了橡胶避孕套这一事物。在这场审判和它引起的舆论争议刺激下，一个旨在向更多的人宣传节育措施的马尔萨斯主义联盟（Malthusian League）在苏格兰成立，与之相对，教会与一些政党公开地反对人工节育。1918 年，苏格兰国教会要求当局对人工避孕用具的销售"严加取缔"，罗马天主教会的态度则更为彻底，在 1920 年代说服独立工党候选人采取了反对生育控制的立场。苏格兰的工党运动对待散播节育信息的态度也是极不友善的。1927 年，格拉斯哥市议会的多数工党议员都曾投票反对城市公共图书馆收藏《生育控制新闻》（*Birth Control News*）这一刊物。詹姆斯·马克斯顿、约翰·惠特利和斯蒂芬·坎贝尔（Stephen Campbell）等独立工党的主要成员也都曾积极参与宣传活动，反对医生在诊疗时就节育提供建议。1924 年，当时正担任卫生大臣的天主教徒约翰·惠特利就曾拒绝改变现行政策，维持了禁止医生与医疗顾问向患者提供节育建议的政策。

在这个难以考证的问题上，现有的证据倾向于表明，直到 1939 年以前，苏格兰普通大众都没有广泛采用人工节育方法。这一领域最好的数据来自 1948 年的人口问题王家调查委员会。罗莎琳德·米奇森指出，委员会提供的数据显示，在 1930 年代末结成的英国夫妇当中，五分之四有机会生育多名子女（即没有生育能力问题）的夫妇可能都进行了节育。非熟练工人家庭采取节育手段的可能性最低，人工节育"用具"在中产阶级与上层阶级当中的使用率高于普通民众。委员会认为，体外排精（coitus interruptus）和主动禁欲（相对较少）无疑是 1920 年代和 1930 年代生育率大幅下降的原因。

上述结论基于针对英国全境的调查结果，但它们很有可能与苏格兰的实际情况吻合，这背后的一个重要原因在于，苏格兰人的家庭规模在 20 世纪大多数时间里都大于英格兰。这是因为苏格兰中产阶级的规模比英格兰更小，生育率下降的趋势也最早出现在商人与专业人员阶层。王家调查委员会收集的证据证明了家庭规模缩小的趋势取决于夫妻控制子女数量的意愿，而非人工节育手段的普及——毕竟，"自然"的节育手段不会产生任何成本，任何有节育意愿的人都可以使用。在19世纪末，随着物质生活水平与预期快速提升，子女进入社会前必要的受教育时间逐渐延长，越来越多的中产阶级家庭开始减少生育次数。从1870年代开始，工人阶级能够享受的比较实惠的消费品与休闲娱乐活动也发展到了空前的高度。而从1870年代、1880年代到战间期，那些没有失业的人的实际收入也经历了大幅增长。"在这个时代，缝纫机、煤气灶、自行车和钢琴开始成为很多下层中产阶级乃至一些工人阶级的家庭财产，那些有一些剩余积蓄又不必为养家糊口的义务所累的人可以去音乐厅观看演出或乘火车短途旅行，甚至花一整个星期的时间在海边度假。"[1]从长期来看，婴儿死亡率的降低也有可能导致了生育率的大幅下降。在这一时期，许多妇女的怀胎都被视为补充大量夭折的婴幼儿的数量的手段。高生育率可谓婴儿高死亡率的必然结果，而随着婴儿死亡率下降，越来越多的儿童有机会长大成人，母亲不再需要出于"保险"目的频繁妊娠，家庭生育率也因此受到了进一步的限制。

在19世纪末，婴儿死亡率的下降发生得比较缓慢，而在这一趋势开始出现后的几十年里，大多数苏格兰家庭仍不得不经历年幼子女夭折的悲剧。直到二战结束后，苏格兰的大多数母亲才能对自己的子女长大成人感到放心。在那之前，较高的婴儿死亡率为苏格兰的家庭带来了许多悲剧，在今天苏格兰的公共墓地里，我们仍能从很多墓碑上铭刻的"夭折"字样中感受到当时的境况。在 1850 年代初，苏格兰新生儿在满周岁以前的死亡率高达 150‰，直到 19 世纪末，即便人口的总体死亡率开始下降，婴儿死亡率仍维持在高位。事实上，在 1890 年代后半，苏格兰的婴儿死亡率曾一度回升，达到 129‰。婴儿死亡率的分布也必然折射了阶级之间的差异，格拉斯哥的卫生医疗官 J. B. 拉塞尔曾用当时所能获取的统计数字决定性地证明了这一点："在邓达斯港、布朗菲尔德（Brownfield）、戈尔鲍斯和考卡登斯（Cowcaddens），婴儿死亡率高达五分之一，朗赛德（Langside）、芒特佛罗里达（Mount Florida）和凯文赛德的婴儿死亡率仅为十一分之一，希尔海德（Hillhead）、波洛克希尔德斯（Pollockshields）和斯特拉斯邦戈（Strathbungo）的婴儿死亡率则为十三分之一。"[2] 拉塞尔还指出，1890 年代格拉斯哥城内死于五岁以前的儿童中有三分之一曾生活在只有一间卧室的居所中。与此相对，在那些拥有五间及以上房间的住宅中生活的家庭里，五岁以下儿童的夭折率只有 2%。由此可见，幼儿夭折是贫穷家庭面临的又一项过于沉重的负担。拉塞尔对这一现象的评论令人动容："他们死去之后，遗体只能安放在桌上或橱柜上，这样才不会挡着兄弟姐妹的道，让他们能继续在邋遢的蜗居里玩耍、睡觉、就餐。"[3]

不过，到 20 世纪初，这种在后世被称为"婴幼儿屠杀"的现象开始减少，并在之后几十年的时间里逐渐消失。一岁以前婴儿的死亡率在这一时期的最高值为 130‰，这一比例在一战爆发前夕降至 109‰，在 1930 年代末降至 77‰。二战结束后，随着抗生素得到广泛使用，婴儿死亡率再次大幅下降，在 1950 年代达到 40‰，亦即 20 世纪初死亡率的一半以下。但到这一时期，婴儿生存率的革命性变化已发生多时，其原因早在数十年前便已种下。

　　婴儿死亡率大幅下降的一个关键因素在于母亲的健康状况。以 1900 年代为例，当时婴儿死亡率下降或许是因为婴儿的母亲大多在 1870 年代到 1880 年代度过童年，当时新大陆食物进口的增加与食品价格的下降正好带来了实际收入的普遍上升。对那些始终没有失业的人和他们的家人而言，这种上升趋势直到战间期都带来了生活上的改善。不过，并非所有人都能从中受益。1950 年代，某些类型的死产案例在苏格兰出现了意料之外的反弹，近来的医学研究显示这与孕妇早年经历的营养不良有关。她们大多在 1926 年至 1937 年出生，童年时期营养不良，而她们的父亲当时正因工业经济萧条处于长期失业状态。此外，麻疹、痢疾、百日咳、猩红热和白喉等造成婴幼儿死亡的主要疾病逐渐得到控制，也是令苏格兰儿童死亡率下降的一个直接原因，这一成果主要归功于学校为学生提供的免费牛奶与体检，以及始于 19 世纪末的一系列旨在改善城市供水卫生条件与下水系统效率的环境改良政策。到两次大战之间，在医生、护士、助产士与家访护士们的努力下，工人阶级社区的健康状况终于开始出现改善，就连一直以来城市贫民在营养不良状况下最容易患上的佝偻病也不再肆虐。1950—1954 年，格拉斯哥的小学生中只有不到 1% 仍受到这一疾病的困扰。

　　从长期来看，家庭规模的缩小和婴幼儿死亡率的下降改善了工人阶级家庭中妻子与母亲的生活状况，但这一改善仍不能代表总体的情况。直到 1930 年代，除中产阶级家庭以外，子女较多的大家庭在苏格兰社会仍比较常见。此外，普通人的住房条件在这一时期也没有经历快速或显著的变化。在二战期间和二战之后，大多数苏格兰家庭仍只能蜗居在狭小的空间里。

1911 年，苏格兰近一半人口生活在一室或两室的住所里，这一情况到 1951 年有所改善，但仍有约三成苏格兰人生活在不多于两室的住房中。迟至 1951 年，仍有 43% 的苏格兰家庭没有固定式浴缸，家中的男人与男孩在周五晚上出门，以让家中妇女和女孩能在客厅里用盆洗澡的风俗在当时仍很盛行。共用的厕所也十分常见。1951 年，仍有三分之一的苏格兰家庭使用共用式厕所，这是苏格兰的平均数字。在邓迪、福尔柯克、马瑟韦尔、威肖和佩斯利等城镇，当地居民家庭使用共用式厕所的比例可能高达 40%—50%。这正是 20 世纪下半叶之前苏格兰工人阶级主妇需要面临的艰难处境。迈克尔·安德森曾以这段雄辩的文字概述了她们的生活体验：

> 在这样的条件下……工人阶级主妇的生活依旧艰苦。531
> 她们要保障丈夫和子女干净，家中环境整洁，运水烧水，在缺乏方便食品、几乎没有家用工具的情况下准备饭菜，通过让自己挨饿来喂饱丈夫和孩子们，每天第一个起床，最后一个入睡。不难理解，直到 1950 年代，为什么工人阶级女性在照片上总是显得过于疲惫衰老，我们也不难想见，她们为什么在怀孕与疾病的压力下那么脆弱。[4]

从早年开始，女性就要协助从事琐碎的家务或帮忙照看幼儿，以为今后承担持家的责任做准备。男女之间的分工是十分明确的：绝大部分家务由女性承担，男性一般只负责搬运煤炭或劈柴。一个经历过 1920 年代到 1930 年代家庭生活的斯特灵郡女性在被问及"你的父亲有没有帮你的母亲干过家务"时回答："没有，完全没有过。我父亲在家里被照顾得服服帖帖，他的茶都是事先给他倒好的，他在家里什么都不用做，只需干坐着。毕竟他是我们家唯一做工挣钱的人。"[5] 即便节省劳动力的家用器材逐渐普及开来，主妇们无穷无尽的家务负担仍没有减轻。煤气灶、吸尘器和洗衣机在 1930 年代就已问世，但只有有钱人家才会购买。1939 年，整个英国只有 4% 的上流家庭拥有洗衣机。绝大多数主妇每周要安排一天专门清洗家中的衣物，她们为此需要完成浸泡、烧水、揉搓、漂洗、上浆、晾晒与熨烫等一系列工序，在没有任何器材帮助的情况下极为费力。工人阶级家庭经常给人以丈夫在外打工、妻子负责持家的印象，但经济上较为拮据的妇女除了日复一日的家务活之外，时常还得打一些零工补贴家用。事实上，诸如代管儿童、缝纫、洗衣和提供借宿等兼职工作往往发生在家门之内，因此往往被普查人员忽略。

这一时期的工人阶级主妇为了维持一家人的生活与生计，往往需要付出巨大且不懈的努力。家庭财政状况往往十分脆弱，时常受到失业、疾病以及感情破裂的威胁。包括口述史在内的证据显示，工人阶级的已婚男性往往会为烟酒与足球支出留下一笔私房钱。除了自身的韧性与坚强品性之外，这些妇女还发展出一些巧妙的生存策略。关于格拉斯哥布莱克希尔地区的一项研究为我们提供了这些生存策略的最佳例证，当地是一个1930 年代由地方政府主持重建的街区，但那里的情况应当与二战前苏格兰其他工人阶级社区没有根本区别。布莱克希尔地区的居民极为贫穷，居住在那里的大多数男性都是工资低且不稳定的非熟练劳动者。当地的大多数居民都来自格拉斯哥的加恩盖德（Garngad）街区，那里因有大量蜗居在老式高层公寓里的爱尔兰移民而得名"小爱尔兰"。布莱克希尔地区女性居民的一个突出的特点在于彼此之间为维持日常生计展开的密切合作。她们分享食物，"为近邻煮汤"，在缴纳房租时互相支持，一同为新生儿做尿布，为各种婚丧洗礼仪式烘焙面点，还在邻居生病或分娩时一同照顾。她们用这种集体自助的方式对抗生活中的贫困与拖欠房租时被房东强制清退的威胁，由此产生的情谊也在惨淡的现实生活中鼓舞着她们的意志。这些妇女的世界里充满了坚韧且风趣的团结气氛，托尼·罗珀（Tony Roper）在他大受欢迎的戏剧作品《洗衣房》（*The Steamie*）中便以工人阶级社区中的公共洗衣房为舞台，重现了这一生活场景。

2

在前工业时代，已婚女性经常将妻子、母亲的角色和有偿的工业或农业劳动结合起来。到 19 世纪下半叶，一些证据表明这种家务劳动和有薪劳动结合的传统模式已经消亡。所谓"内外分离"的概念开始在中产阶级当中流行，即女性的角色应仅限于承担家内义务，这一观念被当时的上流阶层奉为家庭生活的理想状态。在工人阶级家庭里，这种认为家内劳动与雇佣劳动迥然有别的思想也开始流行起来。19 世纪晚期的工会成员在讨论中往往假设女性"本应"待在家中，由丈夫用薪水养活妻子和孩子们。1900 年以后，政府在制定社会福利政策时也采用了同样的假设，将男性劳动者的收入列为"家庭工资收入"，将女性的劳动所得列为"补充性工资收入"。

从表面上看，职业普查数据确实表明，当时苏格兰只有少数已婚妇女仍在从事雇佣劳动。在 1911 年的普查结果中，苏格兰女性劳动者中只有二十分之一已婚，这一比例远低于同期的英格兰。然而，还是有很多女性劳动者构成了一个隐形的经济

533

部门，没有被官方的普查捕捉。这一领域包括缝纫、洗濯等家务劳动，农田里的季节性劳作，以及临时清洁工和幼儿代管等零碎工作。如果丈夫的劳动所得微薄且不稳定，妻子往往只能寻求通过兼职或临时性工作补贴家用。同样地，虽然因没有产生收入而被普查员忽略，农家主妇的劳动在苏格兰无数小农场和小片农田的经营中却不可或缺。即便在女主内思想最为盛行的中产阶级当中，已婚妇女有时也会花大量时间在丈夫们的商社工作。在邓迪，当地的黄麻纺织厂几乎完全依赖已婚女工的劳动。1904 年邓迪社会公益联盟（Dundee Social Union）对近6000 户当地家庭发起的调查显示，约一半受访主妇不是正在从事雇佣劳动，就是处于暂时失业状态。邓迪拥有"妇女之城"的名声，当地人认为不工作的女性过于懒散，女性外出工作才是常态，他们还把留在家中的男性称为"烧开水的"，亦即在家做饭的人。不过，邓迪的劳动力雇用状况只是一个例外，在苏格兰其他地方，婚姻仍构成了女性劳动者人生中的一大分水岭。在"体面"的熟练工家庭里，外出工作的已婚女性会受到外界非议。已婚女性直到战间期为止仍被明令禁止担任教师，其他行业也存在针对已婚女性的不成文禁令。一名爱丁堡的商店店员曾如此回忆："如果你已经结婚了却还能回去工作，他们就会说'她怎么还在做工，真丢人'。所以就算日子再苦，你也只有在最后没办法的时候才回去工作，这就不是你该做的事——哦，根本不是！那些日子里，男人才是家里的财源。"[6]

　　女性劳动者的雇用情况呈现出几个突出的特征。在 1840 年代，女性劳动力几乎完全集中在四个领域：家内劳动（直到二战为止都雇用了最多的女性劳动者）、农业、成衣业与纺织业。在 19 世纪中叶，上述四个领域雇用了苏格兰 90% 的女性劳动者，这种高度集中的职业分布状况在一定程度上源自1830—1914年苏格兰经济的内在特征。这一时期苏格兰经济增长的驱动力来自雇用大量男性劳动者的重工业部门，这最终加剧了男女性别之间的经济分工。随着越来越多的男性从事重工业和采矿业，苏格兰的农业变得越来越依赖女性劳动力，程度甚至超过了同期的英格兰。1871年苏格兰超过四分之一的"长期"农业劳动者都是女性，这一数字还不包括在谷物、土豆和水果收获时从事必要的季节性工作的大批妇女。直到一战结束后，很多妇女仍在从事农业劳动，但从19世纪晚期开始，越来越多的女性选择离开乡土，到城镇寻找新的就业机会，其中一些人最终也没有进入上述有雇用女性传统的行业。1900年，繁荣的商贸业领域雇用的女性文员数量达到了空前的水平，女性教师、护士和助产士也比从前多出不少。

　　然而，即便一些妇女在从前由男性主宰的行业里找到了工作机会，基于性别的分工也依然存在。在服装行业里，男性裁缝垄断了技术水平最高的上流手工店铺，女性裁缝则主要在广泛使用缝纫机的成衣店里工作。在出版业界，女性排字工往往只负责排列铅字，男性掌握了其他所有工序。在教育界，女性在应聘教师时会受到积极鼓励。当时著名的教育界先驱大卫·斯托曾认为学校的环境应模仿家庭，"幼童学校如果没有妇女执教……便不可能完美无缺"。随着有公共财政支持的师范生制度在1846年设立，大批来自技术工人与下层中产阶级家庭的女学生成为教师，她们在这一行业从业人员中的比例在1851年达到35%，到1911年则升至70%。然而，女性教师的升职空间仍十分有限。在一战以后，女性教师在小学里最高只能担任普通女教师（infant mistress），更高的岗位依然由男性独占。相比之下，女性从医面临着更大的困难。1901 年，苏格兰只有 60 名女医生，她们在医院里从事的工作无一例外仅限于产科与儿科等地位较低的科室。即便在护理人员当中，性别分工的影响也十分强大。在这一时期，所谓"女人的工作"虽无明确界定，但它仍作为一种观念不断地为社会所默认，即便此时苏格兰经济的现实状况已变得更加复杂，无法用这种框架捕捉。

和"女人的工作"同等重要的概念是"女人的工资"。在 1830 年到 1939 年这一百多年间，大多数女性从事的工作不但社会地位较低，工资收入也较为微薄。1900 年代，苏格兰女性的平均工资仅为男性平均工资的 45%，不同职业的性别收入差距各不相同，但与这一比例相差不大。在雇用了大量女性劳动者的纺织业，女工的平均工资相当于男工的 53%。男女薪酬的悬殊持续了很长时间，直到二战结束二十年后才开始逐渐缩小，这无疑表明苏格兰社会对女性劳动者的偏见根深蒂固。这种偏见是，男性的收入才是"养家"的支柱，女性的收入顶多只能额外补贴家用；因为妇女总有一天结婚，并成为操持家务的主妇，她们在劳动力市场上的可雇用时间必然是短暂的，因此她们不可能下决心积累工作技能，或进一步拓展工作内容。除此之外，根据当时女性劳动者更高的缺勤率，还有一些人认为男性工人对工资的需求比女性工人更强，或认为女性工人在体能与健康状况上不如男性。

上述刻板印象在当时只是为女性的低工资辩护的借口，并不能客观地体现女性在工作场所的实际地位。即便在和男性从事需要同种技能的同种工作时，女性的收入也显著偏低。战间期的教师行业便是其中一例，当时女性教师的工资最多只能达到男性教师的 80%，该行业对此做出的解释是男性一般是一家人的经济支柱。然而，认为当时的女性在经济上普遍依赖男性的说法也是站不住脚的。埃莉诺·戈登（Eleanor Gordon）的研究显示，1911 年苏格兰有超过 56 万女性在不依赖丈夫工作收入的情况下生活，而在当年的苏格兰女性总人口中，有 12% 处在孀居状态，其中很多人都需要独力维持一家的生计。当时的苏格兰社会习惯将"女人的工资"定为一般男性工资的一半或以下，导致大量单身女性只能在赤贫的边缘艰难谋生。与此同时，苏格兰的工会也固执地试图维护针对女性劳动者的工资歧视。女工被视为一种廉价劳动力，可能被狡猾的雇主用来压低男性劳动者的薪资，稀释男性技术工人的地位。当时的一些工会甚至试图禁止女性从事技术性工作。1910 年，苏格兰印刷业协会（Scottish Typographical Association）与印刷业经营者协会曾达成共识，要求成员企业停止招聘女性学徒工。作为结果，女性排版工原本在一战以前的阿伯丁和爱丁堡颇为常见，到1940 年代却几乎从苏格兰印刷行业消失。不过，当时的男性工会成员对女性工人的担忧远不止于此，他们对"男主外、女主内"思想的狂热信奉不逊于中产阶级卫道士，认为女性就应该待在家里。他们将这种传统家庭格局视为天经地义，认为只有这样才能让家庭生活正常有序，至于那些企图引诱已婚女性进入劳动力市场的贪婪雇主正是想破坏这种局面，因此必须受到坚决的抵制。

536

　　第一次世界大战的战时体验让上述观念产生了动摇。随着数量空前的成年男性进入军队，女性不得不顶替他们在工作中的位置。弹药工厂、机械制造车间、铁道等曾经由男性工人主宰的领域涌入了大量女性工人。通过学习新的职业技能，并在大规模工业综合设施里与其他女性工人培养同志感情，这段战时经历无疑给苏格兰女性带来了极具解放性的影响。我们由此便不难理解，为何在克莱德赛德地区工人运动气势高涨的时期，男性工人与女性工人的诉求都被推上了斗争的最前线。这一时期工会的女性成员人数大幅增长，有女性工人参与的罢工运动也越来越常见，其中就包括 1915 年著名的克莱德罢租抗争和 1917 年的纺织业罢工。不过，传统社会观念此时依然根深蒂固。在今天，我们已不能像从前那样把一战称作苏格兰女性解放的转折点。诚然，30 岁以上的女性在 1918 年获得了投票权，男性与女性的政治权利在 10 年之后正式实现了平等，但在工作当中，女性工人很快就被战后复员的军人替代。家政服务、纺织和成衣剪裁在战后再次成为女性的主要职业，只有在商店店员与文员等战前开始便有"女性化"势头的职业中，女性劳动者的存在感较之前才有所上升。1918 年苏格兰工会年会的辩论表明，"男主外、女主内"和男女性别分工的传统思想压倒了战时昙花一现的女性工人的影响力。马瑟韦尔工会的查尔斯·罗伯逊（Charles Robertson）曾断言战时女性工人在工业生产中的深度参与"对公序良俗造成了令人扼腕的坏影响"，并宣称女性应尽快回归家庭，即她们的"天职所在"。

在这一背景下，我们不难认为战间期苏格兰女性的历史经验是令人沮丧的。以 20 世纪末的标准来看，她们确实受到了基于性别的歧视与不平等对待，但当时的女性并没有用这些负面的标准评判自己的生活。对正在从事劳动的年轻女性而言，战间期意味着收入的增长和更多的休闲机会（例如看电影、参加舞会）。一些人可能认为当时的女性被社会上的歧视观念禁锢在家中抑或收入微薄的工作里，但口述历史证据表明，当时的女性劳动者，无论是家政服务人员、商店店员、裁缝、教师还是护士，都从各自的工作中获得了高度的满足感，也为自己的工作感到自豪。尤为重要的是，以斯特灵女性史研究项目（Stirling women's history project）为代表，这些口述证据也揭示了那些没有从事雇佣劳动的主妇（母亲）所发挥的重要作用：她们没有进入劳动力市场，却承担了沉重但富有满足感的家务职责，包括抚养（不止一个）子女、保持家中整洁、管理拮据的家庭收支。

3

从在狱中绝食的女性参政权活动家被强制喂食、对公共与私人设施的纵火到对政治家的公然袭击，一系列戏剧性时刻定义了人们对一战前女性参政权运动的印象。由于在女性参政权运动中立场较为激进的妇女社会政治联盟（Women's Social and Political Union，WSPU）策划了一系列高调的公共事件，妇女投票权问题在一战前夕几乎从不间断地占据着苏格兰新闻界的版面。1914 年 7 月，27 岁的罗达·弗莱明（Rhoda Fleming）曾纵身跳上英王乔治五世的御座车引擎盖，试图砸碎挡风玻璃。在格拉斯哥西郊，医学博士、卡尔顿堂区教会牧师的妻子、六个孩子的母亲伊丽莎白·史密斯（Elizabeth Smith）在试图点燃一栋房屋时被当场抓获。参政权运动支持者从 1912 年起开始破坏邮筒、切断电话线，又在之后几年里对多处无人居住的住宅纵火。这种暴力行动的目的在于向偿付经济损失的保险公司施加压力，让它们劝政府授予女性投票权。包括圣安德鲁斯的加蒂海洋研究所（Gatty Marine Laboratory）和艾尔的西部赛马会（Western Meeting Club）在内，多处公共建筑也被人纵火。1913 年 8 月，两名女性还曾埋伏在洛西茅斯（Lossiemouth）的高尔夫球场上，当面袭击了首相本人，酿成了一起大事件。在一战爆发前的几个月里，诸如此类的新闻事件让妇女参政权问题反复登上了报纸头版，但这一时期的女性政治运动远非形形色色的猎奇新闻事件所能概括，其目标也不只是为妇女赢得投票权。通过忍受牢狱之苦、挺过绝食抗争与强制喂食的粗暴对待，女性参政权活动家展示了坚韧的体魄与坚忍的斗志，让在女性投票权问题上墨守成规的政府越发不安。不过，直到1913年，苏格兰的参政权运动都没有采取暴力路线，将纵火与爆破纳入行动策略，而暴力路线的主要推动者妇女社会政治联盟迟至1903年才在英国成立，直到1906年才在苏格兰成立分部。在争取妇女投票权的漫长征途上，1913—1914年的戏剧性事件只是一个短暂的尾声。

妇女参政权运动起源于1867—1868年大幅扩张了男性投票权范围的选举改革。约翰·斯图尔特·穆勒在对《改革法案》的修正案中主张将部分女性纳入选民范畴，但这项修正案在议会遭到否决，作为结果，呼吁赋予妇女参政权的政治组织开始在伦敦、曼彻斯特和爱丁堡涌现。当时一份呈交给议会的请愿书得到了200万苏格兰人的署名，可见妇女参政权运动得到了广泛的支持。不过，妇女参政权运动从一开始就是由中产阶级与上流阶层女性主导的，在参与这场运动前，其中一些人已经在维多利亚时代城市社会多种多样的慈善活动中掌握了丰富的社会组织经验。这是因为对大部分有产阶级的女性而言，雇佣劳动是没有必要乃至不体面的，而从事慈善活动是她们展示自身才能与公共关切的重要途径。随着1868年改革赋予女性纳税人参与本地学校理事会、济贫理事会与城镇或郡议会选举的权利，少数中上层女性得以用自己在慈善事业中积累的经验投身地方政治活动。而在更广义的层面，由于一些中产阶级妇女对自己在社会生活中的权利有了更开放、更强势的信念，她们也开始迫切地寻求进一步扩大参政权范围。因此不难理解的是，对于女性参政权的呼吁和向女性开放高等教育、女性从事高度专业性工作的诉求在这一时期几乎同时萌芽了。从 1860 年代开始在苏格兰各大城市建立的女士教育协会（Ladies' Educational Associations）以促进大学教育机会开放为主旨，这一诉求也得到不少男性大学讲师、教授、学校教师和教会牧师的支持，最终在 1892 年得以实现。1893 年，第一批女大学生从爱丁堡大学毕业，但在医学系，女性入学要在更久之后才成为现实。因此，呼吁通过选举改革给予女性参政权，可以被视为一场更广泛的女性解放运动的一部分。正如 1870 年代著名的女性参政权活动家弗朗西丝·鲍尔弗（Frances Balfour）女士所说，女性权益运动的主要诉求若以优先性排列，应当是"教育、医药和参政"。

即便在一战前夕妇女社会政治联盟发起高调抗争的阶段，苏格兰争取妇女投票权的有组织政治运动仍以社会中上层女性为主角，但工人阶级的妇女在这一运动中并未缺席。杰茜·史蒂芬（Jessie Stephen）是当时最为著名的工人阶级女性参政权活动家之一，她是格拉斯哥家政工人工会（Domestic Workers Union）的组织者，曾在 1913 年 2 月参与策划了针对格拉斯哥街头邮筒的袭击事件，试图用装有整瓶酸液的信封破坏邮筒中的邮件。她认为自己的工人阶级出身是一个优势："我直接从工作的地方走出来，戴着帽子、穿着平纹布围裙和黑长裙走到邮筒前投入酸液，不会被任何人怀疑……没有人会担心我正在往里面扔酸液。"[7] 工会里的女性成员有时也会对参政权运动表

539

示支持。例如，以女工为主的邓迪黄麻与亚麻纺织工人协会就对参政权运动抱有强烈的同情，曾在 1907 年发起请愿，反对当局逮捕参政权活动家。成立于 1892 年、到 1913 年已有 157 个支部的苏格兰妇女合作协会（Scottish Co-operative Women's Guild，SCWG）也连续多年在年度总会上通过了呼吁给予妇女投票权的决议，对参政权运动表达了公开的正式支持。不过，这些工会与参政权运动之间的关联过于稀疏，诸如杰茜·史蒂芬这样的工人阶级活动家在参政权运动中的影响力也十分有限。当时的工人阶级妇女群体中并未成立任何专门的参政权运动组织，妇女社会政治联盟与妇女自由联盟（Women's Freedom League）的成员也以资产阶级女性为主。当时苏格兰最为著名的参政权活动家之一海伦·克劳福德（Helen Crawford）曾说："妇女社会政治联盟中最显赫的成员都是中产阶级女性，她们本来可以从事一些薪资最高的专门性职业，却因为性别问题被拒于门外。"[8]

对于以资产阶级为主的参政权运动，工会势力的态度各不相同。由于曾在 1903 年创立妇女社会政治联盟的西尔维娅·潘克赫斯特（Sylvia Pankhurst）与埃米琳·潘克赫斯特（Emmeline Pankhurst）是独立工党的积极成员，参政权运动与劳工运动之间确实存在较为密切的联系。在格拉斯哥和苏格兰西部，这种联系得到了较好的维持，其中最为显著的例子就是《前进报》主编汤姆·约翰斯顿。约翰斯顿曾定期在这份报纸上报道妇女社会政治联盟的活动状况，还给这个组织开设了一个定期专栏以宣传其观点，并为她们提供了其他形式的实际支持。当潘克赫斯特夫人在格拉斯哥发表演说时，约翰斯顿为她安排了一些健壮的码头工人与筑路工充当保镖，他们在现场也的确将一群前来干扰演说的大学生赶了出去。不过，参政权运动和工会之间也存在深刻的分歧。女性参政权活动者并不支持普选，只要求在现有的财产赋权基准之上给予女性投票权，但这一时期苏格兰的投票权覆盖范围仍十分有限：迟至1911年，格拉斯哥仍只有约54%的男性拥有投票权，在苏格兰其他城市更为贫穷的工人阶级聚居区，选民比例还要更低。当时有人担忧赋予资产阶级女性投票权将扩大保守党的政治优势，而如果在允许女性投票的同时不对基于财产的赋权规则进行修改，占苏格兰女性人口绝大多数的工人阶级妇女便不可能受益。除此之外，当时的社会主义者也认为，中产阶级女性选民在当时的地方选举中构成了一股具备反动本质的力量，如果她们被允许参与全国范围的议会选举投票，势必对左翼力量不利。1882年，只有单身女性和拥有户主身份的寡妇有权在地方选举中投票。在这些选举中落败的工党活动家也普遍认为，自己是输给了与"教会"结盟的"老女人"（在一些以中产阶级为主的地区，这一群体有可能占选民总数的三分之一）。

女性参政权运动是由社会中上阶层女性主导的，但工人阶级女性并未对此怀有敌意，也没有袖手旁观。她们之所以没有在这场运动中充当先驱，在一定程度上是因为她们即便成功推翻了性别藩篱，也无法达到投票权的财产要求，但她们在与自己的生活和家庭直接相关的一些领域有着活跃的表现。在苏格兰历史上，女性扮演的角色很少与被动弱势的刻板印象相吻合。在18世纪到19世纪初的粮食骚动、反赞助人骚动、反高地清退运动（女性往往在这些运动中发挥了重要作用）、欧文社会主义运动和宪章运动中，她们都是积极的参与者，而这些早期的抗争运动与19世纪末的抗争运动之间存在连贯性。一些雇主或许把女工当成廉价、温顺且可规训的劳动力，但从 1850 年到 1890 年，女性劳动者在苏格兰参与了上百起罢工，其中大部分运动都发生在当时雇用了绝大多数女性工人的纺织行业。在邓迪，黄麻纺织业的女工们在罢工时常常把她们最为痛恨的雇主做成讽刺人像，在城市街头叫骂、敲打，以奚落这些可恨的企业主。1911 年，在克莱德班克地区雇用了 12000 名工人（其中四分之一为女性）的胜家缝纫机制造厂内爆发了一场著名的劳工抗争，这起运动最初就是由负责给缝纫机外壳抛光的女工发起的。虽然大多数女工仍不是工会的正式成员，但从 1890 年前后开始，随着一些专门代表女性劳动者利益关切的工会成立，加入工会的女工人数有了极大的增长，这些新的工会包括 1888 年成立的妇女保护与保险联盟（Women's Protection and Provident League）、1893 年成立的全国女性行业联合理事会（National Federal Council for Women's Trades）和 1891 年成立的女性工会联盟（Women's Trades Union League）。独立工党也在这一时期吸引不少女性加入，其中一个原因在于该党的领导者将女性视为其长期政治策略的得力盟友。基尔·哈迪曾在 1894 年主张，让苏格兰工党在地方教育理事会选举中安排女性代表参选，他认为，通过吸引家庭主妇与母亲们参与工党运动，社会主义将在下一代苏格兰人当中赢得更广泛的支持。

不过，在 1914 年以前，苏格兰工人阶级当中最重要的妇女组织仍是在 1892 年成立、到 1913 年已有 12420 名成员的苏格兰妇女合作协会。苏格兰妇女合作协会的主要工作在于募集资金以修建康复疗养院，协会的议事内容也包括厨艺、缝纫等"家务"问题。与中产阶级妇女主导的参政权运动组织不同，合作协会没有间接挑战"女主内"的传统观念，而是在一定程度上巩固了女性居家、持家的形象。但至关重要的是，合作协会也帮助个别女性发展自身才能，让她们获得了公开演说与组织社会活动的经验，从而为更广泛的政治参与奠定了基础。合作协会对学校教育、济贫立法、女性参政权等社会和政治议题也有强烈的关切，其成员经常在会议上就这些话题展开漫长的辩论，这解释了协会成员为何在 1915 年格拉斯哥著名的罢租抗争中扮演了主导角色。1915 年春季房租的骤然升高和房东的强制退租威胁在格拉斯哥的一些工人阶级社区引发了强烈的愤慨与激烈的反应，由此爆发的罢租斗争在本质上是一场由女性发起的政治运动。在格拉斯哥妇女协会的统筹协调下，工人阶级的家庭主妇们以高层公寓或公共厨房为单位结成组织，进行抗争活动。骤然上升的房租在当时是对家庭的直接冲击，而在无数丈夫与儿子被送去法国前线参军的时候，守护一家人住所的责任通常要由女性承担。1915 年 11 月 17 日，18 名拒绝按上涨后的房租水平缴租的房客被法庭传唤，持续数月的抗争运动就此迎来高潮。抗争者不但发起罢工支持被告人，还在乔治广场举行了大规模游行，无数妇女、儿童和男性都决心对抗房东与房产代管人任意设定房租水平的权利。最终，针对 18 名被告人的指控被判无效，而在 1915 年底前，政府也提出了一项《房租控制法案》，在很大程度上满足了抗争者的诉求。这场罢租运动终于取得了辉煌的胜利。

542

第四部分
1939—2007

第二十三章　战争与和平

1

　　在 1939 年英德开战后的头几个月里，和联合王国的其他地方一样，苏格兰人也担心希特勒政权的轰炸机将对其城市造成严重破坏。面对看似不可避免的严重破坏与惨重的人员损失，大批儿童与妇女被预先从苏格兰的城市中疏散出来，但上述危险最终并没有成为现实。即便在 1940 年到 1941 年德军空袭最为猛烈的时候，苏格兰也没有受到严重的影响。只有在 1941 年 3 月 13 日深夜到 3 月 14 日凌晨，克莱德班克和格拉斯哥遭到了猛烈的夜间空袭，克莱德班克城内最终只有 7 座房屋幸免于难，当地 47000 名居民中有 35000 人流离失所。为了躲避敌人的炸弹，当地居民不得不逃到郊外的荒原上暂避。在战争期间，格里诺克、阿伯丁和东北部的沿海堂区也曾被德军轰炸，但除克莱德班克之外，苏格兰没有经历过像伦敦和另外一些英格兰城市那样可怕的持续空袭。不过，虽然敌人的军事力量没有对苏格兰造成严重的直接伤害，全面战争在苏格兰造成的间接影响却和英国其他地方一样深重。在二战期间，格里诺克与克莱德河口是大西洋交通线上的主要转口港，奥克尼群岛的斯卡帕湾则再次成为皇家海军本土舰队的锚地。奥克尼群岛在战时成为一座海上要塞，随着大量水手和驻军涌入，当地的人口从和平年代的约 20000 人猛增到原来的 4 倍以上。不是所有人都对驻守奥克尼群岛的差事感到满意：

> 净他妈天阴，净他妈下雨
> 没半条人行道，没半条排水槽
> 在这该死的奥克尼
> 当地的官员没半点头脑

546

> 什么都贵得要命
> 一杯该死的啤酒就他妈卖一先令
> 要说味道怎么样？——在这该死的奥克尼
> 还有什么可怕的

> 这儿的电影老掉牙
> 这儿的板凳冻屁股
> 在这该死的奥克尼
> 破电影院花钱都进不去

> 最好的地方是该死的病床
> 该死的冰块顶头上
> 在这该死的奥克尼
> 活着和死了一球样

——哈米什·布莱尔（Hamish Blair）上尉，
作于 1940 年前后[1]

军方将苏格兰高地的广阔荒野用作训练场地（最著名的例

子包括在洛哈伯和其他地方进行训练的突击队和其他特种部队），还在那里修建了军用机场与港口设施，这最终在外赫布里底群岛和北方群岛地区留下了一些新的公路，并在因弗内斯的雷格莫尔（Raigmore）留下了一座医院。本泰兰（Burntisland）以南的整个苏格兰东海岸在当时都被当作德军入侵的潜在登陆场，英军因此在沿线仓促设置了大量碉堡、雷场和铁丝网障碍带，并安排流亡的波兰军队驻守，波兰流亡政府的军事力量总司令西科尔斯基（Sikorski）将军就同时在伦敦和珀斯郡设置指挥部。驻守当地的波兰军人吸引了不少苏格兰女孩的目光。一个来自阿伯费尔迪（Aberfeldy）的女士曾如此回忆："实话实说吧，我们苏格兰的男人远没有波兰人那样友善、文雅。波兰人总是非常殷勤地向姑娘们踏步敬礼，亲吻她们的手背，或者向她们致意——这在我们这儿可不常见！"[2] 随着波兰在 1945 年的雅尔塔会议中被划入苏联的势力范围，很多担心自己回国后遭到清算的波兰军人都留在了苏格兰，如果在今天查阅高地与低地东部的居民电话黄页，"首字母 Z"一栏下面长长的姓名列表依然昭示着他们在当地的存在。

由于政府在战时软硬兼施，用系统性手段鼓励本土居民家庭自产食物，所以战争对苏格兰的乡村各郡造成了深远影响。苏格兰的农村在战争中得到了丰厚的激励与优待。到 1940 年秋天，政府已为苏格兰农村生产的主食作物提供了价格和销路上的保障，这给农民带来了与 1930 年代农业大萧条时期的苦涩经历截然不同的生活境遇。除此之外，农民每开垦一英亩荒草地，还能从政府处得到两英镑补贴。结果，在战争期间，苏格兰的小麦与大麦种植面积扩大了一倍，农民们普遍得益于这个新的农业繁荣期，就连高地山区的农民与小农场农民也从财政补贴

547

和政府边缘农地生产促进计划的拨款中得到了好处。就英国全境而言，1938—1942年农业收入的增长速度也快于各类工资性收入与企业利润。这一时期英国农民平均净收入涨幅达到了惊人的107%，曾对政府监管干预满怀疑虑的农业界转瞬间便成了公权力强势介入的拥趸。随着谷物产量激增，农业劳动力供应成了问题，但政府决策者早在战前的备战计划中便已考虑到这一点："……如果纳粹以高度专业化的军队见长，我国的优势便在于高度专业化的战时经济体系，而农业就是这一体系的一部分。"[3] 政府在1940年颁布的《务工限制令》（Restriction in Engagements Order）禁止农业劳动者离开这一行业，而在1941年，后续的立法手段又禁止农业劳动者在没有正当理由的情况下在当前劳务合同到期时更换雇主。如果农村住宅的居住条件太过恶劣，便无法吸引劳动者长期居留，所以保留劳动力的难题还令乡间住房得到了空前的大规模改善。为了满足前所未有的农业用工需求，英国政府组织了妇女土地服务队（Women's Land Army）参与农业生产，这支队伍在英国全境的人数在1944年达到了约8万人。意大利和德国战俘也从事了农田劳动，他们大多住在农场的农舍里，在本土驻防的英军士兵同样参与了生产。战时农业增产的需求还刺激了农业机械化的进程，尤其是推动了拖拉机的普及，这种新设备的扩散将在战后的头几年里迎来高潮，并对苏格兰传统的畜力农业经济造成颠覆性影响。

在二战期间，苏格兰工业界再次发挥传统优势，生产了船舶、弹药、引信、枪炮等一系列军用物资。在邓迪，由于对沙袋的需求巨大，当地黄麻纺织业产能从1938年末开始便达到饱和，克莱德河沿岸的工业区也因战备需求的增长得以复苏，摆

脱了 1930 年代初经济萧条与大规模失业的阴影——那里的造船
厂在 1943 年平均每周下水五艘新船，以填补大西洋潜艇战中英
方船队的惨重损失。到 1945 年，重工业部门在苏格兰经济中的
主导地位不但得到了进一步巩固，还在之前的基础上有所提高。
1939 年，采煤、制铁、炼钢与机械制造等行业只雇用了苏格兰
社保覆盖范围内的劳动力的 16%，到战争结束时，这一比例已
升至 25% 左右。由于传统工业企业的订单爆满，而政府也从战
争爆发时便下达了征兵令，苏格兰的失业率大幅下降，到 1943
年已几乎为零。在战时的大多数时候，苏格兰的失业人数都只
相当于被雇用劳动力的 1.6%，这在实质上已达到全民就业的
水平。

即便如此，苏格兰经济在战时仍呈现出一些令人担忧的趋
势。虽然面临着无比旺盛的需求，但苏格兰的少数支柱产业仍
处境艰难，在这当中尤为突出的是第一次工业革命的基础——
采煤业。由于苏格兰的很多煤矿已达到开采寿命的末期，这一
行业已没有能力满足战时的需求。1939—1945 年，苏格兰采煤
业的总产量出人意料地下跌了 30%，行业的生产效率也大幅恶
化，这无疑不是个好兆头。一方面，和一战期间的情形一样，
为了尽可能满足英国在战时的需求，苏格兰经济不得不增强对
少数重工业部门的依赖，从而为今后的潜在风险埋下祸根。而
在另一方面，一些从英格兰疏散过来的新型制造业设施也在一
定程度上帮助苏格兰工业朝更为多元、更为健康的方向发展。
例如，劳斯莱斯设在格拉斯哥近郊希灵顿（Hillington）的大型
工厂曾在战时为英军的喷火战斗机与兰开斯特轰炸机生产梅林
发动机，该厂在产能达到顶峰时曾雇用近万名女工。1942 年以
后，工厂建设得以稳步推进，到 1945 年，仅飞机制造部

548

（Ministry of Aircraft Production）就在苏格兰雇用了10万名工人。但总体而言，工业疏散政策的规模与影响比较有限，在执行时也以将工人调到别处业已存在的工业设施为主，并不常为苏格兰带来新的工业设施。这项政策还在战时酿成了一起极具争议性的事件。1943年，英国劳工部将20—30岁的苏格兰未婚女性送往米德兰地区的弹药工厂做工，最终约13000名年轻女性在女性引导员的带领下乘专门的列车南下。这一政策令苏格兰社会大为愤慨，为抗议此举，六名民族主义青年组织的成员甚至在1943年冬天对帝国化工（ICI）位于格拉斯哥布莱思伍德广场（Blythswood Square）的总部进行了爆破袭击，造成总部大楼轻微受损。

549　　在引起了骚动的女工征调政策背后，是英国政府在战时对全国人力物力进行总动员的庞大管控体制。1941年，英国不但在大西洋海域和北非战场上处境不利，本土的人力资源也被认为面临着高达一百万人的缺口。当年12月，英国成为当时所有参战国中唯一一个征用20—30岁女性的国家。在一战期间，女性也曾从军服役，或在弹药生产及其他必要的工业生产活动中参加劳动，但在二战期间，女性的参与程度远高于此。以希灵顿的航空发动机制造厂为例，拥有熟练生产技术的男性工人在该厂的所有工人当中占比不到5%，除他们以外，在这座工厂工作的大多数都是女性。阿格尼丝·麦克莱恩（Agnes Mclean）如此回忆当时的经历："我本来就喜欢搞机械。我特别喜欢那些只要你动一动把手就能生产出贵重产品的巨大设备。（这与现实工作之间的）唯一区别在于，我用自己的技艺和智慧操作这些设备，而生产出来的'贵重产品'最终会组装成航空发动机，让我们的空军打赢不列颠空战。"[4] 邓迪人贝拉·基泽尔

（Bella Keyzer）曾在黄麻纺织厂工作，但她后来去造船厂学习了焊接技术："这简直太棒了——和在纺织厂大棚下面干的那种枯燥的工作完全不一样。在这里我能亲手造一艘漂亮的船，这种自豪感是黄麻纺织业绝对给不了我的。我由衷地喜爱这份工作。"[5] 大量女性工人在战时进入机械制造业，从事较为精密的工作。在爱丁堡，一家名为贝特拉姆斯有限公司（Bertrams Ltd）的企业在战前曾以生产造纸设备为主业，在战争爆发后很快开始生产炮管、弹药箱、榴弹炮部件、反潜设备等军用物资，并为博福斯公司（Bofors）的高射炮生产滚珠转台。这家企业之所以能完成从生产造纸设备到生产军工设备的转向，归根结底离不开对女工们的技能培训，以及女工们在战时一周七天不间断的三班制轮番劳动。

1940年，一份劳动力稀释协议允许机械制造业企业安排女性从事之前仅由男性技术工人从事的工作，并要求女性工人在工作32周之后应享受和男性工人同等的工资待遇，这标志着一个历史性的时刻。当时极力捍卫男性工人特权的两大堡垒——机械制造业联合工会（Amalgamated Engineering Union）与电力行业工会（Electircal Trades Union）也放下身段，允许女性工人加入。不过，实现男女同工同酬在当时仍非易事。1943年，一项由调查法庭发起的调查发现希灵顿的劳斯莱斯工厂有意识、有计划地规避了1940年劳动力稀释协议的要求，但厂内女工拒绝接受法庭提出的和解安排，这起纠纷最终在数千名工人发起罢工后才得到解决。在巴尔与斯特劳德公司的工厂里也爆发了一场影响较大的冲突，而与一战期间政府对劳资纠纷一味强硬压制的策略不同，上述纠纷最终都通过谈判协商得到了和平解决。有不少迹象表明，1943年以后，英国全国的女性工人采取罢工手段发起抗争的倾向比男性工人更强，但这并不总能得到其他妇女的认同。一名参与过希灵顿罢工的女工曾回忆道："她们咒骂我们，说她们家的男人出国打仗了，我们却在后方闹罢工，我的半边脸上还被人扔了好大一个西红柿。她们根本不理解我们的处境，或许根本也不想去理解，这一点我永远不会忘记。"[6] 与一战相比，二战在很多层面都是女性劳动者历史上更为重要的转折点，其中一个原因在于，和一战结束后相比，更多的女性工人在二战结束后保住了自己的战时岗位。这一变化在一定程度上是因为英国经济在 1945 年之后仍有旺盛的用工需求，政府在战后也以全民就业为经济政策的主要目标。此外，将已婚女性拒于门外的用工门槛也在战时彻底消失，这提高了女性劳动者的参与程度。即便如此，英国各行业薪资待遇与工作机会全面且完全的性别平等仍远未实现。

在调控劳动力的同时，政府也通过被称为"官僚利维坦"——在 1943 年雇用多达 5 万名公务员的物资供应部（Ministry of Supply）控制了物资的采购与分配。[7] 对寻常巷陌的百姓而言，这种经济干预带来的最主要的影响便是对茶、黄油、果酱、糖与肉等必要食品的配给制。对主要食品的配给制直到 1954 年才被彻底废止，诸如鱼等未被配给的食品也处在供应奇缺的状态。但十分惊人的是，苏格兰民众在配给制执行期间的身体状况好过之前任何一个时期，穷人与贫民窟居民的改善尤为明显。1939—1945 年，苏格兰婴儿满周岁前的死亡率下降了 27 个百分点，降幅为整个西欧之最，而在这一时期，格拉斯哥 13 岁儿童的平均身高也增长了近 2 英寸。对于很多在战前缺乏充足营养补给的苏格兰家庭而言，这无疑是一个不小的进步。配给制执行期间苏格兰人体质的改善也反映出政府开始对营养学问题

予以重视。主管庞大的物资供应部的伍尔顿勋爵（Lord
Woolton）从富有才华的苏格兰科学家约翰·博伊德·奥尔爵士
那里获得了启发，后者在 1936 年发表的《食物、健康与收入》
（*Food, Health and Income*）中曾提出，"根据现代社会的标准，
一个人的收入必须高于占总人口一半的人，才能享受足够维持
身体健康的饮食搭配"。博伊德·奥尔也提出，食品配给其实
一直以一种更为残酷的形式存在，那就是物价机制对穷人的无
情压迫。旨在为全国最贫穷家庭的母亲和子女提供牛奶的国民
牛奶计划（National Milk Scheme）也体现了这一时期决策者对
社会弱势群体前所未有的理想主义关怀。此外，政府也出于纯
粹务实的理由试图保障物资的公平分配，并控制物价："为了
打败德国，公民们必须充分地获取营养，以从事比和平时期更
耗时、更辛苦的工作。在生产重型轰炸机的流程中，食物也是
其中一项要素。"[8] 战时经济带来的改变并不局限于此。战争带
来的悲剧、破坏、物资短缺和各种不便掩盖了战时英国后方社
会的一个显著的事实：全民就业让人均收入经历了明显的增长。
苏格兰的人均货币收入在战时增长了一倍，从 1938 年的 86 英
镑增至 1944 年的 170 英镑，若将物价变化考虑在内，这一时期
苏格兰人均实际收入增长了约 25%。因此，获得了更多收入的
苏格兰人也有条件享受更好的饮食。当然，这一切改善无法掩
盖战时无数家庭失去丈夫、儿子与兄弟的苦痛，尽管在 1939—
1945 年的西线、北非和东南亚战事中，苏格兰军人的伤亡人数
远远少于惨烈的第一次世界大战。

　　在战争期间，苏格兰事务的主要管理者是曾经的"红色克
莱德赛德"成员、代表西斯特灵郡选区的工党籍下院议员汤
姆·约翰斯顿，他被任命为苏格兰地区主管专员，负责在敌情

551

出现时组织苏格兰当地的民防工作。他在担任专员期间表现出色，时任首相丘吉尔出于对克莱德河工业区像一战时那样爆发大规模劳工抗争的担忧，在 1941 年 2 月任命这位德高望重的左翼政治家为苏格兰事务大臣。这的确是一个明智的选择：约翰斯顿是苏格兰政坛的重要人物，时至今日仍被奉为 20 世纪最伟大的苏格兰事务大臣。1914—1918 年在家乡柯金蒂洛赫镇议会担任议员时，他便开始积累规划社会事务、改良社会现状的经验：

> 以现代人的标准来看，约翰斯顿和他的伙伴们在那座历史悠久的半工业化城镇推行的一系列成功且覆盖面广泛的市政新举措无疑是惊人的。为了鼓励居民接受高等教育，他们为那些同意接受英语或数学授课的人开办了大受欢迎的拳击课与舞蹈课；他们创建了一家规模庞大且持续运转多年的市政银行，以调度本地资金修建供水、供气与道路设施；他们建造了市政电影院、市政公共浴室和市政住房，还从英格兰批发了大量服装与婴儿食品，在镇上以低价出售。他们还为最贫困家庭的儿童提供消毒牛奶和更好的食品，在三年之内便令婴儿死亡率下降一半。[9]

552

在一场全面战争期间主持苏格兰的行政事务，让约翰斯顿有机会把这些市政社会主义的早期经验推广到苏格兰各地。他是一个实干派而非政治理论家，致力于在苏格兰达成有实际意义的成果。一些外部因素也为他的施政提供了便利。第一，战时状态让约翰斯顿有机会将自己的热情倾注于政策规划与政府体制改革。他为苏格兰建立的庞大的行政机构将只是英国全国更为庞大的干预管控机制的组成部分之一，而当时英国政坛的所有势力都承认，如果英国要建立起一套足以战胜希特勒的高效动员体制，这样的干预机制必不可少。这就提出了一个值得思索的问题：假如约翰斯顿在和平年代推行同样的政策，他是否仍能取得成功？在战争结束后的 1945 年，约翰斯顿退出政坛，成为水力发电委员会（Hydro Board）的主管，这或许是一个明智的决定。第二，如果约翰斯顿的《回忆录》（*Memories*）记载属实，他在接受委任成为苏格兰事务大臣之前曾对丘吉尔提出了一系列要求："我要求在一个国务会议（Council of State）的名义下推行一些影响深远的改革，如果联合王国在战后依然存在，这些改革将意味着苏格兰王国的复活。"[10] 约翰斯顿获得的权力在实质上让他成了一个开明的独裁者。他的女儿曾回忆，战争后期丘吉尔曾在唐宁街的一场招待会上如此问候自己的父亲："啊，苏格兰王来了！"

第三，约翰斯顿的强势干预政策并非与过去的全然断绝。在经历了 1930 年代对大萧条无能为力的教训之后，一些统一党议员和部分苏格兰商界领袖也承认仅凭自由市场无法保障苏格兰经济繁荣发展，诸如苏格兰发展理事会（Scottish Development Council）和苏格兰经济委员会（Scottish Economic Committee）等政府机构在 1939 年之前也已成立。对公权力干预经济事务相对宽容的态度为约翰斯顿提供了机会，他将政府的角色扩张到前所未有的程度。第四，约翰斯顿在战时内阁中还利用了"民族主义威胁"来为苏格兰换取更多政策上的妥协，但这一"威胁"在现实中是否有其所本，仍是一个时常引发争议的问题。诚然，与 1930 年代民族主义政治家的惨败相比，苏格兰民族党候选人在战时的表现有所改善。在 1945 年大选中，民族党候选人罗伯特·麦金太尔（Robert MacIntyre）赢得了马瑟韦尔选区的议席。以无党籍身份参选，并将苏格兰本地自治作为主要政见的约翰·博伊德·奥尔爵士也赢得了苏格兰大学议席。或许在丘吉尔政府看来，战时最为严重的"民族主义威胁"在于一些苏格兰人对苏格兰的战时政策暗怀不满。1943年7月，约翰斯顿本人也的确曾在私下里对约翰·里思爵士表达过对民族主义情绪崛起的担忧。当然，正如赫伯特·莫里森（Herbert Morrison）① 在1960年出版的《自传》（*Autobiography*）中回忆的那样，约翰斯顿将这一担忧当成了苏格兰的博弈筹码："他试图让内阁成员认为苏格兰的民族主义运动十分强劲，如果政府忽略了苏格兰的利益，就有可能引发危险。"[11]

最终，约翰斯顿在苏格兰问题上获得了几乎不受干预的自由裁量权，只听取一个由所有在世的前苏格兰事务大臣组成的"国务会议"的建议。这一国务会议并不经常召开，其影响力也远不如这个冠冕堂皇的名字所表现的那么显赫。不过，国务会议的确为约翰斯顿的改革政策提供了来自两大主要政党的背书，从而构成了他施政的合法性来源。约翰斯顿的改革措施数目繁多。他强烈反对英国工业产能过度集中于米德兰和英格兰南部，并通过建立苏格兰工业理事会（Scottish Council of Industry）吸引了700家企业携9万个新工作岗位北上苏格兰。约翰斯顿通过这项政策证明了苏英合并可以为苏格兰带来好处，从而增强了苏格兰人对联合王国的认可。战后重建也是约翰斯顿政策中的重点，他为此设立了至少32个下属委员会来处理各

---

① 赫伯特·莫里森（1888—1965），工党政治家，在丘吉尔战时内阁历任物资供应大臣与内政大臣，1945年艾德礼领导工党组阁后任副首相兼下院领袖。

种相关问题，从青少年犯罪到丘陵地带的绵羊放牧无所不包。苏格兰也是联合王国境内第一个开设法庭以规范战时房屋租金的地区。但比这些措施更值得注意的是，约翰斯顿在克莱德赛德地区发起了国家医疗服务体系（National Health Service）的一场先行实验。在 1930 年代末，为应对敌军空袭可能造成平民严重伤亡的情况，当地已新建了多所医院，以容纳可能在德国空军的袭击中遭到杀伤的数十万百姓。但预想之中的惨烈杀戮并未发生，那些医院虽拥有充足的医务工作者，却处在大体闲暇的状态。因此，约翰斯顿将这些医院用来为弹药工厂的工人们提供治疗。他在出版于 1952 年的《回忆录》中写道："到 1945 年 4 月，这场实验已取得了圆满的成功，民办医院多达 34000 名候诊患者已经全部得到治疗——我们的项目因此从克莱德河谷地区扩展到整个苏格兰，为战后的国家医疗服务体系开辟了一条道路。"不过，约翰斯顿执政生涯中最持久的功绩还当数在高地全面推行水力发电的计划。这一构想虽早已存在，但受制于既得利益集团的阻挠，始终未能实行。约翰斯顿在 1943 年为这一计划争取到了来自议会的支持，并获得了一笔 3000 万英镑的拨款，以为高地地区的峡谷居民提供来自水力发电站的生活用电，对应的法案在议会通过时直接得到压倒性多数支持，没有举手表决。约翰斯顿的高地水电开发项目不但在之后数十年间为高地居民带来诸多便利，也是当代高地无处不在的家庭旅馆及旅游业得以兴旺发展的必要前提。

554

约翰斯顿在苏格兰事务大臣任上的举措有力地证明，公权力的干预也能有效改善公民的生活。这个时期的经历也让苏格兰人更加乐观地看待战后的发展前景，相信 1930 年代的悲惨经历终将成为历史。在战时发动了无处不在的总动员体制的英国政府也充分展示了自身的实力：如果国家干预能让英国战胜希特勒强大的军队，它显然也有能力解决贫困、失业和社会关怀严重缺失等问题。至于那些在大萧条期间主张政府根本无力对抗经济危机的人遭到了现实的反驳。阶级秩序和阶级矛盾在战时没有消失，但政府在战时投入了不小的努力，在社会上下传达了一种共同使命感，让人们相信每个人都在为对抗共同敌人的事业做出自己的贡献。而那些相信自己已经为"共同使命"做出牺牲的人显然不愿回到1939年之前那个黑暗的旧时代。因此，战时的苏格兰人与政府在实质上订立了一份新的社会契约，"不再重演过去"正是这份契约的关键词。

战时的新氛围在 1942 年 12 月发布的《贝弗里奇报告》（Beveridge Report）中得到了淋漓尽致的体现。这份著名的报告及其摘要一经出版，立刻成为市面上的畅销书，人们在皇家出版局（His Majesty's Stationery Office）的下属书店门口排长队抢购。一份盖洛普民意调查显示，在面市短短两周之后，95% 的英国受访者便已对这份报告的政策提议有所了解。《贝弗里奇报告》很快也流入了前线部队与战俘营。斯图尔特·胡德（Stuart Hood）回忆："《贝弗里奇报告》出版的时候我还在战俘营里。有人收到了一本，这让他们兴奋得不得了，我们也进行了一些很广泛的辩论，探讨我们到底为何而战。我很早就知道，军队中的大多数人肯定是左翼选民。"[12]

《贝弗里奇报告》为战后的英国社会规划了一张蓝图，提出政府今后应致力于克服物质匮乏、疾病、无知、肮脏与失业等社会痼疾。该报告主张，政府应为所有有子女的家庭提供财政补助，国家对经济事务的计划与干预可以避免大规模失业。除此之外，政府必须建立国家医疗服务体系，满足所有参与者

（他们只需以周为单位缴纳一笔社保费用）从摇篮到坟墓的全套医疗卫生需求。《贝弗里奇报告》提出的政策构想以所谓"国民最低收入"的理念为基础，这一理念是全体英国国民的收入水平必须维持在一个最低基准之上。上述主张在普通大众当中引发了狂热的反响，只有少数人批评《贝弗里奇报告》提出的养老年金及病患和失业补助额度太少了。相比之下，政府对这份报告的态度颇为冷淡。战争大臣禁止军队内部在时政必修课上讨论《贝弗里奇报告》，在同意原则上接受该报告的提议之前，内阁始终拒绝明确表态，并坚持认为只有在战争结束，新一届政府通过选举产生之后，必要的立法工作才能落实。保守党方面对《贝弗里奇报告》的态度同样冷漠，担心该报告中提出的社会改革将带来巨大的潜在成本。或许正是这种抗拒的态度和约翰斯顿成功的集体主义实验决定了苏格兰在1945年大选中的选情。这场大选中，工党在英国各地取得了压倒性胜利，在苏格兰赢得了近48%的选票和37个议席，令《格拉斯哥先驱报》"目瞪口呆"。[13]这一选举结果为一届致力于建设福利国家、为公益目的积极调控经济的改革派政府奠定了坚实的民意基础。

2

然而，新体制起步时的环境并不乐观。英国是二战的战胜国，但在和平时代的经济竞争中却很有可能败下阵来。由于二战的经济成本两倍于一战，战后英国的财政资源已经枯竭。英国的国民财富损失了28%，对英镑通货区其他国家的债务逆差高达30亿英镑。尤为重要的是，在日本宣布投降几天之后，美国方面便切断了基于《租借法案》的对英资金支持，而这对英国而言不啻经济生命线。此时的英国已陷入绝境，但作为盟军一方的主要力量，英国人未来还要背负沉重的财政负担，在德国境内维持一支占领军。凯恩斯曾在战争结束前的最后几个月向战时内阁发出严重警告："我们是一个大国，但如果继续像一个霸权国家那样四处用力，我们终究连'大国'也当不成。"但在胜利的喜悦中，这则警告没有引起足够的重视。[14] 1946 年，英国第一次对面包实行配给，为战后艰难的局势敲响了警钟。接下来，1947 年的气象灾害进一步加深了经济上的苦难。英国在那一年经历了整个 20 世纪最寒冷的冬天，在长达数周的时间里，深陷极端恶劣天气的英国社会都因燃煤奇缺而陷于停滞。到 1946 年底，苏格兰的失业率已升至 5%，从 1945 年到 1948 年，苏格兰的平均实际收入下跌了 9%，这一跌幅相当于英国全国跌幅的两倍。雪上加霜的是，在 1945 年和 1946 年，多家英格兰企业关闭了设在苏格兰的分公司。政客们许诺的美丽新世界似乎比从前更加遥不可及。

不过，局面在不久后便陡然扭转。从 1947 年开始，随着美国基于"马歇尔计划"向战火荼毒的欧洲提供经济援助，英国工业界获得了巨大的出口市场空间。与此同时，政府判断出口产业对英国的存亡至关重要，于是用严格的财政政策限制国内消费，诱导资源向出口行业集中。在素来重视海外市场的苏格兰重工业看来，上述变化无疑十分有利。另外，由于苏格兰在造船与重型机械制造领域的强大对手——德国和日本在二战中战败，苏格兰重工业企业至少在战后头几年里不必担心来自这两个国家的强有力竞争。此外，战后世界经济迫切需要对资本产品与制造业产品更新换代，而朝鲜战争也进一步刺激了市场需求，这些形势都构成了苏格兰经济复苏的有利因素。造船业的经历是这一过程的绝佳例证。1951 年，造船业依然是苏格兰规模最大的产业，苏格兰造船企业在市场上显赫的传统地位甚至呈现出复苏的势头。1948—1951 年，苏格兰造船企业生产了全球新造船舶总吨位数的 15% 以上，相当于英国造船总吨位数的三分之一。在炼钢和机械制造等其他支柱领域，苏格兰工业企业在出口市场上也取得了与造船业相当的辉煌成就。作为结果，二战后的经济繁荣在事实上进一步巩固了重工业在苏格兰的传统霸权，到 1958 年，苏格兰经济对重工业部门的依赖程度比 1930 年代更甚。

政府权力及影响力的革命性扩张构成了苏格兰在战后头十年里的另一个显著变化。从 1945 年到 1950 年，工党政府承诺将 1945 年竞选纲领《让我们面向未来》（*Let Us Face the Future*）中的政策付诸实施。《贝弗里奇报告》中关于设立"从摇篮到坟墓"的国民义务保险的建议成为现实，与此对应的社会保障措施包括儿童补助、国民退休金、失业补助，以及整套福利国家体制的重中之重——在 1948 年成立的国家医疗服务体系。苏格兰社会的贫困、低收入水平与低健康水平等问题一向比英国全国的平均状况更为恶劣，上述历史性的社会改革将为苏格兰人的福祉带来异常深远的影响。

这一时期国家对重要经济部门的介入可谓无远弗届。1947 年煤炭产业被收归国有，铁路和电力的国有化在 1948 年完成，制铁与炼钢业的国有化则在 1949 年完成。1934 年生效的《经济特别区法》为政府的地域经济发展政策奠定了基础，但 1945 年的《产业分配法》（Distribution of Industry Act）进一步强化了政府在这一方面的权限。《产业分配法》允许商务厅直接获取土地、修建工厂，以及在特定的"经济开发区域"为企业的

557

资本设备投资提供一定的资金支持。此外，商务厅也能利用战时的特许授权（这一权限一直保持到 1954 年）和 1947 年之后的规划审批等权限影响新工厂的选址。1950 年，另一项立法大大扩张了"苏格兰经济开发区域"的范围，将高地部分地区囊括在内，也进一步加强了政府在经济事务上的权力。到 1950 年，英国全国 13% 的新增工业设施都建立在苏格兰。十年后，仅苏格兰西部便拥有 18 处重工业设施和 29 处其他行业的工厂，共雇用约 65000 人。在苏格兰新设立的公司中包括一些试图在规避欧洲国家高昂关税的同时进军欧洲市场的美国跨国企业。以克莱德班克的胜家缝纫机制造厂以及北不列颠橡胶公司（North British Rubber Company）为首，美国对苏格兰的投资早在 1939 年以前便初具规模，但在 1940 年代和 1950 年代，涌入苏格兰的美国资本规模空前，并为 1960 年代及以后更为稳固的资本流动趋势奠定了基础。战后最早进入苏格兰的美国企业包括霍尼韦尔（Honeywell）、国际商业机器公司（IBM）、欧几里得公司（Euclid）、固特异轮胎橡胶公司（Goodyear）与卡特彼勒公司（Caterpillar），其中一些美国企业为苏格兰带来了电子数据处理器制造和推土设备生产等前所未有的行业部门。这些美国企业给苏格兰带来的新增就业岗位或许不多，但它们对苏格兰经济造成的影响绝非这些狭隘的指标所能衡量。

在农业领域和乡村社会，政府扮演的角色也大为增加。在 1945 年之后，英国本土粮食产量缺口依然庞大，粮食输入也困难重重，因此战时的农产品价格保障和农业资金补助等政策仍在很大程度上得到了延续。在那个食品配给仍受到严格执行的年代，只有为农民提供经济帮助和保障，才能让他们为了全体国民的利益加紧生产。为达这一目的，1947 年和 1948 年通过的两部《农业法》先后设定了农产品的价格保障机制。1950
年，英国政府的 2000 万英镑农业补贴中有 300 万英镑落地苏格
兰，其中不少资金被用于补贴丘陵地带的绵羊与牛只畜牧业。
这一政策在苏格兰农村得到热烈支持，也为高地丘陵地区的边
缘农业地带提供了尤为得力的帮助。早在二战以前，政府便已
通过林业公署（Forestry Commission）与成立于 1933 年的苏格
兰乳制品营销事业局（Scottish Milk Marketing Board）扩大了在
农业领域的影响力。在林业领域，政府也需要推动新的立法措
施，以弥补战时苏格兰本地木材储备遭受的毁灭性损毁，于是
在这一战略的推动下，1919 年成立的林业公署开始在处理苏格
兰林业事务时向苏格兰事务大臣汇报。到 1950 年代，林业公署
已成为苏格兰最大的地主，林业公署主导的政策也为 20 世纪苏
格兰乡间的风貌带来了最为显著的变化。

　　在战后时期，除了在政府补贴的扶持下经营良好的林业之
外，苏格兰农业经济总体上也经历了长足的发展。1939—1960
年，以拖拉机为核心的机械化进程将苏格兰带入了第二次农业
革命，不仅农业生产率在此期间提高了 300%，苏格兰的乡村
社会也迎来了 18 世纪以来最彻底的变化：

　　　　新型农业飞速扩散到苏格兰乡村各地。到 1952 年，马
　　匹的使用已迅速衰落下去，到 1950 年代末已变得十分罕
　　见，到 1960 年代末几乎已经绝迹。在马匹被淘汰的同时，
　　传统的劳动密集型生产方式也成为历史——扶犁工（以及
　　他们的家人）、手工艺人乃至很多原本为畜力农业服务的
　　旧式农舍都退出了舞台。这一变迁给苏格兰乡村带来的人
　　口流失等附带效应自然不难想象。[15]

在高地地区，北苏格兰水力发电委员会（North of Scotland Hydro Electric Board，Hydro）无疑是战后政府发起的最具影响力的经济开发项目。1948 年，苏格兰的发电事业被英国政府国有化，管理这一事业的责任又在 1951 年被交给了苏格兰事务部。在那之后，北苏格兰水力发电委员会便不只是一个主管发电的机构，而且积极地参与了高地地区的经济与社会复兴。到1960 年，水力发电委员会修建的 400 条道路中已有四分之一被免费移交给地方当局管理，到 1970 年代初，委员会的电网已覆盖了高地 90% 的小农场农户，尽管在水力发电委员会的所有用户当中，超过 25% 的用户获得的电力是在净亏损的状况下提供的。然而，这些成就既无法重振高地社会，也没有阻止高地的年轻世代不断流向外地大城市与海外。不过，水力发电委员会的工作极大地改善了高地居民的生活，从而给高地社会带来了深远的影响。对高地居民家庭的供电服务"……可以被视为战后英国公共服务事业取得的最为突出的成就之一，也必然是 20世纪高地历史上由一个机构做出的最为根本的贡献"。[16]

在苏格兰的其他地方，战后时期最为迫切的社会问题无疑是住房危机。早在战前，一些社会调查便已揭露了苏格兰部分大城镇令人发指的居住空间过密与卫生条件恶劣等问题，而在战争期间，住房建造限制令与德军轰炸克莱德赛德地区造成的损失令上述问题大大加剧。为解决住房问题，政府早在 1945 年以前便已规划未来的政策。1940 年的《巴洛报告书》（Barlow Report）曾主张，政府机构应通过规划与调控手段诱导人口迁出大城市，以纾解城区的人口压力。格拉斯哥市政府秘书处（Town Clerk）发起的一项调查也显示，格拉斯哥市中心的 1800英亩城区中居住着 70 万人，这意味着苏格兰中西部三分之一的人口都蜗居在当地最大城市中心约三平方英里的狭小地带，也从侧面印证了根据《巴洛报告书》提议制定政策的迫切需要。由帕特里克·阿伯克龙比爵士（Sir Patrick Abercrombie）领导的一个规划小组筹备并提出的《克莱德河谷开发计划》（Clyde Valley Plan）主张用政策性外迁与兴建新城区等手段将格拉斯哥的居民疏导到城市边界以外，以在一定程度上弥补近二百年来工业资本主义的无度扩张在这座城市留下的社会弊病。

阿伯克龙比爵士的开发计划在接下来的二十年里开启了一场住房革命。在 1945 年之后的头二十年里，苏格兰的住房新建进度惊人，共有超过 564000 套住房在这一时期建成，较战间期的新建住房总量增加了约三分之二。政府公租房占绝对多数，这是苏格兰住房格局的一个突出特点。1945—1965 年苏格兰的新建住房当中，有 86% 都由公共部门所有。在格拉斯哥这样的大城市与艾尔德里、科特布里奇和马瑟韦尔等城镇，公租房的比例甚至还要更高。苏格兰的公租房比例不但远高于联合王国的其他地区，甚至在 1970 年代也高于苏东阵营以外的所有发达经济体。与此同时，政府在苏格兰设立了一套住房补贴与房租调控机制，私有住房建设在战后早期又因物料短缺和过于复杂的审批程序而受限，这些因素最终意味着苏格兰的公租房租户（他们是 1940 年代到 1950 年代住房建设热潮的受益者）在很大程度上不必承受新建住房的沉重负担与经济现实。"……在 1952 年 3 月，即便英国政府为公租房建设提供了财政拨款，地方行政部门也根据法令规定为住房事业提供了补助，苏格兰公租房住户的实际居住成本仍相当于平均租金总额的 3.5 倍。"[17] 这种状态最终给苏格兰居民当中最大的一些群体的政治偏好带来了显著影响。

如此庞大的住房建设事业改变了很多苏格兰城镇的面貌。城镇议员与规划者们将这一事业当作一场消除贫民窟及其背后的一切贫困、肮脏、疾病与社会不公的圣战，满怀热情地致力于为居民提供体面的住房。地方政府也相信，通过消除城镇中的贫民窟，居民们会过上更好的新生活。因此，拆除旧城区成了一条无人质疑的法则。从 1962 年起担任爱丁堡住房理事会主席的帕特·罗根（Pat Rogan）回忆："这种事我做过很多次——我们把整条街的旧式公寓楼拆掉，只留下一片废墟，那场面非常壮观。"[18]拉纳克郡地方政府战后新建公租房的储备量到 1966 年已达英国第八，该郡的官方建筑设计师也在 1975 年回顾自己的成绩时欣喜不已："现在你可很难在拉纳克郡乡下找到一片'贫民窟'了。我们已经彻底消灭了从前矿工居住的陋巷，以及一战以前遗留下来的绝大多数非自住房屋。"[19]随着推土机让贫民窟和旧式高层公寓楼化为尘土，这些地方的老住户被"导入"了城区外围新建的"项目社区"（在经历了大规模城建事业的格拉斯哥，波洛克［Pollok］、卡斯尔米尔克［Castlemilk］、杜朗查佩尔［Drumchapel］和伊斯特豪斯［Easterhouse］等是最大且最著名的新社区），以及东基尔布赖德、坎伯诺尔德（Cumbernauld）和格伦罗西斯（Glenrothes）。从 1960 年代初开始，住房建设进入了新的阶段，由于可用土地日渐枯竭，而地方政府试图以更快捷的方法建造新房，市中心被清拆的地段上开始修建 30 层及以上的巨型塔楼公寓。在这一时期，格拉斯哥成为欧洲新式超高层住宅建设的先驱，这种热情也很快传播到了马瑟韦尔、爱丁堡和邓迪等地。超高层公寓楼被视为现代化的象征，以及对过时的贫民窟生活最为决绝的淘汰。虽然一些城镇议会的领袖意识到这么做有违城市规划理论的指导，但他们没有退缩。曾在

1961 年之后担任格拉斯哥市议会住房委员会召集人的大卫·吉布森（David Gibson）在任内大力推动了格拉斯哥的超高层公寓革命，他曾以充满乐观与福音主义色彩的语调宣布：

> 今后三年里，在我看来格拉斯哥的天际线会变得美观得多，因为城里将有几千座超高层住宅拔地而起……我相信，这一前景将让成千上万热切期盼着新居的人激动不已。在一些人看来，我的做法或许违背了城市规划理论的所有原则，没有保存开放空间，也没有遵循绿化带理论——如果我对这些理论有所违反，那也都是为了消灭糟糕的旧式城区对人类尊严的亵渎，这种亵渎由来已久且不可饶恕。条件良好的住宅是新生儿的摇篮，是年轻人成长的园地，也是老人的安居之所。[20]

苏格兰战后兴建公租房的浪潮受到了广泛的批评，很多人认为这场运动存在建筑单一，建设质量低劣，城郊新社区缺乏酒馆、娱乐设施与便利设施，交通建设不完善和破坏传统社区等问题。这些指责的背后无疑不乏事实佐证。比利·康诺利（Billy Connolly）曾将大型公租房社区比作"有窗户的沙漠"，这一说法无疑会引起很多人的共鸣。然而，在看待这项事业的时候，有两点是不可忽视的。首先，以格拉斯哥和西部的一些工业城镇为首，苏格兰之前面临的住房危机极为严重，这导致地方政府为了尽快建造大量住房而必须牺牲几乎所有其他的考量。格拉斯哥的一个住房事业官员回忆："我记得在 1957 年到1959 年间，很多老年妇女排着长队来找我，她们都只问一个问题：'我家的老房子什么时候拆？'她们都嫌自己糟糕的老房子拆得还不够快。"[21]迟至 1958 年，格拉斯哥仍有多达 10 万户居民等待新房安置，而当时的政客只能把这些数字当作工作的重点。其次，同样值得记住的是，拜战后的公租房建设运动所赐，无数苏格兰人第一次住进了达到现代水准的正规住宅。虽然在 1950 年代以后，人们对住宅的预期以及住宅本身的建设标准不断提升，但这一事实依旧不可动摇。

3

562 　　1957 年，哈罗德·麦克米伦（Harold Macmillan）曾有一句著名的发言："坦白来说，我们当中大多数人的生活从来没有像今天这么好过。"对于在战间期忍受了巨大苦难的苏格兰来说，这句发言尤为适用。在这一时期，1930 年代苏格兰经济的最大诅咒——失业的数字跌至历史新低。1947—1957 年，苏格兰的失业率稳定维持在 2.4%—3%（相对于失业保险系统的登记劳动者总数）的低位，而登记劳动者总数却在 1945—1960 年增加超过 69 万人。在这一时期，几乎所有有工作意愿的苏格兰人都能找到工作。全民就业的局面也让收入有所增长：1953 年，一个普通工人阶级家庭的收入可能比 1938 年高出 2.5 倍到 3 倍。苏格兰和英格兰平均收入水平的差距在这一时期也一度缩小。在经济繁荣、科学进步与立法新政的作用下，苏格兰人的体质也有所改善。设立于 1948 年的国家医疗服务体系为所有人提供免费医疗服务，1945 年和 1947 年通过的两部《教育（苏格兰）法》也允许地方政府坚持对学生进行定期体检，并为他们提供免费医疗。从 1940 年代中期起，抗生素开始在苏格兰普及，从前对苏格兰青壮年人群威胁最大的致命疾病——肺结核因此销声匿迹。到 1960 年，苏格兰的婴儿死亡率已低至美国水平，接近英格兰和威尔士的数字。

　　1950 年代生活水准的提高也体现在洗衣机、吸尘器和电炉等便利家庭生活的新设备种类的稳步增长之中。电视彻底改变了苏格兰人的休闲生活，令电影院自被引进苏格兰以来第一次经历了观众人数的下降。苏格兰的电视机台数在十年间便从 1952 年的 41000 台猛增至 100 万台以上，1953 年伊丽莎白二世女王加冕典礼带来的巨大需求在这一过程中产生了一定的助推作用。而在 1955 年，随着苏格兰裔加拿大富商罗伊·汤姆森（Roy Thomson）设立了苏格兰电视网络（STV，他后来称这个公司为自己的"合法印钞机"），英国广播公司在苏格兰市场上遇到了竞争对手。不过，正如克里斯托弗·哈维（Christopher Harvie）所说，"（电视）显然不是什么文化上的里程碑"——至少在电视崛起的早期确实如此。[22] 即便如此，这一时期的苏格兰的确孕育了一些文化上的里程碑。1947 年爱丁堡艺术节（Edinburgh Festival）开始创办，13 年后，苏格兰国家交响乐团（Scottish National Orchestra）富有魅力的指挥者亚历山大·吉布森（Alexander Gibson）又创办了苏格兰歌剧节。在 1950 年代，民歌复兴运动引起了比上述活动更为广泛的大众反响，也给现代苏格兰文化带来了持久的影响。从 1951 年开始，哈米什·亨德森（Hamish Henderson）开始组织全民节日凯利舞会（People's Festival Ceilidhs），让苏格兰市民领略了本土乡间音乐传统的精华。同样在这一时期，尤安·麦科尔（Ewan MacColl）、吉米·麦克贝思（Jimmy McBeath）和珍妮·罗伯逊（Jeannie Robertson）等歌手在苏格兰走红，他们的作品在不久后将以"民谣风"为人所知。战后的经济繁荣也在年轻人当中激起了一种独立意识。所谓"不良少年"（Teddy Boys）文化在 1950

563

年代大行其道，精心打理过的显眼发型、紧身裤、尖头皮鞋和有天鹅绒领子的外套构成了这些年轻人的典型形象。与本土的民谣复兴相比，美国流行文化对战后苏格兰的年轻人施加了更为强大的影响。比尔·哈利（Bill Haley）的《昼夜摇滚》（Rock Around the Clock）为挤满电影院的观众带去了一种新颖而浓烈的混搭音乐风格，而"猫王"埃尔维斯·普雷斯利（Elvis Presley）和巴迪·霍利（Buddy Holly）等美国明星也成了一整代苏格兰青少年狂热崇拜的偶像。

全民就业对女性在苏格兰社会的地位提升也有重要的影响。1951 年的人口普查显示，已婚女性参与劳动的比例与 1931 年相比有了显著增长，而到 1960 年代，已婚女性在女性劳动者中已占大多数，这与 19 世纪及 20 世纪初相比无疑是一个革命性的变化。生育子女数的减少、结婚时间的提前和家庭育儿负担随之提前的趋势都让更多的女性有机会离家工作。随着新的家务技术逐渐普及，已婚女性得以更方便地将家务责任与兼职工作结合起来。当时的苏格兰工业经济（尤其是在新的工业设施）提供了更多负担较轻的制造业工作，而 1945 年后国家与地方政府机关的扩张也吸引了更多的女性成为文员或秘书。女性的薪资收入仍低于男性，但在 1950 年代，教师行业开始实行男女同工同酬，为女性的工作待遇带来了一些突破。

经济条件的改善吸引了新一波移民涌入。全民就业意味着那些较为枯燥、艰苦的岗位在招工时需要面临更多的困难，而来自爱尔兰的移民（从前是苏格兰主要的低薪临时劳动力来源）已经枯竭。在这一时期取而代之的是来自亚洲国家的移民，他们在城市的公共交通部门担任驾驶员或售票员，也在面包房、建筑工地和黄麻工厂里从事非技术性或半技术性工作。

很多亚裔移民最初是从米德兰和约克郡的工业地带受雇来到苏格兰的，到1960年，苏格兰的亚裔人口已有4000人。正是在这一时期，来自印度和巴基斯坦的公交车驾驶员与售票员已占到格拉斯哥市政交通部雇员的一半。有趣的是，当1965年印巴开战时，格拉斯哥全城都陷入了混乱。由于亚裔员工纷纷请假收看电视或收听广播以实时了解事态的发展，格拉斯哥的公交系统几乎陷入停滞。到1970年，苏格兰的亚裔居民已增至16000人，其中还包括一些来自香港的华人。对于这些亚裔移民，苏格兰社会并不总是友善以待。亚裔移民的杂货店在开设之初常受到公然的歧视，这些商铺只能靠深夜经营（有时直到午夜）和廉价销售来争取生存发展的机会。不过，巴基斯坦裔移民的街边商店最终还是构成了苏格兰日常零售业的一个重要特色，地位与几十年前意大利移民的冰激凌店相当。苏格兰的种族矛盾从来没有发展到像某些英格兰城市那样严重的程度，但这可能只是因为这一时期苏格兰非欧美族裔移民的规模较小。

讽刺的是，在亚裔社群面临排挤乃至敌意的同时，苏格兰社会对爱尔兰裔天主教徒社群的接受程度正在上升。最关键的变化发生在劳动力市场上。在1950年代和1960年代以前，天主教徒在技术工种与高度专门性工作中的比重仍严重偏低。在一些造船厂和机械制造厂，加入奥兰治兄弟会或共济会的车间领班仍握有雇用或解雇手下工人的权力，天主教徒因此很难在这些地方成为学徒。后来成为机械制造业联合工会主席的亚历克斯·费里（Alex Ferry）曾承认，1940年代的机械制造行业很少雇用天主教徒为学徒工。但从1950年代开始，针对天主教徒的制度化歧视开始消解：由于技术工种的人手严重短缺，企业开始把工作能力放在人事决策的第一位，宗教背景的考量变得相对次要。除此之外，外资企业对本地社会歧视陋习的完全拒斥，以及产业国有化和公营部门的飞速扩张，也为已接受高等教育的天主教徒提供了新的社会发展机遇，让他们不必受制于重工业部门由来已久的歧视传统。这一趋势让工人阶级与中产阶级当中的天主教徒在政治上更加忠实于工党，他们将工党视为战后公营部门雇用机会与公共服务大幅扩张的主要推动者，以及让社会变得更加公正的主要动力来源。

565

4

　　1940 年代和 1950 年代常被称作现代联合王国爱国主义的极盛时期。不过，在 1945 年这一时间点上，苏格兰政局似乎正朝不同的方向发展。在这一年里，苏格兰民族党的领袖罗伯特·麦金太尔在马瑟韦尔选区的补选中赢得了该党的第一个下院席位，但这一希望最终还是落空了。在几周后的大选中，麦金太尔失去了马瑟韦尔选区的议席，民族党在之后 15 年里没有在苏格兰政界造成多少影响。在这一时期，工党是苏格兰政坛的主导者，进入 1950 年代，这一角色又被统一党夺去。在 1942 年于格拉斯哥举行的党代表大会上，苏格兰民族党分裂成两支。这场内讧起源于党主席选举，获胜的候选人道格拉斯·扬（Douglas Young）是阿伯丁大学的一个希腊语讲师，他因公开宣称征兵令违反《联合条约》而被判监禁 12 个月，此时仍在保释状态。落败的候选人是年老的记者威廉·鲍尔（William Power），他的背后有着来自民族党秘书长，也是党内最具影响力的人物约翰·麦考密克（John MacCormick）的支持。麦考密克认为民族党必须在苏格兰人民当中建立一个广泛共识，寻求在联合王国之内实现本地自治，而不是追求苏格兰独立这种对选民缺乏吸引力的激进目标。在道格拉斯·扬当选后，麦考密克立即辞去秘书长一职，转而和一些盟友组建了一个最终名为"苏格兰人大会"（Scottish Convention）的非党派团体，试图通过政党政治以外的渠道动员苏格兰各界民意，向政府宣扬苏格兰人民对本地自治的诉求。与此同时，苏格兰民族党变成了一个狭隘且缺乏对外延展性的民族主义组织，其主导权被一些主张苏格兰独立的激进分子掌握，在外人看来更像一个狂热的教派而非政党。民族党的党员人数极少，在1950年代中期也不到1000人，即便如此，该党在这一时期发生了又一次分裂。1955年，一些认为党首麦金太尔作风日趋软弱的反对者离党出走，带去了三分之一的民族党党员。至此，民族党在选举政治中的影响力消散殆尽，甚至没有在1950年和1951年的大选中参选。即便在1959年，苏格兰民众对当时的保守党政府极为不满的时候，民族主义者也没能赢得显著的反响。厌恶保守党政府的苏格兰选民最终把票投给了工党，民族党在大选中的得票率仅为0.8%。

566

　　从表面上看，麦考密克的苏格兰人大会似乎比这一时期的民族党成功得多。这一时期的舆论将民族主义视为纳粹崛起的温床和将欧洲拖入毁灭性战争的根源，因此苏格兰人大会的高调表现在从激进化的民族党手中夺走不少支持者的过程中发挥了重要作用。这一时期的社会风气崇尚国际合作，在这一背景下，强调国族区别的言论被认为有挑衅与排外之嫌。苏格兰人大会的主张则与主流观念更为合拍。苏格兰人大会没有党派背景，强调共识的重要性，不参与竞选，它的纲领是渐进式的，主张进行温和的宪制改革，寻求苏格兰在联合王国框架内的自治，而非彻底独立，自成一国。早在二战期间，苏格兰人大会便已获得了一定的反响，在苏格兰各地建立了分支机构，而在1947 年 3 月，苏格兰人大会在格拉斯哥举行的苏格兰总会吸引了来自苏格兰国教会、各路工会与各地商会等团体的 600 名代表参加。这场总会提出了被称为"苏格兰蓝图"的一系列纲领，主张建立一个对除国防、外交和货币之外的绝大部分政府事务拥有决定权的苏格兰议会。麦考密克还提出效仿 17 世纪苏格兰的宗教运动，发起一份新的"国民誓约"，让这一运动的主张得到了进一步的传播。

苏格兰人大会呼吁苏格兰本地自治的新"国民誓约"在1949 年秋天发布，最终收集到了约 200 万人的联署。当这份誓约在 1949 年 10 月 29 日被呈交给第三届总会时，麦考密克用雄辩的口吻做出了如下发言：

> 不知名的地方议员摩肩接踵，与那些名声彪炳苏格兰史册的人一道参与请愿。来自格拉斯哥港口或法夫郡矿坑的工人们也和穿着细条纹长裤的体面商人一道，发出同样的声音。这一誓约体现了苏格兰人此前从来不敢设想的团结精神，随着印有誓约文本、只等人们签字的长卷在人们面前徐徐展开，厅堂里的每一个人都屏息等待着写下自己姓名的那一刻。[23]

虽然在联署中存在一些已故名人的姓名乃至一些捏造的姓名，但"国民誓约"无疑得到了广泛的支持。不过，这场运动并没有为苏格兰带来本地自治，这一目的最终只有通过选举，让支持本地自治的候选人赢得选民的支持，才具有实现的可能性。"国民誓约"运动试图营造一种去政党、非政治的外部形象，但工党政府有充分的理由怀疑麦考密克和他的盟友的动机。时任苏格兰事务大臣亚瑟·伍德伯恩（Arthur Woodburn）认为"国民誓约"运动是工党政敌组建的一个前哨组织，目的是推翻艾德礼领导的政府，这一判断并非完全出于这位大臣的无稽猜测。麦考密克在 1945 年加入了自由党，并在当年的大选中作为自由党候选人参与角逐。1947 年 12 月，麦考密克又在自由党、统一党和"国民誓约"运动的支持下参加佩斯利选区补选，与工党候选人竞争——其他政党都同意不在这场补选中指派自己的候选人，以尽可能增加麦考密克的胜算。支持麦考密克的这个奇怪的联盟发表的共同声明宣称，来自威斯敏斯特中央政府的"集权管制"（在这个语境下指的是"国有化"）一旦持续下去，就会威胁到苏格兰自身的存续。在这里，虽然统一党支持麦考密克，但若因此认为该党在本地自治问题上的态度已转向正面，显然也是荒唐的。统一党的目的在于巧妙地利用"苏格兰"这一政治筹码对抗工党，以在政党间的选举角逐中获得优势，除此之外再无任何更远大的目的。然而，这一策略最终以失败告终，麦考密克也没能赢得补选。即便如此，这起事件显然让工党政府对麦考密克关于宪制改革之必要性的呼吁失去了信任。

　　在遭到政府无视之后，"国民誓约"运动的政治影响力迅速陨落，在 1950 年和 1951 年的两场大选中没能掀起多少波澜。然而，苏格兰民族主义情绪并未因此熄灭。这一时期的苏格兰民族主义在一定程度上演变成了一种浪漫主义的冒险活动，其中最显著的例子便是四名支持麦考密克的学生在 1950 年圣诞节当天潜入威斯敏斯特修道院窃取"命运之石"斯昆石一事。这块苏格兰君主的"加冕石"是苏格兰主权的有力象征，在苏格兰独立战争时期被英格兰国王爱德华一世①带到伦敦，以象征他对苏格兰人的宗主权。窃取斯昆石一事从表面上看只是一场恶作剧，却在民众当中引起了热烈的反响。在短暂失踪后，这块石头最终被包裹在一面苏格兰安德鲁十字旗里，重现于苏格兰的阿布罗斯（Arbroath）修道院。与此同时，保守党指责工党在苏格兰的国有化政策令苏格兰产业经济被白厅官僚机构摆布的说法也在苏格兰本地获得了一些群体的支持，对于这一点，时任苏格兰事务大臣赫克托·麦克尼尔（Hector McNeil）不得不在 1950 年的一份提交给内阁的备忘录中予以承认。在野的统一党人总是大打苏格兰牌，他们无疑认为，只要对苏格兰的民族主义情绪善加利用，就能给本党在选举中带来强有力的帮助。温斯顿·丘吉尔曾在一场于爱丁堡举行的集会上宣称，工党的集权化政策将威胁苏格兰的现有地位，乃至令苏格兰走上与1707 年《联合条约》的条款相悖的道路，成为伦敦中央政府操纵下的一片"社会主义农奴份地"。但讽刺的是，当丘吉尔决定称呼刚刚即位的女王为"伊丽莎白二世"（她在苏格兰君主序列中应被称作"伊丽莎白一世"）时，这一决定刺激了苏格兰的民族自尊感。爱丁堡中产阶级家庭出身的记者阿诺德·肯普曾如此回忆自己的家人在当时的反应："这件事引起了广泛且发自真心的愤怒。我父母当时对这件事有多反感，我至今都记得很清楚。他们在很多年后还对这件事耿耿于怀。"[24]一些人针对这一决定提起了法律诉讼，还有一些带有"伊丽莎白二世女王"（QEII）字样的邮筒遭到爆破。在 1950 年代宗教界的"苏格兰国教会主教"争议当中，苏格兰民族主义情绪也造成

568

---

① 爱德华一世（1239—1307），金雀花王朝第五代英格兰国王（1272—1307年在位）。

了一定的影响。在圣公会和长老会之间，关于如何建立更紧密关系的联合磋商持续数年，这些讨论最终在 1957 年汇成一份报告书：出于宗教统一的考虑，建议苏格兰国教会采用圣公会式的主教制，每一个长老会中会（presbytery）都应从成员中选出一人担任主教。这一想法虽然有利于促进普世教会合一（ecumenism），却在公布后受到苏格兰民众的强烈抵制，以及诸多媒体的尖刻谴责。在批评者看来，抵制这份报告书既是为了拒绝来自英格兰的宗教渗透，也是维持苏格兰国教会信仰纯正性的必然要求。

由此可见，虽然民族党影响力不再，"国民誓约"运动也以失败收场，但民族情绪的因素在 1945 年以后从未从苏格兰的政治生活中消失。不过，这仍无法改变苏格兰议会自治的主张遭到冷落的状况：统一党从未支持过这一立场，而工党支持苏格兰自治的传统立场也开始动摇。迟至 1945 年，工党的竞选纲领中仍纳入了在苏格兰实现本地自治的承诺，但到 1950 年，苏格兰工会总会以压倒性多数否决了一项由矿工提出的动议，拒绝表态支持在苏格兰建立自治议会。在 1950 年大选中，本地自治从工党的竞选纲领上彻底消失。六年后，时任工党党首休·盖茨克尔（Hugh Gaitskell）明确了工党反对本地自治的立场，而在 1959 年，苏格兰工党也在年会上放弃了对本地自治的支持。就这样，本地自治自多年前首次被提起以来，第一次从政治界的议程中消失，这一结果背后的原因并不难想见。在战后的岁月里，两大统一派政党——工党和保守党见证了居民收入、生活水平与医疗条件的空前提高和改善。在苏格兰人最关心的就业、工资与医疗问题上，威斯敏斯特中央政府都取得了令人满意的成果。在 1930 年代大萧条时期的惨痛经历过后，全民就

569

业在苏格兰社会的意义甚至比在英格兰更为重要。汤姆·约翰斯顿在战时担任苏格兰事务大臣期间的杰出表现也表明，一个有能力的苏格兰政治家无须寻求全面的宪制改革，也能反过来利用联合王国的既有体制，让中央政府向苏格兰妥协。同样在战争期间，虽然有像第 51 高地步兵师这样在蒙哥马利指挥下充当主力军、征战北非与欧洲战场的英雄部队以辉煌的战绩激起了真诚的苏格兰民族自豪感，但共同对抗纳粹威胁的经验也给苏格兰社会带来了一种更为热切的不列颠认同。此外，在 1940 年代和 1950 年代，基于 1945 年《产业再分配法》（Redistribution of Industries Act）和 1947 年《城乡规划法》（Town and Country Planning Act）展开的经济发展战略规划要求把工业企业从更为富饶的南方转移到更为萧条的北方，这些政策也只有在将联合王国全境通盘考虑的基础上才能得到实施。

在 1951—1964 年长达十三年的保守党执政期间，或许不难预想政府没有对苏格兰本地自治的呼声让步，但在这一时期的大多数时候，接连执政的历届保守党政府也付出了不少努力，试图避免潜在的民族主义不满情绪进一步增长。在 1950 年到 1964 年间举行的历次大选中，统一党在苏格兰的平均得票率为 46%，与之相对，工党在苏格兰的平均得票率则为 47%。考虑到统一党（保守党）的天然选民基础——中产阶级在苏格兰规模较小，这一成绩相当难得。1955 年大选中，统一党还在苏格兰赢得了 50.1% 的选票，创下了苏格兰选举政治史上独一无二的纪录。在这场大选中，由于苏格兰经济在工党执政时期实行紧缩政策之后进入繁荣期，而统一党人在苏格兰西部新教徒工人阶级选民当中仍有不少忠实的支持者（比起工党与统一党的政治分歧，他们更在乎新教徒与天主教徒的教派对立），这一成绩的背后存在一些幸运的因素。1959 年大选中科特布里奇与艾尔德里选区的角逐便充分体现了教派因素对选举政治的影响。工党在这个选区的候选人是著名的本地城镇议员詹姆斯·登普西（James Dempsey），信奉天主教；统一党指名的候选人 C. S. 莫顿（C. S. Morton）则是曾在战间期为格拉斯哥流浪者队效力的球员艾伦·莫顿（Alan Morton）的亲戚。虽然在当年的大选中，工党在苏格兰总体居于上风，而科特布里奇与艾尔德里选区又是工党的安全议席，但登普西最终只赢得了略多的 795 票。这个例子表明，苏格兰的保守党（统一党）人地位相对独立，对特定的苏格兰选民群体也有独特的吸引力。与此同时，这一时期的保守党政府忠实沿袭了前任工党政府留下的政策路线图，走上了集体主义和积极干预经济事务的道路。1955 年大选之后，时任苏格兰事务大臣的詹姆斯·斯图尔特（James Stuart）甚至在公共工程领域比工党的公租房建设事业更进一步，启动了福斯湾公路大桥（Forth Road Bridge）工程，并着手对格拉斯哥市内及周边的铁路系统进行电气化改造。由此便不难看出，为什么这一时期有很多苏格兰选民将自己日益改善的经济状况归因于保守党的施政。

570

　　不过，表面上的繁荣并未持续太久，到 1950 年代末，经济景气似乎消耗殆尽。这一时期的经济活动呈现出一系列令人担忧的信号。1957 年的通货紧缩（很大程度上源自 1956 年苏伊士运河危机期间国防开支的增长）和国民兵役制的废除导致失业人数在 1958 年到 1959 年间成倍增长，从 58010 人增至 116000 人。如果不是有大量移民在 1950 年代（即便当时经济十分繁荣）外迁，这一数字本有可能更大。1950—1960 年，共有超过 50 万人离开苏格兰，移民海外和移居英格兰的大体上各占一半。苏格兰人持续不断的南迁趋势进一步表明，苏格兰的工资水平与失业率相比英格兰仍有劣势。在其他方面，苏格兰经济也有落后之处。这一时期苏格兰国民生产总值的增幅为59%，但英国整体的国民生产总值增幅达到了70%。到1960年代初，英国的经济增速已显著慢于部分欧洲国家，但苏格兰的表现甚至不及英国的平均水平。

苏格兰的政治家和规划者们逐渐认识到，苏格兰人正生活在一个"愚者的天堂"（威廉·弗格森语）中。[25]苏格兰之所以在战后享受了一段时间的经济繁荣，似乎只是因为1945年以来世界经济的替代性需求旺盛，而遭到战火蹂躏的欧洲和远东一时间无法在经济上与苏格兰竞争。直到此时，苏格兰工业经济的多样化进程仍十分有限，在1958年，苏格兰经济对重工业的依赖程度甚至高于1930年代晚期。在传统工业的核心地带——苏格兰西部，1950年代新兴企业的引进速度仅相当于1940年代的一半。更为不幸的是，本地既有企业的表现同样十分衰弱。在二战以前，苏格兰西部的大多数企业都由苏格兰本地资本控制，但到1960年，苏格兰西部雇员人数超过250人的企业中有60%都被非苏格兰资本持有。

571　　相比之下，让时人最感焦虑的经济问题还是苏格兰支柱产业的不利处境，而在这当中，煤炭产业的前途尤为惨淡。曾经储量丰沛的拉纳克郡煤田此时已基本枯竭，消费者的需求也开始大举转向电力、燃油和燃气。随着柴油机车取代了蒸汽机车，燃油取代煤炭成为炼钢炉的主要燃料，煤炭的传统市场开始大幅萎缩。1957年，苏格兰的第一座综合性钢铁厂在马瑟韦尔附近的雷文斯克雷格（Ravenscraig）建成投产，项目建设投入高达2250万英镑，但在1950年代末，欧洲经济已从战争的破坏中复苏，钢产量也大幅提升。随着世界性的钢铁产能过剩日益加剧，减价销售成为行业的普遍策略，但苏格兰钢铁企业大多位于内陆，无法以低价引进铁矿石或对外输出产品，因此在斥巨资兴建雷文斯克雷格钢铁厂之后，苏格兰钢铁行业在国际竞争中仍处境不妙。苏格兰造船业则在 1950 年代末之前便已基本丧失了世界领先的地位。虽然当时全球船舶市场的需求依旧旺盛，克莱德河造船企业的市场占有率却在不断下降。1947 年，克莱德河畔各造船厂建成下水的船舶总吨位数达到世界新造船舶总吨位数的 18%，但到 1958 年，这一比例已跌至区区4.5%。曾经拥有世界级声誉的苏格兰造船业此时跌入了谷底，这一行业的诸多弊端在战后初期只因全球市场新旧置换的旺盛需求而被掩盖，如今则开始暴露出来。诚然，德国、荷兰、瑞典和日本的造船厂在这一时期享受了来自政府的慷慨支持，但苏格兰造船业者仍要为自身的诸多劣势负责。在竞争对手们开始采用流水线生产工艺，并大力投资推进机械化进程，设计建造有良好规划的新式船坞的同时，苏格兰造船业者只采用了将铆接改为焊接和改良预制构件等有限的革新，他们因此逐渐失去了在市场上的竞争优势。到 1950 年代末，德国的造船厂时常能够以比克莱德河造船企业快一倍的速度交付新船。优柔寡断的管理人员和缺乏主见的工人在这一时期陷入了一系列分工争议，他们因此都要为这一原本可以避免的糟糕处境背负责任。这场危机若被悬置太久，苏格兰曾经辉煌无比的造船业便有彻底崩溃之虞。

苏格兰经济面临的困境还带来了直接的政治影响。1959 年大选中，工党在苏格兰赢得 38 个议席（统一党赢得 32 席），成为苏格兰第一大党，这一结果与英国全国的形势相反。苏格兰

的次要政党也在这一时期变得更加活跃。在 1950 年代，苏格兰
自由党在政坛的存在感并不比民族党高出太多，但在 1957 年以
572 后，自由党的公共影响力在乔·格里蒙德（Jo Grimond）的积
极领导下开始大幅提升。从表面上看，这一时期的民族党仍一
蹶不振，在 1959 年大选中只参与角逐了五个选区的议席，但该
党的组织架构已得到整顿，为其在 1960 年代取得的成就奠定了
基础。阿瑟·唐纳森（Arthur Donaldson）曾承认，当时民族党
的活动家为数稀少，只需一架小型客机就能装下，而倘若这架
客机遭遇空难无人生还，苏格兰独立的诉求便要在整整一代人
的时间里断绝。不过，到 1960 年代初，在伊恩·麦克唐纳
（Ian Macdonald）的组织和经营下，民族党开始在苏格兰各地建
立新的地方支部。在 1962 年以前，民族党只有不到 20 个地方
支部，到 1965 年，这一数字便增至 140 个。在 1962 年西洛锡
安选区补选中，民族党的竞选实力初露锋芒，虽然工党的候选
人塔姆·戴利埃尔（Tam Dalyell）最终胜出，但民族党候选人
威廉·沃尔夫（William Wolfe，他在日后成为民族党党首）仍
在这个工党的铁票仓赢得近一万张选票，超过统一党候选人位
居第二。在为沃尔夫助选的过程中，民族党活动者团队在人员
构成上的变化值得关注。与从前由专业人员、作家、学者和高
级律师等群体主导的旧民族党人不同，沃尔夫助选团队的大多
数人来自技术工人阶级和下层中产阶级。"这些人更加务实，
他们感兴趣的是挖掘关于苏格兰经济的数据，而不是诗歌。"[26]

在这一时期，经济议题再次成为政治界争论的焦点。随着
民众日益担心苏格兰可能在保守党政府的统治下倒退回黑暗的
1930 年代，连续两任苏格兰事务大臣约翰·S. 麦克莱（John
S. Maclay）和迈克尔·诺贝尔（Michael Noble）都试图推行一

项大规模经济规划与干预战略。这项战略的灵感部分来自 1961 年的《图特希尔报告书》（Toothill Report）。费兰蒂有限公司（Ferranti Ltd）总裁约翰·图特希尔爵士（Sir John Toothill）作为调查团主席主持编写了这份报告。在他看来，苏格兰经济最大的结构性缺陷在于对传统重工业的过度依赖、在世界市场新格局面前缺乏适应力，以及未能成规模地建立以新科学技术为基础的新型制造业。鉴于《图特希尔报告书》倾向于抬高新技术、贬低旧产业，这些结论并不完全公平。苏格兰的产业经济进行一定程度的多样化无疑有其必要，但除煤炭产业以外，苏格兰的"旧"产业如果能像其他国家和地区的竞争对手那样得到政府的大力投资，以及更有活力和创造力的管理战略的指引，就仍具有强大的潜力。最终，保守党政府的确通过苏格兰发展部（Scottish Development Department，设立于 1962 年）和苏格兰中部开发计划（Central Scotland Plan）等渠道，试图在保全传统产业的同时为苏格兰开辟新的经济发展领域。这些计划既是为了遏制苏格兰经济的下行压力，也是为了挽救保守党在苏格兰日益恶化的政治处境。

　　政府在这一时期为一些规模可观的项目投入了大量资金。1958 年，政府半强制性地向科尔维尔有限公司贷款 5000 万英镑，以鼓励该公司在雷文斯克雷格建设一座配备最尖端工艺的轧钢厂，但以安德鲁·麦坎斯爵士为首的科尔维尔公司历任总裁认为苏格兰市场的规模太小，投入巨资建设轧钢厂的决定在商业上缺乏保证。从一开始，这个巨大的变化就给科尔维尔这一炼钢企业的发展可能性带来了负担和威胁。接下来，1963 年 5 月，爱丁堡公爵在林伍德（Linwood）为苏格兰近三十年来建成的第一座汽车厂——鲁茨汽车厂（Rootes）揭幕，引起了公众的广泛关注。这座汽车厂耗资 2350 万英镑，规划中的最大年产量高达惊人的 15 万辆。最后，在 1964 年 12 月，英国汽车公司（British Motor Corporation）在巴斯盖特（Bathgate）建立了一座规模庞大的卡车制造厂。无论上述项目的商业前景如何，它们都全然无力挽救保守党在苏格兰的选情。在巴斯盖特卡车厂正式投产的同一年，哈罗德·威尔逊（Harold Wilson）以在保守党统治时期"被浪费的 13 年"为口号，在大选中以微弱优势胜出。即便保守党政府在苏格兰大力建设大型工厂、展开工业投资，苏格兰选民仍将大多数选票投给了工党，让工党在苏格兰赢得多达 43 个议席。威尔逊之所以能在大选中赢得 6 席微弱多数，苏格兰的选情无疑是一个十分重要的原因。

第二十四章　苏格兰问题

　1967 年 11 月，年轻的格拉斯哥事务律师威妮弗雷德·尤因（Winifred Ewing）在补选中击败工党候选人，成为拉纳克郡汉密尔顿选区的下院议员，这是 1945 年以来苏格兰历史上最具轰动性的一个补选结果。汉密尔顿选区位于苏格兰西部的工党核心票仓地带，一直是工党在苏格兰最有把握的安全选区之一，但民族党在这场补选中的得票率高达 46%。很多民族党的热情支持者陪同尤因女士一道乘火车到伦敦赴任，而在到达伦敦之后，她乘坐了一辆林伍德汽车厂生产的鲜红色希尔曼顽童（Hillman Imp）汽车前往议会大厦。这场胜利意味着民族党真正登上了英国的政治舞台，吸引了报刊与电视媒体的广泛关注，也令其他政党大为震动。汉密尔顿补选的结果并非一蹴而就的孤例：在 1968 年 5 月的地方选举中，民族党在苏格兰的得票率达到了惊人的 34%，在工党的传统阵地格拉斯哥也表现强劲，不但实现了 101 个议席的净增长（工党共损失 84 个议席），还与保守党组成同盟，夺取了工党在当地地方议会的主导地位。随着保守党在英格兰的竞选实力增长，工党在这一时期越发依赖威尔士和苏格兰选民的支持，但就在这一时刻，民族主义热情的日益增长竟已威胁到工党在苏格兰的忠实票仓。而在汉密尔顿补选的同一年，威尔士的威尔士党（Plaid Cymru）也在选区补选和地方选举中击败了工党。资深民族党人奥利弗·布朗（Oliver Brown）曾得意地说："工党后座议员们颤抖不已，只求

574

一个有骨气的人能站出来扭转局面。"[1]

对于日益显著的民族主义情绪，早已为苏格兰选情恶化所苦的保守党首先给出了积极的回应。理查德·克罗斯曼（Richard Crossman）曾在日记里提到，保守党党首爱德华·希思（Edward Heath）曾称民族主义是"如今我国政坛最重要的一股力量"。[2] 作为最大在野党，保守党人可以在工党执政时期利用联合王国的宪制问题对政府施加更大的压力。正是在这一背景下，爱德华·希思在 1968 年苏格兰保守党大会上发表了著名的珀斯宣言，声称保守党致力于推动分权改革，在苏格兰设立一个自治代议机构，在一夜之间逆转了保守党人在之前一个世纪里反对本地自治的传统立场。

在 1967 年和 1968 年之后，苏格兰的政局迎来了翻天覆地的变化，但民族党取得的成就在早期似乎只是昙花一现。在 1970 年大选中，民族党的得票数增加了一倍，但他们输掉了汉密尔顿选区，只赢得了西部群岛选区的议席。随着新当选的民族党籍地方议员很快暴露出经验和能力不足等问题，该党在地方议会选举中取得的优势也很快遭到逆转。在时人看来，民族党的支持者只是想通过投票表达自己对政府的抗议，并不是真心想要寻求苏格兰独立。所有民调数字都显示，在投票支持民族党的选民当中，只有一小部分人真的希望苏格兰从联合王国脱离出去。哈罗德·威尔逊领导的工党政府也对民族主义者采取了虚与委蛇的态度，这一策略从结果来看颇为合理。1969年，威尔逊任命克劳瑟男爵（Lord Crowther）领导一个王家调查委员会研究宪制问题，但这一机构在提出报告或任何建议之前需要耗费大量时间。威尔逊首相就发表过一番著名的言论，宣布宪制调查委员会光是为整理会议记录就要花上好几年。鉴于在 1970 年大选中，苏格兰民族党虽然取得了有史以来的最好成绩，却只赢得了 11% 的选票和一个议席，工党政府在苏格兰宪制这个棘手的问题上采取的拖延战术仍是最有利的。

然而，民族主义运动并未冷清下去。1973 年，民族党再次呈现出发展壮大的早期迹象：3 月，民族党在邓迪东选区补选中赢得 30% 的选票；而在当年 11 月，富有人格魅力，人称"媒体甜心、金发炮弹"的马戈·麦克唐纳（Margo MacDonald）从工党手中赢下了后者的铁票仓格拉斯哥戈万选区。在 1974 年举行的第一场大选中，民族党实现了议会选举的首次突破，赢得 7 个议席与 22% 的选票，成为苏格兰议会政治中不可小觑的力量。短短一周之内，刚刚组阁的工党便抛弃了竞选期间反对本地自治的纲领，决定支持在苏格兰推动权力下放，就连人称"民族派之锤"的前苏格兰事务大臣威利·罗斯（Willie Ross）等强硬的本地自治反对派要人也不得不因此食言。在 1974 年 10 月举行的当年第二场大选中，民族党更进一步，超过保守党成为苏格兰第二大党，共赢得 30% 的选票。民族党候选人最终只赢得了 11 个下院议席，却在多达 42 个选区位居第二，这无疑为工党敲响了警钟。工党政治家迈克尔·富特（Michael Foot）曾在私下里向威妮弗雷德·尤因表示："你们吓到我的可不是那 11 个当选的，而是那 42 个排名第二的。"[3] 三个月后，工党发布了一份题为《权力下放在英国——一些可供讨论的选项》（*Devolution in the UK – Some Alternatives for Discussion*）的白皮书，为宪制问题的未来提供了五个可能的选项。虽然苏格兰的很多工党人士都反对这种向可恶的民族主义者妥协的做法，但内阁决心在苏格兰宪制问题上做出一些改变，其目的并不在于改善英国的宪制现状，而在于终结分离主义的威胁。时任内政大臣

576

罗伊·詹金斯（Roy Jenkins）曾如此坦言：

> 根本问题在于，工党的高层认为自己有必要做出一些
> 表态，以避免在补选中继续输给民族党人，而不是在苏格
> 兰和联合王国之间寻求一个更完善的宪制解决方案。我认
> 为威尔逊是这么想的，卡拉汉（Callaghan）也是这么想的，
> 威利·罗斯在很大程度上也持这种观点。任何把苏格兰分
> 离出去的想法在工党看来都是极为有害的，虽然这样一来
> 工党在苏格兰的地位依然很强势，但如果苏格兰的工党议
> 员不能以完整的身份参与议会下院的议事，工党就再也没
> 有希望在英国赢得多数议席。[4]

1974 年 6 月，在一场出席率很低的会议上（这是因为当时
苏格兰队正在进行一场世界杯比赛），苏格兰行政当局以微弱
多数否决了工党白皮书里的全部五项提议，这激怒了工党高层。
两个月后，工党在格拉斯哥的合作社大厅（Co-operative Halls）
举行了一场特别会议，试图推翻这一决定。会场上的争论极为
激烈，很多与会者主张民族主义与社会主义互不相容，权力下
放也将冲淡二战结束以来为苏格兰带来无数经济利益的中央计
划经济的效力。由于苏格兰工会总会在之前已转变立场，开始
热烈支持本地自治，工会组织的选票最终让一项支持权力下放
的动议得以通过。至此，苏格兰宪制问题在民族党于汉密尔顿
选区取得历史性胜利七年之后，终于确定无疑地回到政界的议
事日程上，这一结果在很大程度上应归功于民族党的支持率在
1967—1968 年和 1973—1974 年的两轮显著增长。

汉密尔顿选区的胜利是民族党崛起历程中的一个里程碑，

但这一结果本身并非完全无法预料。早在1960年代，民族党便已呈现出一些复苏的势头。在阿瑟·唐纳森担任党主席期间，民族党的支部数量从1960年的20个增至1969年的470个，党员人数也在这一时期从1000人猛增至125000人。在农民出身的伊恩·麦克唐纳的管理下，民族党的组织效率得到提升，这在1961年格拉斯哥布里奇顿选区和1962年西洛锡安选区的两场补选中都有所体现。威妮弗雷德·尤因在1967年取得的胜利也在一定程度上归功于民族党在汉密尔顿选区安排大量热情的年轻人担任志愿者和家访宣传员的能力，他们在这一点上远强于当地大为衰落的工党组织。民族党在这些年里也开始与自由党人接触，探讨联手对抗工党、保守党两大主要政党的可能性。自由党人此时已在党首兼唯一的下院议员乔·格里蒙德的领导下起死回生，初步取得了一些成绩。他们在1964年大选中击败保守党，赢得了三个苏格兰北部的议席，又在一年后的罗克斯堡、塞尔扣克与皮布尔斯选区补选中成功推举26岁的大卫·斯蒂尔（David Steel）。在1964年和1967年，民族党和自由党都曾就结成竞选联盟进行了磋商，虽然谈判最终失败，但这些事例充分体现了民族党的蓬勃野心，以及独立于两党制之外的第三势力在苏格兰的崛起。工党与保守党或许分别代表了社会主义与资本主义，但民族党因没有鲜明的阶级色彩而独树一帜，对新选民和之前没有固定党派立场的选民极具吸引力。一系列研究显示，这一时期的民族党在那些首次投票的选民，以及那些从普通工人阶级升入技术工人阶层，因而"摈弃了父辈家庭的阶级，但还没有成为中产阶级"的选民当中尤其受欢迎。[5]民族党在除宪制问题以外的一系列政策议题上态度暧昧，这一姿态也让该党吸引了很多想要为自己心中的诸多不满情绪寻找落脚点的人。

不过，归根结底，1970年代初民族党的崛起和苏格兰宪制问题在英国政治界的凸显主要仍是因为当时更为广泛的时代背景，而不只是取决于党派的内在吸引力。即便在民族党选举表现最好的1974年，绝大多数苏格兰人仍不希望苏格兰从联合王国独立，只是想让苏格兰在联合王国内的地位变得更有利。民调显示，虽然三分之一的苏格兰选民都曾在当年的大选中投票给民族党，但只有12%的人支持苏格兰独立。民族党的成功让这一时期的历届英国政府开始对苏格兰的形势感到警觉，因此人们认为这样能有效地让政府关注到苏格兰正在面临的问题。但与此同时，还有一些更深层次的变化让形势朝着有利于民族党的方向发展。首先，和之前相比，"不列颠认同"的吸引力在这一时期已显露出消退的迹象。联合王国的关键要素——大英帝国正在飞速解体。1947年印度成为独立国家，在十年之后，以加纳为首，非洲的殖民领地也纷纷脱离大英帝国的统治而独立，其他地方的殖民领地紧随其后。在世人看来，此时的英国已是国际舞台上一支逐渐衰弱的力量，虽然在战争中取胜，却在逐渐失去和平。一届又一届的英国政府都尝试恢复英国作为强权国家的排场，但强硬的表象已无法掩盖英国国际地位的实质性衰落。1956年的苏伊士运河危机彻底地向世人展示了美国在国际事务中的绝对主导地位，被迫屈服的英国在这段跨大西洋"特殊关系"中注定只是较为次要的合作方。1963年，哈罗德·麦克米伦领导的英国政府在试图申请加入欧洲共同体时被法国总统夏尔·戴高乐以英国不适合成为正式成员为由否决，在国际舞台上又一次蒙羞，英国最终要等到1973年才正式加入这一组织。而在1974年，苏格兰工党议员约翰·麦金托什

（John Mackintosh）在《新政治家》（*New Statesman*）杂志上撰文称，"只要人们不再对自己作为英国人的身份感到自豪"，其他政党阻挠苏格兰民族党崛起的努力就不可能成功。[6]讽刺的是，英国政府采取的一项旨在维持英国世界性军事强权地位的政策反而让很多苏格兰年轻人离心离德。1960年11月，时任首相麦克米伦宣布将把英国最主要的核威慑手段——装备"北极星"（Polaris）弹道导弹的潜艇部署在苏格兰的霍利湾（Holy Loch），这一决定最终在1964年由哈罗德·威尔逊领导的工党政府落实。这一行为导致苏格兰核裁军运动（Campaign for Nuclear Disarmament，CND）成员人数激增，而由于将核武器部署在苏格兰将使当地在核战争爆发时成为最前线，这一决定在苏格兰民间激起了尤为强烈的不满。来自政治光谱各个位置的力量都对部署核武器感到恼怒不已，但只有民族党在1960年代公开表达了反对态度，这一立场在1960年工党党首休·盖茨克尔一反本党传统意见，不再支持单方面核裁军之后变得更为突出。包括威廉·沃尔夫、伊莎贝尔·林赛（Isabel Lindsay）和马戈·麦克唐纳在内，一些在日后成为民族党重要人物的政治家在这一时期都是核裁军运动的成员。事实上，苏格兰民族党最为人所知的标志图案"蓟花结"（thistle-loop）就在一定程度上受到了核裁军运动大获成功的标志图案的启发。

579

在苏格兰民族党的崛起背后，至少在短期之内比不列颠认同衰退更为根本的因素当数苏格兰经济处境的改变。哈罗德·威尔逊领导的工党政府在1964年就任时曾承诺用"如火如荼的科技革命"解决蔓延于英国经济内部的问题，经济计划将成为政府处理经济衰退与地区发展失衡的万能药。时任苏格兰事务大臣威利·罗斯则负责保证在政府执行这一战略时苏格兰至少能分到应得的经济资源。罗斯曾在 1964—1970 年与 1974—1976 年两度领导苏格兰事务部，他曾是一名小学教师，后来成为陆军少校，还是一名苏格兰国教会长老，他是当时地位最高的苏格兰政治家，经常在内阁强有力地为苏格兰争取利益。罗斯憎恨民族党，喜欢称其为"苏格兰烦人（Narks）党"，但他在捍卫苏格兰利益时仍不遗余力。已故的约翰·史密斯（John Smith）曾于 1974 年在罗斯手下担任议会私人秘书，他有过如此回忆：

> （罗斯）不喜欢的人很多，但他有着极强的自制力和风度。他是个称职的苏格兰事务大臣。他的魅力足以让树上的鸟儿从枝头飞下来。我见过他在爱丁堡城堡大展身手，彻底迷住了一群外国银行家。他也是个热情的苏格兰爱国者。有很多惊人的成就都应归功于他，他真的能把事办妥。他在内阁里表现极为出色，为苏格兰成功地争取到了政府的很多财政资源。我认为他的得意技巧就是首先设法保全苏格兰的利益，然后帮助财政大臣把所有人整得服服帖帖。我曾说："您为什么不多宣扬自己的成绩？"他回答："这你就不懂了。只要吹嘘了一次，你之后就再也笑不出来。"为了保住自己争取到的实际利益，他愿意把功劳拱手于人。
>
> 当我在能源部工作（1974—1975 年）而威利还在当苏格兰事务大臣时，他曾认为其他部门的苏格兰人都应该在政府充当苏格兰的大使。他会说："你知道你在这里的职责是什么。"他认为我是他从自己身边借到能源部去的。[7]

在罗斯的领导下，工党起初的确在苏格兰践行了一些诺言。由于罗斯总是为苏格兰争取尽可能多的公共财政资源，苏格兰的公共财政支出在 1964 年至 1973 年猛增 900%，达到 1.923 亿英镑，苏格兰可统计的人均公共支出比英国平均水平还要高出 20%。除爱丁堡以外，整个苏格兰都被政府设定为一个巨大的经济开发区域，政府通过苏格兰事务部下一个新设的部门向这一区域注资超过 6 亿英镑。1965 年，政府设立了高地与群岛地区开发局（Highlands and Islands Development Board），握有控制当地交通、工业与旅游业发展的权力。苏格兰在这一时期还获得了 1966 年开工的敦雷（Dounreay）快速反应堆和 1968 年因弗戈登（Invergordon）熔炼厂等项目投资，在朗甘尼特（Longannet）新建的一座大型煤矿也承诺在当地创造一万个新工作岗位。福斯湾公路大桥在 1964 年竣工，泰河公路大桥则在 1966 年竣工。这一时期苏格兰的建设成就并不局限在基础设施和工业领域。在 1963 年《罗宾斯报告书》（Robbins Report）发布后，苏格兰新增了 1964 年成立的斯特拉斯克莱德大学，1966 年成立的赫里奥特－瓦特大学，1967 年成立的邓迪大学，以及唯一一座完全新建、成立于 1968 年的斯特灵大学，令苏格兰的大学总数增加一倍，达到八所。1963—1973 年，苏格兰教师人数增长超过 20%，三所新的教育学院于 1964 年至 1965 年在艾尔、汉密尔顿和福尔柯克三地开办。技术学院也在这一时期的苏格兰蓬勃发展。1960 年代，综合学校在被引进苏格兰之后取得了比在英格兰更大的成功。到 1974 年，英格兰只有不到一半的适龄儿童就读于综合学校，这一比例在苏格兰高达 98%。这一时期工党对一些级别较高的教育管理机构的控制在一定程度上推动了这一进程。苏格兰的地方政府也被卷入了这一时期的

580

变革当中。政府委任惠特利男爵（Lord Wheatley）[1] 领导一个王家调查委员会，对苏格兰自 1920 年代以来几无改变的地方行政系统进行研究，并提出改革意见。

上述举措无疑对苏格兰的社会与经济造成了显著影响。随着公共财政资源以地方经济发展补助等形式大量涌入，苏格兰成为联合王国内部的净受益者。和之前的苏格兰事务大臣汤姆·约翰斯顿一样，罗斯的政绩证明了只要善加利用苏英合并的关系，就能在最大程度上给苏格兰带来好处。拜威尔逊的施政所赐，苏格兰工党在 1966 年大选中击败保守党，令后者在苏格兰损失了 24 个议席中的 3 席。不过，这一切只是暴风雨前的平静。高度的经济计划和慷慨的财政注资在苏格兰造成了脱离现实的过高预期，工党政府在全国经济开发计划中倾注的大量投资也令财政收支平衡难以维持，这一后果又转而迫使政府采取措施限制工资，并对外国进口商品加征关税。与此同时，1966 年的码头工人罢工让经济形势进一步恶化，英镑币值进一步下跌。政府很快便不得不将英镑贬值，但哈罗德·威尔逊关于"你们口袋里的英镑"不会受影响的担保已无法说服满怀疑虑的选民。正是在这一背景下，苏格兰民族党在 1967 年的波洛克选区补选中赢得了更多选票，并在汉密尔顿选区补选中取得了最终胜利。现在，政府的经济规划已沦为危机管理，公权力再也无力保障苏格兰人业已习惯的高就业与高物质生活水准。这在短期令民族党得到了更广泛的支持，但随着时间推移，这

---

[1] 即约翰·托马斯·惠特利（1908—1988），曾任苏格兰副检察长、检察大臣、枢密院顾问官，1970 年受封为终身贵族。他与之前提到的工党议员约翰·惠特利（1869—1930）一样有爱尔兰裔背景，但并非同一人，亦无近亲关系。

一趋势也基本消退。这一时期苏格兰民族党最大的软肋在于对社会与经济议题缺乏成体系的意识形态立场，这导致该党的一些较为精明的反对者可以对其发起毁灭性的抨击，其中一个例子便是兼具口才与热情，当时还隶属于工党的工会活动家吉姆·希勒斯（Jim Sillars）。与此同时，很多民族党地方议会议员的无能表现（其中一些人在当选后不久便宣布辞职）也在大众心目中留下了该党发展过快、太不成熟的印象。在 1970 年南艾尔郡选区的补选中，工党推举的候选人希勒斯就曾彻底击败民族党人，并强有力地打破了后者的大篷车式政治路线。虽然在当年晚些时候的大选中，爱德华·希思领导的保守党取得了胜利，但苏格兰在联合王国之中的宪制地位问题并未就此得到解决。希思内阁的戈登·坎贝尔（Gordon Campbell）是 1945 年以来第一位来自没有在苏格兰赢得多数选票的政党的苏格兰事务大臣，这一异常现象将在不久之后与其他因素一道，给新上任的希思内阁带来麻烦。

在 1960 年代和 1970 年代，苏格兰民族党的崛起在很大程度上源于衰落的保守党无力挑战工党在苏格兰的霸权地位。保守党在根本上就是一个统一派政党，该党的苏格兰分支直到 1964 年才放弃了"统一党"的名称，改称更英格兰化的"保守党"。数十年以来，保守党一直在苏格兰充当不列颠爱国主义的最大驱动力，随着保守党在苏格兰逐渐衰落，民族党终于有了崛起的机会。工党反对者的选票从前主要流向统一党，现在则不时涌向民族党。自由党人虽然在苏格兰乡间取得了一定的成功，其在苏格兰政坛的地位却终究不比英格兰自由党在英格兰的地位。在 1974 年的两场选举中，与取得最好成绩的苏格兰民族党相比，自由党在苏格兰的得票率仅为 8% 左右，但其在英格兰的得票率超过 20%。统一党支持率的下滑是迅速且突然的。迟至 1955 年，统一党仍在苏格兰赢得了略多于半数的选票，创下苏格兰选举历史上的唯一纪录，但从事后看来，当年的大选构成了统一党的命运分水岭。1959 年大选之后，统一党的议席数从 36 席减少至 31 席，接着又在 1964 年减少至 24 席，最终在 1966 年大选中减至 20 席。与 1987 年和 1990 年代的灾难性表现相比，统一党（保守党）在这一时期的衰落不算特别惨重，但对这个 1918 年自由党霸权终结以来最为成功的苏格兰政党而言，上述表现已堪称奇耻大辱。

统一党人的公众形象逐渐变成一小撮高度英格兰化、对苏格兰现状缺乏认识的精英，这在一定程度上源自苏格兰传统产业经济的困难处境，以及国有化、企业并购与美国资本流入对本地制造业企业持有权的侵夺。苏格兰工业界的巨头和克莱德赛德地区的产业大亨曾经主导了统一党，但随着这一群体逐渐衰败，统一党的控制权再次落入全然接受英格兰式教育的大地主与贵族手中。战后城镇住房分布的巨大变化也决定了统一党的衰落命运。随着格拉斯哥和爱丁堡周边出现了大量面向工人阶级的城郊住宅区，从前的乡村地带成为工党的新阵地，中产阶级向郊区迁移的趋势也动摇了保守党在市中心的选民基础。迟至 1951 年，保守党仍在格拉斯哥拥有七个议席，只比工党少一个，这一格局在 1990 年代看来几乎不可想象。但在 1964 年，保守党在格拉斯哥的议席就只剩下两个，其中一个议席的处境也摇摇欲坠。

将触角伸到中产阶级以下，广泛争取社会地位较高的技术工人与半熟练工人阶层，是 20 世纪大多数时间里保守党在苏格兰取得胜利的诀窍。对于这些工人而言，保守党代表了新教、

联合王国统一主义和帝国认同。即便在 1986 年，苏格兰国教会
信徒中仍有 45% 的人支持保守党。在 1968 年的邓迪，当地近
40% 的新教徒一线工人把票投给了保守党，而当地天主教徒一
线工人支持保守党的比例仅为 6%。但在这些数字诞生的时代，
宗教立场对投票意向的影响已趋于衰落（至少就新教徒而言）。
从 1950 年代到 1960 年代初，苏格兰的政治和教派分歧或许还
比较深重，但进入 1960 年代和 1970 年代，保守党在工人阶级
新教徒当中的民意基础趋于崩溃。殖民帝国飞速衰亡，不列颠
认同的吸引力因此遭到削弱；与此同时，苏格兰国教会的影响
力也在衰退。基督教各教会的信徒人数在 1950 年代中期到达顶
峰，紧随其后的则是严重的衰减。1956 年，苏格兰仍有 46% 的
人与正式的教会组织保持联系，但到 1994 年这一比例已降至
27%。由于天主教徒疏远教会的趋势直到近年才开始抬头，这
一时期苏格兰国教会信徒流失的状况要比上述数字显示的趋势
更为严重。可以说，在所谓"摇摆的六十年代"，一场"信徒
危机"[8] 正在爆发。许多年轻人完全脱离了与宗教的联系。主日
学的参与人数与宗教婚礼在所有婚礼中的占比都在这一时期大
幅下降，其中以 1964—1965 年的下降幅度尤为显著。在新近引
入苏格兰的外资产业、经济国有化、1950 年代到 1960 年代的
全民就业和传统制造业（这一领域曾盛行针对天主教徒的歧
视）衰败等背景下，基于教派身份的雇用习惯逐渐式微，这也
为苏格兰社会的日益世俗化提供了佐证。作为其结果，新教徒
对许多技术性工作的垄断被打破了。在 1945 年之后，随着接受
高等教育的机会更为普及，天主教徒与新教徒间的通婚逐渐增
加，天主教社群也开始更紧密地融入苏格兰社会，这些变化同
样削弱（但还没有消灭）了教派间的历史矛盾。1975 年，时任天

583

主教格拉斯哥大主教温宁（Archibishop Winning）创造历史，成为第一个向苏格兰国教会总会（这一机构在二战前不久还曾积极排挤爱尔兰裔天主教徒）发表演说的天主教圣职。七年后，教宗若望保禄二世对苏格兰进行了历史性访问，并在宗教改革家约翰·诺克斯的雕像前与苏格兰国教会总会议长会面。虽然在访问期间出现了一些"拒绝教宗"的抗议活动，但绝大多数人认为这些声音无法代表苏格兰社会的总体意见。随着苏格兰社会的宗教宽容度逐渐增长，苏格兰政治活动也日趋世俗化，保守党在这一过程中损失最为严重。早在 1964 年于格拉斯哥附近的波洛克选区惨败之后，保守党的管理者们就开始意识到传统的工人阶级新教徒选票正在流失。与此相对，工党在天主教徒当中的选民基础依旧坚持了一代人的时间，而在 1970 年代，苏格兰民族党的支持者几乎都是新教徒。保守党因此受到了来自两个方面的威胁：一方面，很多传统的工人阶级支持者开始投584奔新的政治势力；另一方面，苏格兰西部许多选区的天主教社群依然坚定地站在工党一边。

不过，在 1970 年，尽管大多数选民没有把票投给保守党，苏格兰仍然迎来了保守党政府的统治。正如珀斯宣言所体现的，新任首相爱德华·希思曾是现代英国最早认识到苏格兰权力下放问题之重要性的政治家之一。然而，苏格兰民族党在 1970 年大选中表现不佳，只赢得了西部群岛这一个选区的议席，一些人因此开始认为民族党已经失势。希思曾委任霍姆男爵领导一个宪制问题委员会来研究苏格兰自治问题，但他在当选首相之后便搁置了委员会关于在苏格兰设置议会的提案。从此刻开始，保守党对权力下放再无明显的兴趣。不过，保守党执政期间的两个因素让民族党得以复苏（民族党在 1974 年的两场大选中表现出色），令苏格兰宪制改革在 1970 年代余下的岁月里再次成为政坛辩论的核心议题。第一，希思政府试图对 1945 年以来历届政府（无论是工党还是保守党）的干预主义经济政策进行彻底的改革，举措包括鼓励竞争，不再用纳税人的税金供养"低能"工业企业，彻底驯服强大的工会势力，并在提供公共福利时采用更具差异性的标准。希思政府试图通过《住房准备金（苏格兰）法》（House Financial Provisions [Scotland] Act）来改革苏格兰的住房基金管理政策，但这一决定在工党控制的地方行政机构引起了强烈抵制。在苏格兰，低租金已成为战后城郊住房建设项目的重要基础，但保守党政府提出的改革不但要求提高房屋租金，还要求地方政府自行平衡住房事业的收支，断绝中央政府为维持租金水平提供的补贴。希思政府的住房政策改革触碰了苏格兰政界的一个重大禁忌，多达 25 个地区的地方行政部门拒绝配合这项新政，直到中央政府发起诉讼、要求它们为桀骜不驯的行为缴纳罚金之后才勉强就范。

与住房政策引起的骚动相比，上克莱德造船厂（Upper Clyde Shipbuilders，UCS）经营困难所导致的危机更为严重。上克莱德造船厂在 1967 年至 1968 年由两家克莱德河沿岸的大型造船企业合并而成，这次合并的主要目的在于重振萎靡的苏格兰造船业，更好地发挥这一产业的竞争潜能。1971 年，上克莱德造船厂宣布进入破产管理阶段，多达 8500 名雇员将被裁撤。在希思政府执政的第一年里，苏格兰领取失业救济金的人数已经大幅上涨，上克莱德造船厂的轰然倒下则有可能给摇摇欲坠的苏格兰传统工业致命一击。克莱德赛德地区的造船业曾被视为苏格兰的标志，代表了苏格兰工业经济的辉煌过往，一些保守党的反对者认为这一产业不能就此消失，更不能因为一届在

585

苏格兰没有赢得多数选票的政府的怠慢处置而走向破产。在两名信奉共产主义思想的年轻工会谈判代表吉米·里德（Jimmy Reid）和吉米·艾尔利（Jimmy Airlie）富有感召力与策略性的领导下，一场抵制上克莱德造船厂倒闭的运动开始在苏格兰各地赢得广泛支持。1972 年 6 月，约 8 万人在格拉斯哥参加集会，支持工人捍卫他们的工作权。声势如此浩大的运动在 20 世纪的苏格兰绝无仅有，即便"红色克莱德赛德"的鼎盛时期也无法与之媲美。里德本人后来宣称，这场运动起初旨在保证造船厂不被关闭，但它最终却演变成一场保卫苏格兰经济、让苏格兰人民有权主宰自身命运的斗争。最终，政府做出让步，关闭上克莱德造船厂的决定暂时搁置，这场抗议活动在表面上取得了成功。

希思政府执政时期有利于苏格兰民族党崛起的第二个要素在于，政府的威信因经济危机和劳资纠纷而大受打击。希思政府提出的《劳资关系法》（Industrial Relations Act）非但没有如预期一般削减工会权力，反而立刻招致了工会势力前所未有的反抗，其最终结果便是强大的全国矿工工会（National Union of Mineworkers）拒绝接受政府关于工资待遇的政策，并以加班禁令的形式予以回应，这最终迫使政府宣布英国进入紧急状态，乃至在 1973 年冬天实行限电与每周三个工作日等政策。随着第四次中东战争（Yom Kippur War）爆发后阿拉伯产油国大幅减产，原油价格猛涨至原先的四倍，导致英国进出口出现巨额逆差，1973 年 11 月的通货膨胀率高达 18%。1974 年初，希思不得不以"谁在统治英国？"为口号宣布提前举行大选。此时的英国陷入了深刻的经济危机，由大规模失业、贸易收支失衡和恶劣的劳资关系构成的所谓"英国病"难题似乎积重难返。

　　在这样的背景下，苏格兰民族党宣称，一个独立的苏格兰可以利用北海海底新发现的石油资源逃出英国经济的恶性闭环。1970年10月，英国石油公司在距离阿伯丁110英里的北海海域成功开采出石油，即储量巨大的福蒂斯油田（Forties field）。在中东战争导致全球油价大涨的时代，一处边缘产油地的发现足以带来巨大的潜在价值。"黑色黄金"的开采工作与石油资源勘探范围的扩大一道如火如荼地展开。民族党从1971年开始宣扬石油议题，并成功地在苏格兰外海资源丰富的愿景与苏格兰失业率位居西欧第一，且被危机频仍的英国政府束缚的现状间渲染了反差感。北海石油的发现也证明了一个独立的苏格兰有能力在经济上实现自立，这让民族党的主张在经济上更具说服力。1973年11月，马戈·麦克唐纳在工党的头号铁票仓戈万选区补选中获胜，便已预示了民族党在1974年两场大选中即将取得重大突破（就连时任保守党籍苏格兰事务大臣戈登·坎贝尔也失去了议席）。事实上，民族党在前保守党选区的表现尤为出色：在民族党赢得的11个新选区中，有9个曾经由保守党掌握。民族党再次成为苏格兰反对派选民向伦敦中央政府施压，要求后者重视苏格兰方面诉求的有力工具，但民族党的支持者当中只有很少一部分人真正认同该党以实现苏格兰独立为最终目标的长期计划。民族党的选民基础此时仍极不稳定，如果苏格兰选民的诉求与不满不再像1974年这样迫切，该党的民望便会大幅衰退。

　　即便如此，1974年民族党在大选中的成绩仍意味着，苏格兰的本地自治问题将在之后几年的英国政治议程中排在前列。工党在1974年10月大选中已改变立场，强烈支持对苏格兰下放权力，作为践行这一承诺的第一步，工党在1975年发布了一

586

份题为《我国不断变动的民主制度》(*Our Changing Democracy*)的文件。这份文件建议为苏格兰设置一个拥有 142 个议席的代议机构，由一项年度财政补贴提供经费，其权限将覆盖苏格兰事务部的大部分职能，但没有独立征税权。此时已坚定支持权力下放的吉姆·希勒斯认为这份蓝图在经济问题上不够明确，因此他和另一位下院议员约翰·罗伯逊（John Robertson）一道退出工党，并在 1976 年初另行组建了一个苏格兰工人党（Scottish Labour Party），但这个受到不少马克思主义影响的组织在持续短短三年后便消亡了。希勒斯的脱党在工党内部造成了关于苏格兰本地自治的更严重的分歧。此时工党内部仍有一些人认为苏格兰的经济问题需要通过中央政府的强大干预力量才能得到解决，正是在这一想法的启发下，政府在 1975 年 7 月设立了苏格兰开发署（Scottish Development Agency）。与此同时，另有一些人认为权力下放是对抗民族党大篷车路线的必要手段，而一种与此针锋相对的观点则是，任何对民族主义者的妥协都只会加快这场运动的发展速度，令联合王国的解体更早到来。然而，工党之所以在公开场合对苏格兰本地自治表示支持，其根本原因在于该党需要在遏制苏格兰民族党发展势头的同时，尽可能避免本党议员在这一议题上陷于分裂。此时代表西洛锡安选区的议员、苏格兰本地自治坚定的反对者塔姆·戴利埃尔认为工党提出的本地自治方案毫无逻辑，只是一项绥靖民族主义情绪的权宜之计，终将导致苏格兰和英格兰分裂为两国。他还在工党内部组织了一股持续很久且实力强劲的反对力量。到1977 年，工党政府的处境极为脆弱，其在议会下院只维持着微弱多数，而从当年 3 月开始，工党不得不依赖与自由党的协议来维持执政党地位。工党政府还需要面对诸多复杂难解的经济问题。此时在英国全境有超过 125 万人失业，英国的进出口逆差接近 10 亿英镑关口，年度通货膨胀率高达 16%。在 1976 年 9 月的英镑货币危机期间，时任财政大臣丹尼斯·希利（Denis Healey）不得不亲自出面请求国际货币基金组织（International Monetary Fund）给予一笔巨额贷款。国际货币基金组织随即向英国提供了一份救助方案，但作为提供贷款的代价，英国政府必须残酷无情地削减公共开支。政府此时已受到各方的普遍不满，在议会既缺乏道德威望也没有实质权力，根本无力推动一场英国历史上自 1922 年爱尔兰自由邦成立以来最为重要的宪制改革。

随着《苏格兰与威尔士法案》（Scotland and Wales Bill）送交议会下院审议，权力下放的进程很快遭遇了障碍。为了缓和执政党内部在这一问题上的严重分歧，政府不得不做出让步，决定在苏格兰举行公投。负责将《苏格兰与威尔士法案》提交议会审议的迈克尔·富特也坦言，公投的决定是内阁在心怀不满的后座议员威胁下做出的。当时至少 140 名下院议员发起动议，呼吁政府就苏格兰权力下放问题举行公投，并威胁称这一诉求若得不到满足，他们便不会投票支持这项法案。因为执政党在下院仅有微弱多数，政府不得不向他们妥协。一场公投最好的结果也只是将现状拖延下去，最坏的结果则有可能令权力下放反对派的立场万劫不复。而在迫使政府做出这一妥协之后，权力下放反对派开始提出更多的要求。政府试图以辩论终结动议终止二读和三读之后关于这项法案的议会审议，但这一动议遭到反对派挫败，后者因此有机会提出种种修正案，以限制法案原文的效力。其中最为重要的一项修正案由苏格兰出身的工党议员、代表伦敦伊斯灵顿（Islington）选区的乔治·坎宁安

（George Cunningham）提出，要求政府在公投中"支持"权力下放一方得票数不足苏格兰注册选民总数 40% 时，提交议会废除《苏格兰法案》[①]。1978 年 1 月 25 日（亦即罗伯特·伯恩斯诞辰纪念日），这项修正案审议通过，它最终将成为权力下放反对派手中的撒手锏。一些政治学研究者认为，坎宁安对本党高层的反叛堪称 1945 年以来影响最为深远的一场后座议员反抗行动。1978 年 2 月，议会下院终于审议通过了《苏格兰法案》，权力下放的命运接下来将由苏格兰人民决定。

588

1979 年 3 月 1 日，苏格兰选民在公投中给出了自己的答案，但这场公投的最终结果并不明确，引起了很多困惑与争议。在实际投票的选民中，"支持"权力下放的一方占据微弱多数，得到了 123 万张选票，相当于总票数的 51.6%，"反对"一方的得票率则为 48.4%。然而，对于一场关系重大的宪制问题公投而言，这一差距十分微弱，投下"支持"票的选民总数在苏格兰全体注册选民当中占不到三分之一，远低于坎宁安修正案中设置的 40% 的门槛。这场公投的结果很难说明本地自治在苏格兰得到了绝对的普遍支持。此外，因为苏格兰注册选民的实际投票率仅为 53.8%，这场公投似乎也表明《苏格兰法》并未激发大众的广泛热情。更为严重的是，在北部的乡村和南部地区，很多选民投票反对权力下放。边境、邓弗里斯、加洛韦、泰赛德（Tayside）、格兰扁（Grampian）以及奥克尼和设得兰诸岛的多数选民都投下了反对票，这表明比起反感伦敦的中央

---

① 1977 年 2 月，《苏格兰与威尔士法案》在主要倡议人迈克尔·富特提出的辩论终结动议落败之后被撤回。当年晚些时候，工党政府再次提出彼此不同的《苏格兰法案》与《威尔士法案》，前者最终通过议会审议，成为 1978 年《苏格兰法》。

政府，他们更担心自己被工党把持的低地城市统治。苏格兰民族党发起"苏格兰已经说'是'"（Scotland Said Yes）运动以向政府施压，要求后者推动权力下放，但这项事业最终还是走向失败。事实上，在这场决定 1707 年以来苏格兰最为重大的宪制改革命运的公投中，只有不到三分之一的注册选民表达了支持，而这场公投的具体结果无疑表明，此时的苏格兰人在权力下放问题上的分歧仍无比深重。鉴于卡拉汉领导的工党政府未能践行权力下放的承诺，并在推动相应法案通过议会时尽显无力控制本党后座议员的窘态，苏格兰民族党不得不选择对这届失去信望的政府发起不信任动议。不信任动议最终以一票多数得到通过，但在随之而来的大选中，玛格丽特·撒切尔（Margaret Thatcher）领导的保守党用一系列旨在根治英国痼疾（但不含宪制变动）的激进纲领取得大胜，民族党则一败涂地，失去了 11 个议席中的 9 个。詹姆斯·卡拉汉曾开过一个著名的玩笑，称民族党议员针对工党政府的不信任动议相当于有史以来第一次有火鸡投票要求提前过圣诞节，这一预言无疑在 1979 年大选中得到了应验。民族党不但在选举中惨败，也未能"吸引任何一个机构、任何一个（苏格兰的）地区、任何一个社会群体明确地支持他们的主张。他们的努力反而清楚地表明，虽然苏格兰的年轻人把自己视为一股促成改革的有效力量，这种信念却没有触动社会上的其他人"。[9] 在 1970 年代的大多数时间里主导了苏格兰政治生活的本地自治运动就这样在失落、痛苦与他人的嘲讽中消亡了。特恩布尔（Turnbull）在《格拉斯哥先驱报》上发表的一幅漫画描绘了一头苏格兰雄狮坦言"我怕了"，这一画面准确地体现了这一时期权力下放支持者的沮丧之情。

589

民族党 1979 年的失败背后有多种原因。1977 年，苏格兰的民族主义情绪一度高涨，民族党也在当年的地方选举中表现不错。但到 1978 年，民族党的支持度已有所下降，在两场重要的补选中输给了工党。尤为重要的是，在 1979 年公投两周前由《苏格兰人报》发表的一份民调显示，民族党此时在苏格兰的支持率已跌至第三，仅相当于工党或保守党的一半。当时的选民大多关心罢工、劳资纠纷和失业潮，只有 5% 的人将权力下放视为关键议题。同样重要的是，保守党在这一时期的民调中表现不俗，而该党也是当时唯一一个反对向苏格兰下放权力的主要政党。在国家陷入一场又一场危机的时期，人们比起宪制改革更关心工作岗位和生活水准。在 1978 年与 1979 年之交，由于大型工会反抗政府的工资调节，英国全境都受到了一系列劳资冲突的侵袭，史称"不满的冬天"。无人清理、堆积成山的街头垃圾和医院罢工的场景出现在电视报道中，给人以社会陷入了无政府状态的印象。在危机最为严重的时候，甚至没有人埋葬死者的尸体。一届表现如此糟糕的政府显然没有能力让苏格兰人相信，《苏格兰法》能给他们带来好处。

"支持"权力下放的阵营也受制于内部的根本性分裂。事实上，这一阵营的内部分歧几乎与"支持"和"反对"双方之间的矛盾同样深重。民族党和工党各自的"支持"助选团队不愿彼此合作，这在一定程度上源于两者不同的立场和愿景：民族党把《苏格兰法》视为通往苏格兰完全独立的垫脚石，工党则认为权力下放有助于巩固联合王国的纽带。三名资深工党议员罗宾·库克（Robin Cook）、布赖恩·威尔逊（Brian Wilson）和塔姆·戴利埃尔组织了一场"工党说'不'"运动以反对权力下放，吸引了媒体的高度关注。此外，随着《苏格兰法案》

中赋予苏格兰自治议会的权力不断遭到议会与行政部门的削弱，当这项法案进入最终审议阶段时，这一代议机构已"面目全非"，再也不是一个能激发苏格兰民众热情与信心的国家代表性机构。[10]与问题重重的"支持"阵营相比，"反对"阵营的竞选活动在组织运作上更有效率，财源也更丰富。苏格兰商界普遍认为《苏格兰法》有可能导致税收增加，威胁产业经济的生存，导致官僚机构进一步膨胀，并在英国举国面临经济危机的时刻为苏格兰和伦敦政府增添不必要的冲突风险。对于这一套既合乎道理又能成功诉诸选民内心恐惧的宣传策略，"支持"阵营几乎无法做出强有力的回应。在公投前的最后几周里，前保守党首相霍姆男爵出言介入，进一步增强了"反对"阵营的声势。自从在爱德华·希思执政时受命领导宪制问题调查委员会以来，霍姆男爵便以权力下放支持者的身份为人所知，因此由他出面呼吁苏格兰选民投下反对票更具说服力。霍姆男爵批评《苏格兰法》危险且不完备，认为只有在公投中否决这项错漏百出的立法，才能为今后由保守党政府提出的更好的方案铺平道路。不过，用一位格拉斯哥的保守党政治活动家的话说，无论霍姆男爵的发言如何左右了苏格兰人的观点，他的介入都"对苏格兰保守党造成了强烈的，甚至可以说是毁灭性的影响"。[11]

第二十五章 一个民族的重生？

1

591　　1979 年公投结束之后不久，苏格兰迎来了 1930 年代以来最严重的经济衰退。这场衰退的背后存在一定的全球性因素，其中最为显著的是 1970 年代油价飙升对全球工业制成品需求的影响，但其结果之所以如此深重，仍与一些苏格兰乃至英国独有的问题有关。1977—1981 年，北海原油价格增长了一倍，导致英镑升值，出口竞争力下降，对传统上依赖海外市场的苏格兰工业造成了进一步打击。与此同时，新当选的保守党政府开始推行激进的经济策略，与 1945 年以来英国政经领域的传统共识格格不入。虽然工党卡拉汉政府也曾采取措施限制公共开支，以遏制公共债务不断增加的死循环，但撒切尔内阁在延续这一路线时态度更为坚决。由《今日马克思主义》（*Marxism Today*）刊物发明的新词"撒切尔主义"（Thatcherism）因此登上了政治舞台，这一说法不但成为控制货币、经济私有化、市场自由化与削弱工会权力的代名词，还代表了一种认为人们长久以来过分依赖国家支持与福利补贴，因此只有通过重振自我负责的伦理才能实现国家复兴的观点。"撒切尔主义"并没有在 1979 年至 1981 年迅速成形，而是在整个 1980 年代不断得到发展，但撒切尔政府在执政早期就开始全面推行货币主义政策，尽管此时的英国经济仍处在二战以来最严重的危机之中。保守党政府将控制通胀视为经济政策的重中之重，其优先程度完全凌驾于保障全面就业之上。为了实现这一目标，政府采取的最主要手段是通过加息遏制货币供应量的增长。到执政第一年年底，英格兰银行设置的利率已高达 17%。反通胀政策给苏格兰的工业经济带来了全面的毁灭性影响，而与之前不同的是，此时的政府宁愿让缺乏竞争力的企业在市场经济的冲击中自生自灭，也不愿提供任何庇护。即便企业破产可能带来严重的社会后果，撒切尔政府也不会扭转既定的经济政策方针，或重走希思政府在 1970 年代初的老路，向工会势力卑躬屈膝。正如撒切尔夫人自己在 1981 年保守党大会上的那句著名发言："你要想转身就请自便，女士可不会掉头往回走。"

在这一背景下，苏格兰发展与工业理事会（Scottish Council [Development and Industry]）主席在 1980 年 10 月预言，苏格兰在新的政治经济格局中的处境将比英格兰许多地方更为脆弱。他的说法应验了。1979—1981 年，苏格兰制造业产值减少11%，雇用人数减少约五分之一。英国全境的制造业产值在这一时期都有所下降，但 1976—1987 年，苏格兰制造业产值高达30.8% 的降幅仍高于英国境内的其他地区。苏格兰西部的传统重工业地区在这一时期受到了最为严重的冲击，产值降幅高达36.9%，边境地区纺织业地带的总产值则下降了 64%。在 1920年代以来的大多数时候，维多利亚时代苏格兰经济的支柱产业便时常陷入困境，但战时需求和战后的短暂繁荣往往能使其迎来复苏。但现在，这些产业都以惊人的速度衰败下去。苏格兰煤矿产业长期以来受到生产效率低下的困扰，只因为政府在1977 年强制要求国有的电力产业购买煤炭才得以存续，但在1980 年代，苏格兰仍在运作的煤矿数量从 15 座减少至 2 座。到

1997 年，随着孟克顿霍尔（Monktonhall）矿工自购矿井的努力失败，苏格兰曾经辉煌无比的采煤业只剩下福斯湾岸边的朗甘尼特这一处设施。① 相比之下，苏格兰造船业的命运也不乐观。1979—1980 年，苏格兰造船厂的亏损总额占英国国有化造船业亏损额的一半，大幅裁员因此不可避免。克莱德河岸从此陷入沉寂，只有极少数造船厂存活到 1990 年代，其中包括专门生产军用船舶的亚罗造船厂（Yarrows）、戈万的克瓦纳造船厂（Kvaerner，该厂的前途在 1999 年依然不甚明朗）和格拉斯哥港规模较小的弗格森造船公司。1987 年，当"伊丽莎白二世女王"号邮轮计划换装柴油机时，这项工程最终没有交给当初建造此船的苏格兰造船企业，而是由德国的造船厂完成，这起事件无疑象征了一个时代已经过去。在纺织业领域，邓迪的黄麻产业在纸张、塑料袋等替代产品和散装运输、集装箱化等趋势的冲击下日薄西山，在 1998 年 10 月迎来了从孟加拉输入的最后一船原料。除了边境地区的高档针织物产业之外，苏格兰的纺织业到 1990 年代几乎全军覆没。

到 1970 年代，苏格兰钢铁行业的困境也开始凸显。1970 年代末，英国全国对钢材的需求普遍减少，苏格兰钢铁企业在成本上也缺乏竞争力。由于生产规模较小，燃料与运输成本较高，英国钢铁公司（British Steel Corporation）的苏格兰分部每生产一吨钢材所承受的亏损额超过其他所有分部。尽管在政府看来，缩减苏格兰钢铁行业规模符合狭义的经济与财务利益，但在这一行业轻视政治与社会后果、贸然推行"合理化"改革仍有着异乎寻常的困难。拉纳克郡的炼钢厂是苏格兰最大的电

---

① 2002 年 3 月，朗甘尼特煤矿因严重浸水和母公司破产托管等原因关闭，苏格兰的地下采煤业至此彻底消失。

力用户，也是海上货运的大客户，其需求占到苏格兰海上货运量的一半。此外，这些工厂也是克莱德班克、尼格（Nigg）与阿德希尔等地北海海上石油开采设备制造厂的重要供应商。苏格兰的商界领袖与各政党的政治家因此认为，维持苏格兰钢铁行业的存在对吸引其他工业入驻苏格兰至关重要，作为结果，这一行业虽然在 1981 年林伍德汽车厂（带钢产品最重要的需求来源）倒闭时受到重创，却没有就此崩溃。雷文斯克雷格的大型钢铁厂在此时已成为苏格兰伟大工业传统的象征，如纪念碑一般备受尊重，因此该厂倒闭的可能性超出了人们的想象，就连工党政府的苏格兰事务大臣乔治·扬格（George Younger）也曾表明，"克雷格"钢铁厂的倒闭足以让自己引咎辞职。但在漫长的煎熬之后，雷文斯克雷格钢铁厂还是倒闭了。整个 1980年代，该厂都严重缺乏投资，不得不持续不断地削减产能（包括关闭加特科什轧钢厂［Gartcosh]），并两度面临彻底倒闭的危机。即便如此，雷文斯克雷格的工人们仍在工会领袖汤米·布伦南（Tommy Brennan）强有力的领导下接受了一系列提效改革方案，在短时间内迅速提高效率，持续领先于威尔士兰韦恩（Llanwern）的竞争对手。然而，随着英国钢铁公司私有化，雷文斯克雷格钢铁厂的末日已经注定。1992 年 1 月，英国钢铁公司宣布将在次年关闭雷文斯克雷格钢铁厂。当 1993 年 6 月该厂正式停产时，人们以顺从而非反对的态度接受了这一结果。

在撒切尔时代，苏格兰产业经济的惊人崩溃不只发生在传统的支柱产业部门，很多战后区域经济政策的成功典范也走向没落。"倒闭的工厂包括克莱德班克的胜家工厂、托尔伯特（Talbot）的林伍德汽车厂、格拉斯哥的固特异工厂、艾尔郡的孟山都工厂、基尔马诺克的马西·弗格森公司（Massey

Ferguson）、东基尔布赖德的 BSR 唱片机厂、威廉堡的威金斯·蒂普制浆厂（Wiggins Teape）、因弗戈登的熔铝厂、阿丁斯顿（Uddingston）的卡特彼勒工厂、坎伯诺尔德的伯勒斯工厂（Burroughs）、巴斯盖特的普莱赛工厂（Plessey），以及爱丁堡的朗特里·麦金托什工厂（Rowntree Mackintosh）。[1] 诸如天美时（Timex）、胡佛与斯凯孚等跨国企业也于 1976 年至 1988 年在苏格兰裁减了数万个工作岗位。随着苏格兰的失业人数达到 1930 年代以来的最高点，一些评论者开始公开地讨论苏格兰是否面临彻底的去工业化。曾经的工党议员、苏格兰民族党的著名活动家吉姆·希勒斯曾在 1985 年写道，当时就连苏格兰保守党人也对"苏格兰失去在工业上的地位"的严重危险感到警惕，这道出了当时很多苏格兰人内心最大的恐惧。在他看来，无数工厂的倒闭"就像砸在苏格兰经济顶梁柱上的重锤"。1970 年代的乐观气氛如今已被深重的悲观主义取代。"如今我们的民族陷入了深重的惊恐与焦虑，让人想到伯恩斯描写人类绝望心理的诗句：'我虽看不清前路，却疑惧满心！'"[2]

希勒斯的文字为很多苏格兰人对前途的忧虑提供了写照，他们担心自己有可能陷入一场不可复苏的经济衰退。在很大程度上，正是这些忧虑在苏格兰民众当中激起了针对撒切尔政府的敌意，让他们将其视为苏格兰一系列经济灾难的罪魁祸首。然而，很少有人提及那些从长期来看构成苏格兰部分产业衰败主因的内在痼疾。保守党也被认为在施政中过分偏袒本党的选举主阵地英格兰东南部与米德兰地区，忽视了苏格兰、威尔士和北英格兰（保守党在这些地方的支持率较低）严重的失业问题。在 1980 年代的大选中，保守党在苏格兰的选情都受到了这种情绪的影响，而到 1992 年，保守党在苏格兰的得票数跌至历史新低。无论是对经济衰败的感知，还是很多家庭在经济剧变中经历的生活苦难，都对苏格兰的政治造成了不可否认的影响。进入1990年代，制造业在苏格兰雇用劳动力结构中的比重跌至维多利亚时代以来的最低水平，这一部门在1980年代仍雇用了80万苏格兰人，但到1990年代，这一数字几乎减少了一半。在此时的苏格兰，从事制造业工作的人员在总人口中的比重已低于英国平均水平，但用"衰退"二字概括1980年代苏格兰经济的变化仍过于草率。

595

表 25.1　苏格兰主要工业与服务业部门的雇用人员规模

产业部门	雇用人数（千人）			雇用规模变化（％）		
	1979	1989	1994	1979	1989	1994
农业、林业、渔业	48	29	26	−40	−10	−46
能源、供水	72	57	49	−21	−14	−32
制造业	604	402	354	−33	−12	−41
建筑业	155	130	101	−16	−22	−35
配送、宾馆、餐饮、维修业	392	400	416	2	4	6
运输、通信业	135	113	107	−16	−5	−21
银行、金融、保险与商务服务业	123	176	204	43	16	66
教育、卫生及其他服务	573	651	704	14	8	23
全体产业、服务业总计	2102	1957	1963	−7	0.3	−6.6

资料来源：A. Brown, D. McCrone and L. Paterson, *Politics and Society in Scotland* (London, 1996), p. 75。

表 25.1 的数据表明，苏格兰在1979年至1994年经历了一场雇用结构的革命，这一时期受雇于制造业、农业和渔业的人员总数减少了近一半，金融与公共服务业的雇用人员数量则有了大幅增长。到1990年代，服务业已成为苏格兰经济当中最为活跃的部门，这一趋势与同期欧洲西部和北美洲的其他发达经

济体一致。"服务业"构成复杂，包括宾馆、餐饮、交通运输、旅游、商务服务、教育和医疗卫生等部门。在私营领域，金融构成了苏格兰服务业的明珠。1993—1994 年，苏格兰营业额最高的 15 家企业中有 10 家主营金融业，苏格兰金融服务业的规模仅次于伦敦、法兰克福和巴黎，位列欧洲第四。1992 年，苏格兰有至少 22 万人受雇于与金融相关的行业。苏格兰旅游业也大为发展，总营业额在 1990 年代初已相当于农业、渔业和采矿业的总和。讽刺的是，苏格兰的许多景点都是从前的历史遗迹博物馆与工业主题乐园，在现实中的苏格兰制造业快速消亡的同时，这些景区却试图通过唤起苏格兰辉煌的工业时代往昔来吸引游客。

596

虽然采煤和造船等行业陷入了不可逆转的衰退，但北海油气资源的开发与电子产品制造业为苏格兰经济带来了新的增长点。不过，对于上述两项产业具体给苏格兰经济带来了哪些影响，仍存在较大分歧。石油开发既没有改变也没能拯救苏格兰的重工业，而因为急于通过开发油气资源来缓解财政压力的政府过于积极地发放开采许可证，苏格兰企业没有机会在这项事业上发展足够的技术能力，与更有经验的国际油气供应商竞争。即便如此，阿德希尔、邓迪、尼格、斯托诺韦（Stornoway）和基斯霍恩湾（Loch Kishorn）等地仍设立了钻探开采平台的制造厂，但在 1985 年至 1987 年油价大幅下跌时，上述企业都不得不裁撤大量雇员。此外，诸如伍德集团（Wood Group，总部位于阿伯丁）等苏格兰企业通过提供工程与钻探服务，在油气开发事业中扮演了关键角色。虽然北海石油的开发对苏格兰制造业的总体影响并不明显，但在东北部和设得兰群岛地区，这项事业无疑给当地的劳动力雇用状况（当然还有房价！）带来了不可否认的影响。到 1990 年代，格兰扁地区已成为英国境内最富饶的地区之一，阿伯丁则成了欧洲的石油之都。

此外，这一时期苏格兰的电子设备制造业也获得了足可与当年的造船业媲美的名声。1980 年代，苏格兰电子设备产量增长了三倍；到 1990 年，这一部门在苏格兰工业制成品出口总额中的贡献率高达 42%。从艾尔郡到邓迪，横贯苏格兰的"硅峡谷"（Silicon Glen）地带成为美国以外高科技产业分布最为密集的地区，到 1980 年代初，苏格兰已成为公认的欧洲领先的半导体生产地。不过，也有一些人对这些耀眼的成功事迹表示了怀疑。苏格兰的新电子设备制造厂几乎都是美国、日本和其他亚洲国家投资的产物，在这些海外企业看来，投资苏格兰的最大吸引力在于政府补助、预制厂房、接近欧洲大陆的地理优势，以及（在 1980 年代晚期）比加利福尼亚低一半的劳动力成本。 597
为了扩大这最后一项投资优势，很多企业都在开办工厂时雇用以女性为主的劳动力，并对雇员采取严格的反工会政策。常有人担忧这些企业将自身在苏格兰的投资项目视作可以在公司有难时随时关闭的"分支工厂"，认为这些设施只从事简单的组装工作，缺乏高度的科技研发能力，还指出那些企业在未来有可能将设在苏格兰的工厂迁往成本更低的东欧地区。1998 年，随着拉纳克郡的光宝科技公司（Lite-On）工厂暂时关停，以及在欧文设厂的康柏公司（Compaq）、在边境地区设厂的惠亚集团（Viasystems）、在格里诺克设厂的国家半导体公司（National Semicondutor）和在东基尔布赖德设厂的摩托罗拉公司等一系列或新或旧的在苏科技企业先后裁员，上述担忧进一步增强。但1998 年也迎来了一则重要的正面消息：旨在促进产业、政府与学界合作的"阿尔巴计划"（Project Alba）正式发布，其目的在于让苏格兰在半导体研发设计领域确保领先地位。如果能在至关重要的半导体领域和软件性能开发领域取得成功，苏格兰电子产业的前途将更有保证。

如上所述，1980 年代的苏格兰经济经历了革命性的变化，虽然在程度上不能与 18 世纪末和 19 世纪初的工业革命相比，但这场变革在苏格兰的历史进程中留下了深刻的印迹。虽然在苏格兰，日趋富饶的格兰扁、爱丁堡与没落的格拉斯哥和低地西部大部分地区之间存在显著的地域差异，但在 1980 年代中期，苏格兰的失业率总体上仍高于英格兰的平均水平。1979—1986 年，英国全国的雇用劳动力人数减少了 3%，但这一降幅在苏格兰高达 8%。上述数字一经公布便引起了激烈争论，一些人认为一个冷漠且党派立场过于鲜明的保守党政府正威胁着把英国分成一南一北、一富一贫两个部分。不过，到 1990 年代初，苏格兰在付出了巨大的民生代价之后，似乎已从之前的磨难中挺了过来。在 1990 年经济衰退期间，苏格兰的境遇远好于英格兰的很多地方，苏格兰的失业率也低于英格兰东北部和威尔士等老工业地带。此外，苏格兰经济在这一时期也更趋多元。过度依赖一两个出口导向型工业巨头的危险传统已有所削弱，取而代之的新型工业结构则与英国经济的总体格局更为接近。1992 年，一位资深经济史学家曾如此断言："如今苏格兰的产业结构是近几代人时间里最为健康的。"3

经济的变革也带来了深刻的社会影响。不断加速的科技更迭、劳动力去技能化和工艺流水线化在一系列经济活动中显著提高了女性员工的比重。现在，女性构成了苏格兰雇用劳动力的多数，但其中有很多人只从事兼职工作，她们的平均工资也仅相当于男性平均工资的 70%。随着单亲家庭的增加和受雇于传统工业的男性劳动者的下岗潮（1979—1994 年，苏格兰的男性雇用劳动者减少了 234000 人），女性在很多家庭里成为经济收入的主要来源。科技发展也在乡村社会引发了颠覆性的变化。在"拖拉机革命"中，农用机械替代了马匹，联合收割机和干草打包机的普及也令苏格兰的农业机械化趋于完成。虽然在公众普遍关注工厂倒闭风波的时代没能引起多少注意，但苏格兰农业、林业和渔业的工作岗位在 1951 年至 1991 年减少了超过三分之二，从 100000 个减少至 28000 个。这一数字表明，科技在为社会创造更多财富的同时，也对 1980 年代苏格兰的裁员潮有一定影响，而其中很多下岗人员（尤其是男性）往往很难在短时间内或在原来的地点找到新的工作。这一现象也对政治产生了一定影响：民众对失业规模的容忍程度大大提高，这在 1950 年代和 1960 年代几乎不可想象。到 1991 年，据官方统计数字所示，虽然经济已从 1980 年代的最低谷中有所"恢复"，但苏格兰仍有 22 万名注册失业者，相当于有劳动能力者总人数的 8.7%。整体范围的数字掩盖了不同地区与地方失业状况的高度不均衡。例如，格拉斯哥市中心的失业率高达 38.2%，在该城周边一些建于战后景气时代的大型城郊居民区，失业率也曾达到 30% 以上。绝望、酗酒和吸毒经常在这些地方蔓延成灾。

　　保守党政府虽然在公开场合态度强硬，却没有对振兴经济衰退地区视而不见，也没有忘记为结构性经济变革中的利益受损者提供社会保障。苏格兰可统计的人均公共开支仍比英国平均水平高 20%，虽然缺乏竞争力的工业企业遭到了无情的牺牲，但苏格兰的社会保障开支在 1980 年代增长了一半（有人认为这一财源来自北海石油的开发所得），这是因为这一时期苏格兰的失业人数出现创纪录的增长，而单亲家庭的广泛出现也促使很多女性从事兼职工作。在产业政策领域，政府改变了施政重点，转而以大力吸引外资为方针。在1980年代初，政府第一次设置了一个专门管理对内投资吸引策略的机构。"落户苏格兰"（Locate in Scotland，LIS）计划署在成立后不久便取得了不错的成绩，有人认为该机构在1980年代吸引的项目总共为苏格兰提供了5万个新就业岗位。对于区域发展政策，保守党政府的态度只是变得更有选择性，而不是一概摈弃。1980年，政府在因弗克莱德（Inverclyde）和泰赛德等高失业率地区设置了企业发展区，并制定了对应的战略，在企业发展区落户的企业可以享受免缴土地开发税和地方税的政策优惠。1979年之后，政府在苏格兰最为显著的持续干预措施是以格拉斯哥为对象的。在那里，政府发起了一项对城市东郊的再开发项目，那里是当时西欧最为萧条的城区之一，去工业化和贫民窟清拆令当地许多社区陷入绝境。从1976年到1987年，在苏格兰开发署的统筹之下，格拉斯哥东区重建项目（Glasgow Eastern Area Renewal Project，GEAR）总共吸引了超过3亿英镑政府投资和2亿英镑私人投资，这一项目为当地新建了住房（其中包括一些自有产权房开发项目），居住环境也得到了改善，在帕克海德锻造厂（Parkhead Forge）地区被拆除的比德莫尔工厂旧址上也建造了一座新的大型购物中心。不过，东区重建项目对当地长期就业状况的改善并不明显。上述情况表明，即便最笃信小政府哲学的保守党政府也不能轻易放松公权力对苏格兰的掌控。事实上，颇具讽刺意义的是，1980年代的结构性经济改革反而让苏格兰的社会保障支出大幅增长，到1989年，苏格兰已有约50万人接受社保支援。在撒切尔政府执政期间，依赖政府资源过活的状况非但没有减少，反而在很多工人阶级社区成为一种不断滋生的生活方式。

2

　　到 1979 年底，苏格兰本地自治的前景似乎和苏格兰传统工业的前景一样黯淡。虽然支持权力下放的选票在公投中占微弱多数，但在空前的热情之下错失历史机遇的结果仍在苏格兰引发了一种沮丧的挫败感。作家威廉·麦基尔瓦尼（William McIlvanney）在寓言故事《胆怯的狮子》（*The Cowardly Lion*）中刻画了时人的心态。在这个故事里，百兽之王——狮子在大门敞开的笼子里龟缩不出，对近在眼前的自由畏惧不已。新当选的保守党政府坚定反对《苏格兰法》，撒切尔夫人在当选之后立即于 1979 年 6 月将其废除。在 1980 年代早期，议会下院苏格兰议员大委员会（Scottish Grand Committee）开始在爱丁堡集合议事，但这只是一种表面姿态，也没有吸引多少舆论关注。苏格兰的权力下放问题似乎完全退出了当时的政治舞台。

　　在 1979 年公投中支持权力下放的苏格兰民族党和工党也在不久后陷入各自的内讧当中不能自拔。苏格兰民族党在公投之后士气不振，酝酿多时的内部冲突终于浮出水面。在 1979 年大选中，民族党迎来惨败，在议会下院的议席从 11 个减少到 2 个。对这场灾难的反省，以及对本党未来路线方针的争议，都在党内的不同派系间引发了公开的斗争。包括马戈·麦克唐纳、吉姆·希勒斯和年轻的亚历克斯·萨蒙德（Alex Salmond）在内，所谓"1979 年派"希望民族党的路线更加左倾，以在选民面前彰显鲜明的意识形态立场。这一团体发布的新闻简报在报头写有"为建立苏格兰社会主义共和国而奋斗"的口号，其成

600

员也对那些面临倒闭风险的工厂（例如因弗戈登的熔铝厂和巴斯盖特的英国利兰公司汽车厂）工人表示公开支持。"1979 年派"承认公民抗命的合理性，由此引发的最为著名的事件发生在 1981 年 10 月，当时希勒斯与一些伙伴一道闯入了爱丁堡王家中学大楼，以在空荡荡的会堂里讨论苏格兰失业问题。那里原定为新设的苏格兰议会充当议事堂，因此正在接受整修。希勒斯最终被警察逮捕，并因破坏公物被处以 100 英镑的罚款。民族党内的另一个新兴派系名为"盖尔之种"（Siol Nan Gaidheal），由党内年轻的文化传统主义者组成，他们喜欢身穿高地服装举行游行，佩带高地短剑，沿途击鼓、吹风笛，还以传统主义民兵自居，热衷于在公开场合象征性地焚烧英国国旗。虽然他们的激进形象为一些在大选失利后陷于绝望的民族党支持者所欢迎，但在"1979 年派"及其盟友看来，他们的荒唐行径与法西斯无异。时任民族党党首戈登·威尔逊（Gordon Wilson）认为，

601 如果再不采取果断措施，整个民族党便有彻底分裂之虞。因此，在 1982 年于艾尔举行的年度大会上，与会代表同意解散党内的所有派系，这导致"1979 年派"的六名成员被开除出党，但其中大部分人在承认大会决定后恢复了党籍。即便如此，1982 年的事件仍在民族党内留下了痛苦的记忆与深刻的个人怨恨，持续多年无法化解。1983 年大选中，民族党保住了仅有的两个席位，但该党在苏格兰的总得票率只有 12%。直到 1988 年吉姆·希勒斯赢得戈万选区补选之前，民族党都没有在公开政治角逐中取得显著战果。不过，从长远来看，1980 年代初的严重内耗对民族党而言仍颇具意义，该党正是在这一时期更加明确了自身的中左翼立场。有朝一日，这一变革将在选举中为民族党带来助益。

1979 年以后，英国工党的处境甚至比苏格兰民族党更为艰难。在 1979 年选战失利后，工党的立场大幅左倾，托洛茨基主义团体"斗争派"（Militant Tendency）渗透到英格兰许多选区的基层工党组织当中。在 1980 年的年度大会上，工党左翼取得压倒性胜利，迫使工党将退出欧洲经济共同体与单方面核裁军设为官方立场，并免去了下院议员选举党首的权力。左翼的胜利虽然让工党在意识形态上更为纯洁，但他们的纲领也让工党在今后一段时间之内无望赢得大选。1981 年，由大卫·欧文（David Owen）、罗伊·詹金斯、雪利·威廉姆斯（Shirley Williams）和比尔·罗杰斯（Bill Rodgers）组成的所谓"四人帮"退出工党，另行组建了社会民主党（SDP），这让工党陷于严重的分裂，无法充分发挥议会最大反对党的职能，因此无力把握 1980 年代初的机会，利用当时社会上针对撒切尔政府的广泛不满。工党在 1983 年夏天的大选中提出的左翼纲领曾被杰拉德·考夫曼（Gerald Kaufmann）称作"有史以来最长的自杀遗嘱"，这句名言最终应验了。工党的激进纲领、严重的内部分裂以及英军在马岛战争中取得的胜利（这一点颇为关键）让保守党赢得了压倒性多数，工党的表现则极为悲惨，全国得票数跌至 1918 年以来的最低点。1983 年的这场大选也开启了一个保守党长期执政的时代，直到 14 年后才告终结。

不过，即便在此时，苏格兰和英格兰的政局仍呈现出鲜明的不同。工党在 1983 年大选中仍是苏格兰的第一大党，共有 41 名议员留任或当选，相当于苏格兰保守党的两倍。正因如此，苏格兰开始有一些人认为撒切尔政府缺乏统治苏格兰的民意授权。在政治立场上，苏格兰工党也比较温和。在 1982 年 3 月工党采取新的议员提名规则之后，苏格兰没有一名在任工党议员

602

遭到党内罢免。社民党与自由党在 1981 年 6 月结成的同盟此时也得到了稳固的维持。从 1982 年开始转入社民党的下院议员查尔斯·肯尼迪（Charles Kennedy）认为，这是因为苏格兰工党的形象比英格兰的工党更理智、更有责任感。已故的约翰·史密斯曾说："……工党对苏格兰亏欠很多，因为在工党深陷困境的那些年里，我们（苏格兰工党）就是压舱石，是我们为全党做了必要的事，那就是稳住阵脚。"[4] 正是在 1980 年代，包括约翰·史密斯、戈登·布朗、罗宾·库克、唐纳德·迪尤尔（Donald Dewar）、乔治·罗伯逊（George Robertson）等有才干的苏格兰工党政治家登上舞台，而在 1997 年大选之后诞生的工党政府也成为英国历史上苏格兰议员入选阁僚最多的一届政府。在选举当中，工党仍是苏格兰反保守党民意的绝对焦点。苏格兰的自由党－社民党联盟在 1983 年大选中表现上佳，获得了超过 25% 的选票，但只赢得 8 个议席（工党赢得了 41 个议席）。然而，虽然工党能在苏格兰轻松获胜，保守党却在米德兰、伦敦和英格兰东南部等通常决定了英国大选结果的地区拥有不可战胜的优势。随着撒切尔政府在 1983 年之后受到苏格兰社会更加强烈的嫌恶，这个根本性矛盾又一次将苏格兰的宪制问题推上台面。

1985 年，政府不顾遍及苏格兰的抗议运动，批准英国钢铁公司关闭雷文斯克雷格钢铁厂的主要客户——位于拉纳克郡的加特科什轧钢厂，舆论因此认为政府的政策对苏格兰怀有敌意。无论这一猜测是否正确，保守党的确对苏格兰昔日工业荣光的消亡负有责任。普遍反保守党的苏格兰媒体也常常关注本地工业衰退的消息，轻视新经济增长点正在萌生的新闻。在 1984 年的煤矿工人罢工中，政府取得了完全的胜利，曾经无比强大的

全国矿工工会不得不忍辱屈服。虽然煤炭产业在经济上极不合
理，矿工们的斗争却在苏格兰引起了广泛的同情，舆论指责政　　603
府罔顾人民生活的损失，一味追求经济效率。同样在这一时期，
政府开始对从 1945 年起在苏格兰受到广泛政治支持的公共服务
部门施加新的管理规定，地方行政部门的预算受到严格限制，
社会服务开支也被削减，受雇于这些行政机构的雇员因此开始
失业。随着洛锡安地区议会以及紧随其后的斯特灵、爱丁堡地
方议会拒绝服从这些新规定，时任苏格兰事务大臣乔治·扬格
动用自己的权限设置了公共开支上限，并强制降低了地方税的
税率。

在 1980 年代，保守党政府在苏格兰推行的最受非议的新政
当数征收社区税，亦即所谓"人头税"（poll tax）。在这场风波
中，复杂的地方财政问题也成为焦点。为讨论将来的税制改革，
对地方财产税的定期重估在 1983 年被推迟，而在此期间，一些
人发现自己的纳税额有了大幅增加。由于受到这项改革影响的
很多人属于传统上支持保守党的群体，这一结果对政府而言在
政治上不可接受。即便没有爆发严重的政治危机或在选举中蒙
受惨重损失，保守党在苏格兰的立场也已十分危急。在 1985 年
于珀斯举行的保守党年度大会上，苏格兰草根保守党选民对增
税风险的恐惧体现得淋漓尽致，但乔治·扬格仍向听众保证现
行的地方财产税将被一项新的社区税取代，一时平息了局面。
两年后的 1987 年 5 月，撒切尔夫人在年度大会上宣布新税已得
到女王御准，听众对此报以热烈的掌声。新的社区税将由全体
成年居民按统一税率缴纳，以填补地方行政机构提供服务的开
支。政府认为，新税制可以让开支膨胀的地方政府对更广泛的
居民群体负责，但在实践中，这项新税被很多人认为忽视了居

民的纳税能力，因此有失公平。更糟糕的是，在很多苏格兰人看来，这项政策的推行者是一届没有得到多数选民支持的政府，一些人因此怀疑政府率先于苏格兰推行这项政策，有把苏格兰当作试验品之意。苏格兰爆发了规模浩大的拒缴社区税运动，仅在第一年里，政府就以违法抗税为名发布了多达 70 万份治安法庭传票，但最终让这项"人头税"得到废除的是英格兰爆发的示威骚乱，以及这项政策可能对保守党选情造成的冲击。在很多苏格兰人看来，"人头税"政策是自己正被一个外来政府统治的最佳例证。在"人头税"实行前夕，苏格兰最大的三个教会的领袖都出面谴责这项新税"不民主，不公正，激化社会分歧，对家庭与社区生活造成了破坏"。[5]

不是所有保守党的政策都像"人头税"那样激起了苏格兰人的强烈愤慨，允许家长自由择校以及允许公租房住户赎买住房的政策最终都大受欢迎。1979—1989 年，苏格兰共有 15 万套公租房完成出售，大多数苏格兰人得以住在自有住房里，这是 20 世纪以来苏格兰历史上的第一次。政府认为这些在苏格兰的施政功绩没有得到应有的认可，但这在一定程度上是因为上述成就被其他深受嫌恶的政策所引起的反响冲淡了。保守党在 1980 年代降低了所得税率，最终又不得不提高间接税以维持财政收入。作为结果，在总体税收水平上升之余，从所得税转向间接税的举动也对财富再分配造成了巨大影响。"穷人在相对意义上变得更穷，富人则在绝对意义上变得更富，无论税前还是税后都是如此。"[6]很多中产阶级苏格兰人对保守党极力削减福利国家规模的做法深恶痛绝，其中一个重要原因在于，苏格兰中产阶级的相当一部分都受雇于公共服务部门，他们的生计因此受到了政府财政紧缩政策的直接影响。1985 年，政府开始在医疗服务部门引入专门的经理人（时常从私营部门聘用而来），例如唐·克鲁克香克（Don Cruickshank）在担任苏格兰国家医疗服务体系首席执行官之前就在《泰晤士报》和理查德·布兰森（Richard Branson）的维珍集团担任高管。这个新崛起的精英经理人群体和医疗专业人员之间时而发生矛盾，其中尤为值得注意的一起冲突发生在1989年，其起因在于政府不向医疗专业人士咨询意见便制订了一项新计划，试图在医疗服务体系内发展基于市场机制的管理哲学。高等教育也在保守党执政时期迎来了一套严格的新体制，其重点在于更强的责任意识、外部研究绩效考核与财政紧缩的压力。苏格兰的大学生人数从1978—1979年度的46597人增至1988—1989年度的55133人，增幅约为25%，但苏格兰大学获得的资源没有经历成比例的增加。在邓迪大学，这一时期学生与教职员的比例从8比1恶化到了14比1。一些大学遭遇了更严重的问题。拥有500年历史的阿伯丁大学在1986年经历了残酷的开支削减，超过200人被裁撤，六个艺术类院系被迫关停。苏格兰的大学校长原本在1979年大多以高等教育经费决定权将从伦敦转交给爱丁堡为由反对权力下放，但在上述变化的影响下，当权力下放问题于1991年重新浮出水面时，他们反而变成了这一方案的热情支持者。

当1987年大选结果揭晓时，执政党在苏格兰的惨败并不令人惊讶。保守党在苏格兰的议席从21个减少到11个，这是1910年以来的最差水平。与1955年相比，保守党在苏格兰的得票数已减少了一半。相比之下，在1987年大选中，工党在苏格兰赢得72个议席中的50个，取得了有史以来的最好成绩，但胜利的喜悦并未持续太久。保守党在英国全国范围内赢得了

100 个以上的多数议席，并决心在新一届政府的任期内推动全面的私有化政策以及其他激烈的改革措施，苏格兰的工党对此根本无力阻挠。在这场大选中于班夫和巴肯选区首次当选的苏格兰民族党议员亚历克斯·萨蒙德就曾将与他同时当选的 50 名苏格兰工党议员称为"五十弱兵"。此时的撒切尔夫人依旧拒绝接受苏格兰选民普遍反对自己的现实，不愿调整政府的施政方针，并认为只有进一步推进市场化改革，才能让苏格兰人摈弃他们的"依赖文化"和由此而生的种种陋习，这一观点最终在她内阁的财政大臣奈杰尔·劳森（Nigel Lawson）访问苏格兰时为世人所知。劳森在访问中宣称，整个苏格兰的社会生活都"与市场力量相隔绝，展现出一种依赖的，而不是进取的文化面貌"。[7]《太阳报》的苏格兰版用标志性的俚俗风格戏仿了劳森的观点："别对我怨这怨那，苏格兰佬。"与此同时，一些英格兰的保守党后座议员开始参与议会的苏格兰事务相关辩论，抓住一切机会猛烈抨击苏格兰公共开支规模过大，其中一名议员甚至将他认为过度的开支斥为苏格兰事务部的"黑钱"。这些新闻都在人们心中加深了撒切尔政府敌视苏格兰的印象。社会民主党籍议员查尔斯·肯尼迪曾巧妙地称撒切尔为"苏格兰最伟大的民族主义者"，因为正是她的政策令苏格兰的大多数人团结起来，成为她的反对者。1988 年 5 月，撒切尔首相来到爱丁堡，并在苏格兰国教会总会上发表讲话。这场讲话将辛勤工作、勤俭节约、商业进取和自我负责等保守党的信条与基督教伦理画上等号，引起了在场多数牧师的不满，她的发言后来也被戏谑地称为"丘上宝训"（Sermon of the Mound）①。接着，

---

① 1988 年苏格兰报刊描述撒切尔国教会讲话时使用的名称，戏仿了《新约圣经》中耶稣对门徒发表的"山上宝训"（Sermon of the Mount）。

苏格兰国教会的"公认"领袖——议长，向首相递交了两份关于住房和贫困（这两个问题在政府政策中极其重要）的教会报告，并建议她仔细阅读。接下来，撒切尔在汉普登公园球场出席苏格兰杯决赛时遭遇了另一群苏格兰观众，他们不但人数更多，气性也与国教会牧师迥然不同。球场上的凯尔特人队与邓迪联队球迷向她发出巨大的嘘声，并对她出示了成千上万张在比赛开始前分发给观众的红牌。

606

<h2 style="text-align:center">3</h2>

　　苏格兰人对撒切尔主义的抗议绝不只是反对一届不受欢迎的政府那么简单。在苏格兰社会仍拥抱大政府和社区团结等理念的时候，保守党却极力宣扬民族主义、自由竞争和私有化。1987年多名保守党议员候选人耻辱落败的结果已表明政府的价值观受到了广泛抵制，但政府仍凭借在英国其他地方的选举优势，继续在苏格兰推行不得人心的政策。苏格兰人对"人头税"（最初实行于1988年4月1日）抑或公营部门私有化的强烈抗议都遭到了政府的无视。撒切尔同样忽视了将苏英合并视为合作关系的传统观念，没有在此基础上考虑苏格兰的利害得失，而是将威斯敏斯特议会对整个联合王国的主权视作不受限制的绝对权威。在1987年成为苏格兰事务部分管教育和卫生事务的次级部长之后，迈克尔·福赛思（Michael Forsyth）极力安排政府政治立场的支持者加入苏格兰事务部下属的委员会与半官方机构，这些机构负责在一系列重要事务上向政府提出建议，在此之前曾固执地试图捍卫自身的专业独立性。福赛思认为，上述策略是在苏格兰打垮法团主义社会共识、成功掀起自由市场革命的必由之路，但他的反对者则认为这种做法是为了党派

利益而无理削弱行政机构的独立性，充分表明了保守党正恶意推行集权手段。渐渐地，撒切尔主义不再被视为苏格兰管治问题的唯一根源，人们逐渐将责任追溯到整个联合王国的宪制架构上。

后来曾担任跨党派团体"宪制大会"（Constitutional Convention）主席的坎农·凯尼恩·赖特（Canon Kenyon Wright）曾如此阐述这种新的观点：

607

> 我认为在苏格兰，（撒切尔夫人）在两种意义上扮演了一个新事物的助产士的角色，而这个新事物还将在之后不断发展。第一，我们认为她不但试图在苏格兰强加广受反对，乃至广受厌恶的政策——"人头税"是其中最知名也酿成了最大痛苦的一个例子——还试图强加一种外来的意识形态立场，试图否定以社群为基础的价值观，并在实践中严重侵犯了我们苏格兰独特的教育制度和地方行政制度。在苏格兰，撒切尔政府的这种行径不只意味着一系列不受欢迎的政策，更是被视为一个关乎道德与立场的问题。第二个意义是深层的，这主要在于政府无情的集权措施，以及在地方行政和其他领域对任何与政府观念不同，却能真正产生社会组织力的力量发起的执拗攻击。政府还动用王室特权，通过半官方机构等渠道扩张部长、大臣的权力。这一切显然都是我们从未见过的情况，这让我们清醒地认识到我们再也不能信赖联合王国政府，也不能继续在君临议会的主权宪制原则下高枕无忧。
>
> 我们据此认为，如果首相的权力、王室特权、泛滥的政治赞助和议会制度能让撒切尔夫人如此自信，乃至以站

不住脚的个人主义价值观为幌子，让一切异己失去力量，那么未来的每一位首相都将有能力这么做。我们意识到，我们真正的敌人不是特定的某一届政府（无论由哪个政党执政），而是一套有问题的宪制体系。我们认识到，如果我们要在苏格兰实现公平正义、符合民主原则的治理，我们最需要的便不是更换一届政府，而是改变整套规则。[8]

1987 年大选中保守党取得的压倒性胜利给此时依然死气沉沉的本地自治运动提供了新的动力。1979 年以后，旨在将工党、自由民主党、苏格兰民族党和苏格兰民间人士组织起来，共同为本地自治事业规划未来路线的"呼吁组建苏格兰议会运动"（Campaign for a Scottish Assembly, CSA）继承了权力下放的诉求，但在 1980 年代的大多数时候，这一运动的诉求几乎没有受到政府的关注。但在 1987 年以后，"呼吁组建苏格兰议会运动"时来运转。运动的参与者组建了一个以罗伯特·格里夫爵士（Sir Robert Grieve）——著名学者、城市规划师、公务员——为首的指导委员会，其成员多为来自教会、工会、商界及高等院校的知名人士。他们将在一起讨论如何在苏格兰设立一个宪制大会，并通过宪制大会探讨呼吁在苏格兰建立自治议会的有力理由，并提出实现这一目标的具体方法。在权力下放问题上，工党的态度日趋积极。1987 年大选中工党轻取苏格兰但保守党赢得全国多数的"噩梦情境"让工党再次对苏格兰权力下放抱有热情，他们担心苏格兰选民在现状之下将很快对苏格兰工党在议会下院的"五十弱兵"失去耐心，转而支持民族党。此外，在尼尔·金诺克（Neil Kinnock）担任党首时期，工党的所谓"现代化"进程让该党不再像从前那样执着于中央计划经济与高度国有化，这也为一种新的政治权力下放的路径提供了可能。在这一时期，苏格兰民族党从 1980 年代初的内讧中走了出来，在 1988 年的党大会上公布了新的基本纲领——"独立于欧洲之中"，还推动了一场针对"人头税"的大众拒缴运动，明确了自身作为中左翼政党的地位。通过争取苏格兰在欧洲的独立地位，苏格兰民族党一方面试图瓦解将自身视为"分离主义势力"的传统成见，一方面在意识形态光谱上逐渐左倾，表明了夺取工党传统票仓的野心。1988 年 11 月，吉姆·希勒斯在戈万选区补选中击败工党，早早地为苏格兰民族党的新策略赢得了第一场胜利。

苏格兰文化界的活跃气象也间接推动了社会对本地自治问题的关注。在这一时期，对苏格兰历史、文学、政治与社会的研究取得了空前的发展。詹姆斯·克尔曼（James Kelman）、阿拉斯代尔·格雷（Alasdair Gray）、威廉·麦基尔瓦尼、伊恩·班克斯（Iain Banks）和时代稍晚的欧文·韦尔什（Irvine Welsh）等小说家在作品中生动刻画了苏格兰的城市生活，还时常在写作中使用工人阶级的口语表达，在国际文坛赢得了声名。迪肯·布鲁（Deacon Blue）、宣告者（Proclaimers）和"小块地"（Runrig）等摇滚乐团呈现了鲜明的苏格兰风格，在海外听众中广为喜爱。"小块地"乐队的作品不但宣扬广义上的苏格兰文化，还对盖尔语文化尤为尊崇，这些都让年青一代苏格兰人对自身的民族身份更有自信。世界各地富有且知名的收藏家竞相追逐史蒂文·坎贝尔（Steven Campbell）、阿德里安·维斯纽斯基（Adrian Wizniewski）、肯·柯里（Ken Currie）和彼得·豪森（Peter Howson）等"新格拉斯哥画派"（New Glasgow Boys）的作品。詹姆斯·麦克米伦（James MacMillan）则在年轻时便因音乐创作的天赋享誉世界。在广播和电视媒体中，对苏格兰独特性的表现也有显著增强。当时担任苏格兰电视网络总监的格斯·麦克唐纳（Gus Macdonald）曾说："从前苏格兰媒体的苏格兰味很淡，但现在不一样了。我们的研究显示，人们想要一份专属于苏格兰的放送日程表。"[9] 广播电台也时常呈现出对苏格兰文化的浓厚兴趣，例如比利·凯（Billy Kay）极具开创性的系列节目《奥德赛》（*Odyssey*）就曾聚焦口传文化传统，试图借此挖掘苏格兰的往昔。1990年，英国政府同意拨款建设一座新的苏格兰博物馆以陈列苏格兰的种种收藏品，新馆由戈登·本森（Gordon Benson）和艾伦·福赛思（Alan Forsyth）设计，最终在1998年11月30日圣安德鲁日当天由女王亲自揭幕。苏格兰的政治学者在这一时期开始注意到1960年代初加拿大魁北克地区发生的"寂静革命"，并发现在这一案例中，文化的活跃发展有助于弥合社会群体内部自1945年以来出现的裂痕，最终在魁北克为一场更团结的民族自决运动奠定了基础。1980年代的苏格兰也经历了一场类似的文化觉醒，令苏格兰的本地自治运动获得了新的动力与信心。但同样值得注意的是，至少在文学等领域，苏格兰文化的复苏并非全新现象，而是在一定程度上延续了麦克迪尔米德与1920年代"苏格兰文艺复兴"以来业已存在的鲜活传统。例如，索尔利·麦克莱恩（Sorley Maclean）、诺曼·麦凯格（Norman MacCaig）、伊恩·克赖顿·史密斯（Iain Crichton Smith）和埃德温·摩根（Edwin Morgan）等著名诗人以及小说家乔治·麦凯·布朗（George Mackay Brown）等人的创作生涯都贯穿了1940年代与1980年代之间的数十年岁月。

　　在如此活跃的文化背景下，"呼吁组建苏格兰议会运动"

609

下设的"苏格兰名人"委员会发布了《苏格兰权利声索书》（*A Claim of Right for Scotland*）。这份文件的标题意在向历史上苏格兰人反抗暴政的经历致敬。无论是 1680 年代詹姆斯七世蛮横统治的反对者，还是 1842 年苏格兰国教会大分裂之前反对政府干预宗教事务的人，都曾在文件中使用了"声索"的字眼。发布于 1988 年 7 月 6 日的《苏格兰权利声索书》由退休公务员吉姆·罗斯（Jim Ross）起草，他在 1970 年代曾长期参与权力下放相关立法的规划工作。这份宣言基于对历史事实的分析，从学理层面阐述了在苏格兰设立议会的理由，并提出建立一个由约 210 名成员组成的宪制大会，邀请下院议员、地方政府代表、工会成员和教会人士一同讨论如何在苏格兰实现本地自治。这份文件最引人注目的地方或许是文本中纯粹的民族主义色彩，其中的一个段落甚至断言"苏英合并一直以来都对苏格兰文化特色的存续构成了威胁，这一威胁今后也将持续下去"。《苏格兰权利声索书》进而宣称，与当时的流行观点相反，18 世纪苏格兰的启蒙运动并不是以 1707 年的《联合条约》为基础，而是苏格兰本土社会通过与欧洲大陆之间的往来所孕育的结果。《苏格兰权利声索书》还激烈批评了撒切尔，指责她手中的专制权力比苏格兰或英格兰历史上的几乎所有君主都要大。这份文件在结尾部分做出的如下论断，值得在此全文引用：

610   苏格兰的认同与存续正面临着危机。正在统治它的政权不但没有得到它的人民的认可，还公然企图违背苏格兰人民的意愿，用强制手段扭转苏格兰的观念与行为方式。这个政权对任何质疑其统治是否应事先得到人民同意的声音都充耳不闻。这个政权自称践行了亚当·斯密的教诲，但它的行径必将令亚当·斯密惊诧不已。苏格兰的历史被选择性地歪曲，苏格兰人的选票被贬斥为虚假的民意。当局竟扬言，即便苏格兰选民一次又一次地投票反对政府施政，他们在心里仍欢迎那些政策。

在被未经认可的政府统治这一点上，苏格兰并非唯一的受害者。这个问题正影响着整个联合王国。统治着我们的政府公然践踏社会共识，而这离不开现行宪制的纵容。然而，苏格兰对于这种暴行不但有特殊的申诉资格，也对自身在这种统治之下受到的损害有着特殊的清醒认识。

这些与特定时期之特定政策的优劣无关，也不受民众对这些政策的信任与否所左右。历史上有多少蔑视民主的政客都在倒台前做过一两件好事。据说连墨索里尼也曾让意大利的火车准点。真正的关键在于权力和肯认，真正的问题在于如何让权力向民意负责，并为未经全民同意不得采取的措施设定边界。

除非撕开笼罩在"君临议会"概念之上的集权伪装，否则这些问题在英国永远得不到充分的解答。只有引入一套足够强力的制衡机制，约束那些缺乏自制力的统治者，才能保证政府确实在人民认可的基础上执政。如果把权力从白厅以外的政治家手中夺去（这将不可避免地加强领导白厅各政府部门的大臣和部长们的权力），权力也不会回到人民手中，只会被有权势的人掌握。作为结果，我们似乎会得到更大的选择权，但在实际上，我们的决定仍是由有权势的人事先限定好的。但通过有效力且对民众负责的代议机构，我们可以亲手设定自己的选项。

无论政府未能及时介入还是施加了不必要的干预，一套既能对消费者也能对生产者负责，既能为富人也能为穷人服务的政治制度总能提供修正的渠道。如果这些制度受到限制、压制乃至被取消，政府就不会得到准确的信息——或者有能力无视一切对其不利的信息。如果之前的政治操作引发了不满，正确的做法应当是打开政治空间，改善政治进程，让更准确的信息更及时地传递出来，而不是关闭政治活动的大门，纵容少数依然掌握政权的政治家凭空捏造。

代议机构及其行动自由为基于人民认可的政府奠定了基础。然而，一届没有多数人支持的威斯敏斯特政府无须顾虑任何宪制上的程序约束便能蓄意将其关闭，这无疑体现了英格兰宪制的脆弱与虚伪。近来无论在苏格兰还是其他地方，很多人都开始在上院中寻找不列颠民主政治的残影，这一现象无疑揭露了英国宪制的弊病所在。

对于这样的英国宪制，苏格兰不抱任何希望，而苏格兰如果还想维系自身作为"苏格兰"的独特存在，这一宪制安排更是不可接受。苏格兰人已经表示出极大的克制与忍让，从现在起，他们必须从改革苏格兰自身的治理方式开始，展示出进取的决心。与此同时，他们也有机会推动对英格兰宪制的改革，他们要充当蚌壳里的沙粒，从苦痛中磨砺出珍珠。

一些意识到英国制度现状之弊端的人认为，成功的改革要求联合王国所有组成部分的政府机构同时进行重组，但这一观点是错误的。这样做只会带来延宕多年的谈判，也很难产生明确的实际行动。制度是否有序只是次要事项：今天的联合王国从诞生时起便是一个怪胎，其"畸形"之处如今已尽人皆知。因此，认为除非政府的体系能符合某种完美对称的预想否则不应对其加以改动，这样的观点是不切实际的。与其追求彻底消灭"畸形"的空想，引入新的"畸变"从而迫使人们进一步思考显然更具建设性。

苏格兰人曾满心希望用选票选出一个更符合苏格兰诉求的执政党，但一味信赖英国宪制的现状并不符合苏格兰的长远利益。苏格兰人如果要动摇这一现状，也不必感到自责，他们可以满怀自信地向其他人发起挑战，让他们为现状提出辩护。

我们毫不低估这些提议的严肃性。质疑现行政治体制的权威事关重大，如果没有感到英国政府的腐朽已如此严重，以至于在传统的程序框架内对其进行改革几乎没有可能，我们也不会提出这样的观点。建立一个苏格兰宪制大会，并据此建立一个苏格兰的议会，仅凭这些手段本身不能为英国政治体制带来必要的改革，但如果我们要保全苏格兰统治机构的最后一点独特性，这些措施是必需的。它们也能为全英国政治体制的改革带来必要的推力，让改革真正走上正轨。[10]

保守党不出意外地没有参加这一宪制大会，但工党，自由民主党，苏格兰 65 个区、岛屿区和次区①议会中的 59 个，苏格兰工会总会，各基督教派，少数族群代表，绿党，共产党以及

---

① 1973 年《地方政府（苏格兰）法》在苏格兰设置了区（regional）、岛屿区（island area，与地区同级）和次区（district）构成的两级地方区划体系，后来被 1994 年《地方政府（苏格兰）法》设置的 32 个地方议会区（council area）取代。

苏格兰妇女大会（Scottish Convention of Women）都有参加。民族主义热情此时显然不再为民族党所垄断。民族党本身一度对宪制大会抱有兴趣，但最终没有参与。该党内部的很多纯粹主义者担心这场大会将被工党主导，还认为权力下放将阻挠而非推进苏格兰的独立进程。此时戈万选区的补选结果表明民族党的势头已经复苏，因此他们认为加入宪制大会对本党不利。不过，民族党的缺席反而有可能影响了工党的意向，使其在权力下放问题上做出了超出预期的让步。在前自由党党首大卫·斯蒂尔爵士、曾在苏格兰事务部担任负责权力下放事务的次级部长哈里·尤因（Harry Ewing）和执行委员会主席坎农·凯尼恩·赖特三位联席主席的领导下，宪制大会为未来的苏格兰议会规划了蓝图。有说法称，时任苏格兰事务大臣马尔科姆·里夫金德（Malcolm Rifkind）曾说"如果各方团体能达成一个共同的结论，自己就要从苏格兰事务部楼顶跳下去"。不过，当宪制大会在1990年圣安德鲁日当天公布报告书时，他没有信守诺言。这份报告书建议在苏格兰设置一个基于比例代表制的代议机关，其经费将从苏格兰缴纳的税金中"专门拨付"。

在某些层面上，宪制大会的提议是模糊且不甚明确的。例如，宪制大会同意新的苏格兰议会应为女性提供"平等的代表权"，但没有给出具体的落实办法。此外，如何在威斯敏斯特议会代表苏格兰的难题也没有被宪制大会提及。归根结底，如果强硬的统一派保守党政府继续执政，这些提议便根本没有落实的希望。即便如此，宪制大会的努力仍颇具意义：通过把苏格兰最主要的政党——工党带到本地自治运动的舞台中央，宪制大会断绝了今后任何一届工党政府拒绝在苏格兰设置议会的可能。同等重要的是，工党在宪制大会上做出了妥协，同意支持新的苏格兰议会通过比例代表制选举产生，这让工党霸权的根基之地——低地中部以外的地区更容易接受在爱丁堡设立苏格兰议会的想法，而不是像 1979 年那样感到怀疑。最后，宪制大会取得的政治突破为苏格兰的本地自治运动带来了新的动力。宪制大会的提议或许只吸引了少数苏格兰人的关注，但凯尼恩·赖特在听闻"铁娘子"撒切尔意料之中的批评后做出的回击，也让一些普通的苏格兰人感到振奋："如果那个我们早已熟知的声音回应说'我们就是国家，我们说不行'，那我们的回答就是'我们就要这样，我们就是人民'。"

613

讽刺的是，同样在 1990 年 11 月，撒切尔因"人头税"导致的支持率下跌和保守党内在欧洲议题上的分裂而被迫辞职。在这个宪制改革的最强硬反对者下台之后，呼吁苏格兰本地自治的力量空前一致地团结起来，外加上重振声势的民族党在选举中表现不俗，保守党似乎面临着 1970 年代以来所未有的败选威胁。1992 年春天，随着新首相约翰·梅杰（John Major）宣布举行大选，本地自治问题再次成为苏格兰政坛角逐中的重要因素。在《苏格兰人报》于 1992 年 1 月发布的民调显示 50% 的苏格兰人倾向于独立之后，媒体的反应近乎疯狂。知名记者纷纷预计保守党将在下次大选之后从苏格兰彻底消失，苏格兰民族党也又一次打出了过于乐观的口号："1993 年就自由了"。出于与另一份大众报纸《每日纪事报》（Daily Record）争夺读者的商业考量，《太阳报》甚至在这场大选前宣布支持民族党，并在 1 月 23 日以"觉醒吧，再次成为一个民族"的文字及其旁边巨幅圣安德鲁斯十字旗首次表明了这一立场转向，令读者错愕不已。苏格兰人似乎终于迎来了历史的分水岭。

但这些期待都落空了。约翰·梅杰领导的保守党虽然失去了一些议席，却在下院守住了多数议席，保守党在苏格兰的得票率非但没有大跌，反而从 24% 略微增至 25.6%。即便如此，支持本地自治或独立的政党仍赢得了 75% 苏格兰选民的支持，并取得了苏格兰 85% 的下院议席。对于吉姆·希勒斯等沮丧的民族主义者来说，这样的结果仍远远不够，希勒斯本人曾公开向全体苏格兰人倾泻怒火，指责他们是"三分钟热度的爱国者"，在该做出关键决断的时候"退缩"了。不久之后，希勒斯便退出了政坛。1992 年大选显然没有如民族党预期的那般，成为一场为独立铺平道路的大选，从 1980 年代末以来取得了显著进展的宪制改革运动虽然没有消亡，却也在这场大选中遭遇了严重的挫折。正如安德鲁·马尔（Andrew Marr）讽刺的那样："那些靠炒作活着的人终将死于炒作。"[11]但从事后来看，主张宪制改革的政党确实在苏格兰赢得了绝大多数选票，保守党的表现也只有在与之前大选中的灾难性失败（以及选前民族主义政客和部分记者过分乐观的预期）相比之后才略显乐观。保守党之所以能在苏格兰勉强稳住阵脚，是因为约翰·梅杰在苏格兰遭受的敌意远小于玛格丽特·撒切尔。苏格兰支持保守党的大量统一派选民因为担忧民族主义的威胁而动身投票，也可能是原因之一。

在 1992 年大选之后，"联合苏格兰"（Scotland United）、"共同志向"（Common Cause）和"苏格兰民主"（Democracy for Scotland）等团体仍试图维持本地自治运动的士气。"苏格兰民主"最终成为上述团体中寿命最长的一个，他们曾在爱丁堡卡尔顿山上的王家中学大楼（原本拟定的新苏格兰议会议事堂址）外举行永久性守夜活动，直到 1997 年权力下放公投结果揭晓。"共同志向"团结了一些苏格兰知识分子，与一些苏格兰政治家、小说家与流行乐明星联合的"联合苏格兰"也曾组织了两场成功的集会，提出了一个多选项宪制公投方案，但这两个团体很快便衰落下去。即便如此，"人民的力量"远远没有枯竭。1992 年 12 月，欧洲共同体领导人峰会在爱丁堡召开时，多达 25000 人在城里发起游行，要求在苏格兰实行民主自治。1994 年，超过 100 万斯特拉斯克莱德人在一场地区邮递公投中投票反对政府将当地供水服务私有化的计划，占到全体投票选民的 97%。虽然苏格兰的街头没有爆发骚乱，但这些事件清楚地表达了苏格兰社会对保守党一些关键政策的强烈抵触。

在大选后的第一年里，一起事件便奠定了约翰·梅杰政府未来的命运，为工党在下一场大选中的压倒性胜利铺平了道路。1992 年 9 月 16 日，英国投入数亿英镑巨资以维持英镑汇率的努力失败之后，被迫退出欧洲汇率机制，即"黑色星期三"。这场货币危机耻辱地暴露出英国当局在经济上的严重无能，令保守党政府一蹶不振。但在实际层面，这一时期苏格兰的经济表现相对不错。1993—1994 年苏格兰的失业率略低于英国全国水平，而在 1996 年，苏格兰的人均可支配收入达到 9100 英镑，与英格兰的 9140 英镑相差无几。在 1990 年代初，苏格兰的经济增速高于英国平均水平，制造业部门的增长尤其显著。不过，保守党并未被视为这些成就背后的功臣。1995 年区及次区两级地方行政体系被废除之后，保守党甚至未能主导苏格兰的任何一个地方议会。而在同一年，随着苏格兰事务大臣伊恩·朗（Ian Lang）调任更重要的内阁大臣职位，政府决定让曾在 1980 年代重创苏格兰医疗与教育系统的右翼政治家迈克尔·福赛思接管苏格兰事务部。这一举动似乎注定要让政府在苏格兰麻烦缠身，但出乎苏格兰人意料的是，福赛思在上任后摇身一变，成了一个苏格兰爱国主义者。他虽然坚决反对宪制改革，认为这将威胁到联合王国的存续，但不遗余力地在其他所有方面标榜自己的苏格兰性。在电影《勇敢的心》首映时，他曾身穿全套高地方格呢服装出席，这身装扮或许在历任苏格兰事务大臣当中开了先河。保守党在苏格兰使用了一则新口号"为苏格兰而战"，福赛思也上演了一出"礼节政治"的大戏，在一场充斥着虚构传统的仪式上将斯昆石从威斯敏斯特修道院请回苏格兰。政府制订计划，试图振兴苏格兰的电影产业，福赛思甚至试图在中学教育中加入专门的苏格兰历史课程，以弥补学校课纲的短板。由于此时保守党政府仍在苏格兰推行不受欢迎的地方政府改革，并试图在医疗服务中扩大自由市场原则的影响，这些象征性的政策没有产生多少实际效果，但至少在一个领域上，迈克尔·福赛思获得了一些支持：当工党为未来的苏格兰议会提出一系列新的财政规划时，他成功地让这些提案受到持续不断的批评。

1994 年 5 月，接替尼尔·金诺克担任工党党首的约翰·史密斯去世，工党在苏格兰本地自治问题上的立场再度成为悬念。史密斯在苏格兰等地拥有压倒性的支持，他位于艾奥纳岛上的坟墓也很快成为一处朝圣地。从 1970 年代开始，约翰·史密斯便强烈呼吁对苏格兰进行权力下放，在卡拉汉政府执政时期，他也曾受命主持本地自治的相关立法活动，直到这一事业在 1979 年公投中遭遇挫折。史密斯在权力下放问题上的立场确定无疑，而在当选为工党党首之后，他也乐于宣称建立议会已成为"苏格兰人民的已遂心愿"。但随着史密斯去世后继任党首的托尼·布莱尔（Tony Blair）对工党的政策纲领进行全面修改，工党是否继续支持本地自治成了一个未知数。最终，本地自治得以继续留在工党的新纲领之中，除此之外，工党也采纳了苏格兰宪制大会的一项提议，同意新的苏格兰议会有权在3%的浮动范围内自行调节苏格兰的所得税基准税率。迈克尔·福赛思对这一决定紧咬不放。他注意到，工党在税收议题上存在破绽，而新的工党领导层正决心彻底摆脱"高税收高开销"的旧名声，以在大选中争取胜算。福赛思和保守党的其他发言人宣称苏格兰议会的税率调节权只是一种针对苏格兰人独特身份的"方格呢税"。这一批评触动了不少民众，而工党的回应也令支持本地自治运动的各界人士紧张不已。1996年6月，工党影子内阁认定即便本党在接下来的大选中获胜，也不足以立刻触发一场像苏格兰本地自治一样深远的宪制变革，这激怒了工党在苏格兰宪制大会的盟友以及许多在苏格兰的支持者。工党提出举行一场公投决定是否在苏格兰开设议会，并解决另外两个不同的问题，即这一议会的运作原则和这一议会的征税权。批评者认为，工党意在削弱苏格兰议会有限但必要的财政权力，而新的议会如果没有这种权力，便完全无法影响经济事务。甚至还有一些人怀疑，布莱尔有意彻底抛弃对苏格兰进行权力下放的政策。

　　上述疑虑最终都没有成为现实。在1997年大选以工党的压倒性胜利告终后不久，政府承诺在同年9月11日举行公投。政府就苏格兰本地自治问题迅速出台了一份颇为细致的白皮书，新上任的苏格兰事务大臣唐纳德·迪尤尔也是权力下放长期以来的忠实支持者。本地自治运动似已万事俱备，但因为威尔士亲王妃戴安娜于巴黎因车祸身亡，这场突发的悲剧将实质上的竞选时间压缩到短短100个小时左右，迫使助选团队不得不仓促运转。不过，支持本地自治的阵营在这场公投中表现出空前的团结。在党首亚历克斯·萨蒙德务实的领导下，苏格兰民族党的助选活动与唐纳德·迪尤尔代表的工党和吉姆·华莱士（Jim Wallace）代表的自由民主党一样积极，相比之下，反本地自治阵营的表现更为消极。曾在 1979 年强烈反对权力下放的苏格兰商界在这场公投中大体保持了沉默，在知名人士中只有苏格兰银行行长布鲁斯·帕图洛爵士（Sir Bruce Patullo）表态反对权力下放，并因此受到多方谴责，甚至还有一些客户威胁将自己开设在苏格兰银行的账户转移到其他银行。与此同时，诸如保险业的标准人寿（Standard Life）、苏格兰寡妇基金（Scottish Widows）等苏格兰大型企业对权力下放的提议表达了617　宽容的态度。在名为"三思后行"（Think Twice）的反权力下放阵营助选团队背后，很少有曾在 1979 年反对权力下放的组织提供资金或人员支持。而当前首相撒切尔决定出面介入公投，并对反权力下放阵营表达公开支持时，后者的失败便已注定。

　　在 1997 年权力下放公投中，74.3% 的投票者支持设立苏格兰议会，63.5% 的投票者支持苏格兰议会掌握税率调节权。与1979 年公投不同，支持权力下放的意见在苏格兰的每一个地区都占显著多数，只有奥克尼与设得兰群岛的多数选民不同意让苏格兰议会掌握税收权力，而在那些曾于 1979 年坚决反对权力下放的地区，正反双方的差距也最小。不过，经由这场公投，苏格兰人民的"心愿"确实"已遂"。在选民的压倒性支持中诞生的新苏格兰议会将有权审议除外交、国防、宏观经济、社会保障、堕胎及广播以外的所有政策事务，可以在上下各 3%的区间内调节所得税基准率，亦即 4.5 亿英镑的财政收入。虽然威斯敏斯特方面仍将代表整个联合王国参与欧洲事务，但苏格兰也将在布鲁塞尔设置代表处，苏格兰政府的部长也可作为联合王国代表团的成员加入欧盟的部长理事会。1999 年 5 月的苏格兰议会选举将基于比例代表制进行，而因为设立苏格兰议会的立法只明确了威斯敏斯特方面的保留权力，苏格兰议会仍可以进一步拓展自身权限，以保护苏格兰的利益。1999 年 7 月，当 1707 年苏英合并以来的第一届苏格兰议会召开时，苏格兰民族的漫长历史无疑揭开了激动人心的新篇章。

第二十六章　帝国终结

1

　　在世界历史上，大多数幅员辽阔的帝国都在延续了几代人乃至数百年后逐渐衰落，并走向消亡，但大英帝国并不符合这一规律。迟至 1945 年，大英帝国的疆域仍大体完整，在不列颠列岛之外的世界各地，仍有约 7 亿人接受英国的统治。但在短短 20 年后，这一数字就减少到 500 万，其中有 300 万人生活在当时英国统治的香港。1997 年 6 月，随着高地黑卫士部队奏响《友谊地久天长》，香港被交还中国，米字旗也最后一次在香港的土地上降下。

　　大英帝国的没落极为迅速，也异常平和。诚然，当英国势力撤出塞浦路斯、亚丁和肯尼亚时，当地爆发了民族主义冲突，但在不列颠本土（如果不算北爱尔兰），一切风平浪静。事实上，正如一些学者指出的那样，英国人以一种平和乃至冷漠的态度接受了殖民帝国崩溃的现实，这种心态常常被用来与法国和葡萄牙的去殖民帝国化进程对比。法国和葡萄牙的殖民帝国在规模上远逊于领地遍及非洲、亚洲（包括中南半岛）的大英帝国，但这两个国家的去殖民帝国化过程都在本国造成了深刻的社会创伤与政治对立。

　　在一个重要的层面上，英国社会（除保守党右翼之外）对帝国解体相对沉默的态度发人深省。当帝国逐渐分崩离析之时，一些人预言这一过程必将对英格兰与苏格兰的关系造成巨大的压力。早在 1937 年，支持不列颠帝国主义的知名民族主义人士、格拉斯哥大学宪法学教授安德鲁·迪尤尔·吉布（Andrew Dewar Gibb）就曾在著作《苏格兰帝国》（Scottish Empire）中指出，"大英帝国的存在是此前三百年里维系苏格兰和英格兰关系现状的最重要因素"。[1] 他认为，如果没有不列颠殖民帝国的存在，苏英之间古老的政治联合关系很可能无法经受住历史的考验。类似地，知名的老派帝国历史学家雷金纳德·库普兰爵士（Sir Reginald Coupland）也曾在自己生前发表的最后一部著作中探讨了殖民帝国解体之后苏格兰与威尔士民族主义抬头的可能性，并悲观地预言联合王国在不列颠列岛上的分裂很可能不会止于爱尔兰。

在 1960 年代与 1970 年代，随着苏格兰民族党开始在选举中崭露头角，上述观点受到了更为热切的关注。一些评论者试图在帝国解体和联合王国解体之间建立因果联系。H. J. 哈纳姆（H. J. Hanham）在 1969 年（民族党候选人威妮弗雷德·尤因在汉密尔顿选区补选中取得轰动性胜利两年后）出版的《苏格兰民族主义》（Scottish Nationalism）一书中评论道："现在，帝国已经衰亡，很多苏格兰人发现自己被局限在本土。他们对苏格兰生活方式中的闭塞一面和苏格兰经济增长的迟缓深感不满，而后者也与苏格兰社会的闭塞有关。为了打通去往外部世界的途径，苏格兰人需要一种渠道，这就让他们迎来选择：是移民海外，还是在苏格兰本地再造一个苏格兰民族国家。"[2] 在以大英帝国为主题写下了大量作品的历史作家扬·莫里斯（Jan Morris）看来，随着殖民帝国加速解体，联合王国的各部分之间再也没有多少共同的自豪感可言。她曾以令人印象深刻的笔

619

调写道，联合王国当中剩下的只有些"旧日荣光的残渣败絮"，几乎不可能让任何人感到满意。³ 因此，让联合王国迎来一场宪制革新的时机似乎已经成熟了。马克思主义评论家汤姆·奈恩在1969年刊行的《不列颠的拆解》（*The Break-up of Britain*）中对此进行了系统性的分析。在他看来，不列颠的末日不但不可避免，也是不列颠帝国解体触发联合王国存续危机之后必要的建设性回应。

在表面上，这些观点似乎颇有道理。大英帝国向来是维系联合王国的一个重要的经济支柱，对18世纪晚期以来的苏格兰人而言，它提供了极为丰富的机遇，让中上阶层子弟有机会到海外从事贸易、专业服务、行政管理或成为军人。从棉纺业时代到重工业时代，苏格兰的整个产业经济结构也都是围绕着大英帝国的市场建立起来的。鉴于殖民帝国为苏格兰继续与英格兰联合提供了巨大的物质好处，认为帝国解体将导致苏英合并传统的经济基础消失的观点，也便不难理解。奈恩等人对苏格兰民族主义的漫长历史的分析，也进一步巩固了这种观点。在他们看来，19世纪到20世纪初的历史意味着苏格兰民族认同的一场深刻危机。虽然欧洲大陆规模较小的传统民族在这一时期逐渐确立了自身的独立和自决权，苏格兰却在这方面慢了一拍。苏格兰没有以政治独立为目的的民族主义，这种缺席反而引人关注。在奈恩等人看来，苏格兰的专业人士和商界精英被大英帝国的丰厚回馈诱惑，为此出卖了自己的独特文化身份与古老的自治权益，以从殖民帝国的事业中分一杯羹。但随着殖民帝国解体，民族主义热情将有可能再次浮现。正如约翰·麦肯齐（John Mackenzie）在评论这一论述时所说："随着帝国终结，苏格兰人终于可以不再自私自利地与其共谋，而是在苏英合并关系骤然破裂之后重新建立一个民族国家。随着殖民领地脱离帝国统治，帝国的'白内障'终将从那些帝国合谋者的眼中摘除，苏格兰民族的眼科医生们将让苏格兰人像那些脱离了帝国的白人殖民地国家、印度和其他帝国附属领地那样得到解放，一种新的民主政治也将因此诞生。"[4]

在印度独立已超过半个世纪的今天看来，认为苏英合并关系将很快终结的预言显然没有成真。事实上，与苏格兰民族主义几乎势不可挡的 1960 年代末到 1970 年代相比，如今联合王国的内在纽带甚至更为坚固了。2005 年，苏格兰民族党在大选中赢得约 25% 的选票，表明其声势已趋于平息，而在苏格兰议会里，支持苏英合并的政党势力正在抬头。先后担任过苏格兰事务大臣与北约组织秘书长的乔治·罗伯逊有过一个著名的观点，他认为权力下放将让苏格兰的政治民族主义彻底消亡。这一论断是否准确尚待时间检验，但就目前来看，我们仍可以比较有把握地认为，与很多统一派人士的担忧相反，议会的设立并没有立刻促使苏格兰走上完全独立之路。2007 年，苏英合并将迎来三百周年。

不可否认的是，随着伦敦方面在 1999 年向爱丁堡方面下放了一些重要的权力，苏英合并关系的性质发生了重大改变。但就此认为不列颠殖民帝国的终结与联合王国的新宪制安排之间存在因果关系，暂时仍缺乏实证。政治学研究者和当代苏格兰历史学家大多倾向于从其他方面寻找苏格兰权力下放的起源，并认为这一事业因 1960 年代和 1970 年代苏格兰社会的失望情绪而起。随着一届又一届英国政府被频繁爆发的货币危机和严重通胀的持续威胁困扰，苏格兰人发现保守党和工党这两个"统一派"政党都不能带来长期的社会与经济改善。不过，正如 1979 年的公投结果所示，这些因素还不足以让苏格兰社会对苏英之间的宪制安排产生根本性的不满。直到 1990 年代，要求宪制改革的共识才逐渐形成，而这一变化的起因也不在于对帝国往昔的追忆，而在于 1980 年代严重的经济失序、苏英选情分歧过大导致的"民主赤字"（democratic deficit），以及（可能是最重要的）苏格兰社会对保守党长期执政时期推行的一系列社会政策日益增长的反感。与帝国的衰落相比，撒切尔首相的政策显然更应对苏格兰的权力下放负责。

事实上，从历史上看，苏格兰本地自治的诉求与对帝国的忠诚并非互不兼容。对于苏格兰权力下放的早期探索始于 19 世纪末，当时正是大英帝国的极盛时期，苏格兰的本地自治派也把自己的诉求视为让大英帝国的管治模式进一步改善的途径。当时的本地自治运动并未止步于空谈：从 1880 年代到 1914 年，议员在下院提出了一系列《本地自治法案》。1913 年，本地自治的诉求已得到了广泛认同，苏格兰自治即将提上议会立法日程，只待爱尔兰本地自治问题得到解决就能启动。但随着第一次世界大战爆发，这一努力半途而废。

将苏格兰政治民族主义的兴起与 1940 年代到 1950 年代的帝国衰落联系起来，在时间顺序上也存在问题。在苏格兰人心中，与自己地位最接近的帝国领地是白人定居者建立的加拿大、南非、澳大利亚和新西兰等殖民地国家，这些国家从 18 世纪开始便吸引了大量苏格兰移民，双方的血缘、人脉和身份认同有着紧密的联系。不过，这些自治领地从 1931 年的《威斯敏斯特条例》（Statute of Westminster）以来便取得了实质上的独立地位，并通过承认君主制和加入英联邦（British Commonwealth of Nations）等方式维系着与英国间的形式与情感联结。英属亚非领地在二战后的去殖民化运动没有在苏格兰引起多少反对，从时间来看其发展进程与苏格兰民族党的崛起相近。相比之下，当时的苏格兰国教会甚至曾热情支持非洲黑人的民族主义运动，并在年度总会上批评政府没能尽快让非洲国家实现独立。国教会在这一问题上的立场具有十分重大的意义。在 1950 年代末，国教会的信徒总数达到历史最高点，与今天相比，当时的国教会在苏格兰的代表性要强得多。对苏格兰这个没有国家的民族而言，国教会在传统上便被视为议会的替代物，国教会总会既能讨论宗教事务，也能就政治和社会大事表态。在当时，国教会总会的议程往往被苏格兰媒体广泛报道与讨论。

2

因此上述讨论留下了一个谜团。历史学家认为苏格兰在不列颠殖民帝国的建设与运转过程中扮演了重要角色，但帝国的终结似乎没有对苏格兰的政治造成显著影响，更不用说到目前为止，认为帝国终结将导致苏英合并关系瓦解的观点并未得到证实。为了破解这一谜团，一些人质疑大英帝国是否对不列颠本土居民具有无可比拟的重要性。这种观点由来已久。小说家H. G. 威尔斯（H. G. Wells）就曾留下一句名言，称每 20 个英格兰人里就有 19 个人对大英帝国的了解并不比对意大利文艺复兴的了解更多。在当代，伯纳德·波特（Bernard Porter）于2004 年出版的《不自知的帝国主义者：不列颠的帝国、社会与文化》（*The Absent-Minded Imperialists*：*Empire*，*Society and Culture in Britain*）以更有力且更详细的笔法考察了这一主题。不过，这本以"不列颠"为副标题的书几乎完全以英格兰为中心，在长达 108 页的尾注和长达 30 页的"节选"文献目录中，波特只提到了一篇以苏格兰为研究重心的文章。因此，他的论证是否站得住脚，只能留给英格兰史研究者检验。但值得一提的是，至少在苏格兰这一特殊语境下，波特的总体结论并无多少说服力。在苏格兰的历史中，帝国非但不是一个边缘要素，还在 18 世纪和 19 世纪构成了苏格兰历史经验的关键部分。事实上，苏格兰社会与不列颠帝国的联系如此紧密，以至于后者在这两个世纪里影响了苏格兰人生活的几乎每一个方面，在苏格兰的经济、身份认同、政治、思想活动、大众文化、消费文化、宗教信仰、人口趋势抑或其他领域，我们都能看到帝国留下的影子。

623　　在 18 世纪，殖民地烟草与白糖贸易是苏格兰工业化进程的两大关键推动力；在维多利亚时代与爱德华时代，苏格兰的重工业经济也严重依赖出口市场，苏格兰生产的船舶、火车机车与机械制造业产品的主要市场便是不列颠的海外殖民地。"黄麻之都"邓迪能够拥有繁荣的纺织产业，也是因为从印度输入了大量黄麻原材料。后来成为历史学家并对黄麻产业有重大研究成果的戈登·斯图尔特（Gordon Stewart）曾如此回忆自己的故乡邓迪与殖民帝国之间的密切联系：

> 我在邓迪长大，当时我以为这座苏格兰城市是世界黄麻贸易的枢纽，无论是学校里的地理课还是我小时候与黄麻产业的种种交集都向我灌输了这种印象。我生活的地方是统一开发的居民区，当我对那一整排千篇一律、满是水渍的房屋里的枯燥生活感到烦闷时，我就骑着自行车去码头，看着成百上千捆黄麻从巨大的蒸汽货轮上卸下，它们都是在海上航行了半个世界的距离，从吉大港和加尔各答

运过来的。放学回家路上，我乘坐的市政公交车里挤满了下班的纺织女工，她们的头发和衣服上都带着一缕缕零碎的黄麻纤维，她们的手都在工厂里磨得十分粗糙……从货轮船尾上的名字和船员的长相上，我认识到黄麻的背后有来自印度的因素。我也曾听说父母的亲戚或朋友在印度待过，因此知道了邓迪与印度之间的联系。[5]

在格拉斯哥，本地经济与帝国网络之间的联系同样紧密。格拉斯哥曾以"帝国第二大都市"（这一说法最早出现在1824年）自居，格拉斯哥所在的苏格兰西部地区在后来被称为"大英帝国的工厂"。在更广泛的意义上，苏格兰社会也与大英帝国有密切的联系。一名作者曾说，苏格兰的专业人员群体与中产阶级"在（帝国的）利益中占据的份额不但'可观'，甚至达到了颇为贪婪的程度"。[6]在18世纪到19世纪的大多数时候，苏格兰的教师、医生、军人、行政官僚、传教士、工程师、科学家和商人都持续不断地深入大英帝国的所有角落，乃至踏足帝国疆域以外，以至于在帝国几乎每一片领地的统计记录上，苏格兰人在当地专业雇员当中的占比都高于他们在总人口中的实际比重。

精英人士的外流只是苏格兰大规模侨居现象的一个方面。正如本书第二十章阐述的，1825—1938年苏格兰海外移民总人数超过230万，是这一时期欧洲仅次于爱尔兰和挪威的第三大人口净流出地区。苏格兰移民外迁的主要目的地有三个：美国（1783年以来）、英属北美（在1867年成为加拿大自治领）和澳大利亚。从1840年代开始，美国成为大多数苏格兰移民的目的地，但这一地位在20世纪初被加拿大取代。同样地，在1850

年代，澳大利亚一度超过美国和加拿大，成为苏格兰移民的头号目的地。如此庞大的移民外流在各殖民地、自治领和苏格兰之间建立了一张庞大的家族与私交关系网络，而移民返乡（有说法估计，1890 年代超过 40% 的海外移民最终回到了苏格兰）、连带移民、书信往来以及苏格兰大众媒体与期刊文学对海外移民体验的广泛报道，都进一步巩固了这种纽带。

大英帝国也对苏格兰的民族意识与身份认同有着深刻影响。对 1914 年以前的苏格兰精英阶层而言，苏格兰民族主义与苏英合并之间不但没有抵触，反而有着密切的关联。在 1707 年以后，帝国事业为苏格兰人提供了一个与英格兰人平起平坐的机会。维多利亚时代流行的观点是，大英帝国的大举扩张是在苏英合并之后才发生的，因此苏格兰和英格兰是一场共同事业中的平等参与者，各自充分发挥了自身的作用。这些说法并非纸上的空谈。通过 1864 年约翰·希尔·伯顿（John Hill Burdon）的两卷本著作《海外苏格兰人》（*The Scots Abroad*）和 1880 年 W. J. 拉特雷（W. J. Rattray）里程碑式的四卷本巨著《英属北美苏格兰人全史》（*The Scot in British North America*）等作品，苏格兰出版界可以提供充分的证据，证明苏格兰的教育（尤其是大学和学院教育）、长老会基督教、医药技术、贸易网络和哲学思辨在英属殖民地留下了怎样不可磨灭的痕迹。还有一些人对苏格兰取得的成就感到更加自豪，以至于宣称苏格兰民族是一个天然的帝国缔造者民族。安德鲁·迪尤尔·吉布就曾在 1930 年说：

> ……苏格兰无论如何也配得上帝国之母的名号。一个是开拓者，一个是建设者，这便是英格兰和苏格兰各自在

大英帝国占据的特殊位置。在整个帝国治下的雅利安人种
当中，只有这两个民族在没有帝国的情况下依然能保有独
立的主权地位。爱尔兰和威尔士只是英格兰的附庸，在地
位上无法相提并论。在今天，苏格兰人无论贵贱已遍布帝
国各地，苏格兰的利益也与帝国的每一处殖民领地密
切相关。[7]

即便如此，我们仍可以提出反驳：上述观点忽视了一个重要的　625
因素，即不同社会阶层对帝国的态度差异。这正是伯纳德·波
特在他的著作中重点关注的。波特认为，社会的上流阶层与中
产阶级对大英帝国的事业最为热情，而工人阶级"往往对帝国
态度漠然，或只是在表面上支持帝国"。波特还宣称，绝大多
数英国人都对大英帝国严重缺乏认识。

　　然而，这一解释与苏格兰的情况并不相符。基于现有的资
料，我们已无法准确探究普通苏格兰人曾如何看待大英帝国，
但用"冷漠""无知"来形容当时苏格兰舆论界的态度显然是
不合适的。1907 年，苏格兰教育署关于历史教育的一份备忘录
要求下属学校应在苏格兰相关主题之外拓展关于整个英国乃至
世界历史的授课内容，并始终强调苏格兰民族在大英帝国内部
扮演的角色。不久后，基于这一指示编写而成的教科书便开始
为学校采用，其中最普及的《科马克的喀里多尼亚读本》
（*Cormack's Caledonia Readers*）就在帝国的话题上倾注了特别多
的笔墨。大英帝国在 19 世纪晚期苏格兰的历史教育中扮演了关
键角色，正是这一主题让大英帝国历史与苏格兰历史得以融合，
并反映出苏格兰在联合王国内部的地位。

　　苏格兰社会对帝国的认识不止于此。1900 年代，苏格兰各

地开始流行"帝国日"（Empire Day）庆祝活动，不少苏格兰的学校都会在这一天与帝国其他属地的学校交换各自的旗帜。死于喀土穆的戈登将军、在印度民族大起义中作为镇压者闻名的科林·坎贝尔爵士（Sir Colin Campbell）、著名传教士玛丽·斯莱瑟以及最为显赫的大卫·利文斯通都作为大英帝国的英雄为广大苏格兰学生所知。很多学生都曾读过19世纪最著名也最受尊崇的苏格兰人、有"新教圣徒"之名的大卫·利文斯通的传记，这些书籍直到1960年代仍经常在学校和主日学里作为奖品赠送给学生。当然，被教导尊敬这些帝国英雄的并不只是苏格兰的少年儿童，苏格兰的工会运动、工人俱乐部以及基尔·哈迪等工党政治家也曾把他们奉为苏格兰民族美德的楷模。还有一些青年组织在苏格兰传播了关于帝国的知识，在年轻人当中培养对帝国的效忠意识：帝国青年联盟曾有约两万名成员，基督少年军也在宣扬基督教价值观的同时在成员当中鼓励对帝国理念的效忠。后者在苏格兰新教徒平民家庭出身的青少年当中影响深远，直到20世纪仍吸引很多人参加。

对大多数普通人而言，帝国最主要的象征或许还是陆军的苏格兰团。苏格兰部队被视为大英帝国扩张的先锋队，他们身穿方格呢服饰的经典形象成为苏格兰民族的象征，在音乐、故事、绘画和雕塑艺术中都有呈现。如斯图尔特·艾伦（Stuart Allan）和艾伦·卡斯韦尔（Allan Carswell）所说，这些军人"作为苏格兰民族自我认知的符号，在苏格兰社会拥有无可争议的地位"。[8] 讽刺的是，虽然高地士兵享有极高的声名，但在整个维多利亚时代，身穿方格裙的陆军部队大多是从低地城市的工人阶级中招募的。这些苏格兰军人的功绩不但在大众媒体中得到了广泛的报道，还在《细红线》（The Thin Red Line）等著名画作中得到纪念。他们在苏格兰的民族意识中留下了深刻的印记，被视为数百年来苏格兰尚武传统的继承人，也有力地推动了尚武道德观在苏格兰社会的浸润。苏格兰部队的一个主要的派生机构是所谓的志愿兵运动，这后来演变成陆军的永久性预备役力量，吸引了成千上万苏格兰年轻人参加。志愿兵常常是本地社会的骄傲所在，但他们也对大英帝国有强烈的认同感。无论是志愿兵还是基督少年军都在组织内部采用了军队的级别与头衔体系，对成员进行军事训练，并定期接受军官检阅。这两个组织在苏格兰社会造成的重要影响有力地解释了在 1914 年世界大战爆发时，苏格兰志愿入伍人员的规模为何如此庞大。在更广泛的意义上，苏格兰军事传统的名声与影响时至今日依然存在：爱丁堡军乐节（Edinburgh Miltary Tattoo）经久不衰；而在 2005 年大选中，执政党关于改变苏格兰团传统编制的提议也引起了政治上的争议。

3

在 19 世纪的帝国热忱与 20 世纪中叶去殖民化运动期间表现出来的平静反应之间，苏格兰社会的历史似乎呈现出巨大的反差。本书接下来将试图阐明，苏格兰社会对帝国立场的巨大变化发生在 1920 年代到 1950 年代初，而非去殖民化运动期间。

诚然，从 1920 年代到 1950 年代初，帝国热忱似乎依旧盛行于苏格兰。苏格兰人在第一次世界大战中付出了惨痛的生命代价，官方统计显示共有 74000 名苏格兰人在战争中死亡（非官方数字则为多达 11 万以上）。通过 1927 年建成于爱丁堡城堡内部的苏格兰国家战争纪念碑，苏格兰对这些死者表达了缅怀之意，但那些被纪念的人不只来自苏格兰，帝国境内其他地方死难的苏格兰子弟也被包括在内。纪念碑的荣誉名单上列有曾在各苏格兰团或海外领地服役的军人的姓名，这雄辩地表明苏格兰人与帝国之间的纽带此时依然坚固。在帝国与苏格兰国教会之间，密切的关系也依旧存在。在 1920 年代，对大卫·利文斯通的崇拜达到了顶点，在无数普通苏格兰人的小额捐款资助下，一座利文斯通纪念中心（Livingstone Memorial Centre）在这位传奇探险家兼传教士早年工作过的拉纳克郡布兰太尔棉纺厂旧址上建成。直到 1950 年代，这座纪念中心仍是苏格兰学校和主日学组织学生观摩的热门地点。在公共场合，"苏格兰在帝国之中"的形象似乎也没有发生多少变化。1938 年，格拉斯哥举办了一场盛大的帝国博览会，这一活动从 1890 年代起已举办四届，吸引了成百上千万人前来参观。甚至到 1951 年，格拉斯哥仍举行了一场"殖民地周"活动。在这一时期苏格兰政坛的议事日程上大英帝国也占据着显著位置。在战间期的苏格兰民族主义运动中，不同的派系曾就如何处理一个自治的苏格兰与大英帝国之间的关系有过激烈争论。工党也在这一时期暂时缓和了对帝国主义的传统敌意，包括约翰·惠特利在内，该党在苏格兰的一些思想领袖还曾主张，英国不但可以通过帝国事业实现经济复苏，也可以利用帝国作为屏障，保护一个社会主义的不列颠不受国际资本主义威胁。

但在某些意义上，上述帝国情怀只是一种虚假的延续，苏格兰社会的现实已经因第一次世界大战的惨痛记忆而有了根本的变化。1937 年，迪尤尔·吉布就察觉到了这种变化。随着大英帝国的白人殖民地获得完全的自治领地位，他注意到"……不列颠在帝国内部的霸权正逐步变得更加形式化、更偏装饰性"。[9]大众对帝国主义的热情也开始消退。今天的学者已不再把 1938 年格拉斯哥帝国博览会视为一起重振帝国热忱的事件，而是把它当成一场只具备怀旧意味的庆典。在 1945 年的大选中，苏格兰的工党与保守党候选人在纲领中提及帝国议题的篇幅都比他们在英格兰的同侪少，这一现象也预示了那场大选的结果：苏格兰独一无二的帝国主义政党统一党在大选中被工党彻底击败，而后者为未来的苏格兰治理提出了一套截然不同的政治与社会方案。

628

苏格兰中产阶级加入帝国行政机构的传统职业路径也在这一时期趋于崩溃。英属印度公务员机构（Indian Civil Service, ICS）一直以来都是殖民地行政机关中颇受苏格兰人青睐的部门。到 1939 年，苏格兰人在英属印度欧籍公务员中的占比为 13%，略高于苏格兰人口在英国总人口中的比重，但这一数字远低于 18 世纪和 19 世纪大多数时候的比例。事实上，1918 年以后，随着印度自治的可能性不断增加，很多英属印度公务员担心自己前途受阻，沮丧情绪在行政机关中十分普遍。虽然还没有完全停止雇用新人，但这一时期的英属印度公务员机构仍严重缺乏来自不列颠本土的优秀雇员，这一问题在 1920 年代变得更为尖锐。

苏格兰的精英阶层家庭子弟在这一时期仍在闯荡海外，但他们的目的地已不再像之前那样集中在帝国的官方领地之内了。怡和洋行、汇丰银行、伯马石油公司（Burmah Oil Company）和格思里公司（Guthries and Company）等苏格兰商业巨头此时已走出帝国领地，成为覆盖全球的大企业。在英属殖民地以外，美国、拉丁美洲和远东等地区也为富有野心、受过高等教育的苏格兰年轻人提供了丰富的就业机会。他们不再像从前那样受限于大英帝国的疆域之内。更为重要的是，对苏格兰人来说，

在伦敦实现自己的职业理想仍比远赴海外简单得多。偏好异域
现象的历史学家往往过度关注苏格兰人的越洋活动，但事实上，
伦敦的金融与商业界一直是苏格兰精英职场发展的关键舞台。
在 21 世纪初，英国媒体曾因内阁阁员中有多名苏格兰政治家任
要职而发明了"苏属不列颠"（Scottish Raj）的说法，但这一现
象只是苏格兰人大量跻身英国精英社会这一漫长传统在当代的
延续。

　　苏格兰人帝国情结的衰退背后有着不止一个原因，但战间
期重创了整个苏格兰的经济危机可能是其中最重要的因素。
629 1930 年代初，苏格兰的失业者人数增至前所未有的高点，在低
地西部被称为"大英帝国工厂"的核心工业地带，共有 20 万
名潜在劳动者在 1932 年处于失业状态，相当于当地总劳动人口
的四分之一以上。当地在这一时期未能发展出新的产业，贫民
的住房条件和社区环境与以往一样恶劣，苏格兰的人口过密程
度在 1935 年达到了英格兰的七倍。苏格兰商界开始担心苏格兰
将陷入长期的经济衰退，而随着英格兰资本收购数家经营不善
的苏格兰企业，商界也对本土资本能否维持对本土企业的控制
感到担忧。在此基础之上，1930 年代前所未有的海外移民潮进
一步加深了焦虑情绪。这场严重的人口流失直接导致苏格兰人
口在 1930 年代出现了四万人的净减少，令这个年代成为苏格兰
有人口普查记录以来唯一一个出现人口下降的时期。

　　在这一时期，海外移民不再被视为苏格兰人作为"帝国民
族"踊跃开拓的证据，反而被当作一场灾难，成为苏格兰民族
陷入致命危机的表征。小说家、诗人埃德温·缪尔就曾称战间
期苏格兰的移民潮为"无声的清退运动"，在这一过程中"只
有工业化地带周边的世界保存下来，工业本身却像梦一样消亡

了"。记者乔治·马尔科姆·汤姆森的论断更进一步："关于苏格兰民族的首要事实是，它开始衰朽了。苏格兰民族是一个行将就木的民族。"[10]

邓迪黄麻产业的遭遇为战间期帝国事业对苏格兰经济缺乏提振作用的新现状提供了最引人注目的例证。早在 1890 年代，孟加拉已经取代苏格兰成为世界上最大的麻袋与粗麻布产地，从那里生产的麻袋作为粮食和原材料的包装袋在世界各地广为使用。不出意料的是，随着 1930 年代国际市场陷于萧条，邓迪的黄麻业者多次请求政府向来自加尔各答的廉价进口黄麻制品征收关税，但没有得到肯定答复。在此时的黄麻业界，孟加拉成了新的行业中心，邓迪反而变得更像一处殖民地。"……虽然帝国依然强盛，一个在殖民地发展起来的强大产业却几乎要将不列颠本土的竞争对手彻底消灭，黄麻产业的经历无疑颇不寻常。"[11]

上述种种经济困难都重创了苏格兰作为大英帝国经济引擎的自信。早在殖民帝国解体很久以前，传统的帝国市场便已不再是苏格兰经济的核心利益所系。在二战期间和战后不久，苏格兰的经济状况有所改善，拥有普遍选举权的大众此时却在投票箱中表达了其他更为迫切的社会诉求。在这一背景下，虽然苏格兰在 1900 年以前曾在大英帝国的扩张过程中扮演了重要角色，但大多数苏格兰人在帝国解体时平静地接受了这一结果，也就不难理解了。1945 年之后，随着大英帝国逐步衰落，政府对工业经济的干预、政治家对全民就业的坚持以及最为关键的福利国家体系都逐渐为苏格兰大众提供了前所未有的生活保障，促进了物质进步。再加上之前一个世纪里始终困扰苏格兰的工人阶级贫困现象，这些议题才是战后苏格兰大众关注的焦点所

630

在。帝国的时代业已过去，但在 1940 年代和 1950 年代，苏格兰人对联合王国的信念却空前高涨，这一现象颇具讽刺意味。作为联合王国最贫穷的组成部分之一，苏格兰可以从政府的干预主义社会经济政策中获得比其他地区更多的好处，而这些政策正好与以印度独立为发端的大英帝国解体进程开启于同一个年代。在此时的苏格兰，从摇篮到坟墓的福利保障才是维护苏英合并关系的真正基础。

第二十七章　权力下放之后

1

1999 年 7 月 1 日，女王亲临爱丁堡，为 1707 年以来的第一
届苏格兰议会开幕，当时的场面值得铭记。会场的仪式庄严但
朴素，没有威斯敏斯特英国议会开幕式上那些金光闪闪的华丽
装饰。女王与爱丁堡公爵聆听民谣歌手希娜·韦林顿（Sheena
Wellington）动人地唱响伯恩斯写给民主政治的著名赞歌《无论
如何，人就是人》，其中的一段诗句有力地谴责了特权与阶
层差异：

> 看那人称"老爷"的睥睨阔步，
> 纵有百人膜拜他的言语，
> 到底也只是个傻瓜。
> 管他的，管他的，
> 绶带勋章又怎样？
> 让独立思考的人瞧见了，
> 只看一眼就会发笑！

虽然女王对这些俚俗歌词的反应没有被记录下来，但她似乎对
整场仪式感到满意。无论如何，这一天种种象征性的仪式都表
明，这个新议会的作风将与威斯敏斯特更为古老也更受敬重的

英国议会不同。不过，整场仪式上真正的重头戏仍当数首位苏格兰首席大臣（First Minister）唐纳德·迪尤尔的演说。迪尤尔自从政后不久便一直致力于推动权力下放事业，也在这一目的达成的过程中扮演了关键角色。他雄辩的演讲稿中充满了热情与信念，反映出他对苏格兰历史深刻且充满个人特色的理解：

632　　　　这不只关系到我们的政治和我们的法律。这关系到我们到底是谁，又将何以自处。现在这片土地上有了一个新的声音，那是一个民主的议会发出的声音。这声音无疑将塑造苏格兰的面貌，就和苏格兰历史上回荡至今的那些声音一样——

　　　　在克莱德河畔嘈杂且庞大的造船厂里，焊工发出的那声呐喊；

　　　　在梅恩斯（Mearns）的土地里，将灵魂深深种下的乡音；

　　　　当爱丁堡与格拉斯哥照亮整个欧洲的智识世界时，启蒙先贤们的阐述；

　　　　那从大风笛中奏响的狂野曲调；

　　　　还有从布鲁斯和华莱士奋斗过的古老战场上，传来的遥远回响。

迪尤尔希望后世把 1999 年 7 月 1 日视为一个标志着苏格兰迎来民主革新的"转折点"。他的发言让人们对新苏格兰议会发挥何种作用的期待更加高涨，这将在不久后反而令那些为苏格兰设计权力下放方案的人苦恼不已。

不是所有人都对苏格兰议会抱有如此乐观的预期。一些人认为，在苏格兰设置新自治议会的做法将带来严重的宪制与政治风险。出身苏格兰、寓居伦敦的著名媒体人安德鲁·尼尔（Andrew Neil）就是一名悲观主义者，他认为对苏格兰的权力下放是一种"一时兴起、缺乏保险的大杂烩"，这将激发苏格兰与英格兰各自的民族主义情绪，动摇联合王国的基础。他认为，新的宪制安排中最大的破绽在于，爱丁堡议会在财务上几乎完全仰仗一笔来自伦敦方面的年度拨款，这在他看来会助长苏格兰方面的依赖性（一种针对苏格兰人的传统观念），如果威斯敏斯特方面不能增加拨款，苏格兰的不满情绪必将增长：

> 很难想象还有什么制度能比这更加助长伦敦与爱丁堡之间的对立。民族主义者一定蠢蠢欲动了。要解决这个问题，唯一的办法就是让爱丁堡议会对自己立法征收的每一分钱都负起责任。这也会让苏格兰的政治舆论场多一点务实精神。[1]

很少有人在做出悲观的政治预言时像安德鲁·尼尔这样直白，但在高涨的热情之下，隐忧确实存在，一些人担心这场前所未有的宪制改革是否健全，能否持久。截至本书写作的 2006 年，关于苏格兰新宪制安排的一些最严重的担忧并未成真。在《联合条约》即将迎来三百周年的今天，苏英合并关系依然坚固，只不过从 1999 年以来，这一持续近三个世纪的纽带已经被重新定义为一种新的政治与法律关系。到目前为止，没有迹象表明威斯敏斯特与爱丁堡之间发生了显著摩擦，或者不可遏制的民族主义情绪在苏格兰或英格兰兴起，支持苏格兰独立的选民比例始终保持在 25% 左右。下一场苏格兰议会选举将在 2007 年春

633

天举行，但到目前为止，苏格兰民族党未能取得多少突破，即便在 2005 年 9 月苏格兰议会格拉斯哥卡斯卡特选区的补选中，民族党也未能取胜。这场补选因代表该选区的苏格兰议会议员沃森男爵（Lord Watson）辞职而起，他当时在爱丁堡的一家酒店犯下诡异的纵火罪行，因此被捕。英格兰方面似乎也没有对苏格兰的权力下放表现出太多忧虑。兰开斯特大学发起的一项大规模研究认为："英格兰人和苏格兰人一样乐见苏格兰新议会的召开……并未因此感到不悦。"一名资深苏格兰记者还曾尖刻地讽刺道，预想中英格兰人对苏格兰议会的抵触只是"保守党议员和他们的媒体喉舌的狂妄幻想"。[2]

如上所述，从中央集权到分权自治的转变总体上进行得较为平稳，并未如一些人预想的那样引发十分激烈的反应。事实上，民调数据显示，目前苏格兰人对宪制问题的态度反而较之前略为冷淡，他们也和西方世界其他地区的居民一样，越来越不愿意在选举中投票。这种宪制上的稳定状态背后存在多种原因。第一，苏格兰在最近几年里经历了稳定的经济增长，就业形势也比较健康，这不但改善了居民的物质生活，也让苏格兰行政部门的预算空间显著增加。在 2005 年，苏格兰的就业市场已经历了长达两年半的连续改善，其中格拉斯哥贡献了全苏格兰三分之一的新就业岗位。苏格兰的住房与劳动力市场在这一时期不但呈现出良好的景气，在发展速度上也快过同一时期的英格兰（后者的经济增速从 2004 年开始减缓）。正因如此，预想中伦敦和爱丁堡之间围绕财政问题的冲突并未发生。第二，1999 年以来形成的一些新的行政规则也让权力下放之后苏格兰的制度框架变得更加灵活务实，其中最著名的例子当数由在工党内阁担任大臣的苏维尔男爵（Lord Sewel）设立的"苏维尔

准则"，这个准则明确了威斯敏斯特方面如何在业已正式下放
给苏格兰议会的权力领域内立法。"苏维尔准则"在1999年至
2003年总共被启动41次，令一些人批评苏格兰方面将过多的
职责让给了威斯敏斯特。第三且最重要的是，权力下放之所以
运转良好，在很大程度上是因为工党同时在伦敦和爱丁堡两地
执政，联合王国政府与苏格兰政府间的潜在问题因此可以通过
党内或私人渠道解决。而这一点也意味着，苏格兰的宪制安排
迄今为止尚未面临真正的考验。只有当苏格兰议会与威斯敏斯
特联合王国议会不再由同一个政党主导，或者英国政府财政状
况恶化（因此每年对苏格兰的拨款也将减少）时，真正的考验
才会到来。

　　对新生的苏格兰政府与议会而言，来自苏格兰内部的政治
挑战更为迫切，至于唐纳德·迪尤尔和他的团队是否有能力应
对，则成了问题。近来的报道显示，迪尤尔在苏格兰议会开幕
式上的庄重表现掩盖了他真正的身心状况。在公开的政治场合
之外，迪尤尔其实缺乏自信，也易于消沉。他最好的朋友之一，
即1960年代德高望重的苏格兰事务大臣威利·罗斯的女儿、广
播主持人菲奥娜·罗斯（Fiona Ross）曾回忆，迪尤尔的状态在
1998年即将成为首任首席大臣之前的几个月里陷入了最低谷，
当时距离他承担重任、领导权力下放后的第一届苏格兰政府只
有一年，但他已彻底失去斗志。菲奥娜·罗斯称，当时的迪尤
尔面临着媒体的无情攻击、围绕苏格兰议会候选人提名的漫长
争论，以及威斯敏斯特的"许多英格兰同僚在突然认识到自己
同意的这场宪制改革的影响有多么深远"之后对他施加的沉重
压力，因此不堪重负。她认为迪尤尔陷入了严重的抑郁，他抱
怨自己已筋疲力尽，还出现了胸部感染的问题。这个背负众望，

634

即将领导苏格兰走入新时代的政治家显然摇摇欲坠：

> 这位作为在野党政治家从政 18 年的苏格兰事务大臣终于得到了他梦寐以求的职位，但在工党执政不到一年后的今天，他却想要离职退场。唐纳德身心俱疲，他曾多次说过："我不能再这样下去了，这些无穷无尽的琐事总是像磨盘一样碾压着我。"……他认真地考虑过辞职。他曾考虑过不再参选苏格兰议会，而是留在威斯敏斯特。不过，他真正想要的还是从内阁辞职，然后在下一场选举时彻底退出政坛。"如果我不干这份工作了，"他说，"我会有点怀念，但不会太后悔。"[3]

635　菲奥娜·罗斯猜测，后来令迪尤尔过早逝去的心脏疾病可能就是从那段悲惨的日子肇始的。在权力下放之后的新苏格兰政府组建伊始，迪尤尔的遭遇显然不是一个好兆头。

　　最终，迪尤尔的首席大臣任期在悲惨的境遇下仓促结束，总共不到 18 个月，而在其中约半年时间里，他都受到健康问题的折磨。随着权力下放公投时期的高期望与强烈热情逐渐消散，迪尤尔领导的苏格兰政府遭遇了一系列问题与突发状况，因此几乎总是面临着危机。一直以来持反权力下放立场的报纸幸灾乐祸地批评新的苏格兰议会议员在最初做出的一些决议中"投票给自己安排了丰厚的薪水、补助金、每周三个工作日和更短的工时，还有每年 17 周的休假和一枚奖章"。[4]媒体（尤其是小报）对苏格兰体制的瑕疵也紧咬不放，通过曝光这些细节鼓动了大众的怀疑情绪。苏格兰政府与苏格兰议会议员们不得不学会与无穷无尽且时而充满敌意的审视共存，但他们的处理方式并不总是恰当。事实上，虎视眈眈的小报记者确实能从他们身上挖到不少猛料。2000 年夏天苏格兰学历认证局（Scottish Qualifications Agency）向外发布了不准确的高中毕业考试成绩，在苏格兰引发众怒，也在较长的一段时间内给准备申请就读大学的苏格兰学生带来了不确定性。迪尤尔团队的两名高级顾问因此辞职，其中一人就是他的幕僚长约翰·拉弗蒂（John Rafferty），后者曾向记者透露了不实信息，宣称苏格兰卫生部长苏珊·迪肯（Susan Deacon）因受到死亡威胁正在接受警方保护。2000 年 9 月，遍及苏格兰各地的反油价上涨运动几乎令苏格兰陷入瘫痪，这场抗议活动虽然遍及英国其他地方，但它在苏格兰引发的激烈对抗加深了人们对于新的苏格兰政府危机频仍的印象。一个支持权力下放的评论者曾说，新的苏格兰政府仿佛遭遇了"一场灾难博览会"。[5]

但与爱丁堡圣十字宫附近新议会大楼不断增长的建筑成本和《地方政府法》第 28 条（2A）的法律文本所引发的争议相比，上述事件的影响微乎其微。迪尤尔曾希望为新的苏格兰议会建造一座令人印象深刻的议事堂，这座新议会大楼的选址——正对着爱丁堡的王室宫殿圣十字宫——也在很大程度上取决于他的判断。批评者开始指责新议会大楼的工程成本受到了严重的低估，也有很多人担心苏格兰的新自治机构将带来浩大的建筑支出。和之前提到的风波一样，舆论轻易地把此事归因于新的苏格兰政府无能，但事实上，议会大楼的建设项目早在议会首次召开前便开始了。随着新议会大楼庞大的真实成本在日后得到揭露，媒体的批评声音也达到了顶点，但当时唐纳德·迪尤尔的短暂任期已经结束，这让他躲过了一劫。

相比之下，《地方政府法》第 28 条（2A）条款引起的不满

636

造成了更严重的短期影响。这项法律条款禁止地方行政部门
（包括地方行政部门辖下的学校）"宣扬"同性恋，苏格兰政府
试图将其废除。迪尤尔向苏格兰议会宣称，这项条款"在我们
的人民中针对一个特定的少数群体施加了羞辱、孤立与恐吓"，
因此不能继续保留。2000 年秋天，苏格兰社区部长温迪·亚历
山大（Wendy Alexander）宣布了废除这项条款的立法计划，但
很快就受到强烈抵制。苏格兰最畅销的小报《每日纪事报》、
由汤姆·温宁（Tom Winning）枢机领导的苏格兰天主教会和信
奉基督教福音派的汽车客运大亨布赖恩·苏特（Brian Souter）
联起手来，组织了一场大规模抗议活动。在活动中，抗议者还
在苏特的赞助下发起了一场邮寄投票，有 87% 的回函者都投票
要求保留这一条款。反对者们发出了清晰的信号：他们认为，
废除这一条款只是未来政府计划的冰山一角，当局最终会在学
校里推行同性恋课程。即便如此，苏格兰政府最终仍没有退让，
将这一条款废除了。无论对苏格兰权力下放的支持者还是反对
者而言，这一事件都表明苏格兰议会的确可以给苏格兰带来改
变，迪尤尔虽然时常被描述为一个谨慎的政治家，但在做出决
策时也能表现出决断力。即便有很多人认为废除《地方政府
法》第 28 条（2A）条款的决定侵犯了传统家庭价值，因此不
可容忍，他坚定的社会自由主义立场也得到了广泛的承认。在
2000 年晚些时候举行的工党年度大会上，迪尤尔曾自豪地宣
称："我们在风浪中坚定了立场……第 28 条已成为历史。"[6] 然
而，这场改革的代价是沉重的，执政党在选民当中的支持率大
幅下跌，迪尤尔作为首席大臣的民调支持率也进一步下挫。拥
有强大社会影响力、曾热情支持权力下放的温宁枢机现在开始
宣称，新的苏格兰议会是一场"彻头彻尾的失败"，自己为苏

格兰的政治家感到羞耻。苏格兰天主教会的圣职普遍认为，比起捍卫传统的道德原则，新的苏格兰议会更乐于推行基于政治正确原则的政策纲领。相比之下，苏格兰国教会的态度至少在表面上更为宽容。与此同时，迪尤尔似乎无力控制自己的苏格兰政府内阁成员，这造成了比教会的怀疑更严重的政治后果：在新内阁内部，成员之间的斗争接连不断，彼此敌对的阵营时常将消息泄露给媒体。首席大臣曾私下里向身边的同事说自己应该更加"杀伐果断"一些，把违反规则泄露消息的人开除。 637但在接受了心脏手术之后，迪尤尔即将退休的命运几乎已经注定，下任首席大臣的主要角逐者也开始加紧权力斗争的步伐，他们是亨利·麦克利什（Henry McLeish）、杰克·麦康奈尔（Jack McConnell）和苏珊·迪肯。

2000年10月唐纳德·迪尤尔突然离世之后，他在任时遭遇的种种风波都被遗忘了。苏格兰人以真诚且深切的心情为他哀悼，他作为一个坚持原则的人深受敬重，他也是让权力下放成为现实的关键人物。他的葬礼在格拉斯哥主教座堂举行，这成了苏格兰近年来最接近国事典礼的庄严仪式，联合王国内阁的所有成员和苏格兰社会各界领袖，以及迪尤尔的大量朋友、同事与敬仰者都到场志哀。大众媒体的立场也瞬间逆转。在一系列极尽崇敬之词的讣告中，曾经以沉闷、不善言辞与无能的形象为人所知的迪尤尔摇身一变，成为"苏格兰国父"。大部分版面都被用来纪念他为设立苏格兰议会做出的贡献，但他在短暂的首席大臣任期里留下的两项重要成绩所受到的重视较少。他曾计划对高地的土地产权制度进行彻底改革（这在他去世两年后的2003年1月终于得到落实），并提出了一项革命性的设想——将格拉斯哥市内庞大的公租房社区的管理权交给租户自治协会。苏格兰政府推行的新土地改革法案授予乡村地区居民可以集体购买自己所在土地的权利，无论地主是否有出售意愿。如果某个地方的大多数居民决定购买家乡土地，这片土地的价值就将由一个独立的第三方评估机构决定，购地款项则从政府的彩票销售所得中支取。苏格兰地主协会指责这一政策威胁到私人财产权与经济自由权，土地改革的支持者则认为这一政策可以纠正高地清退运动以来的历史错误，并朝着改变苏格兰土地产权过度集中之传统的方向迈进一小步。格拉斯哥公租房改革同样处理了一个由来已久的问题。格拉斯哥地方行政部门有高达 9 亿英镑的住房债务，因此承受了相当于房租总收入 40% 的利息负担，随着英国政府接过这笔债务，地方财政的压力大大减轻，可以将更多的收入用来修缮数以千计的老旧房屋。近来有一个评论者称这一策略为"自 1919 年和 1924 年的《住房法》设立公租房制度以来，社会保障住房事业最大的一场革命"。[7] 因此，虽然被负面报道与无休止的批评包围，迪尤尔时代的苏格兰政府仍取得了一些实质成果。除此之外，迪尤尔也在危机频仍的任期里维持了自己作为联合王国政坛重要人物的地位，帮助苏格兰议会在成立之初的几个月里获得了更强的正当性。短时间内，很难有一个在威望和经验上可与迪尤尔媲美的人接替首席大臣一职。

在迪尤尔之后，工党籍苏格兰议会议员选举企业部长亨利·麦克利什而非他的对手杰克·麦康奈尔继任首席大臣，但麦克利什的当选并未得到压倒性的支持。虽然得到戈登·布朗等伦敦方面重要政客的背书，但麦克利什只以 44 票对 36 票的微弱优势胜出。不过，在首席大臣任上，麦克利什的确实现了一项显著且大受欢迎的政策突破。他不顾伦敦布莱尔政府的强烈反对，在苏格兰立法提供免费的老年人陪护服务，这一成功在一定程度上应归功于工党在苏格兰议会的执政伙伴——自由民主党，以及苏格兰民族党和保守党等反对党的作用。这一政策将成为苏格兰社会养老事业的里程碑，还是一场严重损耗苏格兰财政资源的灾难，仍需时间验证，但至少可以确定的是，这一立法引发的争端足以表明苏格兰的新议会并不总是对伦敦方面俯首帖耳。虽然苏格兰出身的前律师阿利斯泰尔·达林（Alistair Darling）领导的英国财政部与社会保障部对苏格兰方面施加了巨大压力，但麦克利什扛住了这些压力，推动了这项政策，做出了巨大的贡献。

但在这一成就之外，麦克利什时代的苏格兰政府的表现极为平庸。归根结底，这位新的首席大臣在绝大多数政策领域上都缺乏个人权威，甚至缺乏值得信赖的能力。之前在企业部长任上，麦克利什在苏格兰议会表现不错，但首席大臣的职责似乎超出了他的能力限度。因为他时常失言，所以对他不怀好感的媒体经常戏谑地将这些消息报道为"麦克利扯淡"，首席大臣的公共形象也有沦为笑柄之虞。在接受资深记者布赖恩·泰勒（Brian Taylor）采访时，苏格兰政府的内部人士曾直白地称麦克利什德不配位，坐上了自己不能胜任的位置。最终，麦克利什的任期也没有持续很久。2001 年 11 月 8 日，麦克利什因未能平息舆论对自己在威斯敏斯特议会下院担任议员时的办公室补贴所抱有的疑虑而宣布辞职，此时距离他当选首席大臣只过去了一年。事实上，早在之前参加英国广播公司电视台的《提问时间》（Question Time）节目时，麦克利什就表现糟糕，未能就全国观众关心的问题给出满意答复，他的命运从那一刻起便已经注定了。

639 麦克利什辞职一事不仅毁掉了他一个人的政治前途，也让许多权力下放的支持者感到沮丧焦虑。对那些花费多年心血主张权力下放的人来说，两年时间内连续两位首席大臣辞职、新议会大楼建筑成本不断攀升引发的公共丑闻和对苏格兰议会议员个人能力的广泛怀疑，似乎都威胁到整个权力下放事业的基础。2002 年 5 月，女王本人在阿伯丁苏格兰议会临时会场上的发言中便充分提及了这一点，还对此提出了一些明智的建议："之前的苏格兰议会可以说休会了近三百年，要从头开始（建立一套新的政治文化）无疑需要时间。在这个寻求立即决策的时代，我们必须始终将这一点铭记于心。"[8]

  女王的建言与鼓励引起了良好的反响。毫无疑问，苏格兰议会设立之初的处境不利：新议会背负的期望过高，连续两任首席大臣的仓促辞职十分不幸，而更糟糕的是，苏格兰的权力下放正逢西欧各国政治冷感、政治家广泛失信的时期。不过，苏格兰政府自己也犯下了一些严重的错误，其中影响最大的就是新议会大楼引起的一系列丑闻。曾在约翰·梅杰内阁担任苏格兰事务大臣的保守党人卡米利男爵弗雷泽（Lord Fraser of Carmylie）受命调查新议会大楼的开支为何从最初过分乐观的4000 万英镑激增至 4.31 亿英镑。在长达 49 天的听证之后，他基于长达 100 万字的证据发表了一份对苏格兰政府极为不利的报告，指出整个苏格兰的公务部门放任议会大楼开支无限增长，未能及时将情况告知苏格兰政府部长与苏格兰议会议员，应为这场灾难负主要责任。

  在"办公经费门"迫使麦克利什下台之后，首席大臣一职的潜在候选人只剩下两人：在一年前的首席大臣选举中以微弱劣势落败的杰克·麦康奈尔，以及唐纳德·迪尤尔的政坛门徒、以才智与办事效率著称的年轻政治家温迪·亚历山大。随着亚历山大在激烈的思想斗争之后退出角逐，麦康奈尔成为新任首席大臣，但他很快就因缺乏眼界与"尽善尽美"的决心而备受批评，这有时令苏格兰的政治陷入一种令人麻木的乏味状态，也损害了他之前作为"好伙计杰克"的公众形象。不过，鉴于权力下放初期发生了种种磨难，让新的制度"沉淀"下来、趋于稳定并避免危机也有一定的道理。与迪尤尔和麦克利什相比，麦康奈尔在担任首席大臣期间对苏格兰政府内阁的掌控力度大为强化，这在很大程度上是因为他在就职后解任了工党内部的所有对手。只有温迪·亚历山大留任了一段时间，但她很快就因部长职责过重选择辞职，再度成为后座议员。到目前为止，麦康奈尔领导的苏格兰政府并不乏重要的政策业绩，但（在苏格兰议会议员们看来不怀好意的）苏格兰媒体并未给予政府多少称赞。这届政府试图解决苏格兰由来已久的教派隔阂，遏制反社会行为，在公共场所禁烟（相关法律在 2006 年春天出台），还发布了所谓"新人才计划"，以应对苏格兰人口可能走向衰减的问题，这些举措都切中了当今苏格兰的重要关切。而与这些相比，苏格兰政府最为重要的新举措当数在地方选举中推广比例代表制，这一立法将在 2007 年得到实施。比例代表制改革一经落实，就将快速瓦解工党在地方议会的主宰地位，并鼓励政党间结成联盟，让主要反对党在城镇议会的席位大大增加，（在一些改革的支持者看来）还有可能让一些死气沉沉的地方议会重振活力。不过，截至本书写作时，这些政策的实际效果仍有待检验。

《苏格兰法》通过八年之后，随着《联合条约》签订三百周年的日期临近，权力下放带来的一些结果变得明朗起来。新

640

的苏格兰议会受到了严厉的批评，其中不乏合理的指摘，而在很多苏格兰人看来，这个新的机构并未达到当初的预期。但在更积极的层面上，苏格兰议会鼓励政党间联盟，程序较为公开透明，还拥有运转良好的下属委员会——这一机构对苏格兰的公务部门进行了更有力的监督，其所通过的一些立法给地方政府、土地政策、医疗卫生和学费等领域带来了独特且显著的影响。总而言之，苏格兰议会的确发生了一些变化。随着新议会大楼接受女王亲临剪彩，并赢得了一系列国际建筑设计大奖（其中包括 2005 年的斯特灵建筑奖，该奖评委称新的苏格兰议会大楼"无比出色，光彩夺目"，但也不乏调侃意味地称其"物有所值"），当初关于高昂成本的不愉快记忆逐渐散去。到2005 年底，已有超过 100 万访客（以苏格兰人为主）造访过新

641 的议会大楼，其中绝大多数都对这栋建筑印象良好。苏格兰民众到目前为止也没有放弃权力下放的意愿。在 2003 年的一场民调中，虽然近一半受访者同意"议会没有给苏格兰的社会生活带来改善，到目前为止是一记败笔"，但只有四分之一的受访者反对权力下放。新一代苏格兰政治家显然有很大的成长空间，但值得注意的是，绝大多数苏格兰人不但希望维持权力下放，还希望苏格兰议会的权限进一步扩大。自 1999 年以来在苏格兰进行的每一场民调都证实了这一点。例如，2005 年秋天由莫里公司发起的一项民调显示，58% 的苏格兰人希望爱丁堡方面掌握更多权力，只有 24% 的人反对。换言之，1999 年以立法形式下放给苏格兰议会及政府的权力，还没有成为苏格兰人民的"已遂心愿"。

2

2004 年春天，时任高地与群岛开发署（Highlands and

Islands Enterprise）主席的吉姆·亨特（Jim Hunter）博士对爱丁堡苏格兰议会的议员们进行了一场宣讲报告。他在报告中宣布，在当地发起了一些创新发展项目之后，北方地区的就业新增情况十分乐观，更重要的是，高地某些地区持续几代人之久的人口衰减趋势正在逆转。不过，亨特的演说在开头部分的基调更为低沉，他认为苏格兰的社会舆论总是对事物抱有悲观态度："我们没有任何乐观的情绪……特别是在经济方面……从前在苏格兰，我们会给布道者一点献金，让他们说我们一无是处。现在，我们用重金在报纸上聘请专栏作家做同样的事。而他们的那些言论是有违事实的……这只会让我们的舆论陷入悲观主义的死循环。"[9]不久后，第四频道的非英格兰地区总监斯图尔特·科斯格罗夫（Stuart Cosgrove）在公开场合批评自己的苏格兰同胞太沉迷于自怨自艾，似乎与亨特的言论形成了共鸣。接下来，从格拉斯哥学院毕业的哈佛大学历史学者尼尔·弗格森（Niall Ferguson）也加入这一行列，把自己的故乡苏格兰比作"西欧的白俄罗斯"。还有一个《爱尔兰时报》（*Irish Times*）的评论者在 2006 年初称苏格兰的近现代史无异于一场自杀。他认为，近代以来的苏格兰总是无节制地依赖财政补贴和社会福利，还弥漫着不劳而获的文化！

随着人称"加利福尼亚式幸福教母"的卡萝尔·克雷格（Carol Craig）在 2003 年出版了话题性著作《苏格兰人的自信危机》（*The Scots' Crisis of Confidence*），其关于苏格兰人心态的讨论受到了更多关注。克雷格在这本书中宣称苏格兰民族性的阴暗面妨碍了革命性变化（尤其是在经济领域）的发生，还引用了斯特拉斯克莱德大学亨特企业家精神研究中心 2000 年的一项研究。这项研究显示，在所有发达社会当中，苏格兰人最倾

642

向于把"担心失败"当作创业路上的最大阻碍，并认为一种"依赖文化"正在阻碍苏格兰的进步发展。克雷格博士的分析得到了广泛的认可，以至于苏格兰政府和一些知名企业在2004年出力协助她创办了"自信与良好生活中心"，并在苏格兰议会附近举行了高调的启动仪式。值得注意的是，这项悲观主义研究虽然得到了苏格兰一些顶尖企业家的热烈回应，却在社会科学界受到了质疑与鄙视。

还有一些人对所谓"苏格兰式怯懦"的根源进行了探究。一些人认为，这种自卑心理是加尔文宗基督教对苏格兰民族性格和社会价值观造成的恶劣影响之一，但考虑到在加尔文宗福音主义最为昌盛的维多利亚时代，苏格兰曾是世界工商业发展的领军力量，也曾在不列颠殖民帝国的运作与治理中发挥中坚作用，这一观点显然站不住脚。在那个时代，苏格兰人成功开拓的故事（本书之前的章节已有详述）曾理所当然地为苏格兰的精英阶层提供了信心，并在民间鼓动了一种广泛的族群自大意识，让苏格兰大众相信自己是一个天生的帝国民族，拥有特别适合在文化、政治、经济、思想等诸多领域发挥普世作用的民族特质。

相比之下，认为苏格兰的"自信问题"源自一战后不列颠霸权崩溃的观点更有说服力。在20世纪的大多数时期，苏格兰民族的确处境艰苦。无论是一战西线大量年轻男性的死亡，还是1930年代初苏格兰重工业经济的崩溃，抑或两次世界大战之间前所未有的人口外流，都激起了深刻的不安。即便在二战期间和战后，苏格兰的就业岗位逐渐增加，但其走出上述苦难的过程依旧漫长，且没有完成。随着1960年代到1970年代英国经济陷入相对衰退，苏格兰民生水平在1950年代的初步提高也被新一轮焦虑覆盖，未能彻底弥合记忆中的创伤。进入 1980 年代，高速推进的去工业化进程又一次加剧了这种焦虑，苏格兰在短短数年之内便彻底失去了传统制造业和采矿业，这不仅给苏格兰社会带来了失业率上升、贫困和生活保障缺失等短期伤害，还拆毁了代表近现代苏格兰集体尊严的造船、机械制造和采煤等支柱产业，引起了一场民族认同的危机。自维多利亚时代以来，苏格兰人曾将自己视为一个把工商业活动铺遍全球各地的模范民族，但在 20 世纪漫长的时间里，市场经济辜负了苏格兰的大多数人，没有让工人阶级中的大多数获得基本的生活条件。因此不出意料的是，在 1947 年以后，苏格兰人热情地接受了福利国家提供的基本社会保障，对撒切尔时代的政府政策怒不可遏，并在 21 世纪初保留了中左翼的社会共识。

即便如此，上述历程仍不能直接证明苏格兰在 21 世纪的头十年里真的陷入了一场"自信危机"。首先，认为苏格兰存在"自信问题"的观点背后只有一些未经确证的主观认识和零碎印象，没有一份充分的比较数据研究能够证明苏格兰人和其他民族相比更加"自信"抑或"不自信"。事实上，一些社会科学研究者甚至怀疑，因为难以量化的相关因素过多，学术界可能根本无法对这种问题进行科学的研究。另一个更根本的问题在于，关于苏格兰人自信心的悲观论调和苏格兰在 20 世纪最后二十五年里的历史表现截然不同。苏格兰议会的成立至少在一定程度上体现了苏格兰人在政治上表达自身身份认同的强烈诉求，这种诉求最早可以追溯到 1970 年代，并在 1979 年的第一次权力下放公投中一度遭遇挫折。本书第二十五章也列举了苏格兰文化在这一时期的蓬勃发展，这体现在文学、美术、音乐（无论是流行乐还是古典乐）、戏剧、建筑、历史写作等诸多层面。特别是在文学领域，J. K. 罗琳、伊恩·兰金（Ian Rankin）、欧文·韦尔什、亚历山大·麦考尔·史密斯（Alexander McCall Smith）、阿拉斯代尔·格雷和阿里·史密斯（Ali Smith）等人都在世界文坛拥有广泛的受众。而在这些知名作家之外，苏格兰还有许多创作者写下了优秀的小说、诗歌与戏剧作品。联合国教科文组织在 2004 年选定爱丁堡为第一座世界文学之城的原因之一，便是嘉奖这座城市文艺活动的蓬勃景象。在比文化事业更为基础的层面，苏格兰的经济与社会也从 1980 年代初开始经历了深刻且快速的变化。简而言之，苏格兰在这一时期经历了堪称 18 世纪与 19 世纪之交的工业革命以来所未有的剧烈变革。与 2007 年的苏格兰相比，1950 年代的苏格兰社会无论在总体的经济还是社会结构上，反而更接近维多利亚时代。正如一项关于 1980 年以来苏格兰社会发展趋势的重大研究论著的作者所说："（2004 年的）苏格兰已变成一片陌生的新天地。"[10]

　　直到 1950 年代末，苏格兰旧经济体系的核心部门——重工业仍在增长。但在 21 世纪初的今天，深层采煤已从苏格兰消失，制铁业几乎彻底消亡，仅存的造船业在规模上也完全无法与过去相比。在今天的苏格兰，整个制造业部门对苏格兰国民生产总值的贡献率不足 20%，而服务业部门的贡献率接近 70%，是经济的绝对主导力量。苏格兰在不到二十年里将自己转变为一个后现代经济体，一些美国的经济学家还曾将这一案例作为正面典型，与本国始终蹒跚不前的"锈带"地区相对比。金融服务、油气开发、旅游、轻型机械制造、公共服务、零售和生物科学取代重工业，成为苏格兰经济的新支柱，这让苏格兰的经济更为多元，也有可能让苏格兰比 20 世纪初在全球经济中的地位开始崩溃以来的任何时候都更能适应来自印度、中国和东欧等新兴经济体成本优势的冲击。

苏格兰的经济增长率时常在舆论场上成为记者、评论家、在野党苏格兰议会议员和苏格兰政府内阁之间的争论焦点，但在细节上的争议之外，苏格兰经济发展的大致脉络比较清楚。从 1980 年代末开始，苏格兰的经济表现在大多数时候不如英格兰（后者的经济增长在近年来超过欧洲大多数国家和地区），但仍堪称优异。1981—2000 年，苏格兰国民生产总值年均增长率为 1.8%，略低于英国全国的 2.0%。但正如近来克里斯托弗·布赖恩特（Christopher Bryant）指出的，英国经济的平均值主要是被伦敦和英格兰东南部的表现拉高了。如果将伦敦和英格兰东南部去除（如表 27.1 所示），1991—2002 年苏格兰的经济增速超过了威尔士、北爱尔兰和英格兰 9 个地区中的 6 个。到 2005 年，苏格兰的就业状况甚至比之前有了进一步的改善。苏格兰银行在当年年底的报告显示，当年苏格兰常设工作岗位的增长速度达到了 2000 年以来的最高点，就业市场的景气已连续保持了 28 个月。在 2005 年底，苏格兰经济增速的放缓幅度并未低于英国其他地区，但失业率达到了此前 30 年里的最低点。爱丁堡、洛锡安和格兰扁地区经常被视为苏格兰经济新的增长动力，但在 21 世纪的就业市场发展过程中，格拉斯哥的表现最为出色。事实上，英国国家统计局的数据显示，2005 年苏格兰每 3 个新增工作机会里就有 1 个来自格拉斯哥。

当然，苏格兰经济的表现并非完美无缺。苏格兰的劳动力生产率在国际上较低，新企业创立数不尽如人意，引进新科技的速度也低于欧洲平均水平。不过，舆论界仍存在过分强调困难与不足、忽视经济闪光点的倾向。诸如银行业的苏格兰皇家银行、苏格兰哈利法克斯银行（HBoS），石油行业的伍德集团、

645

646　　**表 27.1　英格兰各地区及联合王国各组成部分的经济指标趋势**

	人均国民经济附加值（GVA）（英国平均=100）		人均可支配收入（英国平均=100）		失业率（%）		登记失业率（%）	
	1991	2001	1991	2001	1999	2003	1998	2002
联合王国	100.0	100.0	100.0	100.0	6.2	5.1	4.6	3.1
东北部	84.5	76.4	88.3	88.9	10.1	6.6	7.1	5.2
西北部	90.8	89.8	94.2	93.7	6.5	5.1	5.1	3.6
约克与亨伯河地区	90.4	86.4	93.7	91.9	6.7	5.5	5.4	3.7
东米德兰	94.9	91.9	95.0	92.8	5.3	4.3	4.0	2.9
西米德兰	92.0	90.4	88.7	94.1	6.9	5.9	4.5	3.5
东部	109.4	110.1	109.7	104.9	4.4	4.2	3.3	2.1
伦敦	130.5	133.2	117.8	120.4	7.8	7.1	5.2	3.6
东南部	110.2	120.1	109.9	109.0	3.8	3.9	2.6	1.7
西南部	92.9	89.3	101.4	99.3	5.0	3.9	3.4	2.0
英格兰	101.8	102.5	101.3	101.4	6.0	5.1	4.4	3.0
威尔士	83.3	78.9	89.8	87.5	7.4	4.6	5.5	3.6
苏格兰	99.5	94.7	96.3	97.3	7.5	5.7	5.4	3.7
北爱尔兰	76.4	78.4	85.1	88.7	7.6	5.4	7.3	4.5

资料来源：C. G. Bryant, *The Nations of Britain* (Oxford, 2006), p. 53。

凯恩能源（Cairn Energy），能源行业的苏格兰电力公司，以及运输业的驿站客运（Stagecoach）、第一巴士公司（Firstbus）等大型企业都在全球市场上取得了耀眼的成绩。由苏格兰高校学者创立的高科技企业虽然数量不多，但在除以苏格兰总人口之后得出的平均值仍高于整个英国、美国和加拿大。一些来到苏格兰参与阿兰德（Allander）系列讲座的世界知名经济学家也曾宽泛地指出舆论对苏格兰经济的态度过分悲观，与事实不符。他们认为苏格兰经济显然存在改善余地，但其总体表现远远谈不上"糟糕"。2006 年斯特拉斯克莱德大学的全球企业家精神实时调查项目（Global Entrepreneurship Monitor，GEM）收集的证据则表明，苏格兰经济的很多弱项正在得到弥补。从这项研究启动的 2000 年开始，苏格兰的新兴企业活跃度始终落后于全英水平，但这一差距在六年里已小幅收窄。最近的调查结果还显示，苏格兰的初创企业活跃度有史以来第一次达到了全英平均水平，但与伦敦或英格兰东南部等经济引擎地带仍有一定差距。不过，只要持之以恒地对企业家培养和创业扶持事业进行长期投入，苏格兰最终就有可能收获更好的结果。

一些对苏格兰经济表现感到怀疑的人则以增长稳定但低速的苏格兰为负面案例，与"欧洲小虎"爱尔兰更为迅猛的增长故事进行对比，这也是那些试图引用爱尔兰经济奇迹论证苏格兰独立将带来经济好处的人最爱采用的论调。认为爱尔兰的情况无法为苏格兰提供任何参考的看法无疑是武断的。对苏格兰而言，爱尔兰案例最大的价值之一在于证明了一个国家如果能就一项经济战略达成国民共识，并以足够的定力加以推行，就会在长期收获良好的成果。然而，苏格兰与爱尔兰在现实中也有很多不同。爱尔兰经历的是从一个穷国成长为富裕经济体的转变，但在 1980 年代，苏格兰已经是一个面临全面革新的成熟工业经济体。爱尔兰惊人的飞速增长是不可能在苏格兰得到复制的。爱尔兰在增长周期开始时拥有低工资、低成本的经济环境和庞大的未就业劳动力储备，因此有机会快速崛起。苏格兰则不具备这些"优势"，因此不可能像爱尔兰那样维持年复一年的高速增长。在这一对比当中，实现革新的挑战比"经济起飞"的挑战大得多。

虽然没有"起飞"，但苏格兰经济体系经历的变革同样彻底，也确实为人们的物质生活带来了广泛的改善。有人认为，与 1950 年代相比，苏格兰的财富在 2003 年已增加了两倍，这一时期的年均实际收入增速也超过有记载以来的任何一个阶段。1996—2004 年，苏格兰中位数收入增加 3.3%，而拜免税等公共政策优惠所赐，低收入人群的收入增速还要更快。在最近 40 年间，苏格兰的私家车保有量增长了 200%。苏格兰的住房条件也有了巨大的变化：苏格兰传统的居住空间过密问题直到 1950 年代依然存在，但在之后的几十年里得到了解决。到 2001 年，苏格兰 93% 的居民家中已拥有自己的洗浴和集中供暖设备，如此便利的条件在很多老一辈苏格兰人的时代都曾是少数富裕家庭的专属。自有住房比例在苏格兰也有大幅提升，到 1999 年，只有四分之一的苏格兰人仍租住在地方政府持有的公租房内。邓迪和格拉斯哥等传统工业城市也焕发了新生。今天的格拉斯哥是英国仅次于伦敦的第二大购物中心城市，闹市区的街道上布满了新的餐厅、小餐吧和酒馆，也赢得了国际性的名声——《国家地理杂志》称格拉斯哥为"酷之都"，著名的《弗罗默旅行指南》（*Frommer's Guide*）也曾在 2006 年将格拉斯哥列为美国游客在欧洲的首选目的地城市。至于邓迪，如今也开始以生物科技而非黄麻纺织业闻名。邓迪大学被《科学家》（*The Scientist*）列为世界上第四优秀的生命科学研究机构，与格拉斯哥大学一道成为英国仅有的两所位列前五的高等学府。最近的一份针对邓迪就业情况的调查显示，当地 40% 的男性工作者都在从事白领工作。在苏格兰各地，翻新的城区、外食习惯的普及和海外度假的盛行无不表明，大多数苏格兰人过上了更为富裕的新生活。

由此可见，苏格兰的经济境况显然比一些评论者设想的更好。随着全球经济活动越发重视人才、脑力而非蛮力，苏格兰有望在拥有良好教育背景的劳动者、出色的高等院校和"智能成功苏格兰"（Smart Successful Scotland）等政府发展战略的支持下展现出优秀的竞争力。但苏格兰的前景也不是一片光明。例如，苏格兰的人口格局从表面上看似乎十分健康。进入 21 世纪，长期困扰苏格兰的大规模移民净外流问题一度有所遏制。在 1990 年代，苏格兰的出入境移民大体维持平衡，但因为接受亚裔与加勒比地区移民的规模有限，苏格兰的族群多样性仍不如联合王国的其他组成部分。苏格兰最大的移民群体是英格兰人，2001 年的人口普查显示，来自英格兰的第一代移民人数多达 406900 人，他们中的大多数并非市井传说中的所谓"白发定居者"（退休老年人），而是技术性与专业性行业的从业者，主要生活在低地城镇，而非更北方的乡村地带。自那以后，大量来自波兰、立陶宛和斯洛伐克等欧盟东缘国家的年轻移民迁入，成为近来苏格兰移民格局的新趋势。但同样在这一时期，之前几代人的时间里苏格兰较高的生育率不复存在，苏格兰人的家庭规模逐渐缩小，生育子女数也在下降。正是出于对这一问题的重视，苏格兰政府在 2004 年 2 月发布了"新人才计划"，试图保证苏格兰每年（净）新增 8000 名拥有专业技能的移民，以将苏格兰人口维持在具有象征意义的 500 万基准线以上。苏格兰的"人口定时炸弹"显然不是一个好兆头。一方面，具有经济活力的年青一代人数不断减少；另一方面，随着医疗技术进步延长了人均寿命，苏格兰需要赡养的老年退休人口不断增加。在评估这一确实存在的危险时，我们需要注意三个背景条件。第一，从历史表现来看，人口学预测常常伴随很大的不准确性。事实上，根据最初的预计，苏格兰的"人口末日"（总人口跌至 500 万以下）本应在 2009 年发生，但因为生育率和移民净增加数据在近年有所改善，苏格兰民政注册总局已将这一事件到来的最早预期时间推迟到 2017 年。第二，生育率下降是普遍存在于发达国家的问题，并非某一个国家的独有现象。事实上，在 2006 年欧洲只有阿尔巴尼亚和法罗群岛的总生育率达到了估算中的所谓"生育更替水平"，即平均每名女性生育 2.1 个子女。在欧洲各国家及地区的生育率排行中，苏格兰位列中游，居于人口问题更为严重的中欧和南欧国家之上。第三，悲观主义预言者们往往没有认识到，经济生产率的提高意味着经济体可以在劳动力减少的情况下维持既有的总产值，因此可以缓解人口减少带来的经济下行压力。

事实上，人口可能算不上苏格兰正在面临的主要挑战。2005 年秋天，《苏格兰周日报》（Scotland on Sunday）曾引用时任苏格兰开发机构（Scottish Enterprise）主席约翰·沃德爵士（Sir John Ward）的说法，指出"政府对苏格兰的控制"如此之深，以至于苏格兰各地的公共部门开支已接近"东欧"水平。2002—2003 年，苏格兰开发机构宣称苏格兰的总公共开支约为 400 亿英镑（这在一定上与财政大臣慷慨的对苏拨款有关），相当于苏格兰经济总量的 55%。苏格兰中西部的某些地方的确高度依赖政府财政——在阿盖尔和克莱德地区，政府支出相对于经济总量的比例高达 76%，在艾尔郡和阿伦（Arran）达到 74%，在拉纳克郡约为 72%。只有在石油资源丰富的格兰扁地区（35%）和拥有金融业中心——爱丁堡的洛锡安地区（39%），政府支出在经济总量中的占比才低于 40% 左右的英国平均水平（2005 年）。

有说法称，英国工业联合会苏格兰分部的一名发言人曾对这些数字表达了惊恐之情："经济活动中竟有如此庞大的部分来自福利消费端而非福利创造端，这在长期来看不可能对苏格

兰有好处。"[11]保守党方面的批评者认为带有年金福利保障的
"安稳"工作泛滥是助长苏格兰所谓"依赖文化"的一大原因。
一些经济学家也认为，虽然对公共服务部门的经济生产效率进
行精准衡量比较困难，但苏格兰的医疗和教育行业仍需要接受
改革。这些人相信，当前这些部门的服务提供者仍缺乏足够的
动力，不能在市场条件和利润导向下充分满足用户对"性价
比"日益增长的需要。更严重的是，苏格兰已经对时任财政大
臣戈登·布朗的慷慨拨款产生依赖，但这一优惠的持续性得不
到任何保障。如果英国财政部缩减拨款，相比之下高度依赖财
政支出的苏格兰显然会成为最直接的受害者。

　　不过，现代苏格兰公共服务部门对苏格兰经济的繁荣发展
也做出了积极的贡献，这一点与其所带来的风险同样值得注意。
良好的医疗服务与出色的教育制度是苏格兰经济发展战略的核
心要素，而在当前的条件下，私营企业仍无法轻易且广泛地提
供这两种优质服务。与上文提到的观点和把苏格兰与苏联相提
并论的讽刺言论相比，苏格兰公共财政支出的实际情况要复杂
得多。从规模上看，苏格兰财政支出在经济总量中的比重位列
欧洲第四，但公共财政的批评者们时常忽略的是，欧洲大陆上
最为成功的两个经济体——丹麦和瑞典的公共财政支出与经济
总量的比例甚至比苏格兰更高！

650

　　仅从经济角度分析，仍不足以解释为什么时常在苏格兰公
共舆论中占据主导地位的恰恰是悲观主义论调，而非其他观点。
我们可以从近来的学术研究中发现一条线索。一些经济学者开
始意识到人（无论男女）并不只根据衣食等基本需求生活，而
且试图用一系列比国民生产总值更复杂、更宽泛的指标来衡量
自己的"主观生活质量"。学界已经编成了一个世界规模的

"幸福度"数据库，分析者也开始以"你在总体上对自己的生活感到非常满意、比较满意还是完全不满意"之类的问题进行调查。表 27.2 对联合王国境内幸福度调查数据的列举表明，英国全国的幸福度经历了小幅上升，但从 1970 年代初开始，苏格兰人的物质生活虽变得更为富裕了，幸福度却没有显著变化。从这份表格的数字来看，生活水平的上升并没有让大多数苏格兰人更幸福。

我们无从确知这一现象背后的原因，只能大致猜测。一种流行的观点是现代社会的消费主义风潮削弱了邻里关系与社群文化，缔造了一个更强调竞争、自利、自恋与投机的个人主义社会。在这样一个强调相对性的社会里，人们倾向于攀比，大众媒体与广告宣传又加剧了这一趋势。一些人相信，基督教信仰正在现代苏格兰加速衰退（尤其是在年轻人之间），这从 1960 年代开始导致苏格兰社会陷入一种道德真空状态，人们开始漠视必要的道德观念，抛弃在性生活中应负的责任。例如，2002 年的数据显示，苏格兰只有略多于 11% 的人仍在每周日上教堂。信徒人数在近四十年来持续减少，没有复苏的迹象。1994—2002 年，苏格兰国教会的信徒人数大幅减少 22%，天主教会的信徒人数则减少了 19%。美国的保守主义者充分利用了这种观念，乔治·W. 布什也借此于 2004 年为自己赢得了第二个总统任期。此外，过于迅猛的经济与社会变革也令很多人失去了安全感和生活中的确定性，但上述因素都不是苏格兰独有的因素，而是世界各地发达国家同时面临的问题。例如，下面的这段引文就来自澳大利亚，即所谓的阳光与宜居之国：

当代社会似乎被种种社会问题压垮了。虽然在经济上

享受着显而易见的繁荣景象，对于家庭崩溃、吸毒、青年
自杀率高涨、暴力犯罪和入室犯罪等问题的忧虑却在社群
中不断累积。对负面社会现象日益增加的关注，表明很多
人都对经济变革是否真的带来了好处感到不安……虽然很
难得到量化，但我们仍可以比较自信地断言，从 1960 年代
末开始，我们的社会已经目睹了诸多社会结构的崩溃与腐
朽，但那些结构正是人们形成人际关系、构建个人自尊和
归属感的基础。[12]

表 27.2　1973—2002 年苏格兰与全英国的生活幸福度

	完全不满意 （％）	不是很满意 （％）	比较满意 （％）	非常满意 （％）
（a）英国				
1973—1977	4	11	54	31
1978—1982	4	10	53	33
1983—1987	4	10	55	31
1988—1992	4	10	55	31
1993—1997	3	10	57	31
1998—2002	2	9	55	35
（b）苏格兰				
1973—1977	3	12	57	28
1978—1982	2	10	62	26
1983—1987	5	9	61	25
1988—1992	4	11	58	27
1993—1997	4	11	58	27
1998—2002	3	11	58	28

资料来源：1973—2003 年欧盟民意调查（Eurobarometer）结果，出自 D. Bell
and D. G. Blanchflower, 'The Scots may be Brave but they are neither Healthy or Happy'
in *Institute for the Study of Labour*（IZA）, *Bonn. Discussion Paper 1909*（December 2005）。
我感谢斯特拉斯克莱德大学的罗德·克罗斯（Rod Cross）教授提醒我关注这项研
究。D. G. Blanchflower and A. J. Oswald, 'Wellbeing over time in Britain and the USA',
Journal of Public Economics, Vol 88, July 2004, pp. 1359 - 86 对衡量"满意度"和
"幸福度"的研究方法及其问题有所讨论。

最近三十年来女性地位的革命性变化也有可能产生了显著影响。从事正式雇佣劳动的女性有史以来第一次在全体苏格兰女性人口中占据多数（55%），教育、医疗等公共服务部门的雇员也以女性为主。家务琐事的自动化、有效节育手段的普及和经济重心从制造业向服务业转移的趋势都让这场变化成为可能。女性在经济上的新地位为苏格兰的人口格局带来了重大变化，导致结婚与生育推迟、家庭规模缩小。这些变化对很多女性来说是一种解放，但还有很多女性只能从事缺乏保障、薪资低廉的兼职工作。尤其是对工薪母亲而言，来自家庭和工作两方面的负担常常会导致更大的精神压力。因此，家庭收入的增长并不一定会带来更高的生活质量。随着更具流动性的新型人际关系开始成为组建家庭（household）的主流路径，以双亲和子女组成的传统"家庭"（family）如今已成为苏格兰社会的少数现象，因此一些人追求自我实现的生活方式有可能成为他人心中焦虑与不安的来源。

在广泛的层面上，新型经济对专业和技术性劳动力的需求、高等教育的大幅扩张和对正式学历认证的更高要求都令苏格兰的社会流动性达到了空前的高度。爱丁堡大学社会学家基于人口普查分类数据的研究显示，在 2001 年属于适宜工作年龄层的苏格兰成年人当中，约三分之二的人都已进入了与他们的父母不同的社会阶层。事实上，在 1937—1966 年出生的苏格兰男性当中，有近一半人都实现了阶级跃升。一些证据表明这种阶级跃升率在更晚近的世代当中有所下降，但这不一定指向社会不平等程度的恶化。恰恰相反，"总人口中阶级跃升者比例的下降可能只是因为来自一线工人阶级的人口减少了。类似地，没有实现阶级跃升的人占比升高，只是因为他们生来就处在社会阶层结构的顶层"。[13]表27.3 的数据表明，苏格兰的管理类、专业性与非体力劳动雇用机会经历了大幅增长，半熟练与非熟练工作机会则有所减少。因此，与历史上的任何一个时期相比，当代苏格兰都更具"中产阶级色彩"。这些趋势给苏格兰社会带来的变革无疑十分深刻，其后续影响仍有待时间的充分检验。

653

表 27.3　1981—2000 年苏格兰 16 岁及以上参与
经济活动的经济社会群体占比

经济社会群体	年份		
	1981（%）	1991（%）	2000（%）
大企业雇主与管理者	4.4	4.2	9.3
小企业雇主与管理者	4.4	8.5	7.1
自营专业人员	0.5	0.8	1.1
受雇用专业人员	2.9	3.9	5.1
中等非体力劳动者	10.2	14.5	16.2
初级非体力劳动者	19.3	21.0	18.9
个人服务	6.1	4.7	6.1
领班、监工	2.6	2.4	4.4
技术体力劳动者	19.3	14.2	10.5
半熟练体力劳动者	12.4	10.8	9.6
非熟练体力劳动者	7.7	7.0	5.1
其他自由职业者	2.3	4.0	3.8
农民（雇主、管理者、自营）	1.2	1.1	0.7
农业佣工	1.4	1.1	1.1
军人	0.9	0.8	0.5
未分类	4.5	0.9	0.5
样本规模	240135	207378	5733

资料来源：表格来自 L. Paterson, F. Bechhofer and D. McCrone, *Living in Scotland*（Edinburgh, 2004, p. 85）。

在上述社会变化趋势中，一个显著的例证便是苏格兰天主教徒的经历。苏格兰天主教徒占苏格兰总人口的六分之一，大多数人都是 19 世纪贫穷的爱尔兰裔移民的后代，但他们在当代苏格兰就业市场上已不再居于劣势。2001 年的苏格兰家庭普查显示，天主教徒在苏格兰管理类与专业性岗位中的占比已不再低于其在总人口中的占比，年龄在 35 岁及以下的青壮年天主教徒在不同领域的就职分布大体上与同年龄段的其他人群持平。他们的这一成果来得并不算早，美国的爱尔兰侨民早在 20 世纪初就基本达到了这一状态。有关证据表明，1960 年代开始推行的全面中等教育制度很有可能扩大了天主教徒接受高等教育以及在公共服务部门就职的机会。正是从 1960 年代起，就业市场上针对天主教徒的歧视大为减弱，天主教学校教学质量的提高也可能在这一变化背后发挥了重要作用。

但在这些正面的指标背后，苏格兰社会的现状不容乐观。苏格兰仍是一个贫富悬殊的社会，很多人未能融入以唯才是举为原则的社会新秩序。一些人担心一个新的下层阶级将在苏格兰诞生，这将由那些被知识经济体系排斥在外的人组成，他们作为"没有知识的人"，只能备受贫困、教育匮乏、身体状况恶劣、轻微违法犯罪行为与毒品肆虐的困扰。1995 年，格拉斯哥 60% 的公租房租户都在领取低收入保障金，拉纳克郡、艾尔郡和邓巴顿郡等去工业化影响最严重的地区，以及爱丁堡周边的公租房郊区、邓迪部分城区、斯特灵和阿伯丁也出现了广泛的相对贫困问题。记者艾伦·泰勒曾生动地把格拉斯哥的当代经历比作一场"双城记"，充斥着失业、疾病和社会保障的贫穷市民与活跃的文化生活、无拘无束的消费主义在这里紧张共存："只有像陀思妥耶夫斯基一样伟大的作家才能充分描写这种场面。"[14]部分出于这一原因，苏格兰在几乎所有居民健康状况指标上都落后英国其他地区和大部分发达国家。苏格兰的男性自杀率与暴力犯罪率都远高于英国的平均值。尽管近来的一些证据显示从1990年代末开始苏格兰的吸毒问题有了显著改善，但到2003年，苏格兰不满16岁的少年儿童中仍有41000—59000人生活在双亲有吸毒问题的家庭，相当于这一年龄段总人数的二十分之一。其他方面也鲜有改善的迹象。仅从糖尿病、冠心病、中风和肝病发病率来看，苏格兰依然配得上"欧洲病夫"的恶名。

2006年初，《苏格兰人报》发起了一项大规模调查，根据国家医疗服务体系的数据为苏格兰的830个邮政编码区计算了"贫困指数"，揭示了苏格兰社会不平等问题何其深重。这项调查的结果在一定程度上并不出人意料，只是再一次证实了苏格兰的富裕阶层和贫民之间存在巨大的差距。与此同时，这项调查也空前清楚地展示了贫富到底有多么悬殊。一方面，居住在所谓"优质苏格兰"，亦即调查中表现最好的100处社区中的80岁及以上居民拥有世界上最长的预期寿命，甚至比冰岛、日本、瑞典和澳大利亚等传统长寿国家更胜一筹。但在另一方面，苏格兰也拥有一些西半球最为贫困的居民区：这些地区的人均预期寿命更接近第三世界水平（65岁左右），被称作"第三世界苏格兰"，主要（但并非全部）分布在格拉斯哥东郊。而在其他城市，贫困社区居民的人均预期寿命甚至低于黎巴嫩、加沙地带或波斯尼亚。居民预期寿命在同一城市或地区最好与最差的邮政编码区之间也存在巨大的差距，这一差距在爱丁堡为22岁，在佩斯利为17岁，在珀斯郡为15岁，在高地地区为9岁。在"第三世界苏格兰"的核心地带，亦即格拉斯哥的达尔马诺克（Dalmarnock）、卡尔顿和唐海德（Townhead）街区，当地男性居民的预期寿命不足60岁，这一数字甚至低于二战期间英国的平均水平。

655　　如此惨淡的局面或许可以解释，为什么很多中产阶级苏格兰人在报道中读到苏格兰是毒品重灾区和欧洲谋杀案发生率最高的地区之一时会感到错愕。"这种印象既不符合他们自己的日常体验，也不符合他们家中长辈的生活经历。"[15]他们的反应折射出苏格兰城市社会深重的分歧。在这里，许多人享受的富裕新生活并没有为少数贫穷市民的相对生活水准带来显著改善，这一问题也并非只靠向贫穷地区增加投资就能解决。正如一个来自格拉斯哥卡尔顿（这里的无业人口问题十分普遍）的人所说："想找工作的人确实能找到工作。但我不是说人们不想工作，他们只是觉得这么做不值得。你拼死拼活才能赚来一张十英镑的票子，可这还不如失业救济金多。"[16]他认为，只要当地的年轻人还能从社会福利体系获得比工作更丰厚的利益，他们基于理性选择也不会工作。作为结果，一代又一代的无业文化将在一些社区扎下根来。由于从事正规工作的父亲或母亲越来越少，那里的少年儿童在成长过程中将不会遇到正面的人生典范，由此衍生的社会问题足以列出一长串令人伤心的清单。在苏格兰权力下放事业的成果趋于巩固之后，随着苏格兰社会在21世纪初的变化日益加快，这些社会问题将成为苏格兰政府与议会需要面对的最大挑战。

后　记

到 2007 年，苏格兰和英格兰这两个在历史上享有独立地位656的民族结成的联合关系已延续了整整三百年。虽然这一关系在如今的苏格兰受到了自 18 世纪以来最为广泛的批评，数年前的权力下放安排也永久性地改变了苏英政治联合关系的内涵，但这一成就依然值得瞩目。欧洲的历史告诉我们，仅凭地理上的毗邻关系很难让两个彼此不同的国家维持长时间的政治联合，不列颠与爱尔兰共和国、西班牙和葡萄牙、挪威和瑞典的例子无不证明了这一点。在苏格兰和英格兰之间，类似的破裂仍有可能发生，而随着 1960 年代以来苏格兰民族主义逐渐崛起，并在近些年的选举中取得了一些胜利，一些人认为苏英合并破裂的可能性已然不低。即便如此，借用一位学者的话说："像英格兰和苏格兰这样，两个自中世纪以来拥有独立地位、稳固建制与一定名望的王国结成长达四百年的联合关系（如果从 1603 年斯图亚特王朝的共主统治算起），是欧洲史上的罕见现象。"[1]鉴于本书在最后几章中时常对那些有可能在未来动摇这一古老纽带的因素加以关注，笔者认为有必要在这里简单梳理一下那些在近几个世纪里让苏英合并得以存续的主要原因。在这之后，这篇后记将重点讨论苏格兰在最近几年的历程——这也是对苏英合并关系未来命运至关重要的一个时期。

尽管存在口音与方言上的诸多差异，苏格兰和英格兰的绝大部分地区还是以英语为通用语言。新教的宗教改革的成功

657　显然也为维系苏英合并提供了关键的意识形态助力。虽然在教务体制、宗教习俗与惯例上有重大差异，苏格兰长老派基督教会与英格兰圣公会之间的分歧却在 18 世纪逐渐淡化。英格兰和苏格兰此时正卷入一场针对天主教国家法国（时常与同样信奉天主教的西班牙结盟）的百年战争，因此不得不搁置争议，寻求合作。在这一方面，于 1707 年 5 月 1 日生效的《联合条约》本身起到了不容忽视的作用。《联合条约》的条款允许苏格兰人保留始建于 1690 年的长老制国教会，从事后来看这收获了绝佳的效果。近代早期的大多数欧洲君主国都致力于在领地内统一信仰，正是这一动向在 17 世纪成为引发三十年战争惨剧的根本原因。政府认识到与政治上的灌输相比，宗教信仰更能在臣民当中激发效忠情绪，但当时有许多人把这两种力量混为一谈。

　　在《联合条约》中永久保障苏格兰国教会地位的做法主要出于权宜的考量，而非决策者高瞻远瞩的结果。如果威斯敏斯特方面没有宣布这一让步，苏英合并事业便有彻底破产之虞。英格兰方面即便在英格兰圣公会与苏格兰圣公会之间达成协议，也会在苏格兰长老派基督徒当中引起强烈抗议，导致苏英合并的立法动议受到阻挠，令政局朝着有利于詹姆斯党的方向发展。最终，《联合条约》同意以法律形式承认苏格兰国教会的地位，这对维持苏英合并的存续意义重大。这一决定不但让苏格兰在新的联合王国体制下获得了一个维持政治认同的制度焦点，也让苏格兰得以保留国教会在教育、济贫等领域发挥的关键职能，并在漫长的时间里维持着地方社会的基本伦理。在更为现实的层面上，苏格兰的长老派基督徒也不必因自身的宗教信仰而在不列颠殖民帝国体系内受到歧视，这为苏格兰人在全球范围内的繁荣发展提供了巨大的便利。

但从短期来看，上述因素都不足以保障苏英合并的长期存续。在 1707 年之后近四十年的时间里，因为期待中的经济好处没有兑现，苏英合并在苏格兰始终广受抵触。苏格兰的税负猛增至不可忍受的程度，伦敦方面对苏格兰宗教事务的干预也令虔诚的苏格兰长老派信徒愤怒不已。这种对联合王国的深重不满强烈影响了苏格兰人对斯图亚特王朝复辟事业的态度，只有充分认识到这一点，我们才能正确地理解詹姆斯党运动的历史，以及这场运动为何在 18 世纪上半叶的苏格兰拥有诸多支持者。

658

但到 1760 年代，苏英关系进入了一个更为稳定的新阶段。一方面，随着汉诺威王朝的政府军在卡洛登战役击败詹姆斯党人，并在战后残酷镇压詹姆斯党势力，斯图亚特复辟运动的威胁被彻底消除；而在另一方面，苏格兰的烟草与亚麻贸易活动蓬勃发展，苏格兰军官、商人、教育者与医生在不列颠殖民帝国体系下攫取了极为丰厚的利益。但摩擦依然存在。英格兰的辉格党精英没有忘记 1745 年詹姆斯党叛乱险些颠覆汉诺威王朝在苏统治的恐慌时刻，他们因此在 1757 年制定《民兵法》，为英格兰和威尔士设立本土防卫力量时将苏格兰排斥在外。在苏格兰人看来，威斯敏斯特方面似乎仍将很多苏格兰人视为潜在的詹姆斯党分子，因此不愿授权他们持有武器。除此之外，伦敦的讽刺漫画家直到 1790 年代仍把苏格兰人描绘成狡诈之辈，后者像寄生虫一样在不列颠国内外榨取英格兰的财富。

18 世纪末的两场大规模战争很有可能改变了苏英关系的走向——1776—1783 年的美国独立战争，以及更重要的 1795—1815 年的法国大革命和拿破仑战争。苏格兰人在这两场战争中不但忠于不列颠一方（在美国独立战争中，爱尔兰人试图在政治上利用不列颠衰弱的机会，苏格兰的效忠因此值得注意），还在 1815 年击败拿破仑的决战中付出了重大伤亡。高地部队在战争中的英勇表现成为一种人格化的象征，标志着苏格兰人在联合王国中拥有了与英格兰对等的一席之地。

当然，苏格兰和英格兰的关系在事实上不可能是平等的。借用加拿大总理皮埃尔·特鲁多（Pierre Trudeau）描述加美两国不对等关系时的说法，苏格兰与英格兰的联合也是"与大象同床共枕"。《联合条约》缔结时，英格兰的人口相当于苏格兰的五倍，到第一次世界大战时期相当于苏格兰的十倍。伦敦不仅是不列颠帝国体制的中心，也是整个不列颠岛上（除苏格兰文艺复兴时期以外）最主要的文化、时尚、思想和经济发动机。事实上，在 19 世纪初，苏格兰面临的问题在于，英格兰这头"大象"似乎正要把北方的邻居一口吞下，把苏格兰变成一个新的"北不列颠"。当时的一些苏格兰知识分子曾认为"苏格兰的末日"已不可避免，亨利·科伯认为自己生活在"最后一个纯正的苏格兰依然存在的时代"，约翰·辛克莱爵士则担忧自己的故乡有可能"被英格兰彻底消化"。[2] 如果这一危险成真，曾在中世纪进行过多场独立战争的苏格兰有可能见证一场建立在古老抗争传统基础之上的"民族主义"风潮。毕竟，19 世纪中叶是浪漫的民族主义与政治民族主义的时代，正是在这一时期，意大利、匈牙利等地爆发的民族主义革命险些将古老的哈布斯堡帝国彻底撕碎。诚然，苏格兰的中上流阶层在联合王国的纽带之下取得了丰厚的利益，因此不太可能孕育一群敢于在政治上铤而走险的民族主义者。但如果苏格兰历史悠久的独特属性被"英格兰性"淹没，或苏格兰沦为英格兰霸权之下的一个边缘行省，1707 年的《联合条约》就很有可能陷入危机。

不过，正如本书前半部分的一些章节所述，19 世纪苏格兰的真实情况与此截然不同。19 世纪苏格兰几乎不存在政治意义上的民族主义，联合王国也受到了空前稳固的拥护。这是属于联合王国民族主义的时代：苏格兰人对苏格兰确实怀有自豪感，但他们也诚挚效忠于 1707 年与英格兰一道结成的联合王国。原因何在？

苏格兰经济在维多利亚时代取得的空前成就显然是一个关键因素。这一时期的苏格兰史学界开始适应新的现状，把《联合条约》之前的苏格兰描述成一个深陷派系斗争与蒙昧迷信之中的国度，把《联合条约》之后的苏格兰描述成一个象征着启蒙、开化与经济发展的典范之地，并认为这些成就都是在 1707 年注定的。不过，物质上的发展只是令苏格兰忠于联合王国的其中一个原因。维多利亚时代的苏格兰人热衷于兼顾"苏格兰性"与"不列颠性"的双重身份认同，在这种观念下，效忠于掌握全球霸权的不列颠帝国和大受欢迎的维多利亚女王与追求一种独特的苏格兰身份认同不但并行不悖，还有密切的关联。 660 这一时期流行的苏格兰身份认同是一种新近发明的认同体系，以对伯恩斯、诺克斯的崇拜与对威廉·华莱士的再发现和尊崇为基础，杂糅了司各特爵士和其他作家修饰并神化的历史记忆。在这种观念中，苏格兰人是一群杰出的帝国缔造者、勇敢的战士，以及优秀的教育者、医生和工程师。高地风尚化用了方格呢、长裙和毛皮袋等盖尔语地区的文化符号，也定义了整个苏格兰民族的形象（不只是其中最为贫穷的一部分），这在无意间形成了一种基于服饰的民族主义符号体系，与联合王国完美兼容。与此同时，联合王国政府也在苏格兰事务上放弃干涉主义，走上放任路线，并至少将这一状况维持到了 19 世纪末。在那之前的大多数时候，苏格兰基本上都通过城镇议会、一系列自发的社会组织与慈善组织，以及各种官方理事会实行自治，覆盖范围从社会福利、监狱制度到疯人院不一而足。威斯敏斯特方面在大多数时候不会插足苏格兰事务，在态度上也十分冷淡，苏格兰本地的"公权力"成了苏格兰的实际治理机关。

从 1860 年代开始，英国政府的规模与权限开始扩大，但在这一时期，苏格兰独特的法律制度仍保证其拥有一种事实上的行政自治地位，以确保专属于苏格兰的立法能得到通过与有效实施。因此，在 1885 年，英国政府不但恢复了苏格兰事务大臣的职位，还在伦敦设立了专门的苏格兰事务部，并在议会设置了苏格兰事务常务委员会，负责审议苏格兰的专属法案。从 1880 年代开始，伦敦方面甚至对在苏格兰实行本地自治产生兴趣，甚至在 1914 年几乎要达成这一目标，直到相关立法进程因 1914 年第一次世界大战的爆发而中断。

20 世纪上半叶或许是联合王国爱国主义在苏格兰达到巅峰的时期。在战间期的七场大选中，保守党和统一党在苏格兰赢得了四场，这意味着在普遍的经济危机面前，苏格兰选民大多向英国政府寻求保护，不敢在民族主义路线上冒险。1934 年苏格兰民族党的建立表明当时不是所有的苏格兰人都是统一派，但该党在成立之后一系列选举中的糟糕表现无疑证明，绝大多数苏格兰人仍忠于苏英合并。事实上，民族党之所以成立，在一定程度上应归因于当时选民基础更为稳固的自由党和工党逐渐对本地自治失去了兴趣。第二次世界大战的爆发进一步激发了苏格兰人对联合王国的认同感：不屈不挠的不列颠及其帝国领地一度孤军奋战，在邪恶的轴心国面前拒不退让。随着整个国家进入全面战争状态，苏格兰生活中的每个角落都受到了影响。本土居民受到敌军轰炸与粮食短缺的威胁，直到 1942 年以前还担心敌人从海上直接入侵，战斗人员与非战斗人员之间由来已久的分歧因此逐渐消解。不列颠举国为正义而战的共同记忆构成了苏格兰民间的一笔重要遗产，即便生于 1945 年之后的世代也能通过长盛不衰的战争题材漫画、书籍和电影作品与其产生共鸣。

战争并不是令不列颠认同在苏格兰得到巩固的唯一关键因素。1930 年代的市场经济失灵给苏格兰带来了严重的失业潮，让无数苏格兰人在恶劣的居住空间里备受折磨。相比之下，战后的福利国家体系致力于实现全民就业，承诺为公民提供"从摇篮到坟墓"的全面保障，在苏格兰人看来极具吸引力。正因如此，即便大英帝国在 1947 年因印度和巴基斯坦的独立而走上解体之路，苏格兰人对联合王国的信念也没有动摇。1950 年代，随着居民生活开始改善，经济紧缩时代的苦难逐渐过去，对联合王国的支持几乎坚不可摧。1950 年，工党甚至在纲领中放弃了长期以来对苏格兰自治事业的支持，苏格兰民族党也一度沦为政坛上毫无影响力的边缘力量。1955 年大选中，统一党甚至在苏格兰赢得了略多于 50% 的选票，创下苏格兰选举史上绝无仅有的纪录。

然而，这种政治共识的存在并不意味着"苏格兰性"消失了。恰恰相反，1949 年获得近 200 万人联署、呼吁在爱丁堡开设自治议会的《苏格兰誓约》（"国民誓约"）无疑证明了苏格兰人依然怀有强烈的自身认同。此外，从 1950 年代末开始，苏格兰经济急转直下。与国际市场上的竞争者相比，战后英国经济在 1960 年代到 1990 年代之间陷入了长期的相对衰退，"苏格兰性"与"不列颠性"之间的力量对比也逐渐开始逆转。苏格兰民族党的崛起、威斯敏斯特方面出于现实考虑对权力下放问题重新抱有兴趣，以及这一时期苏格兰文化界的活跃景象无不表明变化正在发生。1980 年代是这一过程中的重要节点。由于撒切尔领导的保守党政府在没有得到苏格兰多数选民支持的情况下强制推行了一系列不得人心的社会与经济政策，自 18 世纪以来与苏格兰"同床共枕"的"大象"第一次侵犯了苏格兰的领域。这段经历最终让苏格兰选民和政治家的态度更为坚决，令他们不再怀疑设立议会能否左右苏格兰的未来。

在本后记写作的 2011 年底，1950 年代联合王国爱国主义的巅峰时刻已过去半个多世纪。在今天，苏英关系的关键议题在于，联合王国这一历史悠久的纽带能否在千禧年以后长期维持。诚然，苏格兰的民族认同感已达到 18 世纪以来的顶峰。2004 年的民意调查显示，约四分之三的苏格兰人认为自己"只是"或"首先是"苏格兰人，这一比例远高于英格兰人或威尔士人。此外，这种对"苏格兰"的归属感在年轻人当中尤为普遍。然而，这种民族意识并不必然意味着苏格兰在政治上的独立，它反而有可能成为苏英合并历史上的又一个例证，证明联合王国的框架不但具备高度的灵活性，也能容纳威尔士人、英格兰人和苏格兰人自由且充分地宣扬自身的文化与族群身份。经济与社会研究理事会（Economic and Social Research Council）近来发起的一项研究便指出，苏格兰人对苏格兰和联合王国由来已久的双重认同意识至今仍未灭绝。但或许不可避免的是，最近大多数媒体乃至学界人士仍在讨论最近半个世纪以来"不列颠性"为何衰退。这一问题的潜在答案或许包括新教信仰的衰微（对老一辈人而言，新教信仰是维系不列颠认同的重要思想源泉）、大英帝国的解体及英国沦为二流国家的结局、欧洲一体化强大且不断增长的影响力，以及对君主制的尊崇意识日趋淡漠，最后一个因素可能起到了不小的作用。此外，随着二战结束及苏联解体，20世纪末以来的英国失去了一个明确的"他者"，再也没有一个共同的强大外敌能够让英国人在不列颠的名义下团结起来。

最近几年里，关于苏格兰宪制前景的讨论方向发生了巨大的变化。这一变化背后的根本原因在于苏格兰民族党支持率的快速上升，以及该党在苏格兰议会新近取得的主导地位。2007年，民族党以一席优势超过工党，成为苏格兰议会的最大党，并组建了一届少数派政府。2011年5月，民族党在苏格兰议会选举中意外获胜，这一事件有可能彻底改变英国的历史走向。获得了69个议席的民族党在苏格兰议会成为占绝对多数的第一大党，这一未曾设想的结果彻底改变了整个苏格兰的政治格局。苏格兰议会的反对党再也无法阻挠民族党推行堪称该党存在之最大理由的计划，即在苏格兰举行独立公投。很快，首席大臣亚历克斯·萨蒙德便承诺将在自己执政的五年任期内让独立公投成为现实。

苏格兰民族党的得票率在选举中增长了13个百分点，工党的得票率则有所下降。这一结果对工党造成了尤为沉重的打击：该党在苏格兰（尤其是苏格兰中部）长期占据主导地位，但苏格兰民族党在苏格兰的每一座城市都从工党手中赢得了新的议席，还有几名苏格兰工党的要人被民族党候选人击败。自由民主党在大选中失去了所有苏格兰议席，数十万潜在选票流入民族党手中，自由民主党为与保守党联合执政付出了代价。苏格兰保守党在选举中依旧表现低迷，只能困守弱小的选民基础。正是在民族党大获全胜的背景下，苏格兰另外三党的领袖在这场选举之后的几个月里引咎辞职，被相对不知名的新人接替。

民族党的胜利背后有很多原因。在之前的几年里，该党的执政表现得到了选民的认可。它向苏格兰选民提供了积极向上的信息，工党的宣传策略则被普遍认为更为负面。领导民族党的亚历克斯·萨蒙德也极为优秀，堪称苏格兰乃至整个英国最杰出的现役政治家之一。此外，苏格兰选民一向有在苏格兰和英国议会选举中支持不同政党的习惯：他们在为苏格兰议会投票时会支持更擅长治理苏格兰的政党，并在全国大选中支持另一个政党（通常是工党）。事后看来，苏格兰工党的失败在很大程度上是咎由自取。资深记者兼历史学家尼尔·阿舍森（Neal Ascherson）批评工党的宣传策略"毫无胜算"。[3] 但在此之外，工党的失败还暴露了更深层的结构性问题。苏格兰工党在姿态上似乎以抵制民族党为重，未能更有力地发挥权力下放这一主题，以应对苏格兰长期以来面临的健康问题和部分城市街区根深蒂固的欠发达问题。除此之外，还有一些工党的传统支持者因布莱尔推行的新自由主义政策和伊拉克战争带来的不愉快记忆而离心离德。相比之下，标榜左翼路线的苏格兰民族党可以轻易以旧工党的继承者（或旧工党的意识形态近亲）自居。在苏格兰议会，苏格兰工党的人才短缺问题也显而易见。库克、布朗、里德、达林和亚历山大等苏格兰工党的"大将"都选择将伦敦而非爱丁堡作为自己的舞台，新生代工党政治家中的一些佼佼者则因派系斗争和党内私怨而退出政坛。

到目前为止（2011年下半年），苏格兰民族党已在苏格兰政坛取得全面优势。苏格兰议会内的统一派各党势力持续低迷，想要从2007年选举的惨败中恢复仍需不少时间。更严重的是，统一派阵营还没有在思想上提出一套可靠且可信的论述，证明苏格兰应留在联合王国之内。随着民族党承诺的独立公投逐渐迫近，这一问题的解决将无比关键。同样值得注意的是，在联合王国的其他组成地区，对苏英合并的支持也在下降。2011 年 11 月进行的一项全英民意调查显示，在来自英格兰和威尔士的所有被调查者当中，只有 39% 支持在今后维持苏格兰现行的宪制状态，支持苏格兰彻底独立的比例达到 24%，另有 15% 的受访者支持苏格兰在不脱离联合王国的前提下获得更多权力。

在这一背景下，苏格兰民族党采取了一种两阶段的政治策略。第一，民族党政府将在目前正接受议会审议的《苏格兰法案》的基础之上大幅扩张苏格兰当局的权力，涉及一些由苏格兰权力下放调查委员会（Commission on Scottish Devolution）做出的政策提议。苏格兰权力下放调查委员会由格拉斯哥大学名誉校长肯尼思·卡尔曼爵士（Sir Kenneth Calman）主持，因此得名"卡尔曼委员会"。这一机构最初由苏格兰工党提议设立，遭到苏格兰民族党反对，最终于 2007 年在保守党和自由民主党的支持下通过苏格兰议会审议。卡尔曼委员会被广泛视为一种对抗民族党独立诉求的手段，旨在进一步增强苏格兰方面的自治权力。委员会提出的建议包括授予苏格兰议会有限的所得税率设定权，但相应减少联合王国政府对苏格兰的年度拨款，并允许苏格兰政府以公共工程的名义借款，限额 20 亿英镑。作为应对，民族党主导的苏格兰政府试图在这些提议的基础上更进一步，通过谈判争取对企业税的自主控制权，并将政府借贷上限大幅提升至 50 亿英镑。

苏格兰民族党的第二个目标是在本届苏格兰议会任期的后半段举行独立公投，让苏格兰选民有机会就这一问题做出选择。2011 年 10 月，一贯自信满满的亚历克斯·萨蒙德在电视上向

665

全苏格兰的观众宣布，苏格兰人在时机成熟时一定会选择独立："无论是出于感情还是出于理性，我都相信苏格兰将成为欧洲大家庭内部的一个独立国家，并与不列颠诸岛上的友邻保持融洽的合作关系。"[4] 但在不久后的 2011 年民族党年度总会上，这位首席大臣又提出在公投选票上增加一个替代选项，这反而对实现苏格兰独立构成了最大挑战："（选票上的）第一个问题是简单的是非题：要不要独立。"与此同时，这个选项还将"像 1997 年的公投那样，提出第二个问题，询问选民是否接受我们提出的财政自主权方案"。[5] 批评者很快指出萨蒙德有"在赌局中对冲风险"之嫌，认为他并不像表面上那样满心相信苏格兰选民将选择独立。

事实上，苏格兰民族党在追求独立的道路上还面临着不少挑战。一直以来，投给苏格兰民族党的支持票并不必然等于投给苏格兰独立的赞成票，而最近民族党的强势表现或许比一些人所设想的更脆弱。在下一场英国议会选举中，很多苏格兰选民仍有可能回归传统立场，把票投给工党。此外，1997 年以来的所有民意调查结果都显示，苏格兰支持独立的民意占比始终在 25%—30% 小幅波动。相比之下，在权力下放的基础上扩大财税自主权（所谓的"最大下放"方案）吸引了更多选民，在上述民意调查中的支持率基本保持在 50% 以上。决定苏格兰独立与否的道路上还存在一些重要的不可控因素：在信贷紧缩、欧元区危机、政府的财政紧缩政策（削减公共开支的方针很有可能在未来数年之内延续），以及苏格兰皇家银行和苏格兰哈利法克斯银行的严重经营危机（两家企业只因英国政府介入才避免破产）之后，苏格兰的独立派民意又将有怎样的表现？

但是，苏格兰民族党也可以自豪（且准确）地指出，即便在上述逆境面前，独立派的核心民意仍保持稳定，一旦独立公投的宣传活动全面展开，这一群体将为独立派提供重要的基础。2011 年 12 月，英国政府内阁秘书兼公务员部门长官格斯·奥唐奈尔爵士（Sir Gus O'Donnell）就曾公开表示联合王国在今后数年之内将有不复存在的风险，并指出"如何维持我们联合王国的统一"将是未来英国政府必须面对的诸多"严峻挑战"之一。[6]奥唐奈尔爵士的担忧表明，英国政界高层已严肃地认识到了苏格兰独立的可能性。苏格兰政府承诺，独立公投的宣传活动将拥有苏格兰有史以来最高效的组织运作和最丰厚的财力支持。或许只有在那场大辩论开始之后，我们才能更清晰地看到，苏格兰人将对这个 1707 年《联合条约》以来最为重要的宪制抉择做出怎样的回应。

注 释

第一章 苏格兰在大不列颠之中

1 Quoted in W. Ferguson, *Scotland's Relations with England: A Survey to 1707* (Edinburgh, 1977), p. 201.

2 J. M. Gray, ed., *Memoirs of the Life of Sir John Clerk of Penicuik* (Edinburgh, 1892), p. 42.

3 D. Duncan, ed., *History of the Union of Scotland and England by Sir John Clerk of Penicuik* (Edinburgh, 1993), p. 118.

4 Ibid., p. 121.

5 Rosalind Mitchison, *A History of Scotland* (London, 1970), p. 326.

6 Quoted in John S. Shaw, *The Management of Scottish Society 1707–1764* (Edinburgh, 1983), p. 86.

7 Ibid.

8 Ibid., p. 1.

9 Quoted in Janet A. Smith, 'Some Eighteenth Century Ideas of Scotland', in N. T. Phillipson and R. Mitchison, eds, *Scotland in the Age of Improvement* (Edinburgh, 1970), p. 109.

10 Ibid., p. 113.

11 Quoted in E. C. Mossner, *Life of David Hume* (London, 1954), p. 372.

第二章 詹姆斯党的挑战

1 Murray G. H. Pittock, *Jacobitism* (London, 1998), pp. 44–5.

2 *Culloden Papers* (London, 1912), I, p. 62.

3 Quoted in W. Donaldson, *The Jacobite Song* (Aberdeen, 1988), p. 46.

4 *Glasgow Journal*, 28 April 1746.

第三章 联合王国与苏格兰经济

1 Quoted in G. Holmes, *British Politics in the Age of Anne* (London, 1967), p. 393.

2 D. Duncan, ed., *History of the Union of Scotland and England by Sir John Clerk of Penicuik* (Edinburgh, 1993), p. 114.

3 Linda Colley, *Britons* (London, 1995 edn), p. 135.

第四章 启蒙的摇篮

1 Quoted in Andrew L. Drummond and James Bulloch, *The Scottish Church, 1688–1843* (Edinburgh, 1973), p. 2.

2 Ibid.

3 G. C. Mossner and I. S. Ross, eds, *The Correspondence of Adam Smith* (Oxford, 2nd edn, 1987), p. 309.

4 Quoted in Richard B. Sher, 'Commerce, Religion and the Enlightenment in Eighteenth Century Glasgow', in T. M. Devine and G. Jackson, eds, *Glasgow Volume I: Beginnings to 1830* (Manchester, 1995), p. 321.

5 John Hill Burton, ed., *The Autobiography of Dr Alexander Carlyle of Inveresk 1722–1805* (London, 1910), pp. 93–4.

6 Quoted in J. K. Cameron, 'Theological Controversy: A Factor in the Origins of the Scottish Enlightenment', in R. H. Campbell and A. S. Skinner, eds, *Origins and Nature of the Scottish Enlightenment* (Edinburgh, 1982), p. 121.

7 Quoted in John Butt, *John Anderson's Legacy* (East London, 1996), pp. 20–21.

8 Ibid.

9 Quoted in T. C. Smout, *A History of the Scottish People 1560–1830* (London, 1969), p. 285.

10 Quoted in Anand Chitnis, *The Scottish Enlightenment* (London, 1976), p. 99.

11 William Robertson, *The History of America*, vol.1 (London, 1777), p.324.

第五章 堂区治国

1 Quoted in Rosalind Mitchison and Leah Leneman, *Sexuality and Social Control* (London, 1989), pp. 35–6.

2 Sir John Sinclair, *Analysis of the Statistical Account of Scotland* (London, 1826), p. 83.

3 Quoted in R. A. Houston, *Scottish Literacy and Scottish Identity, 1600–1800* (Cambridge, 1985).

4 L. M. Cullen and T. C. Smout, eds, *Comparative Aspects of Scottish and Irish Economic and Social History 1600–1900* (Edinburgh, n.d.), p. 10.

5 Ibid.

6 Rosalind Mitchison, 'The Poor Law', in T. M. Devine and Rosalind Mitchison, eds, *People and Society in Scotland, Vol. I, 1760–1830* (Edinburgh, 1988), pp. 253–4.

第六章　历史转折中的苏格兰

1 Quoted in T. M. Devine, *The Tobacco Lords* (Edinburgh, 1975), p. 46.

第七章　低地乡村：新旧交织的世界

1 Sir John Sinclair, *Analysis of the Statistical Account of Scotland* (Edinburgh, 1825), 1831 edn, vol. I, pp. 229–33.

2 Quoted in A. J. S. Gibson and T. C. Smout, *Prices, Food and Wages in Scotland 1550–1780* (Cambridge, 1995), p. 231.

3 W. Fullarton, *General View of the Agriculture of the County of Ayr* (Edinburgh, 1793), p. 21.

4 Sir John Sinclair, ed., *The Statistical Account of Scotland, 1791–97* (Edinburgh, 1791–7, new edn, Wakefield, 1975–9), volume for Lanarkshire, p. 498.

5 Ibid., volume for Ayrshire, parish of West Kilbride.

6 J. Galt, *The Last of the Lairds* (Edinburgh, 1976 edn), p. 25.

7 Quoted in Donald J. Withrington, 'Schooling, Literacy and Society', in T. M. Devine and R. Mitchison, eds, *People and Society in Scotland, Volume I, 1760–1830* (Edinburgh, 1988), p. 172.

8 Scottish Record Office, GD 150/2388, Morton Papers, Report of the Acre Land of Aberdour, 1801.

9 Scottish Record Office, BD 45/18/2268, Dalhousie Muniments, Memorandum on Edzell Estate, 1767.

10 All quotations on this page from T. M. Devine, *The Transformation of Rural Scotland* (Edinburgh, 1994), p. 140.

11 Scottish Record Office, CH2/378/3, Kirk Session of Wiston, 7 June 1752.

12 Quoted in Devine, *Transformation of Rural Scotland*, p. 144.

第八章　城镇化

1 I. H. Adams, *The Making of Urban Scotland* (London, 1978), pp. 90–93.

2 A. S. Wohl, *Endangered Lives: Public Health in Victorian Britain* (London, 1983), p. 80.

3 Quoted in T. M. Devine, *Exploring the Scottish Past* (East Linton, 1995), p. 129.

第九章　氏族解体

1 D. Defoe, *A Tour Through the Whole Island of Great Britain* (London, 1971 edn), p. 663.

2 Quoted in T. M. Devine, *Clanship to Crofters War* (Manchester, 1994), p. 34.

3 A. I. Macinnes, 'Scottish Gaeldom: the first phase of Clearance', in T. M. Devine and R. Mitchison, eds, *People and Society in Scotland, I, 1760–1830* (Edinburgh, 1988), p. 72.

4 Second Report by the Committee of Management to the Edinburgh Section for 1850 in *Reports of Edinburgh Section of the Central Board* (Edinburgh, 1847–50), p. 11.

第十章　旧制度与激进反抗

1 Quoted in William Ferguson, *Scotland: 1689 to the Present* (Edinburgh, 1968), p. 245.

2 Quoted in Michael Fry, *The Dundas Despotism* (Edinburgh, 1992), p. 146.

3 *Caledonian Mercury*, 2 September 1790.

4 Quoted in John Brims, 'From Reformers to "Jacobins": the Scottish Association of the Friends of the People', in T. M. Devine, ed., *Conflict and Stability in Scottish Society, 1700–1850* (Edinburgh, 1990), p. 13.

5 Quoted in ibid., p. 35.

6 *The Edinburgh Gazetteer*, 7 December 1792.

7 Quoted in Brims, 'From Reformers to "Jacobins"', p. 38.

8 Ibid., p. 39.

9 Ibid., p. 43.

10 E. W. McFarland, *Ireland and Scotland in the Age of Revolution* (Edinburgh, 1994).

11 Quoted in Norman Murray, *The Scottish Handloom Weavers, 1790–1850: A Social History* (Edinburgh, 1978), p. 76.

12 Strathclyde Regional Archives, E1/1/10, 3 February 1820.
13 Quoted in F. K. Donnelly, 'The Scottish Rising of 1820: A Re-interpretation', *Scottish Tradition* (1976), p. 24.

第十一章　高地风尚与苏格兰身份认同

1 Quoted in T. C. Smout, 'Tours in the Scottish Highlands from the eighteenth to the twentieth centuries', *Northern Scotland*, 5 (1983), p. 120.
2 S. Johnson, *A Journey to the Western Islands of Scotland in 1773* (London, 1876), p. 32.
3 Quoted in P. Womack, *Improvement and Romance* (London, 1989), p. 1.
4 Quoted in W. Donaldson, *The Jacobite Song* (Aberdeen, 1988), p. 46.
5 21 Geo II c.34.
6 Quoted in Speck, *The Butcher*, p. 174.
7 H. Trevor-Roper, 'The invention of tradition: the Highland tradition of Scotland', in E. J. Hobsbawm and T. O. Ranger, eds, *The Invention of Tradition* (Oxford, 1983), p. 10.
8 Quoted in ibid., p. 31.
9 Donaldson, *Jacobite Song*, p. 66.
10 Ibid., p. 94.
11 Quoted in ibid., p. 94.
12 Womack, *Improvement and Romance*, p. 27.
13 *Gentleman's Magazine*, IX, June 1739.
14 Donaldson, *Jacobite Song*, p. 71.
15 Quoted in Womack, *Improvement and Romance*, p. 50.
16 Quoted in Donaldson, *Jacobite Song*, p. 92.
17 C. W. J. Withers, 'The historical creation of the Scottish Highlands', in I. L. Donnachie and C. A. Whatley, eds, *The Manufacture of Scottish History* (Edinburgh, 1992), p. 147.
18 M. Chapman, *The Gaelic Vision in Scottish Culture* (London, 1978), p. 19.
19 Smout, 'Tours in the Scottish Highlands', p. 101.
20 Womack, *Improvement and Romance*, p. 80.
21 Quoted in ibid., p. 145.
22 Ibid.

第十二章　世界工厂

1 Bruce Lenman, *An Economic History of Modern Scotland* (London, 1977), p. 193.

2 James Cleland, *Enumeration of the Inhabitants of the City of Glasgow* (Glasgow, 1832), p. 151.

3 Quoted in A. Slaven, *The Development of the West of Scotland 1750–1960* (London, 1975).

4 W. Knox, 'The Political and Workplace Culture of the Scottish Working Class, 1832–1914', in W. Hamish Fraser and R. J. Morris, eds, *People and Society in Scotland II 1830–1914* (Edinburgh, 1990), p. 147.

5 *Labour in Europe and America* (Washington, DC, 1876).

6 C. H. Lee, *Scotland and the United Kingdom* (Manchester, 1995), p. 46.

第十三章　维多利亚时代苏格兰的政治、权力与身份认同

1 H. Cockburn, *Journal* (Edinburgh, 1874), p. 5.

2 Michael Dyer, *Men of Property and Intelligence* (Aberdeen, 1996), p. 45.

3 Quoted in Derek Fraser, 'The Agitation for Parliamentary Reform', in J. T. Ward, ed., *Popular Movements* (London, 1970), p. 51.

4 Quoted in W. Hamish Fraser, 'The Scottish Context of Chartism', in T. Brotherstone, ed., *Covenant, Charter and Party* (Aberdeen, 1989), p. 71.

5 Quoted in Alexander Wilson, *The Chartist Movement in Scotland* (Manchester, 1970), p. 147.

6 Quoted in ibid., p. 124.

7 Michael Fry, *Patronage and Principle. A Political History of Modern Scotland* (Aberdeen, 1987), p. 92.

8 Quoted in I. G. C. Hutchison, *A Political History of Scotland* (Edinburgh, 1986), p. 1.

9 W. Ferguson, *Scotland 1689 to the Present* (Edinburgh, 1968), p. 317.

10 Quoted in R. J. Finlay, 'The Rise and Fall of Popular Imperialism in Scotland', *Scottish Geographical Magazine*, 113 (1997), p. 14.

11 Lindsay Paterson, *The Autonomy of Modern Scotland* (Edinburgh, 1994), p. 49.

12 Quoted in Richard J. Finlay, *A Partnership for Good? Scottish Politics and the Union since 1880* (Edinburgh, 1997), p. 17.

13 Ibid., p. 26.

14 Quoted in Richard J. Finlay, 'The Burns Cult and Scottish Identity in the Nineteenth and Twentieth Centuries', in Kenneth Simpson, ed., *Love and Liberty* (Edinburgh, 1997), p. 71.

15 Quoted in Crosbie Smith and M. Norton Wise, *Energy and Empire* (Cambridge, 1989), p. 84.

16 我将这些观点归功于阿伯丁大学道德哲学荣誉教授戈登·格雷厄姆（Gordon Graham）。

17 Thomas D. Knowles, *Ideology, Art and Commerce: Aspects of Literary Sociology in the Late Victorian Scottish Kailyard* (Gothenburg, 1983).

第十四章　自由党霸权的衰亡

1 Quoted in I. G. C. Hutchison, *A Political History of Scotland, 1832–1924* (Edinburgh, 1986), p. 176.

2 Quoted in Michael Fry, *Patronage and Principle* (Aberdeen, 1987), pp. 129–30.

3 Quoted in Hutchison, *Political History*, p. 164.

4 Quoted in Richard J. Finlay, *A Partnership for Good? Scottish Politics and the Union since 1880* (Edinburgh, 1997), p. 52.

5 Quoted in T. M. Devine and R. J. Finlay, eds, *Scotland in the Twentieth Century* (Edinburgh, 1996), p. 70.

6 Quoted in T. C. Smout, *A Century of Scottish People, 1830–1950* (London, 1986), p. 169.

7 *Glasgow Observer*, 26 October 1918.

8 Quoted in I. Donnachie, Christopher Harvie and I. S. Wood, eds., *Forward! Labour Politics in Scotland 1888–1988* (Edinburgh, 1989), p. 31.

9 I. G. C. Hutchison, 'Scottish Unionism Between the Two World Wars', in Catriona M. M. MacDonald, ed., *Unionist Scotland 1800–1997* (Edinburgh, 1998), p. 81.

10 G. M. Thomson, *Caledonia or the Future of the Scots* (Edinburgh, 1982), pp. 18–19.

11 John Cooney, *Scotland and the Papacy* (Edinburgh, 1982), pp. 18–19.

12 Christopher Harvie, *No Gods and Precious Few Heroes* (London, 1981), p. 133.

13 Quoted in Finlay, *Partnership for Good*, p. 96.

14 Ibid., p. 100.

15 Fry, *Patronage and Principle*, pp. 184–5.

16 *Daily Record*, 12 February 1932.

第十五章　苏格兰的城市

1 Quoted in M. Glendinning, Ranald MacInnes and Aonghus MacKechnie, *A History of Scottish Architecture* (Edinburgh, 1996), p. 220.

2 James Schmeichen, 'Glasgow of the Imagination', in W. H. Fraser and Irene Maver, eds, *Glasgow Volume II: 1830–1912* (Manchester, 1996), p. 488.

3 Quoted in T. M. Devine, 'The Urban Crisis', in T. M. Devine and G. Jackson, eds, *Glasgow Volume I: Beginnings to 1830* (Manchester, 1995), p. 406.

4 Quoted in Ian Adams, *The Making of Urban Scotland* (London, 1978), p. 155.

5 Anthony S. Wohl, *Endangered Lives* (London, 1983), p. 81.

6 Quoted in ibid., p. 81.

7 M. W. Flinn, ed., *Report on the Sanitary Condition of the Labouring Population of Great Britain by Edwin Chadwick* (Edinburgh, 1965), p. 4.

8 Anon., *Notes explanatory of the Heads of a new Police Bill for Glasgow* (Glasgow, 1842), pp. 14–15.

9 Quoted in Asa Briggs, *Victorian Cities* (Harmondsworth, 1968), p. 21.

10 Quoted in W. H. Fraser and Irene Maver, eds, *Glasgow Volume II: 1830–1912* (Manchester, 1996), p. 406.

11 Wohl, *Endangered Lives*, pp. 6–7.

12 M. A. Crowther, 'Poverty, Health and Welfare', in W. H. Fraser and R. J. Morris, eds, *People and Society in Scotland, Volume II, 1830–1914* (Edinburgh, 1990), p. 285.

13 Sydney and Olive Checkland, *Industry and Ethos* (London, 1984), p. 106.

14 Quoted in Fraser and Maver, eds, *Glasgow*, p. 425.

15 Ralph Glasser, *Growing up in the Gorbals* (London, 1987), pp. 77–8.

16 Quoted in Richard Rodger, 'Employment, Wages and Poverty in the Scottish Cities 1841–1914', in George Gordon, ed., *Perspectives of the Scottish City* (Aberdeen, 1985), p. 27.

17 Ibid., p. 49.

18 Quoted in 'Housing', in D. Daiches, ed., *A Companion to Scottish Culture* (London, 1981), p. 171.

19 Ann McGuckin, 'Moving Stories: Working Class Women', in E. Breitenbach and E. Gordon, eds, *Out of Bounds: Women in Scottish Society 1800–1945* (Edinburgh, 1992), p. 204.

20 Quoted in Richard Rodger, 'Urbanisation in Twentieth-Century Scotland', in T. M. Devine and R. J. Finlay, eds, *Scotland in the Twentieth Century* (Edinburgh, 1996), pp. 142–3.

21 Annette Carruthers, ed., *The Scottish Home* (Edinburgh, 1996), p. 81.

22 Ibid.

23 *The Scotsman*, 22 May 1850.

24 Quoted in Elspeth King, 'Popular Culture in Glasgow', in R. A. Cage, ed., *The Working Class in Glasgow, 1750–1914* (London, 1987), p. 161.

25 Brian Harrison, 'Pubs', in H. J. Dyos and M. Wolff, eds, *The Victorian City, Volume I* (London, 1973), p. 171.

26 Shadow, *Midnight Scenes and Social Photographs being Sketches of Life in the Streets, Wynds and Dens of the City* (Glasgow, 1858), p. 85.

27 Quoted in Andrew L. Drummond and James Bulloch, *The Church in Victorian Scotland 1843–1874* (Edinburgh, 1975), p. 25.

28 Fraser and Maver, eds, *Glasgow* p. 328.

29 W. H. Fraser, 'Developments in Leisure', in W. H. Fraser and R. J. Morris,

eds, *People and Society in Scotland, Volume II, 1830–1914* (Edinburgh, 1990), p. 243.

30 Harrison, 'Pubs', p. 170.

31 *Glasgow Observer*, 31 December 1892.

32 Callum G. Brown, 'Popular Culture and the Continuing Struggle for Rational Recreation', in T. M. Devine and R. J. Finlay, eds, *Scotland in the Twentieth Century* (Edinburgh, 1996), p. 214.

33 Bill Murray, *The Old Firm* (Edinburgh, 1984), p. 41.

34 Quoted in ibid., p. 27.

第十六章　宗教与社会

1 Quoted in A. C. Cheyne, *The Transforming of the Kirk* (Edinburgh, 1983), p. 114.

2 Sydney and Olive Checkland, *Industry and Ethos: Scotland 1832–1914* (London, 1984), p. 5.

3 *Free Church Magazine*, August 1847, p. 250.

4 Quoted in Callum G. Brown, *Religion and Society in Scotland Since 1707* (Edinburgh, 1997).

5 Ibid., p. 120.

6 Ibid., p. 107.

7 Quoted in V. E. Durkacz, *The Decline of the Celtic Languages* (Edinburgh, 1983), p. 129.

8 Stewart J. Brown and Michael Fry, eds, *Scotland in the Age of Disruption* (Edinburgh, 1993), p. 6.

9 Henry Cockburn, *Journal* (Edinburgh, 1874), Vol. II, pp. 21–2.

10 David Hempton, *Religion and Political Culture in Britain and Ireland* (Cambridge, 1996), p. 90.

11 Cheyne, *Transforming of the Kirk*, p. 118.

12 A. L. Drummond and J. Bulloch, *The Church in Late Victorian Scotland 1874–1900* (Edinburgh, 1978), p. 128.

13 A. S. Matheson, *The Church and Social Problems* (Edinburgh, 1893), p. 14.

14 Stewart J. Brown, '"Outside the Covenant": The Scottish Presbyterian Churches and Irish Immigration, 1922–1938', *Innes Review*, XLII, 1991, p. 43.

15 T. C. Smout, *A Century of the Scottish People, 1830–1950* (London, 1986), p. 202.

16 Quoted in Cheyne, *Transforming of the Kirk*, p. 181.

17 Ibid., p. 182.

18 E. Muir, *Scottish Journey* (London, 1935), p. 170.

19 Hempton, *Religion and Political Culture*, p. 137.

第十七章　大众教育

1 Quoted in R. D. Anderson, *Education and the Scottish People, 1750–1918* (Oxford, 1995), p. 154.

2 *Educational News*, 3 January 1903, pp. 9–10 quoted in ibid., p. 261.

3 Donald J. Withrington, *Going to School* (Edinburgh, 1997), p. 57.

4 Quoted in ibid., p. 58.

5 L. Playfair, *Subjects of Social Welfare* (London, 1889), p. 306.

6 W. Knox, *James Maxton* (Manchester, 1987), p. 202.

7 Withrington, *Going to School*, pp. 65–6.

8 Anderson, *Education and the Scottish People*, p. 299.

9 J. Ramsay, *A Letter to the Lord Advocate of Scotland on the State of Education in the Outer Hebrides* (Glasgow, 1863), p. 4.

10 Quoted in Anderson, *Education and the Scottish People*, p. 242.

11 W. M. Humes and H. M. Paterson, eds, *Scottish Culture and Scottish Education 1800–1900* (Edinburgh, 1983), p. 200.

12 Smout, *Century of the Scottish People*, p. 223.

13 Quoted in A. McPherson, 'Schooling', in A. Dickson and J. H. Treble, eds, *People and Society in Scotland, Volume III, 1914–1990* (Edinburgh, 1992), p. 88.

14 Quoted in Smout, *Century of the Scottish People*, p. 227.

15 *Contemporary Review*, xli (1882), p. 150, quoted in R. D. Anderson, *Education and Opportunity in Victorian Scotland* (Edinburgh, 1983), p. 269.

16 Ibid., p. 152.

17 Quoted in R. H. Campbell, *The Rise and Fall of Scottish Industry 1707–1929* (Edinburgh, 1980), p. 46.

第十八章　高地与小农场社会

1 *Witness*, 21 November 1846.

2 *The Scotsman*, 12 December 1846

3 Scottish Record Office, Edinburgh, HD6/2, Treasury Correspondence, Trevelyan to Baird, 19 March 1847.

4 Ibid.

5 T. Mulock, *The Western Highlands and Islands of Scotland Socially Considered* (Edinburgh, 1950), pp. 81–2.

6 Inveraray Castle, Argyll Estate Papers, Bundle 1558, Duke of Argyll to Chamberlain of Mull and Tiree, 5 May 1851.

7 Quoted in T. M. Devine, *Clanship to Crofters' War* (Manchester, 1994), p. 207.

8 Ibid., p. 60.

9 Donald C. Meek, ed., *Tuath is Tighheara* (Edinburgh, 1995), p. 204.

10 Quoted in I. M. M. Macphail, *The Crofters' War* (Stornoway, 1989), p. 1.

11 Ibid.

12 *The Scotsman*, 15 and 18 October 1884.

13 Quoted in Macphail, *Crofters' War*, p. 120.

14 *Oban Times*, 24 January 1885.

15 Quoted in Macphail, *Crofters' War*, p. 120.

16 Quoted in James Hunter, *The Making of the Crofting Community* (Edinburgh, 1976), p. 143.

17 Quoted in Macphail, *Crofters' War*, p. 11.

18 Quoted in E. A. Cameron, 'Public Policy in the Scottish Highlands' (Unpublished Ph.D. thesis, University of Glasgow), p. 19.

19 A. Collier, *The Crofting Problem* (Cambridge, 1953), p. 98.

20 Quoted in Devine, *Clanship to Crofters' War*, p. 233.

21 Quoted in Collier, *Crofting Problem*, p. 104.

第十九章　土地、精英与民众

1 Quoted in Robin T. Callander, *A Pattern of Landownership in Scotland* (Finzean, 1987), p. 73.

2 Quoted in David Cannadine, *The Decline and Fall of the British Aristocracy* (London, 1992 edn), p. 81.

3 T. Johnston, *Our Scots Noble Families* (1909).

4 F. M. L. Thompson, 'English Landed Society in the Twentieth Century: I Property: Collapse and Survival', *Transactions of the Royal Historical Society* (5th series, 40, 1990), p. 17.

5 Quoted in Andy Wightman, *Who Owns Scotland* (Edinburgh, 1996), p. 191.

6 Quoted in M. W. Flinn, ed., *Scottish Population History* (Cambridge, 1977), p. 459.

7 Quoted in R. Anthony, *Herds and Hinds* (East Linton, 1997), p. 37.

8 Ibid.

9 Quoted in T. M. Devine, ed., *Farm Servants and Labour in Lowland Scotland, 1770 to 1914* (Edinburgh, 1996 edn), p. 108.

10 Ibid., p. 253.

第二十章　海外移民

1 Edwin Muir, *Scottish Journey* (London, 1935), p. 3.

2 Richard Anthony, *Herds and Hinds* (Edinburgh, 1997), p. 94.

3 Tom Brooking, ' "Tam McCammy and Kitty Clydeside". The Scots in New Zealand', in R. A. Cage, ed., *The Scots Abroad* (London, 1985), p. 172.

4 Quoted in M. Harper, *Emigration from North-East Scotland* (Aberdeen, 1988), II, p. 22.

5 Ibid., p. 55.

第二十一　新苏格兰人

1 Brenda Collins, 'The Origins of Irish Immigration to Scotland in the Nineteenth and Twentieth Centuries', in T. M. Devine, ed., *Irish Immigrants and Scottish Society in the Nineteenth and Twentieth Centuries* (Edinburgh, 1991), p. 1.

2 *Journal of Henry Cockburn, 1831–34, Volume I* (Edinburgh, 1874), 15 March 1835. I owe this reference to Dr Martin Mitchell.

3 Quoted in James E. Handley, *The Irish in Modern Scotland* (Cork, 1947), p. 100.

4 Tom Gallagher, 'The Catholic Irish in Scotland: In Search of Identity', in Devine, ed., *Irish Immigrants and Scottish Society*, p. 27.

5 Stewart J. Brown, ' "Outside the Covenant"; The Scottish Presbyterian Churches and Irish Immigration, 1922–1938', *Innes Review*, vol. XLII, Spring 1991, p. 40.

6 Graham Walker, 'The Protestant Irish in Scotland', in Devine, ed., *Irish Immigrants and Scottish Society*, p. 63.

7 Billy Kay, ed., *Odyssey, The Second Collection* (Edinburgh, 1982), p. 15.

8 Ibid., p. 16.

9 Ibid., p. 14.

10 Ibid., p. 18

11 Ibid.

12 Terri Colpi, *The Italian Factor: The Italian Community in Great Britain* (Edinburgh, 1991), p. 179.

13 Ralph Glasser, *Growing up in the Gorbals* (London, 1987 edn), p. 18.

14 Chaim Bermant, *Coming Home* (London, 1976), pp. 52–3.

15 Glasser, *Growing up in the Gorbals*, p. 22.

16 Ibid., p. 21.

17 Ibid., p. 22.

第二十二章　苏格兰女性: 家庭、工作与政治

1 M. Anderson and D. J. Morse, 'The People', in W. H. Fraser and R. J. Morris, eds, *People and Society in Scotland, Volume II, 1830–1914* (Edinburgh, 1990), p. 42.

2 W. H. Fraser and Irene Maver, eds, *Glasgow, Volume II: 1830–1912* (Manchester, 1996), p. 360.

3 Quoted in T. Ferguson, *Scottish Social Welfare, 1864–1914* (Edinburgh, 1958), p. 104.

4 M. Anderson, 'Population and Family Life', in A. Dickson and J. H. Treble, eds, *People and Society in Scotland, Vol. III, 1914–1990* (Edinburgh, 1992), p. 41.

5 Quoted in A. McIvor, 'Gender Apartheid? Women in Scottish Society', in T. M. Devine and R. J. Finlay, eds, *Scotland in the Twentieth Century* (Edinburgh, 1996), p. 192.

6 Quoted in Elspeth King, 'The Scottish Women's Suffrage Movement', in Esther Breitenbach and Eleanor Gordon, eds, *Out of Bounds: Women in Scottish Society, 1800–1945* (Edinburgh, 1992), p. 137.

7 Ibid.

8 Ibid.

第二十三章　战争与和平

1 Quoted in Seona Robertson and Les Wilson, *Scotland's War* (Edinburgh, 1995), p. 24.

2 Ibid., p. 41.

3 Gavin Sprott, 'Lowland Country Life', in T. M. Devine and R. J. Finlay, eds, *Scotland in the Twentieth Century* (Edinburgh, 1996), p. 180.

4 Quoted in Robertson and Wilson, *Scotland's War*, p. 59.

5 Ibid., p. 61.

6 Ibid., p. 63.

7 Angus Calder, *The People's War* (London, 1969), p. 381.

8 Ibid., p. 384.

9 Andrew Marr, *The Battle for Scotland* (Harmondsworth, 1992), pp. 102–3.

10 Quoted in Christopher Harvie, 'The Recovery of Scottish Labour, 1939–51', in I. Donnachie, Christopher Harvie and I. S. Wood, *Forward! Labour Politics in Scotland 1888–1988* (Edinburgh, 1989), pp. 71–2.

11 Herbert Morrison, *An Autobiography* (London, 1960), p. 199.

12 Quoted in Robertson and Wilson, *Scotland's War*, p. 188.

13 Quoted in Harvie, 'The Recovery of Scottish Labour', p. 77.

14 Quoted in Peter Clarke, *Hope and Glory: Britain 1900–1990* (London, 1996), p. 233.

15 Gavin Sprott, 'Lowland Country Life', in T. M. Devine and R. J. Finlay, eds, *Scotland in the Twentieth Century* (Edinburgh, 1996), p. 182.

16 Ewen A. Cameron, 'The Scottish Highlands: From Congested District to Objective One', in Devine and Finlay, eds, *Scotland in the Twentieth Century*, p. 162.

17 Bruce Lenman, *An Economic History of Modern Scotland* (London, 1977), p. 243.

18 Quoted in Miles Glendinning and Stefan Muthesius, *Tower Block* (New Haven, 1994), p. 237.

19 Ibid., p. 240.

20 Ibid., p. 220.

21 Ibid.

22 Christopher Harvie, *No Gods and Precious Few Heroes* (London, 1981), p. 141.

23 Quoted in Marr, *Battle for Scotland*, p. 97.

24 Arnold Kemp, *The Hollow Drum* (Edinburgh, 1993), p. 87.

25 W. Ferguson, *Scotland: 1689 to the Present* (Edinburgh, 1968), p. 387.

26 Marr, *Battle for Scotland*, p. 117.

第二十四章　苏格兰问题

1 Quoted in Alan Clements, Kenny Farquharson and Kirsty Wark, *Restless Nation* (Edinburgh, 1996), p. 50.

2 Quoted in James Mitchell, *Conservatives and the Union* (Edinburgh, 1990), p. 55.

3 Clements, et al., *Restless Nation*, p. 66.

4 Ibid., pp. 63–4

5 F. Bealey and J. Sewel, *The Politics of Independence: A Study of a Scottish Town* (Aberdeen, 1981), p. 160.

6 Quoted in James Mitchell, 'Scotland in the Union, 1945–95', in T. M. Devine and R. J. Finlay, eds, *Scotland in the Twentieth Century* (Edinburgh, 1996), p. 97.

7 Quoted in Arnold Kemp, *The Hollow Drum* (Edinburgh, 1993), p. 108.

8 Callum G. Brown, 'Religion and Secularisation', in A. Dickson and J. H. Treble, eds, *People and Society in Scotland, Vol. III, 1914–1990* (Edinburgh, 1992), p. 53.

9 Michael Fry, *Patronage and Principle* (Aberdeen, 1987), p. 250.

10 Kemp, *Hollow Drum*, p. 152.

11 Quoted in Mitchell, *Conservatives and the Union*, p. 91.

第二十五章 一个民族的重生？

1 James Mitchell, *Conservatives and the Union* (Edinburgh, 1990), pp. 103–4.

2 Jim Sillars, *Scotland. The Case for Optimism* (Edinburgh, 1986), p. 1.

3 Peter L. Payne, *Growth and Contraction. Scottish Industry, c. 1860–1990* (Dundee, 1992), p. 48.

4 Quoted in A. Clements, K. Farquharson and K. Wark, *Restless Nation* (Edinburgh, 1996), p. 89.

5 Quoted in Kenyon Wright, *The People Say Yes* (Glendaruel, 1997), p. 55.

6 Peter Clarke, *Hope and Glory. Britain 1900–1990* (Harmondsworth, 1996), p. 395.

7 Quoted in Mitchell, *Conservatives and the Union*, p. 113.

8 Wright, *The People Say Yes*, pp. 140–41.

9 Quoted in M. Linklater and R. Dennistoun, eds, *Anatomy of Scotland* (Edinburgh, 1992), p. 136.

10 Owen Dudley Edwards, ed., *A Claim of Right for Scotland* (Edinburgh, 1989), pp. 51–3.

11 Andrew Marr, *The Battle for Scotland* (Harmondsworth, 1992), p. 230.

第二十六章 帝国终结

1 A. D. Gibb, *Scottish Empire* (London, 1937), p. 311.

2 H. J. Hanham, *Scottish Nationalism* (London, 1969), p. 212.

3 *The Daily Telegraph*, 24 February 1979, cited in Keith Robbins, ' "This Grubby Wreck of Old Glories": the United Kingdom and the End of the British Empire', *Journal of Contemporary History*, 15 (1980), p. 84.

4 J. M. Mackenzie, 'A Scottish Empire? The Scottish Diaspora and Interactive Identities' in T. Brooking and J. Coleman, eds., *The Heather and the Fern: Scottish Migration and New Zealand Settlement* (Otago, 2003), p. 19.

5 Gordon Stewart, *Jute and Empire* (Manchester, 1998), p. ix.

6 D. Allan, *Scotland in the Eighteenth Century* (Harlow, 2002), p. 85.

7 A. D. Gibb, *Scotland in Eclipse* (1930), p. 187.

8 S. Allan and A. Carswell, *The Thin Red Line: War, Empire and Visions of Scotland* (Edinburgh, 2004), p. 40.

9 Gibb, *Scotland in Eclipse*, p. 187.

10 Edwin Muir, *Scottish Journey* (Edinburgh, 1935), p. 110; G. M. Thomson, *Caledonia or the Future of the Scots* (Edinburgh, 1932), pp. 18–19.

11 Stewart, *Jute and Empire*, pp. 2–3.

第二十七章　权力下放之后

1 Andrew Neil, 'Sleep-walk to Devolution' in Alan Taylor, ed., *What a State! Is Devolution for Scotland the End of Britain?* (London, 2000), pp. 29–30.

2 *Sunday Herald*, 4 September 2005.

3 Fiona Ross, 'As a Friend' in Wendy Alexander, ed., *Donald Dewar: Scotland's first First Minister* (Edinburgh, 2005), p. 46.

4 'Holyrood must raise its game', *Scottish Daily Mail*, 6 May 2000.

5 Peter Jones, 'The Modernising Radical' in Alexander, ed., *Donald Dewar*, p. 168.

6 Ibid., p. 168.

7 D. MacLennan, 'Real Devolution: In Housing' in Ibid., pp. 180–187.

8 Quoted in Brian Taylor, *Scotland's Parliament* (Edinburgh, 2002), p. 315.

9 James Hunter, 'Creating Britain's Celtic Tiger: How Scotland's Parliament is turning round the Highlands and Islands', Scottish Parliament, 5 May 2004. I am grateful to Professor Hunter for sending me a copy of his speech.

10 L. Paterson, F. Bechhofer and D. McCrone, *Living in Scotland* (Edinburgh, 2005), p. 149.

11 *Scotland on Sunday*, 9 October 2005.

12 Lindsay Tanner, 'The Loneliness Crisis', School of Business, University of Sydney, 2000.

13 Cristina Iannelli and Lindsay Paterson, *Education and Social Mobility in Scotland in the Twentieth Century (www.ces.ed.ac.uk/SocMobility/mobility. htm)*.

14 *Sunday Herald*, 5 February 2006.

15 *The Scotsman*, 4 January 2006.

16 Ibid.

后　记

1 T. C. Smout, 'Introduction' in T. C. Smout, ed., *Anglo-Scottish Relations, 1603–1900* (Oxford, 2005), p. 2.

2 Quoted in T. M. Devine, *Scotland's Empire, 1600–1815* (London, 2003), p. 346

3 Neal Ascherson, 'Wolves in the Drawing Room', *London Review of Books*, vol. 33, 2 June 2011, p. 8.

4 *Guardian*, 23 October 2011.

5 Ibid.

6 *Daily Telegraph*, 22 December 2011.

延伸阅读

第一章　苏格兰在大不列颠之中

W. R. Brock, *Scotus Americanus* (Edinburgh, 1982).

K. M. Brown, *Kingdom or Province? Scotland and the Regal Union, 1603–1715* (London, 1992).

Linda Colley, *Britons* (Yale, 1992)

T. M. Devine and J. R. Young, eds, *Eighteenth Century Scotland: New Perspectives* (Edinburgh, 1999).

W. Ferguson, *Scotland's Relations with England: A Survey to 1707* (Edinburgh, 1977).

Alexander Murdoch, *The People Above* (Edinburgh, 1980).

N. T. Phillipson and Rosalind Mitchison, *Scotland in the Age of Improvement* (Edinburgh, 1970).

P. W. J. Riley, *The Union of England and Scotland* (Manchester, 1979).

J. Robertson, ed., *A Union for Empire: Political Thought and the Union of 1707* (Cambridge, 1995).

P. H. Scott, *1707: The Union of England and Scotland* (Edinburgh, 1979).

J. S. Shaw, *The Management of Scottish Society, 1707–1764* (Edinburgh, 1983).

T. C. Smout, 'Problems of Nationalism, Identity and Improvement in Later Eighteenth Century Scotland', in T. M. Devine, ed., *Improvement and Enlightenment* (Edinburgh, 1989).

Christopher A. Whatley, *Bought and Sold for English Gold: Explaining the Union of 1707* (Dundee, 1994).

第二章　詹姆斯党的挑战

W. Donaldson, *The Jacobite Song* (Aberdeen, 1988).

J. A. Gibson, *Lochiel of the '45* (Edinburgh, 1994).

B. P. Lenman, *The Jacobite Risings in Britain, 1689–1746* (London, 1980).

B. P. Lenman, *The Jacobite Clans of the Great Glen, 1650–1784* (London, 1984).

M. Lynch, ed., *Jacobitism and the '45* (London, 1995).

Allan I. Macinnes, *Clanship, Commerce and the House of Stuart, 1603–1788* (Edinburgh, 1996).

F. J. McLynn, *The Jacobites* (London, 1985).

Murray G. H. Pittock, *The Myth of the Jacobite Clans* (Edinburgh, 1995).

Murray G. H. Pittock, *Jacobitism* (London, 1998).

W. A. Speck, *The Butcher* (Oxford, 1981).

Daniel Szechi, *The Jacobites* (Manchester, 1994).

第三章　联合王国与苏格兰经济

R. H. Campbell, *Scotland since 1707* (Oxford, 1965).

S. G. Checkland, *Scottish Banking: A History* (Glasgow and London, 1975).

T. M. Devine, *The Tobacco Lords* (Edinburgh, 1975).

T. M. Devine, 'The English Connection and Irish and Scottish Development in the Eighteenth Century', in T. M. Devine and D. Dickson, eds, *Ireland and Scotland 1600–1850* (Edinburgh, 1983).

T. M. Devine, 'The Union of 1707 and Scottish Development', *Scottish Economic and Social History*, 5 (1985).

A. J. Durie, *The Scottish Linen Industry in the Eighteenth Century* (Edinburgh, 1979).

Richard Saville, *The Bank of Scotland: A History 1695–1995* (Edinburgh, 1996).

C. A. Whatley, 'Economic Causes and Consequences of the Union of 1707: A Survey', *Scottish Historical Review* 68 (1989).

C. A. Whatley, *The Industrial Revolution in Scotland* (Cambridge, 1997).

第四章　启蒙的摇篮

David Allan, *Virtue, Learning and the Scottish Enlightenment* (Edinburgh, 1993).

Christopher J. Berry, *Social Theory of the Scottish Enlightenment* (Edinburgh, 1997).

Alexander Broadie, *The Tradition of Scottish Philosophy* (Edinburgh, 1990).

Alexander Broadie, *The Scottish Enlightenment. An Anthology* (Edinburgh, 1997).

R. H. Campbell and Andrew S. Skinner, eds, *The Origins and Nature of the Scottish Enlightenment* (Edinburgh, 1982).

Anand C. Chitnis, *The Scottish Enlightenment* (London, 1976).

David Daiches, Peter Jones and Jean Jones, *A Hotbed of Genuis: The Scottish Enlightenment 1730–1790* (Edinburgh, 1986).

George E. Davie, *The Scottish Enlightenment and Other Essays* (Edinburgh, 1991).

J. Dwyer and R. B. Sher, eds, *Sociability and Society in Eighteenth Century Scotland* (Edinburgh, 1993).

Andrew Hook and Richard B. Sher, eds, *The Glasgow Enlightenment* (East Linton, 1995).

Colin Kidd, *Subverting Scotland's Past* (Cambridge, 1993).

Ian Ross, *Life of Adam Smith* (Oxford, 1995).

Richard B. Sher, *Church and University in the Scottish Enlightenment* (Edinburgh, 1985).

第五章 堂区治国

R. D. Anderson, *Education and the Scottish People, 1750–1918* (London, 1995).

R. D. Anderson, *Scottish Education since the Reformation* (Dundee, 1997).

Andrew Blaikie, *Illegitimacy, Sex and Society, Northeast Scotland, 1750–1900* (Oxford, 1993).

R. A. Cage, *The Scottish Poor Law* (Edinburgh, 1981).

G. Henderson, *The Scottish Ruling Elder* (London, 1935).

R. A. Houston, *Scottish Literacy and the Scottish Identity: Illiteracy and Society in Scotland and Northern England, 1600–1800* (Cambridge, 1985).

R. A. Houston, *Social Change in the Age of Enlightenment: Edinburgh, 1660–1760* (Oxford, 1994).

R. A. Houston and I. D. Whyte, eds, *Scottish Society, 1500–1800* (Cambridge, 1989).

1600–1800 (Cambridge, 1985).

Rosalind Mitchison, 'The Making of the Old Scottish Poor Law', *Past and Present*, 63 (1974).

Rosalind Mitchison, 'The Poor Law', in T. M. Devine and Rosalind Mitchison, eds, *People and Society in Scotland, Vol.1, 1760–1830* (Edinburgh, 1988).

Rosalind Mitchison and Leah Leneman, *Sexuality and Social Control: Scotland 1660–1780* (London, 1989).

D. J. Withrington, 'Schooling, Literacy and Society', in T. M. Devine and Rosalind Mitchison, eds, *People and Society in Scotland. Vol. I, 1760–1830* (Edinburgh, 1988).

第六章　历史转折中的苏格兰

R. H. Campbell, *The Rise and Fall of Scottish Industry, 1707–1939* (Edinburgh, 1980).

S. G. Checkland, *Scottish Banking: A History, 1695–1973* (Glasgow and London, 1975).

T. M. Devine, *The Tobacco Lords* (Edinburgh, 1975).

T. M. Devine and G. Jackson, eds, *Glasgow Volume I: Beginnings to 1830* (Manchester, 1995).

T. M. Devine and R. Mitchison, eds, *People and Society in Scotland, Volume 1, 1760–1830* (Edinburgh, 1988).

B. T. Duckham, *A History of the Scottish Coal Industry, 1700–1815* (Newton Abbot, 1970).

A. J. Durie, *The Scottish Linen Industry in the Eighteenth Century* (Edinburgh, 1979).

A. J. S. Gibson and T. C. Smout, *Prices, Food and Wages in Scotland, 1550–1780* (Cambridge, 1995).

B. Lenman, *An Economic History of Modern Scotland* (London, 1977).

T. C. Smout, *A History of the Scottish People, 1560–1830* (London, 1969).

Christopher A. Whatley, *The Industrial Revolution in Scotland* (Cambridge, 1997).

第七章　低地乡村：新旧交织的世界

T. M. Devine, *The Transformation of Rural Scotland* (Edinburgh, 1994).

T. M. Devine, ed., *Farm Servants and Labour in Lowland Scotland, 1770–1914* (Edinburgh, 1996 edn).

R. A. Dodgshon, *Land and Society in Early Scotland* (Oxford, 1981).

Alexander Fenton, *Scottish Country Life* (Edinburgh, 1976).

M. Gray, 'Scottish Emigration: The Social Impact of Agrarian Change on the Rural Lowlands, 1775–1875', *Perspectives in American History*, VIII (1973).

I. D. Whyte, *Agriculture and Society in Seventeenth Century Scotland* (Edinburgh, 1979).

I. D. Whyte, *Scotland before the Industrial Revolution* (London, 1995).

第八章　城镇化

Ian Adams, *The Making of Urban Scotland* (London, 1978).

T. M. Devine and G. Jackson, eds, *Glasgow, Volume I: Beginnings to 1830* (Manchester, 1995).

Enid Gauldie, *Cruel Habitations* (London, 1974).

G. Gordon, ed., *Perspectives of the Scottish City* (Aberdeen, 1985).

J. H. F. Robertson, *Observations on the Early Public Health Movement in Scotland* (London, 1952).

第九章　氏族解体

E. R. Cregeen, 'The changing role of the House of Argyll in the Scottish Highlands', in N. T. Phillipson and R. Mitchison, eds, *Scotland in the Age of Improvement* (Edinburgh, 1970).

T. M. Devine, *Clanship to Crofters War* (Manchester, 1994).

Robert A. Dodgshon, *From Chiefs to Landlords* (Edinburgh, 1998).

P. Gaskell, *Morvern Transformed* (Cambridge, 1980).

M. Gray, *The Highland Economy, 1750–1850* (Edinburgh, 1951).

J. Hunter, *The Making of the Crofting Community* (Edinburgh, 1976).

A. I. Macinnes, *Clanship, Commerce and the House of Stuart, 1603–1788* (East Linton, 1996).

M. McLean, *The People of Glengarry: Highlanders in Transition, 1745–1820* (Toronto, 1991).

E. Richards, *The Leviathan of Wealth* (London, 1973).

E. Richards, *A History of the Highland Clearances* (London, 1982 and 1985), 2 vols.

A. J. Youngson, *After the Forty-Five* (Edinburgh, 1973).

第十章　旧制度与激进反抗

Christina Bewley, *Muir of Huntershill* (Oxford, 1981).

T. M. Devine, ed., *Conflict and Stability in Scottish Society, 1700–1850* (Edinburgh, 1990).

T. M. Devine and R. Mitchison, *People and Society in Scotland, Volume I, 1760–1830* (Edinburgh, 1988), Chapters 13 and 14.

F. K. Donnelly, 'The Scottish Rising of 1820: A Re-interpretation', *The Scottish Tradition*, vi, (1976).

W. H. Fraser, *Conflict and Class: Scottish Workers 1700–1838* (Edinburgh, 1988).

M. Fry, *The Dundas Despotism* (Edinburgh, 1992).

K. J. Logue, *Popular Disturbances in Scotland* (Edinburgh, 1979).

E. W. McFarland, *Ireland and Scotland in the Age of Revolution* (Edinburgh, 1994).

H. W. Meikle, *Scotland and the French Revolution* (Glasgow, 1912).

Norman Murray, *The Scottish Handloom Weavers, 1790–1850* (Edinburgh, 1978).

C. A. Whatley, 'Labour in the Industrialising City, *c.* 1660–1830', in T. M. Devine and G. Jackson, eds, *Glasgow, Vol. I* (Manchester, 1995).

第十一章 高地风尚与苏格兰身份认同

M. Chapman, *The Gaelic Vision in Scottish Culture* (London, 1978).

W. Donaldson, *The Jacobite Song* (Aberdeen, 1988).

L. Leneman, 'A New role for a Lost Cause: Lowland Romanticisation of the Jacobite Highlander', in L. Leneman, ed., *Perspectives in Scottish Social History* (Aberdeen, 1988).

M. Pittock, *The Invention of Scotland* (London, 1991).

J. Prebble, *The King's Jaunt* (London, 1988).

T. C. Smout, 'Tours in the Scottish Highlands from the Eighteenth to the Twentieth Centuries', *Northern Scotland*, 5 (1983).

H. Trevor-Roper, 'The invention of Tradition: The Highland Tradition of Scotland', in E. J. Hobsbawm and T. O. Ranger, eds, *The Invention of Tradition* (Oxford, 1983).

C. W. J. Withers, 'The Historical Creation of the Scottish Highlands', in I. L. Donnachie and C. A. Whatley, eds, *The Manufacture of Scottish History* (Edinburgh, 1992).

P. Womack, *Improvement and Romance: Constructing the Myth of the Highlands* (London, 1989).

第十二章 世界工厂

R. H. Campbell, *The Rise and Fall of Scottish Industry 1707–1939* (Edinburgh, 1980).

W. Hamish Fraser and Irene Maver, eds, *Glasgow, Volume II: 1830–1912* (Manchester, 1996).

J. R. Hume and Michael S. Moss, *Workshop of the British Empire* (London, 1977).

Clive Lee, *Scotland and the United Kingdom* (Manchester, 1995).

Bruce Lenman, *An Economic History of Modern Scotland* (London, 1977).

S. G. E. Lythe and J. Butt, *An Economic History of Scotland* (London, 1975).

A. Slaven, *The Development of the West of Scotland* (London, 1975).

T. C. Smout, *A Century of Scottish People, 1830-1950* (London, 1986), Chapters 4 and 5.

第十三章　维多利亚时代苏格兰的政治、权力与身份认同

Dauvit Broun, R. J. Finlay and Michael Lynch, eds, *Image and Identity: The Making and Re-making of Scotland through the Ages* (Edinburgh, 1998).

William Donaldson, *Popular Literature in Victorian Scotland* (Aberdeen, 1986).

Michael Dyer, *Men of Property and Intelligence* (Aberdeen, 1996).

R. J. Finlay, 'Heroes, Myths and Anniversaries in Modern Scotland', *Scottish Affairs*, 18 (1997).

R. J. Finlay, *A Partnership for Good? Scottish Politics and the Union Since 1880* (Edinburgh, 1997).

Michael Fry, *Patronage and Principle* (Aberdeen, 1987).

Douglas Gifford, ed., *The History of Scottish Literature*, Vol. 3 (Edinburgh, 1988).

Christopher Harvie, *Scotland and Nationalism* (London, 1977).

I. G. C. Hutchison, *A Political History of Scotland 1832-1924* (Edinburgh, 1986).

Colin Kidd, 'Sentiment, Race and Revival: Scottish Identities in the Aftermath of the Enlightenment', in L. Brockliss and D. Eastwood, eds, *A Union of Multiple Identities* (Manchester, 1997).

Duncan Macmillan, *Scottish Art 1460-1990* (Edinburgh, 1990).

Tom Nairn, *The Break-Up of Britain* (London, 1977).

Lindsay Paterson, *The Autonomy of Modern Scotland* (Edinburgh, 1994).

Alexander Wilson, *Chartism in Scotland* (Manchester, 1970).

第十四章　自由党霸权的衰亡

T. M. Devine and R. J. Finlay, eds, *Scotland in the Twentieth Century* (Edinburgh, 1996).

I. Donnachie, Christopher Harvie and Ian S. Wood, eds, *Forward! Labour Politics in Scotland, 1888-1988* (Edinburgh, 1989).

Richard J. Finlay, *Independent and Free* (Edinburgh, 1994).

Michael Fry, *Patronage and Principle* (Aberdeen, 1987).

I. G. C. Hutchison, *A Political History of Scotland, 1832-1924* (Edinburgh, 1986).

I. G. C. Hutchison, 'Scottish Unionism Between the Two World Wars', in Catriona MacDonald, ed., *Unionist Scotland 1800–1997* (Edinburgh, 1998).

James Mitchell, *Conservatives and the Union* (Edinburgh, 1990).

Marshall Walker, *Scottish Literature Since 1707* (Harlow, 1996).

第十五章　苏格兰的城市

Ian H. Adams, *The Making of Urban Scotland* (London, 1978).

Annette Carruthers, ed., *The Scottish Home* (Edinburgh, 1996).

S. B. Checkland, *The Upas Tree: Glasgow, 1875–1975* (Glasgow, 2nd edn, 1982).

W. H. Fraser and Irene Maver, eds, *Glasgow Volume II: 1839–1912* (Manchester, 1996).

W. H. Fraser and R. J. Morris, eds, *People and Society in Scotland, Volume II, 1830–1914* (Edinburgh, 1990), chapter 8.

Miles Glendinning, Ranald MacInnes and Aonghus MacKechnie, *A History of Scottish Architecture* (Edinburgh, 1996).

George Gordon, *Perspectives of the Scottish City* (Aberdeen, 1985).

G. Gordon and B. Dicks, eds, *Scottish Urban History* (Aberdeen, 1983).

R. H. Holt, *Sport and the British: Modern History* (Oxford, 1989).

Bill Murray, *The Old Firm* (Edinburgh, 1984).

R. Rodger, ed., *Scottish Housing in the Twentieth Century* (Leicester, 1988).

T. C. Smout, 'Patterns of Culture', in A. Dickson and J. H. Treble, eds, *People and Society in Scotland, Volume III, 1914–1990* (Edinburgh, 1992).

N. L. Tranter, 'The Social and Occupational Structure of Organised Sport in Central Scotland during the Nineteenth Century', *International Journal of the History of Sport*, 4 (1987).

William Walker, *Juteopolis* (Edinburgh, 1979).

Anthony S. Wohl, *Endangered Lives: Public Health in Victorian Britain* (London, 1983).

Frank Worsdall, *The Tenement* (Edinburgh, 1979).

第十六章　宗教与社会

D. W. Bebbington, *Evangelicalism in Modern Britain* (London, 1989).

Callum G. Brown, *The People in the Pews* (Dundee, 1993).

Callum G. Brown, *Religion and Society in Scotland since 1707* (Edinburgh, 1997).

Stewart, J. Brown, *Thomas Chalmers and the Godley Commonwealth* (Oxford, 1982).

Stewart J. Brown, '"Outside the Covenant": The Scottish Presbyterian Churches and Irish Immigration', *Innes Review*, (1991).

Stewart J. Brown and Michael Fry, eds, *Scotland in the Age of the Disruption* (Edinburgh, 1993).

S. Bruce, ed., *Religion and Secularisation: Historians and Sociologists Debate Modernisation Theory* (Oxford, 1992).

A. C. Cheyne, *The Transforming of the Kirk* (Edinburgh, 1983).

T. M. Devine, ed., *Irish Immigrants and Scottish Society in the Nineteenth and Twentieth Centuries* (Edinburgh, 1991).

A. L. Drummond and J. Bulloch, *The Church in Victorian Scotland 1843–1874* (Edinburgh, 1975) and *The Church in Late Victorian Scotland, 1874–1900* (Edinburgh, 1978).

David Hempton, *Religion and Political Culture in Britain and Ireland* (Cambridge, 1996).

D. McRoberts, ed., *Modern Scottish Catholicism* (Glasgow, 1979).

Graham Walker and Tom Gallagher, eds, *Sermons and Battle Hymns* (Edinburgh, 1990).

第十七章 大众教育

R. D. Anderson, *Education and Opportunity in Victorian Scotland* (Edinburgh, 1983).

R. D. Anderson, *Education and the Scottish People 1750–1918* (Oxford, 1995).

R. D. Anderson, *Scottish Education since the Reformation* (Dundee, 1997).

George E. Davie, *The Democratic Intellect* (Edinburgh, 1901) and *The Crisis of the Democratic Intellect* (Edinburgh, 1980).

W. M. Humes and H. M. Paterson, eds, *Scottish Culture and Scottish Education 1800–1980* (Edinburgh, 1983).

Andrew McPherson, 'Schooling', in A. Dickson and J. H. Treble, eds, *People and Society in Scotland, Volume III, 1914–1990* (Edinburgh, 1992).

Lindsay Paterson, 'Liberation or Control? What Are the Scottish Education Traditions of the Twentieth Century?', in T. M. Devine and R. J. Finlay, eds, *Scotland in the Twentieth Century* (Edinburgh, 1996).

Donald J. Withrington, *Going to School* (Edinburgh, 1997).

第十八章 高地与小农场社会

Ewen A. Cameron, *Land for the People? The British Government and the Scottish Highlands c. 1880–1925* (East Linton, 1996).

Adam Collier, *The Crofting Problem* (Cambridge, 1953).

T. M. Devine, *The Great Highland Famine* (Edinburgh, 1988).

T. M. Devine, *Clanship to Crofters' War: the Social Transformation of the Scottish Highlands* (Manchester, 1994).

James Hunter, *The Making of the Crofting Community* (Edinburgh, 1976).

James Hunter, *The Claim of Crofting: The Scottish Highlands and Islands, 1930–1990* (Edinburgh, 1991).

L. Leneman, *Fit for Heroes? Land Settlement in Scotland after World War I* (Aberdeen, 1989).

I. M. M. Macphail, *The Crofters' War* (Stornoway, 1989).

W. Orr, *Deer Forests, Landlords and Crofters* (Edinburgh, 1982).

第十九章　土地、精英与民众

Robin T. Callander, *A Pattern of Landownership in Scotland* (Finzean, 1987).

R. H. Campbell, *Owners and Occupiers* (Aberdeen, 1991).

David Cannadine, *The Decline and Fall of the British Aristocracy* (London, 1992 edn).

T. M. Devine, ed., *Scottish Elites* (Edinburgh, 1994).

David McCrone et al., *Scotland the Brand: The Making of Scottish Heritage* (Edinburgh, 1995).

F. M. L. Thomson's articles on landed society in *Transactions of the Royal Historical Society*, Fifth Series, 1990–93.

Andy Wightman, *Who Owns Scotland* (Edinburgh, 1996).

Richard Anthony, *Herds and Hinds: Farm Labour in Lowland Scotland 1900–1939* (East Linton, 1997).

Ian Carter, *Farm Life in Northeast Scotland* (Edinburgh, 1979).

T. M. Devine, ed., *Farm Servants and Labour in Lowland Scotland 1770–1914* (Edinburgh, 1996 edn).

M. Gray, *Scots on the Move* (Dundee, 1990).

第二十章　海外移民

Dudley Baines, *Migration in a Mature Economy* (Cambridge, 1985).

R. A. Cage, ed., *The Scots Abroad 1750–1914* (London, 1985).

T. M. Devine, ed., *Scottish Emigration and Scottish Society* (Edinburgh, 1992).

Malcolm Gray, *Scots on the Move* (Dundee, 1990).

Marjory Harper, *Emigration from North East Scotland*, 2 vols (Aberdeen, 1988).

David S. Macmillan, ed., *Canadian Business History* (Toronto, 1972).

M. D. Prentis, *The Scottish in Australia* (Melbourne, 1987).

W. Stanford Reid, *The Scottish Tradition in Canada* (Guelph, 1976).

第二十一章　新苏格兰人

Kenneth Collins, ed., *Aspects of Scottish Jewry* (Glasgow, 1987).

Kenneth Collins, *Second City Jewry* (Glasgow, 1990).

Terri Colpi, *The Italian Factor: The Italian Community in Great Britain* (Edinburgh, 1991).

T. M. Devine, ed., *Irish Immigrants and Scottish Society in the Nineteenth and Twentieth Centuries* (Edinburgh, 1991).

Tom Gallagher, *Glasgow: The Uneasy Peace* (Manchester, 1987).

Ralph Glasser, *Growing up in the Gorbals* (London, 1986).

James E. Handley, *The Irish in Scotland* (Glasgow, 1964).

Billy Kay, ed., *Odyssey* (Edinburgh, 1980).

Billy Kay, ed., *Odyssey: The Second Collection* (Edinburgh, 1982).

Elaine McFarland, *Protestants First: Orangeism in Nineteenth Century Scotland* (Edinburgh, 1990).

Bashir Maan, *The New Scots* (Edinburgh, 1992).

Henry Maitles, 'Attitudes to Jewish Immigration in the West of Scotland to 1905', *Scottish Economic & Social History*, 15 (1995).

Bill Murray, *The Old Firm* (Edinburgh, 1984).

第二十二章　苏格兰女性：家庭、工作与政治

Esther Breitenbach and Eleanor Gordon, eds, *The World is Ill Divided – Women's Works in Scotland in the Nineteenth and Early Twentieth Centuries* (Edinburgh, 1990).

Esther Breitenbach and Eleaor Gordon, eds, *Out of Bounds: Women in Scottish Society 1800–1945* (Edinburgh, 1992).

Eleanor Gordon, *Women and the Labour Movement in Scotland 1850–1914* (Oxford, 1991).

Elspeth King, *The Scottish Women's Suffrage Movement* (Glasgow, 1978).

Leah Leneman, *A Guid Cause* (Aberdeen, 1991).

J. Melling, *Rent Strikes* (Edinburgh, 1983).

第二十三章 战争与和平

Peter Clarke, *Hope and Glory, Britain 1900–1990* (London, 1996).

T. M. Devine and R. J. Finlay, eds, *Scotland in the Twentieth Century* (Edinburgh, 1996).

Miles Glendinning, ed., *Rebuilding Scotland. The Postwar Vision 1945–1975* (Edinburgh, 1997).

Andrew Marr, *The Battle for Scotland* (London, 1992).

J. Mitchell, *Conservatives and the Union* (Edinburgh, 1990).

K. O. Morgan, *The People's Peace: British History, 1945–90* (Oxford, 1992).

P. L. Payne, *Growth and Contraction, Scottish Industry c. 1860–1990* (Glasgow, 1992).

Richard Saville, ed., *The Economic Development of Modern Scotland 1950–1980* (Edinburgh, 1985).

A. Slaven, *The Development of the West of Scotland 1750–1960* (London, 1975).

第二十四章 苏格兰问题

David McCrone, *Understanding Scotland: The Sociology of a Stateless Nation* (London, 1992).

Andrew Marr, *The Battle for Scotland* (London, 1992).

James Mitchell, *Strategies for Self-Government* (Edinburgh, 1996).

第二十五章 一个民族的重生？

Alice Brown, David McCrone and Lindsay Paterson, *Politics and Society in Scotland* (2nd edn, Edinburgh, 1998).

A. Clements, K. Farquharson and K. Wark, *Restless Nation* (Edinburgh, 1996).

Owen Dudley Edwards, ed., *A Claim of Right for Scotland* (Edinburgh, 1989).

C. H. Lee, *Scotland and the United Kingdom* (Manchester, 1995).

Magnus Linklater and Robin Dennistoun, eds, *Anatomy of Scotland* (Edinburgh, 1992).

Catriona M. M. MacDonald, *Unionist Scotland 1800–1997* (Edinburgh, 1998).

James Mitchell, *Strategies for Self-Government* (Edinburgh, 1996).

Lindsay Paterson, ed., *A Diverse Assembly. The Debate on the Scottish Parliament* (Edinburgh, 1998).

Kenyon Wright, *The People Say Yes* (Glendaruel, 1997).

第二十六章 帝国终结

John Darwin, *The End of the British Empire* (Oxford, 1991).

T. M. Devine, *Scotland's Empire, 1600–1815* (London, 2003).

T. M. Devine, D. H. Lee and G. Peden, eds., *The Transformation of Scotland: The Economy since 1700* (Edinburgh, 2005).

Michael Fry, *The Scottish Empire* (Edinburgh, 2001).

Marjory Harper, *Emigration from Scotland between the Wars* (Manchester, 1998).

Tom Nairn, *The Break-Up of Britain* (London, 1969).

Gordon Stewart, *Jute and Empire* (Manchester, 1998).

第二十七章 权力下放之后

Wendy Alexander, ed., *Donald Dewar: Scotland's first First Minister* (Edinburgh, 2001).

D. Bell and D. G. Blanchflower, 'The Scots may be Brave but they are neither Healthy or Happy', *Discussion Paper, No. 1909, December 2005, Institute for the Study of Labor, University of Bonn.*

Christopher G. A. Bryant, *The Nations of Britain* (Oxford, 2006).

Diana Coyle *et al*, eds., *New Wealth for Old Nations. Scotland's Economic Prospects* (Princeton, 2005).

John Curtice *et al*, eds., *New Scotland, New Society?* (Edinburgh, 2002).

Tom Devine and Paddy Logue, eds., *Being Scottish: Personal Reflections on Scottish Identity Today* (Edinburgh, 2002).

Michael Keating, *The Government of Scotland: Public Policy Making after Devolution* (Edinburgh, 2005).

W. L. Miller, ed., *Anglo-Scottish Relations from 1900 to Devolution and Beyond* (Oxford, 2005).

Lindsay Paterson *et al*, eds., *New Scotland, New Politics?* (Edinburgh, 2001).

Lindsay Paterson, Frank Bechhofer and David McCrone, *Living in Scotland: Social and Economic Change since 1980* (Edinburgh, 2004).

Brian Taylor, *Scotland's Parliament: Triumph and Disaster* (Edinburgh, 2002).

索 引

图书在版编目（CIP）数据

苏格兰民族：一部近代史／（英）T. M. 迪瓦恩
（T. M. Devine）著；徐一彤译 . -- 北京：社会科学文献
出版社，2021.7
书名原文：The Scottish Nation：A Modern
History
ISBN 978 - 7 - 5201 - 8099 - 3

Ⅰ.①苏…　Ⅱ.①T…②徐…　Ⅲ.①苏格兰 - 历史
Ⅳ.①K561

中国版本图书馆 CIP 数据核字（2021）第 047400 号

地图审图号：GS（2021）2985 号（书中地图系原文插附地图）

苏格兰民族：一部近代史

著　　者／〔英〕T. M. 迪瓦恩（T. M. Devine）
译　　者／徐一彤

出 版 人／王利民
组稿编辑／董风云
责任编辑／张　骋　成　琳

出　　版／社会科学文献出版社·甲骨文工作室（分社）（010）59366527
　　　　　　地址：北京市北三环中路甲 29 号院华龙大厦　邮编：100029
　　　　　　网址：www. ssap. com. cn
发　　行／市场营销中心（010）59367081　59367083
印　　装／三河市东方印刷有限公司

规　　格／开本：889mm × 1194mm　1/32
　　　　　　印张：30.25　字数：702 千字
版　　次／2021 年 7 月第 1 版　2021 年 7 月第 1 次印刷
书　　号／ISBN 978 - 7 - 5201 - 8099 - 3
著作权合同
登 记 号　／图字 01 - 2021 - 2497 号
定　　价／168.00 元

本书如有印装质量问题，请与读者服务中心（010 - 59367028）联系